"十三五"国家重点出版物出版规划项目
体系工程与装备论证系列丛书

战略管理数字决策工程

王维平 王涛 李小波 周鑫 林木 等著

电子工业出版社
Publishing House of Electronics Industry
北京·BEIJING

内 容 简 介

战略管理是以战略制定、战略规划和战略评估为核心的高层次决策和管理活动，面向核心能力的战略博弈决策优化在战略竞争日益加剧、决策意义越发突出的当今显得尤为重要。数字决策工程是数据驱动与智能增强的战略决策数字化及其工具链体系工程的总称，也是当前先进的决策支持技术与数据智能技术的综合体现。

本书以推进国防现代化为出发点，是数字决策领域的启航之作，力求为军队战略管理、区域战略管理、城市战略管理、产业战略管理等领域的管理、科研提供有益参考。

未经许可，不得以任何方式复制或抄袭本书之部分或全部内容。
版权所有，侵权必究。

图书在版编目（CIP）数据

战略管理数字决策工程 / 王维平等著. —北京：电子工业出版社，2023.1
（体系工程与装备论证系列丛书）
ISBN 978-7-121-44549-1

Ⅰ．①战… Ⅱ．①王… Ⅲ．①战略管理－决策支持系统 Ⅳ．①C931.2②TP399

中国版本图书馆 CIP 数据核字（2022）第 214455 号

责任编辑：陈韦凯　　文字编辑：李　然
印　　刷：北京虎彩文化传播有限公司
装　　订：北京虎彩文化传播有限公司
出版发行：电子工业出版社
　　　　　北京市海淀区万寿路 173 信箱　邮编 100036
开　　本：720×1 000　1/16　印张：31.25　字数：800 千字
版　　次：2023 年 1 月第 1 版
印　　次：2024 年 8 月第 5 次印刷
定　　价：128.00 元

凡所购买电子工业出版社图书有缺损问题，请向购买书店调换。若书店售缺，请与本社发行部联系，联系及邮购电话：（010）88254888，88258888。
质量投诉请发邮件至 zlts@phei.com.cn，盗版侵权举报请发邮件至 dbqq@phei.com.cn。
本书咨询联系方式：chenwk@phei.com.cn，（010）88254441。

国防科技大学迎接建校 70 周年系列学术著作

序

国防科技大学从 1953 年创办的著名"哈军工"一路走来，到今年正好建校 70 周年，也是习主席亲临学校视察 10 周年。

七十载栉风沐雨，学校初心如炬、使命如磐，始终以强军兴国为己任，奋战在国防和军队现代化建设最前沿，引领我国军事高等教育和国防科技创新发展。坚持为党育人、为国育才、为军铸将，形成了"以工为主、理工军管文结合、加强基础、落实到工"的综合性学科专业体系，培养了一大批高素质新型军事人才。坚持勇攀高峰、攻坚克难、自主创新，突破了一系列关键核心技术，取得了以天河、北斗、高超、激光等为代表的一大批自主创新成果。

新时代的十年间，学校更是踔厉奋发、勇毅前行，不负党中央、中央军委和习主席的亲切关怀和殷切期盼，当好新型军事人才培养的领头骨干、高水平科技自立自强的战略力量、国防和军队现代化建设的改革先锋。

值此之年，学校以"为军向战、奋进一流"为主题，策划举办一系列具有时代特征、军校特色的学术活动。为提升学术品位、扩大学术影响，我们面向全校科技人员征集遴选了一批优秀学术著作，拟以"国防科技大学迎接建校 70 周年系列学术著作"名义出版。该系列著作成果来源于国防自主创新一线，是紧跟世界军事科技发展潮流取得的原创性、引领性成果，充分体现了学校应用引导的基础研究与基础支撑的技术创新相结合的科研学术特色，希望能为传播先进文化、推动科技创新、促进合作交流提供支撑和贡献力量。

在此，我代表全校师生衷心感谢社会各界人士对学校建设发展的大力支持！期待在世界一流高等教育院校奋斗路上，有您一如既往的关心和帮助！期待在国防和军队现代化建设征程中，与您携手同行、共赴未来！

国防科技大学校长

2023 年 6 月 26 日

体系工程与装备论证系列丛书
编委会

主　编　王维平　（国防科技大学）

副主编　游光荣　（军事科学院）

　　　　郭齐胜　（陆军装甲兵学院）

编委会成员（按拼音排序）

　　　陈春良　樊延平　荆　涛　雷永林　李　群

　　　李小波　李志飞　刘正敏　穆　歌　王　涛

　　　王铁宁　王延章　熊　伟　杨　峰　杨宇彬

　　　张东俊　朱一凡

体系工程与装备论证系列丛书
总　序

1990年，我国著名科学家和系统工程创始人钱学森先生发表了《一个科学新领域——开放的复杂巨系统及其方法论》一文。他认为，复杂系统组分数量众多，使得系统的整体行为相对于简单系统来说可能涌现出显著不同的性质。如果系统的组分种类繁多，具有层次结构，并且它们之间的关联方式又很复杂，就成为复杂巨系统；再如果复杂巨系统与环境进行物质、能量、信息的交换，接收环境的输入、干扰并向环境提供输出，并且具有主动适应和演化的能力，就要作为开放复杂巨系统对待了。在研究解决开放复杂巨系统问题时，钱学森先生提出了从定性到定量的综合集成方法，这是系统工程思想的重大发展，也可以看作对体系问题的先期探讨。

从系统研究到体系研究涉及很多问题，其中有3个问题应该首先予以回答：一是系统和体系的区别；二是平台化发展和体系化发展的区别；三是系统工程和体系工程的区别。下面先引用国内两位学者的研究成果讨论对前面两个问题的看法，然后再谈谈本人对后面一个问题的看法。

关于系统和体系的区别。有学者认为，体系是由系统组成的，系统是由组元组成的。不是任何系统都是体系，但是只要由两个组元构成且相互之间具有联系就是系统。系统的内涵包括组元、结构、运行、功能、环境，体系的内涵包括目标、能力、标准、服务、数据、信息等。系统最核心的要素是结构，体系最核心的要素是能力。系统的分析从功能开始，体系的分析从目标开始。系统分析的表现形式是多要素分析，体系分析的表现形式是不同角度的视图。对系统发展影响最大的是环境，对体系形成影响最大的是目标要求。系统强调组元的紧密联系，体系强调要素的松散联系。

关于平台化发展和体系化发展的区别。有学者认为，由于先进信息化技术的应用，现代作战模式和战场环境已经发生了根本性转变。受此影响，以美国为首的西方国家在新一代装备发展思路上也发生了根本性转变，逐渐实现了装备发展由平台化向体系化的过渡。1982年6月，在黎巴嫩战争中，以色列和叙利亚在贝卡谷地展开了激烈空战。这次战役的悬殊战果对现代空战战法研究和空战武器装备发展有着多方面的借鉴意义，因为采用任何基于武器平台分析的指标进行衡量，都无法解释如此悬殊的战果。以色列空军各参战装备之间分工明确，形成了协调有效的进攻体系，是取胜的关键。自此以后，空战武器装备对抗由"平台对平台"

向"体系对体系"进行转变。同时,一种全新的武器装备发展思路——"武器装备体系化发展思路"逐渐浮出水面。这里需要强调的是,武器装备体系概念并非始于贝卡谷地空战,当各种武器共同出现在同一场战争中执行不同的作战任务时,原始的武器装备体系就已形成,但是这种武器装备体系的形成是被动的;而武器装备体系化发展思路应该是一种以武器装备体系为研究对象和发展目标的武器装备发展思路,是一种现代装备体系建设的主动化发展思路。因此,武器装备体系化发展思路是相对于一直以来武器装备发展主要以装备平台更新为主的发展模式而言的。以空战装备为例,人们常说的三代战斗机、四代战斗机都基于平台化思路的发展和研究模式,是就单一装备的技术水平和作战性能进行评价的。可以说,传统的武器装备平台化发展思路是针对某类型武器平台,通过开发、应用各项新技术,研究制造新型同类产品以期各项性能指标超越过去同类产品的发展模式。而武器装备体系化发展的思路则是通过对未来战场环境和作战任务的分析,并对现有武器装备和相关领域新技术进行梳理,开创性地设计构建在未来一定时间内最易形成战场优势的作战装备体系,并通过对比现有武器装备的优势和缺陷来确定要研发的武器装备和技术。也就是说,其研究的目标不再是基于单一装备更新,而是基于作战任务判断和战法研究的装备体系构建与更新,是将武器装备发展与战法研究充分融合的全新装备发展思路,这也是美军近三十多年装备发展的主要思路。

关于系统工程和体系工程的区别,我感到,系统工程和体系工程之间存在着一种类似"一分为二、合二为一"的关系,具体体现为分析与综合的关系。数学分析中的微分法(分析)和积分法(综合),二者对立统一的关系是牛顿-莱布尼兹公式,它们构成数学分析中的主脉,解决了变量中的许多问题。系统工程中的"需求工程"(相当于数学分析中的微分法)和"体系工程"(相当于数学分析中的积分法),二者对立统一的关系就是钱学森的"从定性到定量综合集成研讨方法"(相当于数学分析中的牛顿-莱布尼兹公式)。它们构成系统工程中的主脉,解决和正在解决大量巨型复杂开放系统的问题,我们称之为"系统工程 Calculus"。

总之,武器装备体系是一类具有典型体系特征的复杂系统,体系研究已经超出了传统系统工程理论和方法的范畴,需要研究和发展体系工程,用来指导体系条件下的武器装备论证。

在系统工程理论方法中,系统被看作具有集中控制、全局可见、有层级结构的整体,而体系是一种松耦合的复杂大系统,已经脱离了原来以紧密层级结构为特征的单一系统框架,表现为一种显著的网状结构。近年来,含有大量无人自主系统的无人作战体系的出现使得体系架构的分布、开放特征愈加明显,正在形成以即联配系、敏捷指控、协同编程为特点的体系架构。以复杂适应网络为理论特征的体系,可以比单纯递阶控制的层级化复杂大系统具有更丰富的功能配系、更复杂的相互关系、更广阔的地理分布和更开放的边界。以往的系统工

程方法强调必须明确系统目标和系统边界，但体系论证不再限于刚性的系统目标和边界，而是强调装备体系的能力演化，以及对未来作战样式的适应性。因此，体系条件下装备论证关注的焦点在于作战体系架构对体系作战对抗过程和效能的影响，在于武器装备系统对整个作战体系的影响和贡献率。

回顾 40 年前，钱学森先生在国内大力倡导和积极践行复杂系统研究，并在国防科学技术大学亲自指导和创建了系统工程与数学系，开办了飞行器系统工程和信息系统工程两个本科专业。面对当前我军武器装备体系发展和建设中的重大军事需求，由国防科学技术大学王维平教授担任主编，集结国内在武器装备体系分析、设计、试验和评估等方面具有理论创新和实践经验的部分专家学者，编写出版了"体系工程与装备论证系列丛书"。该丛书以复杂系统理论和体系思想为指导，紧密结合武器装备论证和体系工程的实践活动，积极探索研究适合国情、军情的武器装备论证和体系工程方法，为武器装备体系论证、设计和评估提供理论方法和技术支撑，具有重要的理论价值和实践意义。我相信，该丛书的出版将为推动我军体系工程研究、提高我军体系条件下的武器装备论证水平做出重要贡献。

汪浩

2020.9

前言

　　本书就要正式出版了，要问我此刻最想说什么？我最想说的是：不忘"进国防科大，学系统工程"之初心！

　　数字化是人类世界计算机化的一种高级形态，其高级性体现在"五化复合"，包括基于网络的信息化、基于模型的自动化、基于数据的度量化、基于算法的智能化、基于仿真的灵境化。数字化是当今世界社会转型的主旋律，并且带动着经济、文化、军事各领域一起向数字化方向发展。随着社会数字化转型的不断深入，政府、企业、军队等社会组织的管理决策数字化问题日趋显现，其重要性、紧迫性首先聚焦在面临大国竞争挑战的战略管理领域。要积极主动地应对这种前所未有的挑战，这就是我们研究战略管理决策数字化问题并要尽力写好这本书的初衷所在。

　　我们对战略管理的研究是从系统工程角度切入的，并且具有明显的工程化特点，这也是我们之所以把本书所研究的领域称为战略管理"工程"的原因所在。深入一点说，我们眼里的战略管理工程本来就是"管理科学与工程"和"工程管理"两大学科在战略管理层面的交叉融合，因此天然具有这两大学科中的"工程"基因。再深入一点说，这本书的研究重点处于数字工程与战略管理工程针对"高层管理决策"制高点的交叉汇聚之处，因此取名为《战略管理数字决策工程》。然而，由于作者学识深度不够且科研实践不足，因此本书只能为战略管理数字决策工程的发展奠基铺路，希望能在该工程领域起到开拓领域、启迪认识、构建框架、传播方法的启航助推作用。值得欣慰的是，在重大需求牵引下，通过近年来的艰苦努力，国防科技大学系统工程学院已经创建了战略管理工程系。

　　我们感到，值此本书即将出版之际，有必要将本书形成的历史脉络和学缘基础加以梳理总结，并对与此脉络和学缘相关的，原国防科学技术大学系统工程与数学系，702（飞行器系统工程）教研室尊敬的老师和同事们表示由衷敬意！没有他们，就没有今天本书的成书，应该说本书只是对他们工作成果的继承积淀和发展升华，希望本书的出版也能让他们感到有所藉慰！我们觉得，从科学研究的角度看，本书形成的历史脉络和积淀升华可以从四个方面的研究加以回顾梳理，它们分别是"规划、仿真、体系、评估"。首先是规划研究。我于1989年年中参加了由当时的国防科工委组织的北京市房山区经济社会发展规划，十年后又于1998年第二次参加了北京房山规划，而且两次都是住在房山做规划，并且一干就是一年，期间走遍了房山的山山水水、乡镇和企业。这两次规划帮助我在战略规划研究方面起了步、奠了基，汪浩先生以及丛善本、谷德敏、元国乔等多位老师对我进行了言传身教。后来，我又作为国防科技大学校机关某方面某层次的负责人，参加了多个领域、多个五年规划的研究制定工作，进一步得到了锻炼，也为后面参加更高层级的规划评估工作提供了较好基础。我所带团队里还有人在战略管理流程规划、联合作战任务规划等大型项目中得到过锻炼。其次是仿真研究方面，建模与仿真是规划和评估的技术基础，我从硕士研究生阶段开始就从事建模仿真和基于仿真的优化技术研究工作，之后所带团队里的人很多也都是从仿真领域里走出来的，殷洪义、周昭南老师在仿真方面，荣明宗、颜廷富、张承怡老师以及曾经的同事、学长张学斌老师在优化技术方面，都曾给我很多的指导和帮助。然后是体系研究方面，我从2001年开始招收体系工程与体系仿真方向博士研究生，2016年开始将体系研究聚焦在无人异构集群体系设计、仿真、评估和优化方面。我在体系方面的研究得益于当年荣明宗、颜廷富老师在飞行器总体设计方面为我打好的基础，以及谷德敏老师在坦克师作战运筹方面对我的引导培养，后期还得益于与航天科技集团七院杨宇彬等军工老总的合作研究。体系研究中所形成的"贡献率导向的体系工程"和"体系贡献率评估"方法等研究成果，与仿真环境方面的研究成果一起，共同为本团队开展战略管理研究奠定了工程化方法和技术支撑手段基础。最后，在评估研究方面，本团队的起步源于体系作战效能评估，近年来结合战略管理研究逐步扩展到了战略规划执行评估领域并成为一个专门方向。在规划评估研究中，我所带团队得到了秦国宝主任和杜文塔副局长的深入指导和不吝赐教，在此基础上本团队逐步把战略评估数字工程作为当前主攻领域并决心持之不懈！

  本书在内容安排上大致可分为总论、原理、方法和技术四个大的部分（其中总论、原理部分合成本书第1篇，方法部分为第2篇，技术部分为第3篇）。其中总论部分（第1~3章）的核心是第3章"知识计算引擎与预实践评估"，在本书交稿后的后续研究中，我们重点以第3章为焦点进行展开和深化，以战略选择智慧推演为核心支撑技术，加紧发展战略规划执行评估数字工程。本书的原理部分（第4~8章）包括五项基本原理，它们共同构成了能够指导战略管理工程与数字工程相结合，进而向"高层管理决策"数字化方向发展的基本原理。

本书的重点是方法部分（第 9～18 章），所介绍的方法具有两方面特点：一是体现了我所带团队在战略管理领域所做的方法研究工作；二是这些方法在未来战略管理工程发展中具有所谓的"算例"代表性。最后，本书以技术部分做结尾（第 19～22 章），所介绍的技术是按大类划分的，它们共同构成了战略管理工程的典型支撑技术群。

这里有必要就作为本书灵魂和第 3 章核心内容的"预实践"多说几句，因为我们对预实践内涵的理解和对其意义的认识还在不断加深之中。我们认为，从一般意义上讲，预实践是实践前预先开展的一切有助于解决实践问题的先期活动的总称。我们这里研究的是具有工程技术意义的预实践问题，即需要在预实践科学指导下，在数字工程技术支撑下，才能很好加以研究和解决的预实践问题。广义地说，这里所谓的预实践科学，是以计算机仿真为代表的能够模拟和研究尚未发生事情的一大类新兴科学。从另外一个角度看，预实践领域与方法的划分是与应用领域密不可分的。例如，战略评估预实践是指战略规划执行评估前的一种提供战略选择评估预案的先期活动过程，其主要预实践活动一般包括预实验、预推演、预决策、预评估等一系列先于实践的活动。

本书撰写经历了很长时间，耗费了大量精力，仅后期的集中撰写时期就有三个多年头，而且仅集中撰写期间就三易其稿。本书是集体研究和创作的结晶，除我和总体工作量较大的第二作者王涛之外，其他各位老师和学生的具体工作介绍如下：

第 1 章，王梦；第 2 章，刘冬；第 3 章，黄智捷；第 4 章，汪昊；第 5 章，张聪；第 6 章，陈伟、王飞；第 7 章，张杰、周鑫、李童心；第 8 章，王飞；第 9 章，林木；第 10 章，黄美根、王彦锋；第 11 章，李小波、蔺美青、王飞、周鑫；第 12 章，周鑫、李静晶；第 13 章，周鑫、李静晶；第 14 章，周鑫、李静晶；第 15 章，王彦锋、林木；第 16 章，井田、杨松、黄智捷；第 17 章，李小波、杨松、何华；第 18 章，李小波、林木、李兵；第 19 章，林木；第 20 章，黄美根、黄智捷、李童心；第 21 章，李小波、杨松；第 22 章，周鑫、李静晶。段婷、邹丽霞、汪冬惠、方亮参与了素材整理和中间版本章节撰写。

在此，向他们辛勤而颇富创造性的劳动致以诚挚谢意！同时，也对本书编辑同志的辛勤工作和认真负责的专业精神致以谢意！

王维平

2022 年 10 月 25 日，于长沙

目录

第1篇 战略管理数字决策工程原理

第1章 当代数字化转型趋势 ········ 002
- 1.1 数字化组织 ········ 002
  - 1.1.1 数字中国 ········ 003
  - 1.1.2 数字政府 ········ 004
  - 1.1.3 数字企业 ········ 005
- 1.2 数字化虚体 ········ 007
  - 1.2.1 数字孪生体的发展历程和概念内涵 ········ 007
  - 1.2.2 "数字孪生+"驱动的军事革命 ········ 009
  - 1.2.3 数字孪生国防概念与体系 ········ 010
- 1.3 数字化决策 ········ 013
  - 1.3.1 数字化决策的内涵 ········ 013
  - 1.3.2 数字化决策的意义 ········ 014
  - 1.3.3 决策的数字化转型理念 ········ 015
  - 1.3.4 数字化决策发展现状 ········ 018
- 1.4 数字化空间 ········ 019
  - 1.4.1 元宇宙的概念内涵和意义 ········ 020
  - 1.4.2 元宇宙的技术底座 ········ 020
  - 1.4.3 元宇宙的发展现状 ········ 022
- 1.5 数字化逻辑 ········ 025
  - 1.5.1 OODA 循环的理论基础 ········ 025
  - 1.5.2 OODA 循环的具体内涵 ········ 027
  - 1.5.3 数字工程中的 OODA 循环 ········ 028
- 参考文献 ········ 029

第2章 战略管理工程绪论 ········ 032
- 2.1 核心战略能力管理思想 ········ 033

	2.1.1 目标导向	033
	2.1.2 塑造态势	033
	2.1.3 聚焦能力	034
	2.1.4 区分层次	035
	2.1.5 突出体系	035
	2.1.6 加强评估	036
	2.1.7 以强为鉴	037
	2.1.8 管控风险	037
2.2	战略管理工程学科辨析	038
	2.2.1 管理科学与管理工程	038
	2.2.2 工程科学与工程管理	040
	2.2.3 管理工程与数字工程	040
	2.2.4 战略管理工程学科结构	041
2.3	战略管理工程领域划分	042
	2.3.1 战略能力管理工程	043
	2.3.2 战略走向导航工程	043
	2.3.3 战略决策数脑工程	044
	2.3.4 战略推演系统工程	045
	2.3.5 战略协同体系工程	045
	2.3.6 十种有代表性的方法	046
	2.3.7 四项共性支撑技术	048
参考文献		049

第3章 知识计算引擎与预实践评估 … 052

- 3.1 研究需求 … 052
- 3.2 知识计算的内涵与应用 … 054
- 3.3 知识计算引擎模型开发 … 061
  - 3.3.1 数据推导引擎 … 062
  - 3.3.2 知识推导引擎 … 065
  - 3.3.3 智能演算引擎 … 068
  - 3.3.4 智慧演算引擎 … 074
- 3.4 知识计算引擎的关键技术 … 077
- 3.5 复合型 MBSE 的范畴与前景 … 080
- 参考文献 … 081

第4章 战略能力管理工程原理 … 084

- 4.1 战略能力管理 … 084
  - 4.1.1 战略能力管理概念 … 084
  - 4.1.2 规划-计划-预算-执行系统 … 086
- 4.2 军事能力管理 … 087
  - 4.2.1 军事能力及其组成要素 … 087
  - 4.2.2 军事能力管理支持系统 … 088

    4.2.3 作战概念与军事能力 089
    4.2.4 分层级能力体系建设 090
    4.2.5 联合能力集成与开发系统 091
    4.2.6 兵力轮转与管理 093
    4.2.7 联合作战计划与执行 094
  4.3 战略能力评估 095
    4.3.1 能力建设评估 095
    4.3.2 能力组合管理 096
    4.3.3 面向联合试验的能力试验法 097
  参考文献 099

第 5 章 战略走向导航工程原理 102

  5.1 战略导航思想基础 103
    5.1.1 当前复杂系统的危机 103
    5.1.2 新世界的导航系统 103
  5.2 平衡计分卡与战略行动计划表 105
    5.2.1 平衡计分卡概述 106
    5.2.2 战略行动计划表 108
  5.3 华为战略解码方法 109
    5.3.1 基于 BEM 的解码方法 109
    5.3.2 基于平衡计分法的战略解码方法 111
  5.4 企业战略导航系统方案实例 117
  参考文献 120

第 6 章 战略决策数脑工程原理 122

  6.1 大数据智能决策方法 122
    6.1.1 基于种群的进化计算智能决策 124
    6.1.2 基于智能体的决策方法 125
    6.1.3 结合大数据分析的智能决策 127
  6.2 大数据认知计算及方法 129
    6.2.1 大数据认知计算的定义和特性 129
    6.2.2 大数据认知计算的研究和发展现状 129
    6.2.3 大数据认知计算方法 130
  6.3 仿真大数据认知演化计算方法 132
    6.3.1 知识-解互映射平行演化机制 132
    6.3.2 认知演化算法的基本框架 132
    6.3.3 实现步骤 133
  6.4 企业和城市数字大脑发展状况 137
    6.4.1 企业和城市数字大脑的总体架构 137
    6.4.2 企业和城市数字大脑的建设模式 138
    6.4.3 企业和城市数字大脑的建设示例 138
  6.5 战略调控决策数脑解决方案 141

    6.5.1 DOTMLPFP 组合 ·· 141
    6.5.2 DSM 组合 ·· 142
    6.5.3 SCMILE 组合 ··· 143
    6.5.4 ABM 组合 ·· 143
    6.5.5 ENAR 组合 ·· 144
  参考文献 ·· 145

第 7 章 战略推演系统工程原理 ·· 147
  7.1 系统工程知识建模 ··· 147
    7.1.1 系统化知识建模 ··· 148
    7.1.2 图谱化知识建模 ··· 149
    7.1.3 功能化知识建模 ··· 150
    7.1.4 模式化知识建模 ··· 151
    7.1.5 架构化知识建模 ··· 152
    7.1.6 实例化知识建模 ··· 152
  7.2 战略推演决策的 OODA 原理 ·· 153
    7.2.1 决策循环 ··· 153
    7.2.2 决策类型 ··· 154
  7.3 战略推演决策的使命工程方法 ·· 156
    7.3.1 概念标准化 ·· 156
    7.3.2 阶段性产品 ·· 157
    7.3.3 使命任务工程方法论 ··· 158
  7.4 战略推演决策的 MBSE 技术 ·· 161
    7.4.1 MBSE 概述 ·· 161
    7.4.2 多种建模技术分析 ·· 162
    7.4.3 基于 MBSE 的 UAF ·· 164
  7.5 战略推演决策的数字工程战略 ·· 164
    7.5.1 数字工程的数字建设规范 ··· 165
    7.5.2 装备系统的数字模型开发 ··· 166
  参考文献 ·· 167

第 8 章 战略协同体系工程原理 ·· 169
  8.1 国内体系工程研究概述 ·· 169
  8.2 战略调控协同决策的 EC2 原理 ··· 173
  8.3 战略调控协同决策的 DANSE 原理 ··· 178
  8.4 战略调控协同决策的区块链技术 ··· 184
    8.4.1 基于区块链的数据共享解决方案 ··· 184
    8.4.2 基于区块链技术的全过程工程管理系统 ···································· 185
  参考文献 ·· 185

第 2 篇　战略管理数字决策工程方法

第 9 章　能力图谱构建方法 189
9.1　能力图谱概述 189
9.2　基于企业架构的图谱构建 190
9.2.1　企业架构的概念 190
9.2.2　企业架构框架 192
9.2.3　企业架构在能力图谱构建中的应用 196
9.3　基于标准语义网的图谱构建 199
9.3.1　语义网技术概述 199
9.3.2　语义网关键技术 200
9.3.3　标准语义网在能力图谱构建中的应用 202
9.4　基于语义化架构的图谱构建 205
9.4.1　词向量分布式表示技术 206
9.4.2　基于注意力机制的语言模型 206
9.4.3　语义化架构在能力图谱构建中的应用 208
参考文献 212

第 10 章　镜鉴能力刻画方法 216
10.1　战略能力发展绩效评估方法 216
10.1.1　绩效评估基本认识 216
10.1.2　绩效评估方法 217
10.2　国防经费能力投资预测分析 218
10.2.1　预测方法和模型 218
10.2.2　典型案例分析 221
10.3　能力链路表征方法 222
10.3.1　能力链路建模 222
10.3.2　能力链路测度 223
10.4　战略对手数字画像构建方法 225
10.4.1　战略对手数字画像 226
10.4.2　混合博弈 226
10.4.3　综合研判 227
10.4.4　仿真评估 227
参考文献 228

第 11 章　能力评估分析方法 229
11.1　发展指数评估 229
11.1.1　竞争发展指数评估 229
11.1.2　能力发展指数评估 234
11.1.3　发展绩效指数评估 234
11.2　能力短板分析 240
11.2.1　能力差距评估 240

  11.2.2　能力满足度评估 ·················· 245
  11.2.3　能力图谱映射 ···················· 249
 参考文献 ······································· 254

第 12 章　战略筹划分析方法 ················ 256
 12.1　战略选择演习方法 ···················· 256
  12.1.1　战略和预算评估中心 ············ 256
  12.1.2　战略选择演习基本方法 ·········· 257
  12.1.3　战略选择演习实践 ··············· 259
  12.1.4　战略选择工具 ···················· 261
 12.2　计划评估和审查技术 ·················· 262
  12.2.1　进度优化时间参数及其逻辑关系 ··· 263
  12.2.2　进度管理优化设计 ··············· 264
  12.2.3　主要问题与优化措施 ············ 266
 12.3　规划计划与进度管理技术 ············ 267
  12.3.1　技术介绍 ·························· 267
  12.3.2　规划计划与进度管理核心算法 ··· 269
  12.3.3　六时标注法网络图生成及管理路径算法 ··· 270
 参考文献 ······································· 272

第 13 章　规划项目评估方法 ················ 275
 13.1　规划项目测算筛选 ···················· 275
  13.1.1　基本功能 ·························· 275
  13.1.2　功能构成 ·························· 276
  13.1.3　应用流程 ·························· 279
  13.1.4　模型算法 ·························· 279
 13.2　规划项目关联聚合 ···················· 280
  13.2.1　基本功能 ·························· 280
  13.2.2　功能构成 ·························· 283
  13.2.3　应用流程 ·························· 287
  13.2.4　模型算法 ·························· 288
 13.3　规划项目计划协调 ···················· 290
  13.3.1　基本功能 ·························· 290
  13.3.2　功能构成 ·························· 291
  13.3.3　应用流程 ·························· 292
  13.3.4　模型算法 ·························· 293
 13.4　规划项目统筹分析 ···················· 293
 参考文献 ······································· 295

第 14 章　项目投资组合决策方法 ·········· 297
 14.1　投资项目效用测算 ···················· 297
  14.1.1　项目投资效用理论 ··············· 297
  14.1.2　项目效用测算过程 ··············· 298

14.2 投资项目选项生成 · 301
 14.2.1 计算组合选项的效能 · 302
 14.2.2 绘制效果-成本曲线 · 304
 14.2.3 投资组合排序 · 305
14.3 投资项目组合分析 · 305
参考文献 · 309

第15章 使命链路规划方法 · 312

15.1 基于作战概念生成的能力需求分析 · 312
 15.1.1 始于威胁的战略博弈分析 · 313
 15.1.2 基于能力指标框架的能力差距分析 · 317
15.2 基于联合使命链路和活动方法论的作战概念建模 · 318
 15.2.1 作战概念的作战活动三角形建模 · 319
 15.2.2 作战概念的装备系统三角形建模 · 319
 15.2.3 作战概念的兵力组织三角形建模 · 319
 15.2.4 作战概念活动序列的 JMT 建模 · 320
15.3 作战概念 OPM 推演 · 322
 15.3.1 基于 OPM 建模框架的选择 · 323
 15.3.2 作战概念推演 OPM 统一求解框架 · 325
 15.3.3 基于 OPM 框架的任务空间和推演空间模型 · 326
15.4 规划方案分析设计方法 · 327
 15.4.1 功能领域分析（FAA） · 329
 15.4.2 功能需求分析（FNA） · 329
 15.4.3 功能解决方案分析（FSA） · 330
 15.4.4 资源能力建模 · 331
 15.4.5 兵力结构和规划方案设计 · 332
参考文献 · 332

第16章 体系任务链路设计优化方法 · 334

16.1 体系任务链路基本概念 · 334
 16.1.1 体系任务链路的概念发展 · 334
 16.1.2 体系任务链路建模分析现状 · 337
16.2 体系任务链路构建 · 338
 16.2.1 体系任务链路构建的主要业务过程 · 338
 16.2.2 体系任务链路构建的详细流程 · 338
 16.2.3 智能链路规划训练基本原理 · 341
16.3 体系任务链路建模仿真 · 342
 16.3.1 体系任务链路建模仿真环境的构成 · 343
 16.3.2 体系任务链路中的智能组件数字仿真 · 343
 16.3.3 体系任务链路的仿真互联 · 346
16.4 体系任务链路快速原型 · 347
 16.4.1 智能增强组件概述 · 348

16.4.2 智能增强组件架构设计 ··· 349
16.4.3 基于智能增强组件的任务链路快速原型示例 ································· 351
参考文献 ·· 352

第17章 体系架构设计方法 ·· 355
17.1 体系设计的 CAM 范式 ·· 355
17.1.1 体系设计的问题背景 ·· 355
17.1.2 体系设计范式的转变 ·· 356
17.1.3 基于 CAM 范式的体系架构设计总体框架 ··························· 357
17.2 兵力编成架构设计方法 ·· 358
17.2.1 基于能力机理模型的兵力编成架构设计方法 ························· 358
17.2.2 兵力编成架构设计流程 ·· 359
17.2.3 兵力编成架构设计关键技术 ·· 364
17.3 作战运用架构设计方法 ·· 365
17.3.1 任务链路设计方法流程及关键技术 ························· 366
17.3.2 构型机制设计方法流程及关键技术 ························· 368
17.4 组分系统需求设计方法 ·· 371
17.4.1 组分系统需求架构设计基本概念 ······························· 371
17.4.2 组分协议需求设计方法流程 ·· 372
17.4.3 组分战术技术指标需求设计方法流程 ························· 373
参考文献 ·· 373

第18章 体系评估优化方法 ·· 376
18.1 评估优化方法流程 ·· 376
18.1.1 评估优化方法总体方案 ·· 376
18.1.2 评估优化研究总体流程 ·· 377
18.1.3 评估优化指标总体框架 ·· 378
18.1.4 评估优化实施总体框架 ·· 379
18.2 体系评估关键技术 ·· 380
18.2.1 面向能效综合的统一能力框架构建评估技术 ··············· 381
18.2.2 基于多层次仿真的体系效能评估技术 ························· 381
18.2.3 体系贡献率能效综合评估技术 ··· 382
18.3 体系优化关键技术 ·· 384
18.3.1 基于贡献率均衡的体系兵力编成设计方案优化 ··············· 384
18.3.2 基于任务链路动量的体系作战运用方案优化 ··············· 385
18.3.3 基于智联网快速原型的兵力超网络认知计算实验优化 ······· 386
18.3.4 基于 NSGA-III 的体系架构方案演化仿真优化 ··············· 387
参考文献 ·· 389

第3篇 战略管理数字决策工程支撑技术

第19章 语义增强架构建模技术 ·· 392
19.1 语义增强架构建模技术概述 ·· 392

19.2 国防建设规划领域知识结构分析 393
　　19.2.1 目标规划层次知识结构 394
　　19.2.2 能力规划层次知识结构 395
　　19.2.3 使能体系层次知识结构 396
19.3 基于架构的领域知识结构模式分析 397
　　19.3.1 TOGAF 的知识结构 397
　　19.3.2 DoDAF 的知识结构 399
　　19.3.3 FEAF 的知识结构 401
19.4 语义架构图谱技术及其应用 402
　　19.4.1 基于 CML 的语义企业架构 402
　　19.4.2 基于标准语义网技术构建语义数据湖 403
　　19.4.3 应用示例 406
参考文献 407

第 20 章　建设发展推演技术 408
20.1 战略态势评估技术 408
20.2 国防经费分析技术 410
　　20.2.1 国防经费投向投量分析基本认识 410
　　20.2.2 国防经费投向投量分析基本方法 411
　　20.2.3 国防经费投向投量知识图谱分析 412
20.3 战略兵棋推演技术 416
　　20.3.1 兵棋推演概述 416
　　20.3.2 战略兵棋推演基本方法 418
　　20.3.3 "霸权"设计方法 419
20.4 战略指数构建技术 421
　　20.4.1 建立理论框架 422
　　20.4.2 数据选择 423
　　20.4.3 数据插补 423
　　20.4.4 多元分析 424
　　20.4.5 数据标准化 425
　　20.4.6 加权和聚合 426
　　20.4.7 稳健性和敏感性分析 427
　　20.4.8 回归细节 428
　　20.4.9 指标关联 429
　　20.4.10 结果可视化 430
参考文献 430

第 21 章　体系对抗仿真技术 433
21.1 架构驱动的体系仿真技术 433
　　21.1.1 体系架构设计空间构建 434
　　21.1.2 基于仿真的体系设计方案探索 435
　　21.1.3 多层次架构驱动仿真方法 438

| 21.1.4 架构模型与仿真模型映射转换 ………………………………………… 440
| 21.2 体系解析分析仿真技术 ……………………………………………………… 441
| 21.2.1 视图语法规范性检测 ………………………………………………… 443
| 21.2.2 多能力领域关联冲突提示 …………………………………………… 443
| 21.2.3 作战流程逻辑自洽验证 ……………………………………………… 444
| 21.2.4 杀伤链路指标计算优化 ……………………………………………… 445
| 21.3 体系对抗效能仿真技术 ……………………………………………………… 445
| 21.3.1 ABMS 仿真思想 ……………………………………………………… 445
| 21.3.2 基于 ABMS 的体系仿真 ……………………………………………… 446
| 21.3.3 体系效能仿真开发过程 ……………………………………………… 449
| 21.3.4 体系效能仿真应用过程 ……………………………………………… 450
| 参考文献 ………………………………………………………………………………… 452

第 22 章　综合集成研讨技术 …………………………………………………… 454
   22.1 智能决策支持 ………………………………………………………………… 454
   22.2 机器智能决策 ………………………………………………………………… 456
       22.2.1 智能决策规划系统 …………………………………………………… 456
       22.2.2 智能决策解算系统 …………………………………………………… 457
       22.2.3 智能决策引导系统 …………………………………………………… 459
   22.3 群体智慧研判 ………………………………………………………………… 461
       22.3.1 智慧研判内涵 ………………………………………………………… 461
       22.3.2 群智研判技术 ………………………………………………………… 461
       22.3.3 模糊德尔菲层次分析法 ……………………………………………… 462
   22.4 智能推演平台 ………………………………………………………………… 463
       22.4.1 智能决策推演引擎 …………………………………………………… 463
       22.4.2 智能决策推演组件 …………………………………………………… 464
   22.5 智慧研判环境 ………………………………………………………………… 466
       22.5.1 智能群体决策支持系统 ……………………………………………… 466
       22.5.2 综合集成研讨厅 ……………………………………………………… 470
   参考文献 ………………………………………………………………………………… 475

第1篇
战略管理数字决策工程原理

第1章

当代数字化转型趋势

> 当前,全球范围内的数字化转型步伐正在加快,从通信网络到物理实体再到精神层面,数字化组织、数字化虚体、数字化决策、数字化空间的构建在面临挑战的同时,迎来了一个发展的机遇期。各国政府对数字化转型日益重视,试图通过数据分析引领政府决策和推动社会进步。我国也在数字化转型领域快速全面布局,将大数据战略作为推进国家治理体系和治理能力现代化的重要内容和基础性工作。本章从数字化组织、数字化虚体、数字化决策和数字化空间4个方面展开论述,深度剖析当代数字化转型趋势。

"Big Data"(大数据)最早由未来学家阿尔文·托夫勒于1980年提出,但在当时并没有引起广泛关注。直到2011年,研究报告《大数据:下一个创新、竞争和生产力的前沿》的公开发布,正式提出"大数据时代"已到来,"Big Data"才开始广受关注。2012年,中国国家统计局在全国统计工作会议上首次对"大数据时代"进行官方解读,并就政府统计部门如何应对大数据时代的机遇和挑战提出明确的要求。而后在党的十八届五中全会公报(中国共产党第十八届中央委员会第五次全体会议公报)中提出要实施"国家大数据战略",这标志着大数据正式上升为国家战略,大数据因而得到迅速推广,全国各地各部门陆续推出与大数据发展有关的政策措施,大数据技术在我国得到了快速发展和广泛应用。

业界对数字化转型有很多说法,无论是第四次工业革命还是第一场数字革命,无可辩驳的是,数字化带来的新时代浪潮已是大势所趋,无论是组织还是个人,都将从这股浪潮中受益。

1.1 数字化组织

由于数字技术的不断革新和社会环境的变化,未来组织管理的基础必须能够迅速响应并及时适应变化中的各种情况,而适当运用数字化技术,可以帮助各种组织快速获取大量数据,从而开发其潜在利用价值,由此看来,数字化组织是数字经济时代的需要。本节将从数字中国、数字政府和数字企业3个角度出发,探讨大数据如何为政府和企业带来科学决策、精细化管理和服务创新的新机遇。军队的数字化建设同样面临新的机遇,有相关内容将在后边进行介绍。

在"大数据背景下的计算机和经济发展高层论坛"上,石勇院士提出:"大数据的应用在于分析和创造价值。政府部门可以利用大数据的挖掘结果,用科学方法制定政策;企业可

以利用大数据使利润最大化；学者可以利用大数据寻找科学规律，支持社会经济发展。"

1.1.1 数字中国

在中国共产党第十八次全国代表大会之后，以习近平总书记为核心的党中央高度重视网信事业发展，提出了新时代网络强国战略，做出了建设"数字中国"的决策部署。2016年，我国发布的"十三五"规划（2016—2020年）中提出实施网络强国战略，加快建设数字中国，并在《国家信息化发展战略纲要》中将"数字中国"建设和发展信息经济作为信息化工作的重中之重。《"十三五"国家信息化规划》细化了"数字中国"的建设目标。中国共产党第十九次全国代表大会（以下简称党的十九大）的报告也提出加强应用基础研究、实施国家重大科技项目，以支撑数字中国、智慧社会的建设。

1．数字中国的内涵

从狭义上讲，业内专家认为，数字中国是指以全中国为对象的数字地球技术体系，但实际上，党的十九大报告指出数字中国是一个更广义的概念，它代表中国国家信息化的一个范畴，"宽带中国""互联网+""大数据""云计算"等都是数字中国的内容。数字中国既是强国的利器，也是惠民的春雨，覆盖我国经济、社会、文化及生活等方面，随着信息技术的飞速发展和广泛应用，数字化建设浪潮已在全国掀起，诸如"数字农业""数字校园""数字社区"等数字化建设如雨后春笋般出现，共同描绘数字中国的宏伟画卷。

数字中国在新时代也具有新特征、新需求，包括建设网络强国、智慧社会。时至今日，企业的数字化转型、行业的"互联网+"发展及社会的智能化提升，已经成为中国特色社会主义新时代信息化各领域呈现的既有差异又内在统一的新特征。有文章指出，数字中国建设立足于"四化"同步发展，以网络强国建设为基石，以数字经济建设为引擎，以"互联网+"发展为抓手，以智慧社会发展为亮点。可以说，数字中国是国家信息化的升级版，将全面服务于国家"五位一体"建设的硬实力与软实力的整体提升。

总而言之，"数字中国"建设以数据集中和共享为途径，旨在推动技术融合、业务融合、数据融合，打通信息壁垒，形成覆盖全国、统筹利用、统一接入的数据共享大平台，构建全国信息资源共享体系。发展"数字中国"，就要运用大数据提升国家治理现代化水平，建立健全大数据科学决策和社会治理的机制，实现政府决策科学化、社会治理精准化、公共服务高效化。

2．建设数字中国的意义

当前，全球性信息化浪潮汹涌而至，世界各国都把推进信息技术发展作为实现创新发展的重要动能。习近平总书记在首届数字中国建设峰会的贺信中强调："加快数字中国建设，就是要适应我国发展新的历史方位，全面贯彻新发展理念，以信息化培育新动能，用新动能推动新发展，以新发展创造新辉煌。"

大数据技术已经嵌入社会发展的各个层面，对经济发展方式转变、产业结构转型升级具有非常重要的促进作用，对创新社会资源管理、保障和改善民生具有重要意义，对提升整个人类社会的运行效率乃至国家的竞争力具有至关重要的作用。具体来说，利用大数据将社会经济生活方方面面的碎片化信息收集起来并加以分析，可以有效提高信息的全面性和客观性，对政府和企业的决策思维产生了深刻而全面的影响。对大数据及其时代特征、大数据场景化应用及大数据对决策思维的挑战等相关问题做全面分析，探索依靠大数据提升决策思维能力的有效途径，对全面推进国家治理体系和治理能力现代化具有重要意义。用好数据话语权，可在大数据时代无限接近事物的真相，得到更科学的结果，也更能体现"以人民为中心"这一提高决策水平的新时代要求。

得益于数据的共享和开放，教育、金融、农业、医疗等各个领域均取得了长足的发展，数字化中国的建设也在稳步持续推进中。总而言之，当今数字中国的建设可以很好地缩小数字鸿沟、释放数字红利，建设数字中国是推动经济社会均衡、包容和可持续发展、促进国家治理体系和治理能力现代化的必然要求，也是满足人民日益增长的美好生活需要的客观条件。

1.1.2 数字政府

中国共产党第十九届中央委员会第四次全体会议通过的《中共中央关于坚持和完善中国特色社会主义制度、推进国家治理体系和治理能力现代化若干重大问题的决定》明确指出："建立健全运用互联网、大数据、人工智能等技术手段进行行政管理的制度规则。推进数字政府建设，加强数据有序共享，依法保护个人信息。"要想真正做到"创新行政方式、提高行政效能、建设人民满意的服务型政府"，建设数字政府是重要途径和关键抉择。

1. 数字政府的内涵

《广东省"数字政府"建设总体规划（2008—2020年）》指出，数字政府是对传统政务信息化模式的改革，包括对政务信息化管理架构、业务架构、技术架构的重塑。具体来说，数字政府旨在通过构建数据驱动的政务新机制、新平台、新渠道，全面提升政府在经济调节、市场监管、社会管理、公共服务及环境保护等领域的履职能力，从而推进以公众为中心的公共服务创新发展，提高管理效率、改善服务体验，促进公众与政府的良性互动，实现政府的社会公共服务价值。

随着"大数据""人工智能"应用的不断深入，数字化环境中政府的运行成为数字政府关注的重点，政府的治理方式也随着政府数据的开放与智能化应用而发生改变。数字政府的内涵通过结合实践经验不断得到丰富和完善。数字政府所要转变的不只是政府现有的工作方式，还有重塑政府的公共服务理念，即通过了解公众的需求，设计和提供满足公众需求的公共服务，实现以数据为中心的策略和流程，并且更加注重数字战略和数字思维，从而做到创新服务模式、提升公共价值。

数字政府的实现离不开数字政府生态系统的建立和数字技术的发展。数字政府生态系统是数字政府能够实现的前提，它由不同角色组成，包括非政府组织、企业、协会和个人，这些角色通过与政府的交互来支持数据、服务、内容的产生与访问。政府的数字化转型是为了充分释放数据红利，实现以数据为基础的政府治理能力升级，只有建立数字政府生态系统，才能使公众随时随地通过任何设备方便、快捷地获取政府的高质量服务。这一切都以数字技术为基础，发展数字技术成为建设数字政府的基础，政府数字化转型需要借助数字技术的创新动能，通过在政府各方面深化应用数字技术，可以提高政府信息的数字化水平和共享程度，从而优化组织结构和流程、改善公共服务供给及扩大民主参与渠道。

为了落实数字政府的建设，需要着重关注4个主要特征：一是政府即平台，政府通过推动与公众、非政府组织和企业共同创造、共同设计和共同交付的创新发展，实现从公共服务的提供者到改善公共服务生态系统的管理者的角色转变；二是创新公共价值，数字政府超越了以技术为中心的行政效率和服务能力等政府内部效益提升的微观改进，使政府更具有远见和洞察力，更注重政府治理体系和治理能力数字化转型中社会和公共效益的提升；三是用户驱动的服务设计与交付，政府服务的重点从满足政府和政策需要向回应公众需求转变，通过服务设计和交付过程改变需求的方向，将满足用户需求作为工作重点，并以这种方式设计服务为用户提供实际所需；四是数据治理与协同，政府强化数据资源统筹规划、分类管理、整合共享，实现公共数据资源一体化管理，为各级政府及部门开展大数据分析应用提供数据支撑。

2．建设数字政府的意义

当前，我国已开启全面建设社会主义现代化国家的新征程，这对政府治理的制度化、规范化、科学化及合理化提出了更高要求。新兴信息技术的发展，极大推动了各国社会生产力的发展和生产关系的重塑，引发了各国在政治、经济、社会及文化等重要领域的深刻变革，显著改变政府、市场和社会的关系，从而对人们的生活、工作产生了巨大而深刻的影响，不断改变人们对政府提供公共价值能力的期望，这就要求政府重新检验其治理方式和模式。因此，在信息技术发展方兴未艾的背景下，政府需要充分使用数字技术和信息技术，并与公众、企业和其他社会组织进行紧密的合作，同时积极推进数字政府的建设，将数字技术广泛应用于政府管理服务和决策，以显著提高政府治理效能，为推进国家治理体系和治理能力现代化提供重要支撑。

2021年11月，国务院常务会议审议通过"十四五"推进国家政务信息化规划，就加快建设数字政府、提升政务服务水平作出重要部署。随着新一代数字技术不断融入政府的管理中，我国的政务信息系统建设和应用等领域均取得了长足的发展，"最多跑一次"、"不见面审批"及"掌上审批"等服务新模式不断涌现，明显提高了企业和群众的办事便利度。建设数字政府，有利于创新行政管理、服务监管方式，是实现政府效能优化提升的新型治理模式。在新时代、新发展阶段，加强数字政府建设，是优化营商环境、推动社会经济高质量发展的重要抓手和引擎，也是践行新发展理念、增强发展动力、增进人民福祉的必然选择，对于优化社会服务供给、创新社会治理方式、推进国家治理体系和治理能力现代化均具有重大而深远的意义。

1.1.3 数字企业

数字企业作为数字中国建设的一部分，也是数字经济的重要组成部分，还是"十四五"时期我国经济发展的重要内容，更是企业未来的重要发展方向。就像数字经济是对传统经济的升级、变革，数字企业是一种对传统企业发展方式的升级和变革，也是一种发展路径、模式与思维的创新。

1．数字企业的内涵

企业数字化转型是用信息技术全面重塑企业的经营管理模式，也是企业发展理念、组织方式、业务和发展模式等的全方位的变革创新，更是企业从工业经济时代迈向数字经济时代的必然选择。通过加快推进企业数字化转型，打造数字时代企业的业务运行模式，提升企业数字竞争力，是推动产业转型升级和高质量发展的必由之路。

与传统企业信息化相比，数字化代表一种融合、高效且具有洞察力的企业运营模式。其体现的形式是通过行业软件将云计算、大数据、人工智能及物联网等技术串联起来，应用于企业业务、管理和运营。

华为公司企业架构委员会主任熊康认为，数字化转型本身还是一场技术革命，需要引入先进的数字技术。大部分企业围绕数字化转型提得最多的是人工智能、大数据和云平台。但数字化转型其实是两个词，其中的"数字化"是手段，"转型"才是目的。当一个企业真正进行数字化转型时，除了引入上述技术，还应转变意识，做到以客户为中心、回归业务和架构牵引。其中，以客户为中心（C），就是重构用户体验，实现面向对象的精益协同，由外到内思考到底能为客户创造什么价值并带来哪些体验；回归业务（B），即对准实际需求重构作业模式，实现全业务流程的数字化仿真；架构牵引（A），即重构运营模式，实现数据驱动的智能决策。企业的数字化转型是系统工程，很难分部门开展，只有业务主导，架构牵引，让数据作为公司的数据资产被有效统一的管理，在一定的规则下促进共享，才能成功实现转型，发挥数据的最大价值。

2. 建设数字企业的意义

数字化为人们创造了更加灵活、方便和互联的世界，在享受便利的同时，人们的行为和消费方式也在不断发生改变。对企业而言，如果不及时掌握这些需求变化，轻则可能失去部分客户资源，重则将与行业发展趋势失之交臂。当今社会，数字化转型对于企业而言已是迫在眉睫，综合业内主要专家的观点，其主要体现在以下三方面：

数字化转型是企业高质量发展的动力保证。数字经济代表未来经济的发展方向，已成为经济增长的核心要素和企业竞争的关键领域。加快数字化转型将加速推进新技术创新、新产品培育、新模式扩散和新业态发展，从而推动企业更多、更深地融入并完善全球供给体系，促进我国产业迈向全球价值链中高端，加快企业高质量发展。

数字化转型是构筑竞争新优势的有效途径。新一代信息技术是新一轮科技革命的核心力量，孕育着产业变革的巨大潜能，也是我国构筑竞争优势、抢占发展主导权的关键领域。有专家认为，加快数字化转型，将推动企业的生产方式、业务形态及商业模式等发生颠覆式重构，从而有机会发挥后发优势，实现换道超车，抢占新一轮产业竞争制高点。

数字化转型是创新驱动发展的有力抓手。新一代信息技术是全球创新最活跃、应用最广泛、辐射带动作用最大的创新领域之一，在当前复杂多变的新形势下，加快数字化转型，将有效激发国有企业创新活力、降低国有企业创新门槛和成本，加快构建实时、开放、高效、协同的创新体系，实现创新驱动发展。

3. 企业数字化转型实例

近年来，各企业纷纷在数字化转型方面大步迈进，试图抓住数字技术不断创新迭代的"牛鼻子"，构建数字驱动发展的新模式。以华为技术有限公司（以下简称华为）为例，华为从 2016 年开始将数字化转型列为公司战略，全面推行数字化转型。其实华为早已

完成了公司的流程管理体系和信息化建设，无论是销售、订单业务，还是战略规划等，任何一项工作都有相匹配的流程，并有相应的信息技术系统支撑。但公司却面临新的问题——如何打破已有 IT 系统形成的数据孤岛、如何引入数字化技术来提升企业的竞争力，即将到来的数字化大潮促使华为在 2016 年正式提出数字化转型。

在华为的信息化建设进程中，数据分散在系统里，而这些系统的背后可能是不同的业务部门和权力。数字化时代，希望实现应用"服务化"、平台"云化"，更重要的是，企业应有统一的数据底座来承载所有的数据，并将数据变成企业的"战略资产"。数字化可以让不同层级、不同部门的领导在同一时间看到同样的数据，从而省略了原有的层层汇报、加工传递环节，使组织扁平化，令"指挥"到"作战"之间只有"一跳"，实现对问题的实时感知和"察打一体"。

1.2 数字化虚体

数字化虚体作为与数字化实体相对应的存在，自提出起就得到了全球学者及专业人士的广泛关注。这个概念由美国国防高级研究计划局（Defense Advanced Research Projects Agency，DARPA）于 2009 年首次提出，作为推动新一轮军事革命的颠覆性技术，DARPA 将其称为数字孪生体。DARPA 期望能提供一套通用的工程方法，为物理世界建立对应的数字空间，解决在面对复杂系统工程时成本和灵活性难以调解的矛盾。在提出数字孪生体概念之初，DARPA 就明确了"化繁为简"的目标，即将复杂的系统工程简化为一种人人均可应用的工程体系，从而释放人类社会的创造力，推动工业化进入新阶段——第四次工业革命。

当前，数字化虚体的概念炙手可热，逐渐成为从工业到产业、从军事到民生各个领域的智慧新代表。数字孪生技术正被广泛应用于工业制造、工程建设、智慧城市、政府机构及文创旅游等领域，它作为一种能将物理世界与数字世界打通而实现虚实融合的复合技术，具有无穷大的发展潜力。

1.2.1 数字孪生体的发展历程和概念内涵

数字孪生体是数字虚体的典型形式，要想理解数字孪生体的概念，首先应了解数字孪生的概念。数字孪生思想最初由密歇根大学的迈克尔·格里夫斯（Michael Grieves）通过"信息镜像模型"（Information Mirroring Model）提出，而后演变为"数字孪生"概念。数字孪生又称为数字双胞胎或数字化映射。数字孪生是在基于模型的工程定义（MBD）的基础上深入发展起来的，企业在实施基于模型的系统工程（MBSE）的过程中产生了大量的物理、数学模型，这些模型为数字孪生的发展奠定了基础。2012 年美国国家航空航天局（NASA）给出了数字孪生的概念描述：数字孪生是指充分利用物理模型、传感器及运行历史等信息，集成多学科、多尺度的仿真过程，它作为虚拟空间中对实体产品的镜像，反映了对应物理实体产品的全生命周期过程。进入 21 世纪，美国和德国均提出了"信息-物理系统"（Cyber-Physical System，CPS），作为先进制造业的核心支撑技术。CPS 的目标是实现物理世界和信息世界的交互融合，通过大数据分析、人工智能等新一代信息技术对虚拟世界的仿真分析和预测，以最优的结果驱动物理世界运行。数字孪生的本质就是信息世界对物理世界的等价映射，因此数字孪生更好地诠释了 CPS，成为实现 CPS 的最佳技术。可

以说，数字孪生是一种超越现实的概念，可以被视为一个或多个重要的、彼此依赖的装备系统的数字映射系统。

2003年，迈克尔·格里夫斯教授在密歇根大学的产品全生命周期管理（Product Lifecycle Management，PLM）课程中提出了"与物理产品等价的虚拟数字化表达"的概念，并给出定义：一个或一组特定装置的数字复制品，能够抽象表达真实装置并以此为基础进行真实条件或模拟条件下的测试。该概念源于更清晰地表达装置的信息和数据的意愿，希望能够将所有信息放在一起进行更高级的分析。虽然这个概念在当时并没有被命名为数字孪生体，但其概念模型已具备数字孪生体的所有组成要素，即物理空间、虚拟空间和两者之间的关联或接口，因此可以被认为是数字孪生体的雏形。之后，迈克尔·格里夫斯教授在《几乎完美：通过PLM驱动创新和精益产品》一书中引用了其合作者Lohn Vickers用于描述该概念模型的名词——数字孪生体，并一直沿用至今。数字孪生体的概念模型主要包括3个部分：①物理空间（实体产品）；②虚拟空间（虚拟产品）；③物理空间和虚拟空间之间的数据和信息交互接口。

2011年之后，数字孪生体迎来了新的发展契机。2011年，美国空军研究实验室（Air Force Research Laboratory，AFRL）提出数字孪生体并进行进一步研究，其目的是解决未来复杂环境下的飞行器维护问题和寿命预测问题。该实验室计划在2025年交付一种新型号的空间飞行器及与其相对应的数字模型即数字孪生体。2012年，美国空军研究实验室和NASA合作并共同提出了未来飞行器的数字孪生体范例。他们针对飞行器、飞行系统和运载火箭等，给出数字孪生体的定义：一个面向飞行器或系统的集成的多物理、多尺度、概率仿真模型，该模型利用当前最佳可用物理模型、更新的传感器数据和历史数据等来反映与其相对应的飞行实体的状态。同年，NASA发布的"建模、仿真、信息技术和处理"路线图正式将数字孪生体展现在公众面前。该定义可以被认为是美国空军研究实验室和NASA对之前研究成果的一个阶段性总结，着重突出了数字孪生体的集成性、多物理性、多尺度性和概率性等特征，能够实时反映对应飞行产品的状态，使用的数据包括当前最佳可用物理模型、更新的传感器数据及产品组的历史数据等。

近年来，数字孪生体在理论层面和应用层面均取得了快速发展，应用范围也逐渐从产品设计阶段向产品制造和运维服务等阶段转移，并引起了国内外学者和企业的广泛关注，数字孪生和数字孪生体的概念内涵逐渐清晰。总体来说，数字孪生是指利用数字技术对物理实体对象的特征、行为、形成过程和性能等进行描述和建模的过程与方法，也称为数字孪生技术。数字孪生体指与现实世界中的物理实体完全对应和一致的虚拟模型，它可实时模拟自身在现实环境中的行为和性能。基于数字孪生体对物理实体进行仿真分析和优化，也称为数字孪生模型（一些学者也将数字孪生体称为数字镜像、数字映射、数字孪生或数字双胞胎等）。这就意味着，数字孪生体不只是物理世界的镜像，还要接受物理世界的实时信息，更要反过来实时驱动物理世界，并且进化为物理世界的先知、先觉甚至超体。

基于上述解释，可以认为数字孪生是技术、过程和方法，数字孪生体是对象、模型和数据。数字孪生不仅可利用人类已有理论和知识建立虚拟模型，而且可利用虚拟模型的仿真技术探讨和预测未知世界，以寻找和发现更好的方法和途径、不断激发人类的创新思维、不断追求优化进步，并为当前制造业的创新和发展提供新的理念和工具。当前，数字孪生作为一种新型通用目的技术，它为物理空间和数字空间的交互提供了有效手段，其开放架

构吸引了大量参与者，通过竞争加速数字孪生体专业化分工，最终实现企业数字化转型成本的大幅降低。未来，虚拟空间中将存在一个与物理空间中的物理实体对象完全一样的数字孪生体。例如，工厂、车间及生产线在虚拟空间中有对应的工厂数字孪生体、车间数字孪生体和生产线数字孪生体；而在军事领域，数字孪生理念驱动了军事革命，战场、装备等在虚拟空间中都有对应的数字孪生体。由于数字孪生思想主要来源于军事领域，下面就军事领域的数字孪生体进行详细介绍。

1.2.2 "数字孪生+"驱动的军事革命

美国空军研究实验室、史蒂文斯理工学院及系统工程研究中心等机构围绕数字孪生体概念开展了一系列的系统工程验证工作。认识到数字孪生体工程的复杂性，阿诺德空军基地的 Timothy West 和史蒂文学院的 Mark Blackburn 曾提出，数字孪生体工程是美国国防部最新的"曼哈顿计划"，为了与传统的原子弹工程区分开来，工业 4.0 研究院将其称为"数字曼哈顿计划"。与先前的原子弹曼哈顿计划不同，数字曼哈顿计划不是实现科学的大工程，也不是传统科学原理的进步，而是工程技术的重大突破，成本和周期将是数字孪生体工程最吸引人的优点。能否在更短的周期内实现武器装备新型号的研制，并能在更低的预算内完成，将是决定大国竞争战略能否实现的关键要素。

兰德智库在其 2021 年发布的《打造马赛克作战部队》报告中阐释了数字孪生体在马赛克作战中的价值。在武器装备和战场实现数字孪生化的前提下，未来马赛克作战的灵活性将体现为随时可以更新战场上的武器装备，以及同步作战指挥中心的要求，还可以根据作战情况的反馈，实现将软件代码远程更新到作战现场的数字孪生体中，从而改变武器装备的作战性能。以分布式作战模式为目标的马赛克作战，高度依赖数字孪生。通过实现作战单元之间的数据自动化机制，使远在后方的作战指挥中心能够全方位了解战场状况，并将相关数据和新的指控信息传达到位，这正是未来分布式作战的刚需。

经过近十年的发展，美国国防部已经验证了数字孪生体概念体系，并成功用于预测性维护、研发设计、系统集成和作战模式中，通过各种项目招标工作，建立了以波音、洛马、诺格①为核心的供应商生态，同时以美国空军研究实验室为先锋，同 DARPA、国家电力监管委员会（State Electricity Regulatory Commission，SERC）和麻省理工学院等建立了研发生态，只要有美国国会的资金支持，就可补齐用户需求，最终形成完整的数字孪生国防生态。

数字工程源于系统工程和基于模型的系统工程，但不是这两者的简单叠加。它是一个基于数字孪生体和数字线程的数字化转型工具箱，能够在作战模式、装备研制和军事训练中发挥独特的作用。对于数字孪生体概念，工业 4.0 研究院认为它是第四次工业革命的通用目的技术，并给出较为宽泛的定义，即"数字孪生体是物理世界和数字空间交互的概念体系"。工业 4.0 研究院判定，随着"数字孪生+"军事时代的到来，数字孪生在未来将成为国防发展的主角，除了在运行维护中可以发挥难以替代的作用，装备系统研制阶段将大量引入数字孪生。不仅如此，在新的作战模式牵引下，数字孪生战场也将初步成为现实。

---

① 波音、洛马、诺格分别指波音公司、洛克希德·马丁公司、诺斯罗普·格鲁曼公司。

1.2.3 数字孪生国防概念与体系

美国数字孪生国防发展的 4 个阶段见表 1.1。

表 1.1 美国数字孪生国防发展的 4 个阶段

阶　　段	时　　间	主　要　特　点	参　与　方
概念形成	2009—2012 年	针对机身数字孪生体应用，提出了相关范式	DARPA、AFRL 和 NASA 等
概念体系验证	2013—2015 年	AFRL 发布飞机机体数字孪生（ADT）招标，美国通用电气（GE）、波音、洛马和诺格均有参与，项目在 F-15 战斗机上进行验证，引入了 ModelCenter 等技术	AFRL、GE、波音、洛马和诺格等
典型装备试点	2016—2020 年	在 ADT 验证的后期，AFRL 和洛马合作，开始在 F-35 战斗机全生命周期中引入数字孪生体和数字线程技术	AFRL、洛马和 DARPA 等
全面推广应用	2021 年之后	美国国防部将 F-35 战斗机的数字孪生体应用作为典型上报给美国国会，建议全面推广数字孪生	美国国防部

从颠覆性技术发展的历史来看，国防需求一直是重要的推动力。随着复杂武器装备的数字化程度提高，其研制成本居高不下，同时武器装备周期的不断延长严重影响了国防战略的落实和作战需要，导致人们不再满足对传统概念体系进行"修补"。由于数字孪生体来自国防领域，迄今其最为瞩目的成果也主要和国防相关，工业 4.0 研究院针对国防领域的应用，提出了"数字孪生国防"概念，并计划按照范式构建规律，开展"数字孪生战场""数字孪生装备""数字孪生训练"等主题的研究和实践工作。

基于工业 4.0 研究院于 2020 年发布的"数字孪生+"战略框架，数字孪生国防是基于数字孪生设施的战场环境和装备工程体系，包括数字孪生战场、数字孪生装备和数字孪生训练等应用场景（见图 1.1），它具有在成本和灵活性两方面的核心优势。数字孪生国防理论是围绕成本和灵活性构建的。传统的国防理论体系，重点解决的问题是命令执行结果，而数字孪生国防研究的目标是体现未来作战所关心的成本和灵活性挑战。

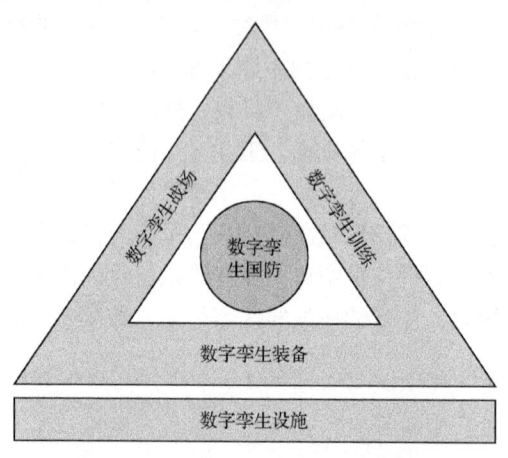

图 1.1 数字孪生国防概念示意图

数字孪生国防是基于数字孪生设施构建的。基于《数字孪生体》一书的观点，为了发挥数字孪生体的单一数据源价值，必须将数字孪生模型跟平台解耦，使其"基础设施化"，这样才能适应未来战场需要。目前国防装备领域的数据管理方式，大都采取数据跟平台和项目走，即每个项目或平台都有一个数字孪生模型库，这样做的好处显而易见——它能够直接满足项目需要，但对于进一步应用或建立多个项目或平台之间的数据共享，则需要开展新的集成项目。

数字孪生国防研究范围包括战场环境、作战装备和军事训练。与行业人士所关注的装备系统不同，根据工业4.0研究院的需要，数字孪生国防包含战场环境，以支撑作战模式的实现，如分布式作战、马赛克作战等，之所以这样做，是因为国防技术的目标之一就是备战和作战。任何理论体系，若不能与实际场景相结合，则其价值通常难以体现，数字孪生国防理论体系也是如此。从实际应用的角度出发，由于引入了数学孪生装备等概念，这些装备在战场上的应用，已不只是简单的装备自身维护问题，而是开始涉及与战略战术相结合的体系。

在新一轮军事革命的背景下，通过引入数字孪生设施，能够加速备战和作战能力，一方面实现成本更低、研制周期更短的数字孪生装备；另一方面则可以实现训练和作战的有机结合，缩小日常训练和实战之间的差异。

1. 面向未来的数字孪生战场

"数字孪生 +"与战场环境的融合，在数字孪生国防体系中表现为"数字孪生战场"。数字孪生战场体系采用类似云计算的虚拟化方法，一旦建立成功，可以使各个作战单元获得各种作战资源。尽管数字孪生战场的愿景非常具有吸引力，但目前还无法实现，因为没有低成本的数字孪生化工具、分层的数字孪生战场环境和智能的数字孪生装备系统，只有突破这3个核心要素，才能达到预想中的数字孪生战场状态，从而可以掌控战场态势，及时进行指挥和控制，最终将重塑未来的战场和作战，使其发生巨大的变化。

随着深度学习、动态物联网和传感器技术的不断发展及装备数字孪生化程度的加深，数字孪生战场将不断演进，最终实现真正的分布式作战目标。为了展示这样的愿景目标，工业4.0研究院设计了数字孪生战场4个阶段的演进路径（见表1.2），其划分阶段的依据是数据机制的根本性改变，即数据驱动的作战能力有无改善。

表1.2 数字孪生战场4个阶段的演进路径

	数字孪生战场1.0	数字孪生战场2.0	数字孪生战场3.0	数字孪生战场4.0
判断标准	针对物理资产建立静态数字孪生模型	数字孪生模型可以与物理资产更新数据	数字孪生模型可以与物理资产互相验证	数字孪生模型可以与物理资产实时交互
主要挑战特点	低成本的数字孪生化工具 静态（有限的）可视化	动态构建的物联网 动态可视化	智能边缘计算能力 实时的可视化、有限的交互能力	完善的数据机制和数据自动化能力 基本实现自由的调兵遣将
应用场景	作战指挥中心对战场态势的了解	武器装备系统的运行维护，战场态势的感知	武器装备系统的个性化、战场态势的感知，智能化的指挥和控制	全面实施分布式作战模式

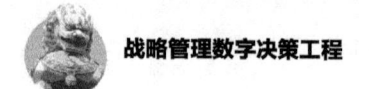

总而言之，在由成本和灵活性引发的新一轮军事革命背景下，未来战场将发生重大的改变，这种改变即为数字孪生战场。

2. 基于数字工程的数字孪生装备

"数字孪生+"与作战装备的结合，体现为"数字孪生装备"。美国国防部的数字孪生装备研究工作主要体现为装备系统的研制和采办，在其看来，数字孪生体是所有工作开展的可信源，无论是研制还是采办，都需要基于数字孪生体来推进。

美国一直试图推进军事改革，这可以追溯到 1986 年的《戈德华特-尼科尔斯国防部改组法》，以及 1994 年的《联邦采办流程化方案》。美国政府问责局（GAO）在 2009 年美国国防部开展采办改革时，配合提出一份报告，报告指出 2008 年美国国防部负责的 96 个大型武器采购合同有 70%出现超支情况，解决成本不可控问题是数字工程的使命，同时也是引入数字孪生体的根本原因。最近十年的数字工程变革，都源自 2009 年的《武器系统采办改革法案》(以下简称《采办改革》），最终导致 2018 年《数字工程战略》的出台，开启了基于数字孪生体的数字工程新阶段。在《采办改革》推出后，为了解决需求僵化、成本进度、测试不足和可靠性这 4 项挑战，美国国防部采取了多样化的举措，包括 2009 年提出的数字孪生体概念、2010 年的"更佳购买力"，以及 2011 年设立专门的系统工程部门等，通过动员各个部门出主意、想办法，美国国防部经历了长达十年的数字工程转型。从系统工程到数字工程的转变，体现了美国国防部与时俱进的思想。根据美国国防部的报告，数字工程具有比系统工程和基于模型的系统工程要广的范围，后者只是数字工程的一种实现方法。而数字工程与数字孪生体的关系则是：数字工程是基于数字孪生体构建的工程体系。

美国国会听证会多次谈及数字孪生技术，并要求加强数字孪生体实践的总结。在具体实践过程中，F-35 战斗机就利用数字孪生体构建了全尺寸的数字复制品。这个数字复制品能够帮助国防部在研发和制造阶段或部署之后问题出现之前，实现预测性分析，以确定和理解性能、可靠性和维护需求。根据美国国防部于 2019 年向国会汇报的资料，F-35 战斗机和洲际导弹等重大装备研制已经全面实现了采办的数字孪生化，开始体现《采办改革》设定的目标。根据工业 4.0 研究院的分析，美国陆海空天四大军种围绕数字孪生体和数字线程的应用，已经开展了试点示范，并进入推广应用阶段，特别是美国空军，已经明确提出了数字世纪系列，要求按照型号系列来开发装备系统。

当前数字工程转型势在必行，数字孪生装备的发展也在稳步推进，这将充分发挥数字孪生国防在成本和灵活性方面的优势。

3. 融合的数字孪生训练新模式

"数字孪生+"与军事训练的结合，体现为"数字孪生训练"，在非作战的训练环节，"数字孪生训练"可以很好地体现其含义。

军事训练有两种方式，一种是在物理世界中开展训练和演习，以了解可能发生的各种未知情况；另一种是采用仿真系统，通过模拟真实的作战环境来使受训人员掌握各种装备的特性和使用方法。两种方式的优劣很容易区分，前者受各种环境因素影响较大，成本较高；后者虽然成本低，但受限于技术成熟度，训练的效果一直难以替代实地训练。采用仿真系统来训练作战人员，已经成为现代作战训练的基本手段，特别是随着各种先进装备的

引入,如果缺乏模拟训练,则作战人员掌握的难度较高,通过仿真系统的引导性训练手段,可以使受训人员快速掌握各种先进装备。

传统的仿真作战训练的建设重点是人机交互界面,只要将界面做好,系统的建设目标就达成了。目前仿真系统大都采取人机交互的方式,即使人置身于一个模拟器中,尽量使模拟器呈现作战的实际环境,通过虚拟现实等手段使作战人员相信自己身处真实的战场,这对作战人员掌握相关技能有好处,但并不能替代真实世界的作战训练。

针对更为复杂的多域作战或分布式作战,为了适应未来作战的需要,必须不断变革传统的作战训练方式。随着人工智能、数字孪生体和物联网等技术的引入,可以实现作战人员在环的数字孪生作战新模式,这种新模式更容易提升训练的效果。在此大背景下,我国军事改革处于持续推进之中,数字孪生体已经成为其中的一个利器。

陆军研究院高级工程师王明孝曾在《解放军报》上提出:"利用数字孪生训练基础设施,把大的战场缩小来训、把远的战场拉近来训、让少数人训变成大多数人训、把境外战场放到境内来训。"这是国内首次公开谈论数字孪生训练的提议,展现了我国在数字孪生国防领域的一些先进理念和实践。通过引入人工智能、数据科学、数字孪生体和物联网等新一代数字技术,能够大幅提升指挥人员的决策水平和弥补作战人员经验不足的短板,为打赢未来战争做好相关准备。

1.3 数字化决策

当前,大数据技术方兴未艾,正极大地影响着人类的价值体系、知识体系和生活方式。大数据因其规模巨大、类型复杂、产生速度快及价值密度低等特点,对现有信息资源管理和数据治理构成巨大挑战。运用新理念、新技术、新方法对大数据进行全生命周期的创新管理和应用,是推动国民经济转型和社会管理创新的重要契机,也是国家综合竞争力提升的重要趋势。支撑大数据革命的底层力量,不只是技术革命,更是领导意识、组织文化和行为方式的思维革命。

在国家治理层面,尤其需要掌握用数据思考和解决社会问题的新方法,最重要的是建立数据决策方式。在这一时代背景下,不懂得利用大数据进行科学决策的领导者将会被淘汰。面对越来越复杂的社会发展需求,单靠经验来运行庞大而复杂的决策系统已远不能满足了,无论是领导者还是基层人员都不能忽视数据的力量,应努力培养大数据思维、应用数据决策的数据素养,既要充分运用大数据,又要理性应用大数据,并基于数据分析进行科学决策。大数据因其复杂性,既为科学决策提供了可能,也给科学决策带来了客观困难。因此,准确、全面地了解大数据推动科学决策的重大意义,精准把握大数据决策的基本特征,是以数据驱动科学决策的基本前提。

1.3.1 数字化决策的内涵

决策存在于人类的一切实践活动中,小到一台机器的操作,大到一个国家的治理,都离不开决策。随着社会节奏的持续加快,来自各行业领域的决策活动在频度、广度及复杂性方面较以往都有本质的提高,决策问题的不确定性程度随着决策环境的开放程度及决策资源的变化程度而逐渐增加。从静态决策到动态决策、从单人决策到群体决策、从基于小规模数据分析的决策到基于大数据的决策,决策理论和方法已经发生了巨大的变化。在全

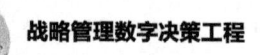

球信息化快速发展的背景下，大数据已经成为一种战略资源，传统的基于人工经验、直觉及少量数据分析的决策方式已经远不能满足日益个性化、多样化、复杂化的决策需求，大数据驱动的智能决策将成为决策研究的主旋律。

所谓数字化决策，就是用大数据分析技术和方法来分析问题和解决问题的思路和方法。其特点主要体现在以下4方面：

（1）数据的整体性和多维性。针对决策问题，大数据的跨视角、跨媒介、跨行业等多源特性创造了信息交叉、互补与综合应用的条件，它能提供的不是随机样本，而是多维度的整体数据，并且更注重问题求解的全局性。

（2）决策的不确定性。数字化决策的不确定性主要源于3个方面，即不完整且不确定的决策信息、决策信息分析能力不足，以及复杂且难以建模的决策问题。因此，数字化决策以统计学的简单算法思维为基础，不追求精确性，而追求明确的宏观特性。

（3）决策的动态性。大数据是对事物客观表象和演化规律的抽象表达，其动态性和增量性是对事物状态的持续反映，因此大数据环境下的决策模型将是一种具备实时反馈的闭环模型，决策模式将更多地由相对静态的模式转变为对决策问题动态描述的渐进式求解模式。

（4）从因果分析的"为什么"转向关联分析的"是什么"。关联分析为问题假设的初步分析和正确数据选择提供必要的判断和依据，其可提高数据分析的合理性和认可度，更具有实效性与实际价值。

1.3.2 数字化决策的意义

数字化决策的意义可以从多方面理解，这里主要从大数据的角度进行探讨。

决策是对资源配置方式的一种选择，它所寻求的是最大限度地推动组织向发展目标靠近。组织决策的制定往往是直接关系到组织生存的大问题，一旦失误就可能造成严重后果。组织只有在选择的资源配置方式上最大限度地抓住外部机会，并充分利用内部资源而又不超越其限制的情况下，才能达成决策制定的目标。二者之间的关系并不是靠直觉灵感所能把握的。任何一个组织要想谋求持续稳定、长久的发展，就必须抛弃这种单纯依靠直觉做出灵感决策的方式，而是选择以科学分析方法为基础的程序化决策。借助开放共享的数据和"一切皆可量化"的大数据技术与思维方式，政府和企业有关部门可以利用更为充分的资料，获得比以往更多的基于管理和服务对象的海量信息，并可以借助数据挖掘技术和经验来发现更多特征或规律，从而做到更加精准的洞察和预测，最终丰富政府、社会和企业治理的手段和方式，更好地提供决策支持。"不会量化就无法管理"，目前已成为管理学界的共识。

全面、及时、准确地掌握社会信息，进而分析社会问题和社会矛盾，是科学决策的基础。李锋在《运用大数据技术促进国家治理科学化精细化智能化》中提出，在传统的行政管理中，要么过于依赖经验和直觉，不愿意深入调研社会现象；要么缺乏科学化的分析工具，出现"只见树木不见森林"的问题，导致对于社会现象缺乏全面、真实的了解。大数据技术的"大容量""多样化"等特点，有助于切实了解社会现象、正确把握社会发展规律，以及提升公共决策的科学化水平。

传统来说，对于社会现象的观测立足于人为设定的主观指标，并且在数据统计过程中

难免会受到人为因素的影响，而大数据技术有助于客观把握社会规律。例如调查数据不准确的问题，显现传统调查数据的局限性。大数据调查的数据来源种类多元，不再局限于传统的数字式统计方式，文本、声音及图片等均可以作为数据来源，具有客观性、真实性的特点。例如，国家统计局利用高速公路监控信息改进公路运输统计方法，以及利用物联网、卫星数据等对农作物种植空间等进行统计，极大拓展了政府统计的范围和精度，为宏观经济发展提供统计基础，为相关决策提供客观分析的基础。

先有数，再做事。构建数据决策科学体系在大数据时代下已经成为一种可能。对于企业来说，在实施数字化转型的同时，重构运营模式以实现数据驱动的智能决策也很重要。在当前时代背景下，大部分企业在关注一些核心的业务驱动因素时，会更倾向于利用数据去做事件的决策，同时利用实时数据去做一些预测性的分析并应对潜在风险。目前，不论是面向新客户、新技术还是新的合作模式，数据量的增长在带来新机遇的同时，也带来了一些潜在风险，只有借着数据驱动决策这种方式去迎合业务的增长，才能更好地提高应对风险的能力。

1.3.3 决策的数字化转型理念

1. 数字化转型的关键词

安筱鹏在 2019 年清华大学举办的高教论坛上围绕"数字化转型 2.0"做了主题发言。他认为，数字化转型的本质是在数据+算法定义的世界中，以数据的自动流动化解复杂系统的不确定性，优化资源配置效率，构建企业新型竞争优势。他提出数字化转型本质的十个关键词，包括不确定性、复杂系统、竞争的本质、转型的逻辑起点、工具革命、决策革命、数据的自动流动、软件的本质、技术架构大迁徙时代和体系重构。

在安筱鹏看来，数字化转型的本质是两场革命：工具革命和决策革命。人们前往一个地方可以选择步行、驾车或乘坐飞机，也就是工具，工具决定了行程的速度；但是离目的地是否越来越近，仍取决于人们的决策是否正确。数字化转型本质上就是解决两个基本问题：正确地做事和做正确的事。

工具革命，用马克思的话来说，就是用于生产的劳动资料的变革。从工具革命的维度看，自动化的工具提高了体力劳动者和脑力劳动者的效率。传统的机器人、机床、专业设备等工具逐步升级为 3D 打印、数控机床、自动吊装设备、自动分检系统等智能工具，传统能量转换工具正在向智能工具演变，大幅提高了体力劳动者的效率；CAD、CAE、CAM 等软件工具提高了脑力劳动者的工具效率。从决策革命的维度看，企业内部 EPR、CRM、SCM、MES 等通用软件和自研软件系统，通过不断挖掘、汇聚、分析消费者及研发、生产、供应链等数据，基于数据+算法构建一套新的决策机制，替代传统的经验决策，实现更加高效、科学、精准、及时的决策，以适应需求的快速变化。

对于决策革命，用抽象的语言来描述就是在比特的汪洋中重构原子的运行轨道。即通过在赛博空间重建物理世界，对采集的信息进行处理、加工、优化，并将优化结果反馈到物理世界，进而优化物理世界。信息物理系统建设是在比特的世界中构建物质世界的运行框架和体系，它以数据自动流动实现资源优化配置。这种决策将变得更加高效、成本更低、更加精准和更加科学。简而言之，决策革命就是基于数据+算法的决策。"数据+算法=服务"的实现分为 4 个环节：一是描述，即在虚拟世界描述物理世界发生了什么；二是洞察，即解释事物产生的原因；三是预测，即研判未来会发生什么；四是决策，即为将发生的事情提供解决方案。在不确定性的环境中进行决策是企业面临的巨大挑战，从基于经验的决策到基于数据+算法的决策，是企业数字化转型的基本模式。

2. AI辅助决策

企业界有一种观点，认为企业数字化转型有两个核心标志：一是一切业务在线；二是基于数据的决策替代人的决策。前者的基本逻辑是在线产生链接、链接产生数据、数据产生智能；后者的基本逻辑是通过数据智能实现数字决策、数字执行、数字协同的管理目标。因此，企业的数字化转型需要在实现在线化转换的过程中，利用在线所能发挥的数据记录能力，完成所有业务动作的原子化切分，形成最小基本业务动作的在线化数据记录，并通过算法技术加持实现数据智能管理，进而发挥数据的价值，建立以数据智能为基础的数字决策系统，最终达到优化业务流程，实现降本增效、可持续增长的根本目的。

北京易华录信息技术股份有限公司韩晴提到，企业数字化转型的目的是业务流程的优化，其终极目标是辅助决策。如果企业花重金打造了一套数字化系统，最终却无法进行决策，这个数字化建设是不彻底的。因此，有必要建立一个科学的决策体系框架，为企业进行定制化建模，辅助企业各级决策层进行基于数字化的决策。

业务流程中的任何一个环节都可以被机器简化甚至代替，唯独决策须由人完成，这是因为决策带来的影响和决策的难度都非常大。决策的影响巨大，决定了人工智能（AI）只能辅助决策，不能代替决策；决策的难度巨大，则是应该让AI更多地参与"决策过程"的原因。

决策的难度来源主要包括以下方面：

① 对于一个好决策的定义是模糊的。例如对于交通管控来说，需要考虑是让所有车辆的平均行驶速度最大，还是保证主路车辆的行驶速度最大，或是保证行驶速度方差最小（最公平）；对于公司经营而言，需要考虑是将资源更多地投入生产以使当年利润最大化，还是投入研发以使未来10年的利润最大化。

② 对未来的不确定性难以把握，即决策人如何知道将资源投入研发就一定能获得更高的回报。错综复杂的数据让决策难以进行。例如，企划部门根据市场调研提出生产高端机型，但是宏观经济在萎缩，财务部门则提出压缩成本，然而离职率有上升迹象，互相矛盾的数据让决策难以实施，只能凭借经验进行决策，面对没有遇到过的场景，决策失误的风险会增加。而决策的另一个特点是几乎没有试错机会，决策前只能进行推演，一旦下达，如果没有达到预期效果，就要承担经济损失。

理想的辅助决策系统：首先由决策者提出一些关键的改善目标，辅助决策系统向决策人输出几种备选决策，并告知决策人每个备选决策预期会产生哪些收益、带来哪些影响，以及这些收益和影响的置信度，以备决策人参考；在实施决策的过程中，辅助决策系统可以监控决策实施效果，计算实际的偏差，并输出纠偏建议；辅助决策系统允许决策人在过程中的任意时刻改变目标，它应可以立即进行调整，输出针对最新目标的决策建议；辅助决策系统可在整个实施过程中，通过计算偏差实现自我改进，迅速调整到最符合客观现实的状态。

为了设计一个理想的辅助决策系统，决策生成器和环境模拟器是核心。环境模拟器由

历史数据建模生成，旨在对外部环境进行模拟。它可以接收决策生成器生成的"决策动作"并进行响应，以价值的方式将决策造成的影响反馈给决策生成器。决策生成器通过建立预测网络、评价网络，生成价值最优策略。它和环境模拟器在无数轮的相互反馈中，训练出"最优决策生成"的能力。环境模拟器本身也是一个自学习系统，它是决策生成器的推演沙盘，在出厂前通过学习历史数据，在虚拟世界中模拟出真实世界的模型，由于真实世界的不确定性和变化，环境模拟器在出厂后仍然要持续这个学习过程，也就是在整个系统的全生命周期中，环境模拟器都在不断学习，以达到和真实世界尽可能相似的建模效果。另外，一个企业自身的数据可能难以支持所有建模需求，有必要更加广泛地汇总行业数据，共同建立某个通用模型，并通过迁移学习技术将模型应用到个别企业中。在通用模型的建模过程中，为了保证个别企业的商业秘密和数据安全，需要使用联邦学习技术，在满足数据不出域的前提下进行建模和训练。

3．睿德团队数字决策转型理念

国防科技大学的战略管理数字决策工程团队（以下简称睿德团队）在战略管理数字决策工程研究中，提出了五点数字决策转型理念。

（1）战略决策数字化转型是组织数字化转型的最终体现。

以华为技术有限公司（以下简称华为公司）为例，它将数据工作分为两个阶段。第一阶段（2007—2016年）是数据清洁与贯通，即通过业务数字化、标准化，借助IT技术，实现业务上、下游信息的快速传递、共享，并通过数据质量度量与持续改进，确保数据真实反映业务，降低运营风险。第二阶段（2017年至今）是数据分析与洞察，即通过数据汇聚，实现业务状态透明可视，提供基于"事实"的决策支持依据；通过业务规则数字化、算法化，嵌入业务流，逐步替代人工判断；基于数据的用户洞察，发现新的市场机会。

（2）战略决策数字化转型是战略业务价值链的顶端重塑。

以某供应链物流（数字化）决策平台为例，其通过智能设备获取信息数据，所获取的数据经模型与算法处理后到达数据交换中心，再经信息系统处理后可以辅助相关决策，从而应用于特定领域。

（3）战略决策数字化转型是提升战略竞争力的源头。

费雷德蒙德·马利克（Fredmund Malik）在其所著的《战略：应对复杂新世界的导航仪》一书中提出战略（优势）的含义——甚至是在开始行动之前，行动方式就预告了长远的成功。睿德团队认为，决策优势是社会主义中国的一项战略优势，数字化转型是当代中国将这种战略优势充分发挥出来的有效途径。

（4）破除迷雾防控风险是战略决策数字化转型的首要目的。

迷雾防控风险主要包括四方面的内容：一是战略能力走向偏离一流目标要求；二是作战体系构建偏离核心能力需求；三是规划建设项目偏离体系建设需要；四是经费投向投量偏离项目贡献绩效。

（5）战略决策数字化转型的技术途径是构建预实践平台。

相关专家学者很早就提出过预实践的概念。例如，战晓苏认为作战实验方法可以用于指挥控制系统的预先演练，它是形成指挥决策预实践能力的"模拟器"；在邹振宁看来，预实践式决策是智能化时代的一种新的决策方式；谢苏明则认为，要建立面向未来战争预

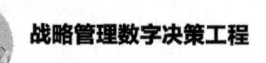

实践的支持"站在对手的角度看自己"核心理论的联合作战实验室。综合众多学者的观点，睿德团队认为预实践是决策前虚拟实践活动的统称，要实现战略决策的数字化转型，应当建立为顶层战略决策服务的预实践中心及其分级、分类组网和协同体系。

1.3.4 数字化决策发展现状

在企业实际应用中，决策辅助人工智能的成果始于娱乐性较强的Alpha-Go，之后在互联网企业以个性化推荐系统大放异彩，并逐步拓展至数字化较高的行业，如金融、零售、能源、制造行业，诸如反欺诈预警系统、设备预警系统、定价系统、工艺优化、能耗优化等应用场景落地。下面仅从企业数字化决策的角度展示数字化决策的发展现状。

在数据驱动决策的引领下，星环科技（星环信息科技（上海）股份有限公司旗下品牌）提出了实时智能决策中心方案，并在一些项目中得到落实。该决策中心能够实现从数据到应用的赋能过程，使其形成一个真正意义上的企业大脑的角色，以协助企业去判定相应的事件并给出决策结果。

因为数据赋能应用其实就是将数据转化为知识应用的过程，或者说是应用数据的过程，所以星环科技可以选择知识管理体系（Date to Information to Knowledge to Wisdom，DIKW）模型，即知识管理的方法论与之相契合。在DIKW模型中，数据分为4层，如图1.2所示。其中，第1层是数据，代表原始素材；第2层是信息，在这里是指经加工处理的有逻辑的数据；第3层是知识，知识指信息之间的联系、包括完成当下任务的能力在内的行动能力；第4层是智慧，具体指关于未来的预测。

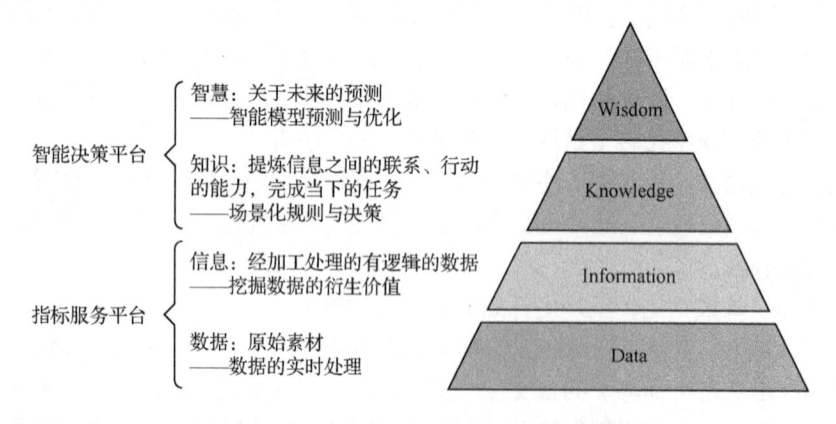

图 1.2 知识管理体系（DIKW）模型

在数据层面，回到数据驱动决策所面临的一些问题，因而需要具备数据的实时处理能力；在信息层面，或在数据形成有逻辑的信息后，需要挖掘数据的衍生价值，这个衍生价值可能是指标、标签或赋予业务属性的数据；在知识层面，根据知识提供的当下的行动能力，围绕业务场景提炼业务规则，最终进行决策；在智慧层面，通过建模，最终将模型应用到实际生产中，使其完成一部分预测与优化的工作。

数据智能在行业内逐步落地，只有数据、技术和业务三者进行融合创新，将技术化的数据转变为行业知识并驱动智能化应用，从而为业务提供从感知、认知、决策到行动的闭环，才能让政府和企业实现全面的数字化和智能化转型。

基于上述理论，百分点科技（北京百分点科技集团股份有限公司）在 2017 年发布了首个行业 AI 决策系统 DeepMatrix，并在算力、数据、算法三重因素的驱动下，通过进一步强化多项认知智能技术将其升级为 DeepMatrix2.0。经过多年的实践，百分点科技基于探索出的行业落地新范式，正式推出新一代 AI 决策系统 DeepMatrix3.0。其主要包括数据中台、知识中台、AI 中台和智能应用 4 个功能模块，使系统相应地具备智能化的数据治理、高效的行业知识构建、预置多个行业的预训练模型和多样化的数据分析应用四大优势，通过 4 个功能模块相辅相成，最终打通端到端的数据智能价值闭环。升级后的系统融合了大数据与人工智能技术，依托"数据-知识-应用"和"感知-认知-决策-行动"的双闭环理念，具有大规模多源异构数据的管理和分析能力、全链路的自动化知识图谱构建和管理能力，以及 AI 能力引擎和行业算法模型库。基于 DeepMatrix3.0，可以提供面向社会治理和企业数字化转型场景的行业智能决策能力、构建一系列行业解决方案，将数据转化为价值，满足客户在不同阶段的数字化转型和智能化升级的应用需求。

成立于 2014 年 9 月的第四范式公司（第四范式（北京）技术有限公司），是企业级人工智能的行业领导者。该公司致力于以平台为中心的人工智能解决方案，帮助企业解决人工智能转型过程中所面临的效率、成本及价值等问题。2015 年，第四范式公司进军金融领域，提供人工智能技术应用，后续逐渐踏足零售领域、能源领域及制造领域，目前解决方案覆盖七大行业，在中国决策类人工智能市场中居首位。该公司以"AutoML"为核心，建立了包含预测技术、感知技术、决策技术在内的全栈 AutoML 算法布局。从其应用来看，第四范式公司为某大型综合类证券公司提供服务，基于海量非结构化数据，帮助客户实现理财产品的精准推荐，推荐准确率较过去提升 4.5 倍；公司帮助食品连锁行业客户在供应链管理、线上运营及门店选址等多个业务场景中进行智能化升级，推动人工智能与零售业务的有效融合，实现从流量思维向精准思维的转变。

从上述企业案例来看，可以说，决策类人工智能将 AI 由"感知智能"真正提升为"认知智能"。据相关机构调研，在我国 AI 行业细分市场中，决策类人工智能的市场规模仅次于计算机视觉且增速最快，预计到 2025 年市场规模将达到 1847 亿元。

尽管如此，韩晴认为，目前制约决策生成类人工智能发展的几个限制条件仍然比较明显。首先是完成第一阶段数字化建设的企业少之又少，脱离数据基础，决策类人工智能没有用武之地；其次是其技术门槛，决策类人工智能研发综合了线性代数、机器学习、深度学习、强化学习等领域知识，对于算法工程师的要求非常高。另外，也是上述原因带来的综合结果，市场和企业高层对技术缺乏了解和信心，或持观望态度。上述原因导致决策生成类人工智能在企业数字化过程中的普遍应用因行业不同而有所差别，但是相信在不远的将来，会有更多的企业使用人工智能辅助决策，甚至战略决策。

1.4 数字化空间

1992 年，尼尔·斯蒂芬森（Neal Stephenson）在其科幻小说《雪崩》（*Snow Crash*）中给出一个情节设定：一个现实人类通过设备与虚拟人共同生活在一个虚拟空间，由此他提出了"metaverse"（元宇宙，汉译本译为"超元域"）这一概念。近年来，元宇宙概念炙手可热，从整个行业的发展现状来看，元宇宙作为互联网的延伸，将提升人类的数字化水平、提升认知和决策的效率，从而提高生产力。下面对元宇宙进行具体介绍。

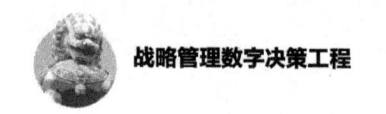

1.4.1 元宇宙的概念内涵和意义

自元宇宙概念引爆后,无论是资本市场还是创业者,对元宇宙的兴趣都骤然升温。目前,元宇宙仍是一个不断发展、演变的概念,不同参与者以自己的方式不断丰富其含义。风险投资家马修·鲍尔(Mattew Ball)认为,元宇宙必须提供"前所未有的互操作性",无论是谁在运行元宇宙的特定部分,用户都必须能够将其化身和商品从元宇宙中的一个地方带到另一个地方。Beamable 公司创始人乔恩·拉多夫(Jon Radoff)认为,元宇宙构造的 7 个层面是体验、发现、创作者经济、空间计算、去中心化、人机互动和基础设施。在朱嘉明看来,元宇宙是一个平行于现实世界又独立于现实世界的虚拟空间,也是映射现实世界的在线虚拟世界,还是越来越真实的数字虚拟世界。清华大学新闻与传播学院新媒体研究中心发布的《2020—2021 年元宇宙发展研究报告》指出,元宇宙不等于电子游戏,它不只是一个虚拟世界,而是"虚拟世界×现实世界",可以说,元宇宙是多人在线游戏、可编辑的世界、经济系统、社交系统及现实元素等众多因素的集合。目前,距离实现元宇宙的产品化还有很长的一段路要走,元宇宙要想实现落地仍需各方面的持续发展和突破。

当前被普遍接受的观点是:元宇宙是虚拟时空间的集合,也是利用科技手段进行链接与创造的与现实世界映射交互的虚拟世界,具备新型社会体系的数字生活空间。清华大学新闻与传播学院的沈阳教授认为,元宇宙是通过整合多种新技术所产生的新型虚实相融的互联网应用和社会形态,它基于扩展现实技术提供沉浸式体验,基于数字孪生技术生成现实世界的镜像,基于区块链技术搭建经济体系,将虚拟世界与现实世界在经济系统、社交系统、身份系统中进行密切融合,并且允许每个用户进行内容生产和世界编辑。准确地说,元宇宙不是一个新的概念,更像是一个经典概念的重生,即在扩展现实、区块链、云计算及数字孪生等技术下的概念具化。

技术渴望新产品、资本寻求新出口、用户期待新体验,这被认为是点燃元宇宙的三把火。元宇宙是虚拟与现实的全面交织,它将加深思维的表象化。对于传统的印刷技术而言,其承载的是"透过表象看本质"的理性思维与严肃、有序、逻辑性的公众话语,而现在的多媒体技术承载的是前逻辑、前分析的表象信息,容易导致用户专注能力、反思能力和逻辑能力的弱化。元宇宙则强调具身交互与沉浸体验,加深了思维的表象化,"本质"变得不再重要。同时,当前互联网产业的主要瓶颈是内卷化的平台形态,在内容载体、传播方式、交互方式、参与感和互动性上长期缺乏突破,导致"没有发展的增长"。

中国社会科学院数量经济与技术经济研究所信息化与网络经济研究室副主任、中国社会科学院信息化研究中心秘书长左鹏飞认为,元宇宙将给人们的生活和社会经济发展带来一系列的巨变。一方面,它将在技术创新和协作方式上产生根本性的变化,进一步提高社会生产效率;另一方面,元宇宙将催生出一系列新技术、新业态、新模式,促进传统产业变革和推动文创产业跨界衍生,从而极大刺激信息消费。另外,元宇宙的出现也将重构人们的工作生活方式,推动智慧城市的建设,使得大量工作和生活在虚拟世界中发生,从而创新社会治理模式。

1.4.2 元宇宙的技术底座

2020—2021 年元宇宙发展研究报告中提出,元宇宙塑造的虚拟世界所涉及的技术种类

众多，技术底座的强弱决定应用的落地成效。为了塑造这样一个虚拟世界，需要一个规模更大、算力更强的 AI 基础设施，还要有相应的可视化应用、内容及业务来支撑。元宇宙的技术底座如图 1.3 所示。

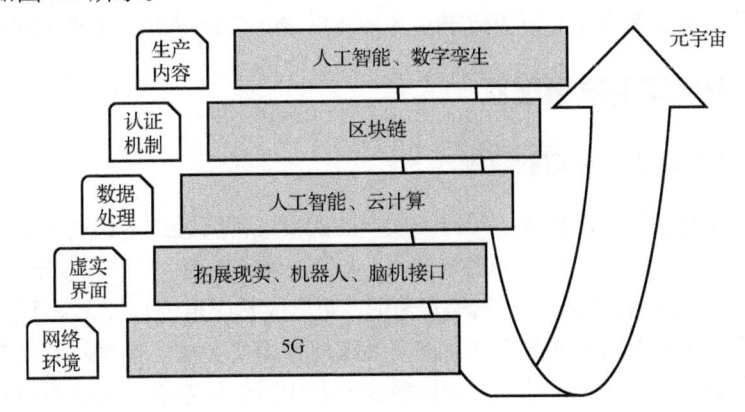

图 1.3　元宇宙的技术底座

元宇宙的网络环境以 5G（第五代移动通信技术）为通信基础，5G 的高速率、低时延、大规模设备连接等特性为元宇宙的应用创新提供了基础条件；反过来，元宇宙也有可能以其丰富的内容与强大的社交属性打开 5G 的大众需求缺口，从而提升 5G 网络覆盖率。

业界普遍认为，拓展现实、机器人和脑机接口共同构成了元宇宙的虚实界面的技术内容。拓展现实包括虚拟现实（Virtual Reality，VR）、增强现实（Augmented Reality，AR）、融合现实（Merged Reality，MR）。其中，VR 负责提供沉浸式体验，通过全面接管人类的视觉、听觉、触觉及动作捕捉来实现元宇宙中的信息输入与输出；AR 在保留现实世界的基础上叠加一层虚拟信息；MR 则通过向视网膜投射光场来实现虚拟与真实之间的部分保留与自由切换。机器人通过实体的仿真肉身成为连通元宇宙的另一种渠道。同时，脑机接口可以让使用者通过意识进行各种交互解析，并达到平行世界里的一切交互行为，以支撑元宇宙中最快捷、有效的信息访问。

元宇宙的数据处理依赖于人工智能和云计算。一方面，人工智能可大幅提升运算性能，并智能生成不重复的海量内容，实现元宇宙的自发有机生长；另一方面，元宇宙的算力基础是云计算，云计算的数据存储（云存储）和计算能力依赖于资源共享，以实现规模经济。目前，大型游戏采用客户端＋服务器的模式，对客户端设备的性能和服务器的承载能力都有较高要求，尤其在 3D 图形的渲染上完全依赖终端运算。若想降低用户门槛、扩大市场，则需要将运算和显示分离，在云端图形处理器上完成渲染。因此，动态分配算力的云计算系统将成为元宇宙的一项基础设施。

元宇宙的认证机制是区块链，区块链作为基于去中心化网络的虚拟货币，具有稳定、高效、规则透明等优点。区块链的加持使得元宇宙中的价值归属、流通、变现和虚拟身份的认证成为可能。

元宇宙的生产内容包括人工智能和数字孪生。在元宇宙的生成逻辑中，人工智能扮演着重要角色。运用人工智能可以生成海量内容，营造随机生成、从不重复的游戏体验，摆脱人工脚本的限制，允许用户自由探索、创造，从而帮助元宇宙实现最大限度的自由。另外，还可以对元宇宙中的内容进行审查，保证元宇宙的安全与合法。可以预料到，元宇宙的发展不仅会推动新技术的发展,也会推动与之相关行业的发展。元宇宙以数字孪生为世界蓝图,数字孪生就是在虚拟空间内建立真实事物的动态孪生体,借由传感器,本体的运行状态及外部环境数据均可实时映射到孪生体上。该技术最初用于工业制造领域,而元宇宙需要利用数字孪生来构建细节极致丰富的拟真环境,以营造沉浸式的在场体验。

1.4.3 元宇宙的发展现状

1. 元宇宙落地需要突破的瓶颈

产业的发展有其周期性规律,任何一项产业的发展都将经过潜伏期、高潮期及衰退期等多个阶段(见表1.3)。作为一项新兴产业,从发展现状来看,目前元宇宙处于萌芽阶段,也就是潜伏期和准备期,其产业基础相对薄弱,距离成熟应用仍有较大差距。在萌芽阶段,除了技术制约,元宇宙的场景落地仍有许多现实瓶颈需要突破。根据左鹏飞在《元宇宙在落地过程中会遭遇哪些困难和挑战?如何解决?》中表达的观点,元宇宙在落地过程中,会主要面临以下5方面的难题。

表1.3 产业发展阶段

阶　　段	阶　段　特　征
潜伏期	技术停留在实验室中
准备期	相关技术相继成熟,企业推出相关概念及发展战略,得到行业媒体关注
高潮期	特定事件导致行业出圈,出现若干明星企业与产品,引起全社会关注、资本与舆论追捧
冷却期	过于乐观的社会期待破灭,舆论退潮,投机资本离场
稳定期	产业形成稳定盈利与发展模式
衰退期	资本与舆论被新兴行业吸引,新产品减少,用户离开

(1)元宇宙基本框架的设计问题。经济社会系统的正常运转需要一系列规则和制度来支撑。元宇宙是现实经济社会的数字化场景模拟,将以更加形象、具体、生动的方式展现给用户,这会涉及制度设计、法律规范和文化习俗等一系列基本框架的选择和确立。例如,现实中的城市风格多种多样,而对于元宇宙中的城市形象应采取哪个国家或地区的城市风格,以及选取的风格是否适宜、用户能否接受,则容易引发争议。

(2)数据安全和隐私保护问题。近年来,随着全球数据安全形势日益严峻,加大数据安全治理力度成为各国的共同选择。元宇宙场景需要满足个体对智能感知的更高需求,因而对个人工作和生活相关数据的收集规模将呈指数级增长,这一过程会涉及大量的个人隐私和信息。在当前数据监管趋于严格的背景下,元宇宙相关数据的收集和使用也会面临更多限制。

(3)应用入口便捷化问题。当前元宇宙的主要应用场景多为展示性的,人机交互、人人交互的应用场景相对较少,其主要原因是元宇宙的应用入口尚未成熟且不便捷。综合用户的体验感需求和企业的可视化功能展示要求,未来元宇宙的主要应用入口将是虚拟形象或虚拟人。换句话说,未来在元宇宙中,人们操作的不是App,而是虚拟形象。然而,目前虚拟形象应用的开发设计仍处于初级阶段,导致元宇宙应用的基本入口问题缺乏有效解决方案。

(4) 生产端有效应用问题。由于元宇宙具有显著的动态可视化特征，并且数字孪生、混合现实等技术在产业链中具有深度应用前景，故而业内对元宇宙的未来应用预期更多是在生产端，尤其是制造领域。然而，当前元宇宙主要应用于娱乐、游戏等领域，缺乏与生产领域深度融合的切入点和着力点，尚不能在生产端形成示范性、标杆性的落地应用。

(5) 元宇宙的能源供给问题。当前全球经济绿色转型步伐不断加速，推测现在及未来一段时期，能源供给短缺现象有可能加剧。作为一种大规模连接的虚拟现实应用场景，元宇宙的平稳运行离不开数据中心、算力中心、网络设备及通信基站等新型基础设施的支持，而这些基础设施的运转需要更庞大的能源供给。能源供需矛盾有可能在元宇宙建设过程中更加突出。

2. 不同领域元宇宙的发展情况

近年来，元宇宙相关话题继续保持较高热度。国内外数字科技巨头，加快在硬件、软件、系统及应用等产业核心环节对元宇宙进行布局；地方政府对元宇宙产业未来预期进一步提升，浙江、上海、武汉及合肥等省市纷纷将元宇宙纳入未来产业发展体系。从世界各国的元宇宙发展现状来看，其由场景内容入口、前端设备平台和底层技术支持构成的生态版图已逐渐趋于成熟，网络及运算技术、人工智能和区块链等相应支撑技术得到了多维拓展，相关产业板块的增长情况也呈向好趋势。

目前，全球主要的元宇宙公司有 Roblox、Facebook、Epic Games、微软和腾讯等。Roblox 是首个将"元宇宙"写进招股说明书的公司，提出了通向"元宇宙"的 8 个关键特征，即身份（Identity）、朋友（Friends）、沉浸感（Immersive）、低延迟（Low Friction）、多样性（Variety）、随地（Anywhere）、经济（Economy）、文明（Civility）。Roblox 公司的首席执行官（CEO）认为，未来的元宇宙应该是由用户创造的，而 Roblox 公司则是工具和技术的提供者。如今，很多公司都想通过 VR 打开元宇宙的关口。例如使元宇宙概念大热的 Facebook，其旗下的 VR 产品 Oculus 有一家独大之势。2021 年 4 月 13 日，Epic Games 宣布投资 10 亿美元打造元宇宙，同年 7 月，Facebook 宣布将成立元宇宙团队，并计划在 5 年内转型为元宇宙公司。微软的 CEO 认为，随着虚拟世界和物理世界的融合，由数字孪生、模拟环境和物理现实组成的元宇宙正在成为一流的平台。腾讯通过与 Roblox、Epic Games 等建立合作关系，打造完善的元宇宙资本布局，包括社交元宇宙 Soul 和具有元宇宙潜质的大型游戏。2021 年 5 月 18 日，韩国信息通讯产业振兴院联合 25 家机构和企业成立"元宇宙联盟"，旨在通过政府和企业的合作，在民间主导下构建元宇宙生态系统，在现实和虚拟的多个领域实现开放型元宇宙平台。日本社交网站巨头 GREE 宣布，将以子公司 REALITY 为中心开展元宇宙业务。GREE 认为，好的元宇宙应该向用户提供有助于构建人际关系、长时间停留在虚拟世界的机制。

在军事领域，随着元宇宙概念的兴起，"战场元宇宙"开始引起广泛关注，戴斌等在《前瞻"战场元宇宙"》一文中对其做了详细介绍。

具体来说，"战场元宇宙"是元宇宙在军事领域的表现形态，具有更严格的安全保密标准、更强大的仿真计算能力、更实时的精细交互要求，以及更突出的战场时统一致性、虚实一体性、边界安全性、决策智能性、效能逼真性。

相比面向大众、重构网络生态的元宇宙，"战场元宇宙"需要在军用网络实际拓扑结构和各类军用信息系统的建设成果上展开，对关键技术指标的要求更高。具体来说，构建"战场元宇宙"应至少具备下列基本条件：

（1）独立的网络通信链路。"战场元宇宙"是建立在军用高速网络架构和基础设施上的独立形态，与元宇宙全球随遇接入的设计理念存在明显差异。"战场元宇宙"的用户需要在相对固定的场所或区域，通过安全的军用网络节点进行验证登录。远程无线网络链路不对外开放，并具备抵御通信干扰和网络攻击能力。

（2）严格的身份认证机制。所有接入"战场元宇宙"的个人用户，均要求是通过保密审查的军方人员和具备保密资质的军工科研人员。所有类型用户的认证信息在"战场元宇宙"中不可篡改、虚构、冒用，所有用户的操作行为在"战场元宇宙"中会被详细记录，以利于运维安全部门追踪分析，使任何非法用户和操作无机可乘。

（3）多样化的用户接入能力。接入"战场元宇宙"的用户，根据类型可分为个人用户、装备用户和系统用户等。其中，个人用户是直接进入"战场元宇宙"活动的有机个体；装备用户和系统用户则是需要接入"战场元宇宙"的关键数字化装备和信息化系统，其操作或运维人员通过在现实世界中的操作控制行为，以间接方式参与"战场元宇宙"中的活动。

（4）明确的指挥协同交互关系。与"元宇宙"中普通用户的高自由度不同，异地分布的所有类型用户在"战场元宇宙"中参与的特定活动、扮演的指定角色或担负的主要任务，均由唯一的活动组织者统一筹划、部署和协调。在每项活动展开前，由活动组织者围绕达成目标所需的要素，确定参与活动的用户标识、指挥关系、协同关系及信息交互权限等。

（5）沉浸式实时交互能力。接入"战场元宇宙"的个人用户，需要通过人机交互终端进行登录，并与"战场元宇宙"及现实世界中的其他用户达成实时交互。终端设备在具备基本的沉浸式交互功能和时统功能的基础上，需要强化用户的操作自由度和灵敏度，以便用户在"战场元宇宙"中操作使用各种武器装备和信息系统。

（6）强大的 AI 个体。与"元宇宙"类似，具备智能和自主行为能力的 AI 个体，将作为"战场元宇宙"中的永久居民进行活动，既可扮演虚拟的红方、蓝方、第三方实体，参与作战、训练和试验任务，也可扮演教官、考官、参谋、系统运维人员等角色，辅助个人用户进行决策和行动。

（7）逼真的效能仿真能力。所有映射到"战场元宇宙"中的武器装备和信息系统，均需要具有与真实世界等效的功能性能和一致的操作方法。通过信号级的仿真模型和效能算法，实现对侦察探测效能、电子对抗效能、火力打击效能和综合防护效能的仿真，确保个人用户在"战场元宇宙"中积累的经验能指导实际作战行动。

（8）灵活的场景生成能力。"战场元宇宙"需要针对每次活动设定战场区域，包括该区域的地理环境、电磁环境、气象环境和水文环境等。其场景数据要求更加真实准确，需要具备相关资质的机构进行分步构建与持续维护。

"战场元宇宙"在建成后，会对部队的教育、训练、试验、研究等应用领域带来重大影响，改变原有的活动组织实施方式，提升各类军事活动的综合效益，有效激发军事人员和科研人员的创新能力。主要体现在以下方面：

（1）在教育领域，"战场元宇宙"能在院校集中教育、在职远程教育等方面发挥重要作用，施教方与受教方在不同地点即可进行自由度极高的互动交流，有利于营造和谐轻松的授课氛围。一方面，施教方能利用强大的教学内容展示宣讲能力，达成生动的宣教效果；

另一方面，受教方能直观地认识和理解问题，从而有效提升个人自学兴趣和主观能动性。

（2）在训练领域，"战场元宇宙"能充分满足大规模作战背景下的实战化训练要求，各级参训对象可通过扮演现任岗位或拟任岗位的角色，在更大规模、更具对抗性、更长持续时间的环境中，反复接受训练与考核，在锤炼战斗技巧、磨合战术配合、锻造战斗意志的同时，将积累的模拟作战经验应用于实际作战行动中。训练效果的考评也将变得更量化、直观，有利于人才选拔。

（3）在试验领域，"战场元宇宙"能为新型武器装备设计论证、武器装备性能试验、武器装备兼容性试验、武器系统体系作战效能检验等，提供具备等效仿真能力的实战化背景和大规模试验场景，将虚实装备纳入一个对等的环境中共同运行，并全面掌握装备的各种状态和参数的变化情况，有效解决试验次数受限、试验环节简单、试验背景复杂度低、作战体系构建困难等现实问题。

（4）在研究领域，"战场元宇宙"能为新型装备运用和战法创新提供远程推演验证的公共平台。在协调各地专家资源和集中调用仿真算力的基础上，利用虚拟 AI 扮演各方作战力量，进行不间断推演计算，得到海量数据样本，并从中挖掘分析符合研究目标的知识和结论。在研究过程中，研究人员可与相关专家共同交流协作，实时干预和完善推演要素，以确保研究成果经得起实兵检验。

1.5 数字化逻辑

OODA 循环理论被认为可以用来诠释数字化决策的基本逻辑。该理论最初由军事战略家约翰·博伊德用来描述空战，后被扩展到其他军事和商业领域，也包括数字工程实践。之后，其他学者也做了相关研究。OODA 循环被看成是一个四步的决策过程，有人认为循环速度快的可以获胜，但这种看法实际上是不正确的。在本节中，主要介绍 OODA 循环的理论基础和具体内涵，并在此基础上研究数字工程中的 OODA 循环。

1.5.1 OODA 循环的理论基础

1. 制胜方法论

约翰·博伊德认为，在现实环境中，受制于有限的资源和技能，每个领域内都会存在各种合作或竞争的关系，这为环境带来了不确定性。在不确定的环境中，要想实现最高目标——生存和胜利，应坚持图 1.4 所示的制胜方法论。

制胜方法论的大致逻辑如下：

为了在不断变化的环境中实现最高目标——生存和胜利，必须采取相应的行动。而这种行动需要相对自由，不受外部影响，因此，基本目标是提高独立行动的能力。在现实生活中，与他人合作或竞争的程度，是由这个基本目标决定的。在一个资源和技能有限的现实世界中，个体或组织在不断的斗争中形成、化解、重新形成自己的合作或竞争姿态，以消除或克服物理和社会环境的障碍。在这种背景下，行动和决策变得至关重要，必须以许多不同的方式不断采取行动，同时为了监控和确定行动与目标一致，需要做出决策。要及时做出决策，就意味着必须能够形成观察到的现实的心智模式，并能够在现实本身出现变化时改变心智模式，其改变途径包括通过破坏性演绎打碎现有领域的心智模式，以及通过创造性归纳重建心智模式，这些心智模式可以作为提高独立行动能力的决策模型。

在不确定的环境中，个体或组织要实现的最高目标是生存和胜利。生存和胜利的外延很广，通过选择不同的环境和外延，可以将OODA理论应用于不同的场景，如马赛克战、赛博战等。

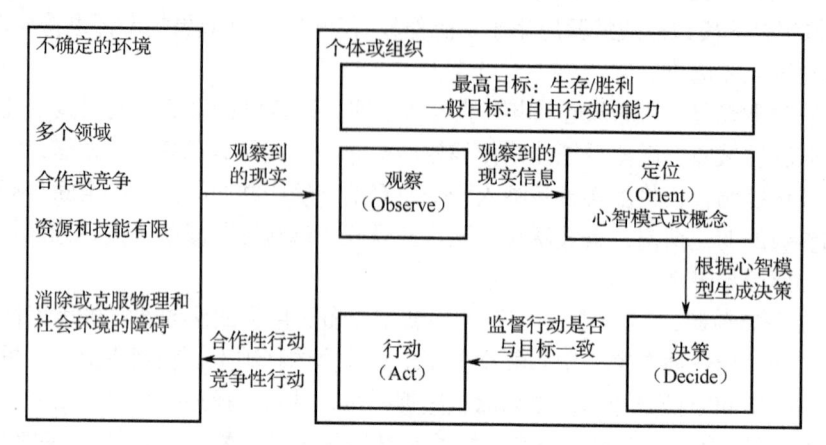

图 1.4　制胜方法论

2. 不确定性的三朵"乌云"

由于不确定性的存在，制胜方法论并不完美，会受到哥德尔不完备定理、海森堡测不准原理和热力学第二定律这三朵"乌云"的影响。

1）哥德尔不完备定理

哥德尔不完备定理揭示了公理体系内在而深刻的性质和固有的局限性，提示人们不要奢望只是通过若干组公理，机械地利用基本逻辑规则进行推导，就能对全部的命题进行判定。从这个意义上讲，无论是数学还是其他科学，都需要不断完善、扩充自己的公理体系（或者基本规律），只有这样才能不断认知更加深刻复杂的客观世界。因此，哥德尔的证明可以间接表明，为了确定任何新系统的一致性，必须构建或揭示它之外的另一个系统，并且需要不断重复这个循环，以确定越来越复杂的系统的一致性。

在OODA循环中，通过观察来形成一个心智模式，并用心智模式来影响决策、行动和观察。这个心智模式必然是不完备和一致的。根据哥德尔不完备定理，需要借助于不断变化的一系列观察来进行破坏性演绎和创造性归纳，持续完善、扩充之前的心智模式。

2）海森堡测不准原理

海森堡认为，微观粒子既不是经典的粒子，也不是经典的波；当人们用宏观仪器观测微观粒子时，会发生观测仪器对微观粒子行为的干扰，导致人们无法准确掌握微观粒子原本的模样，而这种干扰是无法控制和避免的。通过仔细分析，海森堡提出电子坐标的不确定程度和动量的不确定程度遵从测不准关系，同样，能量和时间也遵从这种关系。简而言之，海森堡测不准原理表明人们不能同时确定或决定一个粒子或物体的速度和位置。也就是说，可以测量粒子的坐标或运动，但不能同时测量；当一个值（速度或位置）的测量变得越来越精确，另一个值的测量会变得越来越不确定；一个变量的不确定性只是由观察行为产生的。

约翰·博伊德运用这一原理来理解周围的世界。他推断，即使人们对一个特定领域进

行了更精确的观察，也可能在另一个领域经历更多的不确定性，更何况人们对现实环境的观察本身就是不准确的，用于指导调整和决策的观察信息本身也是不确定的。因此，精确观察现实的能力是有限的。

3）热力学第二定律

热力学第二定律指出，所有观察到的自然过程都会自发生成熵。根据这一定律，可以得出以下结论：在任何封闭系统中，或者说，在任何不能以一种有序的方式与外部系统或环境进行通信的系统中，熵必然增加。

约翰·博伊德将热力学第二定律应用于对现实的理解。他认为，不获取外部环境的新信息，或是不创建新的心智模式而沿用旧的心智模式与外部世界进行交流的个人或组织像"封闭系统"，就像自然界中的封闭系统会不断熵增一样，这些个人或组织也不会经历心智的熵增。另外，热力学第二定律中隐藏了从过去指向未来的不对称的时间之矢，这也意味着心智模式必须不断更新升级，方能与新的现实匹配。

通过引入三朵"乌云"，约翰·博伊德证明了试图用已有的心智模式来理解一个随机变化的现实世界只会导致混乱、模糊和更多的不确定性，也让人们认识到，不确定性和模糊性不仅存在于人类的理解或逻辑中，还存在于宇宙的框架中，即人们自身内外的世界。

约翰·博伊德从三朵"乌云"中获得启发，将它们作为自己理论的基础，解释了当人们试图将旧的心智模式强加到新的环境中时，任何内向的、持续的努力都只会增加心智模式与显示的不匹配程度。

1.5.2 OODA 循环的具体内涵

约翰·博伊德认为 OODA 循环是"进化的、开放的、远离自组织、涌现和自然选择的权衡过程"的显示表示。换句话说，OODA 循环是人类和组织在快速变化的环境中学习、成长和繁荣的过程的显示表示，无论是在战争、商业还是生活中。

1. 观察

OODA 循环的第一步是观察，它可以让人们从外部环境中引入负熵，以克服热力学第二定律。通过观察和考虑不断变化的环境的新信息，人们的思维成为开放系统而非封闭系统，从而能够获得知识和理解，这对形成新的心智模式至关重要。作为一个开放系统，需要降低引起混乱和无序的心智熵。

约翰·博伊德指出，在观察阶段会遇到两个问题：①经常观察到不完美或不完整的信息（由于海森堡测不准原理）；②可能会被数量巨大的信息淹没，以至于很难将信号从噪声中分离出来。这两个问题可以通过发展判断力——实际智慧来解决。即使一个人拥有完美的信息，但如果没有对其意义的深刻理解，也没有看到模式，那么它没有任何价值。判断是关键，没有判断，数据毫无意义。不一定是拥有更多信息的人会胜出，而是拥有更好的判断力，更善于识别模式的人胜算较大。

2. 定位

OODA 循环中最重要的，也是经常被忽视的一步，就是定位。定位之所以是 OODA 循环的关键，是因为它是心智模型存放的地方，而正是心智模型塑造了 OODA 循环中的观

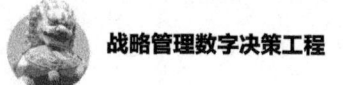

察、决定和行动的方式。从这个意义上说，定位塑造了当前 OODA 循环的特征，当前的 OODA 循环又会塑造未来定位的特征。

约翰·博伊德认为定位是成功实现 OODA 循环的关键，有效定位的能力是区分冲突中赢家和输家的关键。对于如何在快速变化的环境中完成定位这一问题，答案是通过破坏性演绎和创造性综合的辩证循环。通过不断打破旧模式，并将结果碎片重新组合，创建一个新的视角，以更好地匹配现实。约翰·博伊德将这个过程称为"解构性推理"。将多个领域的心智模式打碎分解成离散的部分，一旦有了这些构成要素，就可以开始创造性归纳的过程——用旧的片段形成新的心智模式，这些心智模式与观察到的真实发生的事情更紧密地联系在一起。

3. 决策（假设）

约翰·博伊德没有过多地阐述决策步骤，只是说它是"在调整阶段生成的行动选项中做出决定的步骤"。对于约翰·博伊德来说，不可能选择一个完全匹配的心智模型有两方面的原因：①对环境的了解往往不完全；②即使拥有完全的信息，海森堡测不准原理也会阻止在环境和心智模型之间获得完美的匹配。因此，当决定使用哪种心智模式时，会被迫选择那些不完美但已经足够好的心智模式。

约翰·博伊德对 OODA 循环的最后描述中，他将"假设"放在"决策"旁边的括号中，暗示决策的不确定性。当做出决定时，实际上是在向着最好的假设前进——关于哪种思维模式会起作用。为了验证假设是否正确，必须对其进行假设检验，因而引出了下一步：行动。

4. 行动（测试）

约翰·博伊德认为，一旦决定了要实现的心智理念，就必须付诸行动。

在约翰·博伊德对 OODA 循环的最后描述中，他将"测试"放在"行动"旁边的括号中，再次表明 OODA 循环不仅是一个决策过程，也是一个学习系统。因此，应该不断地"试验"，并获得新的"数据"，以改进各个方面的活动。行动的结果会反馈到系统中，作为对现有调整模式正确性和充足性的有效检查。行动是判断心智模式是否正确的方式，如果正确，则能获胜；如果不正确，则需要使用新观察到的数据再次启动 OODA 循环。

1.5.3 数字工程中的 OODA 循环

数字工程中的 4 个阶段本来为 Know、See、Think 和 Do，鉴于复杂装备的采办也是不确定性非常高的应用场景，利用 OODA 循环理论来描述也很合适，如图 1.5 所示。

（1）观察。总体部及不同学科的专业人员，基于权威真相源的数字视点对模型生成的历史数据和新数据进行观察，内容涉及需求、设计、测试、供应链、运行、保障、训练等方面。

（2）定位（创造心智模型）。通过基于模型的企业（MBE）工具，设计、分析、优化成本、进度、性能，可承担性及风险等。通过破坏性推理和创造性综合，在数字空间生成多个满足需求（性能、成本、进度、成熟度、风险）的系统或组件模型的变体，并注册到权威真相源中。不同学科的建模仿真人员，根据观察得到的数据，通过 MBE 工具对多学

科模型进行持续的模型校准，并通过机器学习进行多学科、多目标优化，最后进行数字关键设计评审。

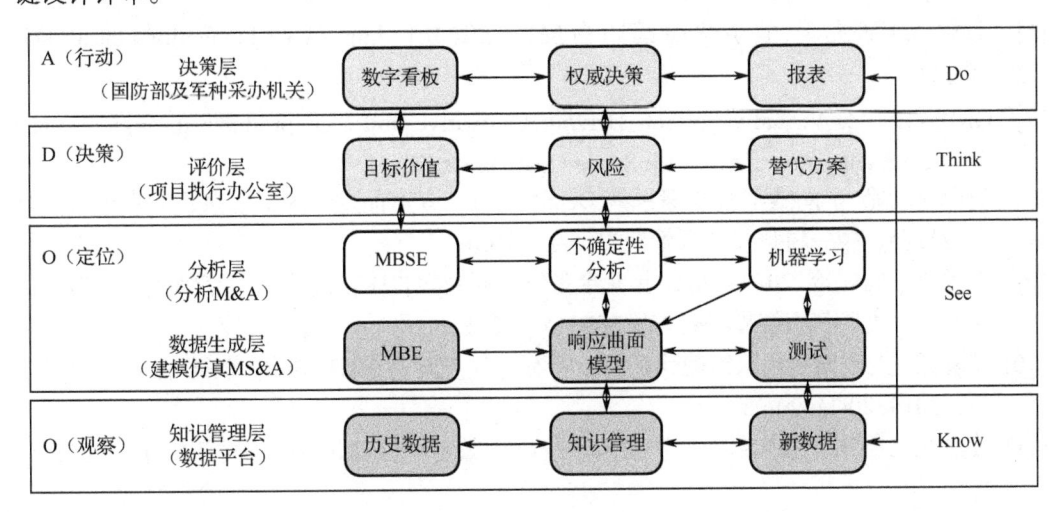

图 1.5　复杂装备采办的 OODA 循环

（3）决策（假设）。采用概率因果工具，对不同变体的项目、成本、风险、合同、权衡等进行选择。根据目标性能指标利用裕量与不确定性的量化（QMU）进行风险分析，基于风险分析的结果进行替代方案分析。使用数据分析和概率分析的方法，对风险、影响、总成本和需求差距等进行评估，并生成决策报告。

（4）行动（测试）。装备发展项目对应的国防部及军种采办机关，根据决策（假设）阶段生成的报告，给出最佳的采办决策。

总体来说，约翰·博伊德的核心观点是不确定不是令人恐惧的东西，而是给定的现实。并没有完整和完美的信息，成功的最好方式是主动拥抱不确定性。在约翰·博伊德看来，不确定性围绕着人们。虽然外部世界的随机性在这种不确定性中扮演了重要角色，但人们无法正确理解不断变化的现实是更大的障碍。当环境发生变化时，人们往往不能改变自己的视角，而是继续尝试按照自己认为的样子去观察和调整。为了应对新的现实，需要改变现有的"心智模型"。

为了理解和应对所处的环境，会发展有意义的心智模式。人们需要不断破坏和创造这些心智模式，以使自己能够在不断变化的环境中塑造和被塑造。如果想要按照自己的方式生存，就无法避免上述活动。它在本质上是辩证的，产生了无序和有序，从无序和有序的混沌中涌现出不断变化和扩展的主观心智模式世界，从而与一个不断变化和扩展的观察到的客观现实世界相匹配。

参考文献

[1]　江青. 数字中国：大数据与政府管理决策[M]. 北京：中国人民大学出版社，2018.
[2]　王益民. 数字政府[M]. 北京：中共中央党校出版社，2020.
[3]　熊康. 华为数字化转型实践[R]. 深圳：华为技术有限公司，2021.
[4]　陶景文. 共同探索数字化转型的实践方案[R]. 深圳：华为技术有限公司，2021.

[5] 庄存波，刘检华，熊辉，等. 产品数字孪生体的内涵、体系结构及其发展趋势[J]. 计算机集成制造系统，2017, 23(4): 753-768.

[6] 工业4.0研究院. 数字孪生国防白皮书[EB/OL]. http://www.innovation4.cn/library/r54964.

[7] GRIEVES M. Virtually perfect: Driving innovative and lean products through product lifecycle management[M]. [S.l.]: Space Coast Press, 2011.

[8] 刘译璟. 新一代数据智能决策系统DeepMatrix 3.0产品发布[R]. 北京：北京市科学技术委员会，中关村科技园区管理委员会，2021.

[9] 王儒西，向安玲. 2020—2021年元宇宙发展研究报告[R]. 北京：北京师范大学新闻传播学院，光明日报智库研究与发布中心，2021.

[10] 储著源. 大数据时代网络理论认同：特征、测度与对策[J]. 常州大学学报：社会科学版，2019, 20(1): 90-98.

[11] 《黑龙江档案》编辑部. 上升为国家战略的数字中国建设[J]. 黑龙江档案，2018(4): 112.

[12] 郑序颖. 习近平：实施国家大数据战略，加快建设数字中国[J]. 科技新时代，2018(1): 7.

[13] 郭昊宸. 大数据时代下的公共管理创新[J]. 消费导刊，2020(2): 200.

[14] 杨国栋. 数字政府治理的理论逻辑与实践路径[J]. 长白学刊，2018(6): 73-79.

[15] 陈振明. 政府治理变革的技术基础——大数据与智能化时代的政府改革述评[J]. 行政论坛，2015(6): 1-9.

[16] 王益民. 数字政府整体架构与评估体系[J]. 中国领导科学，2020(1): 65-70.

[17] 温强. 传统企业数字化转型的误区和应对[J]. 经营与管理，2020(9): 69-73.

[18] 李伯虎，柴旭东，张霖，等. 面向智慧物联网的新型嵌入式仿真技术研究[J]. 系统仿真学报，2022, 34(3): 419-441.

[19] 胡权. 数字孪生体的本质[J]. 清华管理评论，2020(11): 93-98.

[20] 于洪，何德牛，王国胤，等. 大数据智能决策[J]. 自动化学报，2020, 46(5): 878-896.

[21] 李锋. 运用大数据技术促进国家治理科学化精细化智能化[J]. 国家治理，2018(13): 22-27.

[22] 喻国明. 未来媒介的进化逻辑："人的连接"的迭代、重组与升维——从"场景时代"到"元宇宙"再到"心世界"的未来[J]. 新闻界，2021(10): 54-60.

[23] 薛阳达. 元宇宙：未来互联网[J]. 金融博览，2021(22): 92-93.

[24] 胡媛. 元宇宙：泡沫还是风口？[N]. 通信产业报，2021-11-22(3).

[25] 左鹏飞. 元宇宙在落地过程中会遭遇哪些困难和挑战？如何解决[N]. 科技日报，2022-2-10(1).

[26] 安筱鹏. 数字化转型的关键词[J]. 信息化建设，2019(6): 50-53.

[27] 安筱鹏. 安筱鹏：解构与重组, 迈向数字化转型2.0(下)[J]. 今日制造与升级，2019(10): 22-23.

[28] HUBBARD D. How to measure anything: Finding the value of intangibles in business[M]. [S.l.]: John Wiley & Sons, 2014.

[29] CORRIGAN R. Digital decision making: Back to the future[M]. London: Springer, 2007.

[30] SELWYN N. Digital division or digital decision? A study of non-users and low-users of computers[J]. Poetics, 2006, 34(4-5): 273-292.

[31] CARTWRIGHT P, ANDAL-ANCION A, YIP G S. The digital transformation of traditional businesses[J]. Mit Sloan Management Review, 2003, 44(4): 34-41.

[32] BOWERSOX D J, CLOSS D J, DRAYER R W. The digital transformation: technology and beyond[J]. Supply Chain Management Review, 2005, 9(1): 22-29.

[33] Novák P, Vyskočil J. Digitalized automation engineering of industry 4.0 production systems and their tight cooperation with digital twins[J]. Processes, 2022, 10(2): 404.

[34] DAVIS A, MURPHY J, OWENS D, et al. Avatars, people and virtual worlds: Foundations for research in Metaverses[J]. Journal of the Association for Information Systems, 2009, 10(2): 90-117.

[35] ZAGALO Z, MORGADO L, OA-VENTURA A. Virtual worlds and metaverse platforms: New communication and identity paradigms[M].[S.l]: IGI Global, 2012.

[36] BOYD J R. Destruction and creation[R]. [S.l.: s.n.], 1976.

[37] 凯利. 失控：全人类的最终命运和结局[M]. 张行舟，译. 北京：电子工业出版社，2016.

第 2 章

战略管理工程绪论

> 战略管理是立足核心能力、面向战略竞争所进行的决定发展前途的顶层管理,也是数字决策工程的重大应用背景。战略管理数字决策工程是战略管理工程的重要学科分支和发展领域,也是以认知智能增强为基础、能够支持战略博弈决策优化的数字化体系工程。

战略管理以战略前景预测和能力态势研判为基础,以制定一套科学、系统、长远的发展战略为核心,进而通过战略思想到规划、计划的细化分解,以及战略方针到任务、项目的逐步落实,确保核心战略能力的演化提升和长远战略目标的如期实现。

核心战略能力管理是战略管理的重要领域,战略博弈决策是核心战略能力管理领域内以强手博弈为背景的一类战略决策,而科学合理地选择战略能力建设项目并以五年为规划期持续不断地实施建设,则是国家、军队及大型骨干企业等重大使命组织提高核心战略能力、实现长远战略目标的重要举措。

战略管理工程是一种"服务顶层决策的战略管理预实践数字工程"。黄兴东在《军工央企数字化转型的思考》中指出:2018 年 7 月 5 日,美国国防部正式对外发布"国防部数字工程战略"。该战略旨在推进数字工程转型,将国防部以往线性、以文档为中心的采办流程转变为动态、以数字模型为中心的数字工程生态系统,完成以模型和数据为核心谋事做事的范式转移。数字工程是一种集成的数字化方法,使用系统的权威模型源和数据源,以在生命周期内可跨学科、跨领域连续传递的模型和数据,支撑系统从概念开发到报废处置的所有活动。

《世界主要国家军队战略管理的理念和做法》一文中提到:20 世纪 60 年代以后,企业战略管理理论在西方世界获得很大发展。美军较早接受企业战略管理理念,持续推进以战略规划为核心的战略管理改革。美军军队战略管理经历了由简单到复杂、由低级向高级不断发展完善的过程,正进入以经验智慧为内核、以效能提升为导向、靠法治方式来推进、用科学手段做支撑的当代形态。军队战略管理是最高层次的管理,同时也是一项极为复杂的系统工程。军队战略管理链路由需求、规划、预算、执行和评估 5 个环节构成,只有这 5 个环节共同构建顺畅、高效的闭合管理回路,才能达到提高军队系统运行效能和军队建设发展效益的目的。

2.1 核心战略能力管理思想

2.1.1 目标导向

弗雷德蒙德·马利克（Fredmund Malik）所著的《战略：应对复杂新世界的导航仪》一书指出："战略的意思就是，甚至是在开始行动之前，行动方式就预告了长远的成功"。之所以能做到所谓的"战略上的成功"，首先需要抓住目标这个"导航仪的灵魂所在"，因为正如该书的作者所言，如果目标定义错了，那么战略就不可能正确；同时，还要牢牢抓住"使命"和"绩效"这两个战略管理的核心要素，它们是目标的传导和承载者，因此也是"导航仪"的基本组件。作者指出，正确使命的3个要素是需要、能力和信念，而正确绩效又可以分解为对组织起引导作用的若干关键变量（如对企业来讲有6个关键变量）。

军队战略管理的首要任务就是按照军队的建设目标、路径和模式，以及应对不同安全威胁、不同作战对手、不同作战场景的核心作战能力要求，进一步深化细化军队目标任务，对标细化各领域、各系统的发展目标、能力指标和实现路径，使顶层设计更具有实践性、操作性，指引军队建设按照既定目标方向前进。

2.1.2 塑造态势

人类使命组织如何在长远战略目标和发展战略的指引下，通过对竞争博弈条件下若干核心战略能力的筹划、评估、决策推演和综合研判，实现对核心战略能力未来演化态势的提前谋划和塑造，从而确保使命组织战略目标和远景规划的如期实现，是战略能力塑造的问题，而战略能力塑造又离不开战略态势。李忠林指出："战略态势是一个军事概念，指战略部署和战略行动所造成的状态，它是战略指导者在客观物质条件的基础上主观运筹的结果，也是进行战略决策的依据。战略态势一般包括有利态势与不利态势两种状态，并且两种战略态势可以相互转化。"战略能力态势则指战略能力的演化发展状况、对比和趋势。进行战略博弈决策的根本目的是塑造未来战略能力态势、实现长远战略发展目标。

企业为了塑造未来战略态势需要进行战略选择分析。企业战略选择分析是基于内、外部竞争条件和竞争环境相互影响下的态势分析，也是对企业本身与企业所处环境在深刻剖析后，依照矩阵形式排列，并运用系统分析的方法，将各种因素相互匹配后进行分析，以得到相应结论的分析方法。

企业战略选择分析工具：

（1）SWOT 分析。SWOT 分析可以对研究对象所处的情景进行全面、系统、准确的研究，从而根据研究结果制定相应的发展战略、计划及对策等。

（2）PEST 分析。PEST 由政治（Politics）、经济（Economy）、社会（Society）和技术（Technology）因素的首字母组成，PEST 分析可用于指导确定优先次序、分配资源、规划时间和发展路线图，并制定控制机制的有效策略。

（3）价值链分析。价值链分析可以帮助企业了解如何为某物增加价值，以及如何以高于增加价值的成本销售其产品或服务，从而产生利润率。

（4）五力分析。五力分析是一个强大的竞争分析工具，可以用来确定一个市场中主要的竞争影响。

（5）四角分析。四角分析用于帮助企业战略人员评估竞争对手的意图和目标，以及竞争对手可以利用的优势。

（6）业务动机模型。业务动机模型用于支持关于如何对不断变化的世界做出反应的业务决策。

美国战略与预算评估中心（CSBA）十分重视战略选择分析工作，其所采用的战略选择分析方法的主要步骤如下：

（1）瞄准未来挑战，开发一种备选的国防战略，然后：

① 对备选的国防战略所处的未来作战环境进行评估，并对其在该环境中所面临的关键安全挑战或威胁进行辨识。

② 划分未来兵力的任务领域（Mission Areas）的优先顺序。

③ 划分未来兵力的优先顺序。

④ 辨识关键能力缺口、投资机遇或撤资的必要性。

（2）根据前面划分的优先顺序，创建一种平衡战略，然后：

① 考量下一个十年及更长时间，美国国防部应该如何备战。

② 思考什么是能够驱使各军种能力投资的凌驾一切的作战概念。

③ 思考为了支持上述作战概念，未来十年需要构建什么样的能力组合。

CSBA战略选择分析工具的典型功能如下：

① 按主要能力（而非军种）设立各种选项。

② 单击某一选项可以打开一个更为详细的信息窗口。

③ 在选定一个选项后，费用会自动更新。

④ 实际节省经费与期望节省经费的差额会及时显示在屏幕上方。

⑤ 对兵力结构的影响会及时显示在屏幕上。

2.1.3 聚焦能力

基于能力的规划是体系时代战略规划的重要特征，基于重大项目的核心战略能力建设是军队战略管理"解码""落地"的核心关键所在，如何紧扣核心能力建设、提高战略管理理水平和战略决策质量是当前一项重要且紧迫的课题。

现代战争的发展趋势是联合作战和体系对抗，在这种新形势下，美国国防部于2001年提出"基于能力"的战略以取代传统"基于威胁"的战略。美国国防部主要采取以下两种新的方法。

1）基于能力的规划

基于能力的规划（Capability Based Planning，CBP）是一种顶层框架或规划过程，用于在不确定条件和经济约束下，提出一组适用的能力需求以应对当前的诸多挑战，并通过装备或非装备层面规划方案满足多种能力需求。这里的能力是指在给定的标准和条件下，通过一系列手段或方式的集合，具有完成一组任务、达到预期效果的本领。

（1）CBP作为一种开放的、发展的顶层设计理念，已经深度融入美军装备发展规划的机构制度和流程规范中。

（2）联合能力集成与开发系统是美军由"基于威胁"向"基于能力"的国防规划模式转变的重要依托。联合能力集成与开发系统（JCIDS）、规划计划预算与执行系统（PPBES）

和国防采办系统（DAS）构成美军三大决策支持系统。其中，JCIDS 处于三大决策支持系统的发起端，主要是在能力现状分析的基础上，提出改进军队现有作战能力、开发新的联合作战能力的基本途径和发展方案，为后续 PPBES 与和 DAS 提供基本依据。

（3）兰德公司提出了一套面向 CBP 的分析结构框架，该框架强调任务-系统分析、探索性分析和投资组合方法对于集成和权衡能力的作用，并提出了用于 CBP 过程模型。该模型包含 8 个步骤：威胁识别、潜在能力需求空间开发、确定目标和度量方式、作战概念开发、装备方案空间开发、抽象和具体的方案评价、装备选择及装备规划。

2）能力组合管理

随着时代发展，CBP 的问题和不足逐渐显现，如缺乏支撑多种武器装备全寿命能力开发周期中共同决策和规划活动的定量方法。因此，美国国防部希望以 2008 年发布的指令性文件（DoD Directive7045.20）推行能力组合管理（Capability Portfolio Management，CPM），提倡和促进面向能力组合的运筹管理和决策优化研究。

（1）与 CBP 的定义相比，CPM 的要求更加明确具体，即指导决策和优化资源，同时更加强调通过能力组合管理持续满足多种能力需求。与 CBP 致力于基于能力思想的制度规范化和流程标准化不同，CPM 追求具体的、定量的决策管理方法和支撑软件工具，用于组合规划众多装备的能力发展。

（2）在 CPM 指令性文件颁布后不久，兰德公司又提出了完整的组合分析方法，用于生成、评估和筛选可选能力发展项，并设计了能力组合生成工具（Building blocks to Composite Options Tool，BCOT）和组合分析工具（Portfolio Analysis tool，PAT）进行支撑。

2.1.4 区分层次

能力是可以区分层次并加以分解的，这是一种战略上可行的还原论，也是体系以能力来划分组分和进行组合的原因。

顾伟在 2012 年指出："进入 21 世纪以来，美军按照'国家安全目标—评估战略环境—军事行动与样式—联合作战能力—军种作战能力—能力建设项目'的军事能力构建思路，采用自上而下、由宏观到微观的规划方法，确立了较为完整的军事能力体系树状列表，并以此为基础，不断根据形势和需求的变化对列表进行修订和更新，以求为军事能力的全面高效提升提供可靠依据。"对此，美军进行能力分层以达到提升军事能力的目的，方法如下：

（1）依据国家安全战略目标，确立谋求绝对军事优势的总体发展目标。
（2）进行充分的战略评估，确定战略级军事能力需求。
（3）以联合作战概念的开发为基础，确定行动级军事能力需求。
（4）以军种作战概念的开发为基础，确定项目级军事能力。

2.1.5 突出体系

体系（System of Systems，SoS）是一种网络化松耦合能力复合体（Networked Capability Complex），体系组分系统之间的复杂网络关系，既包含物理态复杂（Complicated）关系，也包括生物态复杂（Complex）关系。仅能用物理态复杂关系进行彼此连接的称为功能组分（Function Component）；既能用物理态复杂关系进行彼此连接，又能用生物态复杂关系

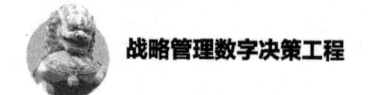

进行彼此连接的称为能力组分（Capability Component）。

美军提出的"马赛克战"体系概念，正在成为引领美军在军事作战理念、作战体系架构及战斗力生成模式等领域创新转型的顶层指导。

以邓大松等提出的马赛克式国土防空体系（MHADS）为例，体系可以从以下3方面进行分析：

（1）体系构成。MHADS体系架构划分为装备层、供应商层、算法层、管理层、服务层和应用层6个层次。

（2）体系特点。MHADS与基于网络中心战、"系统之系统"复杂系统理论的传统国土防空体系一脉相承，同时具备人工智能、云计算的典型特征，它具有体系配置动态可调、高自由度战场资源管控、任务规划灵活按需、杀伤通道最优重构及兼容互操作更强等特点。

（3）体系运行机制。传统防空制胜机理追求基于线性积累制胜的能量优势，MHADS则追求人工智能驱动、软硬融合的知识优势和信火一体优势，并基于多域快速获取、分布式高速处理，以及人-机协同的毫秒级甚至微秒级评估决策规划，极大压缩OODA（Observation-Orientation-Decision-Action）环路时间，取得按需、快速、精准的打击效果。

以更宽的视野、更广的领域范围，对马赛克战体系进行研究和描述，需要以下述6方面的内容及其关系为框架：①作战概念；②制胜机理；③适变特性；④体系链路架构；⑤网信体系架构；⑥人工智能支撑技术。

2.1.6 加强评估

评估是把握内在规律、找出存在问题、优化决策方案、调整措施方法、优化资源配置及提升质量效益的重要手段。须深刻认识评估对决策的辅助支持和质量提升作用，建立科学可行、讲求实效的评估标准和评估方法，切实做到以下4点：①凡重大决策必先行评估；②凡重大项目必先评后验；③先验效用评估与后验绩效评估相结合；④事先、事中、事后评估相结合。

美军主要战略评估运行机制有以下4种：

（1）形势研判机制。该机制通常涉及战略环境评估、战略目标评估、战略能力评估和战略风险评估。

（2）决策评估机制。美军采取评估与决策相对分离运作模式，践行"有决策就有评估，先评估再决策"的原则。

（3）过程控制机制。该机制重点涉及规划执行评估、预算执行评估、作战准备评估和战略行动评估。

（4）效果检验机制。该机制不仅涉及国家安全战略评估、军事需求和规划计划评估，还涉及4年防务评估、联合作战能力评估、作战试验与实战检验评估和国防工业能力评估等。

美军在各种战略评估中大量使用推演系统和技术。一是通过大量推演工作帮助决策者清楚认知战略态势，审视重大战略决策后果，使推演系统和技术成为美国战略决策文化的一部分，范围涵盖战略、战役、战术多个维度，基本覆盖全球所有热点地区、热点问题。二是非常重视新技术对推演的赋能，率先将计算机仿真、运筹学和模型思维等新技术运用于推演实践，并且十分重视将大数据、人工智能等新一代信息技术用于推演，从而不断形

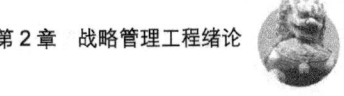

成新的推演能力。

2.1.7 以强为鉴

为了更好地理解现代战争，帮助指挥员和参谋人员运用批判性和创造性思维思考作战问题，美军构建战略级、战役级和战术级红队机制，从模仿对手的思维出发，将不同的视角和见解引入复杂的战争认知过程，辅助决策部门纠正可能出现的偏差与错误。

例如，美军红队作为一个独立的决策支持单位，具备在计划、作战和情报分析工作中全面研究替代方案的独立能力，能够达成以下目标：协助指挥员和参谋人员开拓批判性思维和创造性思维；质疑参谋机关各种设想；模拟敌方或第三方的思维和行为方式；减少由集体决策造成的决策水平低下问题；通过审视自我和意外情况降低存在的风险；协助参谋机关从替代性视角认清形势、问题和寻找潜在解决方案。

可以借鉴美军红队建设经验，树立"以强为鉴"的思想观念，拓展已方镜鉴体系建设的概念与内涵，提高镜鉴体系建设质量和效益。

应重视大数据、人工智能、机器计算和模拟仿真等新兴技术的助推作用，并善于利用这些智能化手段创建虚拟假想靶标、创造高度逼真的作战要素，为作战研究、演习训练创造尽可能贴近实战的战场环境。

2.1.8 管控风险

战略风险指未来的不确定性对使命组织实现战略目标的复杂影响。风险的本质是不确定性而非确定的损失，因此，战略管理的重要任务就是通过更加有效甚至智能化的方式来改变、提升战略风险管控能力，从而更好地防范、降解甚至消除这些"不确定性"，以避免战略上的重大损失。

在核心战略能力管理中，首先需要管控的是两大战略认知风险，分别是战略能力走向认知风险和能力支撑体系认知风险。

下面以目前正在研究的一个战略风控决策任务场景，即战略博弈决策典型案例为例，帮助读者更好地理解战略风险管控，并有利于读者理解加强研究的必要性。

已知条件：当前战略博弈态势。

镜鉴方：W 战略能力走向 BWS，W 战略能力支撑体系 BWX。

本方：W 战略能力指数，包括能力发展指数 CDI 和能力态势指数 CSI；W 战略能力支撑体系 RWX。

决策问题：根据观察到的当前能力态势（以下简称能态），如何选择能力项目优先领域、分配建设经费投量，使得达到预期能态塑造目标的概率较大？

问题求解逻辑：战略风控决策问题求解逻辑如图 2.1 所示。

为了实现对战略认知风险的及时感知和有效控制，需要学习借鉴企业风险控制数字决策方法和技术，大力提高"战略认知风险控制决策"能力。虽然目前企业风险控制数字决策所面向的问题不同于这里所考虑的战略风控决策问题，但是其数字决策原则已经在大量实践中得到应用，对研究解决战略风控决策问题仍然具有重要借鉴意义。企业风险控制的数字决策原则如下：

（1）尽可能支持决策的自动化和可推理。

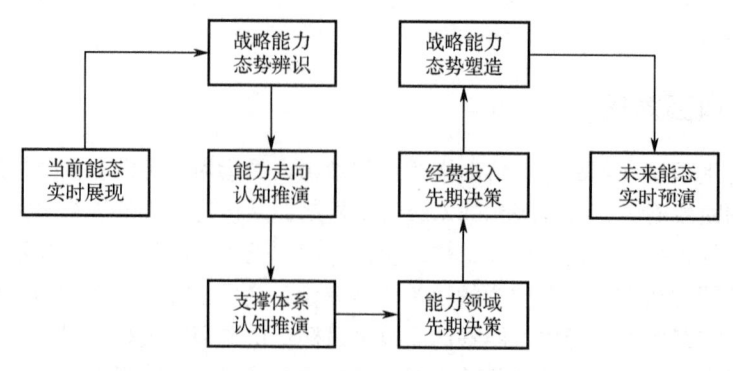

图 2.1　战略风控决策问题求解逻辑

（2）制定决策的策略或方法对非技术的业务专家而言是清晰、易懂且可解释的。

（3）主动预测，而非被动响应，并可通过预测结果来筹划方案，改进制定决策的方法。

2.2　战略管理工程学科辨析

吴杰等在《管理科学与工程学科"十四五"发展战略研究》中提出：管理科学与工程学科源于工业工程等工程应用型学科，具有很强的工程应用导向性。从 20 世纪初到 21 世纪，借助大环境，结合相关理论，该学科得到不断发展。自 20 世纪 80 年代起，管理科学与工程学科的研究重心由工程领域逐步向商业领域转移。进入 21 世纪，管理科学与工程学科也容纳了计算机科学等学科的理论与方法。管理学科的共同特点是兼具跨学科和综合性，涉及自然科学、工程技术科学和社会科学等多个子领域。管理科学与工程学科除具备管理科学的一般特点外，还具有以下特点：学科交叉与知识融合，基础学科与领域的拓展性，研究问题来源于实践，理论研究与应用相结合。管理科学与工程学科是一门综合性交叉学科，其体系内容涵盖多个学科内容；它作为管理科学的一个基础性分支，是从系统思想出发，基于多种理论，使用多种方法，研究多个应用领域的学科。

2.2.1　管理科学与管理工程

战略管理工程属于"管理科学与工程"中"管理工程"的范畴，下面主要讨论管理科学与管理工程的不同之处。管理学是人类管理活动领域科学层面上形成的理论、方法与应用体系，其中，管理科学与工程是一门侧重于综合运用系统科学、数学、经济学、行为科学、工程方法及信息技术为人类探索管理问题提供基础理论、方法体系与工程样式解决方案的学科。人类对"科学"有其久远的认知演化过程，管理学可以被看作人类管理活动领域科学层面的知识、方法与应用体系，因此，管理学也称为（广义）管理科学。在科学发展史上，培根的归纳法和笛卡尔的演绎法不仅对现代自然科学的发展做出了极大贡献，而且随着经济生产规模和社会化程度的提高，也深刻影响了西方经济学研究模式的形成。具体来说，西方经济学仿照数学、物理等自然科学注重研究的实证性与数量分析，并因高度认可自然科学发展的成就，使得许多经济学家都想将经济学打造成类似自然科学的科学。经过一百多年的发展，严密的实证方法，特别是数学模型的运用逐步成为近现代经济学研究的基本范式，同时也使经济学变得越来越"科学"。

由于管理学的研究领域与研究问题的内涵与经济学具有"近亲性"，致使一部分学者

在学术研究中更愿意效仿经济学更多地运用数学、越来越"科学"的模式。于是，人们将这种更多运用数学方法的管理学知识领域称为（狭义）管理科学，以与先前的（广义）管理科学相区分。所谓"管理科学"，指的都是这类（狭义）管理科学。于20世纪三四十年代形成并发展起来的运筹学对管理科学知识体系的逐渐成形与成熟具有特别深刻的影响。这主要是因为运筹学聚焦研究人类在广义的资源配置活动与过程中，如何设定目标、确定约束条件，并通过构建结构化的数学模型和提出有效的算法来揭示相关的管理活动基本规律及优化主体行为。这不仅与"管理"的本义相一致，也极大丰富了管理科学的方法论。于是，在20世纪中期以后，人们还普遍认为"管理科学就是运筹学的应用"，甚至认为管理科学就是运筹学。另外，自20世纪初起，人们开始思考和探索关于各个领域与各种类型的整体性与功能性的共性科学问题。从辩证唯物主义的观点看，客观世界的事物都是普遍联系的，能够反映和概括客观事物普遍联系并形成一个整体和具有某种功能的最基本的概念是系统。这里，人们概括了客观世界与人类活动在整体意义上的一种基本属性，也就是说，系统是一个反映和概括客观事物普遍联系与整体性的最基本的概念。系统的概念很快被引入到管理科学领域，即运用系统概念及系统思维来引领管理活动及管理行为，并形成了关于组织管理的技术-系统工程，这也导致人们经常将系统工程与管理科学理解为有着亲缘性的两个学科。在解决实际管理问题方式上，管理科学注重遵循科学（发现）-技术（发明）-工程（造物）的接续路径，以设计实体型"工程"或"类工程"人造物系统作为解决实际管理问题的方案，这一"工程"或"类工程"管理方案样式被人们称为"管理工程"。这样，通过将首尾两端相连可以形成始于"管理科学"、终于"管理工程"的一种完整的知识体系类型，也就是当前的管理科学与工程学科的主要学术内涵。综上所述，管理科学与工程是一类揭示人类管理活动规律与构建人类管理行为准则的知识体系与科学门类（学科），它以系统科学思维为引导，以运筹学方法和计算机信息技术为主要支撑。与管理学的其他学科相比，管理科学与工程更注重利用数学语言提取管理问题中的数量关联、空间结构与动态变化，通过计算机语言等多种符号系统进行逻辑推导、演算和分析，对管理问题进行预测、决策、优化和调控，并通过设计和构建"工程""类工程"人造系统作为解决管理问题的方案样式。

吴杰等在《管理科学与工程学科"十四五"发展战略研究》中指出：管理科学与工程作为管理科学的一个基础性分支，是从系统思想出发，基于系统、优化、决策、统计、行为等多种理论，使用运筹、系统工程、决策、评价、统计、预测、人工智能、数据科学、心理与行为学、博弈论等方法，研究工业工程与质量管理、物流与供应链、交通运输、数字化平台管理、服务科学与工程、智慧管理与人工智能、信息系统与管理、风险管理、新技术驱动管理等多个应用领域的学科。管理科学与工程总体上是由"管理科学"和"管理工程"复合而成的。前者的基本内涵是以数学及其他自然科学为基础，后者则是"管理科学"的工程化与实践化，两者通过链接成为依据综合集成思维，设计、构建与优化人造系统的活动与过程。在整个管理学领域内，管理科学与工程学科最强烈地表现出以数学、系统科学、信息科学、计算机技术等现代自然科学理论与工程技术方法为支撑，以实体型"工程""类工程"人造系统作为解决实际问题的管理方案的特点，它更侧重于管理学基础性、本源性与工程实践性的管理学知识体系研究，更关注为管理学研究领域提供基础思维、基本理论和普适性方法体系。管理科学与工程已经成为管理学领域中一个具有自身学理逻

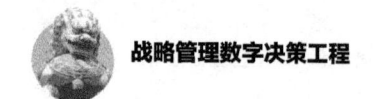

辑、方法论特征和实际应用优势的学科，它对管理学的其他分支及管理学的整体发展乃至社会经济各领域的管理进步都产生了重要影响。

2.2.2 工程科学与工程管理

管理工程虽不同于工程科学，但与工程管理有交叉。

沈珠江院士在《论技术科学与工程科学》（2006 年版）中提出，工程是人类有目的、有组织地改造世界的活动。工程是改造世界的活动，因而工程科学的定义应为"工程中运用的综合性的知识体系"。工程的核心问题是改造世界的目的，而目的又体现在被改造的对象和改造得出的成果上，因此，工程科学一般以对象或成品命名。工程科学从事的研究属于应用研究，即如何将技术科学和管理科学提供的知识具体应用于工程的设计和实施中。以结构工程为例，建筑结构一般由梁、柱、板和壳等构件组成。在结构力学中研究构件之间力的传递，通常将构件之间的联结理想化为铰结和刚结，结构工程就要研究具体的联结方法。此外，结构工程学中还会涉及钢筋锈蚀等化学问题。

中国工程院何继善院士在 2013 年发表的《论工程管理理论核心》中指出，对于工程管理的认识，国内外学者有不同见解。例如，美国工程管理协会（ASEM）对工程管理的解释如下：工程管理是对具有技术成分的活动进行计划、组织、资源分配及指导和控制的科学和艺术。中国工程院（CAE）在咨询报告中也对工程管理进行了界定：工程管理是指为实现预期目标，有效地利用资源，对工程所进行的决策、计划、组织、指挥、协调与控制。广义的工程管理既包括工程建设（含规划、论证、勘设、施工、运行）中的管理，也包括重要、复杂的新产品、设备、装备在开发、制造、生产过程中的管理，还包括技术创新、技术改造、转型、转轨、与国际接轨的管理，以及产业、工程和科技的发展布局与战略发展研究、管理等。

当前，我国经济快速增长，工程建设的规模日益扩大，诸多大型工程相继完工并投入使用，工程管理实践日新月异；与此同时，学者对工程管理也在不断地总结归纳，并逐步形成工程管理理论体系，其中，探究工程管理理论体系的核心是构建工程管理理论体系的关键。工程管理的全面定义：从哲学的层面，工程管理是关于工程活动中人的地位与作用，以及人与人、人与社会、人与自然的关系和互动的科学。就工程管理的职能而言，工程管理是指工程的决策、计划、组织、指挥、协调与控制；就工程管理的过程而言，工程管理是指工程的前期论证与决策、设计、实施、运行的管理；就工程管理的要素而言，工程管理是为实现质量、费用、工期、职业健康安全、环境保护目标而对资源、合同、风险、技术、信息、文化等进行的综合集成管理。

2.2.3 管理工程与数字工程

在当代数字化转型趋势下，管理工程与数字工程交叉结合，不断提高管理工程的数字化水平，并围绕新的需求逐步形成战略管理数字工程等新的学科领域和发展方向。2018 年 6 月，美国国防部发布了《数字工程战略》，其目的是推进数字工程在装备全寿命周期管理中的应用，实现美国国防部的数字转型，促进数字工程在武器装备全寿命周期管理中的运用。美国国防部认为，数字工程是数字化版本的基于模型系统工程（MBSE）方式，利用数字环境、数字处理、数字方法、数字工具和数字工件，实现对计划、需求、设计、分析、

核实、验证、运行和/或维持等装备系统全寿命周期活动的支持。以下是数字工程在全寿命周期管理中的应用动态示例。

1. 林肯号航母数字孪生模型

美国海军信息战系统司令部（NAVWAR）于 2019 年 10 月完成其首个数字孪生模型的搭建，计划安装在林肯号航母（CVN 72）上，以提高航母的信息战能力。该数字孪生模型采用基于模型的系统工程（MBSE）技术开发，使用相关的集成数据字典、架构、需求框架为林肯号航母上的 5 个互联系统开发端到端数字模型。其中，集成数据字典可为工程师开发数字模型提供所需部件清单，架构提供部件安装说明，需求框架则用于跟踪部件的连接方式和原因。

2. 新一代作战业务后勤系统（NOBLE）

NOBLE 系列程序是美国海军推进数字化转型的又一举措。NOBLE 系列程序包括海军作战供应系统（NOSS）、海军航空维修系统（NAMS）和海军海上作战环境（NOME）。这些系统共同使用开放的架构框架提供所需的功能，该架构框架结合了业务流程再造，可以整合超过 23 个独立的应用程序系统。其功能包括增强态势感知，对超过 15 万用户群的维护和供应物流及业务功能进行规划、执行和管理。

3. 组合体级数字工程平台

2020 年 7 月，美国空军全球打击司令部（AFGSC）的"组合体级数字工程平台"（PDEP）开始进入下一阶段的发展工作。该平台是 AFGSC 基于数据驱动的分析处理机，可支持司令部评估和决定采用何种行动路线，并基于数据对决策效果进行评估。例如，通过使用"组合体级数字工程平台"，司令部可以解决飞机的可用度问题，根据使用数据来评估行动是否按照预期的结果进行，并根据需要进行调整。该平台计划在 AFGSC 的多个基地投入运行，以增强 AFGSC 使用在整个司令部收集数据的能力，并通过组合信息和向领导层呈现数据驱动的决策机会为司令部构建高效的流程，这将支持当前和未来的部队能力、人力和预算编制工作。

2.2.4 战略管理工程学科结构

进入 21 世纪后，我国的管理科学与工程学科进入了以自主创新为主，探索具有时代特色、满足国家发展需要的管理理论的新时期。我国管理科学与工程学科的发展是国家全局性科学技术发展战略的重要组成部分，能够在相关重大发展领域提供关键助力，因此，需要在宏观层面探索具有问题导向属性，并能充分反映时代特性和国家实际需求的管理科学与工程学科结构。

决策推演知识计算是一种将计算机仿真与大数据智能决策方法相结合，用以解决复杂环境下战略选择问题的推导与演算方法。它能超前建立以战略目的、体系方法和系统手段为要素的战略能力态势架构，超前配置数据、模型、知识、智算、智慧等战略赋能要素，并形成测评、筹划、设计、统合、定向等战略组织智能，进而形成超越对手的基于大数据、大模型的数字决策整体优势。战略管理工程属于管理科学与工程学科领域，战略管理数字

决策工程是战略管理工程一个重要的学科方向，主要由战略能力管理工程、战略走向导航工程、战略决策智脑工程、战略推演系统工程和战略协同体系工程 5 个专业领域组成。其中，战略决策智脑工程的专业方向是决策推演知识计算引擎，决策推演知识计算方法是决策推演知识计算引擎的一个研究方向。这里，将战略管理数字决策工程定义为"以战略管理流程 MBSE 为基础的决策支撑工程"。关于该定义的具体内涵，第 3 章有深入的介绍。战略管理工程学科领域的结构框架如图 2.2 所示。

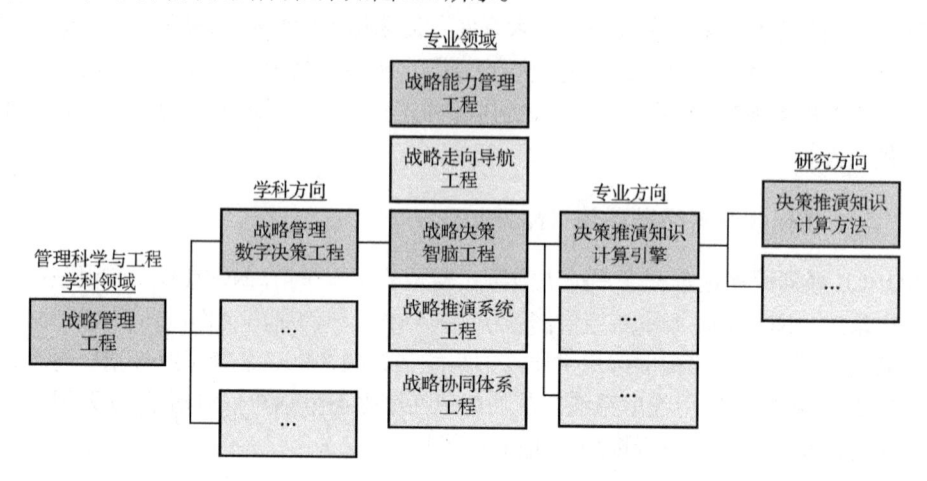

图 2.2 战略管理工程学科领域的结构框架

2.3 战略管理工程领域划分

战略管理工程是以五项工程（战略能力管理工程、战略走向导航工程、战略决策智脑工程、战略推演系统工程和战略协同体系工程）为分支，以四项技术（语义增强架构建模技术、建设发展推演技术、体系对抗仿真技术和综合集成研讨技术）为支撑，以十种方法（能力图谱构建方法、镜鉴能力刻画方法、能力评估分析方法、战略筹划分析方法、规划项目评估方法、项目投资组合决策方法、使命链路规划方法、体系任务链路设计优化方法、体系架构设计方法、体系评估优化方法）为主要内容的特殊门类的管理工程。战略管理数字决策工程是以知识计算为核心技术，以预实践评估为典型应用场景的战略管理工程分支领域，它是战略管理工程与数字工程的一种结合方式。战略管理工程领域划分框架体现了战略管理五项工程之间的关系，以及五项工程各自的基础性原理，如图 2.3 所示。

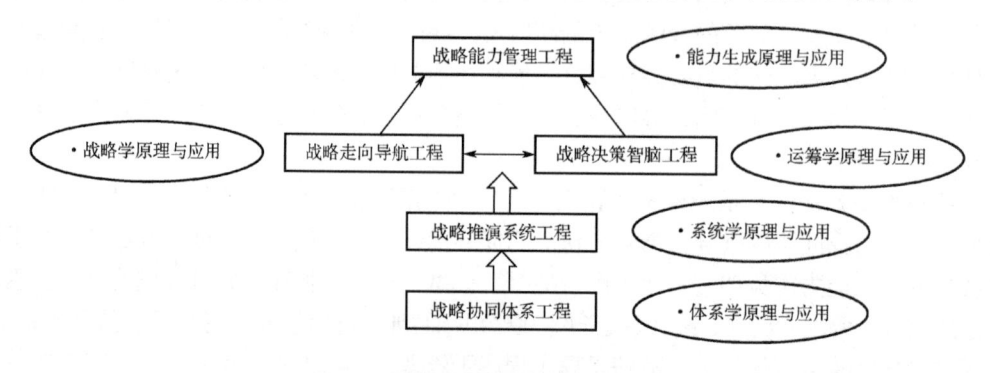

图 2.3 战略管理工程领域划分框架

2.3.1 战略能力管理工程

战略能力管理工程主要依托于能力生成原理与应用。"战略能力"一词很早就出现在美国的官方文件和研究报告中。例如，在 1954 年兰德公司的内部出版物中，埃尔伯特·沃尔斯泰特和弗雷德·霍夫曼就提出了美国"战略能力脆弱性"的问题。在 1969 年国家安全委员会第 64 号备忘录文件中，美国国防部被赋予对美军战略能力进行专项评估的任务，以应对陆基洲际弹道导弹构成的威胁。在概念层面，美军的"战略能力"与"战略任务"和"战略力量"密切相关，并在长期实践中不断延伸拓展。战略能力，是军队在履行其战略任务时所表现出的能力，它既是国家战略能力的核心内容，也是维护和实现国家利益的重要保障。美军聚焦应对全频谱的安全威胁，并承担全球性的战略任务。在长期军事实践的基础上，美军战略能力的概念内涵不断得到完善，包含不同的战略能力类型。例如，依据行动类型可以划分为战略威慑能力、战略攻击能力、战略防御能力、战略保障能力；依据武器类别可以划分为核战略能力和非核战略能力；依据运用领域可以划分为陆地、空中、海上、太空和网络等不同领域的战略能力。此外，美军各军种对战略能力也有相应的划分。例如，美国空军依据任务确立了 12 种能力，包括核威慑作战、空中优势、太空优势、网络空间优势、全球精确打击、全球快速机动、特种作战、全球一体化情报/监视与侦察、指挥控制、人员搜救、灵活作战支援和建立伙伴关系，上述部分能力实际上已具备战略能力的属性。回顾历史，在实现战略目标和完成战略任务方面，美军战略能力一直发挥着支撑性、决定性作用。着眼未来，美军对战略能力全球主导的要求不会发生改变。2021 年后，美军延续了大国竞争的战略路线，更加重视智能化、网络化、无人化等颠覆性技术的发展，美军战略能力建设在保持延续性的同时，也将呈现新的时代特性。

战略能力管理是战略管理的一个重要领域，也是战略管理当前的焦点和关键所在。其中，核心战略能力是对战略能力组合效益有关键、重大贡献的能力组分。战略能力管理是以战略思想为导向的顶层管理。战略管理是立足核心能力，面向战略竞争所进行的决定发展前途的顶层管理。战略管理是数字决策工程的重大应用背景，战略管理数字决策工程是战略管理工程的重要学科分支和发展领域。战略管理以战略前景预测和能力态势研判为基础，以制定一套科学、系统、长远的发展战略为核心，进而通过战略思想到规划、计划的细化分解，战略方针到任务、项目的逐步落实，谋取军事发展的战略先机和未来优势，确保核心战略能力的演化提升和长远战略目标的如期实现。基于能力的战略管理原理，是一种以核心战略能力博弈为核心的战略管理原理，也是战略博弈决策优化的最基础性原理。核心战略能力管理思想是基于能力的战略管理原理的思想基础，而战略博弈决策优化问题及其系统工程求解方案正是在这样的背景和意义下提出和给出的。战略能力管理工程原理详见第 4 章。

2.3.2 战略走向导航工程

战略走向导航工程主要依托于战略学原理与应用。战略的实施通常存在远景障碍、人员障碍、资源障碍和管理障碍等，可以通过有效实施战略执行管理的四大保障：制度保障、流程保障、组织/人员保障及 IT 保障。奥地利管理学家弗雷德蒙德·马利克在《战略：应对复杂新世界的导航仪》一书中指出："21 世纪，经济和社会在经历有史以来最大的转变。"

而造成这种巨大转变的是 5 个复杂推动力：第一是人口统计学；第二是知识和技术；第三是生态学；第四是经济学；第五是前 4 个重要领域共同作用所产生的复杂状况。这些推动力隐藏了巨大的风险，首先是经济上有史以来最大的通货紧缩危机。此外，还隐藏了缓和危机、战胜危机。在这些因素相互猛烈的作用下，不断产生新的复杂状况，这些状况使越来越多的组织面临越来越大的意外。要想成功经受住这些变化的冲击并把其作为驱动力来推动发展，管理体系、组织结构和战略深刻改变的重要性不言而喻。

随着市场竞争日益激烈，企业之间的竞争形势日趋严峻，企业管理可以帮助企业在激烈的竞争中占领一定地位，而战略导航可以更好地解决企业管理方面的相关问题。为支持项目的绩效预设，本书尝试将战略导航原理应用于路径领航推演方面。第 5 章围绕战略导航思想基础，以平衡计分卡、战略行动计划表为工具，通过分析华为战略解码方法及具体案例，深度剖析战略导航的原理。

2.3.3 战略决策数脑工程

战略决策数脑工程主要依托于运筹学原理与应用，运筹学是近代应用数学的一个分支，主要研究如何将生产、管理等事件中出现的运筹问题加以提炼，再利用数学方法进行解决的学科。运筹学是应用数学和形式科学的跨领域研究，通过利用诸如统计学、数学模型和算法等方法，寻找复杂问题的最佳或近似最佳的解答。运筹学经常用于解决现实生活中的复杂问题，特别是改善或优化现有系统的效率。运筹学一词最早出现于 1938 年，主要应用于军事方面。第二次世界大战后，运筹学转向研究在民用部门应用的可能性，从而促进了民用部门应用运筹学的发展。20 世纪 50 年代末，美国大企业在经营管理中大量应用运筹学。起初主要用于制订生产计划，之后，又在物资储备、资源分配、设备更新、任务分派等方面发展了许多新的方法和模型。20 世纪 60 年代中期，运筹学开始用于服务性行业和公用事业。一些发达国家的企业、政府、军事等部门都拥有相当规模的运筹学研究机构，专门从事相关方法和建模的研究，为决策提供科学依据。运筹学研究的内容十分广泛，其主要分支有线性规划、非线性规划、整数规划、几何规划、大型规划、动态规划、图论、网络理论、博弈论、决策论、排队论、存贮论及搜索论等。

战略决策是战略管理中极为重要的环节，具有承前启后的枢纽作用。在仿真大数据基础上，通过计算学科的理论、方法和工具模拟人类认知的建模过程，搭建认知计算系统，使其具备快速决策的能力。现代运筹学方法强调黑箱方法、数学模型和仿真运行。它重视系统的输入与输出关系，即问题所处的环境条件和问题中主要因素与环境间的关系，而不追求系统内部机理，因而易于达到从系统整体出发来研究问题的目的。常用的数学模型有分配模型、运输模型、选址模型、网络模型、计划排序模型、存储模型、排队模型、概率决策模型及马尔可夫模型等。现在已有各种运筹学软件包，使运筹学可以处理相当复杂的大型问题。随着运筹学应用于社会大系统，仅靠定量分析已难以找到合理的优化方案，因而采用定量与定性相结合、在定量分析的基础上进行定性分析的方法。战略决策数脑工程，是认知计算系统的进一步升级，在功能上帮助人类定量地分析影响决策的各种因素，从而保障决策的精准性。目前，战略决策数脑工程在企业级和城市级已有初步探索和应用，用于辅助企业发展和城市建设。原理上，战略决策数脑工程的解决方案可包括多选项组合优化方法。在多选项组合中，需要联合处理多个项目，并且这些项目共享归纳偏好。多选项

组合优化本质上是一个多目标问题，因为不同任务之间可能会产生冲突，需要进行取舍。常用的折中方法是优化代理对象，该对象可使每个项目损失的加权线性组合最小化。但这种方法只有在项目间不存在竞争关系时才有效，而这种情况是很少发生的。第6章将会围绕上述内容详细展开。

2.3.4　战略推演系统工程

战略推演系统工程主要依托于系统学原理与应用。我国系统科学的主要开创者和推动者钱学森曾提出系统科学体系的层次划分（系统论、系统学、系统技术科学、系统工程技术），并认为系统论是系统科学的哲学层次，而系统学是系统科学的基础理论。由此可见，系统学应是科学中的科学、基础中的基础。随着科学技术的深入发展，复杂性科学的跨学科研究给科学带来的不只是思维方式的变革。事实上，当今科学技术的发展前沿已经在时空多尺度、多层次上，广泛进入研究复杂性与调控复杂系统的时代。例如，微观世界调控、量子信息科学、可控自组装、多相反应过程、纳米与超材料、基因调控网络、合成生物学、脑与认识科学、智能网络、智能制造与智能机器人、信息物理系统、全球化经济及生态与气候变化等，无一不涉及复杂系统研究，甚至还诞生了众多以"系统"为关键词的新学科，诸如"系统生物学""地球系统科学""系统法学"等。这些交叉研究领域都需要系统学普适性理论的帮助，因而成为系统学发展的重要驱动力。

战略推演系统工程中的战略调控常用于装备采办等战略层面领域。本书尝试将战略调控引入军事力量建设领域，并将其视为一种决策的方案调整和优化活动。第7章围绕战略推演决策，以OODA原理、使命工程方法、MBSE技术和数字工程战略为技术支柱，将战略推演决策引入力量建设领域和战略管理范畴，并提出基础理论指导。

2.3.5　战略协同体系工程

战略协同体系工程主要依托于体系学原理与应用，联合作战指挥体系是实施联合作战指挥的各级各类指挥机构构成的有机整体，也是开展联合作战指挥活动的组织基础。从组织行为学和进化论视角深刻理解联合作战指挥体系呈现的新特征，是破解促进体系顺畅高效运行、提升联合作战指挥能力的"思维密钥"。美国国防部在2018年的《国防战略》中提出，未来将面临"更具杀伤力和破坏性的战场，以更快速度在更广范围进行跨域作战"。美军认为，在未来的作战中，胜利属于能够迅速做出决策并更快构建杀伤链的一方。为了实现这种决策优势，美国国防部正在通过联合全域指挥控制计划提升作战能力。这需要将传感器、网络、平台、指挥人员、作战人员和武器系统无缝集成到一起，实现快速信息收集、决策和兵力投射。

战略协同体系工程的核心要义是如何构建数字化决策支持体系。在信息化联合作战中，全域多维的作战空间、高度融合的作战力量、多种类型的指挥机构、多元功能的指挥要素、多重交叉的指挥关系，使联合作战指挥体系构成变得越发复杂。在网络信息体系构建的信息化环境支撑下，联合作战指挥体系形成了基于指挥权责配置的树状层级实体形态与基于指挥信息交互的网状节点化分布式虚拟形态融合共存的"虚实二元一体"结构，成为体系运行的新常态。第8章介绍体系和体系工程的基本概念，以及体系工程在数字化时代的演化发展和面临的机遇，并从EC2、DANSE和区块链技术三方面介绍体系工程的基

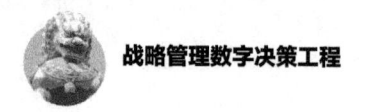

本原理。

睿德团队的使命任务是主动应对复杂竞争环境挑战，建设战略预实践创智工场，攻克知识计算引擎技术，研发知识计算平台，推动知识计算平台在预实践评估和预先智能制造领域的广泛应用。

2.3.6 十种有代表性的方法

这里给出的十种方法，是从睿德团队研究成果中选取的既符合战略管理工程范畴，又可以用于预实践评估的有代表性的方法，下面进行简要介绍。

1．能力图谱构建方法

能力图谱构建现代信息技术的应用促进了能力规划管理相关知识的共享和重用，但当前的能力规划仍面临大量的文档密集型管理工作，决策者在做出决策时仍然无法摆脱"认知迷雾"。国防能力规划管理特别需要一种能够针对海量、非结构化、多领域的数据和信息，智能辅助实现从非结构化文本信息到能力组合规划方案集成展现的方法和工具。

2．镜鉴能力刻画方法

立足镜鉴超越，从能力发展绩效评估、能力投资预测分析、能力杀伤链表征和数字画像构建等方面，开展战略能力刻画表征方法研究。以国防经费投向投量为基础，研究战略能力发展绩效评估和预测分析，可以洞察镜鉴对手战略目标的经费支撑程度，分析其真实战略意图和能力发展走向。战略能力杀伤链是战略博弈的重要抓手，镜鉴对手数字画像重在画清、画准、画及时，研究镜鉴能力刻画方法具有重要的战略价值。

3．能力评估分析方法

针对使命任务需求的能力评估分析，是战略管理决策的重要环节。能力评估分析方法主要包括面向战略目标的发展指数评估方法和立足战略对策的能力短板分析方法。本书第 11 章将结合典型战略管理决策问题，围绕能力推演评估的 3 个关键环节和方法构成，介绍方法的基本思想、流程等，为推动能力评估和建设推演技术开发及应用提供参考。

4．战略筹划分析方法

战略筹划是组织的生命线，也是组织一切工作必须遵循的总纲，对一个组织生存和发展具有决定性的指导作用。战略筹划是通过规划基本任务、目标及业务，使组织与不断变化的外部环境之间保持战略适应性的过程，战略筹划分析是战略筹划的关键环节。本书第 12 章通过介绍战略选择工具相关背景及计划评估和审查技术，为战略筹划分析提供方法和工具借鉴。

5．规划项目评估方法

项目是体系构建、杀伤链闭合、目标路径达成的具体承载，项目的需求、规划、预算、执行、评估环节是战略管理的焦点所在，项目决策旨在更好地优化平衡项目布局、统筹协调预算资金、避免投资重复冗余、控制降低项目风险。本书第 13 章主要以前面章节为基

础，聚焦项目决策的平台支撑问题，特别考虑了人工智能技术发展带来的影响，对项目决策智能推演平台涉及的测算筛选、关联聚合、计划协调、统筹分析和推演引擎等模块进行介绍

6．项目投资组合决策方法

项目投资组合是通过投资不同领域或者统一领域的不同项目，以达到有效管理组织和满足业务战略目标的需要。项目投资组合既描述了组织和项目之间的依赖关系，也管理了一组投资组合项目所需的组织结构。本书第 14 章通过阐述项目投资组合的测算方法，以及项目选项生成和组合分析方法，以期提供投资组合的新视角和新手段。

7．使命链路规划方法

使命链路规划方法通常用于规划方法拟制阶段，主要是从威胁出发，按照国防安全战略分析、军事战略分析、战区战略分析得出作战构想，并围绕作战构想对现有能力进行分析得出能力差距，然后针对能力差距进行作战概念设计，通过作战概念的生成和推演牵引体系建设需求和规划方案的生成。

8．体系任务链路设计优化方法

体系任务链路是指面向完成任务各环节的具体需求，将体系功能配系中的各个功能节点进行适应性匹配，从而形成一条完整的闭合链路。任务链路与功能链路、杀伤链路、效果链路等概念，虽然在侧重点、描述范围上有一定区别，但其基本内涵一致，都是面向闭环完成任务所构建的链路形态的行动方案。本书第 16 章分别从体系任务链路基本概念、体系任务链路构建方法、体系链路仿真优化方法、体系快速原型实验方法四方面介绍体系构型设计优化方法。

9．体系架构设计方法

作战体系是规划建设发展的基本抓手，体系设计是作战体系建设发展的核心环节。使命链路规划给出的作战概念描述了作战场景和作战构想，在作战概念的基础上需要设计出恰当的作战体系。本书第 17 章提出的作战体系架构设计遵循 CAM（能力-架构-机制）范式，主要针对现成兵力架构缺失情形，通过开展兵力编成架构设计，作为军事力量运用的物质基础，为后续面向具体使命任务的作战运用架构设计提供支撑；通过开展作战运用设计，形成针对特定任务场景的作战链路与适变机制，以应对灵活多变的态势环境；通过开展组分系统需求设计，形成组分系统协议及战术技术指标，进而指导与约束实际系统的建设。

10．体系评估优化方法

评估优化是体系架构设计—仿真实验—评估优化的收官环节，主要是根据计算实验数据等数据集合对体系架构设计方案进行体系能力、效能和贡献率评估，并根据评估结果及其因果机理开展方案优化。评估优化很难一步到位，可能需要经过多次"设计—仿真—评估—优化"的闭环迭代过程才能得到满意的体系优化方案。

2.3.7 四项共性支撑技术

1. 语义增强架构建模技术

国防领域建设具有资源投入大、参与主体多、技术体系复杂等特点，传统的基于能力的规划过程通常会遇到以下问题：①基于文档进行能力规划和设计，容易产生二义性，规划信息在组织内部难以共享；②能力规划阶段和能力开发阶段割裂，预期建设效果难以有效预测和控制；③能力增量之间依赖性强，规划方案可能存在系统性、结构性缺陷；④如果在能力开发后期发现能力规划方案缺陷，补救成本高昂。随着信息技术飞速发展，基于模型的系统工程方法应运而生。利用基于模型的系统工程（MBSE）方法，能够在能力规划的早期阶段就通过模型定义需求和功能，设计系统架构并进行相应的验证工作，可以减少能力规划的不确定性，为解决国防投资预算与国防领域建设战略规划目标有效契合问题提供了一种有效手段。本书第 19 章对国防建设规划领域的知识结构做了分析，介绍了几种架构建模语言的知识结构模式，并以美国国防部与麻省理工学院的一项合作研究为例，介绍了语义架构技术平台的应用示例，为国防能力组合管理提供一种新的问题求解思路。

2. 建设发展推演技术

建设发展是组织战略博弈的重要领域，建设发展推演是窥探未来、把握趋势的基本手段。面向建设发展推演需求，体系化探索战略态势评估技术、国防经费分析技术、战略兵棋推演技术和战略指数构建技术。本书第 20 章关于建设发展推演技术内容主要如下：战略态势评估旨在明晰当前己方所处的整体战略态势，国防经费分析作为国防建设经济基础，分析其投向投量及趋势，能够预测国防战略的未来发展侧重。战略兵棋是面向建设发展领域的、以规划项目为基本单元的、以决策为支配因素的战略层级兵棋，而战略指数是评估组织战略管理能力的重要依据。

3. 体系对抗仿真技术

本书第 21 章介绍的体系对抗仿真技术，是在对抗背景下针对体系架构设计方案对于体系使命能力、任务效能等方面需求的满足程度所开展的分析实验研究。体系对抗仿真按照不同的需求问题规模和体系研究阶段，运用静态与动态相结合、定性与定量相结合，以及多层次与粒度相结合等多种手段，开展综合分析仿真验证，可为体系综合评估、迭代优化等研究过程提供数据输入和手段支撑。体系的内涵和特点决定了仅对体系进行结构方面的研究是不够的，自治、演化、涌现等特征必须通过行为表现出来，体系架构方案需要以体系行为实验作为测试和评估的基础，体系的性能和能力也需要通过体系行为体现。因此，体系行为研究是体系工程研究的重要组成部分。作战体系的核心是一系列网络化的杀伤链路，在对目标任务链路进行设计后，需要对其进行分析，从逻辑上检测节点的规范性，从关联匹配的角度分析各节点之间的关系，从链路能力的角度分析设计方案是否符合能力、使命、战绩指标和环境等各项约束，同时检验设计的可行性。基于 Agent 的建模与仿真（Agent-Based Modeling and Simulation，ABMS）是一种采用许多相互之间具有复杂交互行为的自治 Agent 对系统进行描述和抽象的建模仿真方法。它在建模方法上强调实体的自治性和实体的交互性，在仿真实验上强调个体成员的局部交互对整个系统（涌现性）的影响分析。

4. 综合集成研讨技术

本书第 22 章介绍了综合集成研讨技术，即机器智能与专家智慧相结合的智能支持技术，它是实现"数据-知识-智能-智慧"数字决策价值链路最终环节的理论基石。面向复杂的重大决策问题，综合集成研讨技术以开放的复杂智能系统问题求解框架为基础，采用定性定量综合集成研讨厅等方式，构建战略规划群体决策支持系统，支持规划决策多阶综合研判并实现群体智慧研判。综合集成研讨厅是综合集成了以计算机技术为核心的高新技术成果与专家群体共同构成的高度智能化的人机结合系统。它由 3 个体系构成：知识体系、专家体系、机器体系。其中，专家体系是核心，机器体系是物质技术支持，专家体系和机器体系都是知识体系的载体。"集成"二字代表了逻辑、理性，而专家和各种"人工智能专家系统"则代表以实践为基础的非逻辑、非理性智能。这样就把综合集成法中的个体智慧明确地上升为群体智慧。其目的是提高人的思维能力，使系统的智慧超越每个成员。围绕综合集成研讨，本书第 22 章先概述智能决策知识背景，再从机器智能决策、群体智慧研判、智能推演平台、智慧研判环境四方面予以阐述。

参考文献

[1] PETERAF M A. The cornerstones of competitive advantage: A resource-based view[J]. Strategic Management Journal, 1993, 14(3): 179-191.

[2] CHARNES A. Future of mathematics in management science[J]. Management Science, 1955, 1(2): 180-182.

[3] HOPP W J. Fifty years of management science[J]. Management Science, 2004, 50(1): 1-7.

[4] HOPP W J. SIMCHI-LEVI D. Management science: The legacy of the past and challenge of the future[J]. Management Science, 2021, 67(9): 5306-5316.

[5] DURAND R, GRANT R M, MADSEN T L. The expanding domain of strategic management research and the quest for integration[J].Strategic Management Journal, 2017, 38(1): 4-16.

[6] BURGELMAN R A, FLOYD S W, LAAMANEN T, et al. Strategy processes and practices: Dialogues and intersections[J]. Strategic Management Journal, 2018, 39(3): 531-558.

[7] GEHMAN J, GLASER V L, EISENHARDT K M, et al. Finding theory-method fit: A comparison of three qualitative approaches to theory building[J]. Journal of Management Inquiry, 2018, 27(3): 284-300.

[8] VANDEVEN A H, JING R T. Indigenous management research from an engaged scholarship perspective [J]. Quarterly Journal of Management, 2020, 5(1): 1-13.

[9] FISS P C. Building better causal theories: A fuzzy set approach to typologies in organization research[J]. Academy of Management Journal, 2011, 54(2): 393-420.

[10] LANGLEY A. Strategies for theorizing from process data[J]. Academy of Management Review, 1999, 24(4): 691-710.

[11] 盛昭瀚. 问题导向：管理理论发展的推动力[J]. 管理科学学报，2019, 22(5): 1-11.

[12] 钱学森. 论系统工程[M]. 长沙：湖南科学技术出版社，1988.

[13] 钮先钟. 战略研究[M]. 桂林：广西师范大学出版社，2003.

[14] 乔迪. 兰德决策：机遇预测与商业决策[M]. 成都：天地出版社，1998.

[15] 宋继承. 企业战略决策中 SWOT 模型的不足与改进[J]. 中南财经政法大学学报，2010(1): 115-119.

[16] 李品. 面向战略决策制定的情报流程模型构建及验证研究[D]. 南京：南京大学，2020.

[17] 苏新宁. 大数据时代情报学学科崛起之思考[J]. 情报学报，2018, 37(5): 451-459.

[18] 胡晓峰. 战略决策综合集成研讨环境 SDE98 的体系结构[J]. 小型微型计算机系统，1999, 20(2): 88-92.

[19] 吴杰，姬翔，余玉刚，等. 管理科学与工程学科"十四五"发展战略研究：学科界定与保障政策[J]. 管理学报，2022, 19(1): 1-7.

[20] 束哲. 体系架构超网络建模与优化方法研究[D]. 长沙：国防科技大学，2018.

[21] 王维平，李小波，王涛，等. 面向规划评估的战略管理人才预实践培养方法[J]. 高等教育研究学报，2022, 45(1): 24-29.

[22] 王维平，朱一凡，王涛，等. 体系视野下的 MBSE[J]. 科技导报，2019, 37(7): 12-21.

[23] 姚剑. 面向装备效能仿真的战术探索方法研究[D]. 长沙：国防科技大学，2017.

[24] 张旺勋，李群，王维平，等. 复杂系统脆弱性综合分析方法[J]. 国防科技大学学报，2016, 38(2): 150-155.

[25] 段婷，王维平，朱一凡，等. 基于区块链智能合约的 UAV 集群访问控制机制[J]. 系统仿真学报，2021, 33(11): 2656-2662.

[26] 张东俊，张涛，黎潇，等. 基于行为驱动的战能感知方程[J]. 系统工程与电子技术，2018, 40(10): 2376-2381.

[27] 徐二明，肖建强. 战略管理研究的演进[J]. 管理科学，2021, 34(4):101-114.

[28] 陈劲，曲冠楠，王璐瑶. 基于系统整合观的战略管理新框架[J]. 经济管理，2019, 41(7): 5-19.

[29] 许德音，周长辉. 中国战略管理学研究现状评估[J]. 管理世界，2004, 20(5): 76-87.

[30] 武常岐. 中国战略管理学研究的发展述评[J]. 南开管理评论，2010, 13(6): 25-40.

[31] 肖建强，孙黎，罗肖依."战略即实践"学派述评：兼与"知行合一"观对话[J]. 外国经济与管理，2018, 40(3): 3-19.

[32] 武亚军."战略框架式思考"、"悖论整合"与企业竞争优势：任正非的认知模式分析及管理启示[J].管理世界，2013, 29(4): 150-167.

[33] 崔艳林，王巍巍，王乐. 美国数字工程战略实施途径[J]. 航空动力，2021(4): 84-86.

[34] 陈传明. 管理学[M]. 北京：高等教育出版社，2019.

[35] 黄兴东. 军工央企数字化转型的思考[J]. 中国军转民，2020(16): 49-52.

[36] 陈晓，王永强，商世民. 世界主要国家军队战略管理的理念和做法[J]. 国防，2018(10): 82-86.

[37] 顾伟. 美军军事能力体系构建探究[J]. 军事历史研究，2012(4): 53-58.

[38] 邓大松，孙俊，杨予昊. 基于马赛克战的国土防空作战体系构建研究[J]. 中国电子科学研究院学报，2020(2): 105-109, 124.

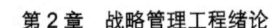

[39] 易本胜，邢蓬宇. 浅析美军战略评估机制[J]. 军事文摘，2016(9): 6-9.

[40] 张旭. 推演在美国战略决策中的作用[J]. 世界知识，2021(13): 2.

[41] 盛昭瀚，霍红，陈晓田，等. 新中国成立以来管理科学与工程学科的回顾、反思与展望[J]. 新华文摘，2021(11): 133-137.

[42] 周琪. 高科技领域的竞争正改变大国战略竞争的主要模式[J]. 太平洋学报，2021, 29(1): 1-20.

[43] 彭飞寒. 考虑时间成本的汽车召回模式研究[D]. 广州：暨南大学，2014.

[44] 郭雷. 系统学是什么[J]. 系统科学与数学，2016, 36(3): 291-301.

[45] 朱行明，孟宪邦，江涛. 浅谈综合集成研讨厅[J]. 合作经济与科技，2009(16): 113.

[46] 周宇. 基于能力的武器装备组合规划问题与方法[D]. 长沙：国防科技大学，2013.

[47] 李志飞. 基于能力的武器装备体系方案权衡空间多维多粒度探索方法及应用[D]. 长沙：国防科技大学，2015.

[48] 李忠林. 中国对南海战略态势的塑造及启示[J]. 现代国际关系，2017(2): 23-30.

第 3 章

知识计算引擎与预实践评估

> 系统工程已经发展到实用阶段，数字工程是基于模型系统工程（MBSE）的未来之路。知识计算引擎是知识计算硬核所在，也是"系统工程"与"数字工程"的技术结合部。"知识驱动计算，计算赋能评估，评估服务决策"。因此，知识计算引擎 MBSE 在数字化时代具有广泛的应用前景。

预实践理念的核心内涵是仅靠仿真不足以解决博弈型复杂决策问题。只有把仿真系统作为数据源，综合运用仿真、大数据、人工智能、数字孪生、区块链乃至正在兴起的元宇宙等先进数字技术，在数字平台上开展超前于竞争对手的预实践活动，才能解决适变环境下的决策等当前面临的一系列重大复杂问题。可以说，预实践是"实践论"思想在数字化时代的创新体现，也是当代数字化转型的重要趋势和必然要求。

在上述预实践的核心内涵中，也蕴含了仿真与预实践之间的关系，即预实践是一种面向决策问题的、基于仿真的数字化综合集成技术。也可以说，预实践是一种糅合了仿真哲学的特殊的实践方式。预实践既要向过往成功的实践案例学习，也要向仿真系统学习，还要向许多其他类型的有借鉴价值的推演型应用系统学习。正因为要以大量的"基于学习的活动"为其必备的厚实基础，预实践才具有独特的、不易具备的特殊价值和特有的创新魅力。

本章紧扣"双程合一"（数字工程和系统工程）数字化转型趋势，研究知识计算引擎技术，旨在为预实践评估提供强力支撑。

3.1 研究需求

睿德团队主要负责建设具有自主首创意义的知识计算预实践工场，该工场由 3 个部分构成，具体如下：

（1）知识计算引擎专用组件。它又称为"架构桥"，含义是通往未来之桥，由"当前架构+能力谱组件+未来架构"组成，可以形象地表示为连接当前与未来的桥梁。

（2）睿德知识计算通用平台。知识计算通用平台是由睿德团队提出的一种系统工程方法，是在复杂适变决策问题的系统科学定义和求解理论基础上，面向某一实际决策领域和决策产品需求，研究该类问题的具体求解过程及其实现方法，通常包括流程、架构、模型、算法等。

（3）战略预实践评估演练环境。评估是把握内在规律、找出存在问题、优化决策方案、调整措施方法、优化资源配置、提升质量效益的重要手段。要深刻认识评估对决策的辅助支持和质量提升作用，并建立科学可行、讲求实效的评估标准和评估方法，切实做到凡重大决策必先行评估，凡重大项目必先评后验，先验效用评估与后验绩效评估相结合，以及事先、事中和事后评估相结合。

战略预实践评估演练环境由任务导调系统、任务计算系统、任务编程系统及任务仿真系统构成，如图3.1所示。任务导调系统由战略任务、体系任务和集群任务3层构成，每层任务包括任务触发点和任务执行周期两个要素。任务计算系统的功能是实施知识计算，生成规划方案，从高层到低层可分为战略任务知识计算引擎、体系任务知识计算引擎及作业任务知识计算引擎，任务计算系统从高层到底层是一个自顶向下预实践的过程。任务编程系统的功能是下达演练任务，发挥组织作用，调用仿真系统，上传评估结果，从高层到底层可分为战略任务流程编制单元、体系任务流程编制单元及作业任务流程编制单元。任务仿真系统的功能是执行过程仿真和效果评估，其中，战略层包括复杂组织战略使命仿真、能态演化系统动力学仿真、建设发展兵棋推演仿真；体系层包括体系链网仿真挖掘建模、多智能体体系对抗仿真、多域作战体系仿真优化；作业层包括作战平台智能交战仿真、无人集群异构重组仿真、集群杀伤链交战管理仿真和集群杀伤链智能适变仿真，任务仿真系统从作业层到战略层是一个自底向上的预评估过程。任务计算系统向任务编程系统输出任务清单，任务编程系统的输入是任务清单，输出是任务流程，任务仿真系统根据任务流程执行过程仿真并评估仿真效果。战略预实践评估演练环境的功能架构见表3.1。

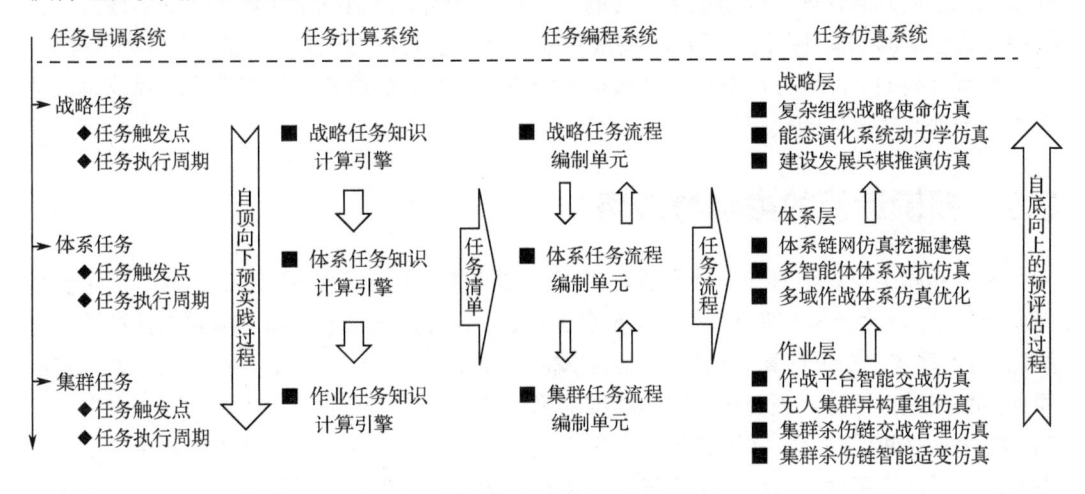

图 3.1　战略预实践评估演练环境

表 3.1　战略预实践评估演练环境的功能架构

	任务导调系统	任务计算系统	任务编程系统	任务仿真系统
高层战略任务演练	规定、指导和调控高层战略演练任务的任务场景、任务触发点和任务执行周期	测算规划期内各年度战略发展任务清单及预期建设绩效，并下达到体系层	对战略发展任务清单进行任务流程建模和优化，并告知体系层	执行发展任务规划驱动的战略使命仿真，给出规划建设绩效评估值，并在本层通报

续表

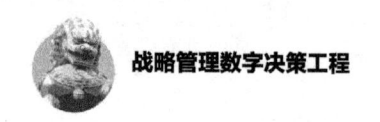

	任务导调系统	任务计算系统	任务编程系统	任务仿真系统
中层体系任务演练	规定、指导和调控中层体系演练任务的任务场景、任务触发点和任务执行周期	估算规划期内某年度体系链路任务清单及预期作业效能，并下达到集群层	对体系链路任务清单进行任务流程建模和优化，并告知集群层	执行体系任务规划驱动的体系对抗仿真，给出体系效能评估值，并上报战略层
基层集群任务演练	规定、指导和调控基层集群演练任务的任务场景、任务触发点和任务执行周期	推算规划期内某年度某体系内某集群作业任务清单及预期作业效能，并下达到本层装备	对集群作业任务清单进行任务流程建模和优化，并告知本层装备	执行集群任务规划驱动的集群交战仿真，给出集群效能评估值，并上报体系层

任务计算系统的关键技术是复杂任务知识计算技术，其技术创新方向包括战略任务知识计算、体系任务知识计算、集群任务知识计算。任务编程系统的关键技术是复杂组织任务流程 MBSE 技术，其技术创新方向包括战略管理流程 MBSE、体系作业流程 MBSE、集群作业流程 MBSE。任务仿真系统的关键技术是复杂任务智能仿真技术，其技术创新方向包括基于能态架构仓、基于体系智联网、基于集群智能池。

睿德团队引领建设以知识计算为核心技术支撑的战略管理工程学科。战略管理工程是以 5 项工程为分支、4 项技术为支撑、10 种方法为主要内容的特殊门类的管理工程。战略管理数字决策工程是以知识计算为核心技术，以预实践评估为典型应用场景的战略管理工程领域，也是战略管理工程与数字工程的一种结合方式。评估既是决策优化的中继器，也是决策的驱动器，即用评估分析前期决策实施效果，通过评估促进后续进一步的决策优化。后边章节介绍的 10 种方法是作者从睿德研究成果中选取的既符合战略管理工程范畴，又可以用于预实践评估的代表性方法。

3.2　知识计算的内涵与应用

学术界和工业界都对知识计算进行了深入的研究。2019 年 9 月 24 日，在"华为全联接大会"上，华为云发布基于 AI 开发平台 ModelArts 打造的"全生命周期知识计算解决方案"。简单理解，知识计算是把各种形态的知识，通过一系列 AI 技术进行抽取、表达并协同大量数据进行计算，进而产生更为精准的算法模型。华为云的知识计算解决方案主要有四大模块——知识获取、知识建模、知识管理、知识应用，企业可以基于该解决方案打造自己的知识计算平台，目前多用于研发、生产、运营、销售、售后服务等企业核心流程，已在石油、汽车、医疗、化纤、钢铁、交通等行业率先实践。

2022 年 5 月 31 日，由中国人工智能产业发展联盟和华为云计算技术有限公司主办、中国信息通信研究院云计算与大数据研究所和人工智能关键技术和应用评测工业和信息化部重点实验室承办的《知识计算白皮书》发布会顺利召开。知识计算研究各种知识表达、学习，并将各类知识转化为可计算的模型，协同数据联合建模，面向行业提供知识应用全生命周期解决方案。知识计算充分发挥知识价值，有效助力人工智能认知、决策和学习，为产业网络化、数字化、智能化的转型提供有力支撑。《知识计算白皮书》从多维度、多角度、多层次剖析了知识在企业从数字化到智能化的过程中发挥的重要作用，综合阐述并

客观分析了知识计算从知识层、模型层、算子层到行业应用的框架体系，通过能源、工业、医疗、政务、金融等行业的知识计算应用案例阐释知识计算为产业、行业、企业带来的价值，描绘了未来知识计算在技术、产业、标准、生态等方面的发展愿景。

2021年4月28日，浙江大学召开OpenKS（知目）知识计算引擎开源项目发布会，宣布其与合作单位研发的知识计算引擎OpenKS取得重大进展。OpenKS基于百度飞桨平台，可实现模型的大规模分布式训练与图计算，解决了从数据到知识，从知识到决策的三大问题。OpenKS集成了大量算法和解决方案，可以提供一系列知识学习与计算的多层级接口标准，以供各机构研发人员按统一的形式进行算法模型研究成果的封装、集成与服务，并通过开源机制支持企业和社区开发者根据不同的场景需求对接口服务进行调用和进一步开发。各行业可以选择引擎中的算法，快速搭建行业系统应用，以应对多变的决策需求。当行业与需求发生变化时，还能够及时地提供算力、算法支撑，以缩短行业智能化改造的时间。

睿德团队的研究主题是多组合战略选择（Multiplex Strategic Portfolio Selection and Optimization，MSPSO），主要包括3方面：通用战略分析方法（SWOT分析）、组合决策优化方法（Portfolio Selection and Optimization）及国防战略选择推演方法（Alternative Defense Strategy Exercise），下面分别进行介绍。

1. 通用战略分析方法

SWOT分析是一种用来确定企业自身的竞争优势（Strength）、竞争劣势（Weakness）、机会（Opportunity）和威胁（Threat），从而将企业的战略与企业的内部资源、外部环境有机结合的分析工具。它可以帮助企业确定自己的资源优势和不足，了解面临的机会和挑战，对于制定公司未来的发展战略具有至关重要的意义。SWOT分析首先定义项目或业务活动的战略目标，并确定对实现该目标至关重要的内部和外部因素。优势和劣势定义了企业内部环境因素，机会和威胁定义了企业外部环境因素。战略矩阵是将内部要素与外部环境结合分析的工具，通过将优势、劣势与机会、威胁对应进行分割，可得出企业应对环境变化的4种不同类型的战略组合，分别是SO战略、WO战略、ST战略和WT战略，见表3.2。

表3.2 SWOT分析的战略组合

项　　目	优势（S）	劣势（W）
机会（O）	SO战略——增长型战略 （进攻策略，最大限度地利用机会）	WO战略——扭转型战略 （调整策略，战略转型）
威胁（T）	ST战略——多种经营战略 （调整策略，多种经营）	WT战略——防御型战略 （生存策略，严密监控竞争对手动向）

2. 组合决策优化方法

组合决策优化系统是预实践方案的求解器，用于开展方案组合的优化推演，并支持项目的决策优化。

1）认知演化驱动的仿真优化模型

本章将模拟人类认知过程的模型称为认知模型，为了将以创造性思维为基础的问题求解的认知行为算法化，在充分反映创造性思维的特征的前提下，对这类认知行为的基本流

程进行建模。认知是指人们获得知识或应用知识的过程，又或是信息加工的过程。是指对外界事物的认知过程，即对作用于人的感觉器官的外界事物进行信息加工的过程，包括感觉、知觉、记忆、想象、思维和语言等。创造性思维是指以新异、独创的方式解决问题的思维。创造性思维是人类独有的高级心理活动过程，人类所创造的成果，就是创造性思维的外化与物化。创造性思维是在一般思维基础上发展起来的，它是以新的方式解决问题的思维活动，强调开拓性和突破性，在解决问题时带有鲜明的主动性。针对基于创造性思维的问题求解过程中各认知行为的关系，提出基于创造性思维的认知演化模型，如图 3.2 所示。

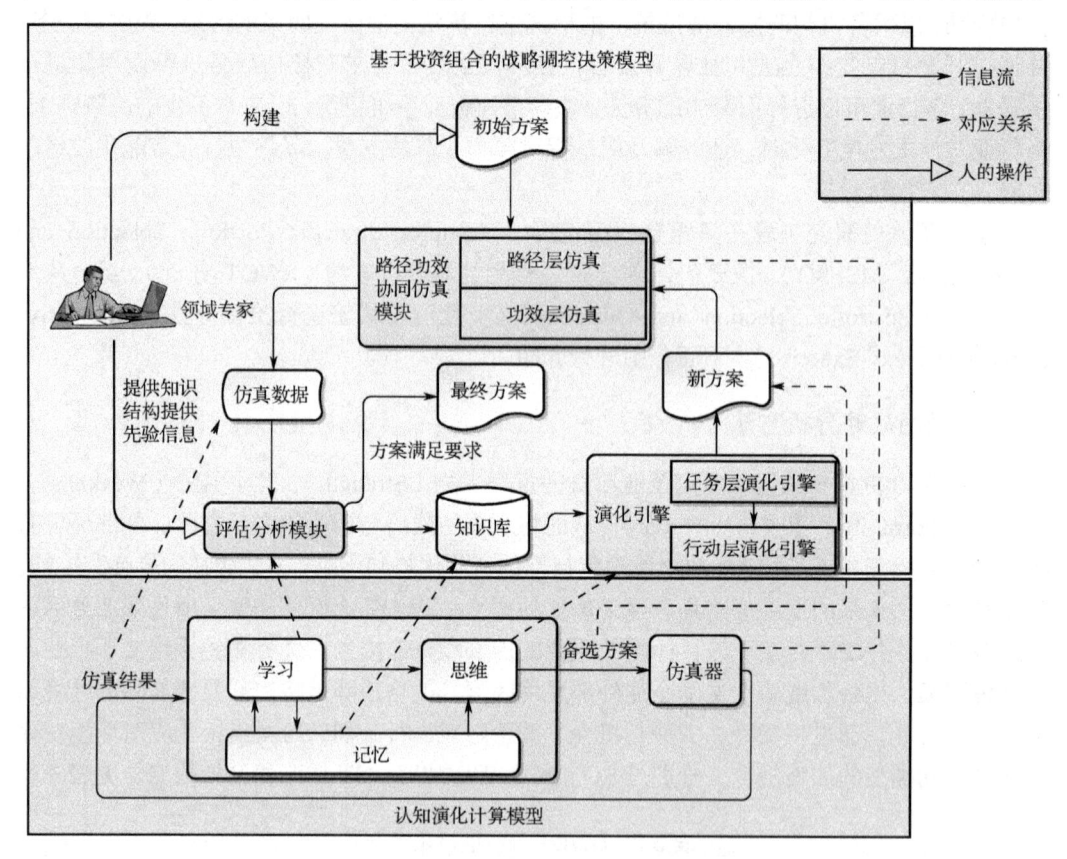

图 3.2　基于创造性思维的认知演化模型

具体而言，认知演化驱动的仿真优化模型如图 3.3 所示，包括 5 个环节：项目组合优化模型、仿真（路径功效协同仿真）、仿真数据挖掘、效益知识模型、认知演化计算引擎。

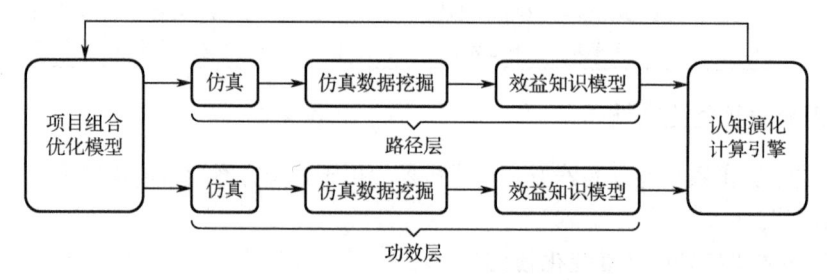

图 3.3　认知演化驱动的仿真优化模型

（1）项目组合优化模型：对认知演化计算提供的方案进行组合与优化。该模型旨在满足各类现实约束的前提下，从给定的备选方案中挑选合适的项目组合，以实现效用最大化。它的两个重要因素是约束条件和目标函数。由于存在不同的决策偏好和需求，项目组合选择问题在不同环境下也表现出不同的目标，最常见的是收益最大化和风险最小化。约束条件可以简单归纳为五类约束，包括资源约束、时间约束、需求约束、项目相互关系约束及其他相关约束。项目组合优化模型可根据目标函数的个数分为单目标组合优化模型和多目标组合优化模型。

（2）路径功效协同仿真：在仿真运行阶段主要将方案构建阶段得到的方案作为输入，进行仿真实验，并产生仿真数据，供知识挖掘阶段使用。路径功效协同仿真在虚拟的对抗条件下产生数据，供评估分析模块进行作战效能评估，以及进行数据挖掘形成知识。效能仿真又分为全体系对抗仿真和基于概率规则元模型的行动仿真两类仿真，这两类仿真都属于构造仿真的范畴，构造仿真与虚拟仿真和实拟仿真（也称实况仿真）相对，是一种回路中不含人和实物的仿真。

（3）仿真数据挖掘。评估和知识挖掘阶段的工作主要有两项，一是判断当前通过演化得到的方案是否满足需求，如果满足则将其进行记录；二是使用数据挖掘工具结合仿真数据和专家知识进行知识挖掘，并将得到的知识存入知识库，供构建方案时使用；如果方案已能满足需求，则将其作为最终方案。

（4）功效知识模型：采用贝叶斯网络理论的方式对功效知识进行表达。从实现的角度看，知识模型具备易用性；从表达能力的角度看，知识模型应当易理解、具备一定的柔性，以及可对复杂的关联关系和不确定性进行表达；知识模型必须能够通过样本学习建立，并且能够融合专家知识。贝叶斯网络以概率论和图论为基础，结点表示随机变量，结点间的有向边表示变量之间的因果关系，变量之间的影响程度通过网络中依附在父、子结点对上的条件概率来表示。贝叶斯网络理论尤其适合描述应用领域内的非线性关系和由随机现象引起的不确定性，它具有强大的知识表达能力和概率推理能力。

（5）认知演化计算引擎：在方案构建阶段利用评估案例库构建战略决策调控方案。在不同的案例背景下，所能构建的方案优劣各不相同。在极端条件下，如果尚未获取任何额外知识，则只能依靠专家经验进行方案构建，所构建的方案或方案集合称为初始方案，初始方案是整个演化的源头。初始方案不一定是较优的方案，甚至可能是较差的方案，虽然该引擎对初始方案的优劣并没有要求，但是初始方案可能对演化时间造成影响。随着知识的逐渐丰富，构建方案所能使用的信息越来越多，构建得到的方案也会越来越好。

2）基于作战净评估的兵力层方案组合优化

作战净评估（Operation Net Assessment，ONA）利用多种信息源从战略层建立对手、环境和己方的体系数字画像。每个体系的作战过程可以抽象为 ENAR 链，即为了达到预定效果（Effect），体系节点（Node）将采取设定的行动（Action），同时消耗一定的资源（Resource）。效果是由于军事或非军事行动或一系列行动而导致的系统的物理和/或行为状态；节点是作为系统的基本组件或结合点的人、地点或物理事物；行动是针对特定节点的活动；资源是针对特定节点所提供的外交、情报、军事、经济资源；链路是效果、节点、行动和执行动作的资源之间的关系。基于静态博弈的思路开展敌我 ENAR 链对抗分析，设定推演规则、博弈规则、致胜规则，最终确定敌我双方的获胜率。

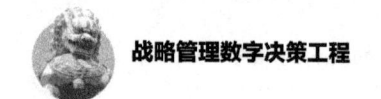

3）基于能力三角形的能力层方案组合优化

通过对装备体系的投资组合，评估不同装备体系形成的能力链路对解决关键能力问题的贡献。每个体系都具备能力，通过杀伤链将体系串联在一起，形成联合作战能力。杀伤链由节点和边组成，节点表示具备某种能力的体系，边表示体系之间的关系。在这里，体系是装备系统和非装备系统的有机组合，其核心要素是任务、装备系统和指挥控制结构。能力用于衡量体系完成使命任务可能性的程度。

具体而言，所有系统都具有一定功能，通过指挥控制结构相互连接的装备系统具备完成特定使命的能力。装备体系架构只考虑了装备体系的核心要素，因此，根据该架构进行原型化的装备体系的能力具有不确定性。能力三角形由3方面组成：

（1）任务网络。它是由任务节点组成的网络，任务节点是指系统所执行的活动，它是对使命的分解。

（2）系统网络。它是由系统组成的网络，系统具有某些功能，完成任务需要这些功能。

（3）指挥控制网络。它是由指挥控制节点组成的网络，指挥控制节点是指用于处理信息、组织管理、决策计划、控制反馈等活动的逻辑节点。

上述3类网络可组合形成不同的体系，不同的体系又具备不同的能力。

4）基于功能依赖网络的装备层方案组合优化

通过对装备系统的投资组合来评估体系的能力，而装备系统之间往往存在依赖关系，从而形成功能上相互依赖的网络。功能依赖网络包括节点类型、依赖关系、性能水平、依赖强度及依赖关键度等。整个功能依赖网络由一系列节点及其相互依赖关系组成。

节点包括体系中的系统节点和能力节点两类。系统节点可以是硬件系统、装备系统等，能力节点则是为了达成目标所需的能力。例如一个由监测卫星、侦察机、指挥控制中心、导弹基地组成的防空体系，若用功能依赖网络描述其组件，则系统节点包括监测卫星、侦察机节点、指挥控制节点、导弹节点等；能力节点包括为了完成防空目标所需的基本能力，如侦察探测能力、交战毁伤能力等。

依赖关系是存在于两个节点之间的一种状态或条件，表示一个节点的操作运行在某种程度上依赖于另一个节点的运行。依赖关系可以存在于系统节点之间或能力节点之间，也可以存在于系统节点和能力节点之间。例如某无人作战体系，无人机、预警机、装甲部队、导弹等系统节点依赖于卫星导航系统为其提供授时和定位服务；侦察探测能力依赖于侦察卫星、无人机和预警机的性能水平，而交战毁伤能力的发挥不仅依赖于装甲部队和导弹系统节点的性能，还依赖于指挥协调能力节点。

一对由节点 N_i 和 N_j 组成的依赖关系可以用三元组表示，即 $D_{ij}=\{N_i, N_j, PR_{ij}\}$。其中，$N_i$ 为提供节点或被依赖节点，N_j 为接受节点或依赖节点，PR_{ij} 是用来描述依赖关系强度的参数集合。若某节点仅有一个直接提供者，则称该节点具有单依赖关系，该节点就是单依赖关系节点；若某节点有两个以上的直接提供者，则称该节点具有多依赖关系，该节点就是多依赖关系节点。对于多依赖关系节点 N_j，它的所有依赖关系指的是 N_j 与其所有提供节点组成的依赖关系。

5）基于SCMILE的项目层方案组合优化

SCMILE有六方面的功能：①感知功能（Sense），负责提供有关战场的数据。②指挥控制功能（Command and Control），负责分析战场信息，并提供决策、计划和指示等信息。

③机动功能（Mobile），负责可移动装备的移动和运输。④通信功能（Information），负责提供信息存储、处理和传播的基础设施和运行流程。⑤后勤功能（Logistic），负责提供物资材料，以保障正常运行。⑥作战功能（Engagement），负责提供诱骗、干扰、打击等功能。通过投资项目提高这些功能水平，项目属性包括投入投量、预期绩效、配套保障、建设要求的基本属性。采用某种函数关系表示投入投量、预期绩效、配套保障、建设要求等基本属性与功能提高的关系。

建设方案综合研判是基于定性与定量相结合的集体智慧决策形式。在围绕规划建设方案决策方面，项目需求测算与过程推演提供了较好的定量测算评估结果，项目投资组合分析从效费比最优化角度给出了规划项目组合结果，即提供了建设方案雏形。基于此，方案综合研判需要从战略目标、杀伤链建设角度对建设方案进行总体优化与决策。

3. 国防战略选择推演方法

战略选择演习由战略与预算中心（CSBA）于2012年首次提出并开展了第一次实践，其诞生的原因是2011年美国国会通过的《预算控制法案》，按计划该法案于2013年1月2日生效。但CSBA认为，无论该法案是否生效，美国国防部未来十年都可能面临资金紧张的问题，美军并没有无限的资源。虽然国防开支总体水平很重要，但鉴于国防部不断变化的优先事项和不断演变的威胁环境，国防资源的分配方式更加重要。相关内容在第20章有详细介绍，此处不再赘述。

4. 任务场景设置

睿德任务场景被称为"反干预战略选择"战略预实践评估演练，由"反干预战略选择"任务场景模拟器、知识计算流程模拟器、"反干预战略选择"战略预实践评估演练环境3个部分构成。

反干预战略选择演练是一种新型的复杂概念技术融合演练。

（1）采用复杂概念激励。例如"灰区"，2021年4月19日，兰德公司发布了报告《灰区侵略的威慑评估框架》(*What Deters and Why: Applying a Framework to Assess Deterrence of Gray Zone Aggression*)。该报告评估了美国及其盟友目前对灰区侵略的威慑态势，并评估了相应的应对策略。

① 灰区威慑的评估框架：何为有效威慑，灰区行动的8个特征，应对高端灰区攻击的8个标准框架。

② 针对特定对象的灰区威慑具体案例分析。

③ 对美国陆军的6项建议：加强区域存在感，明确共同声明，设立专门援助部队，派遣特种部队，加强情报工作，整合多种工具与资源（如在美国陆军内部设立"灰区融合中心"处理专门事宜）。

（2）从"项目融合演习"转变为"技术融合演练"。项目融合（Project Convergence）是陆军的学习、实验和示范活动，旨在将陆军的武器系统和指挥控制系统与联合部队的其他武器系统积极整合，从而提高陆军在陆地、空中、海洋、太空和网络领域的作战能力，确保陆军在应对国家安全新挑战方面保持领先地位。项目融合的灵感源于美国陆军六大现代化优先事项中的下一代战斗车辆现代化装备，试图实现将自动目标识别与未来战斗车辆相结合。"项目融合"围绕 5 个核心要素：人员、武器系统、指挥与控制、情报、地形，被认为"是在旅级及以下进行战术边界学习和建立人工智能基础架构的基础"。作战部队可以结合武器数据交换以更快地制定决策，提供当前可用的 AI 和网络杀伤力以支持需求开发，并保证各种武器组合开发同步进行。项目融合演习作为一项军事活动，通过虚实结合的方式探索未来军事概念，进行部队和装备的升级换代。项目融合是作战组织与作战流程在更高层次上的重组。

① 人员：军队的根本基础，要以合适的岗位职能、合适的技能定位和培训来招募合适的人员，以期完成未来战场的复杂任务。

② 武器系统：作战资源现代化将提供士兵所需的武器系统，从而在致命和有效方面保持世界领先水平。

③ 指挥与控制：在更快节奏和更复杂的环境下，拥有正确的指挥与控制系统，包括集成战术网络、司令部计算环境，以及集成的防空和导弹防御作战指挥系统。

④ 情报：开发合适的数据支持器，通过人工智能和机器学习增强融合效能，帮助陆军在感知单元和毁伤单元之间实现最佳匹配。

⑤ 地形：在正确的地域配置正确的武器。

睿德团体要想从"项目融合演习"深入到"技术融合演练"，就需要进一步提升其内涵，明确其定义。

（3）引入臭鼬型"预实践工场"协同创新模式。臭鼬工厂以企业化的经营与独特的管理方式，带领一群专业工程师研发出美国国防科技中最先进的武器产品，更以迅速、有效的成本控制闻名于世。从最初的简陋仓库式办公室、少数工程师、薄弱的型号项目基础，到主导美国先进技术研发的高效率创新团队，臭鼬工厂在短短的几十年间成功完成了多级跳，并保持着旺盛的发展势头，这与其独特而先进的管理理念和方法密切相关。这些被人们归纳总结为"臭鼬管理法"的法则，不仅在航空航天领域，也在工业、商业等众多领域的企业管理中发挥了不小的作用。在这种组织创新模式的催生下，施乐的 Polo Alto 实验室、美国 AT&T 的贝尔实验室、"曼哈顿计划"、IBM 的"国际象棋项目"、BMW 的"i 项目"等如雨后春笋般崛起，这些都是商业化臭鼬工厂的典型代表。睿德知识计算预实践工场的新模式就是要引入臭鼬型"预实践工场"协同创新模式，开创性地利用"政府+大学+创投+企业"的形式，提升预实践工场的活力和创新能力。

反干预战略选择演练以一种新型战略选择演练概念模型为指导，如图 3.4 所示，面向高层、中层、基层用户，可以分别开展高层、中层、基层演练。高层演练的核心是战略选择驱动引擎，它对高层用户输出导航仪产品，可供高层用户使用，战略选择驱动引擎生成的路线图和体系网产品可以对体系快速原型进行引导，生成的异构多集群体系可以进行中层演练，异构多集群体系对中层用户可以输出前置体系智能，如体系组网、适变和贡献率等。战略选择驱动引擎生成的行动表和项目方案可以对异构多集群体系输出的体系网络合约进行引导，生成的异构可重构集群可以进行基层演练，异构可重构集群对基层用户输出前置集群智能，如智能组件、数字孪生、算法预制件等。基层演练的结果可以向上反馈至中层演练，中层演练的结果可以向上反馈至高层演练，从而形成一个高层引导低层，低层反馈高层的闭环。

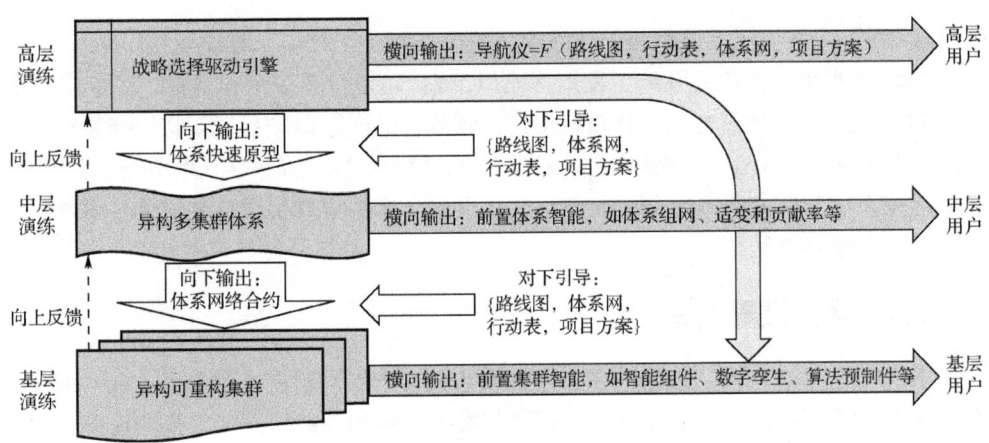

图 3.4 反干预战略选择演练框架

因此，反干预战略选择演练需要一种新型"管理流程 MBSE"为支撑。睿德团队的研究重点为基于架构的流程管理 MBSE，它可分为 3 层：战略管理流程 SMP/MBSE、任务管理流程 MMP/MBSE、作业管理流程 OMP/MBSE。其中，战略管理流程 SMP/MBSE 遵循知识计算 MBSE 方法论，基于睿德团队提出的战略管理架构；任务管理流程 MMP/MBSE 遵循 ABM/DANSE/ MBSE 方法论，基于 JMT/MAMx 的 SoSAF 架构；作业管理流程 OMP/MBSE 遵循 ABMS/EC2/MBSE 方法论，基于美国 DoDAF 等多个架构。

基于"战略选择演练"的睿德知识计算研究定位与技术作用可以概括如下：①开启行业智能化升级的全新路径；②人工智能与知识的结合，为行业 AI 落地提供了新思路；③对业务进行建模与求解，知识计算构建业务决策智能化引擎；④聚焦政务知识计算，可以开启政务服务新模式；⑤聚焦知识与 AI 的高效结合，推动人工智能向认知发展；⑥完善知识计算体系的构建，突破知识表达局限。

3.3　知识计算引擎模型开发

决策推演知识计算模型分为 3 层：战略选择知识计算方程、知识计算引擎流程驱动模型及知识计算引擎求解算法模型。

战略选择知识计算方程包括下述 4 个部分。

（1）状态转换方程：未来能态架构（能力态势架构）数据(t_0+t_k)=F(当前能态架构数据(t_0)，数据推导引擎 DEg)。

（2）组件拼图方程：架构桥能力谱组件$(t_0,t_k)[i]$=F_i(当前能态架构数据(t_0)，未来能态架构数据(t_0+t_k)，知识推导引擎 KEg)，$i=1, 2, \cdots, 5$。

（3）组合决策方程：{能力组合(t_0, t_k)，项目方案(t_0, t_k)}^{AI}=F_i({架构桥能力谱组件$(t_0, t_k)[i]$，$i=1, 2, \cdots, 5$}，智能解算引擎 IEg)。

（4）多方权衡方程：{能力组合(t_0, t_k)，项目方案(t_0, t_k)}$^{MAN\text{-}AI}$=F_i({能力组合(t_0, t_k)，项目方案(t_0, t_k)}^{AI}，智慧解算引擎 WEg)。

以上是九宫格演练 1.0 方案采用的知识计算方程。在目前论证的九宫格演练 2.0 方案中，是在第二个方程中一次性产出所有的构建雏形，并由后两个方程分别进行精制和定型，之后计划调整为在后 3 个知识计算方程中逐步均匀产生能力谱构件。调整后的 3 个方程分别产生的构件为{路线图，计划表；体系网，投资方案；记分卡，导航仪}。

该推演方程可以细化为系统工程矩阵模型，横向可以按系统工程名称、系统工程问题、系统工程方法、知识计算方法、计算输出产品划分；纵向可以按目标架构选择系统工程、绩效途径选择系统工程、组合配置选择系统工程、综合集成选择系统工程划分。更进一步，系统工程矩阵可以转换为4个知识计算引擎，分别是数据推导引擎、知识推导引擎、智能演算引擎、智慧演算引擎。

3.3.1 数据推导引擎

数据推导的概念内涵：以路线图、行动表等核心产品研制需求为牵引，针对未来战略能力态势架构目标要求，开展基于语义网络和数据分析的战略能态架构视图建模，采用语义描述、模型转换、解析分析、关联分析、指标解算等数据推导方法，对各类架构视图模型数据进行分析综合，形成语义和数据增强的当前及未来战略能态架构模型，为基于架构的战略规划评估决策提供基础数据信息和知识模型支持。

数据推导的核心是基于数据仓库和语义图谱的战略能力态势模型构建与推导，其研究内容主要如下：①基于多源数据融合的数据仓库构建；②战略能力态势架构建模框架与视图规范；③数据驱动的架构视图模型语义增强；④架构视图模型语义逻辑校验；⑤面向产品研制需求的架构视图关联分析推导；⑥架构视图模型解析分析与指标计算。

1. 数据推导引擎体系的结构

数据推导引擎体系包括应用服务、引擎计算、模型算法、数据资源和基础设施5个层次，如图3.5所示。

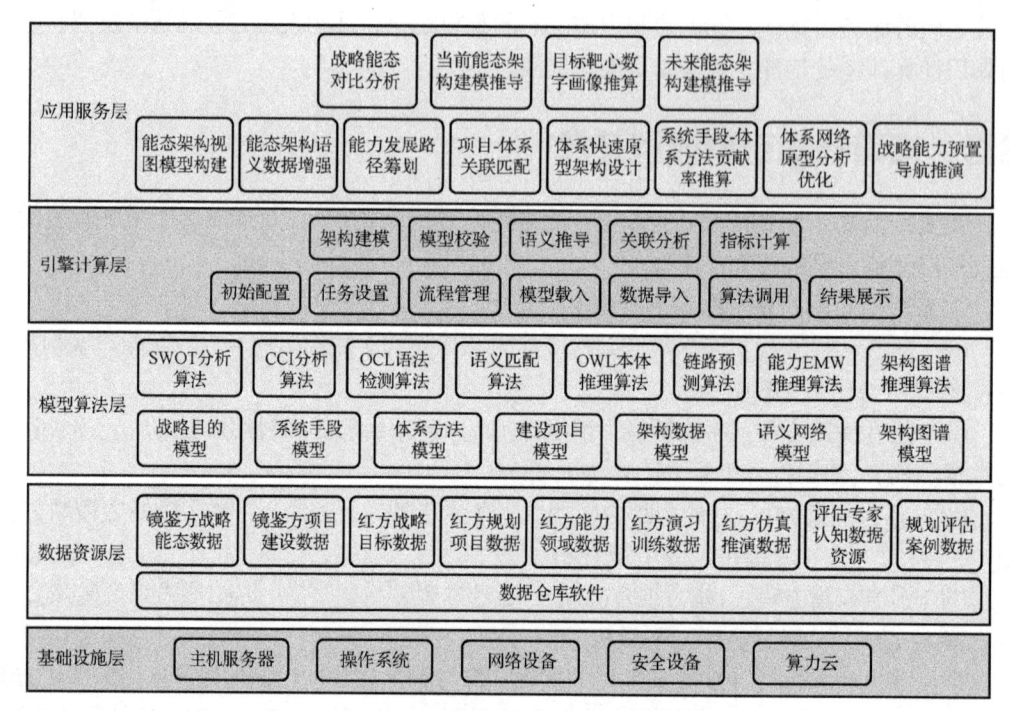

图 3.5 数据推导引擎体系的结构示意图

1）应用服务层

应用服务层主要涵盖了数据推导引擎为战略规划评估提供的各类服务，具体包括基础服务和专题服务两个层次。基础服务是由数据推导引擎提供的基本服务类型，这些服务面向特定问题可以组合为上层的专题服务。基础服务主要包括能态架构视图模型构建、能态架构语义数据增强、能力发展路径筹划、项目-体系关联匹配、体系快速原型架构设计、系统手段-体系方法贡献率推算、体系网络原型分析优化及战略能力预置导航推演等服务。专题服务面向战略规划中的典型问题提供专项服务。例如架构桥的构建问题，主要包括战略能态对比分析、当前能态架构建模推导、目标靶心数字画像推算及未来能态架构建模推导等服务。

2）引擎计算层

引擎计算层是引擎的核心部分，主要功能是根据应用服务面向的问题要求，调用相关数据、模型、算法，进行一系列架构建模和数据推导，并提供相应的产品和服务。引擎计算层分为配置管理和推导计算两个层次。配置管理主要是根据研究问题的需求做好引擎软硬件的配置和任务方案设置，并对相关流程、模型、数据、算法进行管理调用，最终支持结果的展示。推导计算是数据推导的核心执行逻辑和方法，主要包括架构建模、模型校验、语义推导、关联分析和指标计算等核心组件。

3）模型算法层

模型算法层主要负责驱动数据推导引擎的数据、语义和图谱增强的架构模型及其推导计算算法，包括模型和算法两方面。模型主要包括战略目的模型、系统手段模型、体系方法模型、建设项目模型、架构数据模型、语义网络模型及架构图谱模型。算法主要包括 SWOT 分析算法、CCI 分析算法、OCL 语法检测算法、语义匹配算法、OWL 本体推理算法、链路预测算法、能力 EMW 推理算法及架构图谱推理算法。

4）数据资源层

数据资源指支撑模型构建、算法计算和引擎推导所需的各类数据、信息及专家知识经验等，具有文本、图像、数据库、语音等多种数据形式，需要采用数据仓库的方法进行融合处理。数据资源层具体包括镜鉴方战略能态数据、镜鉴方项目建设数据、红方战略目标数据、红方规划项目数据、红方能力领域数据、评估专家认知数据资源、规划评估案例数据、红方演习训练数据和红方仿真推演数据。

5）基础设施层

基础设施层主要提供数据推导引擎运行所需的软件/硬件环境，包括主机服务器、操作系统、网络设备、安全设备和算力云等组件。

2. 数据推导引擎运行逻辑

数据推导引擎的运行逻辑如下：

（1）问题需求分析。根据用户下达给数据推导引擎的应用问题和服务请求进行需求分析，锚定问题重点，明确产品和服务的具体要求。

（2）任务方案设置。根据问题要求设置数据推导的任务方案，对任务所需的资源、主要功能要求、具体技术途径、目的产品形式进行总体设计。

（3）模型数据准备。根据任务方案收集数据信息，重用或者定制所需的基础模型和算法。

（4）初始运行配置。根据任务方案配置数据推导引擎的软硬件环境和模型资源接口，为引擎正常运行所需的计算能力、安全环境和模型资源提供服务。

（5）流程模板创建。按照数字化流水线要求，根据任务方案创建顶层流程，作为数据推导的基准过程模型。

（6）模型数据导入。按照推导流程要求导入相关的模型和数据，为建模和推导计算等响应功能提供支撑。

（7）架构视图建模。根据问题需求，建立战略能力态势架构相关视图模型。

（8）架构数据增强。根据具体问题需求对导入数据进行分析提炼，按照架构数据模型将处理后的数据关联到相应的视图模型中，实现架构数据增强。

（9）架构语义增强。根据具体问题需求，采用语义关联匹配等技术，按照架构语义模型将语义信息关联到相应的视图模型中，实现架构语义增强。

（10）架构图谱增强。根据具体问题需求，以架构语义模型为基础，将语义信息关联到相应的视图模型中，实现架构图谱增强。

（11）架构模型校验。针对架构增强模型，调用 OCL 语法检测和 CCI 分析相关算法开展语法检测和模型分析，对架构模型方案进行初步分析优化。

（12）架构语义推导。针对架构增强模型，调用语义匹配算法，对架构模型进行语义推导，并对架构模型方案进行初步分析优化。

（13）架构关联分析。针对架构增强模型，调用 OWL 本体推理算法、架构图谱推理算法等算法，分析架构视图之间的关联关系，支持项目-体系关系匹配、基于能力差距的发展路径筹划等应用功能。

（14）架构指标解算。针对架构增强模型，调用 CCI 分析算法、链路预测算法、能力 EMW 推理算法，对架构定量指标进行推导解算，以支持系统手段-体系方法贡献率推算、体系网络原型分析优化、战略能力预置导航推演等应用功能。

（15）结果分析展示。采用图表、动画等多种形式，展示用户关注的数据推导结果。

3. 数据推导引擎的功能流程

数据推导引擎的核心功能之一是开展当前及未来的战略能力态势架构建模，两个架构之间的能力差距弥补是战略规划需要解决的核心问题。这里针对能态架构建模和架构桥问题需求，详细描述数据推导引擎的功能流程，具体包括当前能态多源数据获取、当前能态架构数据建模、目标图像数据刻画、未来能态架构数据建模 4 个部分，如图 3.6 所示。

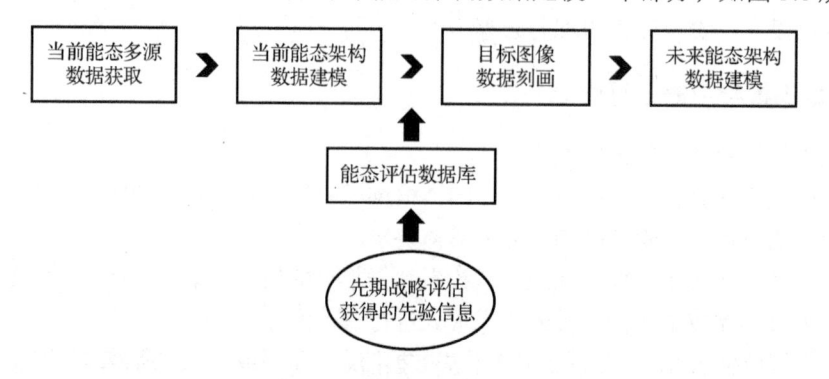

图 3.6 数据推导引擎总体框架

3.3.2 知识推导引擎

知识推导引擎负责实现组件模型预置、架构数据提取、组件知识填写和组件语义推理等功能。通过综合运用知识挖掘、知识图谱、语义推理等技术和方法，实现从结构化、非结构化数据到图谱，再从图谱生成杀伤链并集成到架构视图，通过多维关联语义化企业架构，围绕当前建设状态对能力规划方案进行推演和评估。知识推导引擎的计算过程如图 3.7 所示。

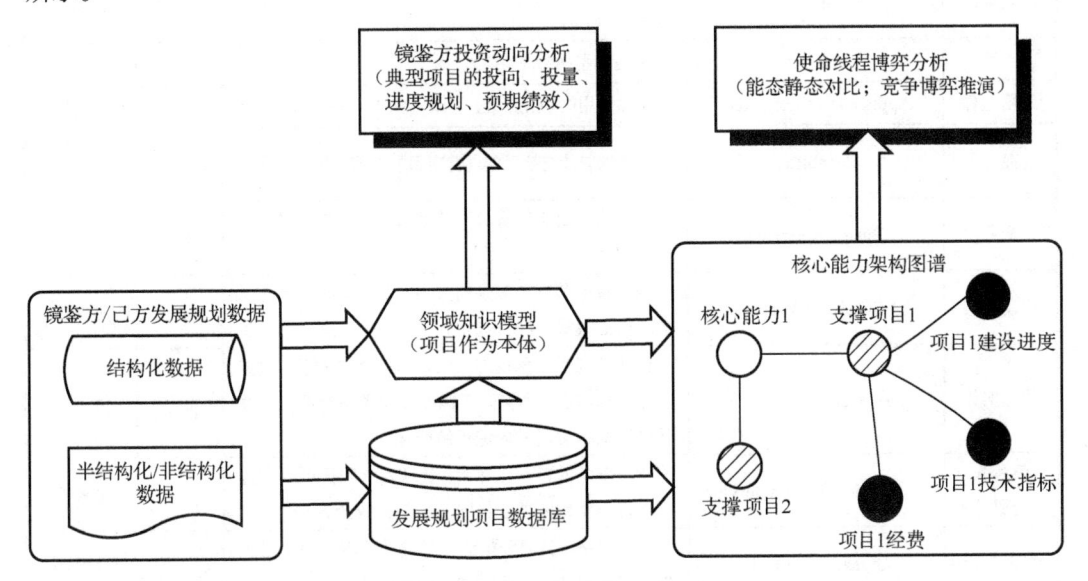

图 3.7 知识推导引擎的计算过程

1. 架构桥预铺组件知识库

架构桥预铺组件知识库是针对原始数据（主要是自然文本）的建库工具。原始数据来源包括领域知识文本/表单、规划路线图文本/表单和规划方案文本/表单等。领域知识文本/表单为组件模型提供术语库，规划路线图文本/表单为路线图组件和行动表组件提供数据来源，规划方案文本/表单为项目方案组件提供数据来源。

架构桥预铺组件知识库负责实现文本数据建库和领域知识本体构建两方面的功能。

2. 组件模型预置

1) 组件元模型

睿德团队通过通用战略分析、组合决策优化方法和国防战略选择推演方法，对反干预战略选择技术融合演练场景下的多组合战略选择问题进行研究。其核心是能态架构和能力谱组件模型，能力谱包括路线图、行动表、项目方案、体系网和导航仪 5 个组件，其中，路线图、行动表、项目方案、体系网作用于未来能力演化，导航仪则作用于战略方向。

构成能力谱 5 个组件的元模型包括核心元模型和扩展元模型。能力谱的核心元模型简介见表 3.3。

表 3.3　能力谱的核心元模型简介

核心元模型		说　　明	表示符号	视　　图
参与者	Actor	不在架构模型考虑范围内但与之交互的个人、组织或系统	🧍	体系网
功能	Function	提供与组织紧密结合的业务能力，但不被组织明确管理	⌂	体系网
行动	Actron	架构模型执行的活动	—	体系网
应用组件	Application Component	一项应用的功能封装，与最终的实现保持结构一致	▯	体系网
能力	Capability	可能拥有或交换以实现特定目的的特定能力业务	—	路线图/行动表
服务	Business Service	通过明确定义的接口支持业务能力，并由组织明确管理	⬭	—
行动方案	Course of Action	战略目标和目的提供的方向和重点，通常是为了实现商业模式中的价值主张	—	路线图
数据实体	Data Entity	被业务领域专家视为离散概念的数据封装。数据实体可以与应用程序、存储库和服务进行绑定，并且可以根据实现考虑进行结构化	—	体系网
信息系统服务	Information System Service	业务服务的自动化元素。信息系统服务可以交付或支持一项或多项业务服务的部分或全部	—	体系网
组织单元	Organization Unit	具有目标、目的和措施的独立的资源单位。组织单位可能包括外部各方和业务伙伴组织	⬭⬭	路线图
角色	Role	承担者在执行任务中的角色	⬭	体系网
技术组件	Technology Component	代表一类技术产品或特定技术产品的技术基础设施的封装	⬭	体系网
技术服务	Technology Service	提供支持应用交付的支持性基础设施所需的技术能力	⬭	行动表/体系网
项目	Project	描述满足一个或多个能力需求的限时工作类型的要素	—	行动表/项目案
项目服务	Project Service	提供支持应用交付的支持性基础设施所需的项目能力及资源	—	项目方案/体系网
价值流	Value Stream	代表为客户、利益相关者或最终用户创造整体结果的增值活动的端到端集合	—	体系网
项目里程碑	Project Milestone	衡量项目进度的一种事件	—	行动表
状态	Status	枚举一个或多个项目的可能状态	—	行动表
项目组合	Project Portfolio	项目之间的依赖关系	—	项目案
资源	Resource	描述满足能力及项目需求的要素	—	路线图
环境	Environment	描述内部及外部环境	—	路线图

2）模型视图

（1）路线图组件视图。路线图组件视图的生成流程如图 3.8 所示，1 号引擎提供"四

制 SWOT"状态分布，包括当前靶心析取、靶心定位分析、目标靶心刻画，借助 SWOT 分析对内、外部环境进行分析，明确目标和战略航向绩效，从而得出路线图。路线图组件的核心元模型包括能力、资源、组织单元、行动方案、技术服务和环境。

（2）行动表组件视图。行动表组件视图根据实践层次可分为技术层面、项目层面及能力层面。其中，技术层面行动表通过能力在某个时间可提供的服务来描述，即能力-服务-进度的关系，体现为单项能力随时间的发展；项目层面是能力与项目/系统的对应，以某个项目/系统在什么时间可以达成相应的能力来体现项目的实施进展，即能力-项目/系统-进度的关系；能力层面行动表通过 SCMILE 能力包-项目/系统-进度的关系形成体系作战能力。行动表组件的核心元模型包括能力、项目里程碑、项目、状态及技术服务。

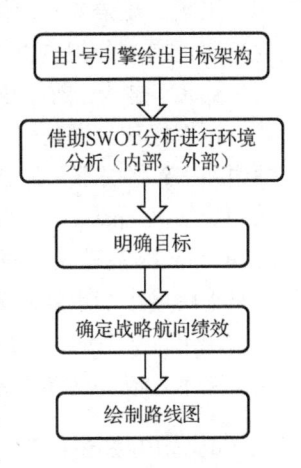

图 3.8　路线图组件视图的生成流程

（3）项目方案组件视图。项目方案组件体现能力与项目群之间的关联，它是一个将实际项目与其交付能力相关联的矩阵。战略能力是军队在履行战略任务时所表现出的能力，而项目、项目群包含众多建设项目且项目目标都围绕项目群总体目标要求，是一种达成战略能力的手段。研究项目群目标并不是简单地将各支撑项目目标进行汇总，而应在把握项目群总体发展目标的基础上，以总体目标为指导牵引，吸收综合各项目目标，从而形成项目群目标体系。从层次结构上来说，各层级项目群发展目标也应具有结构上的包容性和逻辑上的递进性。建设项目的战略发展目标是整个项目群纲领性发展方向规划，战略目标所涉及的领域范围及所提出的能力指标要求是所属全部重点建设内容发展目标的框架，各重点建设内容发展目标要在项目群战略目标指导下设定。重点建设内容发展目标同样应作为其所有支撑建设项目目标的范畴和边界，从而在整个重大工程项目群中形成重大工程项目战略发展目标到重点建设内容发展目标，再到支撑建设项目目标的完备目标体系架构。

项目方案分析结合 SWOT 环境分析结论和研究成果，挖掘项目群与路线图能力指标之间的关联关系，探索项目群之间的项目组合。项目方案视图在编制过程中应以能力指标要求下的项目、项目群为规划管理核心，对项目规划、实施、完成等阶段涉及的重点建设要素进行精准管控，并绘制科学完整的项目方案视图。项目方案组件的核心元模型包括项目服务、项目、项目组合及技术服务。

（4）体系网组件视图。相比于能力层面的 SCMILE 能力包-项目/系统-进度的关系，体系网增加了组织/执行者-角色-活动-信息的关系。体系网组件的核心元模型包括参与者、角色、价值流、行动、功能、数据实体、应用组件、服务、信息系统服务、技术服务、技术组件、项目服务及组织单元。

3．架构数据提取

架构数据提取通过自然语言处理技术对自然文本进行分割和提取。文本分割是文本处理中广泛使用的技术，它将长文本分成更有意义的片段，并将其用于下游任务，如自然语言理解、文本摘要、关键词提取和文本聚类。根据文本分析的任务，片段又分为单词、语

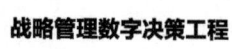

句、主题、短语或任何信息单元。架构数据提取主要使用 spaCy 中的 doc.noun_chunks 属性来实现文本分割过程。

spaCy 是一个开源的 Python 自然语言处理软件包，它能够提供管道工具包，包括标记化、词性标注、词条化、命名实体识别、依赖解析等，用于自然语言处理任务。基本名词短语或 NP 组块不允许嵌套其他 NP 的名词短语，因此不存在 NP 级并列、介词短语和关系从句。根据 spaCy 的官方解释，noun_chunks 属性将迭代文档中的基本名词短语。先使用 noun_chunks 属性获取语句中的基本名词短语，再使用"conj"扩展基本名词块，最后删除比其他跨度小的重复跨度。此外，还引入了 spaCy 中提供的 NER 信息作为分割依据。在某些情况下，与名词组块属性返回的结果相比，spaCy 提供的 NER 识别结果可以返回更好的语义文本片段。这样，经过处理的语句将被分割成基于名词组块的部分。

4. 组件知识填写

组件知识填写以上述组件模型预置与架构数据提取作为输入，提取组件知识，得到相应的带有语义信息的知识图谱表示模型。

- 基于语义网络（知识图谱），将组件模型与架构数据相关联。
- 输入：组件预置模型、架构提取数据、相关数据（项目监测数据、外方情报数据及往年评估数据等）。
- 输出：带有本体的基础知识图谱数据模型（用于支撑后续的语义推理）。

5. 组件语义推理

针对知识的多元性，构建基于架构元模型的多维关联语义化知识本体，同时建立一个面向能力组合管理的战略能力态势架构。所谓多维关联，是指该架构的领域元模型需要考虑不同领域项目的特点，建立不同类型架构元模型的关联。

3.3.3 智能演算引擎

战略选择旨在构建实现战略目标的总体途径，在能力组态引导下塑造战略态势。战略选择具有较高的复杂性、动态性和不确定性，本节中的计算过程是根据知识推导引擎计算结果，在智能计算方法的基础上，生成智能优化后的建设方案。基于此，本节以机器智能的思想为指导，结合智能计算、数据挖掘等理论丰富仿真优化方法，利用认知演化计算求解战略选择的优化问题，从而提高总体战略规划和发展路线图的有效性。智能演算引擎计算过程的总体框架如图 3.9 所示。

总体而言，本节将战略选择问题分解为预铺知识萃取计算、能力组合演化决策、装备组合决策优化、项目组合决策优化 4 个环节。先验算法实验包括现有标准测试库和特定领域实验库，通过先验算法实验获得先验信息，并以此为基础建立深度不确定决策优化算法库。预铺知识萃取计算是指对知识推导引擎输出的组件雏形进行必要的知识萃取，之后，从使命能力、装备系统、建设项目维度进行决策优化，最终得出智能计算优化后的战略决策方案。如图 3.10 所示，对于能力、装备、项目组合的决策优化，包括以下环节：①建立组合优化模型，用数学语言描述问题，对各层级内的目标和约束条件进行建模；②使用"组合方案+仿真+数据挖掘+知识萃取+优化计算"的模式对问题进行求解，最终得到通过智能优化后的建设方案。

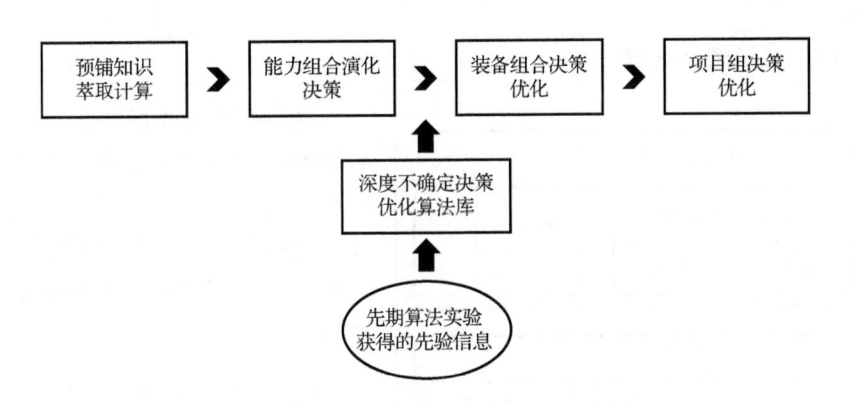

图 3.9 智能演算引擎计算过程的总体框架

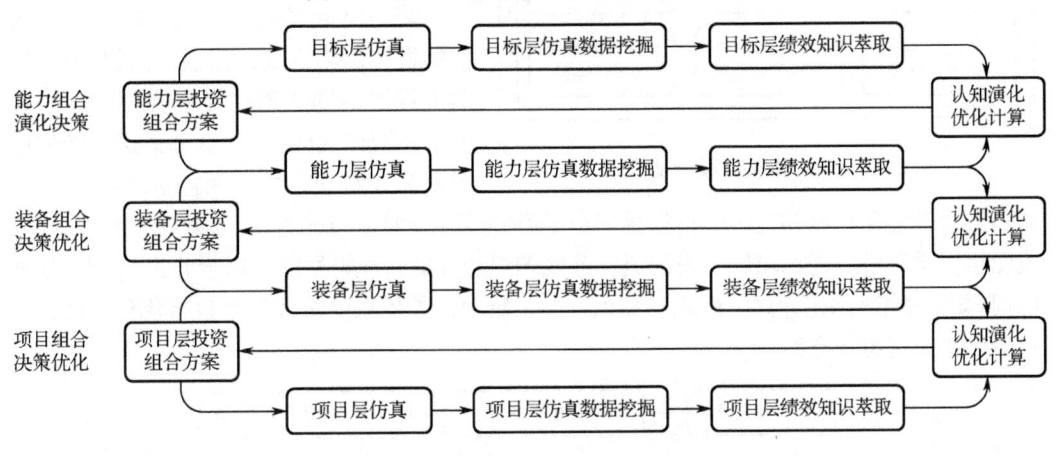

图 3.10 基于仿真大数据的智能决策优化

具体而言，智能演算引擎属于一种决策优化规则引擎。规则引擎由推理引擎发展而来，它是一种嵌入在应用程序中的组件，能够将业务决策从应用程序代码中分离出来，并使用预定义的语义模块编写业务决策。规则引擎通常包括规则库、待处理池、推理引擎（模块匹配及执行模块）。在执行过程中，数据被送入待处理池，推理引擎根据具体的算法将待处理池中的数据对象和规则库中的规则进行比较，得到符合条件的匹配规则并执行。作为业务规则管理系统（BRMS）核心的规则执行引擎，规则条件匹配的算法及效率决定了规则引擎的性能。智能演算引擎的流程驱动模型可细化为预铺知识萃取计算、能力组合演化决策、装备组合演化决策和项目组合演化决策 4 个模块。智能演化引擎采用数学优化模型进行求解，由优化变量、目标函数和约束条件三要素组成的最优化问题数学模型可以表述如下：在满足约束条件的前提下，寻求一组优化变量，使目标函数达到最优值。通过对数学优化模型的进一步优化，能力组合演化决策采用多周期、多属性的鲁棒优化方法，装备组合演化决策采用演化计算优化方法，项目组合演化决策采用多目标组合优化方法分别进行智能推演。

本节根据战略选择面向未来长远战略目标的特点，采取"用仿真结果数据驱动决策模型"的思想方法，在获取仿真结果基本数据的基础上，参考决策前的能力态势评估和初始解推演过程中得到的部分数据（包含非结构化、半结构化和结构化数据），研究提出一种智能演算引擎计算过程。

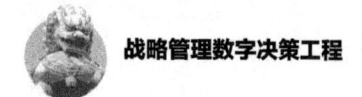

1. 预铺知识萃取计算

预铺知识萃取是指对 2 号引擎输出的架构桥"预铺"组件雏形进行必要的知识萃取，并对路线图、行动表、项目方案、体系网和导航仪组件雏形提取相关的知识片段。预铺知识萃取计算框架如图 3.11 所示。

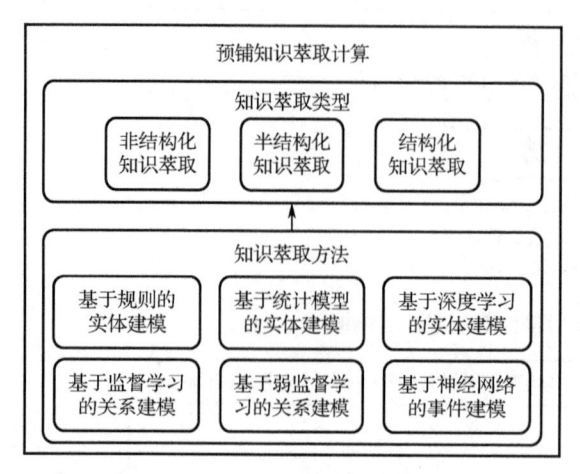

图 3.11 预铺知识萃取计算框架

2. 能力组合演化决策

能力组合演化决策采用多周期、多属性的鲁棒优化方法，通过目标层和能力层两个层次的同步演化流程实现能力组合的认知演化优化计算，获取最优的能力层投资组合方案，如图 3.12 所示。其中，目标层的"组合方案+仿真+数据挖掘+知识萃取+优化计算"模式对知识推演引擎输出的路线图组件雏形进行优化求解，得到最优路线图组合方案。能力层的"组合方案+仿真+数据挖掘+知识萃取+优化计算"模式对知识推演引擎输出的体系网组件雏形进行优化求解，得到最优体系网组合方案。

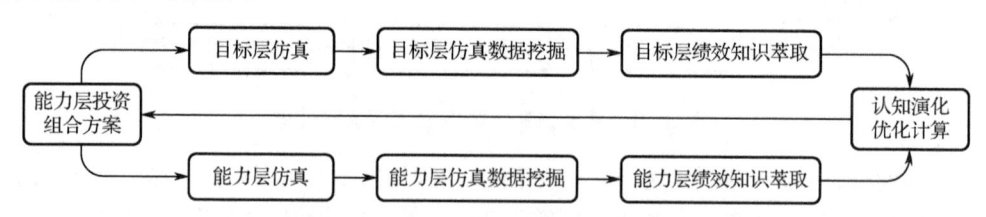

图 3.12 能力组合演化决策的功能流程

具体来看，首先通对目标层和能力层的建模仿真，获取仿真数据；然后对两个层次的仿真结果进行数据挖掘，得到两个层次的知识萃取；最后通过认知演化优化计算得到最优的能力层投资组合方案。

能力组合演化决策技术规格见表 3.4。通过提供相应的前提条件，运用相关方法技术，结合支撑工具，能得到下一环节的输入，最终获取最优的能力层投资组合方案。

表 3.4 能力组合演化决策技术规格

序号	功能名称	功能内容	前提条件	输入/输出	方法技术	支撑工具	人员角色
1	能力层投资组合方案	根据知识计算结果，通过组合不同能力元形成能力包，通过评估能力包对一流目标的贡献率寻找最优能力组合	构建能力投资组合的约束条件和目标函数	输入：能力元、知识推导引擎产品 输出：基于能力包的能力组合方案	组合投资理论	战略选择工具（新建）	能力生成人员

续表

序号	功能名称	功能内容	前提条件	输入/输出	方法技术	支撑工具	人员角色
2	目标层仿真	根据能力层投资组合模型，在各类现实约束条件下，评估最优目标组合的发展路径决策效果及与预期目标的偏离程度和差距值	构建目标组合优化模型和发展路径层评估指标，明确价值导向、约束条件、目标函数、指标关系和参数权重	输入：备选最优目标组合方案，评估指标 输出：能力组合的发展指数	发展路线图和系统动力学仿真	能力仿真计算可视化系统软件	能力生成人员
3	能力层仿真	根据能力层投资组合模型，在各类现实约束条件下，对能力组合决策的使命效能进行评估，考察CCI能力包的相关指标与预期目标的偏离程度和差距值	构建能力组合优化模型和使命效能评估指标，明确价值导向、约束条件和目标函数	输入：备选能力组合方案，能力组合参数 输出：能力组合优化目标层的节点变量及变量间的关系	基于质量功能部署（QFD）理论的战略贴近度和配置适配率的优化方法	能力组合多Agent系统仿真	能力生成人员
4	目标层仿真数据挖掘	通过大数据计算，将目标层关键信息从目标层仿真模型中抽取出来，形成知识片段，并通过知识模型进行认知演化	确定能力组合的发展指数及各类指标数据集	输入：能力组合优化目标层的节点变量及变量间的关系 输出：能力组合优化发展层的贝叶斯网络模型	贝叶斯网络模型	数据挖掘算法库	能力生成人员
5	能力层仿真数据挖掘	通过大数据计算，将能力层关键信息从能力层仿真模型中抽取出来，形成知识片段，并通过知识模型进行认知演化	确定能力组合的使命效能及各类指标数据集	输入：能力组合优化能力层的使命效能节点及其之间的关系 输出：能力组合优化能力层的贝叶斯网络模型	贝叶斯网络模型	数据挖掘算法库	能力生成人员
6	目标层绩效知识萃取	关于能力组合的目标层发展指数之间或发展路径决策效果之间的相互影响关系的一种结构化数学描述	明确目标层数据挖掘得到的数据集样本，有对应的先验知识	输入：数据样本集合（能力组合的发展指数、发展路径各项指标），先验结构不确定矩阵（各条边存在的先验概率） 输出：通过学习得到的能力组合目标层贝叶斯网络	基于贝叶斯网络（BN）的概率规则模型，模拟退火算法	知识图谱技术	能力生成人员
7	能力层绩效知识萃取	作为一种推理模型用于能力层方案优化，通过表征从能力组合的CCI能力包指标到使命效能，确定能力组合发展路径指标的定量影响关系	明确数据集样本，有对应的先验知识	输入：数据样本集合（能力组合的CCI能力包使命效能节点、态势节点、发展指数节点等），先验贝叶斯网络结构 输出数据：满足能力层仿真的贝叶斯网络	基于贝叶斯网络的能力层方案演化模型（BOEM），基于概率规则元模型，BOEM全网络离散化算法	知识图谱技术	能力生成人员

续表

序号	功能名称	功能内容	前提条件	输入/输出	方法技术	支撑工具	人员角色
8	认知演化优化计算	结合能力组合目标层和能力层的知识萃取，构建能力组合优化的效能知识网络，并将概率规则和认知演化算法相结合，求解能力组合发展层的决策优化问题	构建能力组合优化的知识萃取模型和仿真数据挖掘模型，确定参数所需的先验信息	输入：概率规则模型参数，价值 输出：能力组合最优决策方案	概率规则模型，认知演化算法，溯因推理	多周期、多属性的鲁棒优化方法	能力生成人员

3. 装备组合决策优化

装备组合决策优化采用演化计算优化方法，通过能力层和装备层两个层次的同步演化流程实现认知演化优化计算，进而获取最优的装备层投资组合方案，如图3.13所示。装备层的"组合方案+仿真+数据挖掘+知识萃取+优化计算"模式对知识推演引擎输出的行动表组件雏形进行优化求解，得到最优行动表组合方案。具体来看，首先对装备层的组件和方案进行仿真，并获取仿真数据；然后对仿真结果进行数据挖掘，得到装备层的知识萃取；最后通过认知演化优化计算得到最优的装备层投资组合方案。

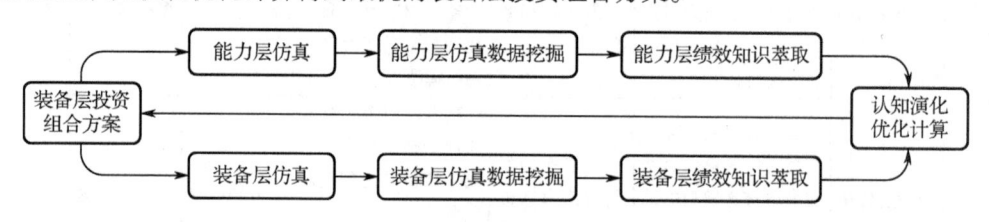

图 3.13 装备组合决策优化的功能流程

装备组合决策优化技术规格见表3.5。通过提供相应的前提条件，运用相关方法技术，结合支撑工具，能得到下一环节的输入，最终获取最优的装备层投资组合方案。

表 3.5 装备组合决策优化技术规格

序号	功能名称	功能内容	前提条件	输入/输出	方法技术	支撑工具	人员角色
1	装备层投资组合方案	根据装备属性评估值和实际资源约束，通过优化算法求解最优的装备组合方案	构建约束条件和目标函数	输入：备选装备评估指标值 中间数据：装备组合 输出：满足约束条件的最优装备组合	优化算法	优化算法库	装备组合决策人员
2	装备层仿真	根据装备层投资组合模型，在各类现实约束条件下，评估能力发展的最优决策效果及与预期目标的偏离程度和差距值	构建装备组合优化模型和能力发展指标，明确价值导向、约束条件和目标函数	输入：备选最优装备组合方案，评估指标 输出：装备组合的仿真结果	能力发展系统动力学仿真	能力仿真计算可视化系统软件	装备组合决策人员

续表

序号	功能名称	功能内容	前提条件	输入/输出	方法技术	支撑工具	人员角色
3	装备层仿真数据挖掘	从装备仿真计算结果数据中自动发现对装备组合决策有帮助的数据和知识	确定装备组合的发展指数及各类指标数据集	输入：装备组合优化中的节点变量及变量间的关系 输出：装备组合优化的贝叶斯网络模型	贝叶斯网络模型	数据挖掘算法库	装备组合决策人员
4	装备层绩效知识萃取	借用知识图谱强大的数据处理能力和可视化优势展现各种武器装备之间的联系，实现武器装备的智能协同管理	搭建用户操作层、后台服务层、数据存储层及外嵌的算法调用模块，核心功能由后台服务实现，对外提供丰富的接口	输入：装备层数据挖掘获取的图片、文字、实体信息、关系数据 输出：装备知识图谱	装备知识萃取技术，基于本体构建的知识图谱技术	装备知识图谱	装备组合决策人员
5	认知演化优化计算	通过模拟自然界的生物演化过程，搜索装备组合多目标的最优解	确定约束条件、优化目标和可行域	输入：装备知识图谱，当前知识规模、权重向量集和当前的参考点等 输出：装备组合最优决策方案	基于双阶段、双种群的协同进化机制	演化计算优化方法	装备组合决策人员

4．项目组合决策优化

项目组合决策优化采用多目标组合优化方法，通过装备层和项目层两个层次的同步演化流程实现认知演化优化计算，获取最优的项目层投资组合方案，如图 3.14 所示。项目层的"组合方案+仿真+数据挖掘+知识萃取+优化计算"模式对知识推演引擎输出的项目方案组件雏形进行优化求解，得到最优的项目层投资组合方案。具体而言，首先对项目层进行仿真，并获取仿真数据；然后对仿真结果进行数据挖掘，得到项目知识萃取模型；最后通过认知演化优化计算得到最优的项目层投资组合方案。

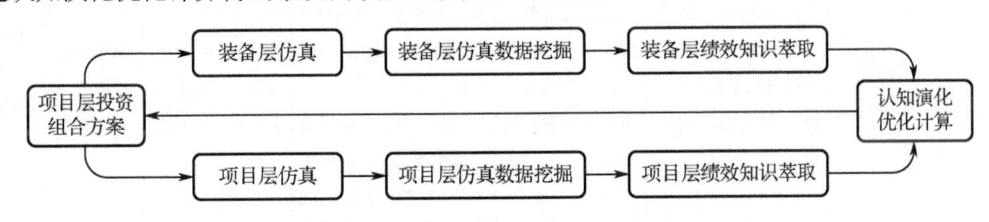

图 3.14 项目组合决策优化的功能流程

项目组合决策优化技术规格见表 3.6。通过提供相应的前提条件，运用相关方法技术，结合支撑工具，能得到下一环节的输入，最终获取最优的项目层投资组合方案。

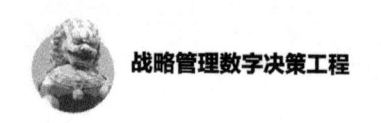

表 3.6 项目组合决策优化技术规格

序号	功能名称	功能内容	前提条件	输入/输出	方法技术	支撑工具	人员角色
1	项目层投资组合方案	通过项目效益评估及项目投入约束，基于优化算法求解最优项目组合方案	构建约束条件和目标函数	输入：备选项目评估指标值 输出：满足约束条件的最优项目组合	数学建模	优化算法库	项目组合决策者
2	项目层仿真	项目组合优化的仿真目标是根据项目层投资组合模型，在各类现实约束条件下，评估最优项目组合决策效果及与预期目标的偏离程度和差距值	构建项目组合优化模型和发展路径评估指标，明确价值导向、约束条件、目标函数、指标关系和参数权重	输入：备选项目组合方案，评估指标 中间数据：项目组合发展目标、约束条件、价值导向及指标关系 输出：项目路线图的实现概率（项目组合的概率指数）	项目组合系统动力学仿真，蒙特卡洛方法	项目仿真计算可视化系统软件	项目组合决策者
3	项目层仿真数据挖掘	在仿真结果的基础上，按照一定的规则进行学习和提取项目信息	确定项目组合的属性节点、单一功能及各功能之间的关系	输入：由离散值属性描述的项目仿真结果样本集，候选属性集合 输出：项目层的一棵决策树	决策树模型	数据挖掘算法库	项目组合决策者
4	项目层绩效知识萃取	萃取团队以复盘回顾等方式集中对项目知识进行挖掘	发现或识别所有的频繁项目集，有确定的事物项目库，设定频繁项目的最小支持度	第一阶段找出频繁项目集，输入事物数据库和最小支持度阈值，输出频繁项目集；第二阶段产生关联规则，输入频繁项目集和最小置信度阈值，输出关联规则	联想复盘、美国陆军事后回顾（After Action Review，AAR）、华为知识收割、SECI 模型及强调知识萃取过程的 PREFS 方法等	项目知识图谱	项目组合决策者
5	认知演化优化计算	对知识萃取构建的项目知识模型进行多目标组合优化，得到最优的项目组合决策	明确项目组合优化的决策变量、目标函数、约束条件及决策空间	输入：项目组合优化的目标函数、约束条件、训练集、样本数、训练轮数和每轮训练步数 输出：神经网络模型的最优参数，满足约束条件的帕累托最优项目组合方案	监督式强化学习，深度学习，神经网络等	多目标组合优化方法	项目组合决策者

3.3.4 智慧演算引擎

智慧演算引擎以智能演算引擎求解得到的能力组合和项目方案为输入，结合先期专家调研获得的先验信息所形成的综合集成研讨专家认知库，通过选择过程认知、选择结果认知、集成研讨认知和人机共识认知 4 个环节，生成人机共识的能力组合与项目方案。该引

擎主要负责架构解的认知和见解，其认知收敛过程是一个机器推理和优化结果与领域专家认知结果相互融合，并逐步迭代得到人机共识解的过程。迭代发生于未达到人机共识认知的情况，当存在无法调和的共识冲突时允许无认知解。智慧演算引擎计算过程的总体框架如图 3.15 所示。

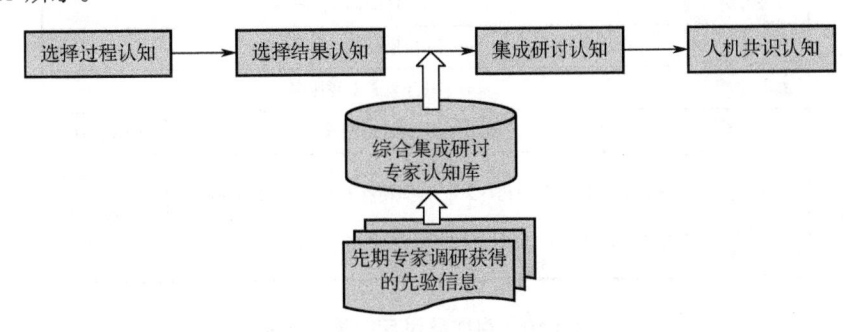

图 3.15 智慧演算引擎计算过程的总体框架

智慧演算引擎计算过程在综合集成研讨厅执行，能够支持宏观决策，按照研讨厅体系思想，以宏观决策为研究对象。智慧综合运用了现有的信息技术与人工智能技术，采用互联网开发模式，集成了异种操作系统和数据库，建立了一个基于分布式网络的研讨厅。该研讨厅主要有数据中心（包括分布的数据库子系统、研讨厅数据库子系统、资源信息子系统及研讨厅数据维护子系统等）、集成支撑中心（包括模型子系统、方法子系统、群体意见整合子系统、知识开发与发现子系统、可视建模子系统及信息检索子系统等）、研讨中心（包括研讨方式与模板管理、脚本生成、研讨流程管理、状态管理、角色管理、研讨机理管理、报告形成与输出、分研讨厅管理与分厅方案集成等模块）、信息协作中心（包括为了方便研讨决策而设计的内/外部部件系统及通知管理、日程事务管理、厅内办公协作系统等），以及安全中心（包括防火墙、代理服务器、主动入侵检测、用户行为跟踪、物理隔离等技术与途径）。

结合实际问题的需求建设实用化研讨厅的关键是应用信息技术设计研讨厅系统的体系结构，主要是研讨厅网络系统的软件体系结构与开发模式。根据复杂问题的规模，需要通过集成研讨来处理复杂的问题，所要建立的集成研讨厅的体系结构具有开放、分布、透明、用户友好等突出特点，计算模式采用嵌套 B/S 结构的多层分布式体系，应用企业级服务器端技术与宿主语言，开发理念应充分体现基于构件的网络系统的设计思想。集成研讨厅的体系结构如图 3.16 所示，主要包括人机界面、决策、综合集成、网关、资源和平台 6 个层次。

人机界面层实现对专家友好的人机交互界面与对话方式，将人的意志赋予智能体（Agent），形成人与智能体交互是人机结合的主要方式。

决策层主要开发决策目标与分析服务，如战略预测、战略预警、多目标综合评价、战略选择与预实践评估等。

综合集成层是实现集成研讨的关键，包括综合集成研讨和综合集成支撑两项服务。综合集成研讨服务执行综合集成研讨与表决，包括研讨方式、脚本、模板、流程、状态、主持人、专家群体、分布的集成研讨管理、研讨意见整合、方案表决和报告输出等。综合集成支撑服务支持综合集成研讨与表决，包括知识开发与可视化建模环境、视频、模型/方法/

数据库/独立应用等资源的调度，以及站内外的信息检索与协作、数据仓库、知识发现与案例推理、分布研讨的结论与资源的集成等。

人机界面层	人机交互服务				
决策层	决策目标与分析服务				
综合集成层	综合集成研讨服务				
	综合集成支撑服务				
网关层	分研讨厅协作/数据网关				资源网关
资源层	分研讨厅1	分研讨厅2	分研讨厅3	… 分研讨厅N	资源管理器
					资源服务
平台层	基础设施与平台				

图 3.16　集成研讨厅的体系结构

网关层视具体系统分为数据网关和资源网关。前者是研讨厅中的知识、方法、模型、应用与多媒体数据、研讨信息等的连接、访问与管理接口；后者是连接、访问与管理分布的多研讨厅系统，主要包括通信连接器、调度器、队列与事物管理器、分厅方案集成与消息管理器等。

资源层主要有多个分研讨厅构成，并由资源管理器进行统一调度管理。

平台层又称为基础设施层，它是集成研讨厅的基础设施与运行的物理平台。对于研讨厅，它可能是局域网甚至是城域网；对于一个涉及面很广的复杂问题，分研讨厅可能是一个分布式的、多层次的集群结构，这时的分研讨厅协作网关还应具备路由与交换等功能。

1. 选择过程认知

复杂组织为了塑造未来战略态势需要进行战略选择分析。复杂组织战略选择分析是基于内、外部竞争条件和竞争环境相互影响的态势分析。它是在对复杂组织自身与复杂组织所处环境进行深刻剖析后，依照矩阵形式排列，运用系统分析的方法，将各种因素相互匹配并分析，最终得到相应结论的分析方法。战略选择分析可以帮助复杂组织探索发展选择方向，应对复杂组织面临的机遇和挑战，并做出更好的战略决策。

2. 选择结果认知

认知指智慧解算系统对架构解的认知和见解，其认知收敛过程是一个机器推理和优化结果与领域专家认知结果相互融合，并逐步迭代得到人机共识解的过程。迭代发生于未达到人机共识认知的情况，当存在无法调和的共识冲突时允许无认知解。选择结果认知是指解算系统自动生成的架构解的进一步优化，旨在将机器自动解算的结果与人的意识相结合。因为从本质上来说，对于战争这种复杂系统的建模过程是非常复杂的，而模型的准确性对于自动解算的结果至关重要，然而在建模之初很难描述清楚、描述完全自动解算过程中全部的中断情况。这就需要认知解算系统的选择结果，并在后面的解的优化过程中结合集成研讨认知，融入领域专家的主管能动智慧，并在人机共识阶段不断地使机器的选择结果和领域专家的选择结果协同，以达成共识，形成最后的智慧演算引擎解。

3. 集成研讨认知

按照研讨厅体系的思想，在研讨环境下将专家的定性认识通过建模的方法来实现，专家分析其结果，不断修改模型或其参数直至达到一个满意的结果。这就是综合集成研讨厅体系的一个非常重要的思想，并且它的实现是从定性到定量综合集成思想的体现。但是由于宏观经济决策是非常复杂的问题，目前所能给出的定量方法的模型相对来讲还是比较简单的，实现从专家的定性认识到定量认识的过程是根据分析匹配原有的一些案例同时修改其参数或者调用已知的一些模型并修改，而真正建立一个复杂模型来验证专家的定性认识目前仍有一定的难度。

4. 人机共识认知

智慧演算引擎不同于一般的决策支持系统的一个重要方面，是将人视为问题求解系统的组成部分。该系统根据人与机器各自的特长与优势进行功能与过程的分工，并形成"人机分工、各取所长、以人为主、人机一体"的人机智能系统。人机结合的途径是人机交互与人机协作。

3.4 知识计算引擎的关键技术

1. 战略能力演化技术

战略能力是军队在履行其战略任务时所表现出的能力，也是国家战略能力的核心内容，还是维护和实现国家利益的重要保障。在长期军事实践的基础上，战略能力的概念内涵不断得到完善。战略能力的演化过程可以理解为战略目标的动态管理和组织能力的持续进化。目标和能力的动态管理是指找到一个系统的层次目标，并对目标进行动态跟踪管理，在目标实现的过程中，不断实现组织能力的动态进化，能力的进化又反过来推动下一目标的快速实现。

战略能力演化技术由战略、体系、系统和项目 4 个能力演化元模型构成。其中，战略作为整个技术的最顶层，负责确定总体战略能力水平、能力组合类型及能力特征，在确定总体战略能力目标后，需要进一步调整和优化战略能力体系框架。根据能力体系，从跨军种、跨领域、多任务的视角，整合各种能力资源，通过系统集成，实现战略能力威慑、实战、防护和复原能力的整体提升。最后，将战略能力落实到具体项目中，通过单一项目的组合优化，实现战略能力系统的建设和调整优化。战略能力演化技术将技术、作战理念和各种作战能力进行结合，通过可靠的、灵活的、强大的战略能力体系、系统和项目，反映军事战略能力运用的未来方向。

2. 建设绩效评估技术

战略绩效评估是以战略为导向的绩效管理。它是一个强调将公司的战略转化为战略地图并分解转化为公司、部门、员工的绩效指标，再通过战略绩效管理的流程制度对绩效过程进行监督、控制、评估的系统。目前，战略绩效评估多使用综合指数法，结合多重视角进行定量分析，给出定性结论，基本满足战略军力评估分析结论的主要要求。该方法已经普遍应用于美国的各类战略军力报告中，主要包括战备状态评估、规模评估和能力评估 3 方面。

建设绩效评估技术由路线图、行动表、项目方案、体系网和导航仪 5 个绩效评估元模型构成。其中，路线图处于战略层，显示了资源和责任组织的规划能力部署，实现对项目规划、实施、评估等阶段涉及的重点建设要素进行管控，并绘制科学完整的路线图；行动表处于系统层，它是系统绩效评估的具体行动指标，根据其实践层次，可分为技术层面、项目层面和能力层面；项目方案处于项目层，体现了能力与项目群之间的关联，它是一个将实际项目与其交付能力相关联的矩阵，包含众多建设项目且项目目标都围绕项目群总体目标要求；体系网处于体系层，通过组织/执行者-角色-活动-信息等将各体系关联起来，体现了各体系绩效评估的交互情况；导航仪综合了前 4 个元模型，以预期管控为目的，结合预期绩效样机、支撑体系原型和人类行为仿真技术，对战略规划的建设方案进行绩效评估、组合优化和决策调控。

3. 绩效指标体系生成技术

绩效指标是评判对象业绩好坏的重要因素，也是绩效评估工作的关键要素，在企业中通常以行为指标和结果指标体现。其中，行为指标是指员工在工作岗位上的行为表现；结果指标是指通过员工的工作所能带来的工作和组织的某些变化。

绩效指标体系生成技术由航向绩效、战略绩效、体系绩效、系统绩效和项目绩效 5 个元模型构成。航向绩效也称为战略计分卡，对应绩效评估中的"导航仪"组件，它是一种面向战略目标的评价体系，用于评估战略规划方案的建设实施与其能态要求的匹配程度及支撑效果。战略计分卡根据顶层战略目标和 CCI 需求，从体系作战效能、战略执行、组织建设、督导与推进 4 个角度，将组织的战略规划落实为可操作的衡量指标和目标值。战略绩效、体系绩效、系统绩效和项目绩效，分别对应绩效评估中的"路线图"、"体系网"、"行动表"和"项目方案"组件，从战略、体系、系统、项目 4 个层级制定绩效指标，生成绩效指标评估体系。

4. 数据推导引擎技术

数据推导引擎，以数据为中心基于元模型进行可视化建模，对当前能态架构和目标能态架构进行数据刻画，并对二者之间的能态差进行测算和评估。

数据推导引擎技术分为当前能态多源数据获取、当前能态架构数据建模、目标图像数据刻画、未来能态架构数据建模 4 个环节，并在此基础上建立了能态评估数据库。具体而言，当前能态多源数据获取是对数据来源进行辨别明确，并从数据仓中读取数据、分析结果；当前能态架构数据建模是对当前的概念逻辑、实体逻辑和语义本体进行建模；目标图像数据刻画是对当前的战略靶心（"四制 SWOT"状态分布）进行分析提取，通过分析靶心定位，刻画目标靶心；未来能态架构数据建模通过确定靶心模型，提高靶心分辨率，并给出增强分辨率下的靶标架构。

数据推导引擎属于架构建模导调引擎，具有以下功能：①可实现任务转派、撤回、提取、驳回、跳转、唤醒等功能；②任务可分为主办任务与协办任务，主办任务执行完毕会自动进行节点流转，但协办任务不会；③任务可设置参与人，按照参与类型分为普通参与

和会签参与；④任务可关联表单；⑤任务可设置期望完成时间、提醒时间、重复提醒时间及是否自动执行；⑥任务可设置完成后的统一回调处理；⑦任务可通过委托他人进行处理。

数据推导引擎的求解算法模型为架构知识表达模型，通过求解算法模型匹配流程驱动模型，并建立架构知识表达片段。

5. 知识推导引擎技术

知识推导引擎技术按架构桥的路线图、行动表、项目方案、体系网、导航仪 5 个能力谱组件分为 5 个子引擎，各子引擎计算过程均包括组件模型预置、架构数据提取、组件知识填写和组件语义推理 4 个环节，并在此基础上建立了架构桥预铺组件知识库。

知识推导引擎属于能谱知识推理引擎，能力谱组件均可采用评估对象能态插值模型来表示，从而形成统一知识模型。评估对象能态插值模型分为体系演化世代背景图、评估本体演化模型图和规划指标插值曲线图 3 部分。知识推导引擎采用多源数据资源，如多模态数据集、知识图谱数据集和分布式数据库等，并基于多模态数据集、多类型知识图谱等将数据载入，结合知识对接、知识抽取、知识表征等知识学习算法进行知识推演。

6. 智能演算引擎技术

智能演算引擎根据知识推导引擎的计算结果，以机器智能的思想为指导，结合智能计算、数据挖掘等理论丰富仿真优化方法，利用认知演化计算求解战略选择的优化问题，提高总体战略规划和发展路线图的有效性。

7. 智慧演算引擎技术

智慧演算引擎根据智能推演引擎的计算结果，结合人类智慧和领域专家经验，对智能优化决策方案进行人机结合的综合集成研讨，输出人机共识的最优决策方案。

具体而言，在选择过程认知中，专家通过"反干预战略综合集成兵棋推演系统"了解引擎战略选择过程，之后，汇集处理专家认知意见，用认知图模型对专家认知意见进行表达；在选择结果认知中，专家通过"反干预战略选择过程虚拟展现系统"了解引擎战略选择结果，之后，汇集处理专家认知意见，用认知图模型对专家认知意见进行表达；在集成研讨认知中，专家使用"反干预战略选择模糊德尔菲人工决策系统"，通过汇集处理专家所持的战略选择意见，用认知图模型对专家认知意见进行表达；在人机共识认知中，运行人机融合共识致谬风险评估管控系统，通过汇集处理前三步所形成的认知图模型，形成人机共识认知图和致谬风险评估结论，并决定是否继续进行迭代。

智慧演算引擎属于"专家认知蒸馏"引擎，其作用是将原始数据集中大量的知识压缩到少量合成数据中，同时在合成数据上进行训练。该模型的性能与在原始数据集上的模型性能相近，主要采用模糊认知图模型进行模型求解。模糊认知图是知识的一种图解表示，它是一个将模糊反馈动力系统中的因果时间、参与值、目标与趋势等通过各概念间的弧线相连的图结构，节点是概念、实体等，弧线表示概念或实体间的因果关系，在结构上可以看成是面向对象的单层带反馈的神经网络。

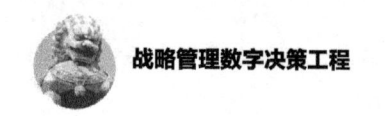

8. 战略管理流程 MBSE 技术

战略管理流程 MBSE 技术是基于睿德团队提出的战略管理架构（睿德战略管理架构）并遵循知识计算 MBSE 的一种技术。

睿德战略管理架构的元模型与"目的、方法、手段"能力生成结构同构，并基于项目随时间持续演化，能够支持多架构概念、项目驱动的能力演化概念、"评估、决策、控制"一体化的闭环决策理论，以及架构数据驱动的行为仿真理论。

9. 敏捷组织智能技术

敏捷组织智能技术是由"数据+算力+算法"赋能的、以用户价值为共同目标、以成员的自驱力和创造力激发为根本、以业务和组织的网络协同为机制、以共治共生为文化，能柔性动态敏捷响应内、外部环境变化的新型组织模式。数智化敏捷组织就像一个智能生物体，具有能够感知全局的"神经末梢"，快速传递信息的"神经中枢"，驱动组织的数据"血液"，驱动数据处理的云计算"心脏"，以及形成认知的智能"大脑"。

敏捷组织智能技术用于战略预实践评估演练环境，通过评估把握内在规律，找出存在的问题，并使用智能方法给出优化决策方案和调整措施方法，通过优化资源配置提升质量效益。敏捷组织智能技术的应用场景较为广泛，业界对它的需求较大，如超前敏捷响应，包括前置制造无人装备原型、数智装备虚体、算法预制件等。

3.5 复合型 MBSE 的范畴与前景

业界对睿德 MBSE 的敏捷集群智能应用场景有较高的需求，比如：超前敏捷响应，前置制造无人装备原型、数智装备虚体、算法预制件等。睿德 MBSE 的"敏捷集群智能"应用场景软硬件构成包括：高层，按年度组织战略预演和评估，由战略选择知识计算平台支撑；高层通过生成体系快速原型，引导中层；中层，按年度组织体系演习和评估，由多域体系任务链路规划系统支撑，中层通过生成体系网络合约引导基层；基层，按年度组织集群演训和评估，需多方技术支撑，包括野外和城市数字地理环境、多 Agent 协同集群任务规划、集群编队 LVC 仿真、装备行为数智 Agent、装备 VR 数智虚体、无人装备物流系统及无人集群算法箱。睿德 MBSE 采用自上而下预实践，自底向上预评估的模式。

目前，许多 MBSE 模型是基于 V 模型的，而睿德 MBSE 则是基于图 3.17 所示的双回路模型的，并展开为系统工程矩阵。

睿德 DKIW 复合型 MBSE 的基本特点是多引擎复合驱动，它包括数据推导引擎、知识推导引擎、智能演算引擎及智慧演算引擎，分别对应于数据型 D-MBSE、知识型 K-MBSE、智能型 I-MBSE、智慧型 W-MBSE。多样化系统工程过程及其交叉集成共构成系统工程矩阵；与以往研究相比，不仅基于架构，而且是一个当前架构和一个未来架构；不仅是基于模型的系统工程，而且是输出数字制品的数字化系统工程，体现了系统工程与数字工程的结合；架构元模型与"目的、方法、手段"能力生成结构相同构，并基于项目随时间持续演化，能支持多架构概念、项目驱动的能力演化概念、"评估、决策、控制"一体化的闭环决策理论，以及架构数据驱动的行为仿真理论；通过数据制品和数字合约达到上下耦合和体系统筹，可以用高层数字制品统筹协调下层智能制造和数字孪生。

第 3 章　知识计算引擎与预实践评估

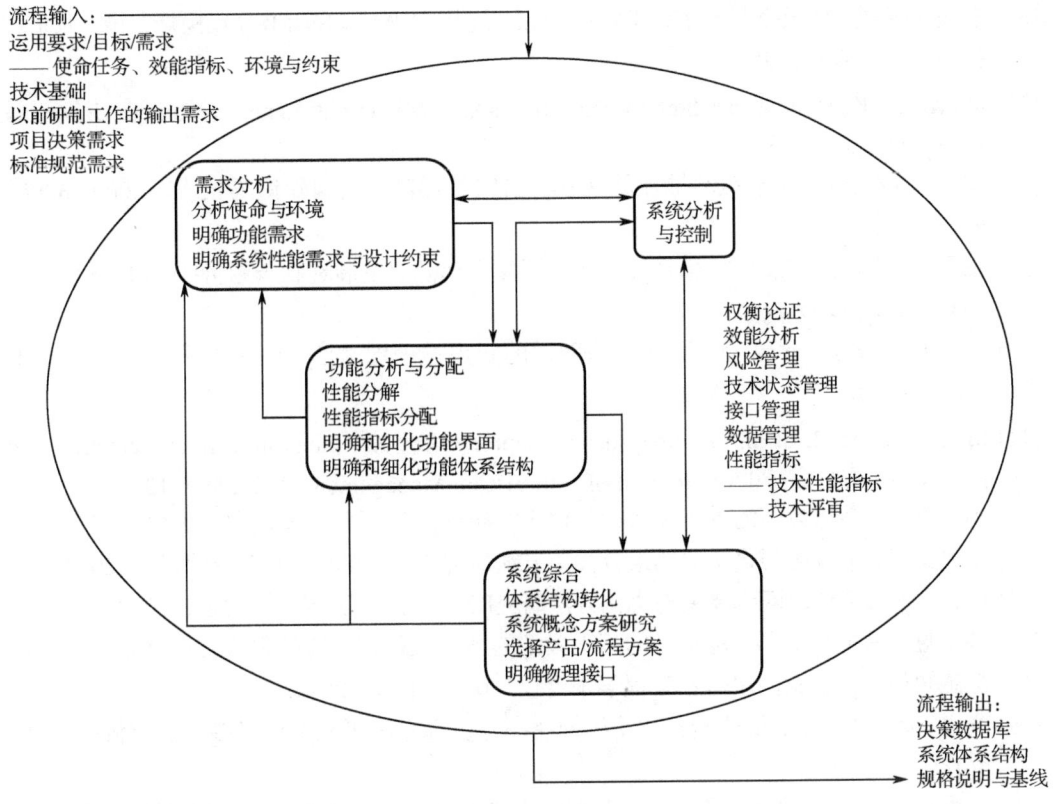

```
流程输入：
运用要求/目标/需求
  ——使命任务、效能指标、环境与约束
技术基础
以前研制工作的输出需求
项目决策需求
标准规范需求
```

需求分析
分析使命与环境
明确功能需求
明确系统性能需求与设计约束

系统分析
与控制

功能分析与分配
性能分解
性能指标分配
明确和细化功能界面
明确和细化功能体系结构

权衡论证
效能分析
风险管理
技术状态管理
接口管理
数据管理
性能指标
——技术性能指标
——技术评审

系统综合
体系结构转化
系统概念方案研究
选择产品/流程方案
明确物理接口

```
流程输出：
决策数据库
系统体系结构
规格说明与基线
```

图 3.17　双回路模型

本章的最后，讨论一下睿德 DKIW 复合型 MBSE 的未来前景。睿德 DKIW 复合型 MBSE 是以广义知识计算为技术牵引和自主创新主线的。广义知识计算对象为产业创新链，广义知识计算需求为前移需求响应时间，广义知识计算目的为预先配置和训练三级组织智能。广义知识计算内容：①重大场景变化；②竞争市场变化；③智能需求变化；④智能超前预置。广义知识计算 MBSE（非装备级 MBSE）的特点：①超出知识计算引擎范畴；②多层次、体系化 MBSE；③支持数字决策概念；④支持 DANSE/MBSE 方法。

战略级 MBSE 的数字制品有架构桥"七件套"，包括源于当前、未来架构数据模型的两套架构仓，以及架构桥的 5 个能力谱组件；体系级 MBSE 的数字制品有体系智联网数字原型；集群级 MBSE 的数字决策制品有智件互联网、数智虚体、算法预制件等不同形态的集群智能产品。

参考文献

[1] 唐旻. 基于项目群管理的军队建设规划路线图研究[D]. 长沙：国防科技大学，2018.
[2] 潘教峰，张晓林. 第四范式：数据密集型科学发现[M]. 北京：科学出版社，2012.
[3] 王磊，王维平，杨峰，等. 认知演化算法[J]. 计算机科学，2010, 37(9): 198-204.
[4] 李志飞. 基于能力的武器装备体系方案权衡空间多维粒度探索方法及应用[D]. 长沙：国防科技大学，2015.
[5] 瞿幼苗. 面向智能决策的推理引擎技术[D]. 西安：西北工业大学，2018.

[6] 多夫·多里. 基于模型的系统工程——综合运用 OPM 和 SysML[M].杨峰, 译. 北京: 机械工业出版社, 2017.

[7] MYKEL J K, et al. Alogrithms for decision making[M]. Trinity Lane: Cambridge University Press, 2021.

[8] 魏青, 张世波. 基于案例推理的 CBR 研究综述[J]. 电脑知识与技术, 2009, 30(2): 8518-8519.

[9] 王丹力, 郑楠, 刘成林. 综合集成研讨厅体系起源、发展现状与趋势[J]. 自动化学报, 2021, 47(8): 1822-1839.

[10] 封皓君, 段立, 张碧莹. 面向知识图谱的知识推理综述[J]. 计算机系统应用, 2021, 30(10): 21-30.

[11] MARÍA D M R, et al. Ontology-driven approach for KPI meta-modelling, selection and reasoning [J]. International Journal of Information Management, 2021, 58:1-12.

[12] 明梦君. 复杂约束下的进化多目标优化方法研究[D]. 长沙：国防科技大学, 2022.

[13] 李凯文. 基于深度强化学习的组合优化方法研究[D]. 长沙：国防科技大学, 2022.

[14] 束哲. 体系架构超网络建模与优化方法研究[D]. 长沙：国防科技大学, 2018.

[15] 鲁金直, 马君达, 等. 基语义的基于模型的系统工程方法支持复杂装备体系建模及态势感知仿真[C]//第四届体系工程学术会议. 厦门：[s.n.], 2022.

[16] 朱宁. 基于 DSM 的武器装备体系架构建模与仿真方法研究[D]. 长沙：国防科技大学, 2016.

[17] 王维平, 李小波, 杨松, 等. 智能化多无人集群作战体系动态适变机制设计方法[J]. 系统工程理论与实践, 2021, 41(5): 1096-1106.

[18] 李小波, 梁浩哲, 王涛, 等. 面向装备规划计划的体系贡献率评估方法[J]. 科技导报, 2020, 38(21): 38-46.

[19] 王磊. 协同攻击任务规划认知演化计算研究[D]. 长沙：国防科技大学, 2010.

[20] 刘佳杰. 基于模体的无人机集群任务规划方法[D]. 长沙：国防科技大学, 2018.

[21] ROBERT J. L, et al. Making good decisions without predictions: Robust decision making for planning under deep uncertainty[R]. Santa Monica, CA: RAND Corporation, 2013.

[22] 施国强, 刘泽伟, 林廷宇, 等. 面向复杂产品建模与仿真系统的开放式云架构设计[J]. 系统仿真学报, 2022(3): 442-451.

[23] KIM P T. Machine learning and probabilistic graphical models for decision support systems[M]. Florida: CRC Press, 2022.

[24] STEVEN M L. Planning algorithms[M]. Trinity Lane: Cambridge University Press, 2006.

[25] DAVID B, et al. Knowledge representation and reasoning—A review of the state of the art and future opportunities[R]. Brussels: NATO Science & Technology Organization, 2022.

[26] VINCENT F. On the choice of priors in Bayesian deep learning[D]. Zurich: ETH Zurich, 2021.

[27] KENNETH L, JAMES R, et al. Operationalization of standardized C2-Simulation (C2SIM) interoperability[C]. [S.l.]: ICCRTS, 2016

[28] CHOU P H, et al. Novel AI decision aids for decision dynamics, deception and game

theory[R]. Florida: Army Research Laboratory, 2021.

[29] GUO Z, WAN Z, ZHANG Q, et al. A survey on uncertainty reasoning and quantification for decision making: Belief theory meets deep learning[J].Preprint arXiv:2206.05675. 2022.

[30] HU X, CHU L, PEI J, et al. Model complexity of deep learning: A survey[J]. Knowledge and Information Systems, 2021, 63(10): 2585-2619.

[31] 高阳，陈世福，陆鑫. 强化学习研究综述[J]. 自动化学报，2004, 30(1): 86-100.

[32] ROBERT J L, et al. Defense resource planning under uncertainty: An application of robust decision making to munitions mix planning[R]. Santa Monica, CA.: RAND Corporation, 2016.

第4章

战略能力管理工程原理

> 核心战略能力管理是战略管理的重要领域,战略博弈决策是核心战略能力管理领域内以强手博弈为背景的一类战略决策,而科学合理地选择战略能力建设项目并以 5 年为规划期持续不断地加以实施建设,则是国家、军队和大型骨干企业等重大使命组织提高核心战略能力、实现长远战略目标的重要举措。

战略管理是立足核心能力、面向战略竞争所进行的决定发展前途的顶层管理。战略管理是数字决策工程的重大应用背景,战略管理数字决策工程是战略管理工程的重要学科分支和发展领域。战略管理以战略前景预测和能力态势研判为基础,以制订科学、系统、长远的发展战略为核心,进而通过战略思想到规划、计划的细化分解,以及战略方针到任务、项目的逐步落实,谋取军事发展的战略先机和未来优势,确保核心战略能力的演化提升和长远战略目标的如期实现。

本章介绍基于能力的战略管理原理,它是一种以核心战略能力博弈为核心的战略管理原理,也是战略博弈决策优化的基础性原理。核心战略能力管理思想是基于能力的战略管理原理的思想基础,而战略博弈决策优化问题及其系统工程求解方案正是在这样的背景和意义下被提出的。

4.1 战略能力管理

4.1.1 战略能力管理概念

军队战略管理链路由需求、规划、预算、执行和评估 5 个环节构成(需求牵引规划,规划主导资源配置)。只有这 5 个环节共同参与构建顺畅、高效的闭合管理回路,才能达到提高军队系统运行效能和军队建设发展效益的目标。

作为美军领导指挥体制的重要组成部分,战略管理体制的主要职能是"养兵",它由总统和国防部长通过军种部统管军队建设,主要包括战略规划机制、人力资源管理机制、国防预算机制和装备采办机制等,具体负责制定国防政策、国防预算和兵力规划,以及部队的行政管理、战备训练和装备采办等内容。其核心是如何通过科学、合理、有效的管理方法,使人、财、物等资源的配置和使用达到最优水平,其精髓是以最小化的投入实现最大化的效果。战略管理体制是决定军队战斗力生成和释放效果的重要制度保障。

俄罗斯军队（以下简称俄军）的战略规划是以现行国家政治体制和军队管理机制为依托，顺应时代要求并借鉴美军经验，在苏联时期规划经验的基础上发展起来的。目前，俄军已经明确了战略规划的主要目的、基本目标、主要任务、主要依据、基本原则及主要特点等基本理论问题，并逐步形成了一整套战略规划理论。俄军战略规划由涉及俄军军队建设问题的构想、学说、战略、纲要及计划等各级各类规划组成，已经形成完整的体系。

战略能力管理是战略管理的一个重要领域，也是战略管理当前的焦点和关键所在。而核心战略能力则是其中对战略能力组合效益有关键、重大贡献的能力组分。战略能力管理是以战略思想为导向的顶层管理。为了加强战略能力管理，美国国防部实施了使命任务工程（Mission Engineering），美国海军实施了能力演化过程管理工程（Capability Evolutionary Process）；加拿大国防部实施了能力工程（Capability Engineering）；澳大利亚国防部则在其制定的2020兵力结构规划中完善了能力流（Capability Streams）的概念。

美国认为，维护其全球战略目标的核心内容是保障美国自身在全球主要大国竞争中的核心竞争力优势。在该思想的指导下，美国国防部于2019年6月出台《"印太"战略报告》（"印太"即印度洋-太平洋地区），美国的战略重点逐渐从"亚太"（亚洲地区和太平洋沿岸地区）转向"印太"。美国立足于相对效用和成本-效用计算视角，一方面更加重视本国国内经济活力焕发、科技创新和国防现代化建设，另一方面则要求盟友、合作伙伴分担更多的责任和成本。美国海军、海军陆战队和海岸警卫队于2020年12月17日发布了一项新的三军海上战略，名为《海上优势：以一体化全域海军力量为主导》。它为海上部队如何在未来十年的日常竞争、危机和冲突中取胜提供了战略指导，指出要深化3个军种的一体化进程，积极推进部队现代化，并继续与盟友开展强有力的合作。例如，未来的舰队将结合传统资产与体积更小的新型舰艇、轻型两栖舰艇、现代化飞机、后勤部队、弹性太空能力及可选的有人/无人平台。2021年1月，美国海军作战部长签发了《海军作战部发展指南》。该指南以"海上优势战略"为总纲，以海上控制和力量投送为海军核心使命，将加强战备、提升能力、扩大规模和人员培训作为重点任务，指导海军未来十年发展建设。

刊登在2020年9月第15期的《空天力量理论与实践》（俄罗斯）上的文章对俄罗斯北极地区的空天防御系统抗击美国全球快速打击的前景进行了展望。文章指出，对手空天袭击手段、作战运用样式和方法的持续发展，迫使俄罗斯领导层采取措施完善武装力量及空天防御力量的组织结构，建立战略方向跨军种部队集团，部署新型武器装备和特种技术设备，以及探索新的国家防御样式和方法。为确保有效发现美军在全球快速打击计划下使用的空天打击武器，俄罗斯正在建立多层级的空天防御系统。该系统采取综合性措施和手段，能够保障及时、充分地收集对手的空天打击信息并采取对抗措施——防御并实施回击。空天打击武器编成除包含洲际弹道导弹、潜射弹道导弹和巡航导弹外，还可以列入其他兵器：①战略航空兵、战术航空兵、舰载航空兵和无人机——空基巡航导弹载体；②基于高超声速飞行器的毁伤兵器，如高超声速巡航导弹、滑翔战斗部及滑翔空天设备；③天基毁伤武器。空天防御系统应具备防空、反导和太空防御属性。它应被理解为，由用于解决空天防御任务的，部署于地面、海上和太空并通过相应通信系统联结的兵力和武器及其指挥机构所构成的总和。空天防御任务的有效解决，需要高质量发展国家统一空天防御系统的组成单元——空天袭击侦察和预警系统，并将其纳入俄罗斯武装力量统一侦察信息空间。

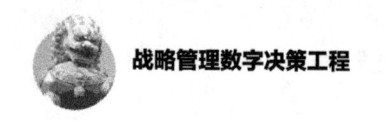

4.1.2 规划-计划-预算-执行系统

美军经过20世纪60年代和21世纪初的两次改革，逐步形成了以规划-计划-预算-执行系统（Planning, Programming, Budgeting and Execution System，PPBES）为核心的一整套自上而下、成熟规范的战略管理体制。PPBES 具有以下本质：根据军事战略方针确定军事战略能力需求，根据军事战略能力需求编制军队建设发展规划，根据军队建设发展规划确定军队建设目标任务和资源配置需求，按照"战略确定能力、能力确定项目、项目确定预算"的基本思路编制国防预算，最终通过规划计划的执行和评估形成军队战略能力建设的完整链条。PPBES 的工作流程示意图如图 4.1 所示。

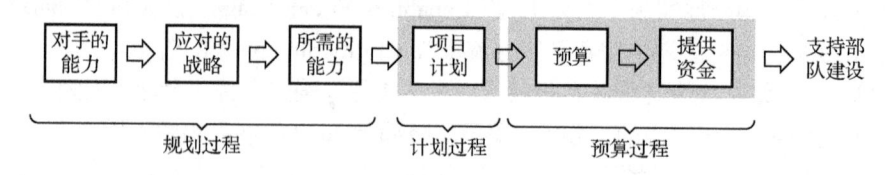

对手的能力 → 应对的战略 → 所需的能力 → 项目计划 → 预算 → 提供资金 → 支持部队建设

规划过程 | 计划过程 | 预算过程

图 4.1　PPBES 的工作流程示意图

PPBES 将美国整体国家安全战略与具体项目联系起来。其目的是根据完整的方案（部队和系统），而非人为的预算类别，促进财政受限的规划、方案编制和预算编制，目标是确定部队、系统和项目成本。PPBES 旨在引出各种选择，并根据成本和收益对其进行评估。

PPBES 涉及以下 4 个阶段：

（1）规划（Planning）。该阶段关注的是使用前瞻性研究定义各种服务将要实现的长期目标责任。

（2）计划或战略（Programming）。具体指定义行政步骤和组织必要的后勤，以执行一系列行动来达到选定的目标。在该阶段，人力资源、资本（投资）和研究方面的资源被确定为涵盖的持续时间。这些计划是通过一个工作计划制订的，然而该计划仅具有指示性价值。

（3）预算编制（Budgeting）。该阶段负责将计划的年度部分转化为年度预算，同时考虑财务限制。即在自愿和渐进的基础上，在行政部门内采用一种连贯的方式来准备、实施和控制在每个责任级别需要做出的决策。

（4）执行或审查（Execution）。预算执行或审查有两个独立但相关的方面。其中一方面是评价目前可用批款的承付和支出情况，如果没有达到现有计划的绩效目标，审查可能会提出调整资源和/或重组计划以实现预期绩效目标的建议；另一方面，美国国防部表示将通过拨款实现的目标与实际实现的目标（取得的成果）之间的比较。

简而言之，PPBES 通过设定某些主要目标，制订对这些目标至关重要的计划，从而为特定类型的目标确定资源并系统地分析可用的替代方案。

PPBES 首先确立长期总体发展目标，并从这些目标中选择最主要和最迫切的作为主要目标；然后利用系统分析选出实现主要目标的最优方案，不但要制订长期费用计划，还要确定年度预算，以便于执行和检查；最后衡量各项方案的实施成效，以保证资金得到有效的利用。整个过程大量应用了预算技术、系统分析和滚动计划等系统工程方法，以加强规划工作的预见性和科学性。

4.2 军事能力管理

军事能力组成要素可分为两类,一类是人员及各类物资或非物资性投入,如人员、装备和设施等;另一类是能力的形成过程,包括政策、训练、指挥和管理等。军事能力是联合能力集成与开发系统(JCIDS)的核心概念,其重要作用体现在以下方面:

(1)基于能力描述作战需求,有利于提高军事指挥人员参与需求分析的积极性。

(2)能力作为作战需求与系统需求之间的桥梁,有效促进了军事人员、技术人员与管理人员之间的需求交流、协商。

(3)为实现能力需求,对能力组成要素进行广泛的研究、探索,从而促进了武器装备和作战条令、编制体制及训练等非装备要素的协调发展。

军事能力管理的关键问题之一是组织能力的保持问题,其对军事战略落实至关重要。兵力轮转和管理对组织能力管理具有很大的参考价值。组织能力是由人员、资源、信息交流技术系统和数据、外部能力、计划、组织领导、培训和演练等要素通过有机组合而形成的。因为这些组成要素是一直变化的,所以组织能力是流动且易逝的。业务连续性管理的大量工作是监控能力构成要素的变化,并通过有计划的变更,将其重新导入正轨(纳入业务连续性项目集管理计划)。同时,从"国家安全目标—评估战略环境—军事行动与样式—联合作战能力—军种作战能力—能力建设项目"分层级进行军事能力构建,有助于保障军事能力建设既能解决关键战略目标,又能有效落地。

4.2.1 军事能力及其组成要素

在《制定和实施联合概念的指南 CJCSI/M 3010》中,美军对于军事能力的定义如下:在确定的标准和条件下,通过组合方式和方法来执行一系列任务,以达到预期效果的本领(The ability to achieve a desired effect under specified standards and conditions through combinations of means and ways to perform a set of tasks)。这个定义使用了效果(Effect)、标准(Standards)、条件(Conditions)、方式(Means)、方法(Ways)和任务(Tasks)等专业术语。简言之,军事能力是指"在军事行动中达成目标的本领"。

军事能力是有关军队和战争的事情或事务的实力,可以从不同的角度和原则来理解军事能力:根据武器装备作战空间,可分为全球地面、空中、海洋、太空和网络等作战能力;根据联合作战和军种的区别,可分为联合作战能力、陆军作战能力、海军作战能力、空军作战能力和海军陆战队作战能力等;根据关注范畴和作战概念的不同,可分为不同层级的能力,如战略级军事能力、联合行动级军事能力和项目级军事能力。

军事能力涉及条令、组织编制、训练、装备、领导和教育、人员、设施及政策等诸多领域,不同国家的军事组织对军事能力的组成要素有不同的划分。例如,美国的军事能力要素包括条令(Doctrine)、组织编制(Organization)、训练(Training)、装备(Material)、领导和教育(Leadership&Education)、人员(Personnel)、设施(Facilities)及政策(Policy),即 DOTMLPFP;英国的军事能力要素包括训练(Training)、装备(Equipment)、人员(Personnel)、信息(Information)、条令和概念(Doctrine&Concept)、组织(Organization)、基础设施(Infrastructure)及后勤(Logistics),即 TEPIDOIL;加拿大的军事能力要素包括人员(Personnel)、研发/作战研究(R&D/Ops Research)、基础设施和组织(Infrastructure&

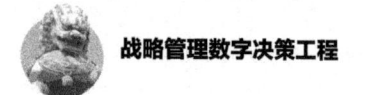

Organization），以及概念、条令和集训（Concept，Doctrine&Collective Training）及信息管理（Information Management）和装备、补给与服务（Equipment，Supplies&Services），即PRICIE；澳大利亚的军事能力要素包括人员（Personnel）、组织（Organization）、集训（Collective Training）、重要装备（Major System）、补给（Supplies）、设施和训练场地（Facilities&Training Areas）、支援（Support）及指挥和管理（Command&Management）。

上述能力要素，可以从军事能力输入/输出的角度分为两类，一类是描述军事能力的输入，但这些输入不是形成军事能力的直接因素，而是对军事能力的初始设定，如条令、设施和人员等；另一类则是描述能力的生成过程，包括条令、组织编制和训练等。

4.2.2 军事能力管理支持系统

军事能力管理主要通过不同的系统与工具来完成，具体包括联合战略规划系统（JSPS）、联合能力集成与开发系统（JCIDS）、国防采办系统（DAS）、规划-计划-预算与执行系统（PPBES）及联合作战计划制订与执行系统（JOPES）。上述系统通过将国家军事战略目标、战略需求、军事能力调配、作战方案制定和实施、教育训练、重大武器装备项目研究开发及军事资源保障进行有机连接，并将最终目标设定为对现有条令、组织编制、训练、装备（物资）、领导和教育及人员和设施进行发展，以更好地实现战略目标。

联合战略规划系统（Joint Strategic Planning System，JSPS）是面向美国参联会（参谋长联席会议）主席和其他参联会参谋的战略级计划制订系统，也是美国军事战略规划的核心工具。JSPS包括一个连续性的程序，可按照要求生成处于某个特定周期的正式产品，以便提供正式的指示。在这些产品中，有些负责提供指导，有些负责提供正式建议或归纳来自参联会主席的非正式建议。通过归纳总结，可以进行战略指导和战略规划。战略指导的主要作用是协助总统和国防部长提供军事建议，查阅国家安全环境和国家安全目标、评估威胁，协助制订国家安全战略（NSS）、国防战略（NDS），提供连续的战略评估，以支撑国家战略计划的制订，并为战役层战略的制订提供指导；战略规划的主要作用是在国家战略层面规划制订军事计划，主要包括军事战略（NMS）、联合战略能力计划（JSCP），明确国家军事目标、方式和手段，提出武装力量的战略方向和战略能力，并对军事资源进行战略规划，提出为达到国家安全目标所需的兵力。

联合能力集成与开发系统（JCIDS）是美国国防部采办的三大决策支持系统之一，用于帮助联合需求监督委员会及其下属机构管理联合作战能力需求项目并对其进行优先级排序。只有识别出能力需求并经过JCIDS过程的验证，才能启动国防采办过程并为其分配国防经费。建立JCIDS过程的主要目的是帮助联合需求监督委员会及其下属机构，在从其他利益攸关方处获得能力需求过程所需的相关信息的前提下，管理各能力需求集合中的能力需求项目及跨能力需求集合的能力需求项目，并对各能力需求项目进行优先级排序，以为国防部的其他评估过程（如采办过程）提供作战能力需求信息，从而辅助参联会主席履行其法定职责，包含但不限于识别、评估及验证联合军事能力需求项目并对其进行优先级排序。

国防采办系统（DAS）通过对采办对象的全寿命周期进行阶段划分，实现采办项目由方案论证到技术攻关，由工程制造到生产部署，再由使用保障到退役处理的平稳过渡，并完成对技术成熟度和制造成熟度的有效把控；通过在不同采办阶段间设置里程碑决策点，

对当前阶段成果和下一阶段目标进行审查，实现对阶段转进和项目执行的有效监督，从而显著降低采办风险，最终将 JCIDS 中描述的能力需求转化为实际装备。

联合作战计划制订与执行系统（JOPES）支持全球指挥控制系统（GCCS）联合计划为国家级或战区级指挥员提供常规的指挥控制基础，以及满足联合计划和作战信息。JOPES 负责监视、计划和执行与联合作战有关的调动、部署、投入和维护行动。JOPES 包括两类计划：（时间不限的）精密预案计划和（时间敏感的）危机行动计划。精密预案计划进程生成作战计划（OPlan）、方案计划（ConPlan）和职能计划（FuncPlan），其中方案计划可以配备或不配备时间定序兵力和部署数据（TPFDD）。危机行动计划进程生成可被立刻执行的作战命令或一系列相互关联的作战计划和作战命令（统称为战役方案）。

4.2.3 作战概念与军事能力

在推进军事转型的过程中，军队逐步形成了一套以作战概念和构想为牵引的军事能力发展模式。其基本流程是在对主要威胁样式和军事任务类型进行充分评估的前提下，以开发的军事概念体系为总体发展框架，沿着先联合作战概念后军种作战概念、先联合作战能力后军种作战能力的规划路径，先由概念提出各层次的军事能力需求，再由各层次的需求指导各领域的军事能力建设。

作战概念是"运用简明的语言或图表，能够清晰表述联合部队指挥员的作战意图及如何运用有限资源实现这一意图的构想说明"。通俗地讲，就是应对未来战争的一种设想，尤其指对未来军事力量建设和运用的一种构想或规划。作战概念的主要作用在于构想未来的战争蓝图，并设计打赢构想中未来战争的方式方法。因此，作战概念通常是以"问题解决方案"的形式出现的，军事问题提炼与确认、军事解决方案提出、所需军事能力分析是构成一个有效"概念"必不可少的主体内容部分，这一内容框架结构表明了"概念"面向未来的本质特征。

关于作战概念的应用，外国军队已走在前列并拥有相当的成果，其中大部分是为了明确作战能力需求，构建使命任务空间，指导国防战略发展建设和作战力量运用，如美军快速决定性作战概念、网络中心战及联合作战概念（Joint Operation Concepts）等。围绕保持西太平洋地区稳定的军事均衡态势，美军又提出了一种全新的作战概念——空海一体战，以抵消对手迅速增强的"反介入/区域拒止"能力。

美军的《空军作战概念开发》将空军作战概念（Air Force Concept of Operation，AF CONOPS）定义为空军最高层面的概念描述，并指出作战概念的含义：通过对作战能力和作战任务的有序组织，实现既定的作战构想和意图。基于对空军作战概念的规划，提出 7 个作战概念，用于描述空军任务的关键区域和功能区域，以便实现所需的联合作战效果，并通过能力评估（Capability Review）、风险评估及空军基于能力的规划（Capability-based Planning，CBP）过程，帮助分析空军未来建设难题。

作为美国空军作战概念设计方法指南的《空军指南》，为美国空军作战概念开发、协调、批准和分发制订了标准化规范。该指南提供了 AF CONOPS 开发工作重点、规划注意事项和文件格式、批准程序及分发计划等方面的规范，实现 AF CONOPS 文件标准化，从而完善跨作战概念分析、整合和演示工作。

作战概念是一个自上而下的完整体系，可划分为联合作战概念和军种作战概念两大支柱部分。现有联合作战概念体系采用顶层联合作战概念-联合行动概念-支撑性联合概念的体系结构。其中，顶层联合作战概念，主要阐述参联会主席对于联合力量未来如何保卫国家并抵御一系列范围广泛的安全挑战的整体构想，它是联合作战概念谱系中居于顶层的概念，主要确立武装力量发展的优先事宜，并在战略指导和联合作战概念之间建立跨接的"桥梁"，以支持联合武装力量的未来发展。联合行动概念，广泛阐述了军事力量在顶层联合作战概念框架下如何在特定的任务区域内实施军事行动。因此，联合行动概念文件主要描述未来涉及一系列军事行动所需的军事能力，并鼓励通过兵棋推演、联合训练和各种研究、试验及分析活动，进一步检视、验证这些概念。支撑性联合概念，通过细致阐述未来联合力量如何实施特定联合行动概念下的一系列子任务集，或跨两个或多个联合行动概念任务领域发挥特定联合功能，从而为联合概念提供更具细节和深入的概念支持。支撑性联合概念所需达到的详尽程度，足以满足对其进行基于能力的评估。同样地，通过评估支撑性联合概念，能够对相应的联合行动概念进行更深入的分析与探索。经审批的支撑性联合概念，可驱动基于能力的评估及其他类似评估流程的进行，这类评估流程主要用于检视具体的能力差距，并支持和实施针对装备和非装备领域的调整，以实现概念中所需的能力和达成预期的最终状态。

4.2.4 分层级能力体系建设

分层级构建军事能力的主要思路：采用自上而下、由宏观到微观的规划方法，确立较完整的军事能力树状列表，形成较为先进的军事能力体系构建制度、方法和流程，并以此为基础，不断根据形势和需求的变化对列表进行修订和更新，以求为军事能力的全面高效提升提供可靠依据。

军事能力体系构建的关键在于军事概念的开发，军事概念开发的过程其实就是军事能力确认的过程。"联合"可以最大限度地集成各军兵种和各部队的强项，它是夺取全局主导优势的基础。联合作战概念体系作为顶层军事概念体系，其开发的主要目的在于通过架构未来军事行动范式来规划军队应具备的军事能力，开发过程的实质就是联合军事能力逐步分解、逐步确认的过程。因此，军事概念的开发是衔接各层级军事能力之间的桥梁和纽带，也是军事能力体系构建的核心环节，在整体上体现了"仗怎么打，军就怎么建"的基本思想。目前，联合作战概念体系主要包括顶层联合作战概念、联合行动概念和联合一体化概念3种类型。其中，顶层联合作战概念主要是从总体上对军事行动的类型及其所需的核心军事能力进行规划；联合行动概念和联合一体化概念则是分别针对战役级军事行动或某项具体军事行动所需的军事能力进行规划，它们均属于顶层联合作战概念的支撑性概念。

顶层联合作战概念的开发在军事能力体系构建中的主要任务是以确认顶层联合作战能力的方式，从作战行动角度完成与战略任务能力需求的对接，并对之前确定的战略级军事能力进行再次评估、再次确认。顶层联合作战能力领域的确定主要是从军事力量运用的角度，将战略需求和军事手段的支撑进行有效对接，从宏观上实现从"做什么"到"怎么做"的过渡。顶层联合作战能力领域的确定意味着军事能力体系"金字塔"的顶端已经正式建立，军事能力体系"自上而下"的构建过程可以真正开始，这对军事能力体系构建的意义极为重大。

通过开发联合行动概念和联合一体化概念，确定行动级联合作战能力。联合行动概念和联合一体化概念的主要形式是各种概念（构想）报告，如属于联合行动概念的《国土防御与民事支援构想》《威慑行动构想》等，属于联合一体化概念的《全球打击构想》《联合水下优势构想》《指挥和控制构想》等。这两类军事概念构成要素及行文方式接近，但其描述问题的针对性存在较大差异，最终推导出的军事能力也不在一个层级。联合行动概念是对战役级军事行动的概念性描述，主要对战役级军事行动能力进行确认；联合一体化概念则是对构成战役级军事行动中的具体作战行动的概念性描述，主要对作战级军事行动能力进行确认。

尽管联合作战概念体系并不能提供最终的军事能力建设方案，但其将战略指导与联合部队能力的一体化使用联系起来，通过对军事能力的逐层分解和构建，逐步将能力需求的构建从顶层规划层面过渡到具体军事行动层面，为各军种和职能部门进行下一步军事能力的构建奠定了基础。

4.2.5 联合能力集成与开发系统

军事能力是联合能力集成与开发系统（JCIDS）的核心概念，其重要作用体现在以下方面：①基于能力描述作战需求，有利于提高军事指挥人员参与需求分析的积极性；②能力作为作战需求与系统需求之间的桥梁，促进了军事人员、技术人员与管理人员之间的需求交流、协商；③为实现能力需求，对能力组成要素进行广泛的研究、探索，从而促进了武器装备和作战条令、编制体制及训练等非装备要素的协调发展。

JCIDS 通过识别并评估需要采取装备解决方案的联合军事能力需求，向采办过程传递信息，这些被识别出的能力需求会成为采办项目开发和生产的基础。JCIDS 过程在参联会主席指示（CJCSI）3170.01 中有完整描述。该指示确立了 JCIDS 的政策，并提供对 JCIDS 过程的高级描述。一个增补性的在线手册——JCIDS 手册，提供了 JCIDS 过程的日常工作细节，即如何识别、描述联合作战能力需求并证明其合理性。该手册也包含每个 JCIDS 文件所需内容的格式。

JCIDS 的分析过程在整个 JCIDS 过程中占有举足轻重的地位，如图 4.2 所示。只有经过这一环节的分析，才能根据需求发起者提出的能力需求，证明现有能力与所需能力之间

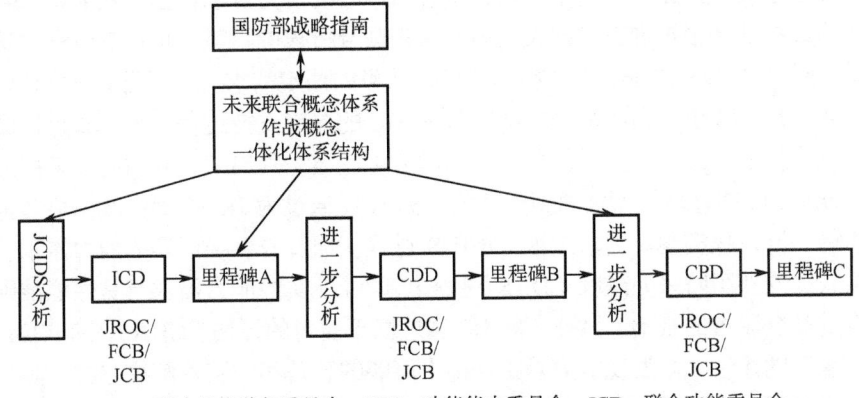

JROC—联合需求监督委员会；FCB—功能能力委员会；JCB—联合功能委员会

图 4.2 JCIDS 的基本运作过程

的差距，确定解决能力差距问题所需的一种或多种能力，并为实现所需能力确定装备和/或非装备的方案，最终为初始能力文件（ICD）的制订提供必要的信息。也只有制订出ICD，才能以此为基础制订能力开发文件（CDD）和能力生产文件（CPD），进而分别支持采办里程碑A、B、C的决策，并将需求生成过程和采办活动紧密联系在一起。

在需求发起者的参与下，JCIDS的分析过程由功能能力委员会（FCB）负责执行，具体分为4个步骤：功能领域分析、功能需求分析、功能方案分析和后续独立分析，如图4.3所示。

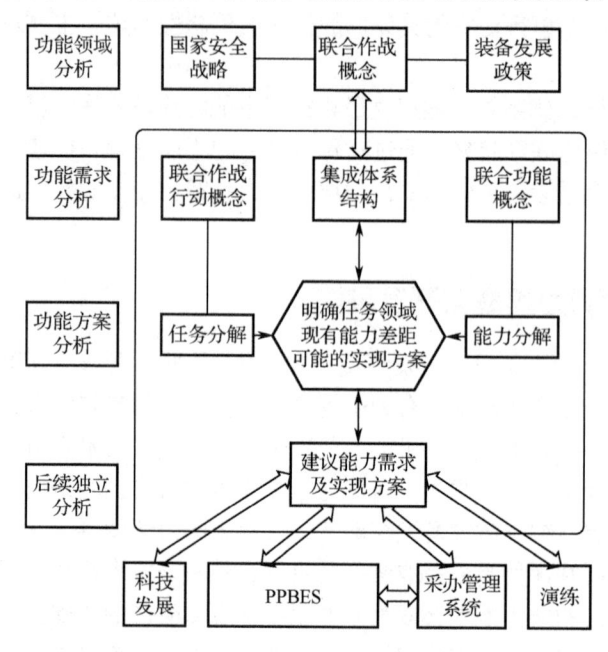

图 4.3　JCIDS 的分析过程

JCIDS过程在发现和识别支持国家安全战略（NSS）、国防战略（NDS）和国家军事战略（NMS）中规定的任务和目标所需的作战能力上发挥了关键作用。能否成功传递这些能力取决于JCIDS过程能否与其他的联合决策过程和国防部决策过程协调一致。JCIDS过程可以支持联合需求监督委员会（JROC）的主席及其成员向国防部长就识别和评估联合军事能力需求提出建议。JCIDS是一个以联合概念为中心的能力识别过程，从而使联合部队能应对未来军事挑战。根据现有和建议能力对未来联合概念的贡献，JCIDS过程对这些能力进行评估。创建JCIDS过程旨在支持由JROC认可的法定需求，从而证实或确认联合作战人员的需求。JCIDS也是国防部采办系统和PPBE的关键支持过程。JCIDS过程的主要目的是确保联合作战人员成功执行任务所需的能力可以被识别出来，并附有（该能力）相应的作战性能准则（即该能力所需达到的性能指标）。这通过为JROC提供其做能力需求决策所需信息的公开过程实现。需求过程（JCIDS过程）通过提供经证实的能力需求及其性能准则的方式，支持国防采办过程（DAS过程），即经证实的能力需求及其性能准则将作为采办适合的武器装备的基础。另外，JCIDS通过基于能力的评估（CBA），向PPBE过程提供经济可承受的建议，即发现能力差距并提出可能的装备和非装备解决方案。其中，装备解决方案主要指通过提升装备（包含升级和新增）水平以弥合能力差距的方案；非装备解决方案主要指通过改进条令、组织机构关系、培训、领导力和教育水平、人力和设施等以

弥合能力差距的方案。JCIDS 过程考虑了完整的装备和非装备解决方案（DOTMLPF），但对于国防采办过程（DAS 过程）而言，关注的重点仍在装备解决方案上。

4.2.6 兵力轮转与管理

美国陆军的兵力生成（Army Force Generation，ARFORGEN）是陆军生成可使用任务部队的核心流程，也是陆军"生产加工"军事能力的核心"流水线"。美国陆军的 ARFORGEN 系统由美国陆军部队司令部（United States Army Forces Command）负责维护、协调和管理，涉及约 78 万名现役和预备役军人及 3400 名文职人员的动员、训练、部署、维持、轮转和重组。ARFORGEN 过程定义了重置、训练/准备就绪和可使用 3 个相互衔接、周而复始的兵力池（见图 4.4），以此区分部队所处的不同状态和战备程度，并进一步确定了资源配备的优先顺序。

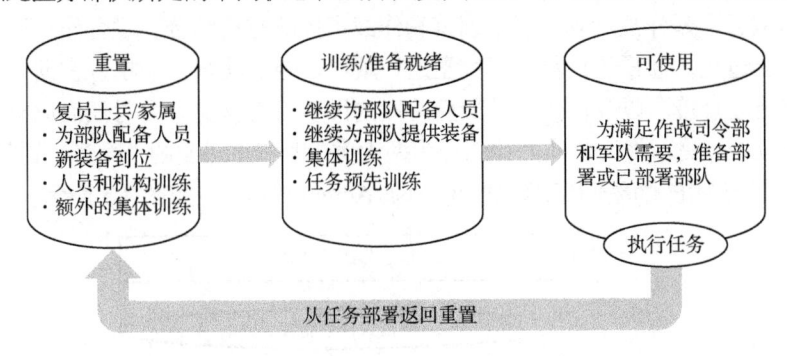

图 4.4　美国陆军兵力生成过程示意图

当处在任务中的部署远征军（DEF）被部署至预先确定的返回日期后，或是未部署的应急远征军（CEF）在可使用兵力池结束待命后，该部队随即进入重置兵力池。通常将返回日期后的前 90 天（现役）专门用于部队重组，主要包括士兵和军官的退役、休假，武器装备的维修和升级，安排各类医疗事务，调整、改革部队结构和指挥关系，以及人员的任职教育培训等工作。原则上重组期的最后 30 天主要用于人员和装备的重新配备，也可视情况进行有限的单兵和班组技能训练。

在训练/准备就绪兵力池中，部队的主要任务是依据在重置期间制订的训练计划，通过持续的训练和演习，不断提高部队的战备水平。在该阶段的后期，作为增援力量的应急远征军（CEF）有可能直接转入部署状态，以进行实际的任务部署。通常在兵力重置阶段，部队的人员和装备并不会完全到位，而是继续补足，同时包括人员的在职培训和医疗保健等工作。

可使用兵力池作为部署远征军（DEF），按照预先确定的最迟部署抵达日期（LAD）的要求抵达任务区，进入执行任务状态；而应急远征军（CEF）将按照最迟兵力可用日期（AFPD）的要求完成一切任务准备，并随时准备转为部署远征军，进入执行任务状态。

稳定状态轮转对应全球战略态势基本稳定，在没有大规模的地区或全球化军事行动从而产生兵力需求激增的情况下，美国陆军可以提供较为充足的资源，战区的部队轮转需求处于或低于计划水平。大批量兵力需求状态轮转对应中等规模的战区或全球化军事行动，如执行威慑行动、武装冲突、战争或维持稳定等所产生的陆军兵力需求。全面飙升状态轮转是一种极端状态下的兵力轮转，对应的是陆军作战兵力的需求量已超过现有轮转制度和兵力生成机制可提供的兵力，即有一半以上的美国陆军作战部队正处于实际部署状态。

军种的兵力轮转与管理系统有助于切分和衔接战区与军种的职能。在军种和特种作战司令部的兵力资源"生产流水线"上的原材料和半成品是无法直接交付作战司令部使用的。也就是说，对各军种正处于建设中的部队，作战司令部没有作战指挥权，也没有行政管理权限；对已交付作战司令部且处于任务中的部队，作战司令部拥有与其职能相适应的权限，而各军种部队则失去了相应的权限。由此可见，各军种的兵力轮转与管理系统有助于让"正确的"部门在"正确的"时间履行"正确的"职责，能够有效避免由于令出多头造成的行政消耗，甚至是指挥管理上的混乱。军事力量联合建设是实现军事力量联合运用的基本途径，而张弛有度是信息时代军事力量建设与运用的重要规律。

4.2.7 联合作战计划与执行

联合作战行动是作战计划、联合训练和作战指挥的有机结合。联合作战计划覆盖联合作战行动的全过程，通常包括行动环境塑造、威慑、夺取战场主动权、占据并保持优势、稳定局势和行动环境，以及作为行动最后阶段的民事权力移交。为对任何危机都尽可能做出有准备的反应，美军将联合作战计划分为两大类，即和平时期的"周密计划"（Deliberate Plans）和危机时期的"危机行动计划"（Crisis Action Plans），如图4.5所示。

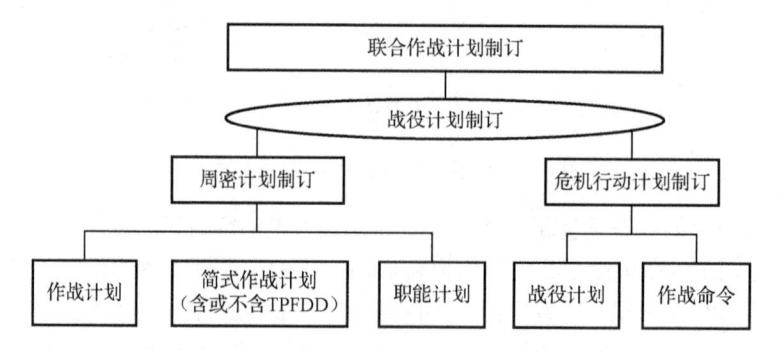

图 4.5　联合作战计划的分类

所谓周密计划，是指在和平时期根据国家安全战略和军事战略对全球与地区态势的判断，为应对未来可能发生的危机而预先制订的作战计划。周密计划以对特定冲突的预测为基础，并以一系列军事与政治假设为依据，主要由参联会联合参谋部和联合作战司令部的计划与作战部门负责制订。周密计划制订过程是一个组织严密、协调充分、有条不紊、按部就班的过程，往往耗费数月甚至数年的时间。周密计划有严格的格式和烦琐的程序，在制订和修改计划的过程中，计划与执行部门的指挥与参谋人员充分参与其中，并进行交流与互动，以熟悉未来可能发生的军事冲突，并了解美军的应对措施与行动。周密计划在大多数情况下仅是在未来实际战争或军事行动中实施的作战计划的基础文件，当有危机发生时，还须根据客观情况，对周密计划迅速进行选择、修改和扩充。从某种意义上讲，周密计划的价值并未体现在其详尽程度和预测的准确性上，而是体现在它能为未来的危机行动计划提供一个扎实可用的参考蓝本。

制订周密计划通常会产生3种计划成品：作战计划、简式作战计划和职能计划。作战计划是一个完整详细的计划，包括对作战构想的详尽描述及全部附录和附件。在作战计划中须明确说明执行计划所需的各种兵力、能力和其他资源，以及部署顺序和到达战区的时

间要求。作战计划中最重要和难以完成的部分是分阶段兵力部署数据表（TPFDD），该表主要列出美军部队和作战能力的详细部署和调动计划。简式作战计划是一个简要的作战计划，在成为作战计划、战役计划和作战命令前还须进行大幅扩充和修改。简式作战计划分为含 TPFDD 和不含 TPFDD 两种形式。其中，不含 TPFDD 的简式作战计划只包括联合作战司令部司令的战略构想和该司令认为有必要包含的若干附件与附录；而含 TPFDD 的简式作战计划则包含分阶段部署兵力的更详细的计划。职能计划是指在和平时期和非敌对环境中为非战争军事行动所制订的计划。此外，周密计划还包括对该作战计划负有支援任务的各支援部门的支援计划。

危机行动计划是指根据当前危机的发展，在时间紧迫和情况紧急的条件下所制订的作战计划。危机行动计划的基础是周密计划，当出现紧急情况时，周密计划为联合作战司令部、下属军种组成司令部、各军种和支援司令部与机构迅速制订战役计划提供了一个基础扎实、协调充分、数据详尽的参照计划。危机行动计划方式的计划成品有战役计划和作战命令两种。作战计划、简式作战计划和职能计划经过危机行动计划的再加工和再处理成为战役计划和作战命令。战役计划说明如何在时间、空间及目的上筹划一系列大规模联合作战行动，以达成战略目标，它由战区司令部司令负责制订。作战命令是美军联合作战计划制订过程中的最后成品，也是通过修改现有作战计划和扩充简式作战计划向战区司令部或下属司令部与部队下达实施作战行动的命令。在没有周密计划的情况下，可根据危机行动计划方式临时制订的作战计划拟制作战命令。作战命令包括主要兵力表、在目标地域实施作战的指示及支援作战行动的后勤与行政计划。与周密计划相比，危机行动计划的程序简便、灵活，有效缩短了工作周期，但制订程序须服从作战的时效要求。

4.3　战略能力评估

4.3.1　能力建设评估

联合能力集成与开发系统（JCIDS）于 2003 年研发成功，旨在克服现有需求分析过程中的部分缺点。此外，JCIDS 还引入了"基于能力的评估"（Capabilities-based Assessment，CBA）的概念，即能力建设评估，作为确定国防部需求和建议解决方案的起点。能力建设评估是确定能力差距及缩小这些差距的潜在方法或解决方案的基础工作。能力建设评估是能力规划过程的一个组成部分，它正式记录了能力差距，并为解决差距的非物资和材料方法提供了建议。它针对潜在方法或解决方案的形式和功能提供了广泛的建议，并有助于确定在材料解决方案分析阶段可以进一步研究的解决方案空间。

CBA 可以响应自上而下的［如联合参谋部、联合能力委员会/联合需求监督委员会（JROC）、国防部长办公室（OSD）或能力发展工作组（CDWG）/空军能力发展委员会（AFCDC）］启动方式，也可由任何国防部赞助组织自下而上启动。无论采用何种启动方式，发起人必须通过信息资源支持系统（IRSS）向 AF/A5RP 提供启动通知，以供能力发展工作组（CDWG）（或更高级别组织）审查和批准，并提交给联合工作人员把关。有关启动的更多信息，可参考 AF/A5RP 需求开发指南。

CBA 并不是一个严格的工程研究。它应突出重点，大多数的研究时间不应超过 90 天，而对于重大不确定性的更复杂的 CBA 则不应超过 180 天。执行所需的实际时间取决于问题的复杂性、完成的准备工作量及决策者需要回答的问题。

CBA 的重点是问题识别和风险评估，因为基本决策是国防部是否应该采取行动来解决问题。CBA 的主要目标如下：
- 确定所需的能力及其相关的操作特征和属性。
- 识别能力差距和相关风险。
- 优先考虑能力差距。
- 确定潜在的解决方案。
- 对潜在方法或解决方案的可行性进行初步评估。
- 提供关于非材料类型的建议，如有需要，可提供需采用的材料解决方案。

CBA 的计划和实施包含 9 个步骤，其中步骤 1 和步骤 2 在计划阶段完成，而步骤 3～9 则在研究团队实施 CBA 时完成。计划和实施 CBA 是一个迭代的过程。随着新信息在 CBA 期间被学习，研究团队有可能需要重复前面的步骤。在研究过程中，几个步骤可能同时进行，也可能不按顺序完成。上述 9 个步骤及其相关的主要任务如下所述。

步骤 1：问题识别——制订总体问题陈述，如有必要，制订与首要问题相关的子问题陈述。

步骤 2：定义研究——定义研究目的、范围和时间表；定义感兴趣的时间范围和操作环境；定义基本规则、约束和假设的初始集合；描述基线能力。

步骤 3：差距分析——开发能力需求陈述；定义与每个能力需求声明相关的任务、条件和标准；分析基线能力以确定能力差距；制订能力差距声明。

步骤 4：差距表征——描述能力差距的原因。

步骤 5：风险评估——确定差距对任务、部队和其他重要考虑因素风险的影响。

步骤 6：差距优先化——制订能力差距的初始优先级。

步骤 7：解决方案分析——确定潜在的非物质和物质解决方案，包括关键的支持考虑因素（如可持续性、互操作性、依赖性）。

步骤 8：成本分析——为潜在方法或解决方案制订粗略的数量级成本估算。

步骤 9：解决方案可行性评估——评估潜在方法或解决方案的可行性（战略响应性、可行性、可负担性、需求满足性）；制订建议。

4.3.2 能力组合管理

武器装备的顶层规划和发展建设作为一项复杂系统工程，决定了各类武器装备的未来发展方向、规模结构和能力水平，同时关系着国家安全和未来军事斗争胜负，因而具有重要军事意义和研究价值。

2003 年，美国国防部基于能力的思想对其面向武器装备发展的三大采办系统进行改革，特别衍生出基于能力的规划（Capability Based Planning，CBP）这一顶层设计理念贯穿于武器装备的规划、计划和预算阶段。美军通过 CBP 有效改变了各类武器装备单独规划、分散发展的状况，促进了武器装备的组合规划和成体系发展，从而极大提高了美军联合作战能力，有利于其应对各种不确定的挑战。CBP 作为一种开放的、发展的顶层设计理念，已深入存在于美军装备发展规划的机构制度和流程规范中，但是 CBP 的问题和不足也逐渐显现，即缺乏定量的方法来支撑多种武器装备全寿命能力开发周期中共同的决策和规划活

动。因此，美国国防部希望以指令性文件《能力组合管理》（DoD Directive 7045.20）为契机，提倡和促进面向能力组合的运筹管理和决策优化研究，美军在该指令性文件中对能力组合（Capability Portfolio）和能力组合管理（Capability Portfolio Management，CPM）均进行了明确的定义。

能力组合，即一组由联合能力需求域定义的能力集合，同时与联合能力集成开发包 DOTMLPT 紧密相关。根据上述定义并结合我国实际情况，可以理解为能力组合面向军事需求和使命任务层面对应于能力需求，面向装备发展层面则对应于正在发展的众多武器装备集合。

能力组合管理：持续集成、同步、协调现有和所规划的联合能力集成开发包 DOTMLPF 与能力需求之间的一致性，以在能力组合框架内更好地指导决策和优化国防资源。

与 CBP 相比，CPM 的要求更加明确具体，即指导决策和优化资源；同时更加强调通过能力组合管理持续满足多种能力需求。从武器装备顶层设计的角度，能力组合管理的本质是装备组合规划及能力组合发展，如图 4.6 所示。

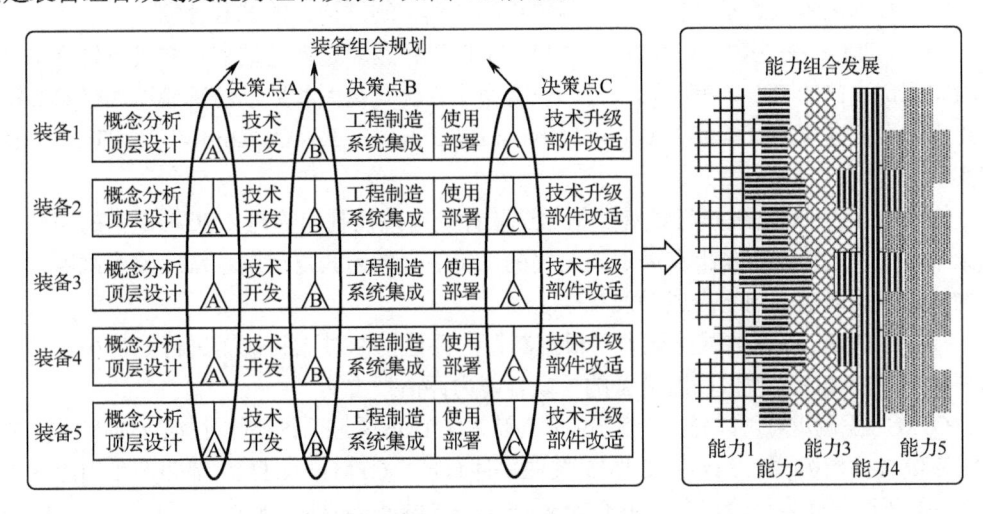

图 4.6　CPM 的整体概念

4.3.3　面向联合试验的能力试验法[①]

近年来，随着美军一体化联合作战概念的形成，一体化联合作战已经成为信息化战争的主要作战样式。这一变化不仅对各国军事发展产生了深远影响，也对武器装备系统的试验能力提出了更高要求。为此，美国针对未来一体化联合作战需求，积极实施武器装备转型计划，改变新型武器系统论证、研发和试验的方法，并提出发展联合环境下的试验能力，实现从装备发展的源头提升武器装备联合能力。美军从 20 世纪 70 年代开始开展"联合试验与评估项目"（Joint Test and Evaluation Program，JT&E）。经过 40 余年的发展，联合试验的应用极大提升了美军武器装备在复杂联合作战任务下的试验鉴定及武器应用的能力。JT&E 中有关联合试验和评估方法（Joint Test and Evaluation Methodology，JTEM）研究的重要成果就是能力试验法（Capability Test Methodology，CTM）。

---

① 本节参考了薄中、冯策、孙超等的论文《美军联合任务环境下的能力试验方法分析》。

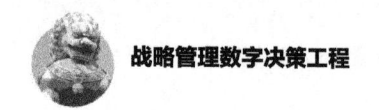

1. CTM 概述

美军提出 CTM 的目的是使武器装备能够像在联合作战环境中那样进行有效的试验鉴定，其核心是在构建的真实的、虚拟的、构造的分布式环境（Live，Virtual，Constructive Distributed Environment，LVC-DE）中对被试武器装备进行试验，并针对其性能、体系贡献度及执行联合作战任务的有效性进行评估。CTM 主要包含 6 个并行且交互的步骤，即 CTM1～CTM6，具体内容如下：

（1）CTM1——策划试验与评估策略。根据军队联合作战需求对被试武器装备系统或体系进行试验方案研究，制订试验策略（T&E 策略）和指标评价体系。

（2）CTM2——描述试验特征。通过确定试验目的和试验方法，对上一步的 T&E 策略进行分析，并对试验的指标评价体系进行可行性研究，以此为基础给出 LVC-DE 构建方案。

（3）CTM3——制订试验计划。通过详细分析 T&E 策略、LVC-DE 仿真参数配置、试验运行、数据采集策略及分析等对试验结果的影响，制订详细的试验计划。

（4）CTM4——构建 LVC-DE。对 LVC-DE 进行逻辑设计与编程，并进行仿真平台的校验与调试。LVC-DE 既有实际装备，也有半实物仿真模型和数字仿真模型。LVC-DE 的搭建由联合任务环境试验能力（Joint Mission Environment Test Capability，JMETC）项目计划实现。

（5）CTM5——管理执行试验。根据试验计划有效控制和管理 LVC-DE 中的事件。在试验中，事件（Event）是指在局部或全局的试验仿真中为获得待测系统或整个武器装备体系的试验数据而进行的响应或触发。

（6）CTM6——评估试验能力。根据制订的评估指标对试验数据进行分析和总结，并向采办部门提交关于被试武器装备的《联合能力评估报告》。

CTM 根据侧重点可以分为 3 部分：CTM1 和 CTM6 关注系统整体性能；CTM2 和 CTM3 关注系统具体指标；CTM4 和 CTM5 关注事件管理。CTM1～CTM5 都会产生相应的输出文件，需要进行联合使命任务效能（Joint Mission Effectiveness，JME）试验；CTM6 从 JME 获取试验数据进行分析。

2. CTM 的特点

1）继承与兼容性

CTM 是在一些现有的靶场试验方法的基础上进行吸收和创新而提出的，并大量运用了支撑国防部体系运行的现有联合能力集成与开发系统、分析议事日程等生成的文件，以进行试验与评估的分析。同时，运用国防部体系结构描述试验与评估的整个过程，有助于参与者的理解和操作，从而使其具有很好的兼容性。CTM 支持 3 种试验框架：

（1）传统试验。例如获取武器装备系统的关键性能（KPP）参数、关键作战问题（COI）和耐用性等信息。

（2）JME 试验。JME 试验中能够支持 3 种层级的试验，即系统/体系层、任务层和联合任务有效性（JME），不同层级的试验的侧重点不同，获取的参数也不同。

（3）开发试验。它用于实现开发与试验交叉同步进行。

2）模块化驱动

CTM 共有 3 个模块，分别如下：

（1）CTM 进程模块。它作为父模块包含了 CTM 涉及的所有步骤。

（2）能力评估元模块（Capability Evaluation Metamodel，CEM）。它作为子模块是为了能够统一描述联合能力，可作为 LVC-DE 仿真任务中试验数据评估需要交换或存储的语义数据概要。CEM 是在已有"双 V 模型"的基础上发展得到的"星模型"，它给出了 CTM 方法的评估线程及子线程中评估 JME 的度量框架和分析准则。同时，CEM 所评估的能力是联合能力集成与开发系统（JCIDS）中的能力，即在 JCIDS 中，在特定标准和条件下，通过组合手段和方法遂行一组任务，从而达到预期效果的能力。

（3）联合任务环境基础模块（Joint mission environment Foundation Model，JFM）。它作为子模块用于实现 LVC-DE 中联合任务环境的仿真。JFM 包括 4 个组件，分别是 LVC 平台、LVC 平台状态、任务功能和 LVC 环境。

CEM 和 JFM 已包含在父模块中，分开描述是为了方便开发人员理解与构建 LVC-DE。CTM 的 3 个模块均需要依赖 CTM 字典。CTM 字典主要提供支持联合任务环境的必要的概念描述，有关术语和定义可以查看《CTM 项目经理手册》。

参考文献

[1] DAVID E. Strategies to tasks: A framework for linking means and ends[R]. [S.l.]: Strategies to tasks a framework for linking means & ends, 1993.

[2] DURHAM J. Capabilities based assessment[J]. Rotor & Wing, 2009, 43(1): 8.

[3] Anon. Capabilities-based assessment (CBA) user's guide version 3: JCS J-8[R]. [S.l.]: Force Structure, Resources and Assessments Directorate, 2009: 9-11.

[4] STRUBE C M, LOREN J R. Portfolio influences on air force capabilities-based assessment and capabilities-based planning activities[C]//2011 6th International Conference on System of Systems Engineering. Piscataway, NJ: IEEE, 2011: 83-88.

[5] DRYER D A, BOCK T, BROSCHI M, et al. DoDAF limitations and enhancements for the capability test methodology[C]//Proceedings of the 2007 spring simulation multiconference-Volume 3. [S.l.:s.n.], 2007: 170-176.

[6] ESSIEN J. Model driven validation approach for enterprise architecture and motivation extensions[D]. London: University of West London, 2015.

[7] KILLEN C P, HUNT R A. Robust project portfolio management: capability evolution and maturity[J]. International Journal of Managing Projects in Business, 2013，6(1): 131-151.

[8] LEHNERT M, LINHART A, RÖGLINGER M. Value-based process project portfolio management: integrated planning of BPM capability development and process improvement [J]. Business Research, 2016, 9(2): 377-419.

[9] HIROMOTO S. Fundamental capability portfolio management: A study of developing systems with implications for Army research and development strategy[D]. Santa Monica: The Pardee RAND Graduate School, 2012.

[10] YOUNG C, PALL R, ORMROD M. A framework & prototype for modelling Army force generation[R]. [S.l.]: DRDC CORA Technical Memorandum TM 2007-54, 2007.

[11] MATSUMOTO D M. A capabilities based assessment of the United States Air Force Critical Care Air Transport team[R]. Monterey, CA: Naval Postgraduate School Monterey Ca, 2013.

[12] WEITERSHAUSEN R J. Conventional air advising in the combat environment: Capabilities based-assessment on the train, advise, assist command-airs future efforts with the Afghan Air Force[R]. Fort Leavenworth, KS: Army Command and General Staff College, 2018.

[13] LI, et al. Effect of Poly (phthalazinone ether ketone) with amino groups on the interfacial performance of carbon fibers reinforced PPBES resin[J]. Composites Science and Technology, 2017, 149: 178-184.

[14] LI , WU , HUO , et al. One-step functionalization of carbon fiber using in situ generated aromatic diazonium salts to enhance adhesion with PPBES resins[J]. Rsc Advances, 2016, 6(74): 70704-70714.

[15] 薄中，冯策，孙超，等. 美军联合任务环境下的能力试验方法分析[J]. 中国电子科学研究院学报，2018, 13(4): 471-475.

[16] 严晓芳，魏丽. 联合能力集成和开发系统概述[J]. 中国电子科学研究院学报，2020, 15(10): 922-927.

[17] 宗凯彬，张承龙，卓志敏. 美国国防采办系统概述[J]. 现代防御技术，2020, 48(5):16-24.

[18] 严晓芳，缑珊珊. 美国国防采办三大决策支持系统之概览[J]. 中国电子科学研究院学报，2020, 15(4): 318-322.

[19] 贺庆，李国梁. 美军联合作战规划体系浅析[C]//第六届中国指挥控制大会论文集（上册）. [S.l.:s.n.], 2018: 183-189.

[20] 梁炎. 联合作战计划和执行系统[J]. 舰船电子工程，2005(1): 29-33.

[21] 程贲. 基于能力的武器装备体系评估方法与应用研究[D]. 长沙：国防科技大学，2012.

[22] 李元锋，刘建平，石成英，等. 基于能力测试方法和探索回归分析的体系作战效能评估[J]. 系统工程与电子技术，2014, 36(7): 1339-1345.

[23] 张晓伟，孙巨为，王鑫，等. 联合任务规划通用基础框架及模型构建技术[J]. 指挥与控制学报，2017, 3(4): 312-318.

[24] 邱进龙. 基于能力的试验设计方法研究及应用[D]. 哈尔滨：哈尔滨工业大学，2020.

[25] 辜磊，王书宁，赵峰. 基于期望效能的武器装备体系能力规划模型[J]. 系统工程与电子技术，2017, 39(2): 329-334.

[26] 杨春辉. 基于能力差距的能力发展方案组合规划方法研究[D]. 长沙：国防科技大学，2019.

[27] 熊健，赵青松，葛冰峰，等. 基于多目标优化模型的武器装备体系能力规划[J]. 国防科技大学学报，2011, 33(3): 140-144.

[28] 肖永乐，程翔. 美军武器装备作战需求生成机制分析与思考[J]. 空天防御，2021, 4(3): 110-11.

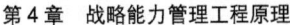

[29] 曲迪，徐劢，韩素颖. 基于能力的联合作战指挥信息系统需求分析方法[J]. 指挥信息系统与技术，2016, 7(4): 21-27.

[30] 刘盛铭，冯书兴. 美军面向联合试验的能力试验法及启示[J]. 装备学院学报，2015, 26(3): 116-120.

第5章

战略走向导航工程原理

> 随着市场竞争日益激烈，企业之间的竞争形势日趋严峻，企业管理可以帮助企业在激烈的竞争中占据一席之地，而战略导航可以更好地解决企业管理的相关问题。为支持项目的绩效预设，本书尝试将战略导航原理应用于路径领航推演方面。本章围绕战略导航思想基础，以平衡计分卡、战略行动计划表为工具，通过对华为战略解码方法和具体案例的分析，深度剖析战略导航的原理。

21 世纪，管理面临来自全球互联系统呈指数增长的复杂性和动态变化的巨大挑战。奥地利管理学家弗雷德蒙德·马利克在《战略：应对复杂新世界的导航仪》一书中指出："21 世纪，经济和社会在经历有史以来最大的转变。"而造成这种巨大转变的是 5 个复杂推动力：第一是人口统计学；第二是知识和技术；第三是生态学；第四是经济学；第五是前 4 个重要领域共同作用所产生的复杂状况。这些推动力中隐藏着巨大的风险，首先是经济上有史以来最大的通货紧缩危机，同时还隐藏着缓和危机、战胜危机。在这些因素相互猛烈的作用下，不断产生新的复杂状况，这些状况使越来越多的组织面临越来越大的意外。要想成功经受住变化的冲击并将其作为驱动力来推动发展，管理体系、组织结构和战略深刻改变的重要性不言而喻。

应对上述挑战的解决方案的一个重要部分就是完整统一的管理体系，因为传统的管理理念对于复杂性更强的当前社会已经无法满足要求。在传统的管理体系中，为克服变化带来的挑战，操纵系统和控制系统必不可少。而交流系统和决策系统因运作过慢会有时间上的延迟，为了确保时间精准，正确的决策和快速调整显得尤为重要。此外，还有用来实施决策的牵引系统。

21 世纪巨变的核心挑战之一是组织机构的新式运作，以便其能够克服现实的复杂状况，并且重新适应前所未有的条件。因此，适合复杂状况的战略是从极为先进的导航系统中产生的，它对于经营与公司的重要性等同于卫星导航系统对于船舶航行，以及 GPS 对于驾驶者的重要性。正确的导航，应该在任何时候都清楚具体位置；正确的行驶，就是找到最佳路线，并在需要时迅速做出反应，这些都需要通过学习复杂状况下的战略才能获得。

本章首先介绍 21 世纪复杂系统的危机，并通过介绍对战略导航极为有效的控制论系统——马利克-盖维勒导航系统，引出战略导航思想，该导航系统可以更好地适应现在的复杂状况；接着介绍平衡计分卡的概念及如何进行战略解码；最后通过具体案例讨论如何将战略地图转化为具体行动计划。

5.1 战略导航思想基础

要想做出长远的正确决策，一个好的战略必不可少。奥地利管理学家弗雷德蒙德·马利克认为"战略，是当我们不知道未来会怎样时又必须采取行动，并且还得做出正确选择。"阿洛伊斯·盖维勒认为"战略，是人们开始做事之前就采取的可以带来长远利益的行动。"彼得·德鲁克则认为"战略，谈的不是关于未来的决定，而是关于今天的决定会对未来产生什么影响，这其中也包括不做决定会带来的影响。"

上述三句话是从不同角度对战略的定义进行的描述，面对当前超高的复杂性和加速变化的动态，往往难以制订正确的战略。本节通过对导航系统的介绍，引出导航思想基础。[①]

5.1.1 当前复杂系统的危机

战略决策中存在以下雷区：

（1）过度关注数据。企业将其战略建立在对战略决策完全不适合的、误导性的数据基础之上，因为只使用操作性数据，所以这些企业只依据操作性数据来评价自己的成就，完全没有关于战略性发展的信息。这样企业就会定期发现战略性的错误，并且无法做出适当的反应。作为股东价值思维的后果，数据对很多企业操控者来说甚至只等同于财务数据。在每年达成的贸易、审计报告和部分经济媒体中也很少出现具备战略性说服力的内容。尽管企业经常用到"战略性"一词，但最高领导机构和监理机构的战略知识非常少。

（2）没有确切的时间范围。每一条战略决策的效力都会随着时间流逝，因此战略不可能因时间期限而定。时间上的战略与计划范围为了一个适用的方向必须遵循自然和贸易的内在逻辑。也就是说，时间跨度是战略决策的结果而非先决条件。因此，几乎所有"短期、中期、长期"等时间类型都很危险，因为这与更加重要的"战略"与"实践"是相互排斥的。在确定期限之前，应先厘清其内容，并阐明计划的内容，如什么是实践的内容，什么是战略的内容。只有确定内容，才能确切地谈论时间跨度。

传统组织形式及计划、决策和实施进程的一部分已经无法适应当今全球化网状系统的复杂与动态状况，这可从众多的政治决策的产生过程和更为常见的在超复杂组织网络中无法决策的事实中得到验证。维持正常运转的操作系统与复杂性的增长没有实现同步。对此，德国生物学家卡斯滕·布莱什于1977年提出："只有复杂性更高才能产生更强的能力。"在复杂系统的先驱控制论领域，人们认识到这一点的时间要早得多。即便在现在，汽车若没有应用控制论，由反馈引导的操作和调节系统也无法运行。在未来，社会组织机构只有具备了控制论管理方法才能符合现实的运转。一件事可以运行是由于控制论及遵循控制论的自然法则；若其无法运行，则是因为缺乏控制论的操作、调节和导向。新式运作所需的知识已经存在，下面将通过一个系统进行说明。该系统对于运用战略性领导穿越大变革的错综复杂状况具有决定性意义。

5.1.2 新世界的导航系统

因为已获认可的战略大部分都无法适用于现在的复杂系统，为使企业领导者更清晰地

---

① 本节内容参考弗雷德蒙德·马利克的《战略：应对复杂新世界的导航仪》。

了解传统的战略纲领，需要一个行之有效的解决方案。在新的战略方针中，目前有意义的导航范围仍继续包含在内，但其要被置入一个更为宽泛的整体管理及导航系统中。在该系统中，当前的导航范围将被重新配置，以使其拥有企业导向系统中的控制功效。这样，赢利和增长等因素将在新世界中继续保持重要性，但会获得不同的功能。超越经济的范畴，新的战略也将包含以下非经济问题的解决方案：社会失去定位情况加剧、不稳定的问题，以及如何调度人类所需能源、生产力和创造力的问题。新战略将培育出新价值，因而会使人们有新的动力。

一个好的战略首先应是客观正确的，并且完全适用于彻底的转变条件及毫无经验的战略形势的空白点。此外，适应性和可靠性也是必需的。马利克-盖维勒导航系统（以下简称 MG 导航系统）可以满足这些要求，这也是当前其他系统无法做到的。该系统是基于控制论构建的，并且与完整的管理系统是一体化的。此外，MG 导航系统能够与战略中的相邻系统进行联系，如结构、文化和领导者，以及管理和企业策略。

对于企业发展路线的制订与控制而言，MG 导航系统是行之有效的全面管制系统。它包含所有成果，以及持久性与生存能力所必需的定向机制与控制机制。导航与战略子系统的关系如图 5.1 所示。

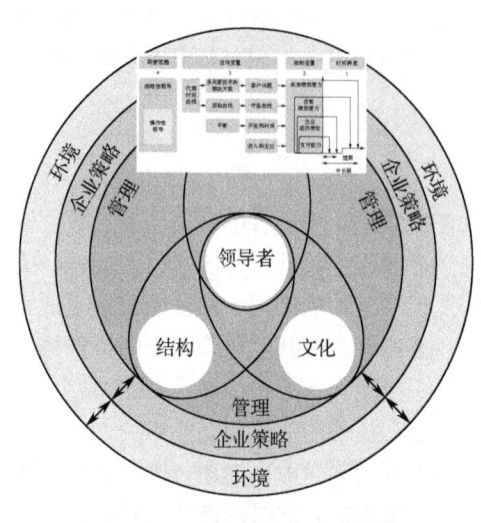

图 5.1 导航与战略子系统的关系

1）面向不明未来的正确战略

战略导航的核心问题是公司管理层被财务部门提供的运营数据所误导。若只关注运营数据，单纯追逐利润，就无法及时察觉不良势头，也不能及时采取恰当对策，结果导致管理危机。战略管理的主要目的在于促成业务所需的发展趋势，并避免业务不需要的、灾难性的发展趋势。

2）终结战略制订中的武断

与传统的企业经济学说和常规管理学说相反，MG 导航系统具有一套内部逻辑，如图 5.2 所示。

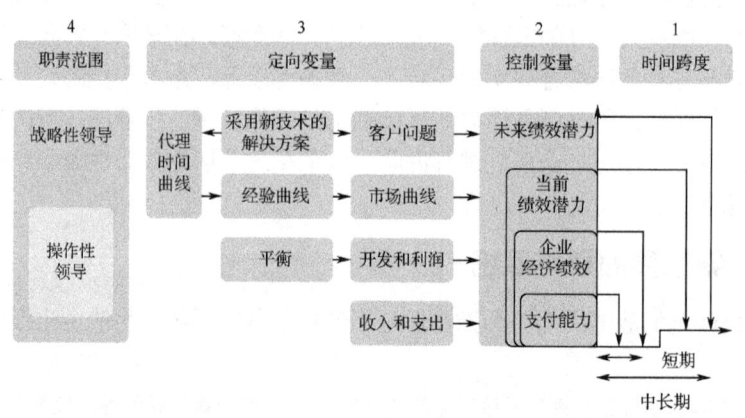

图 5.2 MG 导航系统的内部逻辑

MG 导航系统带来了随意性和单纯的主观性的终结，因为基于控制论的自然法则提升了可信任的运作层面的企业控制水平。该系统巧妙、简单，不仅包含公司总体管理所必需的全部重要事实，同时兼顾运营和战略两方面，还包含短期、中期和长期的时间段。

3）不靠预测，更深入地探查未来

MG 导航系统使得企业管理不依赖传统的预测和规划，尤其不依赖流行的线性预测。该系统通过逻辑和反馈控制实现了对未来更有依据和更可靠的假定。它利用更高系统层面整合的控制论法则，使预警功能和防控功能得以实现。

4）时间常数

MG 导航系统的一个开创性成就是解决了战略规划和时间期限的问题。它不是武断地将时间定义为短期、中期和长期，而是将组织的整体管理划分为两个不同的职责范围，即运营管理和战略管理。运营管理是利用和开发现有的利润潜力，而战略管理是维护现有的并创造未来的利润潜力。

5）控制变量与定向变量

MG 导航系统的中心是两种针对贸易和所有企业管理的导航辅助，即所谓的控制变量与定向变量，如图 5.2 所示。该系统有 4 个控制变量和 8 个定向变量。如果企业想存活下来，取得商业上的成功，并借此壮大实力，以增加企业的可控性和生存能力，那么控制变量就是在所有情况下都要掌控的因素；而定向变量展示的则是人们是否确定控制变量真的在其掌握之中。也就是说，定向变量是关于控制变量是否正确发展的知识和信息。例如，控制变量是汽车行驶的速度，为了能够判断速度及是否安全行驶，需要将定向变量设为仪表板。导航系统的 4 个控制变量是支付能力、企业经济绩效、当前绩效潜力和未来绩效潜力，8 个定向变量是收入和支出、开发和利润、市场曲线、经验曲线、代理时间曲线、平衡，以及采用新技术的解决方案和客户问题。

6）控制论对系统的控制

利用上述变量，MG 导航系统可以覆盖 4 个系统层面，这些层面由控制管理关系定义，相互关联、相互依赖，如图 5.2 所示。由下至上，前两个层面是运营管理层，后两个层面是战略管理层。它们合在一起可以使组织在运营和战略上都处于可靠控制中。

总而言之，有了 MG 导航系统，无论是在现在还是未来，又或是内部还是外部，组织都能实现跨维度的整体化和同步化管理。

5.2 平衡计分卡与战略行动计划表

20 世纪 90 年代初，哈佛商学院的教授罗伯特·卡普兰和咨询专家大卫·诺顿在研究"未来组织绩效评估方法"的过程中，创立了平衡计分卡。平衡计分卡是一种全新的绩效衡量方法，也是一种战略管理工具。它打破了传统单一使用财务指标衡量业绩的方法，在财务指标的基础上融入了未来驱动因素，如客户、业务流程及员工成长等。

平衡计分卡被《哈佛商业评论》评为"75 年来最具影响力的管理工具之一""80 年来最具影响力的十大管理理念之一"。平衡计分卡并不是一种放诸四海而皆准的通用工具，不同的市场情况、产品战略、竞争环境需要使用不同的平衡计分卡。平衡计分卡的有效落地，也与企业的战略成熟度、管理成熟度及文化适应度等因素息息相关。

5.2.1 平衡计分卡概述

平衡计分卡的核心思想是通过财务、客户、内部流程及学习与成长4方面的指标之间的相互驱动的因果关系展现组织的战略轨迹，实现绩效考核-绩效改进及战略实施-战略修正的战略目标过程。

1. 平衡计分卡的概念

平衡计分卡的前提由愿景、使命及价值观组成。其中，愿景是指企业希望变成的样子；使命是指企业如何达成愿景；而价值观则是企业的行为准则。

平衡计分卡的框架如图5.3所示，具体分为战略地图、平衡计分卡及行动计划表。行动计划表模板见表5.1。

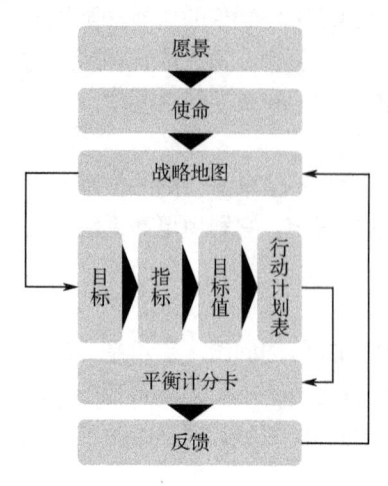

图5.3 平衡计分卡的框架

表5.1 行动计划表模板

考核方向	KPI指标	目标值	权重	评分范围
财务				
外部客户				
内部流程				
学习与成长				

注：表中的KPI指关键绩效指标。

2. 平衡计分卡的用途

平衡计分卡主要用于实现5种平衡，分别如下：

（1）财务指标和非财务指标的平衡。企业一般考核的是财务指标，而对非财务指标（客户、内部流程、学习与成长）的考核很少，即使有对非财务指标的考核，也只是定性的说明，不仅缺乏量化的考核，更缺少系统性和全面性。

（2）企业长期目标和短期目标的平衡。平衡计分卡是一套战略执行的管理系统，如果以系统的观点看待平衡计分卡的实施过程，则战略是输入，财务是输出。

（3）结果性指标与动因性指标的平衡。平衡计分卡以有效完成战略为动因，以可衡量的指标为目标管理的结果，寻求结果性指标与动因性指标的平衡。

（4）企业组织内部群体与外部群体的平衡。在平衡计分卡中，股东与客户为外部群体，员工和内部流程是内部群体，平衡计分卡可以发挥在有效执行战略的过程中平衡这些群体间利益的重要性。

（5）领先指标与滞后指标的平衡。财务、客户、内部流程、学习与成长这4个方面包含了领先指标和滞后指标。财务指标就是一个滞后指标，它只能反映公司上一年度发生的情况，不能提示企业如何改善业绩和可持续发展。而对于剩余3项领先指标的关注，使企业达到了领先指标和滞后指标之间的平衡。

3. 平衡计分卡的设计

平衡计分卡的设计包括 4 个层面：财务层面、客户层面、内部流程层面、学习与成长层面。这些层面分别代表企业 3 个主要的利益相关者：股东、客户、员工，每个层面的重要性取决于层面本身和指标的选择是否与公司战略相一致。

1）财务层面

财务业绩指标可以显示企业的战略及其实施和执行是否对改善企业盈利有所贡献。财务目标通常与获利能力有关，其衡量指标有营业收入、资本报酬率和经济增加值等，也可能是销售额的迅速提高或创造现金流量。

2）客户层面

企业应以目标客户和目标市场为导向，专注于是否满足核心客户的需求，可以简单概括为正确、快速、便宜、容易。客户层面指标衡量的主要内容有市场份额、老客户挽留率、新客户获得率、顾客满意度及从客户处获得的利润率。

3）内部流程层面

在内部流程层面，管理者须确认组织擅长的关键内部流程，这些流程能够帮助业务单位提供价值主张，以吸引和留住目标细分市场的客户，并满足股东对卓越财务回报的期望。

4）学习与成长层面

学习与成长层面确立了企业要实现长期的成长和改善就必须建立的基础框架，也确立了未来成功的关键因素。它为其他 3 个层面的宏大目标提供了基础架构，是驱使它们获得卓越成果的动力。

（1）第一步：澄清客户价值定位。

战略的基础是差异化的价值定位。客户价值定位需要回答下列问题：如何创造价值及为谁创造价值，为什么客户不从竞争对手那里购买产品/服务，哪些因素对目标客户是最重要的——价格、质量、时间、功能、服务、关系或是公司品牌形象，以及应该在哪个领域胜人一筹，是产品领先、运作优异，还是客户亲密度。不同的价值定位决定了不同的战略目标。

（2）第二步：建立平衡计分卡。

通过开发特定客户价值定位的目标和指标，将战略转化为所有员工能够理解并通过努力工作可以改善的有形指标。首先根据战略地图 4 个层面中战略目标的因果关系，提出实现各个目标的关键成功因素（Critical Success Factors，CSF）；然后根据 CSF 开发相应的指标、目标值和行动方案，以实现战略目标。

（3）第三步：制订战略实施计划。

基于平衡计分卡（Balanced Score Card，BSC）的战略实施计划就是针对战略目标和每个衡量指标的实施计划，一个完整的实施计划包括行动方案、预算与运营规程。最终制订出每个行动方案的任务即里程碑，以对每项任务进行跟踪，确保资源支持和执行。

（4）第四步：将 BSC 与部门、个人目标挂钩。

首先，考虑事业部的战略、目标、指标和目标值，采用嵌套法将事业部的 BSC 指标通过签订年度目标责任书的形式分解到各部门；其次，考虑内部客户及其需求与期望，并考虑其在核心流程中的职责与作用，以建立横向联系，再根据这些因素，结合部门职能来设定动态的行动方案与工作计划；最后，通过目标管理卡（绩效计划/考核表）、任务看板及

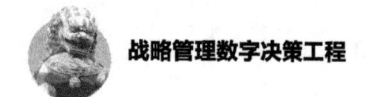

葡萄图将部门目标向个人延伸。

（5）第五步：链接 IT 系统和 HR 系统。

将 BSC 的绩效管理系统同员工的绩效考核、能力发展和浮动奖金联系起来，即事业部推行的 P3（目标、考核、激励）方案，以激励全体员工共同实现战略目标。同时，结合管理软件，运用 IT 系统及时跟踪绩效并做出相应调整。

（6）第六步：流程改进/再造。

在 BSC 绩效管理系统的 4 层绩效中，最核心的是流程绩效，内部角度的 4 类流程也体现了 BSC 倾向于由垂直组织向水平组织转变的内部诉求。因此，关键业务流程的重新梳理、优化或再造无疑是一项长期而艰巨的工作。BSC 的流程改进/再造项目有两个基本来源，其中一个是 BSC 内部流程层面的目标；另一个是从流程梳理、优化或重新设计中获益的行动方案。目前，事业部开展的流程改进项目是结合 ISO 体系的部门工作手册梳理与业务流程手册编制。

（7）第七步：汇报、分析与调整。

平衡计分卡各维度与各指标之间存在一定的因果关系，可以借此分析改善组织绩效的计划是否已经达到，以及没有达到的原因是否为执行力不够。通过定期召开 BSC 会议汇报分析绩效成果，以调整战略目标、衡量指标、目标值与行动方案和再次循环战略管理流程。

5.2.2 战略行动计划表

通过上一节对平衡计分卡的设计，可以得到一个已经填写指标值与目标值的平衡计分卡，但计划一栏未填写内容。这时需要将公司各项行动计划与平衡计分卡上的指标相连接，连接指标与行动计划的过程大致分为 4 步，具体如下：

（1）汇总现有的各项行动计划。从公司的计划管理部门和财务部门收集相关的计划方面的信息资料，或从公司指定的部门收集诸如营销、研发、采购、生产、售后服务及人力资源与行政等方面的各个单项的计划文件。

（2）分析各项行动与战略目标的关系并补充行动。通过《行动计划界定表》对收集的各项行动计划进行分析，以寻找计划和战略目标（指标）之间的对应关系。该表的纵栏表示各项指标，横栏表示各项计划，可以根据计划与战略目标（指标）的关联性在对应的空格中涂上颜色，具体示例见表 5.2。

表 5.2 行动计划界定表示例

维度	序号	指标	新材料代替研发	新品研发计划	供应商与采购流程优化项目	工艺改善计划	培训计划	新品上市计划完成	...
财务	1	利润							
	2	销售收入		√					
	3	成本费用	√			√			
	4	新产品销售收入比重							
客户	5	一级市场目标客户数量							
	6	重要客户满意度							

续表

维度	序号	指标	新材料代替研发	新品研发计划	供应商与采购流程优化项目	工艺改善计划	培训计划	新品上市计划完成	...
内部流程	7	退换货率	√			√	√		
	8	订单需求满足率				√	√		
	9	新产品上市周期			√				
...	...	...							

通过《行动计划界定表》可以将与公司战略目标直接相关的行动计划挑选出来，并放入公司层面的平衡计分卡中；对于与战略目标非直接相关的计划，可放在下一层级的平衡计分卡中进行讨论。

通过现有的战略目标对支持的行动计划进行讨论，以防遗漏必要的行动计划。

（3）通过与战略预算资金相连接，调整、修正所有行动计划。将所有行动计划按照与战略目标相关的程度进行排序，并将有限的资金尽量投入与战略目标直接相关的行动计划中。一般来说，首先要保证的是公司层面平衡计分卡的备选行动计划，其次才是部门层面的行动计划。

（4）将行动计划纳入平衡计分卡。在对预算资金进行分配后，确定要实施的行动计划。接着按照事先确认的编码规则对各个行动计划进行编号，并将这些编号写入平衡计分卡中，于是可以得到完整的平衡计分卡。

5.3　华为战略解码方法

战略是实现企业愿景和使命的谋划，也是基于全局和未来所做的有限资源下的取舍。好的战略须与执行相结合，方能具有更强的说服力。华为技术有限公司（以下简称华为公司）的发展历程就颇具代表性，因为它在每一个重要的历史关口，都能做出正确的选择，之所以如此，战略解码方法论（Business strategy Execution Model，BEM）功不可没。华为公司从 2004 年开始实施五年战略规划，以后的每一年都重新按照五年周期进行滚动规划，并与当年的商业计划相结合，以保证长期的关注和短期的聚焦。BEM 简称战略解码，其目的是按照企业组织结构自上而下地对任务进行垂直分解，并按业务流程结构从左到右地对任务进行水平分解，从而将公司的战略意图和战略目标落实到各组织单元及个人。

5.3.1　基于 BEM 的解码方法

基于 BEM 的解码方法的整体架构如图 5.4 所示。

其解码过程包括以下 6 个步骤：

（1）明确战略方向及其运营定义。该步骤重复了公司战略（SP）和年度业务计划（BP）的制订过程，旨在进一步理解和澄清战略方向和战略目标。

（2）从目标中导出关键成功因素（Critical Success Factors，CSF），制订战略地图。战略地图是以平衡计分卡的 4 个层面目标（财务层面、客户层面、内部流程层面、学习与成长层面）为核心，通过分析这些目标的相互关系而绘制的企业战略因果关系图。CSF 全部按照平衡计分法，从财务、客户、内部流程和学习与成长 4 个维度进行提炼。

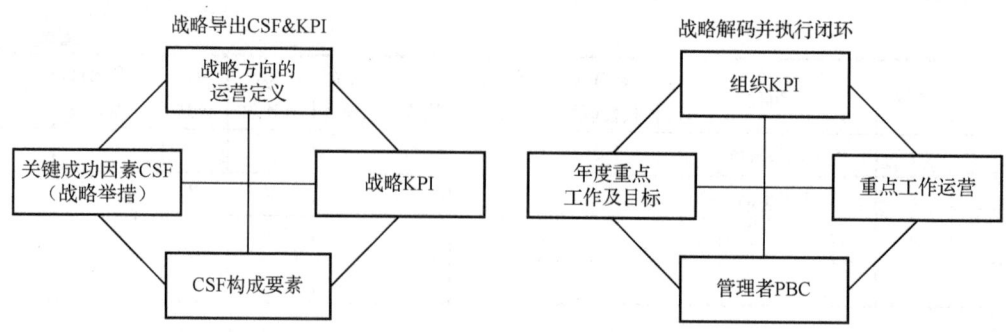

```
         战略导出CSF&KPI                          战略解码并执行闭环
          ┌─────────┐                              ┌─────────┐
          │战略方向的│                              │ 组织KPI │
          │运营定义 │                              │         │
          └─────────┘                              └─────────┘
    ┌──────────┐  ┌─────────┐              ┌─────────┐  ┌─────────┐
    │关键成功  │  │         │              │年度重点 │  │         │
    │因素CSF   │  │ 战略KPI │              │工作及目 │  │重点工作 │
    │(战略举措)│  │         │              │标       │  │运营     │
    └──────────┘  └─────────┘              └─────────┘  └─────────┘
          ┌─────────┐                              ┌─────────┐
          │CSF构成  │                              │管理者PBC│
          │要素     │                              │         │
          └─────────┘                              └─────────┘
```

KPI—关键绩效指标；PBC—个人业务承诺

图 5.4 基于 BEM 的解码方法的整体架构

（3）导出战略 KPI。CSF、战略地图和战略 KPI 全部根据平衡计分法导出。KPI 指标的筛选方法——IPOOC 见表 5.3。该方法从 Input（输入）、Process（过程）、Output（输出）和 Outcome（结果）4 个维度对 CSF 进行详细分解，并根据战略的相关性、可测量性、可控性、可激发性 4 个评价标准，通过评分筛选 KPI 指标，评分标准比较主观。

表 5.3 IPOOC

IPOOC	CSF 构成要素
Input	一般包含资源
Process	从战略的角度出发，影响 CSF 达成的关键活动、过程和流程
Output	基于流程视角的直接输出，如产品、制度、客户、目标市场等非财务输出
Outcome	从内外部客户视角看收益

（4）CTQ-Y 导出。CSF 是为达成企业愿景和战略目标而需要组织重点管理的，以确保竞争优势的差别化的核心要素。它们全部按照平衡计分法从财务、客户、内部流程和学习与成长 4 个维度进行提炼。提炼所得的 CSF 又按年度分解为年度重点工作 Y，并且有明确的考核度量指标。为将目标智能（Smart）化，又引入了品质关键点（Critical-to-Quality，CTQ）的概念。本步骤就是要导出年度关键品质控制点，即 CTQ-Y。

（5）CTQ-Y 分解，即分解年度关键品质控制点。

（6）重点工作导出。

步骤（4）～步骤（6）的主要目的是通过亲合法、归纳法、任务树等方法，以及 TPM/BPM/CPM 等辅助工具，输出智能化的年度重点工作。

- 全面生产管理（Total Productivity Management，TPM）：通过全量分析，对综合目标进行全面解构，确保分解目标能支撑全量目标。上下分解指标的量纲须保持一致，通常针对财经类事项，如收入、成本等。
- 业务流程管理（Business Process Management，BPM）：以客户为中心，遵循业务流程，对目标和措施进行分解和导出，通常针对效率、周期类事项。
- 关键参数管理（Critical Parameter Management，CPM）：意在寻找系统内部的关键影响参数，通过对关键参数的改善来支撑系统特征的改善，通常针对研发类事项或原因、结果性事项。

由此可以看出，BEM 的优点是结构化较好，但其关键解码逻辑仍基于平衡计分法，只是增加了一些新的辅助工具，用以适当提升解码结果（重点工作和考核指标）的质量。

5.3.2 基于平衡计分法的战略解码方法

平衡计分法是进行战略解码、优化年度业务计划（BP）和导出关键指标的重要方法。基于平衡计分法的战略解码方法如图 5.5 所示。

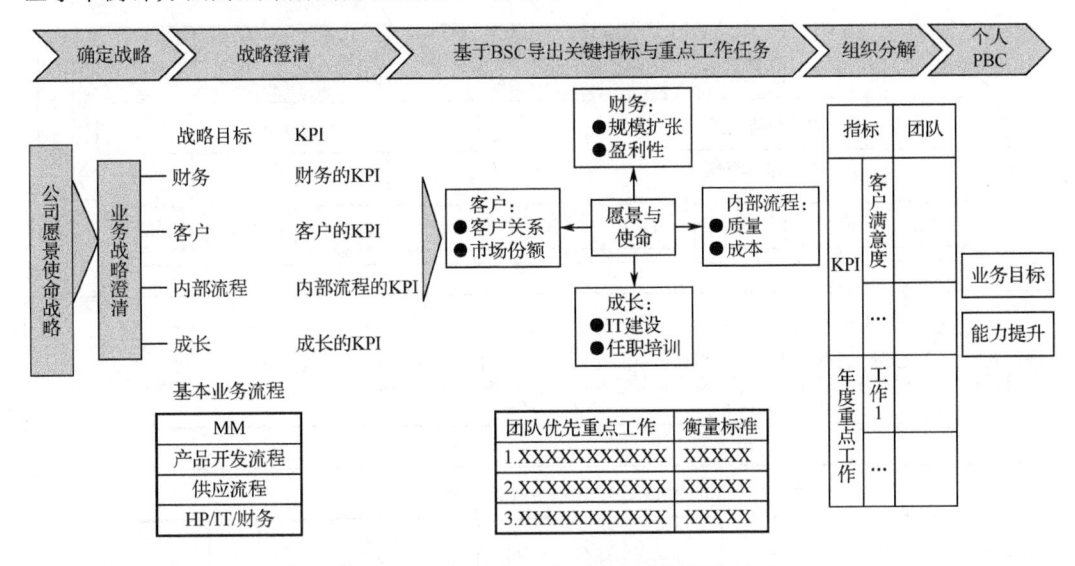

图 5.5　基于平衡计分法的战略解码方法

1. 战略澄清

战略澄清是基于企业战略和 BP 进行的。很多企业战略其实只是企业家的战略意图或战略纲要，并不是完整的业务战略。因此，需要对战略方向、战略目标、机会点识别、实现路径和资源需求进行全面澄清并达成一致。在此基础上，可基于平衡计分法进一步优化 BP 中的关键措施，并导出关键指标。

2. 基于平衡计分法的战略解码方法详解

基于平衡计分法的战略解码方法（BSC 战略解码方法），就是在战略目标的牵引下，从财务、客户、内部流程及学习与成长 4 个层面对战略进行基于组织结构的自上而下的垂直分解。从公司到部门，再到岗位，保证责任层层落实。对于指标选取应结合平衡计分卡（BSC）的 4 个维度和公司当前发展阶段的战略导向，实现部门责任的均衡考虑。

BSC 四层详细解码架构如图 5.6 所示。

1）第一层为财务层面

该层面描述了企业战略要实现的财务目标，其结果指标是实现股东价值、提高投资回报率，对应的驱动战略和指标涉及以下两个方向：

（1）通过改善成本结构和提高资产利用率，实现提升生产率的战略。

（2）通过实现客户价值和增加收入，实现企业的增长战略。

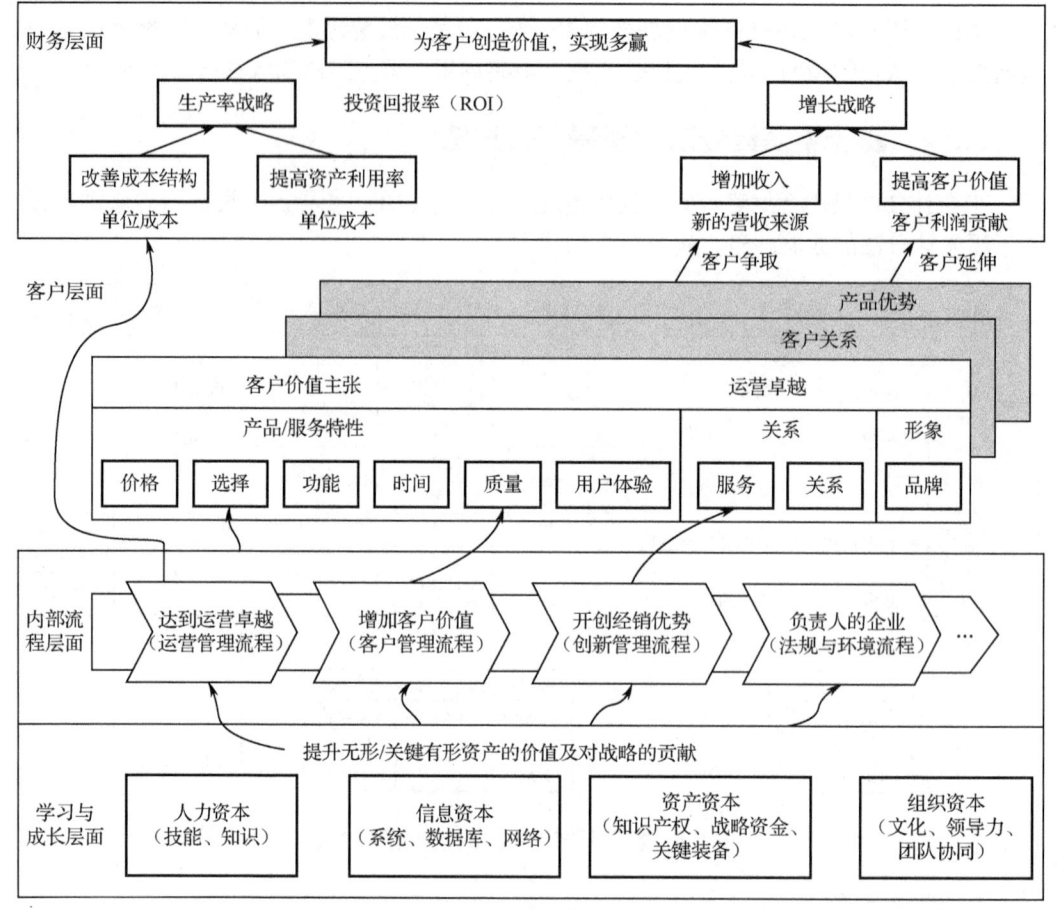

图 5.6　BSC 四层详细解码架构

2）第二层为客户层面

为实现财务目标，须"以客户为中心"，通过树立公司品牌、建立客户关系，以及提供有竞争力的产品、服务或解决方案来实现。企业提供的产品和服务不是为客户创造价值，就是为客户降低成本。不同类型的客户对价格、质量、功能、营销模式和交付时间等有不同的要求，因此需要针对不同类型客户的价值主张，重点满足客户关注的需求，如图 5.7 中标注为差异因素的部分。

- 对于成本优先型客户：需要在保证质量的基础上，提出最有竞争力的价格。
- 对于产品领先型客户：需要提供最先进、具有独特功能、市场上尚未出现或只有个别同类产品面世的产品，以便客户能够占领市场先机或显示其独特性。
- 对于客户亲密型客户：需要紧紧围绕客户需求，通过建立长期的组织型客户关系，以及让客户参与设计或联合创新等方式，为客户提供个性化的产品和解决方案。

3）第三层为内部流程层面

内部运作主要由流程支撑，内部运作描述企业如何链接客户价值主张，如何支撑企业长期财务能力和短期财务成果，如何构建专业运作体系，如何整合专业服务资源，以及如何快速孕育、培养、发展企业的核心竞争力。在从理解客户需求到满足客户需求的价值创造过程中，下述关键流程对战略产生了非常重要的影响。

第 5 章　战略走向导航工程原理

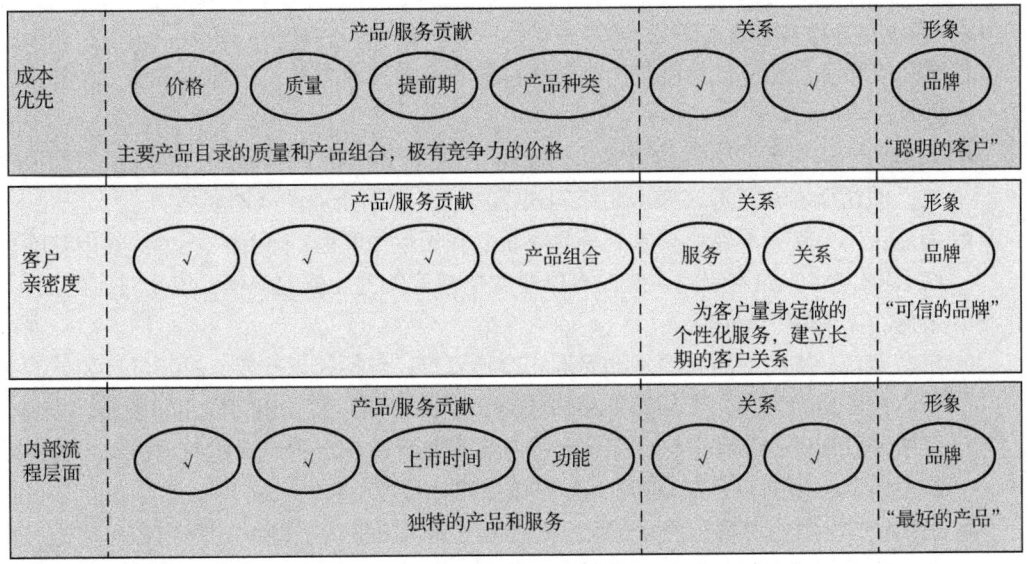

图 5.7　不同类型客户的价值主张和关注重点

- 营销管理流程：包括品牌管理、渠道管理、商机管理和合同管理等，旨在通过产品/服务的销售，实现财务目标。在华为公司，它主要由 MTL/LTC 流程支撑。市场到线索（Marketing-To-Leads，MTL）通过全渠道的市场渠道获得市场线索，并进行甄别、筛选、分配、跟踪和验证，分为高价值线索、一般线索和无价值线索。从线索到现金回款（Leads-To-Cash，LTC）则是从开始获得销售机会、销售线索到提供解决方案及商务合同，再到项目的交付或合同的交付及回款的全流程。
- 客户管理流程：包括客户选择、获得、保持、增长和挽留等环节，旨在建立并利用客户关系，实现产品/服务销售。在华为公司，它主要由 CRM/PRM（Customer Relationship Management/Prospect Relationship Management，客户关系管理）系统组成，与 MTL/LTC 流程配合完成。CRM 系统软件是管理客户档案、销售线索、销售活动、业务报告及统计销售业绩的先进工具，适合企业销售部门使用，可协助销售经理和销售人员快速管理客户、销售和业务的重要数据。
- 创新管理流程：根据市场和技术发展趋势开发新产品、服务、商业模式、流程和关系，旨在抢占市场先机或改善竞争地位。
- 开发管理流程：涉及需求管理、集成开发管理、发布上市、工程设计、支持及改进等多个环节，旨在"以客户为中心"，满足客户的需求。在华为公司，最具代表性的就是集成产品开发（Integrated Product Development，IPD）流程。它是一套先进的、成熟的研发管理思想、模式和方法，强调以市场需求作为产品开发的驱动力，将产品开发作为一项投资来管理。
- 运营管理流程：保证持续、高效地向客户提供服务，包括交付管理（采购、生产制造、物流）、财务管理、成本管理、数据管理、风险管理和问题管理等。

4) 第四层为学习与成长层面

该层面描述了企业应如何围绕内部流程构建竞争者无法复制的核心竞争能力，包含以下4方面的内容。

- 人力资本：执行战略活动所要求的技能、知识、技术诀窍等能力。通过组织服务模式，使优质专业资源在整个组织内快速传递，属于企业的战略能力。
- 信息资本：支持战略所要求的信息系统、知识运用和基础设施的能力。其内容除了IT基础网络、通用应用系统，更重要的是承载关键业务的流程，以及对应的知识、数据、案例等战略信息。
- 资产资本：支持战略所要求的无形和有形资产，包括知识产权、战略资金和关键装备。战略资金可以用于战略产品或战略市场的前期开发，也可以用于投资或兼并，以快速获取关键资源。核心知识产权在全球化竞争中显得越来越重要，华为公司就是凭借其过硬的核心知识产权和雄厚的战略资金发展壮大的。
- 组织资本：执行战略所要求的动员和维持变革流程的组织能力。其内容包括先进企业文化的树立和对组织战略理解的一致性、组织的高效管控和授权体系、组织的高效协同体系，以及使组织成员保持高度主动性、产生付出意愿和敬业精神的激励体系。它属于保证战略有效执行的内部战略环境。

3．战略解码的关键输出

为做好战略解码，从而使公司目标能够层层分解并形成对应的关键措施，需要有重要的输入和合理的引导流程。

1) 战略解码的重要输入
- 公司整体战略。
- 上级部门的战略和年度业务规划。
- 上级部门的年度重点工作。
- 本部门的组织架构及职责。
- 公司及上级部门对本部门（领域）的要求。
- 客户（含内部客户）对部门的要求。
- 本部门的建设短板。
- 其他。

战略解码的前提是企业已经制订了清晰的整体战略，包含战略目标、公司级的关键业务和管理措施，以及资源的规划等。下属部门需要根据组织设计的部门长期核心职责、公司的整体战略、上级部门的业务规划及流程上下游的要求，按照解码流程产生清晰的解码结果。

2) 引导流程

战略解码的主要步骤如图5.8所示，业务部门和支持部门略有差异，特别是在财务层面和客户层面。

步骤1：确定部门责任中心定位。根据部门职责、部门对组织的贡献及投入资源的控制或影响程度来确定相对责任归属。

- 业务部门：通过创造收入和控制相应的成本，对公司利润做出直接贡献的部门，一般称为利润中心，如区域销售、产品线等。

- 支持部门：以最佳成本提供最佳服务/产品，从而为主业务部门提供支持和服务的部门，一般称为成本中心或费用中心，如人力资源部、财务部等。

```
步骤1                  确定部门责任中心定位
                              ↓
步骤2                  确定部门战略牵引目标
         业务部门                              支持部门
        ┌─────────────┐                    ┌─────────────┐
        │  财务层面   │                    │关联或间接财务层面│
        │     ↓       │                    │     ↓       │
        │  客户层面   │     战略解码       │ 内部客户层面 │
步骤3   │     ↓       │                    │     ↓       │
        │ 内部流程层面 │                    │ 内部流程层面 │
        │     ↓       │                    │     ↓       │
        │学习与成长层面│                    │学习与成长层面│
        └─────────────┘                    └─────────────┘
                              ↓
步骤4                  审视和澄清战略地图
                              ↓
步骤5                 确定部门衡量指标和重点工作
                              ↓
步骤6                  确定部门责任分接矩阵
```

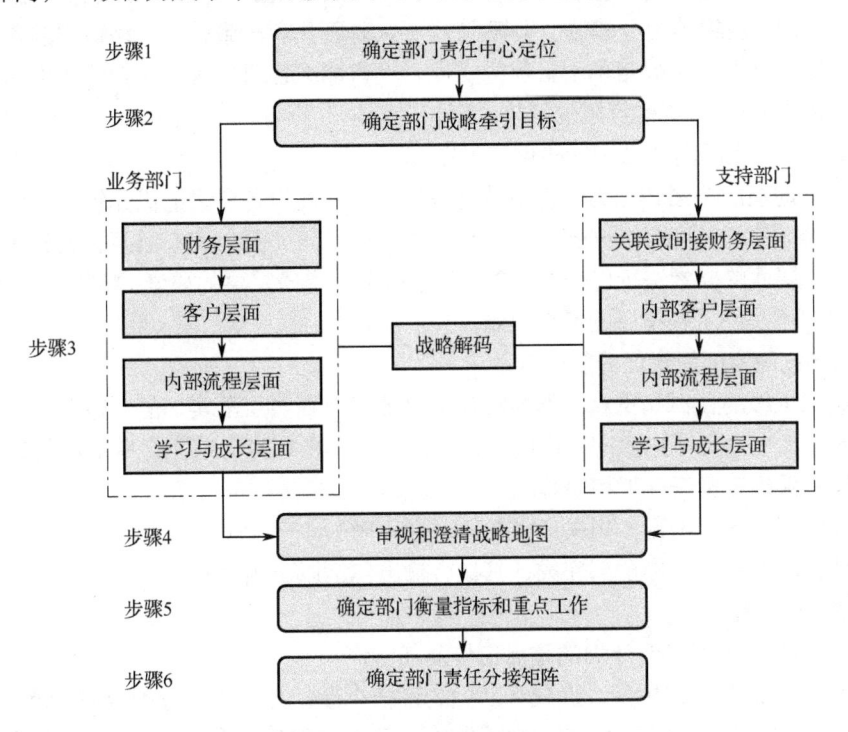

图 5.8 战略解码的主要步骤

步骤 2：确定部门战略牵引目标。根据本部门责任中心的定位，以及重点支撑的公司年度目标、上级/流程目标和重点工作，确定本部门业务实施的核心目标。

步骤 3：战略解码。对财务、客户、内部流程、学习与成长 4 个层面进行具有高度逻辑性的战略解码。

- 财务层面解码：财务目标应体现部门责任和责任中心定位，并支撑战略牵引目标的达成；财务策略须有利于组织的可持续发展。指标可以是效率提高、成本降低、收入增加、规模增长、利润率要求及风险控制等。
- 客户层面解码：界定组织的目标客户，识别目标客户的价值主张/诉求。客户价值主张的实现需要对财务层面有支撑作用，应能够对目标客户创造差异化、可持续的价值。对于部门而言，客户不仅包括外部客户，还应包括内部客户。例如，研发不直接面向外部客户，但销售就是研发的内部客户。通过分析企业内部主要流程之间的关系，可以形成服务内部客户的考核指标和重点协同措施。
- 内部流程层面解码：实现企业战略的两个关键要素是为客户创造价值和实现财务目标并降低成本。应确定实现战略目标最需要建立和优化的核心管理流程，其决定了流程变革的重点工作任务，以及内部运营效率和流程成熟度提升等考核目标。
- 学习与成长层面解码：企业应关注为支撑内部层面而确定的关键流程运作所需的特殊人才、能力和特征（人力/组织/信息资本/智力资本/关键装备），可以用关键资源的到位率、人均效能等指标来衡量。

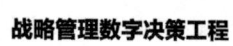

步骤 4：审视和澄清战略地图。

审视财务、客户、内部流程、学习与成长 4 个层面的逻辑性，以及它们与战略牵引目标、业务规划、组织的短板建设、上级/流程要求是否具有一致性。战略地图的 4 个维度既要逐层支撑，又要支撑战略牵引目标的实现。战略地图各项要素应包含业务规划最核心的内容，并体现对上级/流程目标的承接。

步骤 5：确定部门衡量指标和重点工作。

将战略地图的要素转化为可衡量的考核指标，并确定各要素的优先级。指标应体现部门职责，指标的颗粒度可根据部门职责来确定。将财务层面、客户层面、内部流程层面和学习与成长层面的要素进行优先级排序，通过识别其中最重要的要素，将其纳入重点工作。

优先顺序决定了各指标的考核权重。

步骤 6：确定部门责任分解矩阵。

要确保上级的目标和重点工作能够在下级部门得到层层落实，但有些指标可能由多个部门承接，因此需要考虑横向部门的责任分配。个别指标有时甚至是跨部门的，因此需要根据流程关系确定责任分工和矩阵。

不同的责任承接情况，相关考核的权重也不同。

至此，战略解码工作全部完成，其核心输出包括以下内容：

- 战略地图。
- 分解优化年度经营计划的重点工作及任务。
- 建立关键考核指标库，形成各部门的考核指标，并按责任分配考核权重。

其中，战略地图根据不同方向和部门情况，可能会输出多个，以便于战略的宣传贯彻。考核指标的最终选取一般不超过 7 个，具体科目需要根据年度业务计划和重点进行选择，选择过程强调体现独特价值，各指标的权重根据工作优先顺序和承担的责任进行设计。

原则上，越是高层领导，越关注长期目标的达成和组织能力的提升；越是基层员工，越注重现实且具体的目标达成情况和自身技能的提升。

目标值可设为"底线""达标""挑战" 3 挡，也可以只有"达标"和"挑战"两挡。

表 5.4 给出了绩效目标制订的通用模板，可以在此基础上设计适合不同企业的年度考核指标。

表 5.4 绩效目标制订的通用模板

公司绩效目标（年度）							
部门							
KPI 类别	指标库	KPI 项	权重	底线（80分）	达标（100分）	挑战（120分）	得分
财务	收入						
	利润						
	现金流						
	…						
客户	客户满意度						
	市场目标						
	客户需求						
	…						

续表

	公司绩效目标（年度）						
部门							
KPI 类别	指标库	KPI 项	权重	底线（80分）	达标（100分）	挑战（120分）	得分
内部流程	时间						
	质量						
	成本						
学习与成长	人力资本						
	组织资本						
	信息资本						

将战略解码形成的战略地图和年度考核指标作为最后一部分加入 BP 中，并对 BP 中的重点工作进行优化，即完成整个年度经营计划的制订和战略解码工作。由此可见，从企业战略和年度经营计划的制订到通过战略解码进一步优化 BP，并形成逻辑关系强的考核指标，在企业战略和经营管理组织体系的例行闭环管理下，战略才能真正落地。

5.4 企业战略导航系统方案实例

这里通过盐田事业部 BSC 项目导入实例，以图解的方式探索平衡计分卡如何"化战略为行动"。

由相关资料可知该部门的战略地图，如图 5.9 所示。

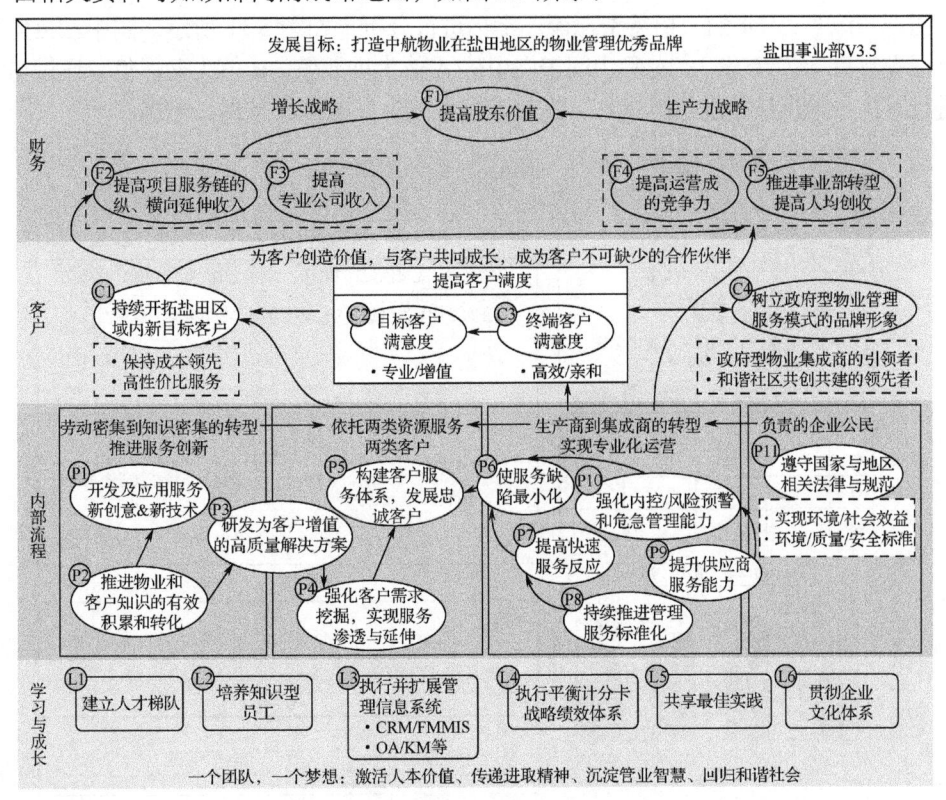

图 5.9 盐田事业部的战略地图 V3.5

1. 建立平衡计分卡

通过对战略地图中财务、客户、内部流程、学习与成长 4 个层面的分解，针对 CSF 开发相应的指标、目标值和行动方案。以财务层面为例，通过建立平衡计分卡，将上一季度的指标值与实际值进行对比，如图 5.10 所示。

维度	战略编号	战略目标	编号	指标名称	挑战值	确保值	统计频次	实际值	编号	行动方案
财务维度	F1	提高股东价值	1	营业收入（万元）	164	162	季度	149.6		
			2	实收率	100%	100%	季度	100%		
	F2	提高项目服务链的纵向、横向延伸收入	3	延伸服务收入额（万元）	3	2.6	季度	2.199		
	F3	提高专业公司收入	4	为专业公司提供的收入（万元）	0	0	季度			
	F4	提高运营成本的竞争力	5	利润总额（万元）	17.5	17	季度	24.85	K-1	完善全面预算管理
			6	招待费总额（万元）	1	1.25	季度	0.27		
	F5	推进事业部转型，提高人均创收	7	人均利润（元）	1600	1590	季度	2300		

图 5.10 财务层面的平衡计分卡

2. 上季度问题分析

对战略编号为 F4 的"招待费总额"指标进行分析，如图 5.11 所示。图中左上角为目标责任人及目标负责部门；左侧中间表格中的 A 值为挑战值，B 值为确保值，通过与实际值进行对比，给出该季度达标状态；右侧表格主要为问题分析及纠正措施。

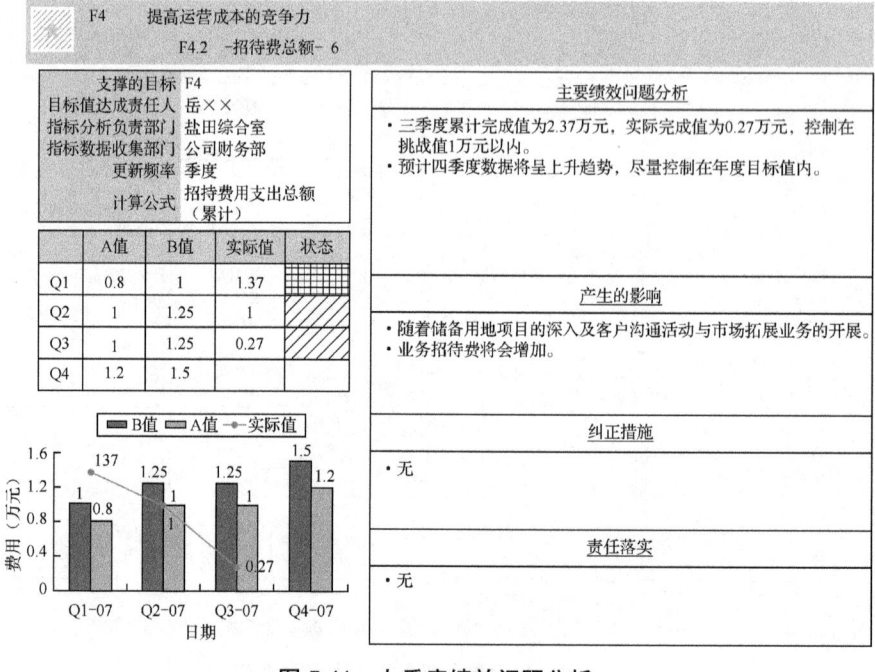

图 5.11 上季度绩效问题分析

3. 制订战略实施计划

针对战略目标和每项衡量指标的实施计划，制订每个行动方案的任务即里程碑，并对每项任务进行跟踪，以确保资源支持和最终执行。以战略编号 F4 为例，将该行动方案分解为若干里程碑，如图 5.12 所示，并给出里程碑的预期达成日期和实际达成日期。此外，还要对行动方案推进程度进行情况说明及原因分析，并明确下一步的工作。

F4 配合公司完善全面预算管理				
K1-配合公司完善全面预算管理				
所支撑的战略目标 F4 分管领导 岳×× 牵头部门 综合室 开始时间 2007-01-01 预计完成时间 2007-12-31		行动方案要达成的目标描述 通过执行全面预算管理，强化预算的编制、审核和执行，结合平衡计分卡、资金管理与绩效考核，提高预算对成本的控制能力。		
里程碑预期达成日期	里程碑描述	实施部门	里程碑实际达成日期	状态
2007年2月	完成预算的编制、审核和发布	综合室	2007年2月	
2007年3月	结合平衡计分卡、资金管理与绩效考核修订预算管理办法	综合室	2007年3月	
2007年5月	编制并发布预算执行手册	综合室		
2007年7月	根据实际执行情况，修正、调整预算	综合室	2007年7月	
2007年10月	参加公司财务部组织的预算管理培训	综合室		
2007年12月	根据公司财务部要求，调整预算编制格式，参加公司财务部组织的预算编制的培训	综合室		
行动方案推进情况说明及原因分析		下一步的工作		
目前的行动方案正在按公司要求推进： 1. 原因分析：已按公司要求完成预算的调整与编制。 ……		根据行动方案的里程碑节点日期，下一步工作如下： 1. 着手2008年度事业部预算。 ……		

图 5.12 制订行动计划

通过对盐田事业部案例的分析，能够得到以下启示：

（1）企业应具有清晰的战略规划，并注重管理能力的提升。

随着外界环境的不断变化，企业将面临越来越大的竞争压力，因而需要具有明确的战略发展规划，拥有清晰的管理理念，并充分考虑和平衡企业短期发展与长期规划之间的关系、当前利益与长远利益之间的关系，制订既符合市场发展趋势又结合企业未来战略发展的需求，从而促使企业提高管理能力和核心竞争力。

（2）重视企业管理方法的选择，不能生搬硬套。

企业之所以能够成功地应用平衡计分卡，与其内外部的环境、市场发展、企业战略定位及管理基础等有较大关系。不同企业不能直接套用同一方法，而是需要从企业战略的层面进行企业管理方法的选择，只有符合自身情况才是最好的方法。

（3）客观对待企业战略管理方法，认清其利弊。

任何企业战略管理方法都有其利弊，企业在选择某方法前应对其进行全面的评估，而在应用该方法时，则需要充分结合其优势，以提高企业价值、增加利润，同时应清晰地认识该方法的弊端，尽量从企业的制度层面、文化层面、组织结构等方面有效规避其缺陷，

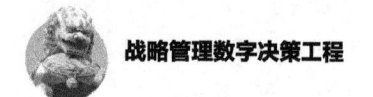

从而全面发挥该方法的作用。

（4）运用平衡计分卡设计的考核指标应具有可操作性，并能认真执行。

根据平衡计分卡的4个维度，将企业的战略层层分解，从企业到部门，再到员工，设计的考核指标应具有非常强的可操作性，且没有模糊的考核指标。对于一般企业而言，更应注重这一操作，以使指标真正可操作，否则就丧失了考核的意义。

（5）平衡计分卡的执行应与奖励制度相结合。

企业中的每个员工有不同的职责，使用平衡计分卡可使大家了解企业的战略方向，有助于群策群力，也可以使每个员工的工作更具有方向性，从而增强其工作能力和效率。为充分发挥平衡计分卡的作用，需要在重点业务部门及个人等层次实施平衡计分，以使各层次的注意力集中在自己的工作业绩上。这就需要将平衡计分卡的实施结果与奖励制度挂钩，注意对员工的奖励或其他处理。

参考文献

[1] 马利克. 战略：应对复杂新世界的导航仪[M]. 周欣，刘欢，译. 北京：机械工业出版社，2017.

[2] 陈雨点，王云龙，王安辉. 华为战略解码：从战略规划到落地执行的管理系统[M]. 北京：电子工业出版社，2021.

[3] 姚超. 平衡计分卡在企业绩效管理中的应用研究[J]. 中国管理信息化，2020(1): 117-118.

[4] 佟瑞，李从东. 平衡记分卡理念下的产业技术路线图战略执行力研究[J]. 科学学与科学技术管理，2012(6): 115-121.

[5] 孔庆广. 战略管理：为企业成功导航[J]. 市场与管理，2003(4): 43-44.

[6] 支晓强，戴璐. 组织间业绩评价的理论发展与平衡计分卡的改进：基于战略联盟情景[J]. 会计研究，2012(4): 125-132.

[7] 彭国甫，盛明科，刘期达. 基于平衡计分卡的地方政府绩效评估[J]. 湖南社会科学，2004(5): 23-26.

[8] 张子刚，程志勇. 平衡计分卡（BSC）在战略管理中的应用研究[J]. 科技管理研究，2005(1): 129-132.

[9] 吴建南，郭雯菁. 绩效目标实现的因果分析：平衡计分卡在地方政府绩效管理中的应用[J]. 管理评论，2004, 16(6): 22-27.

[10] 张国庆，曹堂哲. "平衡计分卡"与公共行政执行的有效性[J]. 湖南社会科学，2005(2): 45-50.

[11] 方振邦，王国良，余小亚. 关键绩效指标与平衡计分卡的比较研究[J]. 中国行政管理，2005(5): 83-86.

[12] 张兆国，陈天骥，余伦. 平衡计分卡：一种革命性的企业经营业绩评价方法[J]. 中国软科学，2002(5): 109-111.

[13] 王海怀. "三分天下"战略导航企业发展[J]. 施工企业管理，2010(1): 32-34.

[14] 龚峪芳. 企业文化在对企业管理中的战略导航[J]. 中国-东盟博览，2013(10): 357-358.

[15] 黄旭. 战略管理：思维与要径[M]. 北京：机械工业出版社，2007.

[16] 王海怀. "三分天下"战略导航企业发展[J]. 施工企业管理，2010(1): 32-34.

[17] 郑勇，郑德毅，刘冬惠. 以战略解码思维创新绩效管理——以小松、山东重工为例[J]. 企业管理，2021(2): 62-65.

[18] 崔瑶. 浅谈战略解码在企业"改革创新、转型升级"中的应用[J]. 会计师，2016(12): 27-28.

[19] 章小冬. 关于绩效管理中战略解码的思考[J]. 民航管理，2012(5): 34-36.

[20] 仇勇，鲍二行. 基于平衡计分卡的战略实施框架研究[J]. 市场周刊，2004(11): 114-115.

[21] 黄惠琴. 基于平衡计分卡的战略沟通[J]. 特区经济，2005(1): 245-246.

[22] 李倩. 基于平衡计分卡的战略管理研究[J]. 农村经济与科技，2016(20): 14-15,35.

[23] 毛旦霞，周媛. 谈沟通平衡计分卡与战略管理[J]. 现代管理科学，2004(6): 78-79.

[24] 邢艳利，张宏云. 基于平衡计分卡的战略绩效评估与管理[J]. 西北大学学报：哲学社会科学版，2005, 35(5): 150-152.

[25] 苏红敏. 平衡计分卡导向战略管理模式[J]. 经济研究导刊，2010(8): 250-251.

[26] 祁顺生，肖鹏. 平衡计分卡战略管理体系评述[J]. 现代管理科学，2005(11): 47-48.

[27] 吴革，易晓伟. 平衡计分卡的应用研究与分析——一个基于平衡计分卡的战略执行案例[J]. 财会通讯：综合（上），2006(4): 26-28.

[28] 张蓉. 解读平衡计分卡和战略地图[J]. 科技信息，2010(24): 94-95.

第6章

战略决策数脑工程原理

> 战略决策数脑工程以仿真大数据为基础,通过计算学科的理论、方法和工具模拟人类认知的建模过程,搭建认知计算系统,使其具备快速决策的能力。战略决策数脑工程是认知计算系统的进一步升级,在功能上以定量的方式影响和辅助人们的决策。目前,战略决策数脑工程已实现企业级和城市级的初步探索和应用,主要用于辅助企业发展和城市建设。在原理上,战略决策数脑工程的解决方案可包括多选项组合优化方法。

6.1 大数据智能决策方法

决策是决策者为实现某一特定目标,在掌握一定的信息和知识的基础上,根据主观及客观条件的可能性,提出各种候选可行方案,并通过特定方法对候选方案进行比较、分析和评价,最终支持决策者选择最后方案的全过程。从本质上讲,决策通常是目标驱动的行为,也是目标导向下的问题求解过程——被广泛认为是人类的认知过程。决策过程指导人类许多的实践活动。例如,工业领域的操作优化与资源分配、商业领域的个性化推荐与供应商选择、交通领域的车流控制与路径导航,以及医疗领域的疾病诊断与治疗方案等都属于决策范畴。

智能决策系统(Intelligent Decision System,IDS)是决策支持系统(Decision Support System,DSS)领域中相对较新的范例。与认为工作活动主要是"知识工作"的现代观点相一致,并认识到知识对有效决策的关键作用,智能决策支持旨在为决策者提供高质量的知识理解和决策帮助。

智能决策系统在组织中的主要作用是作为具有通信能力的知识处理的推动者,以支持知识共享和交流,并促进组织学习智能决策系统,旨在帮助决策者克服认知限制,以实现最佳决策结果。同时,该系统可为决策过程的未来改进识别一些有用的知识,从而促进组织的持续学习过程。传统的决策支持系统并不打算支持这种功能,因而在知识管理环境中产生了智能决策系统。尽管智能决策系统的潜力巨大,人工智能技术也取得了显著进步,但智能决策系统的承诺尚未实现。

随着社会节奏的持续加快,来自各领域行业的决策活动在频度、广度及复杂性上均较以往有了本质的提升。决策问题的不确定性程度随着决策环境的开放程度及决策资源的变化程度而增加。传统的基于人工经验、直觉及少量数据分析的决策方式已经远不能满足日

益个性化、多样化、复杂化的决策需求。当前人工智能技术在各领域均已取得突破性进展，在大数据背景下，人工智能的研究促进了智能决策的研究。

基于大数据的智能决策过程：首先，通过融合大数据与人工智能技术，提取有效知识和信息，并对与决策对象有关的数据进行分析，挖掘数据中隐含的有关决策对象之间偏好关系的信息；其次，利用知识图谱和特定行业的业务模型，对复杂业务问题进行自动识别、判断及推理，进而做出前瞻和实时决策；最后，对决策对象和方案进行分类、分级或排序，并做出最终选择。受数据获取方式和数据处理方法的影响，基于大数据的智能决策通常具备以下特点：

（1）动态特性。在当前信息化时代和软硬件发展的背景下，大数据的产生不再是静止的、固定的，而是具备实时动态的特点。在此背景下，基于大数据的智能决策需要对实时产生的数据流进行知识提取、信息分析、关联融合和决策评价。同时，决策问题的描述及其求解过程需对动态数据进行及时调整。大数据决策的动态特性决定了问题的求解过程应是一个集描述、预测、引导为一体的迭代过程，需要形成一个完整的、闭环的、动态的体系结构。

（2）全局性。目前，决策系统在面向具体领域的单一生产环节或者特定目标时，能进行有效决策求解，但在面对多目标任务协同和全局决策优化的前提需求时，往往无法进行有效且准确的决策求解。在大数据背景下，信息的互融互通、交叉交互、互补综合，进一步要求决策方案具备全局意识。具备全局性的智能决策系统，在大数据环境下的决策分析会更加注重数据的全方位性、信息流各环节的交互性及多目标问题的协同性，对单一问题的决策，都将以优先考虑整体决策的优化为前提，进而为决策者提供全局性的决策支持。大数据的获取往往具备多源异构的特点，通过在数据处理层面对这些多源异构数据进行知识提取和信息统合分析，实现不同信源信息对全局决策问题求解的有效协同。

（3）不确定性。对于决策求解过程的不确定性主要由3方面引起，具体包括：不完整或者不确定的辅助信息对最终决策造成的不确定性；支持决策的信息综合分析不全面造成的决策不确定性；建模方法不足以模拟决策系统复杂性所带来的不确定性。首先，大数据的来源在空间上分布广泛，并且隐性和显性的关联关系复杂，即使通过先进的数据收集方式，也不能确定将各种源数据完全进行收集整合，因而难以保证在信息提取阶段保持信息的全面性和完整性；其次，数据分布在时间上也是动态变化的，因而存在不可预测性。此外，在数据获取过程中，数据收集不能保证完全排除噪声信号的影响，导致信息提取不够十分精确。目前，由于多源异构数据的融合分析、不确定性知识的发现和预测、信息关联分析等方面存在不足，也导致了决策求解的不确定性。

（4）增量性。增量性是大数据的固有特性之一。具体表现为在现实生活中，广泛分布的传感与监控设备、实时互联的社会媒体等都构成了大数据动态增长的在线场景。因此，基于大数据的智能决策，不仅要从已有的数据中提炼信息和知识，在更多的现实情况下，还需要从新增的数据中进行知识的动态获取。以往的传统人工智能方法的数据挖掘与分析，往往是建立在数据隐含规律对未来预测有效性的假设之上，或假定决策状态始终处于决策模型的闭环之中。因此，从历史数据中获取的知识多数只具备历史有效性，决策方案也只对历史数据有效。而在现实情况中，由于数据的增量性和多变性，要求对决策问题的描述及决策求解的策略都应跟随动态数据给予及时调整，通过面向大数据的增量式学习方

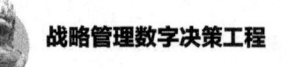

法实现知识的动态演化与有效积累，并反馈到决策执行中。在实用性较强的决策应用领域，特别是对决策时效性要求较高的工业控制领域和智能交通领域等，实时动态的增量式知识获取是保证决策质量的必要条件。近年来，国内有关采用增量式机器学习方法的学术研究正在兴起，在基于机器学习的决策应用中，增量性主要体现在3方面，分别是数据样本的增量、样本特征描述信息的增量，以及类别的增量与数据分布的变化。

6.1.1 基于种群的进化计算智能决策

为了充分利用先进决策模型的潜力，需要利用其全局优化的有效机制。生物进化提供了丰富的优化机制，可以满足全局优化的基本需求。进化算法的基本原理与系统出现、生存和改进的生物动机方案有关。大多数进化算法最明显的特征是在优化过程中依赖于一组个体，这些个体在寻找解决方案的联合活动中相互交互。

进化优化过程的关键在于使用 N 个个体的有限种群（表示为搜索空间 E 的元素），其在搜索空间中的进化产生最优解。基于种群的优化是进化优化的一个突出特征，存在于可能遇到的所有变体中。种群是随机初始化的（在搜索过程的开始，如 $t=0$）。对于每个个体，计算其适应度，该适应度与最大化的目标函数有关。适应度的值越高，相应的个体越适合作为问题的潜在解决方案。E 中的个体数量经历了一系列的世代，在这些世代中，通过应用一些进化算子，提高个体的适应度。通过增加生存和发生在下一代的机会，那些最适合的个体将变得更加明显。

```
—初始化（人口）
—评估人口数
—重复
    ├─选择  个体进行繁殖
    │   └─应用  进化算子
    └─评估  后代
        ─代替  用后代代替一些老个体
—直到  终止条件为真
    └─返回  最好的个体
```

图 6.1　进化优化的计算范式

可以采用一种示意和抽象的方式描述进化优化的计算范式，如图 6.1 所示。

其中，评估涉及确定群体中个体的适应度。具有高适应度值的个体有机会生存并出现在连续种群中（进化优化的几代）。基于此，选择个体以产生后代的标准是基于适应度函数的值。根据选择标准（可以是随机的或确定的），一些个体可以产生自己的多个子代（克隆）。对于终止条件，可能涉及克隆的代数，也可能涉及种群适应度的统计。也就是说，适应度平均值没有显著变化可能会触发优化过程的终止。进化计算中有两个基本的进化算子，其作用是在基因空间中执行搜索过程并确保有效性。运算符应用于当前个体。这些进化算子通常具有随机性质，其强度取决于假定的概率。

进化优化包括四大类，虽然它们共享基本原理，但在表示问题和计算方面有所不同。

（1）进化策略（ES）。它主要关注参数优化。从本质上讲，一个种群仅由一个实数向量组成。种群中的个体经历了一些标准偏差的零均值高斯突现。通过调整高斯分布中的标准偏差的值，在进化过程中，使父代的下一子代中的适应者成为能够进行克隆的新的父代。

（2）进化编程。它最初侧重于种群进化有限状态机，而这些状态机侧重于表型空间。与 ES 类似，它没有初始选择，每个个体产生一个后代。进化算子实现子代的变异操作，以使父代的后代中的最好的个体成为潜在的下一代的父代。

（3）遗传算法（GA）。它是进化优化中最重要的算法之一。在其标准格式中，GA 利用二元基因型空间{0,1}，对任何可以编码为二进制字符串（以下简称为字符串）的元素进

行编码。在整个种群中，对个体进行了许多随机选择，这表示个体的选择概率或个体的适应度呈正比相关关系。通过交叉操作，将第一个父对象中的一段基因段替换为第二个父对象的相应字符串。突变涉及二元基因位的随机翻转。在替换过程中，后代的基因将替换其父代的所有基因。

（4）遗传编程（GP）。它是源于进化计算机程序，尤其是代数和逻辑表达式的工具。GP 中的主要结构是树，树的结构通常以 LISP 表达式（S 表达式）的形式实现。这种方式有助于将交叉操作定义为在两个 S 表达式之间交换到子树后，仍然是有效的 S 表达式。

在进化优化中，适当的问题定义和表达是成功实现进化优化的关键。进化优化是在基因型空间中进行的，它是问题从原始空间转换而来的结果，即所谓的表型空间，通过使用一些编码和解码程序来实现。可以采用更具描述性的方式，将问题定义和表达式视为底层优化问题本质的核心。知识表示具备多方面的属性，对于知识表达的不同方式，将会影响进化优化方案的质量。

进化优化具备明显的优势：概念清晰，具有较强的通用性。基于种群优化提供了对搜索空间进行全面探索的可能性，并为找到问题的全局最大值提供了可靠的保证。为了充分利用进化优化的潜力，对计算环境的设置是非常重要的，因为其涉及算法的许多关键参数，而这些参数又涉及进化算子、种群大小和终止条件等。

智能决策模型在几个重要方面受益于进化计算：
- 在许多情况下，结构优化对于智能决策是非常重要的，而在实现优化的过程中，通常会设想模型的大量可能决策结构和可能决策方案。就这个意义而言，进化优化提供了一个最优的选择。
- 决策过程中通常会涉及许多标准，这些标准要求对决策模型同时进行优化，进化优化技术可使该过程变得容易。
- 有利于找到一组可能的解决方案（即使不是最佳解决方案），其中包括不是最佳但可以更好地洞察决策问题本身性质并允许对解决方案进行全局表征的方案。

6.1.2 基于智能体的决策方法

智能体（Agent）是现代人工智能领域备受关注的趋势之一。许多研究人员认为，智能体技术是计算机科学中许多概念和趋势相融合的结果，如人工智能、认知科学、面向对象编程和分布式计算。这种融合的结果促使了名为分布式智能的现代人工智能领域的诞生，该领域专注于代理及其与环境和对等方（多代理系统）的"交互"。为了简化智能体技术的开发过程，采用基于智能体理论、智能体系统架构和智能体语言的分类方法，有助于形成对智能体领域的基本了解、智能体定义和解决智能体推理问题。智能体系统架构有助于在特定环境中实现智能体理论；而智能体语言类似于编程语言，有助于智能体理论和系统架构的构建和编译。

在理想情况下，智能体应能通过特征学习实现人类社会规范以融入人类生活并与人类互动，目前尚未达到这一标准。为了解决技术限制，需要关注智能体理论和包含人类社会规范的方法。学习或适应是补充智能体能力的重要方法。机器学习和认知科学理论等传统人工智能概念可能对促进当前代理理论中的此类社会智能属性有很大帮助。

智能体技术的最新流行趋势包括集群学习或领域适应。在分布式智能社区中，用于描述多智能体交互的最常用的术语就是集群学习。集群涵盖多智能交互及由此产生的子属性（如通信和协调）及子概念（如与同伴合作和协作），通常将其描述为利用通信和协调的团队协议。集群过程涉及下述相关概念。

（1）通信。智能体必须进行通信以传达智能体之间的意图。通信作为互动的一个组成部分，可以是直接的，也可以是间接的。多智能体中的通信可以通过消息传递或使用共享变量来实现。基于代理知识操作的通信存在多种协议，即自然条件下的类人通信，其中重要的是知识查询和操作语言、知识交换格式和代理通信语言。智能体通信的相关研究贡献已接近标准化状态。

（2）协调。协调作为组织智能体及其资源和任务的一种手段是至关重要的，可以提高代理绩效并解决冲突。Ehlert 讨论了一种通过任务分配方法进行管理协调的简单方法。Ehlert 将任务分配分为集中式、分布式和紧急式。在集中式任务分配中，一个中央"领导者"通过将任务强加给代理（分层）或通过交易/经纪任务进行任务分配。在分布式任务分配中，每个代理尝试通过向其知道具有所需服务的代理发送请求或通过向所有代理发送请求并接受最佳报价来从其他代理获得所需的服务。在响应式系统的特征紧急任务分配中，每个代理都被设计为执行特定任务，因此不需要协商。在 Ehlert 的分类中，出现了另外两个重要的属性，即"谈判"和"竞争"。这些属性可用于协调代理的活动和资源。

（3）集群协议。类似于协调和协作的子概念，在定义和实际操作时经常被混淆。无论是何种协议，每个实体都必须沟通和协调其资源、目标和技能。通过直接或间接的沟通和协调，诸如合作或协作之类的团队协议成为子类属性。简言之，合作的含义可以理解为与其他实体共存，作为共存协议的一部分，它有义务共享一种或多种资源。协作则负责将共存的部分进行封装，其中包含自我激励的共享资源和/或技能，以实现共同目标的动机。

（4）以人为中心的代理。早期的机器自动化及其技术未能真正解决人类的认知过程问题，因为基于感知需求和可用工具需要积极引入自动化。智能体技术可以通过其从认知科学继承的属性来帮助实现这种以人为中心的自动化。

类似人类的推理和决策理论，以人为中心的自动化智能体技术，拥有较大的应用实践潜力。智能体理论可以使智能体成为人类的独立替代品。虽然这些理论表现出类似人类的智能，但其缺乏人际交往能力。当实现智能人类替代时，人类应该拥有最终的"控制权"，并在危急情况下与智能体进行交互，以重新获得控制。这种控制权衡是以人为中心的智能体，通过将人类视为任何系统中的平等组成部分，并在共存中进行交互，使代理技术具有领先优势。这是传统人工智能系统未能提供的。人类互动继承了多代理系统互动中的相同问题，并更加关注与自然界的主动沟通及环境适应性。

（5）学习。人机协作的下一阶段是展示智能体的适应性。这种通过学习而达到的适应性将智能体描述成一个具备智慧的团队成员，尤其是与人类继续通信协作时。"学习"是使人类在交流、合作和适应环境时"感到"舒适的重要属性之一。现代推理模型可能会利用"学习"使智能体更像人类。当前的学习方法与传统人工智能的机器学习存在很强的联系。在认知科学理论和基于奖励的学习方法的帮助下，通过将传统人工智能技术与新的推理模型相结合，可以使混合模型能够更加准确地模拟人类。

计算智能范式可以通过使用智能决策系统来增强人类的决策能力。该系统中使用的方法包括符号逻辑、人工神经网络、进化计算、智能代理和概率推理模型。其中，人工神经

网络通过训练和学习来概括新问题。不确定和不精确的知识可以用模糊逻辑和人工神经网络表示。诸如遗传算法之类的进化计算技术为由诸如多维问题优化之类的算法指导问题演化出解决方案。

6.1.3 结合大数据分析的智能决策

结合大数据分析的决策过程是通过大数据分析技术和工具，从数据内提取有效支持决策的信息。具体数据分析过程需要结合西蒙决策模型中的商业智能和大数据分析。整个决策过程主要包括4个环节，分别如下：

（1）智能环节。本环节主要通过内部和/或外部数据集来找出问题和决策机会。因此，本环节的主要目标是识别大数据源，并从已识别的大数据源中收集数据。这些数据经处理后被保存在任意大数据存储中，如Hadoop分布式文件系统（Hadoop Distributed File System，HDFS）或NoSQL，并由任意大数据工具（如传统数据库管理系统DBMS）管理，经过组织后可呈现给决策者，接着进入下一环节。

（2）设计环节。本环节的主要目的是确定所有可用的解决方案。这就需要付出较大的代价来研究所有可能的替代方案。本环节包括发明、开发和分析可用选项，以找到替代解决方案。在设计环节，需要花费大量时间在共同或单独寻求创建、开发和确定大多数解决方案上，以管理需要决策的问题背景，并且需要大量的创造力和创新来识别和开发设计解决方案。

（3）选择环节。本环节的主要目标是评估在设计环节开发的解决方案，并根据问题的上、下文内容选择最佳解决方案。其结果是要实施的决策（选择最佳解决方案）。西蒙认为，在该环节花费的时间比在设计环节花费的时间要少，可通过评估其影响（优势、劣势）来选择替代解决方案。选择环节包含两个步骤，即评估（通过仿真应用软件ADVISOR或复杂网络分析软件Gephi等大数据可视化工具对解决方案及其效果进行评估和优先排序）和决策（选择最佳解决方案）。

（4）完成环节。本环节的目标是实施前一环节选定的解决方案。因此，需要使用大数据方法和技术来监控决策输出并对实施结果提供即时或定期的反馈。

结合大数据分析的决策过程如图6.2所示，下面介绍其主要环节的功能。

- 数据提取环节：主要目标是收集、存储和集成生成内容项所需的相关信息。为此，将从本地数据源（通常为结构化数据）或外部数据源（通常为非结构化数据）中组合信息以进行额外处理。具体来说，该环节的目标是从大数据中提取决策相关信息。
- 智能环节：大数据的累积价值在分析数据后对机会和替代方案的生成具有至关重要的作用。此外，强调数据表示的重要性也是非常重要的。例如，电子表格使数据模式识别变得困难，但可视化数据分析的图表允许快速识别数据模式，从而推动分析人员的工作。如果出现负面模式或偏差，可以采取纠正措施。数据表示方法对于大数据概念价值的产生尤为重要。基本上，大数据不只是一个关于数据的概念，它也用于新的知识提取，而数据表示对于决策过程至关重要。情报可以定义为从收集的数据中创造价值以找到可用于解决组织问题的相关信息的能力。

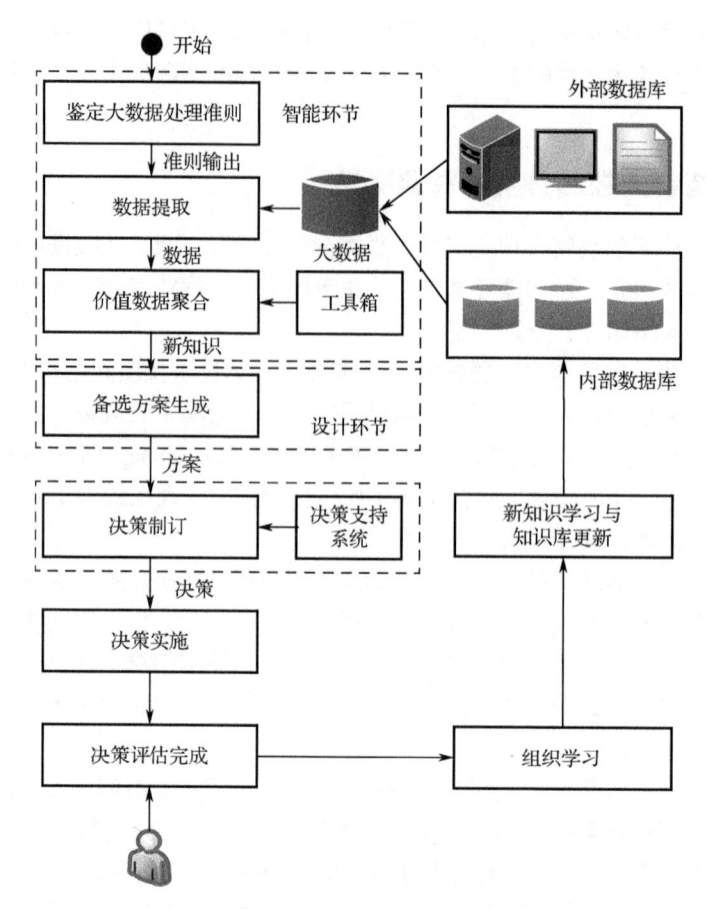

图 6.2　结合大数据分析的决策过程

- 决策制订环节：本环节的主要目标是创建问题的可能解决方案。首先，通过分析数据集，使决策者了解问题的总体情况；其次，由决策者根据对大数据内容应用商业智能技术所做的分析，确定决策问题的替代解决方案。此外，决策制订环节还定义了决策者用来评估每个备选方案的一组标准。
- 决策支持系统环节：根据发现的替代方案和评估标准，开发决策支持系统（DSS），以寻找问题的最佳解决方案。DSS通过推荐最佳替代方案来帮助决策者。
- 决策实施环节：在组织内实施选定的备选方案，以解决已定义的问题。
- 组织学习环节：作为结合大数据分析的决策过程的最后一步，用于生成与决策问题相关的有价值的知识。这些知识被收集、记录并保存在内部数据库中，以提供有关问题域的组织历史记录，并在以后使用。

决策者通过大数据产生的积累价值来识别和选定决策机会。图 6.2 中的模型通过验证将决策者的专业知识与历史数据相结合，以及将决策方法与结构化方法相结合的想法，为增强决策过程的可靠性和权力提供了理论依据。通常为了做出决策，组织会应用一种仅分析历史数据的描述性方法。

6.2 大数据认知计算及方法

6.2.1 大数据认知计算的定义和特性

认知这一术语指的是感知、意识、洞见、推理能力和判断的心理认识过程。认知计算是通过使用计算学科的理论、方法和工具来模拟人类认知的建模过程，目的是使计算机具备与人类相似的模仿、学习、思考、总结的能力，并对多元多样化的信息具备判断能力，从而能够正确决策。然而具备认知计算能力的计算机系统并不能取代人脑工作过程，只能作为辅助工具和途径配合人们的工作，解决人脑不擅长的内容，如大批量查询、比较及长周期计算等。具备认知能力的计算机系统能够较好地拓宽人类工作能力范围。由于认知系统的复杂性，它会涉及信息处理、人机交互、数据分析、体系设计、自主学习等方面，因此，认知计算的实现横跨多个学科和研究领域。

人类的认知过程主要包括两个阶段：首先，通过人体自身的感觉器官来察觉周围的物理环境，并由此输入外部信息；其次，输入的信息被传输至大脑进行复杂处理，如存储、学习等，并将处理结果通过神经系统反馈给身体各部位。人的一生都在不断学习，当大脑的认知能力达到一定程度时，便可实现举一反三，即对信息进行不同维度的转化，其转化结果又能够应用于其他维度，进而产生新信息和新观点。人类的认知过程通过运用生物和自然的手段——大脑和心灵来实现。认知计算系统是在训练过程中模拟人的思维，通过持续学习，获得不断增强的智能性，从而逐步接近人类所具备的认知能力。

理想状态下的认知计算系统应具备以下特性：

（1）知识挖掘能力。认知计算系统能够基于大数据和从大数据中提取的信息或特征中归纳人们所关注和需要的信息，形成知识或经验。

（2）问题洞察能力。当认知计算系统拥有与人类相似的认知能力后，系统能够同时拥有洞察和分析问题的能力，从而在问题发掘、价值创造方面辅助人类更快、更好地达成目标。

（3）理解能力。大数据不仅是单一结构或者标准化的数据，还包括较多的跨域多源异质数据。认知计算系统应在融合异质大数据的基础上，关联跨域信息直接的关系，形成理解认知网络。

（4）辅助能力。认知计算系统应发挥其计算优势，尽可能提供全面、丰富、深入的知识，辅助人们进行决策活动。

6.2.2 大数据认知计算的研究和发展现状

在学术界，主要是从理解、思考和意识3方面来研究认知计算的。首先，认知计算需要考虑从大数据中获取知识，从该角度对认知计算系统展开研究，需要对所需的知识进行形式化。Tian等通过利用概念代数和实时过程代数，将知识形式化。通过结合概念代数和实时过程代数的知识表达系统，有利于从获取的数据中掌握和操作所需的知识。类似地，ElBedwehy等通过使用实时过程代数，将认知语义知识模型的建立过程分为以下4步：①定义知识原型；②将知识划分为相关与非相关的形式；③对知识进行泛化处理；④根据上述3个步骤，设计包括一系列字符规则的算法。

一旦知识的形式被正式建模，认知计算系统就能进行思考，并能通过解释给定的因果关系和概念来自主解决问题。关于这一方面，学术界着眼于从使能认知计算系统会思考的角度对其进行科学研究，大致分为两个方向：低维计算机系统和高维软件架构。例如，Lawniczak 和 Di Stefano 等为认知计算系统提出了一个分层的 5 层架构，该架构由感知层、推理层、判断层、响应层和学习层组成。其中，感知层负责传感器建模并创建外部世界的抽象表示；推理层接收世界模型和传感器输出作为输入，并利用模糊推理机制使认知系统获得世界的逻辑规则；判断层使用推理层提供的模糊规则，帮助世界模型从可用数据中提取特征，创建基于规则的决策模型，并在不确定性的情况下获得估计；响应层由一组自动机组成，这些自动机定义了代理对环境的操作；学习层实现了一个反馈循环，从代理与环境的交互中生成新知识。

大脑赋予人类感觉的能力。关于这一方面，对于认知计算的研究，也有一些工作旨在设计具备感觉（或情绪）的特征的计算模型。例如，为了让计算系统能模拟人的感觉，需要对计算系统所处的环境进行感知。为此，Wang 等提出了一个自动感知引擎和一个推理引擎，其中自动感知引擎允许计算机通过人类行为和经验进行感知。自动感知引擎和推理引擎都使用描述性数学进行形式化处理。

在工业界，根据麦肯锡预测，到 2025 年，移动互联网、知识工作自动化、物联网、云、先进机器人、自动汽车这六大技术领域相关产业的经济规模将达到数以十万亿计美元，而这些产业都离不开认知计算。进入 21 世纪后，在大数据与高性能计算的推动下，认知计算又一次迎来了研究和应用热潮，一个标志性事件就是深度学习在语音、图像、视频等领域取得了商业化应用。谷歌、IBM、微软、百度等公司在认知计算领域加大开发力度，从而掀起了认知计算的商业热潮，驱动了认知技术的飞速发展，机器在特定领域的认知能力开始比肩人类智慧。例如，基于深度学习的人脸识别和图像分类算法精度先后超越人眼，Watson 系统在智力问答竞赛中战胜人类选手等。同时，旨在利用大规模集成电路仿真生物脑的神经元行为的类脑计算，也开始实现商业化应用，如高通计划利用 Zeroth 神经网络芯片优化其手机处理器产品。从当前的研究和应用情况看，认知计算已取得一系列进展，众多信息科技公司开始逐步加大对认知计算研发的投入。例如，华为公司在冯·诺依曼架构和类脑架构下，同时开展认知计算布局和产学研究。

6.2.3 大数据认知计算方法

从功能层面上讲，基于大数据的认知计算的目的是使计算机具备与人类相似的模仿、学习、思考、总结的能力，并对多元多样化的信息具备判断能力，能够辅助人类决策甚至自我决策。认知计算是一项系统工程，也是实现智能的途径。而大数据是帮助人们获取对事物和问题更深层次的认知并做出决策的保障。基于认知计算实现智能决策，涉及多个领域的技术。随着大数据和智能时代的到来，为了实现数据认知目标，根据"数据获取—知识提取—认知决策"的逻辑，认知计算系统需要包括以下关键使能技术：

（1）数据挖掘。认识计算需要从大数据中提取知识。为实现基于认知计算的大数据智能决策，需要针对大数据的潜在问题，设计相应的数据挖掘技术。例如，多样性是构成大数据复杂性的主要因素之一。实现综合且全面的决策，往往需要融合多源数据，这些数据

在组织、结构、表达、分布等方面具有不同的形式。这些特性对多源数据的融合、分析、协同决策等构成巨大的挑战。目前，通过分布式知识获取与协同的方法可以有效实现多源异构数据的协同感知与交互。

日益加快的人、机、物之间的交互活动，使大数据呈现动态性。对于大数据的处理，使能技术不能仅局限于闭环数据集。这些技术不能满足由于大数据的动态性所产生的决策及时和决策准确性的需求。目前，针对大数据这一特性，增量式机器学习方法相较于传统闭环场景下的机器学习方法，能够有效缓减大数据发生分布漂移、概念漂移的问题。

（2）机器学习/深度学习。认知计算用于解决理解和推理的问题，因此学习能力是认知系统的关键。机器学习/深度学习是实现该能力的重要支撑。机器学习涵盖概率论、统计学、近似理论和复杂算法，以模拟人类学习方式为实现目标。传统机器学习的研究方向主要包括人工神经网络和贝叶斯网络等多个方面。

深度学习作为机器学习中的一个重要领域，通过使用大量数据进行迭代训练，获取特征学习能力，得到有效的特征学习模型，以准确完成视觉任务。深度学习模型包括输入层、隐藏层和输出层3部分，每层之间通过权重连接，整个训练过程由前馈映射和反向传播学习实现。

（3）计算机视觉。它是指用光学传感器（如摄像头）代替人眼，以图像方式对目标进行摄取，通过计算机端的模型或者算法进行图像处理，对摄取的目标进行识别判断，并进行跟踪或测量，从而满足计算机视觉系统对目标的业务需求。计算机视觉技术赋予计算系统"看"的能力。人类通过眼睛直观地分辨周围的环境并做出判断。计算机视觉技术的出现使计算机可以通过算法进行人类识别、图像识别、视频分析等，并根据识别结果为人类的判断和决策提供参考。

（4）自然语义处理。它是在人机交互的道路上使人类与计算机顺畅交流的重要依靠。自然语言处理技术以语言为对象，利用计算机技术进行分析、理解和处理，量化文本中的字符序列，形成定量化的语言编码，并作为人与计算机之间的交流媒介。从该技术的进展来看，当前距离通用高质量的计算机自然语言处理系统尚有差距。

（5）知识图谱与知识推理。知识图谱融合知识表示与推理、信息检索与抽取及数据挖掘等技术的交叉研究，是实现人工智能从"感知"跃升到"认知"的基础。知识图谱的本质是一种由关联性知识组成的网状知识结构，对机器表现为图谱，其形成过程即建立对行业或领域的理解和认知，拥有规范的层次结构和强大的知识表示能力。在内容维度，知识图谱是一种表达规范、关联性强的高质量数据表示；在技术维度，知识图谱可解释为一种使用图结构描述知识和建模万物关联关系的技术方法；在价值维度，知识图谱实现了基于语义连接的知识融合和可解释性，成为人类思维与机器路径思维的转换器。此外，知识图谱借助概念上下位关系、属性类型及约束、图模型实体间关联关系，同时结合业务场景定义的关系推理规则，实现对推理和决策的有力支撑。

在认知计算系统的研究中，知识推理扮演非常重要的角色。它的任务是发掘知识、常识之间的逻辑关系，并为最终的知识决策提供逻辑依据。

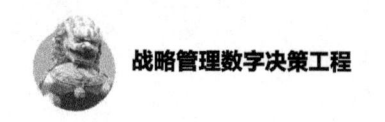

6.3 仿真大数据认知演化计算方法

与知识密切相关的是以认知系统为基础的人类自然智能，诸如人类的学习、推理等认知行为都是以知识为基础的。人类的思维过程是问题求解的根本过程。Turchin 在提出元系统跃迁理论时指出"在人脑中运行试错方法的速度比在现实中快很多"，这说明通过对人类思维机制进行模拟，有望得到比基于自然选择机理的智能算法更高的求解效率。创造性思维是解决复杂问题的重要途径。钱学森在提出求解复杂问题的综合集成方法时指出"创造性思维是智慧的源泉"。近期的研究发现，通过计算机对创造性思维进行建模、模拟，有望使计算机达到并产生等同于人类水平的创新能力。将这类研究称为创新计算。借鉴认知心理学和创新计算的相关研究成果，使创造性问题求解的认知过程和行为算法化，从而提出一种新的可用于复杂问题求解的智能算法——认知演化算法（Cognition Evolutionary Algorithm，CEA）。

6.3.1 知识-解互映射平行演化机制

任何思维成果的形成都是由心理因素驱动的行为层面的研究与心理层面的研究相结合的过程，即解的演化过程受其心理目标演化过程的支配。问题求解过程没有采用从旧解到新解的直接演化机制。在演化形成新解的过程中存在一个从旧解到知识空间的映射过程，而新解的产生则是一个由知识空间到解空间的映射过程。这种演化机制就是知识-解互映射平行演化机制，如图 6.3 所示。

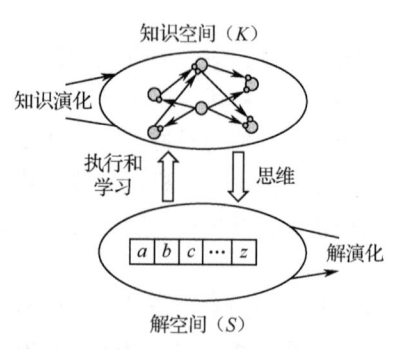

图 6.3 知识-解互映射平行演化机制

假设知识空间为 K，解空间为 S。执行和学习映射是指通过解的学习而形成知识，可表示为 ELM：$S \rightarrow K$。ELM 实际由两个映射合成：①执行映射将解作用于外部环境生成数据样本；②学习映射将数据样本映射为知识。

思维映射是指通过基于知识的思维过程产生新的解，可表示为 TM：$K \rightarrow S$。平行演化是指在 CEA 的执行过程中知识空间和解空间处于同时演化的状态，并且知识空间演化和解空间演化是相互关联的。这种关联性是由 ELM 和 TM 产成的，即通过 ELM 从旧解中产生新知识，使知识空间发生演化；通过 TM 在当前知识空间形态的基础上产生更为合理优化的解，使解空间发生演化。互映射是指从解空间到知识空间的执行和学习映射，以及从知识空间到解空间的思维映射。

6.3.2 认知演化算法的基本框架

创造性问题的求解可看成是由记忆、学习、创造性思维和执行 4 部分组成的，其中创造性思维又包含两类思维技巧——发散思维和收敛思维。

CEA 可以用六元组进行描述，即 CEA=$\langle L, M, V, D, C, E \rangle$。其中，$L$ 为知识学习模块，M 为记忆模块，V 为价值体系模块，D 为发散思维模块，C 为收敛思维模块，E 为执行模

块。图 6.4 所示为 CEA 的基本框架,已标明各模块之间的关系。

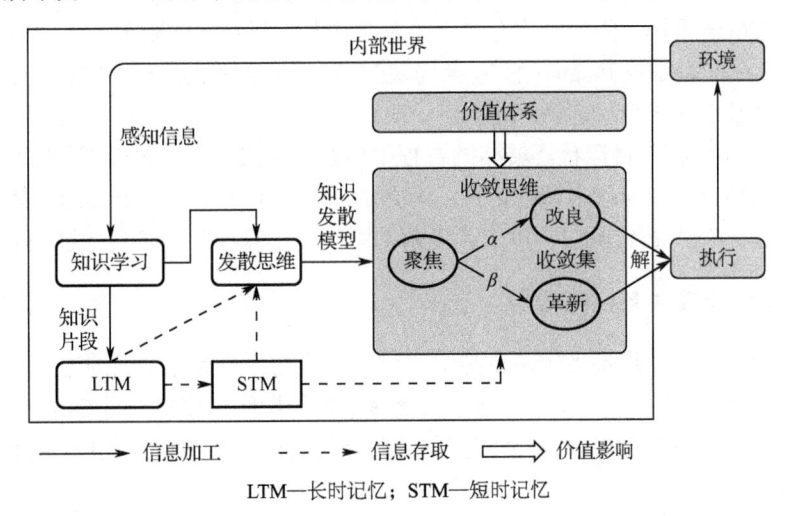

图 6.4 CEA 的基本框架

各模块的作用分别如下:

(1)知识学习模块通过学习从环境中感知的信息来形成知识。

(2)记忆模块对通过学习得到的知识进行组织和管理。

(3)价值体系模块是表征"思考者"价值取向的标准,用于对整个解或部分解进行价值评估。价值体系会对各思维模块产生影响。

(4)发散思维模块负责将已有的知识进行组合,以形成结构化的知识发散模型。该模型可以看成是一个由人脑内部知识的自组织过程所形成的知识发散模型,也可看成是一个包含若干可行解的集合。

(5)收敛思维模块是在发散思维模块得到的知识发散模型的基础上,按照一定的规则从中选取一个由若干可行解组成的收敛集,并创造性地进行改良或革新以得到新的解。

(6)执行模块将通过思维模块产生新的解作用于环境。

6.3.3 实现步骤

1. 解和目标

定义 6.1(解和局部解):解是目标系统的输入,在 CEA 中表示为长度为 l 的字符串。字符串中的每个分量称为局部解。解的全体称为解空间,用 S 表示。$s=\{l_{si}|l_{si}\in \text{LS}, i=1,2,\cdots,l\} \in S$,其中 l_{si} 为局部解,LS 为局部解空间。

解是系统的输入,可控制系统从当前状态转移到期望的目标状态。解其实就是系统状态转移过程中采用的手段集合,每个局部解 l_{si} 都是一种促使状态发生转移的手段。局部解空间则是这些手段的集合。每种手段都可能使系统发生状态上的转移: $s_i \rightarrow s_{i+1}$。

定义 6.2(目标和子目标):目标是指系统期望达到的状态,也是一个解所能产生的效益。目标可以表示为 $o_i=\{st_i|i=1,2,\cdots,m\}$,其中 st_i 为子目标。每个子目标 st_i 都具备以下 3 种属性:标识 ID_i、值 v_i、完成度 ϕ_i。$O_i \in \Omega$,Ω 为子目标空间中包含的在目标达成过程中可能存在的子目标集合。v_i 可能是连续型或者离散型。

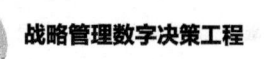

在 CEA 中不妨将局部解与子目标看成是一一对应的关系，即每个局部解都唯一存在一个与之对应的子目标，因而必定存在一个从局部解到子目标的映射。

定义 6.3（全局映射和局部映射）：全局映射将一个目标映射为一个解，局部映射将一个或多个子目标映射为一个局部解。

CEA 假设系统在向目标状态转移的过程中要依次达成若干子目标，这些子目标按照达成序列排列，形成一条问题求解的路径。解是达成目标的手段，每个局部解都会对应一个或多个子目标。CEA 在求解前，除了确定解的编码，还需要确定子目标空间。

2．知识学习模块和执行模块

知识学习模块的作用是确定子目标的完成度并建立各子目标之间的定量关系，这种关系的表达就是知识。由于 CEA 中包含了大量对知识的操作，故知识是 CEA 的核心。知识学习模块和执行模块是 CEA 中两个直接与外部环境进行交互的模块，也是认知系统能够持续演化的动力源。

（1）知识片段表示。结合问题求解的需求，对知识片段的概念进行定义。

定义 6.4（知识片段）：知识片段是指由子目标按照顺序连接而成的知识结构，可表示为 KF=$\{(st_i, st_j, r_{ij})| st_i, st_j \in \Omega, r_{ij} \in Re\}$，其中 Re 是子目标达成效果之间影响关系的集合。

根据知识类型的不同，st_i 和 r_{ij} 可用不同的方法表示。例如，用贝叶斯网络的形式表示，st_i 就是贝叶斯网络节点，而 r_{ij} 则是各节点所维护的条件概率表。知识模型的选取既要与问题相关，也要能反映知识片段的特征和包含的信息。

（2）解到知识的映射方法——执行和知识学习。执行模块将解作用于环境，环境即产生一个响应（用数据集表示），因此执行可表示为从解到数据集的映射过程，即 execute：$S \rightarrow DS$。其中，S 为解空间，DS 为数据集。知识学习是从数据集到知识片段的映射过程，可表示为 learn：$DS \rightarrow KF$，其中 KF 为知识片段。在 CEA 中并未规定具体采取何种学习方法，在解决实际问题时应根据问题的特点灵活选择。知识学习方法与具体采用何种知识模型密切相关。

3．记忆模块

记忆模块包含长时记忆（LTM）和短时记忆（STM）两类记忆。其中，LTM 用于存储学习得到的知识片段；STM 用于存储思维的过程数据。记忆模块可表示为 $M=<LTM, STM>$。

LTM 是知识片段的容器，通过学习得到的知识片段存于其中。LTM 可以表示为 LTM=$<KF>$。其中，KF 为知识片段集合，KF=$\{kf_i | i=1,2,\cdots,n\}$，$kf_i$ 为独立的知识片段，$kf_i=<D_{kfi}, t_{kfi}>$，$D_{kfi} \in R^+$ 为 kf_i 所对应解的目标达成程度，$t_{kf\,i} \in Z^+$ 为知识片段在 LTM 中存在的时间。

STM 是在思维过程中临时开辟的记忆空间，以供开展思维活动。STM 可以表示为 STM=$<C_{STM}>$。其中，C_{STM} 为 STM 的容量，用于控制 CEA 中发散思维的思维发散度，而思维发散度决定了在相同知识条件下所能产生的解的数量。

4．发散思维模块

发散思维是将知识片段按需组装的过程。在没有问题触发的情况下，知识片段以独立

的形式存于 LTM 中。一旦有问题触发，知识片段就会按照问题的特征进行组合。发散思维将不同知识片段中的子目标进行重新组合，产生新的目标达成路径。

发散思维通过对记忆模块中存储的某些知识片段进行组合，形成知识组装树（Knowledge Assembly Tree，KAT），并从中找到当前知识条件下所有的可行路径。发散思维可用 divergent：LTM→KAT 的映射来表示。其中，divergent 由两个步骤组成：记忆提取和知识组装。

（1）记忆提取。将知识片段从 LTM 中提取出来是发散思维的基础。知识片段的提取由刺激强度 D_{kfi} 及知识片段存储时的最大知识片段的数量控制；D_{kfi} 说明了知识片段对应的解所能达到的目标程度，由刺激时间 t_{kfi} 控制。C_{LTM} 称为记忆提取能力，决定了从 LTM 中能提取的最大知识片段的数量，刺激强度越大，越不容易遗忘；t_{kfi} 说明知识片段在 LTM 中存在的时间，其值越大，越容易被遗忘。

（2）知识组装。在 CEA 中采用知识组装树模型对知识片段进行组装。

定义 6.5（知识组装树）：知识组装树是将知识片段进行按需组合而成的数据结构，可以用五元组表示，即 KAT=<o, M, C, S, C_{STM}>。其中，o 为目标节点，能够表征问题特征；M 为普通节点集合；C 为节点之间的有向边集合；S 为每个节点所维护的关系参数；C_{STM} 为 STM 的容量，这里对应于 KAT 中所包含的最大路径数。

目标节点是指 KAT 中负责描述问题求解目标的节点。KAT 中有且只有一个目标节点。KAT 中的目标节点表明了发散思维的目的性。普通节点是指 KAT 中除目标节点外的所有其他节点。从问题求解的角度看，普通节点代表与问题求解相关的子目标。源节点是指在至少一条知识片段中不含有父节点的节点。

路径是指从 KAT 中任意一个源节点到目标节点所经历的有序通路，可表示为 path=($v_1, v_2, \cdots, v_m$)，其中 $v_i \in m \cup o$。一条路径代表了问题求解的一条可能的"道路"。

KAT 本质上就是在已有的知识条件和认知水平（由 LTM，C_{LTM} 和 C_{STM} 决定）下列举所有可能的解决方案。同时在 CEA 中需要保证可以找到某个映射将一条路径转化为解。这种假设在一般情况下都是可以保证的。C_{STM} 反映了人类工作记忆的大小，对应于 STM 的容量，具备更大容量的 STM 可以提高思维发散度。

路径可以看成是一类特殊的知识片段，但是知识片段与 KAT 中的路径并不存在一一对应的关系，即参与 KAT 构建的所有知识片段均能在 KAT 中找到其对应的路径，但不是 KAT 中的每条路径都能找到与其对应的知识片段。该性质说明发散思维在本质上已经具备"组合创新"的能力。

5. 价值体系模块

潜在的价值观是指导人们进行决策和行动的关键因素。问题求解是带有目的性的，目的性本身意味着系统的内在价值。CEA 是面向问题求解的，因此其内部行为都需要知道如何做能更好地求解问题，或者如何做会使问题求解结果变得更糟，而不是一个完全随机的过程。这个判断过程需要一个价值体系进行指导。具体而言，CEA 中的价值体系主要有两个作用：①对解的满意度进行估计；②对子目标进行评估，以辅助问题的分解。

对 CEA 的价值体系定义了 5 类价值，每一类价值都对应一条路径及路径中的节点。

（1）目标价值 $V_a(T)$。它是问题求解追求的最终目标，用于度量路径 a 满足需求的程度。

它所包含的 est(·) 是目标估计函数，其估计准确度与知识的精度和估计方法有关。目标价值的主要作用是对路径满意度进行估计。

（2）子目标价值 $SV_a(T,T_i)=V_a(T)-V_a(T|st_i)$。其中，$V_a(T|st_i)$ 表示当路径 a 中的子目标 st_i 未能达到时 a 的目标价值。子目标价值用于度量子目标的达成对最终目标达成的贡献。

（3）潜在价值。它表示子目标达成程度对目标达成程度的影响程度，用于表明子目标达成对目标价值实现的提升程度。

（4）期望投入。它被定义为 $EI_a(st_i)=\dfrac{v_e-V_a(T|st_i)}{PV_a(T,st_i)}$，表明为了达成目标，子目标的达成度需要提升的程度。其中，$v_e\in R^+$ 为目标的期望价值；由决策者指定的 $V_a(T|st_i)$ 表示当达成子目标 st_i 时所能产生的目标价值。

（5）附加投入。它表示子目标期望投入与实际投入之差，用于表明为了达到满意的目标达成度，子目标达成度还需提高的程度。

这 5 类价值均可通过路径中的关系 r_{ij} 进行计算，其中子目标价值、潜在价值、期望投入和附加投入都具有评估局部解的作用。需要指出的是，这里虽然给出了 5 类价值的定义，但是每类价值的具体计算方式与知识的表示形式紧密相关。因此在处理具体问题时，需要将这些价值的计算方式实例化。

6．收敛思维模块

收敛思维将发散思维所形成的知识发散模型通过聚焦、改良或革新操作来形成新解。

（1）聚焦操作。利用已有的知识片段进行知识组合将会产生若干条路径。人类在思考问题时不可能同时对多个对象进行考察，而是在思维进行到一定阶段后通过一个"聚焦"过程，留下有限的几个对象，这就是思维收敛的过程。

（2）改良操作和革新操作。改良操作和革新操作均包括两个步骤：

① 根据一定的定位准则定位路径中的某个普通节点，将所定位的节点称为操作对象。定位准则与价值体系有关。

② 通过改良操作改进操作对象，以提高操作对象的完成度；通过革新操作从子目标空间中随机选择一个对象作为节点，以替换路径中的操作对象。

7．CEA 算法总体流程

根据上述各模块的研究，给出 CEA 的总体流程。

（1）初始化参数：记忆提取能力 C_{LTM}、短时记忆容量 C_{STM}、创新风格 creative_style、创新风格参数 α、收敛集维度 ncon、最大迭代次数 iteration_num。如果 creative_style = 1，则初始化期望价值 v_e。

（2）确定解的编码方式和子目标空间 Ω。

（3）生成初始解集合 S_{init}，且当前集合 $S(0)=S_{init}$ 时，$t=0$。

（4）如果 $t<$ iteration_num，则分别执行 $S(t)$ 中的每个解 $data\_set_i = execute(s_i)$，得到 ncon 个数据样本，否则转至步骤（10）。

（5）通过 $kf_i = learn(data\_set_i)$，将 ncon 个数据样本映射为知识片段。

（6）将上一步中得到的知识片段存入 LTM 中。

（7）对长时记忆 LTM(t)中的知识片段进行发散思维，即 KAT(t) = divergent(LTM(t))，得到知识组装树 KAT(t)。

（8）对 KAT(t)中的所有路径进行收敛思维，即 Scon(t)=convergent(KAT(t))，得到收敛解集合 Scon(t)。

（9）对 Scon(t)中的每个解进行改进和联想操作，即 $S(t+1)$= IA(Scon(t), creative_style, v_e, $α$, $β$)，得到新解集合 $S(t+1)$，$t = t+1$ 后，返回步骤（4）。

（10）返回 $S(t)$中的最优解 s。

6.4 企业和城市数字大脑发展状况

新一轮科技革命和产业变革方兴未艾，数字化正在深刻改变着人类的生产生活方式。作为新基本建设的重要内容，企业和城市数字大脑需要技术创新和社会创新。未来，企业和城市数字大脑管理运行的领域、类型与内容还将不断扩展，借助数据挖掘技术、云计算存储与分析技术、人工智能等专业领域的进步，可改善城市在管理模式和理念方面的发展，构建数字化、智慧化城市数字大脑，提升城市治理体系，促进治理能力现代化。作为推动数字化转型的重要抓手，企业和城市数字大脑在我国整体上处于发展起步阶段。

6.4.1 企业和城市数字大脑的总体架构

企业和城市数字大脑是信息时代人工智能技术促生智慧城市建设的产物。企业和城市数字大脑是类人脑的复杂巨系统，总体架构涵盖物联网技术、大数据技术、互联网、移动通信、机器人技术、云计算等前沿技术，通过城市数据资源的网络化，实现整合、融合、共享和开发。在企业和城市数字大脑未来形态的总体架构中，应以城市大数据平台、城域物联感知平台、城市信息模型平台、应用支撑模型平台4个平台为核心，提升城市治理和城市服务。

（1）大数据平台。大数据平台是企业和城市数字大脑架构的最底层支撑。随着数据处理技术的不断进步，城市级大数据资源越来越丰富。通过对全域全量数据的挖掘、汇聚、清洗、融合、存储，进一步设计城市信息模型，提升数据资源利用能力。大数据平台的高效利用能够驱动以数据实现城市治理。城市级大数据除了具有量大的特点，还具有多源异构、动态更新的特征。

目前，城市数字大脑的建设依旧存在诸多技术问题，面向城市各种业务的数据资源整合和智能利用仍有差距，但是多数是停留在数据的共同存储级别，仅能够服务于各类业务数据共享。

（2）物联感知平台。实现智能化设施的接入，其基础是先将全域内的终端设备和传感器级联实现全域感知，之后为不同参与者提供物联服务。因此，物联感知平台是用户终端和服务应用之间的基础保障。对于企业和城市数字大脑，其核心功能包括数据、接口、协议和设备的管理多个部分。接口协议的制定向下一层感知设备，能够使各种感知终端适配兼容，进行感知数据的聚合。感知数据向中间的设备开发者、管理者提供运维管理、警告、控制等服务，向上一级管理服务层级，能够为开发者提供物联数据的解析、关联和分析等管理服务，支持物联感知平台感知数据的创新应用。

（3）信息模型平台。该平台基于城市地理信息，分类分层次加载大数据平台和物联感知平台，包含建筑、交通网、桥梁等单元。信息模型是承载城市发展细节和发展态势信息的载体。在信息模型平台基础上，可接入城市交通等公共信息系统资源，使城市云状状态数字化、可视化，并运用仿真技术、机器学习等对城市发展的趋势进行模拟。

（4）应用支撑平台。该平台是支持和保障企业和城市数字大脑实现的重要技术，采用模块化方式封装应用服务、城市模型服务、共性应用组件服务、信息模型服务和核心使能服务，配置满足灵活性且对组件应用有较高的效率。共性应用组件服务涵盖身份认证、信用服务等底层支撑技术；信息模型服务包括空间数据信息分析和虚实场景融合等；核心使能服务包括机器学习、深度学习、云计算、大数据处理等新技术能力，支撑上层应用的实现。

6.4.2 企业和城市数字大脑的建设模式

相对于智慧城市建设，企业和城市数字大脑的技术更复杂、技术快速更新迭代、集成要素更多样化，因此需要提出因地制宜的创新建设运营模式。目前，国内企业和城市数字大脑的建设主要有3种模式：

（1）企业总包建设运营模式。数字大脑建设工程交由大型企业负责。大型企业凭借其流动资金资源、人才资源，在统一统筹组织下，与政府开展合作，完成城市数字大脑建设。该模式具备的优点是系统之间的整合平滑，政府组织的难度也较低。

（2）"领军企业生态圈建设+主导企业"运营模式。该模式的组织实施方为智慧城市建设部门，总体架构和核心模块设计则交由领军企业负责。该模式需要构建专业化的企业生态圈，从生态圈中整合多家企业完成数字大脑建设。建设完成后，运营工作由主导企业负责运行。该模式在建设过程中聚集企业生产力，但是不利于政府统一组织统筹。

（3）政企合作组建公司开展建设运营模式。该模式将主导企业和参与建设的其他专业化企业合资，与政府合作，推动领军企业的技术方案实现。参与建设的其他企业负责后期运营维护。该模式在建设过程中有效整合企业资源，每个阶段都有专业化的公司来负责。

从原理上来说，企业和城市数字大脑是一个复杂巨系统，建设和运营都需要整合和协调内外部的财政资源、人才资源和技术资源。对于内部而言，需要强化统筹，有序组织政府中的多个部门，形成合力；对于外部而言，需要建设企业和技术生态，形成产业联盟，将市场中有利于数字大脑建设的资源进行聚合。企业和城市数字大脑建设遵循"需求导向、顶层设计、示范引领、分步实施"的思路稳步推进，建设内容应符合城市发展态势、建设需求和经济发展状态。将建设期分为不同阶段进行，各个阶段制订建设重点和建设目标，有效推进企业和城市数字大脑在基础、推广、应用、运维方面的建设。

6.4.3 企业和城市数字大脑的建设示例

1. 中国系统的信创数字大脑

智慧城市的建设已进入一个新的时期。诸如深度学习、语音识别、物联网等成熟的新兴技术使数据得以汇聚，各地新成立的大数据中心也从机制上保证了多个分支中心的业务数据能够聚集，多个业务部门负责的事务可以集合到一个场景中进行解决。

尽管如此，依赖于智慧城市的成果，建设城市数字大脑仍存在一些问题。例如，虽然城市里遍布摄像头，但当真正使用它们时，往往会因这些摄像头的归属不同，导致数据无法联通使用。目前，海量的政务数据、社会数据经实时的汇聚、共享和在线计算，催生了大量应用，也进一步推进了智能应用创新和业务融合，同时，各类系统对安全性的要求也越来越高。为应对这种情况，中国系统（中国电子系统技术有限公司）提出了信创数字大脑建设方案，通过数字赋能层使城市数字大脑建设上升到一个新的高度。

中国系统的信创数字大脑，除了融合大量先进数字技术进行技术赋能，最重要的就是将数据要素流程化，实现数字赋能。信创数字大脑的核心是与产业相结合，帮助用户解决实际的业务难题，实现产业赋能。目前，信创数字大脑的数字赋能层搭建的平台已经拥有600余个成型的流程，通过这些流程，可使自主可信、安全的基础设施快速赋能给涉及国计民生的各个关键领域。

中国系统凭借在多个数字城市建设中积累的实践经验，依托强大的全国产自主研发能力推出的信创数字大脑，采用"数字底座层+数智赋能层+场景层"的"1+1+1"三层架构，如图 6.5 所示，实现"上云用数赋智"。除了为城市数字化转型提供技术引擎，信创数字大脑的数字智能还提供引擎，通过结合当地业务实际问题，解决城市治理和服务中诸如管理确权确责、服务效率提升等热点问题。信创数字大脑通过数字底座层提供自主可信的安全平台、云平台、大数据平台、人工智能平台、自动化流程平台及数字孪生技术平台等通用技术产品，为上层各业务应用场景提供安全驱动的技术协同。同时，通过数字赋能层为城市整合存量数据、开发增量数据，进而形成数据金库、盘活数据资产、释放数据价值，并利用人工智能修正政务管理和服务中的业务流程，进而形成好的城市经验资产。数字化沉淀到信创数字大脑中，并与当前城市服务与管理的不足进行精准匹配，赋能城市的业务流程再造，进而快速提升当前城市的治理现代化水平。

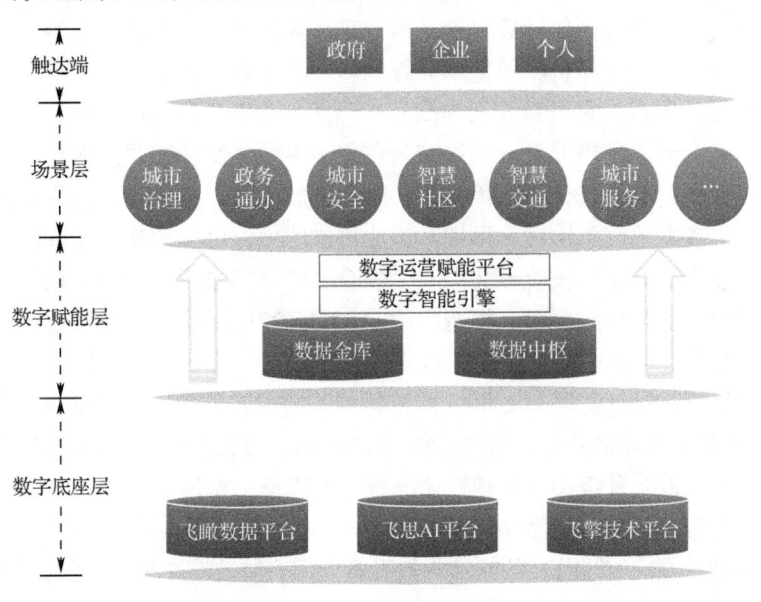

图 6.5 信创数字大脑的三层架构

在全国的试点城市中，信创数字大脑的建设取得了较好的成果，已经为重庆、天津、

武汉、南昌市新建区、长沙县等数十个市县区各级政府沉淀数据金库、提供数字赋能服务，并持续进化、优化城市公共资源、数字及资产配置。其中，在天津，依托信创数字大脑构建的天津红桥区社会治理平台，通过搭建区、街道、社区和基础网格四级网格化服务平台，实现社会治理网格化全区覆盖；在四川德阳，市域社会治理资源调度中心利用信创数字大脑构建"城市一张图"和"领导驾驶舱"，实现城市运行态势全掌握、数据资源全调度、城市决策全辅助；在南昌市新建区，数字城市运营管理中心以应用需求为牵引，围绕城市治理、公共安全、应急指挥、经济运行、营商环境5个方向，完成24个部门、31个系统的数据整合，利用"数据驾驶舱"呈现城市实时运行态势，实现新建区城市治理智能化和精细化、城市服务便捷化。

2. 新华三集团的"数字大脑计划"

面对市场上快速增长的对于智能化的需求，新华三集团创新智能数字平台，使产品和解决方案更智能；通过对多种智慧应用场景进行探索和实践，辅助客户的业务处理过程变得更智能；通过提出和升级"数字大脑计划"，支撑多种智慧应用的研究、探索和实践。

数字大脑是数字化时代的能力核心。在"数字大脑计划"的建设过程中，新华三集团将紧密结合数字基础设施、AI使能的数字平台和行业应用，结合行业生态，形成聚合。在新华三集团的"数字大脑计划"中，采用"4+N"模式的架构。"4+N"模式中的"4"表示"智能数字平台"，"N"表示"智慧应用生态"，其中具备多种应用场景。"4+N"模式以"智能数字平台"作为依托，打造智慧生态应用，为客户打造专属"数字大脑计划"。整体来看，"数字大脑计划"的核心架构可以概括为以下方面：

（1）数字基础设施。即由计算、存储、联接和终端构成的4条产品线。每个部分都包括主流产品或者技术路线，如计算包括异构计算、弹性计算、边缘计算等；而终端包括物联网、边缘网管、台式计算机和笔记本计算机、智慧屏等产品。

（2）云和智能平台。它以紫光云为核心，包括紫鸾平台和绿洲平台。紫鸾平台构造了包括公有云、私有云、同构混合云、边缘云在内的多种云交付模式。绿洲平台为开发生态而生，立足于数据运营、低代码应用开发、融合集成平台，以成熟的应用创新引擎提升业务上线能力，以成熟的生态协同套件提升行业集成能力，可以承载上层各行各业的应用。

（3）主动安全。基于"安全云化"与"安全AI"两个方向，以AI赋能、多云管理、同构混合、原生安全为核心要素，打造主动安全的云智原生能力，并通过云安全服务的模式，灵活对接公有云、私有云、混合云等多类云场景。

（4）统一运维。通过实现U-Center统一运维平台的智能化、云化创新升级，整合生态资源以构建IT服务人才供应链，同时依托All In One一站式运维管理服务等创新，秉持管理模式革新、平台技术升级、人才建设协同推进的理念，打造"智简、至暖、致远"的统一运维能力，为客户数字化转型保驾护航。

"4+N"架构中的"N"代表各行各业的智慧应用，如数字金融、智慧制造、智慧交通、智慧医疗、智慧教育等。对于"N"个行业应用，新华三集团通过不断升级的"数字大脑计划"来满足不同行业的复杂需求，并根据行业的特性进行量身定制，简化或突出某一部分能力。目标是做好智能数字底座层，并以此为基础，通过结合具体的行业需求，孵化多

种应用。

"数字大脑计划"的升级版本已实现六大核心能力的突破（见表 6.1），可为数字大脑的建设护航。

表 6.1 "数字大脑计划"升级版本的六大核心能力

能 力 项 目	目 的 概 述
智能基础设施	提供强大算力保障和安全数据通道
智能云平台	资源灵活调度、全栈服务和 AI 原生架构
智能安全	确保从云到端的全面安全和态势感知
智能运维	智能全域运维和云上/云下协同运作
智能数据平台	丰富的大数据处理引擎与 AI 计算架构
智能算法	智能资源调度和智慧应用算法

6.5 战略调控决策数脑解决方案

战略选项分析方法用于研究战略调控决策数脑解决方案，它包括多选项组合优化方法和战略导航仪方法。多选项组合优化方法包括投资、项目、装备、能力等不同层次的组合优化。例如，递归拼图计算体系就是先从一系列可供使用的作战单元中，动态抽取一部分进行组合，过程类似拼图游戏；再通过迭代计算，实现用最少的资源组合来达到最好的效果，完成在指定组合下的最优决策。战略导航仪方法的理论基础是马立克（Malik）战略理论，典型方法是华为公司基于 SWOT 矩阵的战略管理分析方法——通过对企业优势（Strength）、企业劣势（Weakness）、企业机会（Opportunity）和企业威胁（Threateness）构建矩阵，分析公司业务布局、业务推广并提升服务质量。

下面分别介绍战略调控决策数脑解决方案中的 5 种战略选项组合方法：DOTMLPFP 组合、DSM 组合、SCMILE 组合、CCI-CP/ABM 组合及 ENAR 组合。

6.5.1 DOTMLPFP 组合

从 20 世纪 90 年代开始，世界局势发生很大变化，军事技术在加快发展的同时，也在加剧扩散，潜在对手对先进技术的获取变得相对容易。因此，美国面临的威胁越来越多元化，当时的军事需求生成系统（RGS）采用"基于威胁"的方式，需求多根据具体、特定的威胁分析得到，这种军事需求生成方式面临挑战。为了建立与美国最新军事战略配套的军队发展需求生成机制，美军于 2003 年提出了"基于能力"的需求生成机制，重点强调通过提升自身作战实力，应付多种不确定的威胁，而联合能力集成与开发系统（JCIDS）因为符合该需求生成机制，成功取代了原有的军事需求生成系统（RGS）。JCIDS 将能力作为其核心概念，采用包括条令、组织、训练、装备、领导和教育、人员、设施、政策的 DOTMLPFP 能力框架来确定集成化军事能力解决方案。DOTMLPFP 包括条令（Doctrine）、组织（Organization）、训练（Training）、装备（Materiel）、领导和教育（Leadership & Education）、人员（Personnel）、设施（Facilities）、政策（Policy）。

DOTMLPFP 这 8 个方面的因素需要综合协调考虑，以便更好地实现战略目标。在这些因素的组合考虑下，实现战略决策调控过程，主要完成 4 个循环步骤，如图 6.6 所示，这 4 个步骤不断循环，有效持续推动战略管理。

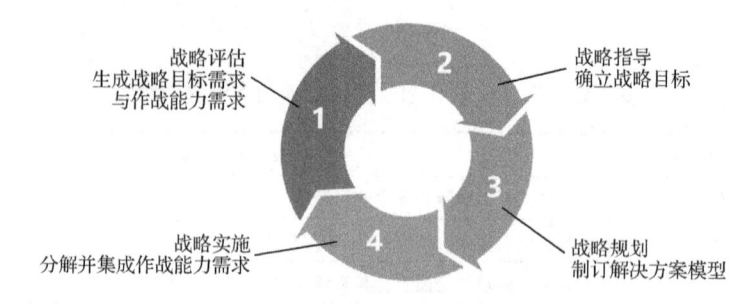

图 6.6　战略决策调控过程

6.5.2　DSM 组合

设计结构矩阵（Design Structure Matrix，DSM）是一种表示和分析系统模型的通用方法。它是一个方形矩阵（行和列的数量相等），用于显示系统中各元素之间的关系。许多系统的行为和价值在很大程度上是由其组成元素之间的相互作用所决定的，因此，DSM 变得越来越重要。相对于其他系统建模方法，DSM 有以下两个主要优势：

（1）能够提供一种简单、简洁的方式来表示一个复杂的系统。

（2）适用于强大的分析，如聚类（促进模块化）和排序（使过程中的成本和进度风险最小化）。

DSM 既与其他基于方阵的方法有关，如依赖图、优先矩阵、贡献矩阵、邻接矩阵、可达性矩阵和 N 方图，也与非基于方阵的方法有关，如有向图、方程组和架构图及其他依赖模型。矩阵在系统建模中的使用可以追溯到 20 世纪 60 年代。然而直到 20 世纪 90 年代，这些方法才得到相对广泛的关注。

早期的研究工作使用图来进行系统建模，尽管图在管理复杂结构中的使用已被普遍认可。例如，考虑一个由 3 个元素（或子系统）组成的系统：元素 A、元素 B 和元素 C。DSM 的工作假设是为了建模，这 3 个元素能够完全描述系统及其行为特征。可以研发一张图来形象地表示这个系统。系统图的构造允许用图上的一个顶点/节点代表一个系统元素，连接两个节点的边则代表两个系统元素之间的关系。从一个元素到另一个元素的影响的方向性由一个箭头而非简单的链接来体现，由此产生的图被称为有向图或简单的二维图。

图 6.7 所示的数字图（有向图）的矩阵表示具有以下特性：

- 它是二进制的，即只有 0 和 1。
- 它是正方形的，即行和列的数量相等。
- 它有 n 个行和列，n 是数字图的节点数。
- 它有 k 个非零元素，k 是数字图中边的数量。

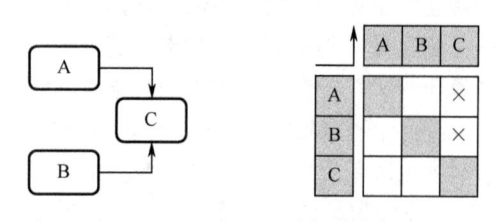

图 6.7　有向图及矩阵表示

矩阵布局如下：系统元素名称作为行标题放在矩阵的侧面，作为列标题横放在顶部，二者顺序相同。如果存在一条从节点 i 到节点 j 的边，那么元素 ij（第 i 行，第 j 列）的值是统一的（或标记为×）；否则该元素的值为零（或留空）。在系统的二进制矩阵表示中，矩阵的对角线元素在描述系统时没有任何解释，

因而需要留空或涂黑，同时将这些对角线元素视为节点本身的代表。

二元矩阵在系统建模中非常有用，可以表示系统中成对元素之间存在或不存在的关系。与数字图相比，矩阵表示法的主要优点是紧凑性和提供系统元素之间的系统映射的能力，并允许在整体结构的背景下对有限的元素集进行详细分析。因此，它提供了一种在正式方法中进行依赖性建模的定性方式。

6.5.3 SCMILE 组合

SCMILE 框架是一种基于业务的方法，用于捕捉和模拟军事能力的依赖性。它有许多较好的特性，如简单性、通用性和普遍性，并被设计成适用于不同规模且在结构上是模块化的，以支持封装。SCMILE 确定了 6 项核心业务：感知（Sensing）、指挥控制（Command & Control）、交战（Engagement）、信息流动（Information Mobility）、物质流动（Physical Mobility）、后勤补给（Logistics Supply）。SCMILE 能够简单明了地描述一个实体的功能和互动的最小的概念集，适用于各种情况下实体的功能和相互作用的一组概念，并且能较为完整地覆盖军事能力的需求，同时保留了常规的军事术语和概念，以使军队人员易于理解。

上述 6 项核心业务可以用一个倒金字塔表示，如图 6.8 所示。顶层的"感知-决策-参与"与经典的决策周期非常相似，有时被描述为"观察-决策-行动"或 OODA（观察-定位-决策-行动）循环。这些可以被粗略地描述为"做"的功能或服务，是实现目标的标准行动。中间层关注物理物体移动（物理移动）和信息人工制品（信息移动）移动的必要性，它是顶级行动的推动者。底层的后勤补给涉及发展和维持一个实体所需的所有活动，其中一些活动是实时发生的，另一些活动则可能已经执行了。SCMILE 的 6 项核心业务可被视作提供了描述一个实体的最低限度的集合。通过类比，用于描述人的基本功能的"看、思、动、行、说"和"生活"，可以直接映射到业务上。

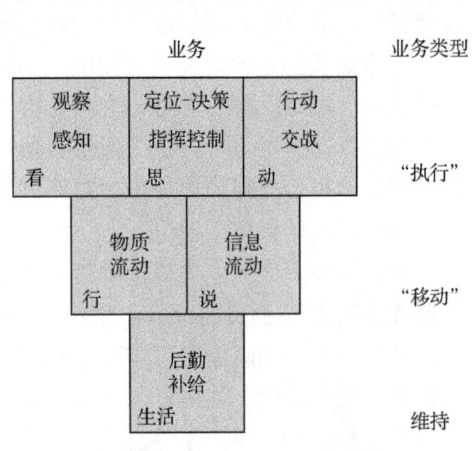

图 6.8 SCMILE 6 项核心业务的概念模型

根据 SCMILE 的 6 项业务指标，可以对某个作战场景中的组成实体的相互依赖关系进行提取，进而构建 SCMILE 矩阵。SCMILE 的结构在本质上是可扩展的，能够在不同的系统规模下应用，而在设计上是模块化的（能够被组合），可以支持封装（能够在隐藏细节的情况下进行聚合）。这些特点使其具有广泛的适用性和扩展潜力。

SCMILE 是一种对信息时代和工业时代的军事力量进行建模的方法，虽然两者的重点不同，但都涉及实体的分布及与其相连的信息和实物的移动。在一个基于服务的方法中，每个连接都被视为一个受益于消费者和产生生产者之间的服务交换，从而明确了每个服务的生产者和消费者之间的关系，并使系统相互依赖的设计变得更透明。

6.5.4 ABM 组合

基于活动的方法（Activity Based Methodology，ABM）作为一种新的架构范式被开发，用来建立一个公用方式以表达 DoDAF 的综合信息。ABM 使用独立于工具的方法来开发完全集成的、明确的和一致的 DoDAF 视图，以支持"未来"架构及其差距分析。它以数据为中心，用于架构元素和产品渲染，并支持基于核心的架构元素的跨产品关系。ABM 能够充分体现"静态"的活动/信息流结构模型，以便将其转换为"动态"可执行的流程模型，从而可以分析随时间推移的操作和系统行为及其相关成本。

ABM 采用以下原则：
（1）存在一套统一的操作和系统架构对象，分为实体、关系和属性 3 种对象类别。
（2）4 个操作实体和 4 个系统架构实体共同提供一个综合架构的核心基础构件。
（3）架构实体是在创建一个特定框架时手动输入的产品。
（4）几个 DoDAF 关系和属性架构对象类别（如信息交换）可以由核心实体自动形成。
（5）两个 DoDAF 产品可以用图形呈现，也可作为报告文件呈现。

ABM 操作和系统架构开发的工作流程包括 8 个步骤，分为 3 个手动设定输入步骤、1 个手动关联步骤和 4 个自动化步骤。需要手动设定的有实体模型、节点和功能单元。三元组实体和节点及节点角色将实现自动连接，体现为节点之间的信息交换。当存在多个实体和节点时，节点之间的信息交换通过矩阵来实现。

若系统资源是随时间而变化的，则对其进行行为分析，不能利用静态模型进行识别或正确理解。ABM 能够实现向动态可执行模型的过渡，并对复杂的、动态的操作和人与系统资源的互动作用进行分析。提供从集成架构中得到的可执行架构的时间和成本，是基于架构的整体投资战略的第一步。最终需要将架构与资金决策结合起来，以确保投资决策与任务目标及其结果直接相关。

静态模型只表明实体的活动必须能够产生和消费信息，并未提供关于信息如何或在何种条件下被生产/消费的细节。而动态执行模型（随着时间的推移）则可以精确地定义信息在何种条件下被实际生产/消费。一个可执行的架构可以被定义为一个动态的活动模型，它由角色（在组织内）利用资源（系统）在操作节点上执行，以产生和消费信息。

动态执行模型可产生性能的衡量标准和有效性的衡量标准，以便在作战环境中发挥资源的作用。此外，该模型还提供了保证部队有效性的措施，以确保采用系统的组织在完成其任务方面的总体成功。通过比较使用系统和不使用系统两种情况，可以确定系统对整体效能的贡献。

ABM 通过结合架构开发指导与符合要求的架构工具，形成集成架构。集成架构又与与模拟工具和方案相结合，形成可执行架构。集成架构、可执行架构及分析工具和方法提供了量化的可操作信息，这又可以支持资金决策、采购、系统工程和投资战略。

6.5.5 ENAR 组合

作战网评估（Operational Net Assessment，ONA）作为一种新的方法，有可能极大改善对战斗空间所有要素的了解。作战网评估提供了一种方法和框架，以发展可操作的知识，并帮助决策者在需要的时间、需要的地方以需要的方式集中能力，以达到预期效果。ONA 可以扩展己方对对手的看法，使其成为一个复杂的、适应性强的系统。这将有助于中央指挥部协调和整合军事工具、军事手段及其他针对对手的国家力量的工具，使其更有效率和效果。这种合作过程及其产品不仅促进了作战，也促进了作战和战术层面的规划、执行和

评估。

ENAR是一种基于效能的方法，具体包括效果（Effect）、节点（Node）、行动（Action）、资源（Resource）。其中，效果是一个系统的物理和/或行为状态，它由一个或一组军事或非军事行动产生；节点是一个系统的基本组成部分，它可以指一个人、一个地方或一个物理事物；行动是针对一个特定节点的活动；资源是针对特定节点的能力。以上4部分实体之间的联系可用链接进行描述，该链接可以是行为的、物理的或功能的。基于效能的方法包括4个主要部分：①知识优势、基于效果的计划过程、动态的适应性执行；②基于效果的行动；③基于效果的计划过程、动态和适应性的执行；④准确、及时的效果评估。

从ONA的角度看，这种评估方法的意义在于它提供了一个与体系评价相关联的途径，以核查对手的政治、军事、经济、社会、基础设施及信息系统和子系统，并建立ENAR数据库。用对手的行为来评价效果，将贯穿于基于效果的计划、执行和评估过程。

ONA通过提供一个更全面的视图，对中央指挥部的责任区域和具体的重点领域提供更全面的看法，从而实现基于效果的行动。这样就能更深入地了解对手的政治结构、军事能力、经济体系、社会结构，以及信息和基础设施网络中的复杂关系、相互依赖性、优势和脆弱性。通过将对手视为一个体系，探寻如何利用己方全部力量来达到预期作战效果。ONA产生了预先分析的行动和杠杆点，包含在一个全面的ENAR数据库中。规划者通过使用该数据库，对特定的危机进行更新及制订可能的行动方案。通过上述过程，ONA帮助决策者将能力集中在解决以何种方式在何时、何地产生预期效果的问题上。

ONA帮助基于效果的规划者通过ENAR联系机制将特定任务的政策目标与战术行动联系起来，使每项行动的预期结果更加明确。在设计上，这一过程将分散的行动与战役目标联系起来，形成了战役分析的基础。

参考文献

[1] 于洪，何德牛，王国胤，等. 大数据智能决策[J]. 自动化学报，2020, 46(5): 878-896.

[2] 谢新水. 多元价值、大数据与决策不确定性的应对策略[J]. 北京工商大学学报：社会科学版，2014, 29(6): 109-114.

[3] PHILLIPS-WREN G, ICHALKARANJE N. Intelligent decision making: An AI-based approach[M]. [S.l.]: Springer, 2008.

[4] EHLERT P, ROTHKRANTZ L. Intelligent agents in an adaptive cockpit environment [J]. Delft University of Technology, Netherlands, Research Report Ref. DKE01-01, 2001,2.

[5] ATHAMENA B, HOUHAMDI Z. Model for decision-making process with Big Data [J]. Journal of Theoretical & Applied Information Technology, 2018, 96(17): 5951-5961.

[6] TIAN Y S, WANG Y X, GAVRILOVA L M. A formal knowledge representation system for the intelligent knowledge base of a cognitive learning engine[J]. International Journal of Software Science and Computational Intelligence, 2011, 3(4).

[7] EIBEDWEHY M N, GHONEIM M E, HASSANIEN A E, et al. A computational knowledge representation model for cognitive computers[J]. Neural Computing and Applications, 2014, 25(7-8): 1517-1534.

[8] MEROLLA P, ARTHUR J, AKOPYAN F, et al. A digital neurosynaptic core using

embedded crossbar memory with 45pJ per spike in 45nm [C]// IEEE custom integrated circuits conference. Piscataway, NJ: IEEE, 2011: 1-9.

[9] AMIR A, DATTA P, RISK W P, et al. Cognitive computing programming paradigm: A corelet language for composing networks of neurosynaptic cores[J]. International Joint Conference on Neural Networks, 2013: 1-10.

[10] LAWNICZAK A, STEFANO B N D. Computational intelligence based architecture for cognitive agents[C]//Procedia Computer Science. [S.l.:s.n.], 2010: 2227-2235.

[11] WANY Y X. Cognitive informatics: Towards future generation computers that think and feel[C]// IEEE International Conference on Cognitive Informatics. Piscataway, NJ: IEEE, 2006: 3-7.

[12] 王磊, 王维平, 杨峰, 等. 认知演化算法[J]. 计算机科学, 2010, 37(9):1-7.

[13] TURCHIN V F. The phenomenon of science [M]. New York: Columbia University Press. 1977.

[14] 王磊. 协同攻击任务规划认知演化计算研究[D]. 长沙：国防科技大学，2010.

[15] 王磊，黄寒砚，吴红，等. 巡航导弹协同攻击体系目标仿真优化[J]. 系统仿真学报，2011, 23(9): 1-6.

[16] 胡坚波. 关于城市大脑未来形态的思考[J]. 学术前沿，2021, (9): 51-57.

[17] 中国系统. 信创数字大脑白皮书[Z]. 福州：第四届数字中国建设峰会，2021.

[18] 数字大脑计划升级，全面更新开启"智·变"时代[Z]. 南京：智行·见远 2021 NAVIGATE 领航者峰会，2021.

[19] 张婷婷，蓝羽石，宋爱国. 马赛克作战模式的递归拼图计算体系[J]. 指挥与控制学报，2020, 6(4): 1-8.

[20] LOWE D. A service-based approach to force design, integration and analysis[C]//Annual INCOSE International Symposium. [S.l.:s.n.], 2017:1506-1519.

[21] LUI F, LOWE D, Andrew Flahive, et al. Architecture-based SCMILE service framework for systems[C]//Integration Annual INCOSE International Symposium. [S.l.:s.n.], 2017: 996-1010.

[22] RING S J, NICHOLSON D, THILENIUS J, et al. An activity-based methodology for development and analysis of integrated DoD architectures[M]. [S.:l.]: IGI Global, 2004.

第 7 章

战略推演系统工程原理

> 战略推演常用于装备采办等战略层面的相关领域。本书尝试将战略推演引入军事力量建设领域，并将其视为一种决策的方案调整和优化活动。本章围绕战略推演决策，以 OODA 原理、使命工程方法、MBSE 技术和数字工程战略为技术支柱，将战略推演决策引入力量建设领域和战略管理范畴，并提出基础理论指导。

决策制订是一个难以建模的问题，类似于"一个特定的部队指挥员需要哪些信息"。只有在知道指挥员需要做出何种决定时，才能解决这个问题。同时，信息的及时性评估只能根据指挥员做出决定的时间范围来进行。指挥员对信息的准确性和真实性的评估将影响其决策速度，也可能影响最终的决定。

多年来，决策过程的研究一直是心理学中一个活跃的分支，其前身可以追溯到 18 世纪中期。在 20 世纪 80 年代初期，关于决策的研究相当刻板，但在当时则是一项非常成功的工作。这一时期的研究通常着眼于静态环境下比较简单的决定，使用者是没有经验的受试者。事实上，经验已被视为一个混淆因素，可以进行控制，但无法避免。上述研究对决策的本质产生了许多见解，但无法避免对研究中的人为决策环境产生反应。这种反应在 20 世纪 80 年代开始增速，并在 1989 年美国陆军赞助的会议上形成了一个新的研究分支，称为"自然决策"。其支持者避开实验室环境，寻求研究专家在"现实生活"环境中做出的决策。这在起始阶段是很难实现的，但现实虚拟环境的发展为研究自然环境下的决策提供了一个强大的工具。

虽然自然主义决策研究为决策过程提供了新的视角，但在理解这些过程的理论基础上仍存在相当大的不确定性。因此，从业务分析的角度出发，自然主义决策研究中的建模过程应尽可能简单合理地遵照当前接受的范例。相关研究表明，军事模型只用两个量就能描述决策过程，即做出决策的速度和最终决策的质量或可靠性。

本章主要介绍战略推演决策中的几种方法与思考，具体包括 OODA 原理、使命工程方法、MBSE 技术和数字工程战略。

7.1 系统工程知识建模

在复杂系统中寻找简单概念化表达是众多科学工作者的追求，也是观测世界和改造世界的重要驱动力。战略管理作为复杂巨系统，它的成功不可能以偶然、随机的方式发生，

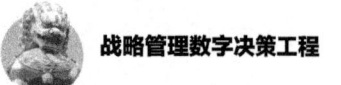

而应考虑其需要、期望、用户需求，以及涵盖这些设计功能的备选架构。早期决策对研究成败至关重要，决定了需要沿用的概念方案、研发方向及最终成果的特征。

对复杂系统的研究，可以追溯到20世纪80年代，钱学森倡导并亲自参与了3个讨论班：人体科学讨论班、系统学讨论班和思维科学讨论班。这3个讨论班对提炼"开放的复杂巨系统"起到了很大的作用。国内以"开放的复杂巨系统"及其方法论为代表的系统复杂性研究，是从系统科学出发，将"开放的复杂巨系统"的研究作为创建系统科学的基础层次——系统学的突破口，从而建立系统科学从基础理论到工程实践的完整体系结构。

按照钱学森提出的现代科学技术体系结构，系统科学是现代科学技术体系中的一大门类。在系统科学体系中，处于应用技术层次的是系统工程，它是直接用来改造客观世界的工程技术；处于技术科学层次并直接为系统工程提供理论方法的有运筹学、控制论、信息论等；而处于基础理论层次的则是系统学。本节主要对系统工程知识建模进行阐述，系统工程知识建模分为6个维度，分别是系统化知识建模、图谱化知识建模、功能化知识建模、模式化知识建模、架构化知识建模、实例化知识建模。下面对每类知识建模进行阐述。

7.1.1　系统化知识建模

系统建模是指建立一个新系统，用来模拟或仿真原有系统。模型是对实际系统的简化表示，用于提取和反映所研究系统的基本性质。模型的表现形式包括直觉模型、实物模型、模拟模型、图表模型及数学模型。其中，数学模型又包括参数模型、非参数模型、模糊及神经元模型、区域规划模型、网络模型、黑箱模型、黑板模型及遗传算法模型等。

首先，系统建模应在宏观上明确具体的目标及所需，避免出现方向错误；其次，系统建模能加深对软件项目的理解，通过构造项目模型/原型系统，明确项目核心功能；最后，通过相对完善的系统建模，系统建模能较好地分清各模块的定位、功能及关系，并为后续讨论各模块功能、确定各模块接口标准、量化各项功能指标等具体工作提供依据。

从本质上讲，系统数学模型是从系统概念出发的关于现实世界的一小部分或几方面的抽象的"映像"。因此，系统数学模型的建立需要实现如下抽象：输入、输出、状态变量，以及它们之间的函数关系。这种抽象过程称为模型构造。在抽象过程中，必须联系真实系统与建模目标，其中描述变量具有非常重要的作用，它是可观测或不可观测的。从外部对系统施加影响或干扰的可观测变量称为输入变量。系统对输入变量的响应结果称为输出变量。输入、输出变量对的集合，用于表征真实系统的"输入-输出"性状（关系）。

系统工程有自己的最佳实践，并且这些实践的完善已持续了数十年。这些最佳实践中的几个至关重要的过程步骤对产生的信息、用于建模的信息观点，以及任何用于系统工程的方法都有很大影响。最佳实践具体如下：

（1）分层开发，包括领域分析、概念分析、系统分析、子系统分析及组件分析。

（2）规范一个系统的工作内容及其行为和分开建造的方法，并将行为模型与结构模型分离，把设计工作留给设计工程团队。

（3）确立权衡标准和权衡过程实施步骤，从众多可能的解决方案中找到一个接近最优的系统解决方案，并通过不同的行为映射到不同的组件集的结构上。为了开发一套可供选择的设计以进行评估，需要有独立的行为和结构模型。

（4）在每一层的发展中都建立或完善实施计划。

7.1.2 图谱化知识建模

图谱化知识建模是实现"睿德1号"预实践平台的关键技术，其作用是通过知识图谱的形式展现复杂系统的知识。一方面，采用知识图谱的表现形式可以将众多复杂的知识用统一的框架进行表示，有利于系统的全面分析；另一方面，利用知识图谱的自动化构建与嵌入学习技术，可以对数据中包含的知识进行高效的萃取和深入的补全推理。图谱化知识建模以架构化知识建模为基础，在建立复杂系统的本体库，并提取系统的实体、关系及相关属性知识后，以三元组的形式进行可视化展示。它主要包括图谱数据模型设计技术与图谱构建技术两方面内容。

1. 图谱数据模型设计技术

数据模型采用资源描述框架（RDF），该框架的本质是一个数据模型，它定义了案例图谱数据的逻辑组织结构及其操作和约束，决定了数据管理需要采取的有效方法与策略，对于存储管理、查询处理、查询语言设计都至关重要。RDF模型基于图结构，用顶点表示实体，用边表示实体间的联系，这种一般和通用的数据表示方式恰好能够自然地刻画案例数据之间的广泛联系。

2. 图谱构建技术

领域知识图谱的构建是获取领域知识的过程，它具有较强的系统性，涉及众多技术手段，但其基本流程具有一定共性，主要包括下述7个步骤。

（1）模式设计。它是传统本体设计需要解决的问题，其基本目标是在架构化知识建模的基础上，将认知领域的基本框架赋予机器。在所谓的认知基本框架中，需要指定领域的基本概念及概念之间的关系，并明确领域的基本属性、属性的适用概念及属性值的类别或范围。例如，"高度"属性一般适用于低空作战的概念，其合理取值是数值。此外，领域还有大量的约束或规则，如对于属性是否可以取得多值的约束。

（2）明确数据来源。它是指明确建立领域知识图谱的数据来源。领域知识图谱的数据可能来自互联网的领域百科爬取、通用百科图谱的导出、内部业务数据的转换或外部业务系统的导入。应尽量选择结构化程度相对较高、质量较好的数据源，以降低知识获取的代价。

（3）词汇挖掘。人们对于某行业知识的学习，都是从该行业的基本词汇开始的。因此，需要识别领域的高质量词汇、同义词、缩写词及常见情感词。

（4）领域实体发现（或挖掘）。需要指出的是，领域词汇只是领域中能够被识别的重要短语和词汇，但未必是领域实体。从领域文本识别某个领域常见实体是理解领域文本和数据的关键操作。在实体识别后，还需对其进行实体归类。能否将实体归入相应的类别（或者说将某个实体与领域类别或概念进行关联），是实体概念化的基本目标，也是理解实体的关键步骤。实体挖掘的另一个重要任务是实体链接，即将文本里的实体提及（Mention）链接到知识库中的相应实体，它是拓展实体理解、丰富实体语义表示的关键步骤。

（5）关系发现。关系发现，或者知识库中的关系实例填充，是整个领域知识图谱构建的重要步骤。关系发现根据不同的问题模型可以分为关系分类、关系抽取和开放关系抽取

等。其中，关系分类旨在将给定的实体对分类到某个已知关系上；关系抽取旨在从文本中抽取某个实体对的具体关系；开放关系抽取（OpenIE）则是从文本中抽取出实体对之间的关系描述，它们也可以混用。例如，根据开放关系抽取得到的关系描述将实体对分类到知识库中的已知关系上。

（6）知识融合。因为知识抽取来源多样，不同来源得到的知识不尽相同，这就对知识融合提出了要求。知识融合需要完成实体对齐、属性融合以及数据的规范化。其中，实体对齐是识别不同来源的同一实体；属性融合是识别同一属性的不同描述；不同来源的数据通常有不同的格式、单位或者描述形式，如日期有数十种表达方式，这就需要按照统一格式进行规范化处理。

（7）质量控制。知识图谱的质量是图谱构建的核心问题。知识图谱的质量可能存在以下基本问题：缺漏、错误、陈旧。知识缺漏对于自动化方法构建的知识库而言尤为严重。即便如此，构建一个尽可能完整的知识库仍是任何一项知识工程的首要目标。既然自动化构建无法做到完整，补全成为提升知识库质量的重要手段。补全可以基于预定义规则，也可以从外部互联网文本数据进行补充。自动化知识的获取不可避免地会引入错误，这就需要纠错。根据规则进行纠错是基本手段，知识图谱的结构也可以提供一定的信息帮助推断错误关联。质量控制的另一个重要问题是知识更新，它是一个具有重大研究价值，却未得到充分研究的问题。因为很多领域都有一定的知识积累，但这些知识无法实时更新。

通过上述流程可以得到一个初步的领域知识图谱。在实际应用中会得到不少反馈，这些反馈作为输入能够进一步指导上述流程的完善，从而形成闭环。此外，除了上述自动化构建的闭环流程，还应充分考虑人工的干预，如人工补充，它在很多时候是行之有效的方法。

7.1.3　功能化知识建模

系统工程的功能化知识建模是研究系统工程的重要理论工具，也是实现系统或体系能力的中间产物，它在项目建设、装备发展、软件实现及人事管理方面发挥了重要作用，具有简单性、直观性、结构性、可迭代性、易操作性的特征。其优点是在全生命周期中充当定海神针的角色，以便于用户、利益相关者与设计者之间的交流和完善。

功能化知识建模是指基于一定的研究目的，提出对研究对象知识的表示方法，以便在研究过程中找到一种语言，可以直观清晰地进行多利益相关者的分析研究和交流。功能化知识建模常被认为是用于定义系统、体系的底层功能及其排序关系的一种正式的技术。

功能化知识建模的核心在于功能流图的形成，即使用格式化的、一致的图形方法，包括功能块、流连接和方向，以及显示功能事件之间的联系及其对高层功能的可追溯性的各种方式。功能流图能够通过简单的图形符号（如框图、箭头、点等）和自然语言，全面清晰地描述系统、体系的功能活动和数据流，以及各活动、数据流之间的关联。功能流图的思想是按照自顶向下、逐层分解的结构化方法描述和建立系统、体系的功能模型。需要注意的是，功能流图只表达了系统、体系所具备的功能，并不涉及功能的具体实现方法。

功能化知识建模首先需要确定系统或体系的边界。通过定义系统的内外关系及其来龙去脉，结合利益相关者的需求确定系统范围，把控系统分析的基准。在确定系统边界后，结合功能需求的分析，将系统或体系分解为更底层的模块，并建立模块之间的控制关系和

数据交互关系，模块则用于实现功能。

在"睿德 1 号"决策推演平台的建设过程中，功能化知识建模发挥了重要作用。"睿德 1 号"决策推演平台的使命定位是根据国防领域战略决策数字化转型要求，提出新一代决策支持平台。为了满足竞争需求，需要结合五年发展规划，开展年度评估、先期评估、例行评估、中期评估、总结评估等规划计划执行评估工作。基于功能化知识建模的方法，明确"睿德 1 号"决策推演平台的使命任务，并结合功能需求自顶向下地解析体系的各分系统及其与功能的对应关系，以及分系统之间的交互关系。

7.1.4 模式化知识建模

系统工程的模式化知识建模不仅是研究系统工程的重要方法，也是认识世界和改造世界的标准样式，还是理论和实践之间的中介环节。它具有一般性、简单性、重复性、结构性、稳定性、可操作性的特征，对控制质量、多人合作及功能扩充有利。

对于复杂系统的模式化符号化研究，比较有名的方法有软件工程领域的 UML 方法、针对普通系统工程领域的 SysML 方法，以及对象过程法（OPM）。OPM 和 SysML 两种方法体现了两种不同的系统建模途径，均被系统工程知识体系指南列为引领标准。考虑到多类视图不利于系统工程知识的模式化表达，因而采用 OPM 来模式化表达系统工程。

对象过程法是一种系统建模范式，用于描述系统内的要素、对象和过程。其概念非常简洁，只包括两个最基本的内容：带状态的对象（存在的事物）和改变状态的过程。对象用来描述系统（或产品）是什么，过程用来描述系统干什么。OPM 具有以下优点：

（1）OPM 同时运用图形和文字两种方式进行模型描述，这两种方式可以实现互换并传递同样的信息。

（2）OPM 可以清晰表达系统多方面的重要特征，如拓扑关系、层次分解、元素接口和功能涌现。这样建模人员就可以创建抽象视图，并通过放大功能查看具体细节。

（3）OPM 语义是针对系统工程领域的，因而能够对信息、硬件、人员、法规等进行建模。

OPM 基于统一图形进行描述，同时考虑功能（效用）、结构（形态）和行为（动态特性）。

"睿德 1 号"决策推演平台包括态势分析系统、对策研判系统、决策优化系统、体系试验系统和路径试航系统。其中，态势分析系统包括红方 CCI 问题研判、蓝方 CCI 问题研判、双方攻防问题匹配、SWOT 层面的 CCI 排序和发展路径规划，采用 OPM 能够表达双方关键能力问题及其匹配关系；对策研判系统包括 CCI 能力包项目需求仿真、CCI 能力包建设兵棋推演、CCI 能力包项目筛选测算及 SWOT 层面的项目效益排序，采用 OPM 能够描述能力包项目需求、当前能力短板、项目的测算推演和综合分析及项目效益排序等环节；决策优化系统包括项目层、装备层、兵力层、能力层方案组合优化方法，采用 OPM 可以表达项目组合优化、路径功效协同仿真、仿真数据挖掘、功效知识模型及认知演化计算引擎等环节；体系试验系统包括 CCI 外场链路试验环境、CCI 内场实时设计环境、多链合约加载环境及多链体系仿真环境，采用 OPM 能够描述体系智联网仿真试验床的所有环节；路径试航系统包括战略布局图、战略走向图、平衡计分表和行动计划表，可以采用 OPM 进行描述。

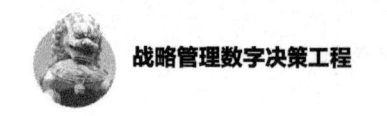

7.1.5 架构化知识建模

企业架构定义了企业的关键组件构成及其之间的关系，以及指导企业设计和随时间演化的原则与指南。其中，"企业"不只是经济生活中狭义的工商企业，还是一个广义的"企业"，泛指一切组织，如政府、军队及社团团体等。

企业架构包括两类典型的服务场景：

（1）国防单位、机构的信息化规划。主要方法是基于顶层架构方法论，对国防单位、机构等组织开展信息化体系规划，通常以业务架构和信息化战略作为顶层输入，分析企业的信息化现状，并设计目标信息化架构及其演进路线。

（2）战法和装备体系的论证和设计。主要指基于 DoDAF 方法，针对作战场景开展作战场景分析和装备体系的论证、设计与建模。

元模型是基于特定语言的某种应用模型表达空间的陈述集，即模型的模型，或是对应用模型元素的定义和表述。在企业架构工作中，需要利用元模型对企业建模进行指导和规范，以使其内部各子系统能够在整个企业范围内保持一致性。

联邦企业架构（FEAF）由美国联邦政府实施，旨在将其机构和职能统一在一个共同的企业架构下。在 FEAF 出现前，美国联邦政府的许多机构已经开始建设企业架构，并提出许多企业架构框架理论，这些理论及其实践虽然为 FEAF 的创建提供了借鉴，但也对一个全局性的联邦企业架构的建立带来了不小的挑战。由于联邦企业架构管理的信息资源分布于各个机构之中，FEAF 必须能够便于每个机构采用，并且不能影响各个机构已有的企业架构。因此，FEAF 采用了一种片段式结构，即将整个联邦政府架构视为若干片段，每个片段对应某个特定的业务领域，同时针对每个片段采用架构描述方法，以对各个业务领域进行架构描述。这样联邦政府架构的建设就可以被分割为若干小型的针对某一业务领域的企业架构的建设，并最终组合成整体企业架构。

7.1.6 实例化知识建模

领域特定建模是近年来软件工程领域关于系统建模的一种新范式，强调直接针对应用领域和应用问题设计建模方法和建模语言，领域建模人员只需采用领域内熟悉的概念及其关系来描述领域问题，对于领域模型的求解和执行则通过模型变换与语义锚定技术动态映射到预先实现的计算模型上。特定领域的建模方法是一种以模型驱动开发为核心的方法，因为其建模元素和元素间的联系是从领域中直接提取的，所以该方法的抽象级别更高。

如何将抽象的语言转变为开发者易于理解的可执行的语言，是一个需要研究的问题。SysML 是近年提出的用于系统体系架构设计的多用途建模语言，也是 UML 语言在系统工程应用领域的延续和拓展，用于对由软硬件、数据和人综合而成的复杂系统的集成体系架构进行可视化的说明、分析、设计及校验，解决系统工程面临的建模问题。SysML 作为系统工程的标准建模语言，是在 UML2.0 的子集进行重用和扩展的基础上由国际系统工程学会和对象管理组织提出的。它不仅解决了系统工程师和其他学科之间关于系统需求和设计的有效通信问题，提高了系统工程过程的质量和效率，还解决了因使用不同符号和语义的建模语言和技术（如行为图、IDEF0、N2 图等）而导致的彼此之间不能互操作和重用的问题。

通过特定领域建模（DSM）与 SysML 的结合，将 SysML 变成一种可执行的语言进行实例化知识建模，针对特定领域开展建模方法论和领域模型应用。朱宁在其论文中利用领域特定建模的思想和技术，以 DoDAF 元模型为基础，从具体类型武器装备体系（如空军、海军或无人机突防体系等）架构的领域特定建模语言设计与开发的角度出发，提供了一体化解决武器装备体系架构建模与仿真问题的方法。该方法提出基于 DSM 的武器装备体系架构建模与仿真框架，通过本体对具体类型的武器装备体系架构进行领域分析，以获取领域特定建模语言的组成元素（领域概念和关系），同时利用 Eclipse 建模框架在元建模框架及图形建模框架的基础上描述和细化领域特定建模语言的抽象语法、具体语法和静态语义，并在 WESS 仿真系统的支撑下依托架构仿真模型和决策模型框架定义领域特定建模语言的动态语义，最终支持领域专家使用其熟悉的领域概念及关系构建架构模型，实现架构驱动的武器装备体系效能仿真，全面支持武器装备体系的研究。其研究成果包括：①提出基于 DSM 的武器装备体系架构建模与仿真方法，搭建基于 DSM 的武器装备体系架构建模与仿真框架；②提出基于本体的武器装备体系领域分析方法，设计并实现了武器装备体系领域特定建模语言驱动化元建模技术；③提出基于模型框架的武器装备体系领域特定架构建模驱动效能仿真方法，设计并实现了武器装备体系领域特定架构建模到仿真模型的转换机制。

7.2 战略推演决策的 OODA 原理

在军队中，最著名的整体决策过程模型是 OODA 循环，它将决策视为 4 个步骤的产物，始于观察环境，终于行动。在行动结束后立即进行进一步观察，以确定其结果，因此，整个流程被描述为一个循环。

7.2.1 决策循环

OODA 循环的概念是由 Boyd 在 20 世纪 70 年代末至 80 年代初提出的，但未正式发表，主要源于 Boyd 对战斗机飞行员决策过程的观察。一些评论家认为这种战术情况的相对简单性是质疑 OODA 循环是否普遍适用于军事决策的理由。然而许多军事分析员发现 OODA 循环是有用的。例如：

（1）史密斯（Smith）在《中途岛之战》的高级分析中使用了 OODA 循环，并给出了其他战略层面的示例。

（2）Moon 等对 OODA 循环进行了更为抽象的讨论，并在此基础上对网络中心战进行了评论，美国国防部的官方报告也使用 OODA 循环来说明网络中心战的概念。

（3）Polk 批判性地审视了 OODA 循环在土地领域的应用，其在这一领域的质疑可能是最大的。

（4）Posadas 和 Paulo 选择 OODA 循环作为陆地领域随机作战模型的概念基础之一。

上述示例表明，OODA 循环已经成为理解军事决策制订的有用工具。罗森（Lawson）的控制理论模型假设了 5 种情况：感觉、过程、比较、决定、行动。其中，过程、比较和决定之间的对应关系是明确的。这个模型与 OODA 循环是在同一时间开发的，但彼此是独立的，因此，与 OODA 循环的相似程度有助于增强对构造有用性的信心。事实上，使用 4 个步骤来描述问题解决的时间要早于 Boyd。在之后的研究中，Endsley 利用基本的 OODA

循环将情境感知概念化：Klein 引入识别启动决策的概念，其循环比 OODA 循环更复杂；贝特曼使用"确定"先于"定位"的 4 步循环来描述陆地操作；Basan 考虑到土地领域，恢复了 OODA 序列，但将"行动"分为两个步骤，即"启动"和"行动"。

并非所有的决策模型都使用循环作为范例。Rasmussen 的"阶梯模型"虽然从表面上看是不同的，但它与 OODA 循环之间的相似之处已被指出。

尽管 4 或 5 个步骤的决策循环对于许多意图的实现已经足够，但在讨论决策类型时，往往需要将一个或多个步骤拆分为更明确的几个步骤，因而需要进一步细化 OODA 循环。图 7.1 所示为 OODA 循环的精细化示例，其中"侦查"与"分类"的区别就是识别"某物存在"和确定"该物是什么"的区别。若"侦查"是基于不完整或模糊信息的，则可以发挥很好的效果。"观察"环节中的"分类"指明确武器装备类别，如飞机、无人机、坦克等；而"定位"环节中的"识别"指明确武器装备的型号，如识别飞机的型号等。

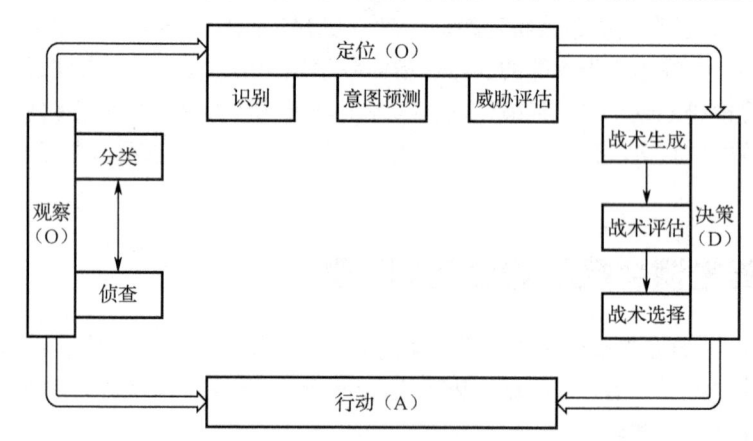

图 7.1 OODA 循环的精细化示例

OODA 循环通常被绘制成一个闭环，如图 7.1 所示，但有几个步骤是需要其他输入的。例如，"识别"依赖于历史数据、情报评估、经验；"威胁评估"需要评估标准；"战术生成"必须进行交战规则约束下的总体目标和任务等。上述这些和其他输入都是 OODA 构造的隐式部分。

综上所述，许多军事决策模型都具有 OODA 的循环特性，因此，它们强调决策制订的控制方面：决策者反复评估所做的决策是否已产生预期的结果，并寻求适当的调整。然而 OODA 循环低估了决策制订的认知方面，这促使 Rasmussen 的工作和作为 OODA 循环替代品的批评-探索-比较-适应（CECA）循环的发展。CECA 循环专注于心理模型构建的过程，在一定程度上忽视了 OODA 循环中的"决策"和"行动"。也就是说，CECA 循环主要关注情境意识的发展。

7.2.2 决策类型

OODA 循环被认为是决策制订的模型，但它包含一个"决策"的环节。这显然需要进一步的细化，然而实际情况通常比分解所表示的决策过程更复杂，主要取决于所做决定的类型。下面介绍决策分类的方法。

1. 通过 OODA 循环进行分类

（1）简单决策："知道就是决定"——选择的范围是已知的，选择的标准已明确。

（2）应急决策："知道就是决定，但知道还不确定"——已经确定可能的行动范围，但没有足够的信息来做决定。

（3）复杂决策：难以建立详细的模型，因为一个模型需要说明确定各种选择的过程，并明确在做决定前需要选择的标准。

可以使用图 7.1 所示的 OODA 循环实现不同类型决策循环的可视化，如图 7.2 所示。只有复杂决策才会经历整个循环；简单决策和应急决策被认为是有捷径的，在某种意义上，它们是被预先设置的。这种决策类型范围的概念化为将整个循环视为决策模型提供了基本原理，并说明了保持态势意识不同于决策的立场所固有的困难；相反，这两者似乎是内在交织在一起的，需要记住："行动"可能包括"等待或主动寻找更多信息"，并且可能是上述 3 种决策中任何一种的结论。

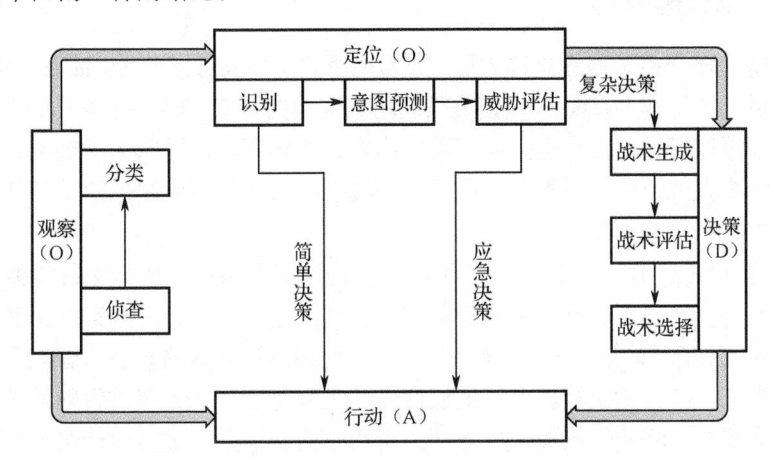

图 7.2 不同类型决策循环的可视化

2. 决策触发分类

在某些时候，决策者觉得自己需要做决定，那么具体的诱因是什么？从这个问题出发，Marsh 等针对决策制订确定了 3 个触发或驱动因素，这为决策分类提供了一种新方法。

（1）计划决策。通常决策的需求是可以预计的，并且可以指定做出决策的时间。这个时间就是做出决定的触发器。计划决策既可能是简单的，如早餐订单；也可能是复杂的，如空中任务订单。

（2）响应决策。计划中的决策包括对计划的反应，这里指对事件做出响应的决定，并且这些决定的时间不能或没有预先确定。在响应决策中，决策者通常处于时间压力之下，但在计划决策中却不一定。大多数决定的因素可能都是事先考虑过的，唯一的未知因素是发生的时间。例如哨兵对未知入侵者做出的反应，或防御来袭导弹的决定。

（3）机会决策。机会决策是由事件驱动的，就像响应决策一样，但其主动权取决于决策者而非事件。即放弃机会，不会产生直接的伤害，但抓住机会可以获得好处。这种优势往往在细节上无法预计。

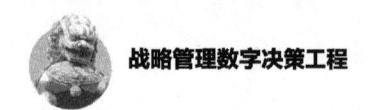

同一决策过程可能对应不同的决策类型，上述决策分类方法也不是相互冲突的。

7.3 战略推演决策的使命工程方法

2020 年 11 月 18 日，美国国防部发布《国防系统工程》，其在装备采办项目系统工程的顶层政策体系中首次提出并纳入一项新的项目规划和实施的政策程序——使命任务工程（Mission Engineering，ME）。11 月 30 日，美国国防部又发布了《任务工程指南》，以在顶层政策推行标准化的使命任务工程来管理和促进国防部、作战相关部门及生命周期各阶段的集成和数据共享。由于使命任务工程逐渐受到关注，相关概念需要实现标准化，并厘清 ME 与使命任务集成管理（Mission Integration Management，MIM）、系统工程的区别；同时明确使命任务工程各阶段产品的使用对象及用途，掌握使命任务工程方法的基本步骤，以便在战略推演决策中灵活运用。

7.3.1 概念标准化

若想了解使命任务工程的具体内涵，则须先明确使命任务的概念。使命任务（Mission）被定义为有目的的工作（Task）。根据美国国防部词典的释义，使命任务相对于一般的工作需要包含如何采取行动及为什么采取行动的内容；当用于较低的军事建制单元时，使命任务代表分配给个人或单位的职责；使命任务的概念涵盖了从端到端的简单子任务到复杂大系统任务、体系任务的含义。

使命任务工程（ME）通过对当前和新发展的对抗和系统的能力进行审慎的规划、分析、组织和整合，实现预期作战使命任务效果。这里先介绍使命任务集成管理（MIM）的概念，其被定义为概念、活动、技术、需求、计划和预算计划的同步、管理和协调，以知晓围绕端到端任务的关键决策。可以说使命任务工程是使命任务集成管理的技术子元素，它作为一种向需求过程提供工程化的方法，可用于指导原型、提供设计选项，并为投资决策提供信息。任务工程和任务集成管理活动始于装备方案分析之前，为概念基线的开发提供信息，并在采办的生命周期中持续进行。需要注意的是，使命任务工程在资助方和监管方决策后启动。在使命任务集成管理系统中，使命任务工程活动的顶层流程主要包括使命任务表征（提供效能分析、使命任务评估）、使命任务设计与选项分析（提供需求调整）、协调执行（提供装备和非装备解决方案、技术植入、创新）、部署与持续保障（提供升级、新能力、重新配置、快速植入），以及实验、原型、演示验证、试验与训练（提供性能数据及差距）。在体系生命周期波浪模型中，这些流程将不断迭代以增量迭代促进能力改进。

使命任务工程的最初目标是使投资的事物更加智能、更有针对性，投资的对象能够协同发挥其作用，以期完成投资方需要的使命任务。

系统工程和使命任务工程的含义是不同的，系统工程通过使用分析学和量化研究来了解系统如何工作及构建方法，而使命任务工程是将这一概念提升到另一个层次来研究体系（SoS）或是"系统之系统"。

使命任务工程将端到端的使命任务视为"系统"，单个系统是大型使命任务"系统"的组成部分，系统工程应用于体系以支撑作战使命任务。使命任务工程不仅是系统之间的数据交换，还涉及跨系统的前沿功能、端到端的控制和权衡，因为技术权衡存在于多个层级中，而不是单个系统中。因此，设计良好的使命任务架构将促进新技术的强韧性、适应性和快速植入。

使命任务工程是对系统工程的补充，而非替代。它尝试采用相同的范式，将其应用于使命任务，使使命任务分解为若干部分，从而了解体系如何一同工作，并尝试获取相关部分之间的关系并了解交联的支撑问题。使命任务工程对于美国国防部或工业界来说并不陌生，但它需要获得更好的共识。

7.3.2 阶段性产品

使命任务工程是一种自顶向下的方法，交付的工程结果用于识别增强的功能、技术、系统相互依赖关系和体系结构，其目的是通过指导开发、原型、试验，实现体系参考使命任务并缩小使命任务能力差距。使命任务工程在作战使命任务中使用系统或系统之系统，通过成熟的指引能力来满足作战人员或单元的使命任务需求，并通知利益相关者构建正确的内容。

（1）使命任务工程各阶段的主要产品如下：

① 采用报告、精选数据和模型的方式记录各阶段的结果，以保证重用性和进一步的分析。

② 在使命任务工程生命周期中的关键决策上，以可视化结果或日志通报领导。

③ 在政府参考架构（GRAS）中，以图表形式描述使命任务，以及与使命任务和能力相关的元素之间的交互关系。

（2）使命任务工程各阶段的产品通过共同识别和量化使命任务能力差距，使注意力集中在技术解决方案上，以满足未来的使命任务需求、通知要求，并支持能力组合管理。针对从概念到能力开发，再到获取等阶段，使命工程任务面向不同的使用者输出不同的结果，具体如下：

① 告知概念成熟度。

② 告知技术效能和投资决策。

③ 告知原型系统。

④ 告知采购需求。

⑤ 告知收购决策。

（3）使命任务工程使用经过验证的使命任务定义和可信的、精选的数据集作为分析的基础，以回答一组作战和战术问题。通过对结论的共享评估和对分析输入的理解，有助于领导层为支持作战人员和联合使命任务的决策寻求最佳行动方针。若想使命任务工程能够发挥预期作用，决策者必须关注全生命周期中的关键问题，具体如下：

① 使命任务是什么？

② 使命任务的边界在哪里？

③ 不同使命任务之间是怎样交互的？

④ 使命任务工程的评价指标有什么？

⑤ 使命任务的能力差距是什么？

⑥ 新的能力如何改变使命任务？

⑦ 使命任务性能对组成技术、产品和决策的敏感性如何？

⑧ 如何进行平衡，以达到最好的综合能力？

7.3.3 使命任务工程方法论

使命任务工程是一种分析和数据驱动的方法，用于分解和分析任务的组成部分，以确定权衡并得出结论。基于所提出的问题，以及对给定场景和相关背景的理解水平，使命任务工程分析可假设一个新的概念、系统、技术或战术——可能在未来的军事行动中产生更高的"价值"。使命任务工程实践者设计一个分析试验来测量和比较基线方法，以完成任务的每个备选案例（试验案例）。

由于任务中贡献方面的数量是无限的，大多数使命任务工程是一个实证调查，因此，若想探寻输入和最终效果之间有意义的关系，从业者须完全记录并充分理解以下内容：任务的定义、潜在的假设和约束、任务成功的度量（度量标准），以及用作模型输入的源数据。这些要素对于定量分析以分离所提议方法的优点是至关重要的。在实施充足的试验后，任务驾驶员可能产生特定参数灵敏度分析的基础。例如，在许多任务试验中隔离和改变武器的速度，可以用来描述速度与任务成功之间的敏感性关系。

使命任务工程方法的基本流程如图 7.3 所示，其中的问题陈述、使命任务特征和使命任务指标应该被提前确定并仔细理解，并在多次与利益相关者交互后达成共识，形成文档，以支持任务使命工程继续执行。

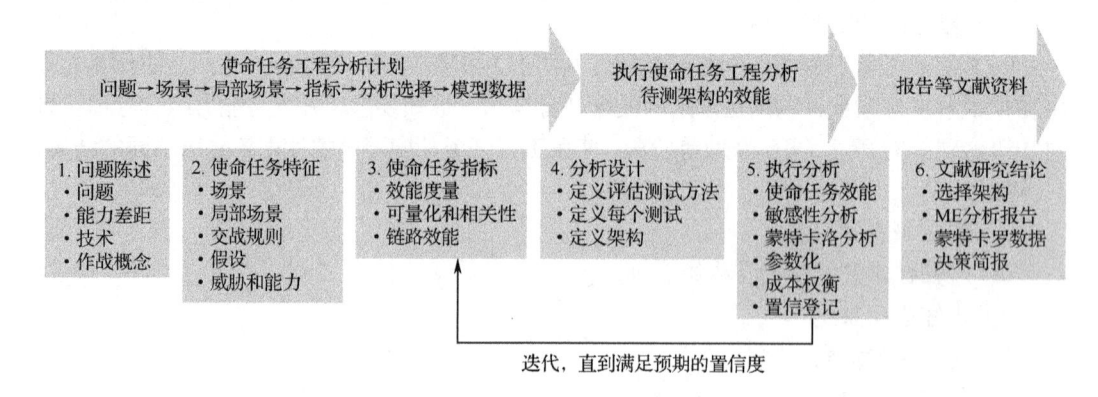

图 7.3 使命任务工程方法的基本流程

1. 问题陈述——确定关键问题

为了确保设计正确，必须通过明确目的和发展所需来回答问题以启动使命任务工程研究。这是非常关键的，因为它推动了整个使命任务工程分析的其他因素，如确定利益相关者、收集适当的数据和模型，以及确定有意义和可衡量的指标，这些因素都将用于获得为重大决策提供信息的结果。

当提出问题时，为了更好地执行任务使命工程方法，应当尝试厘清问题并对自身能力有清晰认识，例如：

（1）问题可以分解为哪些使命任务。

（2）评估具有哪些技术或能力。

（3）任务能力差距有哪些。

（4）组成产品如何相互作用。

（5）现有的交互接口及标准是否明确。
（6）能否更好地利用新兴技术，如人工智能等。

2．使命任务特征

任务的定义和特征提供了适当的行动任务背景和假设，以作为分析待调查问题的输入。问题陈述描述了想要调查的内容，而任务定义和描述则阐述了进入条件和边界，如作战环境和指挥员对特定任务的期望或目标。

为了使使命任务工程分析有效，任务定义须在所有可供试验和评价的备选方法中设置成功。任务定义在整个使命任务工程分析过程中不应改变，而是包含在使命任务工程方法产生的所有产品中，因为没有这种一致性，研究人员就不能准确地比较备选方法的效果。

明确使命任务特征需要确定以下信息：

（1）使命任务。任务定义首先明确了指挥员的意图，并与国防战略、国防规划指导、战役计划、战斗指挥作战计划、联合作战计划相联系。任务定义的一个关键因素是计划行动的时间框架，这个因素或在问题说明中进行定义，或从规划文件的总体背景中得出。

（2）操作环境。任务的具体设置包括任务场景的细节和插图，如地理区域、冲突、威胁设置、红蓝部队、战斗命令和交战规则。

（3）业务假设和限制条件。通过假设或推导得出的环境条件和资源或部队限制是任务背景或利益相关方的具体利益的压力源。以一种有组织的方式记录假设的内容是必要的，这样可以使一项使命任务工程研究的结果与其他使命任务工程研究的结果进行比较，以便在需要更新分析时实现未来的可追溯性，并使领导者能够做出准确和知情的决定。

3．使命任务指标

指标是定量评估的度量，通常用于评估、比较和跟踪任务或系统的性能。可测量的输出能够帮助指挥员区分工作或不工作，并为如何更好地完成任务提供见解。使命任务工程实践者需要确定一组完善的度量标准，用于评估任务支持活动的组件的完整性和有效性。任务指标代表执行任务时用于评估各种备选方法的标准。

分析文件使用几个类似的术语来指代任务度量：成功度量、适宜度量、效用度量、效能度量、有效性度量和绩效度量。为简化表述方式，可将这些度量分为两类：

（1）效能（MOES），即在整个任务中取得成功的可衡量属性和目标值。

（2）性能（MOP），即用于执行使命任务的单个系统的性能特征。

各种度量之间的关系如图7.4所示。

4．分析设计

在最简单的形式中，使命任务工程分析通过检查当前或未来任务中使用的操作环境、威胁、活动/任务和能力/系统之间的交互作用来评估任务。任务体系结构表示执行任务的详细结构。在所有情况下，体系结构都是完整记录所有任务要素与其他要素（活动）之间

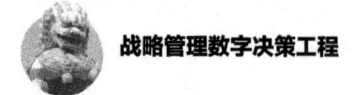

关系的手段。

若将一个级别分解为包含相关系统和/或执行端到端任务的能力，则可将使命任务线程称为使命任务工程线程。活动/任务和系统/能力可以通过运行和试验来开发可选择的方法。此外，一旦发现使命任务线程和使命任务工程线程，并收集了足够的数据，就可以进行适当的分析，获得并记录结果，得出结论来回答问题。对于使命任务工程线程而言，这个过程就是"分析设计"。

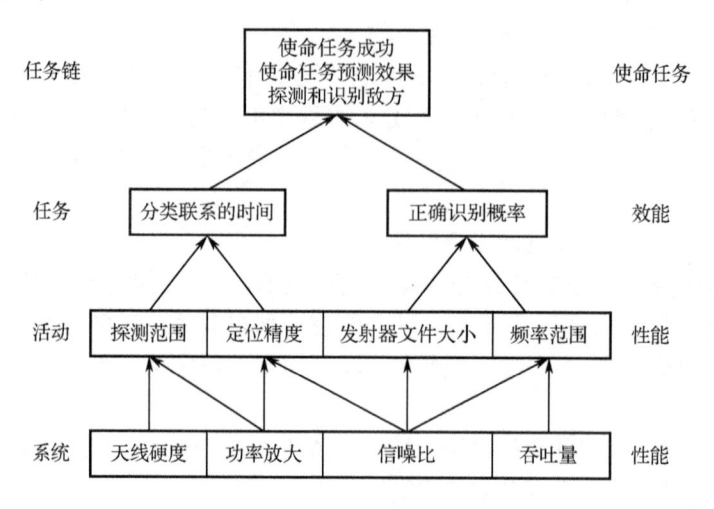

图 7.4　各种度量之间的关系

5. 执行分析

使命任务工程分析包括通过使用数据和模型的分析及计算方法来评估小插图、小插图中的任务线程或小插图/线程之间的概念。最有利的分析类型的选择将由问题陈述、使命任务工程线程和感兴趣的度量标准驱动。输出可以识别任务能力的差距并提供度量，为未来战斗的新能力或新方法的投资决策提供信息。

为了进行使命任务工程分析，需要足够且可信的验证过的数据来表示建模任务和系统。在为研究确定并进行最适当的分析时，应考虑以下事项：

（1）确定应执行的敏感性分析。

（2）了解影响输入的基线假设的敏感性及其影响方式。

（3）判断是否需要围绕假设或输入执行优化和/或参数化。

（4）确定最适用的分析方法，如仿真工具、蒙特卡罗分析、马尔科夫链、回归分析、成本效益分析等。

6. 文献研究结论

使命任务工程的阶段性成果包括：通过报告、精选数据和模型的方式所记录的各阶段结果；可视化结果或日志通报；通过图表形式描述的使命任务及与使命任务和能力相关的元素之间的交互关系。

这些使命任务工程产品的作用：①识别和量化任务能力差距，并帮助关注满足未来任务需求的技术解决方案；②告知需求、原型和获取；③支持能力组合管理。它们有助于解释对任务成功至关重要的体系的关系属性。重要的是，分析的产品与被问及的原始问题保

持一致，并强调任何额外工作的需要，或后续分析。作为一般规则，输出应从研究分析和数据输出中得出结论，并讨论观察到的趋势和含义，以及从结果中可以得出的关系或相关性。因此，上述成果将为国防部领导者提供成熟的计划、投资战略和首选材料解决方案，以缩小作战能力差距。

7.4 战略推演决策的 MBSE 技术

基于模型的系统工程（Model-Based Systems Engineering，MBSE）一直被认为是系统工程的"革命"、系统工程的"未来"或系统工程的"转型"。系统工程包括技术过程和管理过程两个层面。其中，技术过程遵循分解-集成的系统论思路和渐进有序的开发步骤，即 V 形图；管理过程包括技术管理和项目管理两部分。从系统工程的角度出发，工程系统的设计研制其实就是建立工程系统模型的过程，其在技术过程层面主要包括系统模型的构建、分析、优化、验证工作；在管理过程层面主要包括对系统建模工作的计划、组织、领导、控制。因此，系统工程这种"组织管理的技术"，实质上应该包括系统建模技术和建模工作的组织管理技术两个层面。

为了在战略推演决策中有效利用 MBSE 技术，首先需要明确 MBSE 的概念及其相较于传统系统工程存在哪些不同，进而分析现存的多种建模技术，以及基于 MBSE 的统一架构框架（UAF）的实现。

7.4.1 MBSE 概述

2007 年国际系统工程学会（INCOSE）发布的《系统工程 2020 年愿景》正式提出了 MBSE 的定义：MBSE 是建模方法的形式化应用，可使建模方法支持系统要求、设计、分析、验证和确认等活动，这些活动持续贯穿概念性设计到设计开发及后续所有寿命周期阶段。

自传统系统工程（Traditional Systems Engineering，TSE）问世以来，系统建模技术中的建模语言变化较小。MBSE 在建模语言、建模思路、建模工具上均有重大转变，相对于 TSE 拥有诸多不可替代的优势，成为系统工程的颠覆性技术。

随着工程系统的复杂性不断增强，TSE 逐渐难以应对，与此同时，以模型化为代表的信息技术正在快速发展，因此，在需求牵引和技术推动下，MBSE 应运而生。

在 TSE 中，系统工程活动的产出是一系列基于自然语言的文档，如用户的需求、设计方案。由于这类文档采用"文本格式"，因此传统系统工程又是基于文本的系统工程（Text-Based Systems Engineering）。在这种模式下，要将散落在各个论证报告、设计报告、分析报告、试验报告中的工程系统的信息进行集成关联，不仅费时费力，还容易出错。在航空、航天、汽车等行业，对工业产品易用性、舒适性、安全性等要求的提高，导致当前工业产品电气化、智能化程度越来越高，产品复杂度的量级不断跃升。基于文本的系统设计方式存在先天局限，导致其难以应对当前的复杂产品设计挑战。例如，基于自然语言描述的设计文档具有较差的一致性，因而沟通效率低且易出现歧义；自然语言容易引入形容词等模糊描述，难以保证准确性；文本描述的设计元素之间无法实现追溯分析，当出现设计变更时很难对变更影响进行准确评估。基于文本的设计方案无法进行前期仿真验证，也无法与详细设计阶段的数字化模型相关联。

MBSE 的出现为应对上述问题提供了有效的手段，其 V 形图如图 7.5 所示。MBSE 通过数字化建模代替文档进行系统方案设计，将设计文档中用于描述系统结构、功能、性能、规格需求的名词、动词、形容词、参数全部转化为数字化模型表达形式。

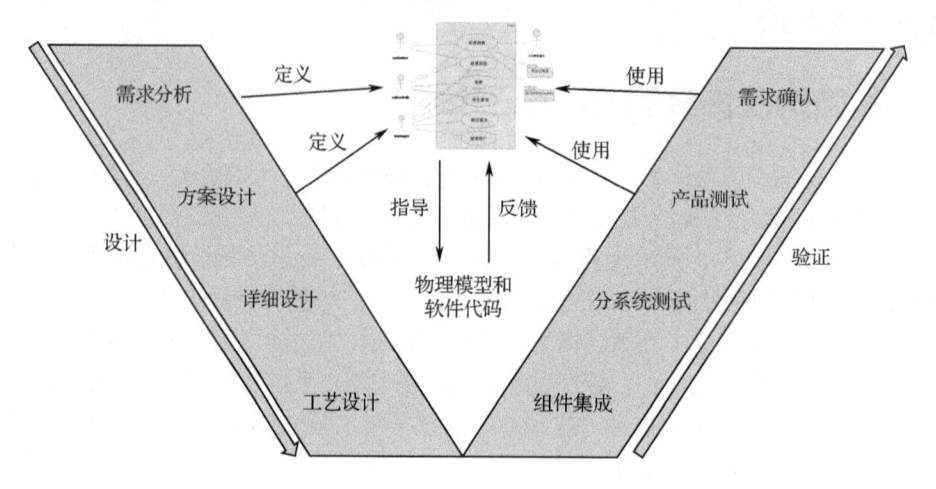

图 7.5 MBSE 的 V 形图

7.4.2 多种建模技术分析

这里以作战体系结构建模为背景分析现存的多种建模技术。作战体系是根据战略或战役任务要求，由一定种类与数量的作战系统按照确定的指挥、组织与运行关系所构成的总体系统。作战体系作为更高层次的武器装备系统，体现出体系的融合性，同时涌现出多个作战系统简单叠加也无法实现的整体作战效能。当前的联合作战对于跨域中多种类型武器系统之间的耦合性与协同性提出了更高的要求。作战体系承载作战能力，作战体系的结构与作战能力的实现具有密切关系，合理高效的作战体系结构有助于实现更高的作战能力。由于现代作战体系内各系统及系统间的关联紧密，单一方法与单一视图很难全面描述作战体系的各种特性，因此，在对作战体系结构进行描述与建模时，需要根据建模需求，借鉴现有的建模技术、工具与标准的建模框架，实现对作战体系结构、功能及运行机制的描述。目前，国内外已开发出多种建模方法与技术，如网络化建模方法、面向对象建模方法、结构化分析建模方法、基于 Agent 的建模方法和基于 Petri 网的建模方法等。

1. 网络化建模方法

信息化战争下的作战体系由侦察探测、指挥控制和火力打击等作战单元按照一定的指挥关系、组织关系和运行机制构成。传统的作战体系建模技术难以考虑作战体系构成单元之间的相互关系，缺乏对感知、交互、指挥控制、协同等关系的描述。

复杂网络理论是一门交叉科学，通过物理统计、模拟仿真和动力学演化等方法来描述复杂系统中的运行特征，在诸多领域中已取得成功应用。基于复杂网络的作战体系建模，其基本思想是将侦察、指挥控制、通信、火力等类型的作战单元抽象为节点，并将各节点间的物质、能量和信息等连接关系抽象为带有一定权重的边，按照一定的组织关系和运行机制进行建模。

2. 面向对象建模方法

从 20 世纪 80 年代起，面向对象技术成为软件工程领域的重要方向，至今仍活跃于各个领域。面向对象建模方法强调将客观事物抽象为对象，对象既可以是物理实体，也可以是逻辑实体。每种对象都有各自的属性（静态特征）与行为（动态特征）。通过描述对象之间的相互关系，能够对整个系统，乃至体系进行建模描述。

3. 结构化分析建模方法

结构化分析建模方法是由 YourdonE 等于 20 世纪 70 年代提出的一种适用于大型数据处理、面向过程的建模方法，它采用面向过程的建模技术。结构化分析建模方法的基本思想是自顶向下、逐步细化地建模，即将一个复杂系统按照功能进行分解并逐层细化，最终形成模块化的树状层次结构描述。

结构化分析模型主要分为系统行为模型和系统数据模型。系统行为模型针对系统的功能进行建模，系统数据模型则是对系统内部存在的实体进行建模。系统行为模型包含数据流模型与状态转移模型。数据流模型的基本思想是采用自顶向下、逐步分解的方式来描述系统中的数据处理流程。状态转移模型能够用于描述系统的状态转移关系，从而实现系统对环境做出相应反应（行为）的描述。

4. 基于 Agent 的建模方法

当前信息化条件下的作战体系可以被视作一个复杂适应系统，存在大量偶然性和涌现性。而传统的建模技术难以应对这种大量的偶然性和涌现性，作战体系这个复杂适应系统的行为也难以被准确描述，因此，作战体系的建模方面的研究工作呈现建模粒度越来越细的趋势，甚至要求能对独立的作战单元进行建模。其中最典型的成果是基于实体的仿真建模技术（Agent-Based Modeling and Simulation，ABMS），它具有对复杂适应系统的自然描述能力和微观行为描述能力，能够为作战体系建模提供一种新的方法。

5. 基于 Petri 网的建模方法

Petri 网是由卡尔于 20 世纪 60 年代发明的，其适于描述具有异步、并发、随机特征的系统模型。它能够采用数学或图形的表述方式对系统行为进行描述，具有丰富的系统描述手段和行为分析方法，可为系统建模提供有力的工具。

经典的 Petri 网由"库所""变迁""有向弧""令牌"等元素组成。一个流程的状态用"令牌"表示，状态的变迁则由"变迁"描述。"库所"代表通道或地理位置。如果一个"变迁"中的每个"输入库所"都拥有"令牌"，则该"变迁"被允许。当一个"变迁"被允许时，它将发生，"输入库所"的"令牌"会被消耗，而"输出库所"会产生"令牌"。基于 Petri 网的作战体系建模的基本思想：将作战过程中每一步事件发生的前后状态用 Petri 网的"令牌"表示，每一步事件的发生则用 Petri 网的"变迁"表示，当条件为真时，在对应的"库所"置入"令牌"。基于上述模型运行规则，可以建立相应的作战体系 Petri 网模型。

综上所述，各种建模方法具有不同的特点，其对比分析见表 7.1。

表 7.1　多种建模方法对比分析

	优　　点	缺　　点
网络化建模方法	侧重实体关系建模，适用于对抗场景下的体系动态仿真	建模工作量较大，适用于小规模战役、战术级建模
面向对象建模方法	侧重实体建模，具有抽象性、封装性、继承性和多态性，适用于较大规模的作战体系建模	难以描述体系的动态工作过程，不能进行动态仿真
结构化分析建模方法	能够直观描述建模作战过程，适用于作战体系功能建模	缺乏体系建模的可重用性和可扩展性，难以描述体系的动态性
基于 Agent 的建模方法	具有较强的交互行为与复杂边界条件描述能力，能够体现作战过程的偶然性和涌现性	建模粒度过细，导致建模工作量较大
基于 Petri 网的建模方法	能够描述作战体系的分布、并发、同步、异步、冲突等动态特性	难以支持大规模的作战体系建模，并且难以描述时间序列

7.4.3　基于 MBSE 的 UAF

在统一架构框架（Unified Architecture Framework，UAF）下，使用 MBSE 技术可将架构建模工作转移到系统工程的一个组成部分中。这有助于系统集成商开发可互操作的系统，可追溯到需求并跨视图，使用一个集成的架构模型，可以进行影响分析、差距分析、权衡分析及模拟和工程分析。此外，UAF 可实现通用化，以适用于任何领域的系统的架构系统。

从以文档为中心的系统工程方法到基于模型的系统工程（MBSE）的范式转变揭示了 MBSE 技术演进的差距，如针对体系（SoS）建模没有可用的标准化方法。根据建模语言的定义，只提供语法和语义，不提供语用。若想成功应用 SysML 等语言，则须回答以下问题：如何构建模型、构建哪些视图，以及传递哪些工件并按何种顺序传递。可以设想，如果每家公司或机构都以不同方式处理这些问题，不遵守标准化方法的组织最终会使用具有不同视图集的不同结构化模型，导致模型之间交换数据的能力丧失、与其他团队沟通的能力丧失，模型变得无法整合和重用。

统一架构框架主要由 3 部分要素组成，分别如下：

（1）框架——域、模型类型和视点的集合。

（2）元模型——用于根据特定视点构造视图的类型、元组和个体的集合。

（3）概要文件——基于 SysML 实现元模型，以在构建视图时应用基于模型的系统工程原理和最佳实践。

7.5　战略推演决策的数字工程战略

数字工程（Digital Engineering）是一种集成的数字化方法，通过使用装备系统的可信数据源和模型源作为寿命周期中的连续统一体，支撑从概念到报废处理的所有活动。美军认为，传统的建模与仿真、基于仿真的采办和基于模型的系统工程是第三次工业革命信息技术发展的产物，当今世界正处于第四次工业革命之中，以数字化连接的端到端复杂组织体（Digitally Connected End-to-End Enterprise）将取代基于电子和 IT 的自动化成为核心。美军推进数字工程旨在将以文档为中心的线性采办流程转变为以数字模型为中心的动态

数字工程生态系统，使美军完成以模型为中心谋事做事的范式转移。本节主要介绍数字工程的数字建设规范，并以装备系统为例提出数字模型开发的相关建议。

7.5.1 数字工程的数字建设规范

数字工程的数字建设规范包括以下内容：

（1）装备系统的数字模型开发。数字模型是在数字空间中进行仿真、训练、演习、测试及评估的基础。

（2）开发数字孪生和数字主线。数字孪生和数字主线是相辅相成的。

（3）建设使用集成数字环境。数字环境是数字模型、数字孪生和数字主线的开发环境，之所以需要集成是因为它涉及系统工程各领域、各学科及装备系统不同阶段的寿命周期。

（4）对军工企业采用量身定制的合同数字战略。装备系统数字化项目作为新事物，其项目合同领域也要做相应的变革，并且项目申报方须熟悉相关内容。

（5）做好数字工程培训工作。装备全寿命周期的数字化涉及许多新技术、新流程、新理念，需要对组织内的成员进行相关培训。

（6）实行数字化采办。为避免采办流程成为整个装备发展过程的瓶颈，采办本身也需要实现数字化。

（7）跟踪数字成熟度指标。该指标是对采用数字工程的装备项目的量化评估，负责考核和改善数字工程在装备发展中的效果。

图 7.6 所示为空军的数字生态体系建设。以该体系建设为例，通过对照数字建设规范的七大内容，可以理解不同部分之间的关联关系。

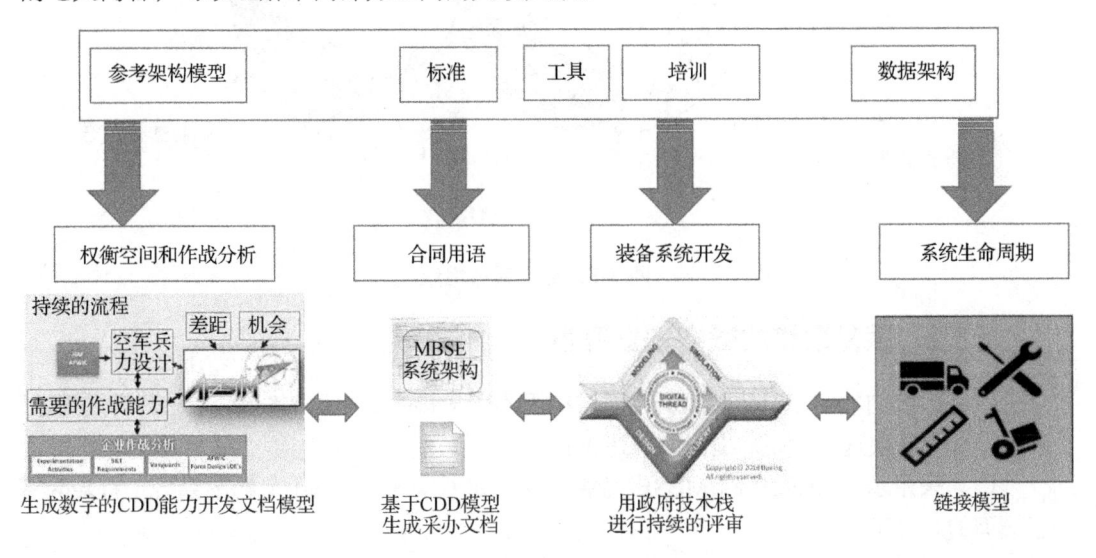

图 7.6　空军的数字生态体系建设

数字工程的数字建设规范为装备采办提供了丰富的指导，并使其转型为一种数字采办，而数字采办的发展又给装备采办项目和作战人员带来改变规则的敏捷性。数字采办在数字工程中包括 6 层含义，分别如下：

（1）基于模型的系统工程。通过使用基于 SysML 的 MBSE 软件，不同专业、不同组织的人员在数字环境中进行系统工程的各项活动。

（2）基于性能的系统工程度量指标。针对系统工程各方面构建数字的量化度量指标，用于装备采办的项目管理。

（3）权威真相源。在装备样机诞生或者列装后，利用物联网和云计算技术对装备的系统进行数据采集和存储，以形成唯一的、权威的数据源。

（4）持续的数字智能。基于权威真相源的访问接口，利用数据工程（Data Engineering）、机器学习和人工智能等技术，持续不断地进行分析。

（5）虚拟/自动化的测试和评估。基于装备的数字孪生模型进行虚拟的自动化测试和评估。

（6）权威决策。根据测试评估结果，在数字空间（Data Space）中由相关决策者进行评估和决策，并将评估和决策的结果反馈给相应的供应商，以便于后续改进和优化。

上述6层含义在数字采办思维中持续迭代反馈，如图7.7所示。由图7.7可知，通过数字主线和数字孪生能够形成两个循环，并且不断进行迭代升级，驱动数字采办项目完成。

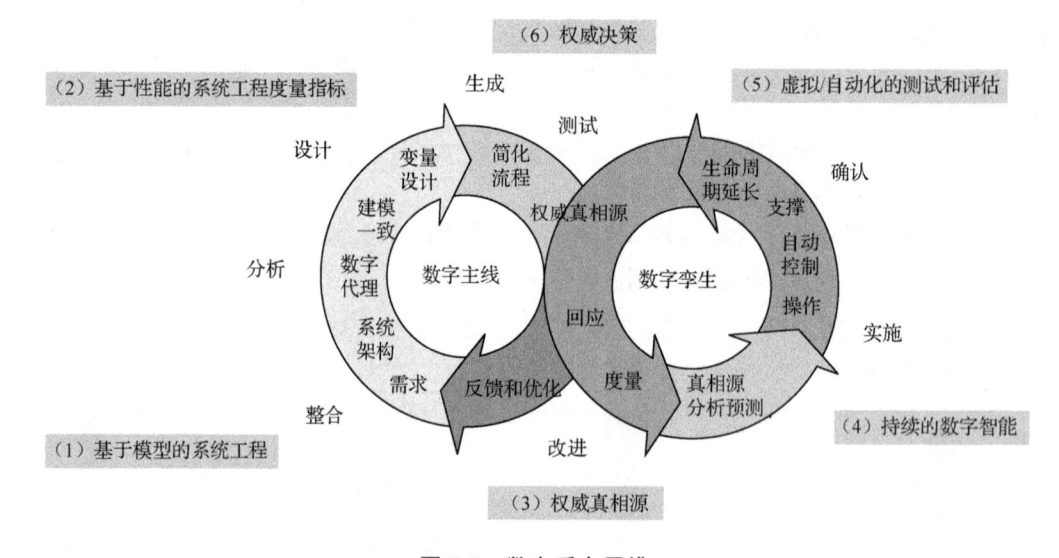

图 7.7　数字采办思维

7.5.2　装备系统的数字模型开发

装备系统的数字模型开发的最大困难在于不同学科领域人员的统筹，存在"盲人摸象"的问题。为解决这一问题，提出如下建议：

（1）采用基于 SysML 的 MBSE 商业软件，如 COTS，将基于文档的系统工程转为基于模型的系统工程。

（2）对模型中的元素赋予标签（tag），将需求同装备认证活动相关联，从而避免需求和测试认证环节的脱节。

（3）基于 MBSE 系统工程软件将装备系统数字模型开发的各个环节串接起来，以便在开发过程中不同领域的专家可以进行良好的交互。

（4）模型本身须有作战能力预测和不确定环境下的评估。

参考文献

[1] SMITH J E A. Network-centric warfare: what's the point? [J]. Nav. War Coll. Rev., 2001: 54(1) 59-75.

[2] POLK R B. A critique of the Boyd theory—is it relevant to the Army? [J]. Def. Anal., 2000, 16: 257-276.

[3] POSADAS S, PAULO E P. Stochastic simulation of a commander's decision cycle[J]. Mil. Op. Res., 2003, 8(2):21-43.

[4] 吕昭，邓锦洲，梁东晨. 作战体系的结构建模与应用研究[J]. 战术导弹技术，2021(3): 109-118.

[5] 朱宁. 基于 DSM 的武器装备体系架构建模与仿真方法研究[D]. 长沙：国防科技大学，2017.

[6] 乔浩，战仁军，林原. 面向使命任务的武器装备体系能力规划方法[J]. 控制与决策，2020, 35(8): 2042-2048.

[7] 金丛镇. 基于 MMF-OODA 的海军装备体系贡献度评估方法研究[D]. 南京：南京理工大学，2017.

[8] 李振，李峭，熊华钢. 基于使命任务分解的航空电子跨平台通信组织与仿真[J]. 航空电子技术，2015, 46(1): 10-14.

[9] 顾灏冰，田少华，周丹发，等. 基于 OODA 环的马赛克战理念及关键技术分析[J]. 空天防御，2021, 4(3): 65-69.

[10] 邹立岩，张明智，柏俊汝. OODA-L 模式下的智能无人集群作战仿真建模框架[J]. 国防科技大学学报，2021, 43(4): 163-170.

[11] 卜晓东，张军. 基于 OODA 循环的反舰导弹作战效能评估研究[J]. 现代防御技术，2021, 49(2): 13-19.

[12] 黄建明，高大鹏. 基于 OODA 环的作战对抗系统动力学模型[J]. 系统仿真学报，2012, 24(3): 561-564, 574.

[13] 崔艳林，王巍巍，王乐. 美国数字工程战略实施途径[J]. 航空动力，2021(4): 84-86.

[14] 美国空军发布数字工程指南[J]. 航空维修与工程，2021(2): 69.

[15] 张冰，李欣，万欣欣. 从数字孪生到数字工程建模仿真迈入新时代[J]. 系统仿真学报，2019, 31(3): 369-376.

[16] ANGERMAN W S. Coming full circle with Boyd's OODA loop ideas: An analysis of innovation diffusion and evolution[D]. Ohio: Airforce Institute of Technology, Wright-Patterson AFB, Unpublished master's thesis, 2004.

[17] BRYANT D J. Rethinking OODA: Toward a modern cognitive framework of command decision making[J]. Military Psychology, 2006, 18(3): 183-206.

[18] ENCK R E. The OODA loop[J]. Home health care management & practice, 2012, 24(3): 123-124.

[19] SCHECHTMAN G M. Manipulating the OODA loop: The overlooked role of information resource management in information warfare[R]. Wright-Patterson AFB, Ohio: Airforce

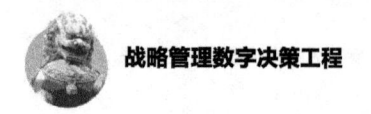

Institute of Technology, 1996.

[20] REVAY M, LISKA M. OODA loop in command & control systems[C]//2017 Communication and Information Technologies (KIT). Piscataway, NJ: IEEE, 2017: 1-4.

[21] ESTEFAN J A. Survey of model-based systems engineering (MBSE) methodologies[J]. Incose MBSE Focus Group, 2007, 25(8): 1-12.

[22] D'AMBROSIO J, SOREMEKUN G. Systems engineering challenges and MBSE opportunities for automotive system design[C]//2017 IEEE International Conference on Systems, Man and Cybernetics (SMC). Piscataway, NJ: IEEE, 2017: 2075-2080.

[23] HALLQVIST J, LARSSON J. Introducing MBSE by using systems engineering principles [C]//INCOSE International Symposium.[S. l.]: INCOSE,2016, 26(1): 512-525.

[24] SCHINDEL W, PETERSON T. Introduction to pattern-based systems engineering (PBSE): Leveraging MBSE techniques[C]//INCOSE International Symposium. [S. l.]: INCOSE, 2013, 23(1): 1639.

[25] PETRI C A, REISIG W. Petri net[J]. Scholarpedia, 2008, 3(4): 6477.

[26] MURATA T. Petri nets: Properties, analysis and applications[J]. Proceedings of the IEEE, 1989, 77(4): 541-580.

[27] DAVID R, ALLA H. Petri nets for modeling of dynamic systems: A survey[J]. Automatica, 1994, 30(2): 175-202.

第8章

战略协同体系工程原理

> 本章的核心要义是如何构建数字化决策支持体系。首先介绍体系和体系工程基本概念,以及体系工程在数字化时代的演化发展和面临的机遇;然后从 EC2、DANSE 和区块链技术 3 方面介绍体系工程的基本原理。本章的内容主要源自欧洲联盟支持开展的体系工程项目。

8.1 国内体系工程研究概述

1. 体系的概念

体系(System of Systems,SOS)的基本含义是由系统组成的系统。随着信息技术的迅速发展,在实际应用中出现了各式各样的由多个系统组成的更大的系统,由此产生了体系的概念。顾基发等认为,从关于体系的定义与描述可以看出:体系应该是一种完整的框架,它需要决策者充分综合考虑相关因素,不论这些因素随着时间的演变会呈现何种状态。体系问题研究的迫切性不仅源于系统复杂性增加的挑战,还与信息时代人类决策所面临的大规模的数量、高密度交互与关联、长时间的跨度规划问题有关。对于一般的系统问题,其明确的边界与独立的运作能够让人游刃有余地进行处理,但由这些系统组成的体系所表现出的"涌现"行为特性却让人难以处理体系问题,这就需要认识、分析和理解体系"涌现"模式的演化特性。体系方法并不提倡使用某种工具、方法、手段或实践,相反,它追求一种新的思维模式,这种思维模式能够迎接体系问题的挑战。体系研究是多学科的交叉,其相关领域的研究包括系统、系统工程、复杂性、协同性和混沌特征等。

2. 体系的维度

(1)组分自治。自治是指一个组成系统的行为在多大程度上是由其自己的规则而非其他规则所支配的,这被视为独立拥有系统的结果。鉴于体系的异质性,各组成部分表现的自主性可能存在相当大的差异。建模和分析技术允许表达一个自主成分可能执行的一系列动作,但这些动作在体系水平上可能无法精确预测,因此有必要对组成系统的行为进行宽松或不充分的规定。

(2)独立性。独立性是指组成系统在脱离其他体系时的运作能力。独立性意味着一个特定的组成系统可能提供一系列的行为,其中一些与它在体系中的作用有关,另一些则与它是相互独立的。这些行为类别之间的关系，特别是依赖关系，对于体系工程师可能是隐藏的。因此，基于模型的技术需要能够支持信息隐藏。

（3）分布。分布是指组成系统分散的程度，以便于某种形式的连接能够实现通信或信息共享。支持分布的建模框架需要将组成系统的过程分配给计算基础设施的能力通过通信媒介进行连接。对并发性、通信，尤其是通信媒体故障的描述是必要的。

（4）演化。许多体系都是持久的，并且会发生变化，无论是交付的功能及其质量，还是组成系统的结构和组成。基于模型的体系工程方法需要得到支持，以确保在演化步骤中保存特定属性。对此也可以描述为需要验证一个组成系统的接口是否符合其必须进行交互的其他组成部分的接口。演化可以表现为对组成系统的更新，需要一致性的再验证。

（5）动态重构。动态重构是一个组织对其结构和组成进行改变的能力，通常没有计划的干预。演化是指通过干预以缓慢的趋势支持计划中的变更的能力，与此相反，动态重构指的是体系在运行期间必须改变其组成的技术能力，如动态交换和可插拔架构。为了支持动态重构，体系模型必须具备对架构和接口的动态修改的抽象，以及对这种变化的结构进行推理的能力。

（6）涌现行为。涌现是指由于组分协同合作所产生的行为。协同合作通常涉及某些紧急行为的交付，以便于交付比组件单独交付更高的功能。因此，对涌现的依赖、建模和分析方法提出了重点要求，如可以在体系级别描述全局属性；通常体系利益相关者所依赖的紧急资源只能在体系层面，而非组成系统层面进行合理表达。建模和分析工具应允许陈述和验证的操作，并允许识别人们想要避免出现的行为，如特征交互。

（7）相互依存。相互依存是指组成系统为了实现共同目标而不得不相互依赖所产生的关系。如果实现组织系统的目标取决于其自身，那么组织系统可能需要牺牲一些个人行为来满足加入的要求。兼顾"独立"和"相互依存"看似是矛盾的，但是一项战略目标需要在组成系统的独立程度和实现共同目标所需的相互依存性之间进行权衡。因此，尽管各个组成系统是独立的，但其关系和互操作性需要一定程度的相互依存。建模和分析技术应允许明确识别、跟踪相互依存关系，并能够使用这些关系来评估组成系统变化的影响。

（8）互操作性。互操作性是指体系整合一系列异构组成系统的能力。它包括接口、协议和标准的集成与适配，能够实现遗留系统和新设计系统之间的桥接。互操作性的概念出现在相关文献中涉及同时运行、能力集成、互操作性和集成、异构性、"底部开放"及多样性等内容中。互操作性的需求对建模和分析方法提出了一些要求，并增加对支持组成系统接口一致性验证的技术的需求。表现出互操作性需求的体系模型可能包含不同成分的异构模型。为了满足一致性验证的需求，需要确保不同模型语义一致性的机制，以及对不同模型类型的严格分析。

3. 体系的分类

美国国防部使用以下4类体系：

（1）指令型体系。该体系的建立是为了实现特定的目的。组成系统虽然有独立运行的能力，但是需要施加管理以满足一个具体的目的。

（2）协作型体系。组成系统不用必须遵循集中管理，可自愿参与合作以实现目标。

（3）权威型体系。该体系承认一个共同的目的和目标，组成系统则保持独立的控制和

目标。共同目标的演变是基于组织和组成系统之间的合作的。

（4）虚拟型体系。该体系既没有管理控制，也没有共同目的。这使得行为和实现的目标高度涌现，但也意味着产生系统功能的确切手段和结构难以被辨别和区分。

在实践中，指令型体系体现了一种有计划的涌现形式，因为组成系统由中央管理，其他类型的体系则很少或没有集中的管理控制。协作型体系含有集中管理的概念，但其执行决策的权力非常有限或没有。虚拟型体系没有任何管理。达曼和鲍德温通过增加权威型体系来描述在许多军事系统中发现的场景。该种体系侧重于在组织层面建立合作管理，并保持管理和技术的独立性。其目标是保持自主权和所有权。人们在实践中不会期望体系的类型是统一的，但是可能出现不同类型的本地子系统。事实上，组成系统所有权的异质性可能导致利益相关者对体系中实际提供的控制水平有广泛（可能不一致）的看法。

4．基于模型的体系技术

建模和架构，除了对应一般模型，还涉及企业架构、架构框架等。仿真包括基于Agent的仿真、集成化仿真和通用仿真3种类型。试验，涉及组成性与体系系统级试验、试验活动的协调及应对复杂性3方面。验证，涉及运行监控、行为与随机验证、基于合约的规范、涌现性验证及体系维度验证等方面。从上述方面可以了解体系工程面临的挑战并加强技术创新。

人工智能、物联网、大数据和云计算新工程技术系统（以下简称人工智能新工程技术系统）属于复杂巨系统，其中的每一分支是一个子系统，有其自身的发展规律，需要正确把握。但它们又是紧密联系、互为因果的，并且在许多情况下是互相融合、难以分离的。因此，在应用时，必须以系统思维为指导，以确保达到系统目标。人工智能新工程技术系统及其重要应用分支如图8.1所示，它可以借助人体系统来说明。该系统的基础是物联网，它如同人的骨骼肌肉系统，是人体存在的基础；人工智能如同人脑系统，人如果没有脑就会处于植物人状态；大数据如同人的血液系统，它遍布全身，用于传递信息、自动反馈、自我调节；云计算正在被认识和利用——以云平台承载数据，以新的模式分析计算。

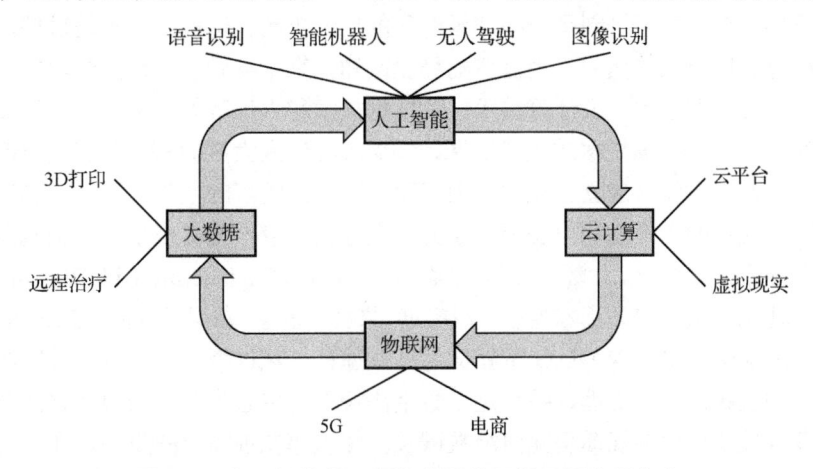

图 8.1 人工智能新工程技术系统及其重要应用分支

系统工程与信息技术的深度融合在很大程度上推动了体系工程的形成与发展。面向未来数字智能时代，体系工程研究需要与时俱进地创新思想、概念和方法。以人工智能、数字孪生等为代表的新一代信息技术与体系理论和工程实践的融合创新,将使未来体系打通物理世界与数字世界,并使二者平行演化、共同进化。数智孪生包括数智基因、数智孪生体和数智空间,它是未来数字智能时代的体系和体系工程的基础。其中,数智基因蕴含人类对虚实世界各种事物的深刻认知及对体系组成、结构、规则等方面的智能设计与建模仿真,这是其承载和演进的核心内容,也是面向未来建设数字化、智能化体系及进行体系工程实践的重要基础。数智基因是数字智能虚拟世界的DNA,通过运用前沿技术对体系的基本核心因素进行数字设计与建模并融入智能机制获得,蕴含人们对虚实世界的基本认识及在此基础上对未来的设计。数智基因主要包含两种关键的编码信息,一种是实体构成规则,决定了体系中主体单元的物理结构;另一种是信息行为规则,决定了体系中主体单元的智能活动。数智孪生将体系解构为不断学习演进的、深层次联系的、物理实体与数字虚体紧密联动的虚实融合整体,它主要强调以下方面的内容:物理世界与数字世界基于数智基因的前瞻设计、孪生演化,深刻、紧密、泛在的虚实联动,全面、精细且逼真的数字模型,从物理信号到社会行为的全程数字化再现,采用孪生演化的视角看待基于信息链接的世界构成与未来虚实世界交融演进的本质,以及通过数智空间真实呈现复杂现象、发现潜在问题、激发创新思维、持续优化演进。面向未来数字智能时代,体系工程实践既需要体系理论、工程管理方法论的创新,也需要在设计方法、试验方法、构建方法、评估方法、运用模式等方面实现创新,更需要紧密结合前沿数字化、智能化技术发展进行创新。体系工程源于系统工程与复杂性的碰撞,孕育于社会的信息化变革实践,其机缘存在于智能化时代的虚实二重世界。

张宏军等以物联网、大数据、云计算及人工智能等新技术的出现为背景提出了生命力理论技术框架。该框架可以总结为一个架构、两种机制和5项关键技术。其中,一个架构是指由体系的物理实体和信息虚体构成的交互与协作的架构,即CPS技术架构。通过实时采集物理体系的输入/输出与状态参数,经过虚拟空间体系的实时分析并将优化后的控制参数输送给物理实体,以便于指导物理实体的优化运行。两种机制是指控制理论中的反馈机制和学习机制。整个框架是一个大的反馈过程,负责将物理体系的输出经过评估后用于体系后续运行的控制。学习机制是一种"延时"的反馈机制,这种反馈不是短期内的实时反馈,而是经过一段时间的累积,用提炼的经验或知识来指导后续运行。5项关键技术是指物联网技术、互联网技术、云计算技术、大数据技术和人工智能技术。

近年来,随着大数据技术的飞速发展,知识工程进入大数据知识工程的全新阶段。所谓知识工程,其本质就是建立组织的基因工程,即构建组织的"先天"学习和适应能力。以知识图谱为代表的大规模知识表示不仅为大数据的价值挖掘带来了全新的机遇,也为机器智脑的发展带来新机会。大数据知识工程(Knowledge Engineering with Big Data,BigKE)以大规模自动化知识获取为基本特征,以打通"数据-信息-知识-智能"(Data-Information-Knowledge-Wisdom,DIKW)认知智能链为基本途径。从这个意义上看,数字决策工程也可以视为一种大数据知识工程,并且是以数字决策支持中心为节点的网络化体系工程。自动化知识获取使知识库的规模呈几何级数增长。知识库在规模上的量变正在孕育效用上的质变。这一质变将使机器智脑应对现实环境中的开放性复杂问题成为可能。大数据知识工程将为机器人打造"最强大脑",伴随这一发展进程的将是机器认知智能的逐步发展。认知智能发展过程的本质将是人类脑力不断解放的过程。在工业革命和信息化时代,人类的

体力劳动得到逐步解放。而随着人工智能技术的发展，尤其是认知智能技术的发展，人类的脑力劳动也将被逐步解放，会有更多的只有人才能从事的知识工作将被机器取代，随之而来的将是机器生产力的革命性进步。

8.2 战略调控协同决策的 EC2 原理

数字决策中台的功能是对战略博弈决策任务进行任务规划。数字决策中台由分级分类的任务规划单元（MPU）组成，其基本过程是接收来自任务提交系统的任务表单、分解得出需要某级某类数字决策引擎执行的任务、产生对某级某类数字决策引擎的驱动指令、监控某级某类数字决策引擎执行驱动指令的情况、接收某级某类数字决策引擎执行驱动指令的结果、评估某级某类数字决策引擎执行驱动指令的效果。每个任务规划单元都有自己的控制回路和指挥回路，数字决策中台架构可以参考组织指挥与控制（EC2）的基本原理。本节主要介绍 EC2 架构的构建方法。

1. 任务规划单元的控制过程

每个任务规划单元都需要通过基本的控制过程（见图 8.2）完成任务，主要包括态势评估、计划生成和计划执行，具体可分为 7 个步骤：传感器、感知、价值判断、过程模型、行为生成、执行器、控制过程。

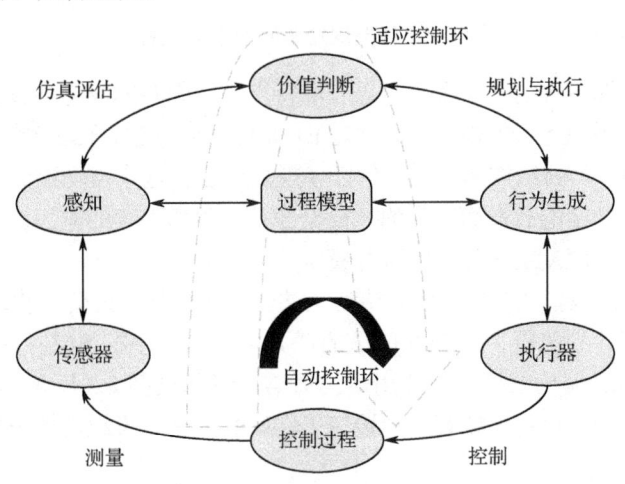

图 8.2 基本的控制过程

具体控制过程：当传感器感知到实际情况后，基本模块会对相关信息进行感知，在组织模块感知到相关信息后，先进行感知分析，并结合自身的能力情况进行判断；再进行行为生成和确定执行器；最后进入控制过程。流程模型的作用是在作战指挥控制流程的指导下，由组织模块结合自身的能力对所能完成的任务进行分析和行为生成。

2. 任务规划单元的指挥过程

要想完成上述控制过程，需要多个角色共同参与，即每个任务规划单元包含一个能够实现自我管理的指挥机构，主要有指挥员、参谋人员（规划和分析）、作战执行人员（操

作执行）、核查人员（测量对下属任务规划单元的性能报告）、校准人员（计划和资源同步）、指导人员（任务导向管理）及控制人员（完成过程在控制范围内），如图 8.3 所示。

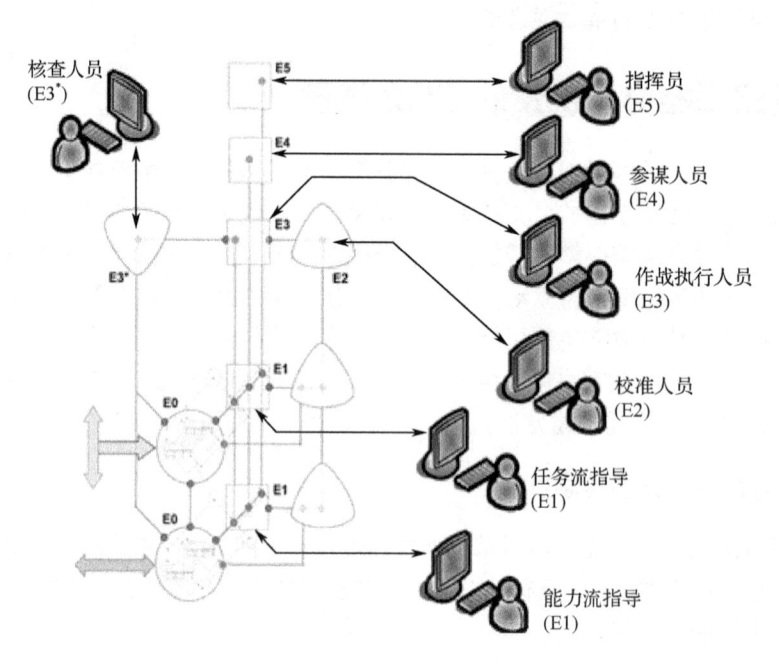

图 8.3 任务规划单元的指挥过程

图 8.3 所示指挥过程的一个重要且显著的特点是其固有的能力通过递归或自我复制来增加更低层级扩张组织运行的规模。通过对 E1-E0 的结构进行仔细检查，可知整个组织指挥与控制框架（ECF）的结构是嵌入式的任务规划单元。这个自动控制论和分形控制的模式是受人类神经解剖学的启发而产生的。根据许多哲学和现实的原因，认为这种结构是层级和领域中立、无标度及组织治理的可行模型。

为了有效形成规模，ECF 能够支持利益共同体（COI）成员互动过程中的实时情况评估、计划生成和计划执行，在 COI 成员的任务规划单元中的 ECF 行动者之间及其内部需要一组广义且定义明确的协议。应用层的通信协议通过图 8.3 所示的连线表示。此外，图 8.3 还显示了单个角色用户或客户端接口工作站的图标。组织指挥与控制成员的含义见表 8.1。

表 8.1 组织指挥与控制成员的含义

层 级	服 务 名 称	组织角色&响应
E5	指挥	目标和策略域的管理
E4	策划	使命能力管理
E3	执行	项目和能力管理
E3*	核查	计划（过程）性能评估
E2	校准	过程（任务）同步
E1	指导	过程（任务）管理
E0	过程	控制价值生成过程（任务）

为了展示 ECF 的行为，这里给出 3 种操作视图。其中，第 1 种操作视图描述了接收和响应指挥轴线上的更高层指挥所发出的任务指令；第 2 种操作视图描述了新的任务指令到达正在运行的系统；第三种操作视图描述了 E2（校准）在管理价值产生过程中的作用。上述 3 种操作视图均假定存在图 8.3 所示的 CPF 应用服务。

角色的分配并不是一成不变的，而是需要由人来完成相应的职责，一个人可以负责两项或多项职责，这些人需要对与其他组织相关的输入和输出进行确定。从角色的分配可以看出，策划人员应对执行人员配备和火力配备进行设计。

3. 任务规划单元的协同

单个任务规划单元往往无法完成任务，这就需要在多个任务规划单元之间实现指挥和功能流的流动，即任务规划单元之间需要连接，如图 8.4 和图 8.5 所示。图 8.4 反映了任务规划单元与组织体系中其他任务规划单元连接的情况。图 8.5 则反映了任务规划单元与周边任务规划单元连接的情况，这种连接可以是三维的，即每个任务规划单元可以存在于多个任务完成流程中。从图 8.4 可以看出，简单的体系在完成某项具体任务时所形成的特定组织结构可以分为 5 层，同一层级之间可以存在连接，即相互协同。从图 8.5 可以看出，在确定组织结构过程中，一个组织模块可以存在于多条指挥链中，也可以存在于多条功能链中。

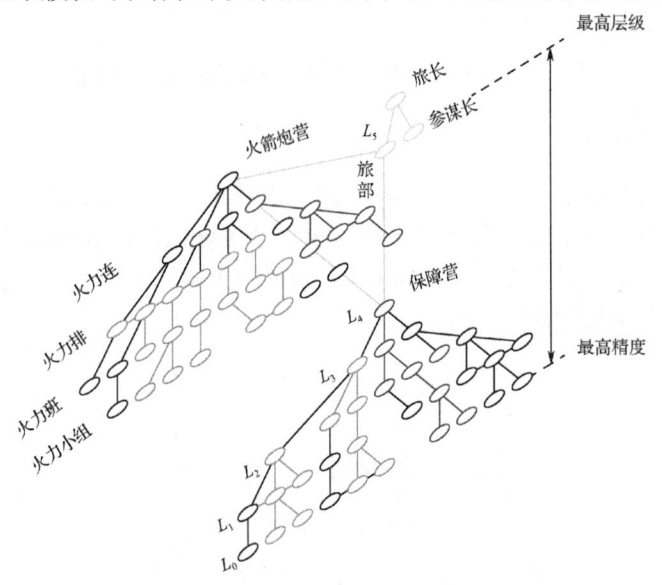

图 8.4　组织体系中任务规划单元的连接

在具体任务到达后，EC2 的任务就是协同各任务规划单元完成任务。由图 8.4 和图 8.5 可知协同完成任务的一般步骤：指挥员在收到上一级任务规划单元发出的任务后即在本单元内按照流程开始进行操作，生成的产品将输出给下级。具体过程如下：①根据协议由上级任务规划单元分配任务清单；②生成能力以对上级做出回应，并对超出自身的要求进行回应；③发布任务给下级任务规划单元；④接受并同化从下级任务规划单元返回的人力、火力及其他要求；⑤接受并同化上级任务规划单元的能力需求；⑥履行先前收到的下级任务规划单元对能力的要求；⑦将人力、火力等需求发给上级任务规划单元；⑧接收并履行上级任务规划单元的任务需求。

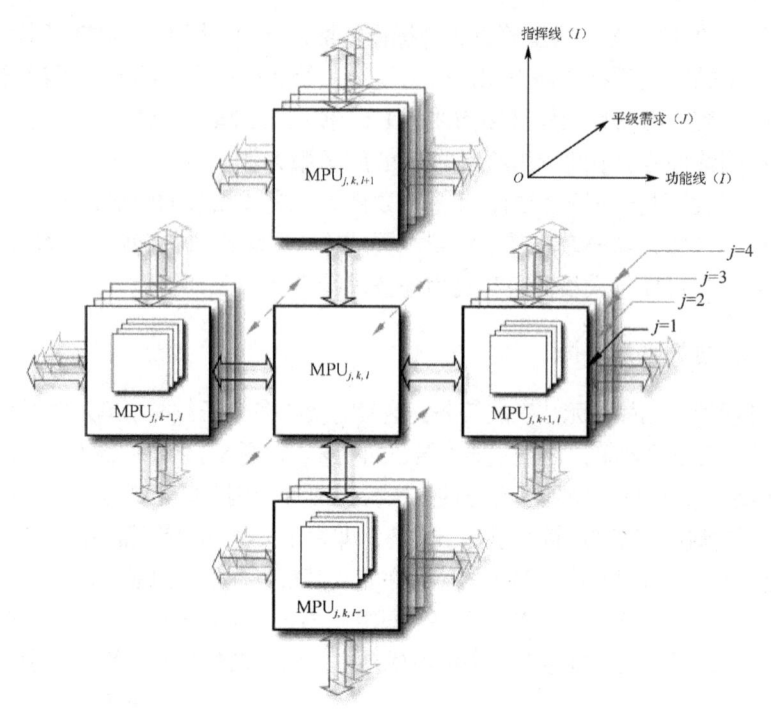

图 8.5 任务规划单元与周边任务规划单元的连接

4. 指令处理过程

图 8.6 中的任务指令（Tasking Order，TO）通过某个联邦盟友进入任务规划单元。为了跟踪它通过 CPF 的方式，需要查看 SAS、BGS 和 EMS 服务的内部。图 8.6 提供了下一级的详细信息，主要包括 3 方面：①确定每个阶段的主要元素；②定义级间流量；③确定在调度工作中使用的级间时序参数。

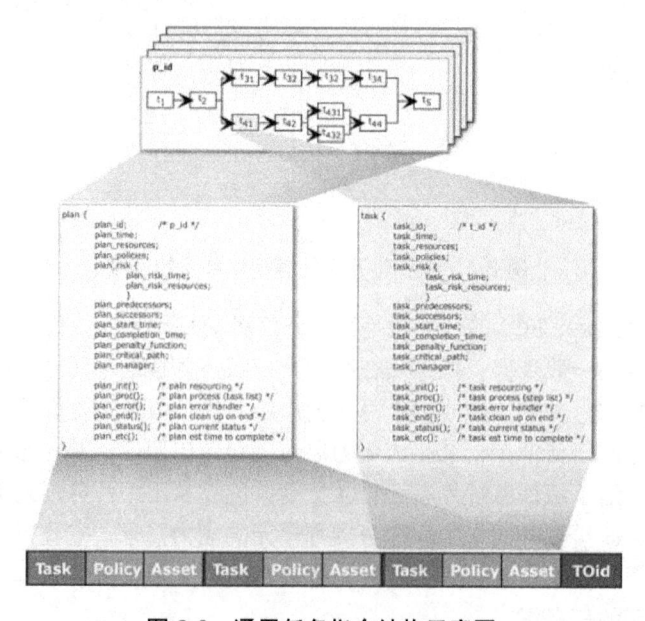

图 8.6 通用任务指令结构示意图

5. 分配订单处理任务

图 8.7 描述了 CPF 处理任务指令的 7 个关键步骤（图中带数字的圆圈）。尽管仍有其他方面未被讨论，但这 7 个步骤足以反映基本机制。

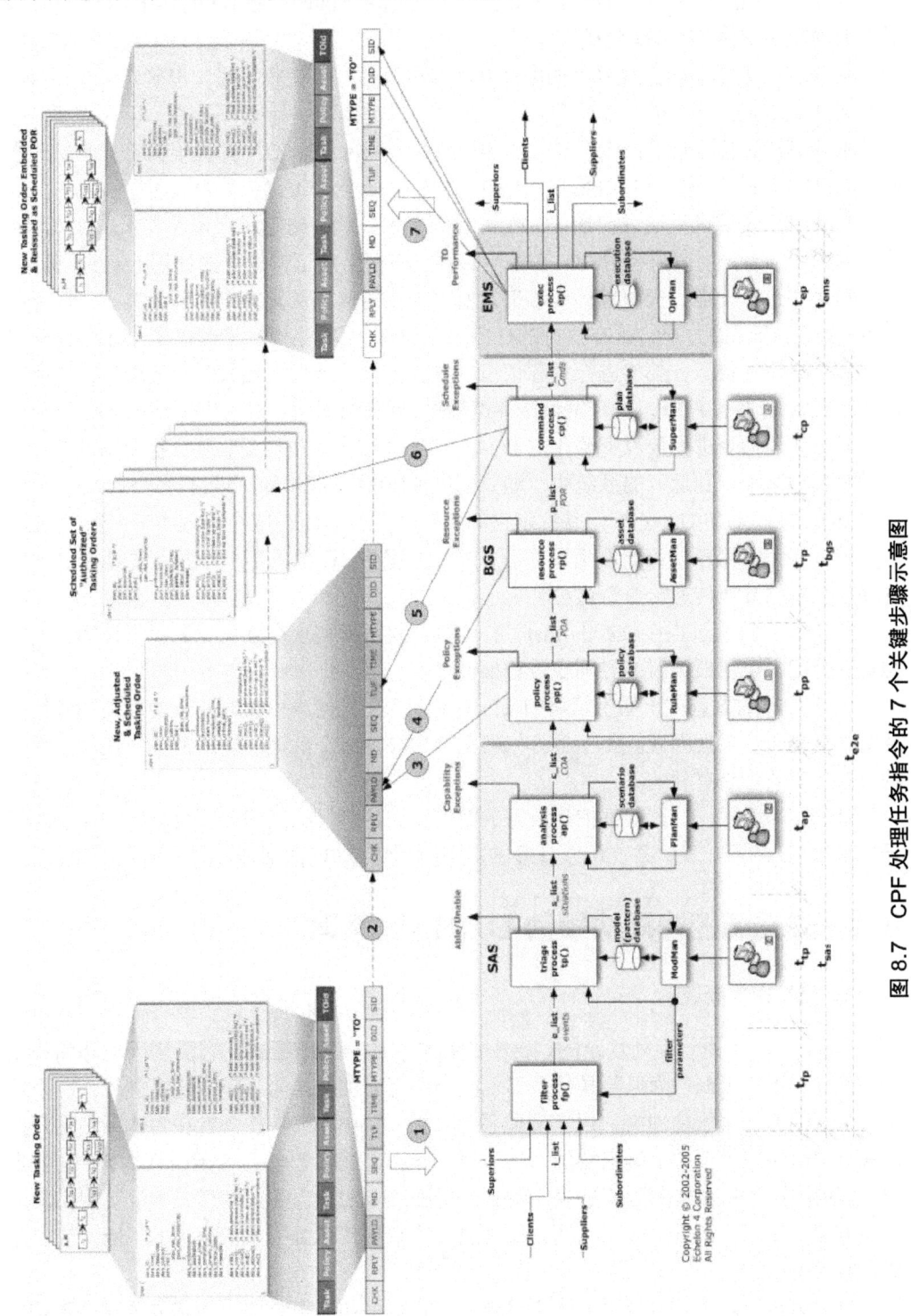

图 8.7 CPF 处理任务指令的 7 个关键步骤示意图

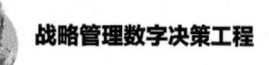

第 1 步：过滤过程接收来自联盟（客户、供应商、上级或下级）的任务指令（TO）。TO 消息包含 at-plan 规范，具体包括一个或多个特定任务、零个或多个策略规范、零个或多个资产分配、声明 TO 发布时间的时间戳和一个指定任务完成时间要求的 TUF。

第 2 步：在经过过滤、分类和分析后，一个或多个能够响应 TO 的候选 COA 将在策略处理阶段被提交给 MPU 指挥员。

第 3 步：策略过程检查包含任何计划策略规范的有效负载字段，以确定（如果存在）其是否违反本地策略、重写本地策略、扩充/加入本地策略，或者不存在，因而需要应用本地策略。策略过程检查的结果是按原样接受 TO、拒绝 TO/COA 并提出策略异常，或是更新 TO/COA 策略字段，并接受修改后的 TO/COA，作为 POA 转发到资源进程中。

第 4 步：资源过程通过扫描 TO/POA 计划有效负载，确定所有资源需求。TO/COA 指定了资源，但无法对其进行分配。在本步骤中，根据当前正在执行的计划（wset）的需求，按照可用性进行分配。资源过程能够确定所有需要的资源及其需求时间（关于任何任务步骤 tuf）和状态（如分配给正在执行的任务），以及任何其他资源管理需求（如资源补充）。对于每个必需的资源，都将进行资源预留，并在相关的计划有效负载字段中进行说明。资源 TO/COA 转换为 POR，并转发给指挥过程进行授权。

第 5 步：命令进程接收资源化的 POA，如果能被指挥员接受，则会提交给调度器，以尝试将其"装配"到运行的系统中，即分配给 E1-E0 处理步骤。调度程序对 POR 和 wset 中的 POR 执行 TUF/UA 分析，并调整它们各自的 TUF，以适应在计划中插入新的 TO。

第 6 步：在重新执行调度活动之后，命令进程将 TO 插入下一个执行周期的 tlist 中，并将这个新的 tlist 传递给执行过程。

第 7 步：执行过程接收新的 tlist，并与其从属服务实现交互，强制执行任何必要的资源重新分配，以便根据新的时间表进行操作。

CPF 计时的重点在于基于策略的 C2 的调度。在任何声称敏捷和适应性强的系统中，及时调度是一个关键因素。执行 SAS、BGS 和 EMS 的 C2 活动所需的时间对任何给定过程的管理的有效性是有利的。

如图 8.7 所示，CPF 处理信息所需的时间以其各阶段的处理时间为特征。这些时间用于控制 MPU 的吞吐量，并在可以管理的范围内预测 MPU 的性能。

8.3 战略调控协同决策的 DANSE 原理

1. DANSE 概述

体系（SoS）由一系列复杂的、自主的和异构的子系统组成，它受制于动态和变化。应对突发和不可预测行为风险是体系面临的一个巨大挑战，为了应对这个挑战，应采用动态和演化的方法来解决冲突，以实现体系的目标。DANSE 是首个旨在为体系工程开发方法和技术框架提供相关工具支持的欧洲项目之一。该框架考虑了 SysML/UPDM 的特定扩展，能够支持体系架构师围绕建模活动到分析阶段（抽象、模拟、形式验证）提供具体的解决方案，以解决常见的体系问题，如大规模体系及其利益相关者需求的不断演变、意外突发行为等。

具体来说，就是可以提供一个工具链，使它能够在高级级别上指定体系和体系需求，

并使用来自形式验证区域的强大工具集进行分析。在 DANSE 的框架中，通过扩展 SysML/UPDM 的语言，添加体系的形式化要求。将 SoS 目标形式化，可以使用统计模型检查器（如 Plasma-Lab）结合模拟平台（如 DESYRE）以可调整的概率自动进行验证，同时转换为模型检查器的低级规范。将这种在 DANSE 项目范围内开发的目标形式化语言称为目标和合约规范语言（GCSL）。GCSL 使用对象约束语言（OCL），用于描述 UML 模型中的静态属性。此外，GCSL 还重用了在 SPEEDS 欧洲项目中开发的合约语言（带有方便的时间模式）。

DANSE 的应用较为广泛，如火灾应急响应、综合水处理和供应、空中交通管理及自动化地面运输等。

2．DANSE 的思想

DANSE 的总体思想如图 8.8 所示。

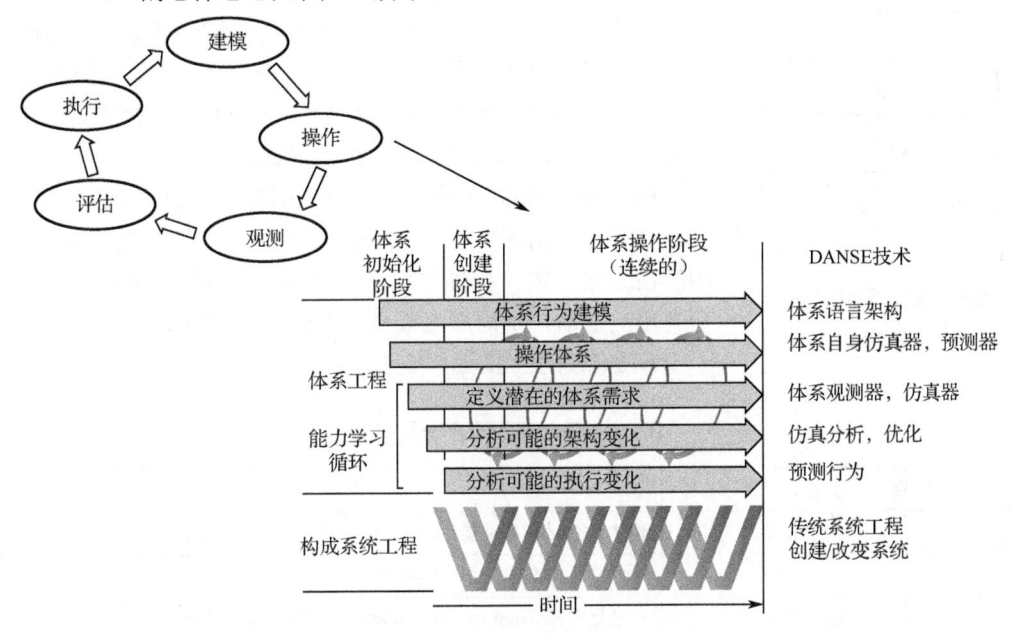

图 8.8　DANSE 的总体思想

体系生命周期中的第一个主要活动是体系行为建模。该活动通常在体系启动或创建阶段开始，并作为认识到体系存在的一部分。建模提供了一种预测和理解体系的方法，以便于管理，因此建模是一种早期活动。因为组分系统通常早于体系，所以各种组分系统的工程工作经常是在它们之上创建系统模型的。这些模型很可能以不同的形式存在，并处于不同的工具中。

体系生命周期中的第二个主要活动是操作体系以执行其服务。

体系生命周期中的第三个主要活动是定义潜在的体系需求。当有事件发生时，体系的性能不佳，或是其响应的某些特性没有达到用户的期望。对体系操作的观察揭示了未来的可能性、需要的新功能或根本未发生的故障模式。

体系生命周期中的第四个主要活动是分析可能的架构变化，以确定哪些变化将增强体系并满足需求。它也是能力学习周期中的第二个活动，用于提供周期决策的信息。该活动是 DANSE 解决方案方法和工具变得强大的内容，允许体系经理或架构师在体系模型中尝试在现实世界中无法尝试的概念。通过 DANSE 解决方案，体系管理器可以进行以下操作：配置新架构并模拟这些架构的性能，检查参数、目标和合同的符合性，以及评估计划内和计划外的涌现行为。

体系生命周期中的第五个也是最后一个主要活动是分析可能的执行变化。通过分析建模替代方案来确定最佳变化，而这些变化将通过修改组成系统来实现。然而由于体系的本质，只是"指导"将要发生的变化往往是不够的。组成系统是单独管理的，通常处于不同的权力之下，因此，变化必须经由影响而不是方向发生。该活动通过在体系操作期间将更改放回实际的体系中进行观察，从而关闭循环。

3. DANSE 的方法及工具

体系面临诸多挑战，如操作独立性异构系统集成、组成系统合作、设计过程复杂性、可靠性和安全性、动态的健壮性、演化能力、识别紧急行为并做出反应的能力等。为了应对这些挑战，需要使用一套完整的方法和工具。

DANSE 采用基于模型的系统工程方法，如图 8.9 所示。

在体系生命周期中，DANSE 提供了一套有助于实现体系化的解决方案。每种解决方案都会对体系管理器或架构师执行一个有用的活动，从而产生概念、更改架构或验证。

DANSE 的方法及内容见表 8.2。

图 8.9 基于模型的系统工程方法

表 8.2 DANSE 的方法及内容

条目	方法	内容
1	体系模型	创建 UPDM 体系模型，特别关注体系行为
2	CS 模型	使已有的（或新的）组成系统模型可与体系模型联合使用
3	应用架构模式	通过使用有用模式的存储库来构建体系模型或增强体系模型
4	生成架构替代方案	通过使用图形语法构造，创建用于分析的多个架构替代方案
5	生成优化的架构	使用简洁的建模来创建和评估多个架构替代方案，并选择一个最佳方案
6	执行联合仿真	使用体系和 CS 模型执行基于时间的联合仿真
7	执行统计模型检查	根据参数/目标确定仿真的性能水平
8	评估紧急行为	确认/发现预期或未知的体系紧急行为
9	评估目标和合约	体系/CS 目标/合约的定义，并在仿真过程中进行自动检查
10	进行正式验证	了解针对正式要求的时间规范
11	配置 DANSE 工具网环境	安装必要的工具、本体、规则和客户端，以执行 DANSE 建模
12	共享模型	与其他工具网参与者共享 SoS 或 CS 模型

DANSE 解决方案的典型使用流程如图 8.10 所示。

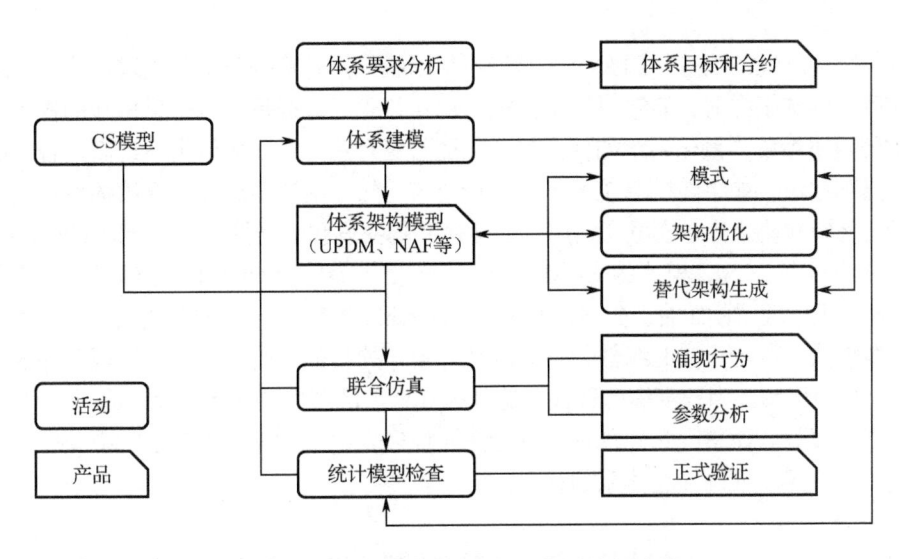

图 8.10　DANSE 解决方案的典型使用流程

1）体系建模与合约语言体系建模

SysML 是一种使用统一建模语言（UML）的配置文件机制的 UML 子集的扩展。SysML 用于系统工程应用程序，通过提供大量图表来对系统的需求、结构（如块定义图、内部框图）、行为（如状态机、活动图）等进行建模。UPDM 是一种语言，它使用相同的 UML 的配置文件机制并构建在 UML/SysML 之上，如图 8.11 所示。它新增的一层元对象，主要用于军事体系的背景及大量的预定义视图（如系统视图、操作视图、能力视图）中，有助于拆分整体，使其在较小的任务中建模。UPDM 建模的可执行部分可以编译成基于功能模型接口（FMI）的程序，该接口定义了用于复杂系统模拟的标准化接口。

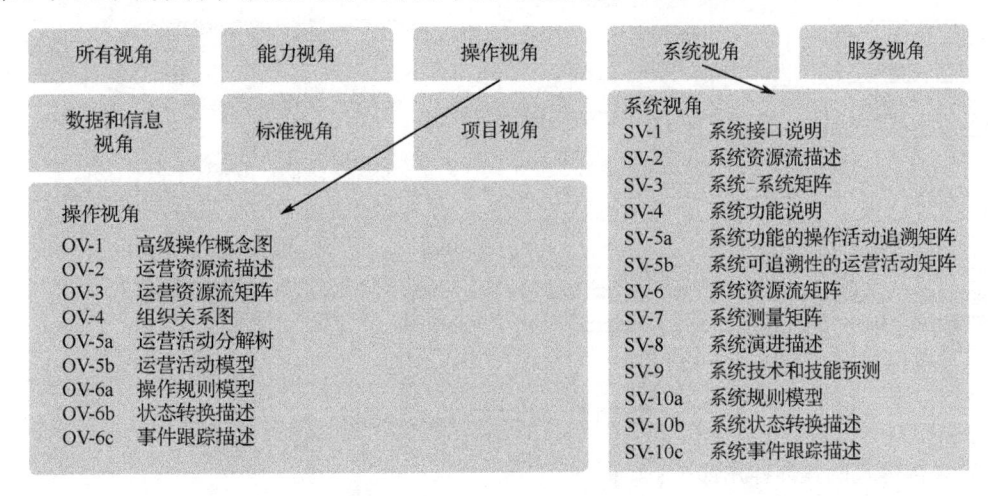

所有视角	能力视角	操作视角	系统视角	服务视角
数据和信息视角	标准视角	项目视角	系统视角	
			SV-1　系统接口说明	
			SV-2　系统资源流描述	
操作视角			SV-3　系统-系统矩阵	
OV-1　高级操作概念图			SV-4　系统功能说明	
OV-2　运营资源流描述			SV-5a　系统功能的操作活动追溯矩阵	
OV-3　运营资源流矩阵			SV-5b　系统可追溯性的运营活动矩阵	
OV-4　组织关系图			SV-6　系统资源流矩阵	
OV-5a　运营活动分解树			SV-7　系统测量矩阵	
OV-5b　运营活动模型			SV-8　系统演进描述	
OV-6a　操作规则模型			SV-9　系统技术和技能预测	
OV-6b　状态转换描述			SV-10a　系统规则模型	
OV-6c　事件跟踪描述			SV-10b　系统状态转换描述	
			SV-10c　系统事件跟踪描述	

图 8.11　UPDM 的结构及功能

在 DANSE 中，体系被编译成 FMI 程序并由仿真引擎 DESYRE 执行。整个 FMI 程序可以被视作一个状态转换系统，其中，状态表示体系的全局状态；转换表示发生在体系中的动作和事件，并最终修改某些系统组件的内部状态，从而修改系统的全局状态。随机建模是一种描述本质上不是确定性行为的方法，或者抽象为一种过于复杂而无法显式建模的行为，因此，它通常在体系中发挥作用。向体系模型中添加随机数据意味着每次模拟可能会生成与之前不同的痕迹，因此一次运行不足以验证体系是否满足其要求。这也解释了为什么在评估候选架构时，能够以数学方式自动执行验证过程是对体系架构师的极大支持。

对于随机系统，量化系统如何满足合约通常更有意义：该估值由系统满足合约的概率给出。直观地说，如果随机系统的每次运行分布已知，则该系统满足合约的概率是满足合约的所有运行概率之和。这里介绍用于表达体系的假设和承诺的语言：针对 UPDM/SysML 要求的合约语言 GCSL。模式的 GCSL 语法是对象约束语言（OCL）与合约规范语言（CSL）SPEEDS 的契约模式的组合。在 SPEEDS Deliverable D.2.5.4 合约规范语言中引入 SPEEDS 合约规范模式，以给出实时组件的高级规范。引入的目的是使用户能够推理事件触发，并在 DANSE 中用属性满意度等效替代。这种模式处理的属性与体系的状态有关，通过 OCL 来指定状态属性。GCSL 允许构建一些行为属性来表达由状态属性表示的系统事实或事件的时间关系，足以准确描述体系的状态。

2）架构方法

（1）架构模式。通过使用架构模式与架构框架（如 UPDM），架构师能够将体系分解为更实用的元素以进行分析，同时对整个体系仍有一个整体的了解。图 8.12 所示为架构模式组成示意图。架构模式可以用不同的语言进行建模，如 SysML 和 UPDM。大多数架构模式可以用 SysML 模型的形式表示，因为它更适于 DANSE 方法中的优化活动的结构化。除了在 DANSE 方法中协助建模过程，架构模式还可以在架构优化活动中发挥作用，使其进入简明建模过程。

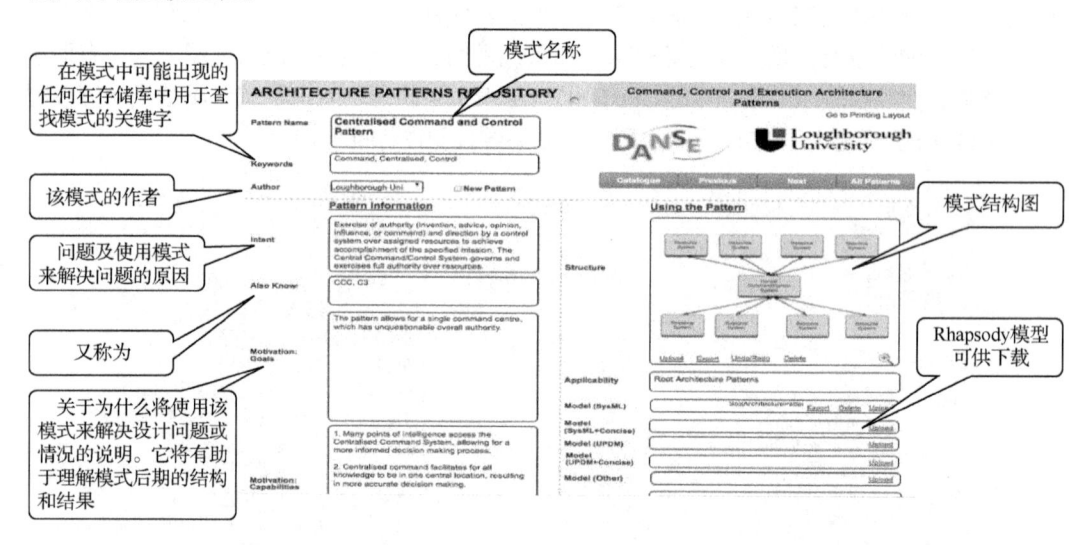

图 8.12 架构模式组成示意图

架构模式的具体作用如下：

① 架构模式能够提供通过应用各种模式来开发体系和/或其组成部分的体系架构描述的方法，它包括操作模式、系统模式和功能模式。体系需要从多个角度进行建模。Rhapsody 中的 UPDM 轮廓是实现这一点的选择，作为 DoDAF 和 MoDAF 的组合轮廓，两者都基于 SysML。

② 架构模式能够提供一种向简洁建模优化过程提供模型的方法，具体包括相关模型（系统和功能模型）和简明建模优化构造模型。

③ 架构模式是在一般体系案例和特定领域案例中获取专家知识的绝佳方式，也是获取体系工程（SoSE）流程和最佳实践的绝佳方式。

④ 架构模式为架构问题提供了替代的解决方案。

（2）架构优化。可以通过以下 4 种途径进行架构优化：

① 通过不同的 SysML 视图描述体系模式，包括设计、约束和目标。

② 提供数据输入和输出结构。

③ 通过互换的格式自动转换为优化求解器。

④ 优化后的系统回注到 SysML 模型。

3）DANSE 工具

根据 CS 和体系开发的不同性质，体系建模工具的一个基本能力是跨工具联合使用模型信息。DANSE 开发了一个带有语义中介的工具网，它允许不同的建模工具能够平滑地相互交互、交易结构、行为和模拟信息，以实现联合使用。DANSE 工具网基于 IBM Jazz 团队服务器的使用，其覆盖层在各种连接工具之间提供语义中介。它能为其他技术供应商提供一个软件开发工具包，以将其工具插入工具网。体系建模工具、架构开发工具及联合仿真/分析工具分别见表 8.3、表 8.4 和表 8.5。

表 8.3 体系建模工具

条 目	工 具	功 能
1	Rhapsody	使用丰富的 UPDM 图集来表示体系架构
2	GCSL 编辑器	使用语法检查创建目标和合约语句
3	DANSE 建模扩展配置文件	UPDM 配置文件的存储库，以支持其他工具

表 8.4 架构开发工具

条 目	工 具	功 能
1	架构优化工作台	根据结构中的变体生成/优化架构变体
2	架构模式	使用文档化的模式创建/修改 UPDM 模型
3	架构生成	使用图形语法自动生成体系结构替代方案

表 8.5 联合仿真/分析工具

条 目	工 具	功 能
1	Rhapsody SysML FMU 输出	从 Rhapsody 中将 SysML 状态图导出为 FMU 文件
2	DESYRE 联合仿真	对 FMU 格式的多个体系和 CS 模型进行联合仿真
3	PLASMA 统计模型检验	对仿真结果进行统计模型检查
4	合约分析	进行合约冲突分析，但不需要仿真
5	基于合约的运行时分析	生成与体系仿真链接的 GCSL 的可执行模型

体系 SoS 建模工具用于支持架构描述和分析，具体包括动态生成和优化。体系架构通常由架构框架描述，该框架是一系列描述不同相关方面的视图。DANSE 选择的主要架构框架是 UPDM，尽管 DANSE 方法也可以与 NATO 体系结构框架（NAF）和系统建模语言

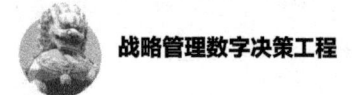

（SysML）共同使用。

联合仿真和分析工具用于支持体系和 CS 模型的联合仿真，以观察其行为和性能。此外，该类工具还支持模拟结果的分析，特别是通过统计模型检查。统计模型检查包括以下方面：

（1）在 UPDM 模型中指定的目标和合约。

（2）GCSL 转化成一组可以通过 PLASMA 进行评估的特性。

（3）UPDM 参数设置为可观察的，由模拟器跟踪。

（4）DESYRE 模拟器在模拟过程中逐步提供 PLASMA 中变量假设的值。

（5）PLASMA 验证性能。

（6）PLASMA 返回统计模型检查和合约验证结果。

8.4 战略调控协同决策的区块链技术

8.4.1 基于区块链的数据共享解决方案

1. 基于区块链的数据共享系统架构

数据资产共享管控及确权溯源服务系统对外可提供 3 种服务：①数据资产发布确权；②数据资产流转共享管控；③数据资产可信溯源查询呈现。其可对接的数据交换形式包括 3 种，即数据库、文件、接口，它们通过安全套件实现数据指纹的提取及后端安全服务的调用，如图 8.13 所示。

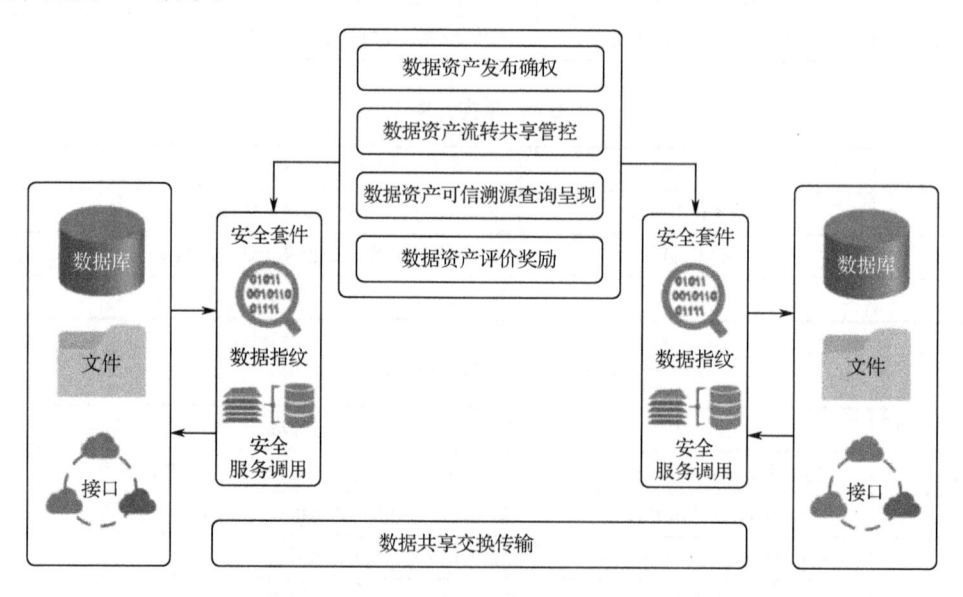

图 8.13 数据资产共享管控及确权溯源服务系统的总体架构

数据资产共享管控及确权溯源服务系统的技术架构主要包括服务系统和安全 SDK 套件两部分，其中服务系统主要包括区块链服务系统、数据关联分析与查询、数据资产评价统计、系统参数配置及国密算法模块等。

2. 基于区块链的数据共享智能合约协议

基于区块链的数据共享协议主要包括 9 部分：用户注册智能合约协议、用户公钥更新智能合约协议、用户停用智能合约协议、数据发布智能合约协议、数据共享智能合约协议、数据发布更新智能合约协议、数据共享更新智能合约协议、数据接收读取智能合约协议及数据评价智能合约协议。

8.4.2 基于区块链技术的全过程工程管理系统

基于区块链的工程管理设计如图 8.14 所示。

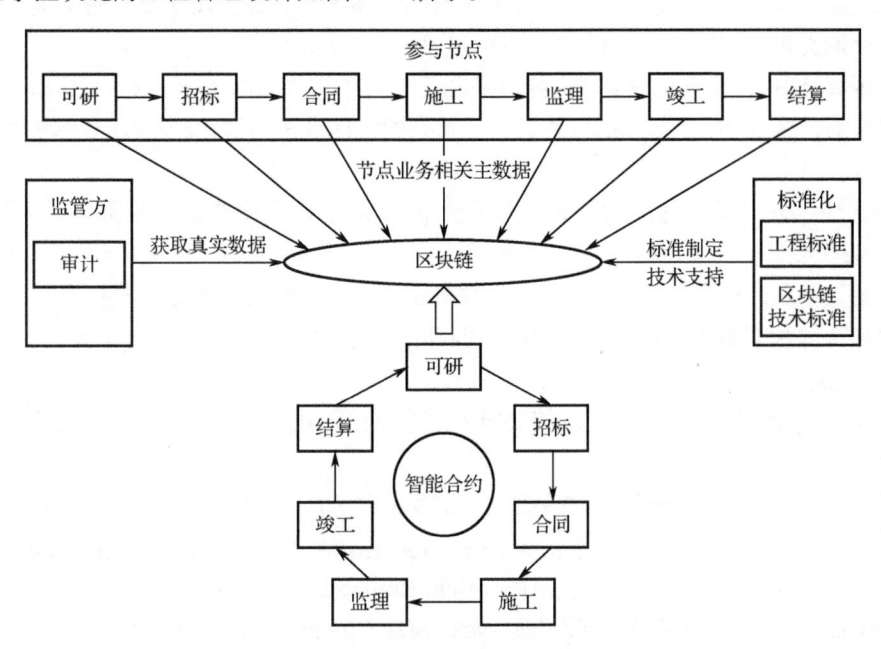

图 8.14 基于区块链技术的工程管理设计

基于区块链技术的全过程工程管理系统能够使工程信息在配网工程项目全寿命周期内实现"无纸化"传递、"数字化"传递、"智慧"传递，它可以提高配电网工程项目施工现场用户数据传输的时效性，解决施工进度、质量等信息传递效率低、人工信息处理复杂的问题。

工程项目在过程管理流转过程中，使与合作企业相关联的主数据实现标准化，以从工程管理系统中抽离出来，并通过哈希计算保存到区块链中。

参考文献

[1] KOPETZ H, FROEMEL B, HOEFTBERGER O. Direct versus stigmergic information flow in systems-of-systems[J]. System of Systems Engineering Conference (SoSE), 2015(12): 20-30.

[2] SERRANO D, BOUCHENAK S, KOUKI Y, et al. SLA guarantees for cloud services[J]. Future Generation Computer Systems, 2016,54: 233-246.

[3] JUNAIBI A R, FARID M A. A method for the technical feasibility assessment of electrical vehicle penetration[J]. Proceedings of the 7th Annual IEEE International Systems Conference (SysCon), art, 2013, 6549945: 606-611.

[4] CARNEVALE C, FINZI G, PISONI E, et al. A system of systems for air quality decision making[J]. Proceedings of the 7th International Conference on System of Systems Engineering (SoSE), art, 2012,6384184: 258-263.

[5] FAN J, LI D, LI R, et al. Analysis on MAV/UAV cooperative combat based on complex network[J]. Defence Technology, 2020, 16(1): 150-157

[6] 宋晓程，高晗. 面向无人作战的智能平行指控系统架构研究[C]//第七届中国指挥控制大会论文集. 北京：电子工业出版社，2019: 212-216.

[7] 骈媛媛,谢煜. 基于区块链技术的多平台互联网征信体系构建[J]. 征信,2020(4): 22-26.

[8] 刘新海，贾红宇，韩晓亮. 区块链：一种新的征信视角与技术架构[J]. 征信，2020(4): 13-21.

[9] 陆岷峰. 关于区块链技术与社会信用制度体系重构的研究[J]. 兰州学刊，2020(3): 76-84.

[10] 刘湖，于跃，蒋万胜. 区块链技术、教育资源差异与经济高质量发展：基于我国高等教育资源配置状况的实证分析[J]. 陕西师范大学学报（哲学社会科学版），2020(1): 145-158.

[11] 秦响应,申晨,陈刚,等. 基于区块链技术的互联网信用体系框架构建[J]. 征信,2020(2): 12-17.

[12] 管晓永，任捷. 区块链技术对传统征信的变革研究[J]. 征信，2020(3): 45-50.

[13] GEISBE R, BROYM. Living in a networked world: Integrated research agenda cyber-physical systems (agendaCPS) [M].Munich: Herbert Utz Verlag, 2015: 24-26.

[14] BAHETI R, GILL H. Cyber-physical systems[J]. Computer, 2009(3): 88-89.

[15] 何明，梁文辉，陈希亮，等. CPS系统体系结构顶层设计研究[J]. 计算机科学，2013(11): 18-22.

[16] 高张宝. 基于B/S架构的企业内部管理系统的设计与实现[D]. 昆明：昆明理工大学，2019.

[17] LIU Y J, TIAN G. Design and implement of university laboratory equipment network management platform based on C/S and B/S model[C]//International Conference on Industrial Control and Electronics Engineering, Xi'an. [S.l.:s.n.], 2012:1474-1476.

[18] 刘京. C/S(Client/Server)结构与 B/S(Browser/Server)结构比较[J]. 黑龙江科技信息，2008, (21): 51.

[19] LV P, LIU Q R, WU J X, et al. New generation software-defined architecture[J]. Sci Sin Inform, 2018, 48: 315-328.

[20] ZHU M. Research on the application adaptability evaluation methods of internet architecture[D]. Beijing: Tsinghua University, 2014.

[21] HUANG J B. Design and implementation of a big data intelligent analysis platform for heterogeneous computing[D]. Beijing: Beijing University of Posts and Telecommunications,

2020.

[22] LUO S. Architecture research and implementation on reconfigurable computing system[D]. Hefei: University of Science and Technology of China, 2006.

[23] WEI S J, LI Z S, ZHU J F, et al. Reconfigurable computing: Toward software defined chips[J]. Sci Sin Inform, 2020, 50: 1407-1426.

第 2 篇
战略管理数字决策工程方法

第 9 章

能力图谱构建方法

> 对能力组合进行管理，尤其是利用现代信息技术对能力组合进行有效管理，对于决策者来说是非常重要的。能力规划面临大量的文档密集型管理工作，如果能够利用现代信息技术对海量的、非结构化的、多领域的数据和信息进行组织与管理，则会帮助决策者摆脱"认知迷雾"。

9.1 能力图谱概述

为了对能力组合进行有效管理，美国国防部建立了一套核心决策过程和理论方法，以确保最终实现基于能力的规划目标，其中尤以美国国防部实行的规划、计划、预算与执行（PPBE）系统最具代表性。PPBE 系统在资源配置方面采用战略目标和成本绩效相结合的投资策略，充分发挥预评估在投资项目规划环节中的引导作用，并根据顶层战略规划文件（如国家安全战略、防务战略等）明确的国家安全、国防建设和军队各部门建设发展战略目标，对项目投资预算绩效进行预评价、预评估，以减少部门利益争夺带来的重复建设和闲置浪费问题，最终形成目标任务、责任单位与资源安排相统一的绩效计划和国防预算申请。作为项目投资预算管理的核心系统，PPBE 系统与国防采办系统（DAS）和联合能力集成与开发系统（JCIDS）共同构成美国国防采办领域的三大支持系统。三大支持系统的协调控制机制衔接了国家战略发展规划、国防科技工业建设和国防预算编制与执行 3 个重要领域的建设发展，为投资项目预算绩效的预评估和预评价提供了长期稳定的参考框架。在该框架下，不论是政府投资，还是社会投资，都可以在统一的战略发展目标下开展投资项目预算绩效评估的预实践活动，从而能够有效减少资源浪费并降低投资风险，提高国防领域建设的投资效益。

基于能力的规划是一种由战略驱动的、自上而下的企业管理方法，它特别强调规划和系统工程的运用，侧重于向企业交付战略能力。基于能力的规划需要对能力及能力增量演进进行管理——称为能力组合管理（Capability Portfolio Management，CPM），其思想和方法与项目管理中的投资组合管理相似。这两者的区别在于，能力组合管理的任务是实施一种以能力为核心的"投资组合管理"，并且这种能力组合管理同时需要关注实现能力增量的项目-项目群的管理内容。可以说，能力组合管理是一种跨"目标-能力-项目"的多维度、多领域的战略管理方法。

国防能力组合管理是一项复杂的系统工程，由于国防领域建设投入大、参与主体众多、技术体系复杂，传统的能力规划过程存在以下问题：①基于文档进行能力规划和设计，容易产生二义性；②能力规划阶段和能力开发阶段发生割裂，导致预期建设效果难以有效达成；③能力增量之间依赖性强，规划方案可能存在系统性、结构性缺陷；④能力规划方案的缺陷大多出现在研发后期，补救成本高昂。随着信息技术的飞速发展，基于模型的系统工程方法应运而生。利用基于模型的系统工程方法在能力规划的早期阶段，通过模型逐步定义需求和功能，进而设计系统架构并进行相应的验证工作，可以大大减少能力规划的不确定性，为解决国防投资预算与国防领域建设战略规划目标有效契合的问题提供了一种有效手段。

虽然现代信息技术的应用促进了能力规划管理相关知识的共享和重用，但是当前的能力规划仍面临大量的文档密集型管理工作，决策者在做出决策时无法摆脱"认知迷雾"。基于上述问题可以发现，国防能力规划管理急需一种能够针对海量的、非结构化的、多领域的数据和信息，智能辅助实现从非结构化文本信息到能力组合规划方案集成展现的方法和工具。考虑到近年来机器学习和知识图谱技术的飞速发展，能力图谱这一新型数字化技术越来越受到国防能力规划领域相关研究的重视。本章围绕能力组合管理的数字化转型问题，对能力图谱构建技术和方法进行介绍，内容包括基于企业架构的图谱构建、基于标准语义网的图谱构建和基于语义化架构的图谱建构。

9.2 基于企业架构的图谱构建

早期的企业能力规划管理效率不高，主要受制于大量的文档密集型因素，经过多年的发展，企业架构为企业能力规划管理提供了一系列可用的方法和工具，使其管理过程由文档密集型逐渐向模型密集型转变。企业架构表示企业未来发展的愿景、战略和实现过程，通常可以作为一种较高层级的指导和框架，用于描述企业中的组件及其角色和关系。此外，企业架构还可进一步被细化为一个服务于战略选择的投资组合信息库，涵盖企业的使命任务、执行任务所需的信息、执行任务所需的技术，以及为响应不断变化的任务需求而实施新技术的转型过程。企业架构一般分为基线架构和目标架构两种。

企业架构为企业能力规划管理提供了载体和工具。通过企业架构的分析和评估，可以衡量企业实现愿景的进展，帮助塑造环境和选择选项，有助于确定战略和实施是否满足预期要求。此外，基于架构还可以分析观察到的情况和预期之间的差异，进而通过问题诊断找出存在的风险与机会，并调整实施计划。因此，企业架构可以作为一个早期预警系统、一个机会识别器和一个进度标记，并在企业层面上为业务决策提供信息。实际上，可以将企业架构理解为企业能力规划管理过程中一种智能决策支持系统的知识载体。

9.2.1 企业架构的概念

信息技术在各行各业及人们的日常生活中发挥着越来越重要的作用。企业（或组织）的业务与信息系统的关系日趋紧密，导致对信息系统的依赖度越来越高，信息系统的优劣直接影响了其竞争力的强弱。企业在信息化建设过程中，信息系统的数量越来越多，复杂度越来越高。由于信息化建设缺乏全局性的指导，导致一系列问题的产生。复杂的信息系统结构引发信息孤岛问题，使决策者无法掌握全面的信息，由此产生的错误决策所带来的负面影响在自动化和高效化的帮助下被进一步放大。信息化建设与企业核心业务的不平衡

发展日渐严重，一边是业务部门使用较为落后的办公软件开展日常业务，另一边是信息技术部门不顾业务环境的真实境况而进行信息系统的更新换代，企业的决策者却苦于没有足够的全局化视角和手段在这两者之间进行决策和协调。

综合来说，随着信息化的发展，企业开始面对两个问题：①信息系统复杂度升高，变得越来越难以管理；②业务和信息系统之间的关系虽然越来越紧密，但是变得越来越不同步。这两个问题的本质可概括为"复杂"，因此上述问题的解决最终需要落实到"复杂度管理"上。企业架构及企业架构框架理论的本质就是将企业视为复杂的客观对象，并对其各个领域（战略决策、业务、数据、应用、技术和项目实施）中的复杂度进行有效管理，从而辅助企业健康发展的学说。

企业架构（EA）是对真实世界企业的业务流程和信息技术（Information Technology，IT）的抽象描述，具体包括企业战略、组织、职能、业务流程、IT 系统及网络部署等。这些内容反映了企业业务的状况，既是业务战略、IT 战略和 IT 实施之间的桥梁，也是战略规划的组成部分。需要指出的是，上述定义并不是企业架构的统一定义，事实上企业架构并没有一个统一的定义，下面列举一些常见的定义方式。

- Zachman：EA 是构成组织的所有关键元素和关系的综合描述。企业架构框架（EAF）是一个描述 EA 方法的蓝图。
- Clinger-Cohen 法案：EA 是一个集成的框架，用于演进或维护存在的信息技术和引入新的信息技术，以实现组织的战略目标和信息资源管理目标。
- 管理和预算办公室（Office of Management and Budget，OMB）：EA 是业务及管理流程与信息技术之间当前和未来关系的显式描述和记录。
- MetaGroup：EA 是一个系统过程，它反映了企业的关键业务、信息、应用和技术战略及其对业务功能和流程的影响。关于信息技术的内容及应该如何在企业内实施，EA 提供了一个一致的、整体的视角，以使它与业务和市场战略一致。
- IBM：EA 是记录企业内所有信息系统及其相互关系，以及它们如何完成企业使命的蓝图。

综上所述，企业架构=业务架构+IT 架构。其中，业务架构是将企业的业务战略转化为日常运作的渠道，它决定于业务战略，主要包括运行运营模式、流程体系、组织结构及地域分布等内容；IT 架构是指导 IT 投资和设计决策的 IT 框架，也是建立企业信息系统的综合蓝图，具体包括数据架构、应用架构和技术架构 3 部分。成功的企业一定具有随需而变的特质，即灵活的组织架构、灵活的业务流程、灵活的信息系统、灵活的 IT 技术，企业架构则可以实现下列作用：

- IT 为业务变更铺好道路，使业务可以快速响应市场变化。
- 有效管理并监控企业的流程，确保战略的实施。
- 确保跨部门信息的一致性，使决策信息完整、准确。
- 基于标准建立 IT 蓝图，减少后续集成成本。

总之，一个企业架构具有以下 3 方面的含义：

（1）EA 是一个描述工具。它能为组织中的所有利益相关者提供一种描述手段（模板），使其可以对组织中的业务、信息系统及它们之间的关系按照各自的视角进行描述。由于使用统一的语言进行描述，所有利益相关者之间都有无障碍沟通的基础，而这也是 EA 最重

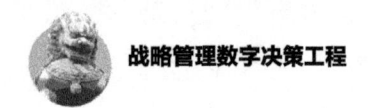

要的用处。

（2）EA 是一个知识库。它为组织中所有参与者所提供的针对企业架构各方面的描述提供了一个分类管理、便于访问的知识库和信息资源库。

（3）EA 是一个系统过程。为了使组织内的信息技术与业务的需求、变化相适应，EA 提供了一套实施准则和管理策略。

9.2.2 企业架构框架

经过数十年的发展，业界已经涌现出许多企业架构和企业架构框架理论。由于企业架构的特性所致，其真实形态在不同的企业之间差别很大。

1．企业架构框架的共性

企业架构框架理论的目的是指导人们创建符合自己企业特点的企业架构，以及使用何种方式维护企业架构，使之与企业的发展相同步。各种企业架构框架基本都是从以下两方面阐述创建企业架构的方法论的：

（1）创建和维护企业架构的过程，即如何创建企业架构，以及如何确保企业架构正确演进。

（2）企业架构的内容描述，即企业架构的内容如何分类，以及每一类应该包含哪些内容。

基本上所有的企业架构框架都有关于企业架构创建过程的描述。在这些企业架构框架中，企业架构的生命周期被描述成一个循环演进的过程，并且在演进过程中还需要施以适当的治理，从而保证每一次的演进都是在一种有序、受控的环境中进行的。在企业架构的开发过程中，大多数框架理论还推荐通过使用企业架构成熟度模型来对企业架构的状态进行评估。

关于企业架构的内容，虽然不同的企业架构框架理论的角度不同，但是它们对企业架构内容的层次划分基本一致，主要从以下 4 方面对企业架构进行描述：

- 业务架构（流程、组织）。
- 数据架构（数据、信息）。
- 应用架构（应用、服务）。
- 技术架构（硬件、网络）。

2．主流企业架构框架

1）Zachman

Zachman 仅提供关于企业架构内容的分类方法，而对于企业架构的创建过程却没有相应的描述。但是作为第一个被广泛承认的企业架构框架理论，Zachman 首先提出了一种根据不同的关系者的视角来对信息系统的各方面进行描述的方法，从而使站在不同角度的可以针对信息系统的建设使用相同的描述方式进行沟通，这也为之后的各种企业架构框架理论的发展指明了方向。在 Zachman 的框架中，企业架构的内容被抽象成通过 6 种视角来观察的信息系统相关 6 方面的描述，并且 Zachman 认为当所有角度针对各方面的描述都是完备的，则一个企业架构的内容就是完备的。

2）FEA 体系架构

美国联邦政府是企业架构应用的先行者和最大倡导者。早在 20 世纪 90 年代，美国军方就对这种全局性的信息共享的理论开始进行研究，并开发出符合其特色的企业架构框架理论（DoDAF）。此外，在 Zachman 的框架被引入美国联邦政府各部门之后，美国国家技术标准研究所（NIST）于 1989 年发布了 NIST 企业架构模型，随后各政府部门也相继推出了自己的企业架构框架理论，如财政部（DOT）的企业架构框架 TEAF（Treasury Enterprise Architecture Framework）。虽然各政府部门都建立了符合自身特点的企业架构框架，但从美国联邦政府这一整体角度来看，诸如组织目标与信息系统的相互适配、信息系统和资源的冗余浪费等问题并没有得到完善解决。无论是从组织架构、组织职能，还是服务对象的角度来看，美国联邦政府可以算是最复杂的组织系统，因而如何站在美国联邦政府这一全局角度来考虑企业架构所面临的问题是极具挑战的。为了应对这一挑战，提出了联邦企业架构（FEA）。

1996 年颁布的 Clinger-Cohen 法案（信息技术管理改革法案）是推动联邦企业架构出现的动因。该法案的主旨是美国政府指导其下属的各联邦政府机构通过建立综合的方法来管理信息技术的引入、使用和处置等，并且该法案要求各联邦政府机构的 CIO 负责开发、维护和帮助实施一个合理的、集成的 IT 架构（ITA）。在该法案的推动下，CIO 委员会于 1999 年发布了联邦企业架构框架（FEAF），用于指导联邦政府各部门创建企业架构。之后，联邦企业架构创建和管理工作被移交给管理和预算办公室（OMB），OMB 随即成立了联邦企业架构程序管理办公室（PMO），负责专门开发联邦企业架构（FEA）。

通过借鉴 NIST 企业架构模型、Zachman 的框架及企业架构规划（Enterprise Architecture Planning，EAP）等技术，美国政府于 1999 年 9 月发布 FEAF 1.1 版。FEAF 是一个以架构建设过程为重点的企业架构框架理论，它对企业架构内容有一定程度的归纳。然而最重要的是，FEAF 所提出的片段架构的概念对于以后的 FEA 的影响非常大。

FEAF 的综合参考模型为 OMB 和联邦机构提供了描述和分析投资的通用语言和框架，它由一套相互关联的"参考模型"组成。在 FEAF 的第 2 版中，第 1 版中的 5 个参考模型经重新组合和扩展变成下述 6 个参考模型，如图 9.1 所示。

（1）绩效参考模型（PRM）。通过机构战略、内部业务组成部分与投资的联系，提供一种衡量投资对战略成果影响的方法。

（2）业务参考模型（BRM）。通过共同任务和支助服务领域的分类来描述一个组织，以促进机构内部和机构间的合作。

（3）数据参考模型（DRM）。发现存在于"孤岛"中的现有数据，并理解数据的含义、访问方式，以及如何利用数据来支持性能结果。

（4）应用参考模型（ARM）。对交付能力的系统及应用相关标准和技术进行分类，允许组织共享和重用通用解决方案，并从中获益。

（5）基础设施参考模型（IRM）。通过对网络/云相关标准和技术进行分类，支持和实现语音、数据、视频和移动服务组件及功能的交付。

（6）安全参考模型（SRM）。提供在联邦机构的业务和绩效目标背景下讨论安全和隐私的通用语言及方法。

3）TOGAF

TOGAF 为企业架构的创建提供了一套标准的方法。它提出一套经过高度抽象的方法

论,并且不依赖于任何一个具体的组织形式,甚至对于自身提出的各种方法和内容分类法都没有硬性照搬的要求,也没有排斥其他架构框架理论。因此,任何企业都可按照自身的情况对 TOGAF 进行裁剪或与其他框架进行混合,从而创建和维护符合自身情况的企业架构。

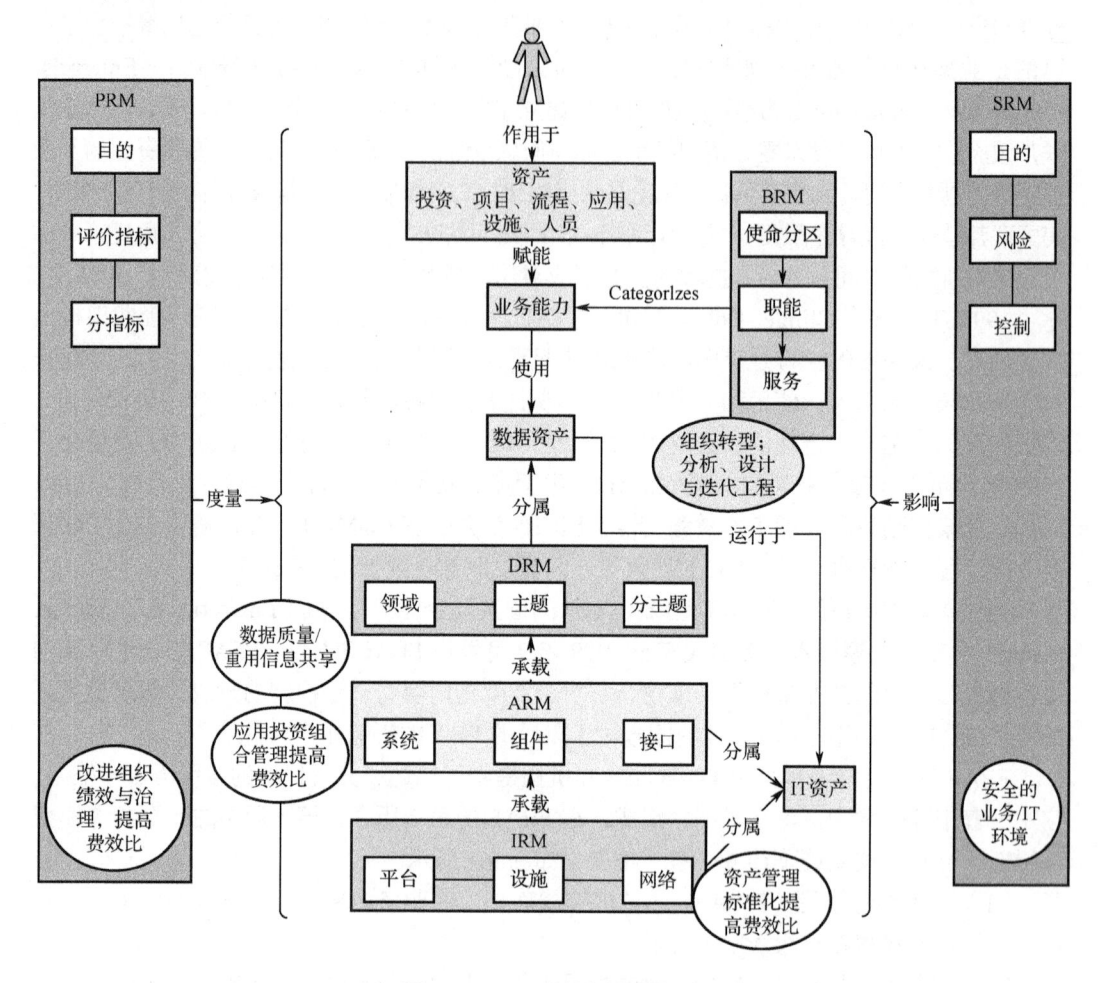

图 9.1 FEAF 参考模型关系

TOGAF 的核心是架构开发方法(Architecture Development Method,ADM)。该方法实际上是用来指导企业建立和维护企业架构的一套流程化的架构开发步骤。首先,ADM 将架构过程视为一个循环迭代的过程,并且该迭代过程可以是分层级的,即企业可以指派一个小组负责整个企业架构的迭代开发,也可以由多个架构开发小组针对每一部分进行迭代开发,并最终归为一体。

在 TOGAF 中,ADM 共定义了 10 个步骤,除了"需求管理"这一步骤位于各个步骤的中心用作其他各步骤的驱动和管理方法,其余 9 个步骤存在先后关系,即上一步骤的输出是下一步骤的输入。与 FEA 过程的思路类似,ADM 也秉承以下思想来创建和管理企业架构:

① 识别和定义高层的策略、目标及驱动力等。
② 创建针对架构的高层次的期望,即架构愿景。
③ 细化架构愿景,在业务、数据、应用和技术层面进行详细描述,并针对采用相同

方式描述的当前架构和目标架构进行差距分析。

④ 将差距分析结果具体化为解决方案，进而形成项目规划。

⑤ 实施并管理架构项目。

⑥ 在所有过程中监控内、外部环境的变化，以将变化快速反映在架构创建过程中。

由此可见，与 FEA 相比，前两步相当于 FEA 的 5 层参考模型中 PRM 的目标，而第 3 步的细化又与 FEA 中的其余 4 层参考模型不谋而合。ADM 采用自上而下的原则，通过逐步细化的方式将企业高层的策略过渡到详细的技术实施，从而构建涵盖所有相关者角度的企业架构。虽然 ADM 中的各个步骤在表面上有着先后依赖的关系，但是这种关系并不是硬性要求的，一个企业可以根据自己的需要调整步骤的顺序，甚至跳过某些步骤，而这也是 TOGAF 所提倡的。此外，ADM 除了定义上述 10 个步骤，还详细定义了每个步骤所包含的各个分步骤、目标及输入与输出。

2009 年，TOGAF 的第 9 版被推出。由于在该版本中，The Open Group 组织为 TOGAF 加入了内容框架（Content Framework，CF），企业架构不再只是一套单纯关于企业架构过程的框架理论。在内容框架中，企业架构内容按照表现形式分为目录、矩阵和图形 3 种，并根据 ADM 在各个阶段的目标定义了每个阶段需要完成的架构制品。此外，内容框架还对 ADM 中各个步骤的输入、输出与这些架构制品的关系进行了详细描述。

4）DoDAF

DoDAF 是伴随美军联合作战的需求而出现和发展的。美军根据其在海湾战争中得到的经验教训，逐渐认识到军事力量在架构、流程和作战层面的联合是提升整体作战能力的关键，联合作战思想已成为美国国防部装备发展的指导思想。美军原先实行基于威胁的发展模式，各军兵种各自为战的需求开发思路导致美军装备发展"烟囱"林立，装备间的互联、互通、互操作能力较差。因此美国国防部在统筹开展基于 C4ISR（指挥、控制、通信、计算机、情报、监视及侦察）的多兵种联合作战设计时，面临不同装备供应商之间技术体制不一样，无法实现一体化设计与评估的问题。为此，美国国防部于 1995 年专门成立了"C4ISR 一体化任务小组"，经过 8 个月的研究，其下属的"一体化架构小组"发布了 C4ISR 架构框架 1.0 版。1997 年 12 月，C4ISR 架构框架 2.0 版问世。C4ISR 架构框架 2.0 版采用作战视图、系统视图和技术视图的结构，即经典的三视图结构。1998 年 2 月，架构协调委员会通过颁布行政命令的方式，强制要求在国防部及下属机构推广使用该架构框架。从 1998 年到 2001 年，C4ISR 架构框架在美国参联会、军兵种和国防部系统的下属部门得到了广泛应用，对提高美军 C4ISR 系统的一体化水平起到了积极的推动作用。

2002 年，美国国防部提出从"以威胁为基础"向"以能力为基础"的兵力计划构想转变。实现这一目标的最有效方法就是开发和使用一体化的架构。鉴于 C4ISR 架构框架在实践运用中产生的巨大效益，美国国防部于 2003 年 1 月颁布了国防部架构框架 DoDAF 1.0 版草案，7 个月后，又颁布了其正式版本，并在美国国防部推广使用。为了能够更好地适应网络中心战能力建设的要求，美国国防部不断对架构框架进行修订。2007 年 4 月，美国国防部颁布了国防部架构框架 1.5 版（DoDAF 1.5）。在 DoDAF 的转变过程中，DoDAF 1.5 运用了基本的网络中心概念，并认可新技术的发展，如面向服务的架构（Service-Oriented Architecture，SOA）中的服务技术。在 DoDAF 1.5 的基础上，美国国防部于 2009 年 5 月开发了 DoDAF 2.0。英国与北约（北大西洋公约组织）参照美国的 DoDAF 分别发布了自己的统一架构框架规范，称为 MoDAF 与 NAF，它们又与 DoDAF 合并推出了统一架构框架（Unify Architecture Framework，UAF），从而在北约与欧美联盟内部形成了统一的体系架构描述规范。

9.2.3 企业架构在能力图谱构建中的应用

企业架构建模方法广泛用于国防能力规划之中，美军联合信息环境的规划是一种典型的企业级信息化体系规划，遵循业务架构+IT 架构的企业架构方法论，同时采用 DoDAF 作为建模方法，可以看成是国防能力规划领域中企业架构应用的集大成者。

2012 年，美军提出联合信息环境（Joint Information Environment，JIE）建设计划，要求按照"标准化"和"体系化"的思路，建设一体化、安全、高效的信息体系联合信息环境。信息体系联合信息环境的总体构想是为各级指挥人员决策和各类作战人员完成任务提供所需的信息和知识，因此要求信息体系联合信息环境是一个无缝的、稳定可靠的信息共享环境，不仅能确保数据和服务在整个联合信息环境中是可见、可访问、可理解和可信的，还能使用动态和互操作的通信和计算资源来满足基于信息的作战需要，如图 9.2 所示。

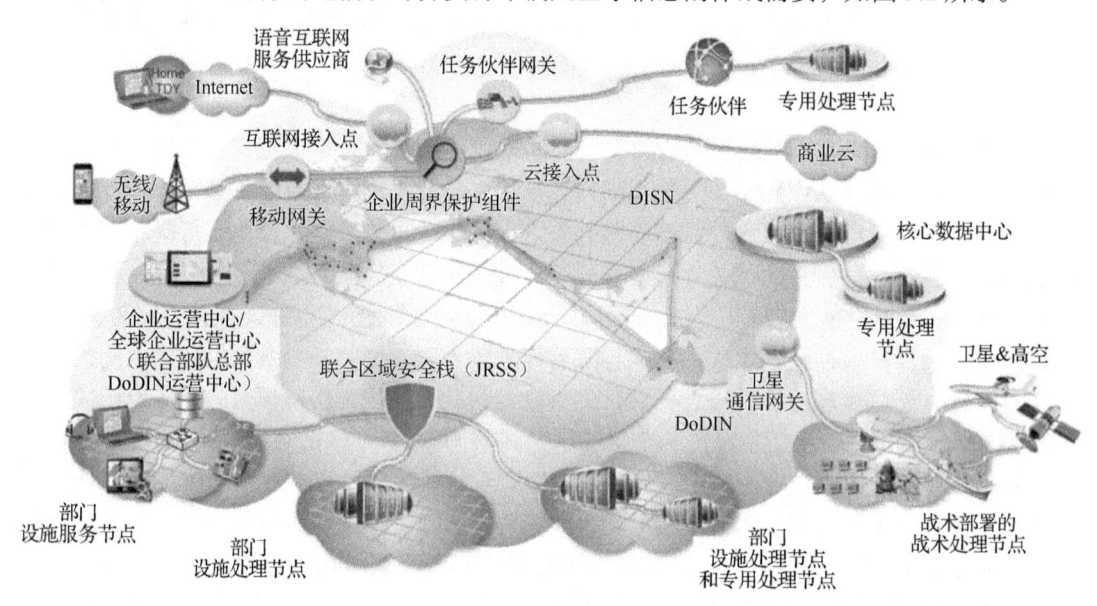

图 9.2 联合信息环境架构示意图

为了指导、规划联合信息环境的建设并统一各类人员对网络中心作战能力建设的认识，美国国防部首席信息官办公室于 2012 年 7 月发布了国防部信息体系架构（DoD Information Enterprise Architecture）2.0 版。IEA 运用国防部架构框架（DoDAF 2.0）方法，构建了 13 个体系结构产品，并描述了联合信息环境的构想、使命任务、活动、功能及能力等，为从事作战指挥、规划计划、建设管理、系统设计、技术研发和系统维护等各类人员提供了统一规范的描述。

从 2014 年开始，美国国防部着手开发信息体系架构 3.0 版，该版本基于原有的架构，参考 JCIDS 中的能力使命栅格（CML）模式对能力规划内容做了进一步优化，将信息体系联合信息环境的开发与国防整体建设规划统一进行考虑，如图 9.3 和图 9.4 所示。

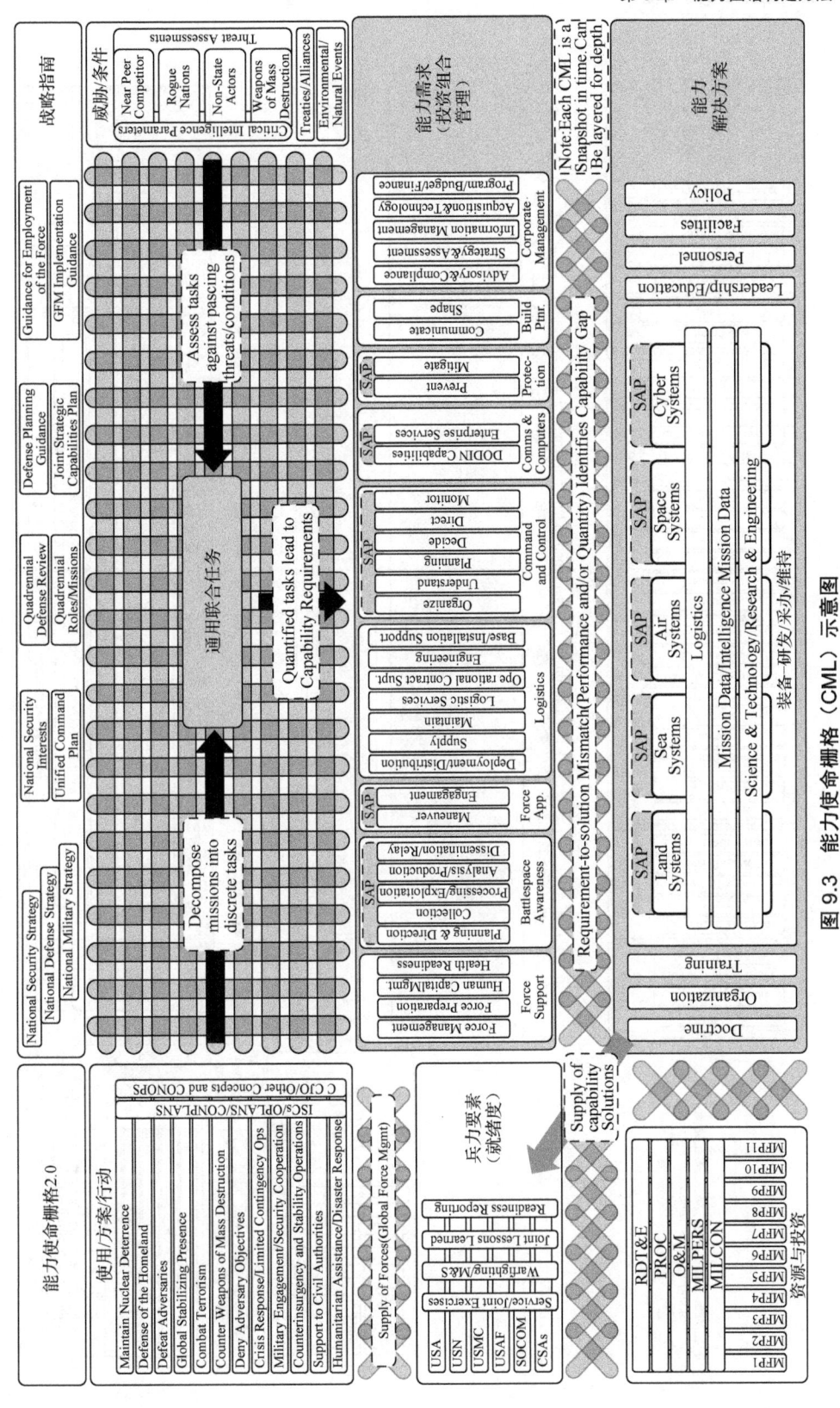

图 9.3 能力使命栅格（CML）示意图

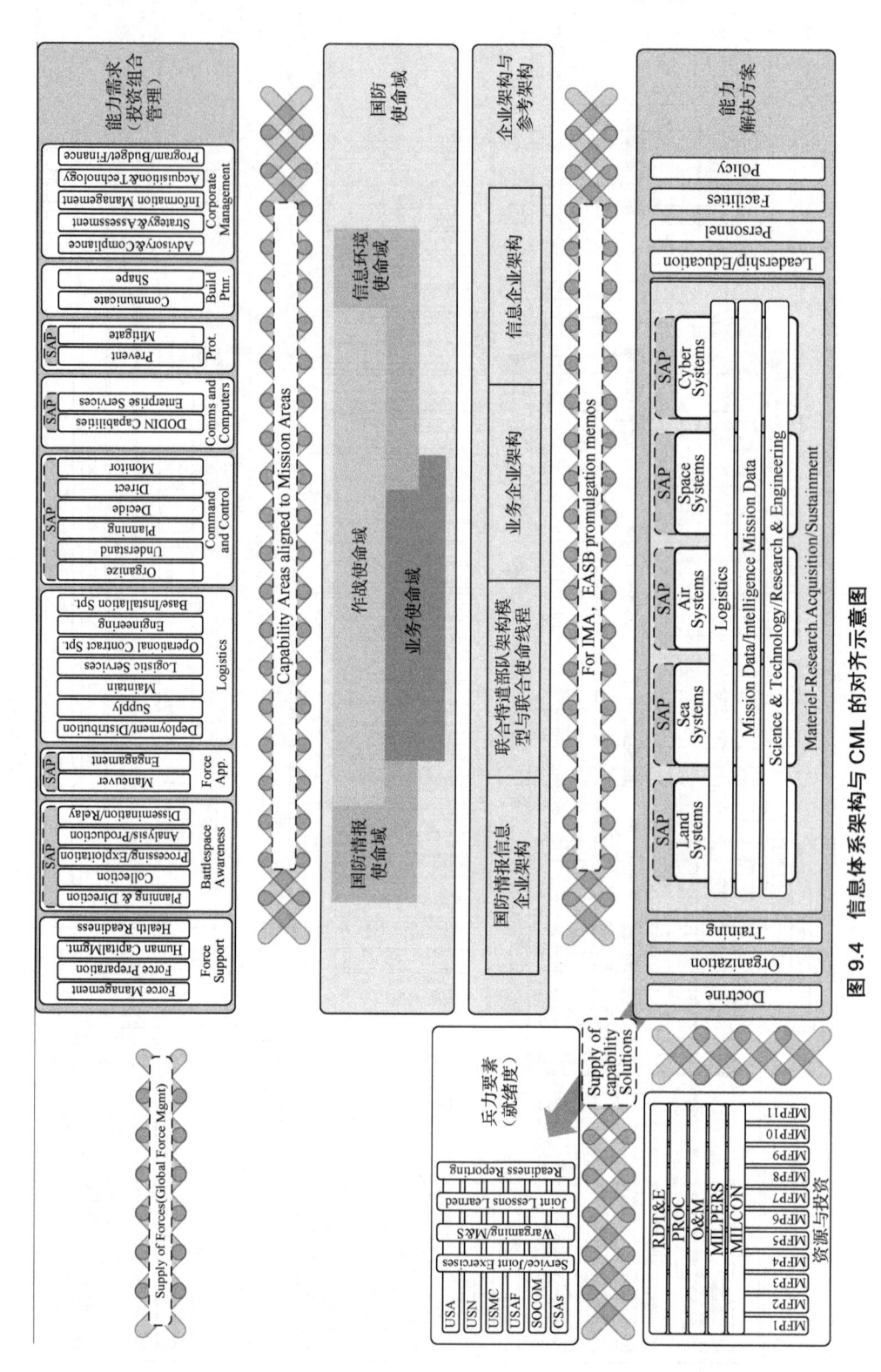

图 9.4 信息体系架构与 CML 的对齐示意图

目前，完整的信息体系架构 3.0 版还未公开发布。根据已公开的资料来看，未来联合信息环境架构的开发将更加注重信息体系架构与业务需求的集成。

本节主要介绍企业架构的概念和主流企业架构框架，并重点分析了美军联合信息环境建设规划中企业架构的应用情况。一直以来，架构的使用和维护成本非常高昂，花费大量人力成本和时间成本去建立各种架构视图产品的意义一直饱受争议。学界对增强架构建模自动化程度的研究热度一直很高，下面将围绕基于标准语义网的图谱构建研究进展情况进行介绍。

9.3 基于标准语义网的图谱构建

语义网（Semantic Web）和链接数据是由万维网之父 Tim Berners Lee 分别在 1998 年和 2006 年提出的用于描述万维网中资源、数据之间的关系的技术概念。本质上，语义网、链接数据及 Web 3.0 同属一个概念，只是在不同的时间节点和环境中的描述的角度不同。这三者都是万维网联盟（W3C）制定的用于描述和关联万维网数据的一系列技术标准，即语义网技术栈。

Tim Berners Lee 在 1998 年提出了语义网的概念并在《科学美国人》杂志上发表了相关论文，由此揭开了世界范围内语义网研究的序幕。Web 已经成为人们获取信息的主要渠道，深刻影响着人类的生活，如在 Web 上浏览新闻、搜索信息等。然而 Web 是面向人的，并不是面向机器的，由于 Web 内容没有采用形式化的表示方式，并且缺乏明确的语义信息，故而计算机"看到的" Web 内容只是普通的二进制数据，对其内容无法进行识别。如果机器不能充分理解网页内容的含义，就无法实现 Web 内容的自动处理。当面对海量网页数据时，人们准确全面、快速便捷地获取有用信息的难度也会变大。

考虑到当时 Web 存在的问题，Jim Berners Lee 提出了语义网。顾名思义，语义网是对现有 Web 增加了语义支持，它是现有万维网的延伸与变革，其目标是帮助机器在一定程度上理解 Web 信息的含义，使得高效的信息共享和机器智能协同成为可能。语义网将会为用户提供动态、主动的服务，更利于机器和机器、人和机器之间的对话及协同工作。简言之，语义网就是以 Web 数据的内容，即数据的语义为核心，用机器能够理解和处理的方式链接起来的海量分布式数据库。

9.3.1 语义网技术概述

Tim Berners Lee 提出了最初的语义网体系结构，随着人们对语义网的深入研究，语义网的体系结构不断发展演变。图 9.5 所示为语义网体系结构，其各层的功能自下而上逐渐增强。

第 1 层：基础层，主要包含 Unicode 和通用资源标识符（Uniform Resource Identifier，URI）。其中，Unicode 是一种流行的字符集，

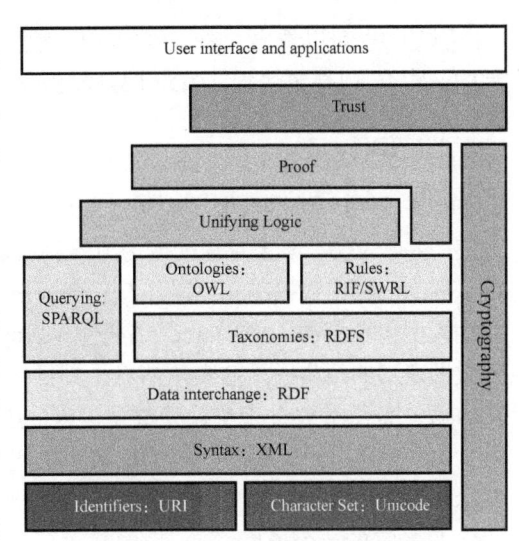

图 9.5 语义网体系结构

采用两字节的全编码，可以表示 65536 个字符，这使得任何语言的字符都可以被机器轻松接受。URI 是唯一标识抽象或物理资源的简单字符串。网络上的任何资源，包括 HTML 文档、程序、图片、音视频等都有一个能被 URI 编码的地址，从而实现对 Web 资源的定位。

第 2 层：句法层，其核心是 XML 及相关规范。XML 是标准通用标记语言（SGML）的一个子集，它用一种自我描述的方式定义数据结构，能在描述数据内容的同时突出对结构的描述，从而体现数据之间的联系。用户可以在 XML 中自由地定义标记名称及元素的层次结构。为了便于程序或其他用户正确处理用户定义的内容，XML 还定义了命名空间（Name Space）和 XML 模式规范（XML Schema），以提供更好的 XML 文档服务。

第 3 层：资源描述框架，主要包括 RDF 及相关规范。RDF 是一种用于描述万维网上资源信息的通用框架，如网页的内容、作者及创建/修改的日期等。RDF 在本质上是一种数据模型，通过主体（Subject）、谓词（Predicate）或属性（Property）、客体（Object）或属性值（Property Value）所构成的三元组来描述资源的元数据。正因为 RDF 具有灵活性，它成为诸如生物、化学等多个领域表达元数据的基本方法。可以说，RDF 已经成为知识表达的通用形式。如果将 XML 看成一种标准的元数据语法规范，那么 RDF 就可以算作一种标准的元数据语义描述规范。

第 4 层：本体层，即定义本体（Ontology）。该层在 RDF 的基础上定义了 RDFS（RDF Schema）和 OWL（Web Ontology Language），以帮助用户构建应用领域相关的轻量级本体。RDFS 和 OWL 定义了语义，可以支持机器在使用 RDFS 和 OWL 描述的知识库及本体中进行推理，以达到语义网的目标。

第 5～7 层：分别是逻辑层（Logic）、验证层（Proof）、信任层（Trust）。逻辑层的功能是在前面各层的基础上进行逻辑推理操作。验证层负责根据逻辑陈述进行验证，以得出结论。信任层是语义网安全的组成部分，与加密不同的是，该层主要负责发布语义网所能支持的信任评估。

9.3.2 语义网关键技术

从图 9.5 可以看出，语义网的实现需要 3 项技术的支持，即 XML、RDF 和 Ontology。其中，XML 层是句法层，RDF 层是数据层，Ontology 层是语义层。

1. RDF

RDF 是由万维网联盟（W3C）组织的资源描述框架工作组于 1999 年提出的一个解决方案，并于 2004 年 2 月正式成为万维网联盟推荐标准。RDF 是一种语义资源描述语言，可以视为一种由数据结构、操作符、查询语言和完整性规则组成的数据模型。RDF 的基本数据模型包括资源（Resource）、属性（Property）及陈述（Statements）。该模型描述了用元数据表示的真实世界的实体信息，其目标是通过构建一个综合性框架来整合不同领域的元数据，实现在 Web 上交换元数据，以促进网络资源的自动化处理。

（1）资源。一切能够用 RDF 表示的对象就是资源，它包括网络上的所有信息、虚拟概念和现实事物等。资源用唯一的 URI 来表示，不同的资源拥有不同的 URI，日常使用的 URL 只是它的一个子集。

（2）属性。它用来描述资源的特征或资源间的关系。每个属性都有其意义，用于定义

资源的属性值（Property Value）并描述属性所属的资源形态及与其他属性或资源的关系。

（3）陈述。一项陈述包含 3 个部分，通常被称为 RDF 三元组<主体，属性，客体>。其中，主体是被描述的资源，用 URI 表示；客体表示主体在属性上的取值，可以是另外一个资源（由 URI 表示）或文本。

RDF 三元组是语义网数据表示的基础。要想实现从当前万维网到语义网的转变，构建海量 RDF 数据集是一项基础性工作。当用 RDF 描述资源时，任何人都可以定义用于描述的词汇，但对于这些词汇的具体含义及词汇间的关系，RDF 未曾有过定义。显然，这不利于机器处理数据，为此 RDFS 定义了一组标准类及属性的层次关系词汇，以帮助用户构建轻量级本体。换言之，RDF 是领域无关的，它没有定义任何领域的语义，而是需要用户借助 RDFS 来完成。RDFS 是一种模式语言，定义了特定领域的词汇的含义，其作用如下：①定义资源及属性的类别；②定义属性应用的资源类及属性值的类型；③定义上述类别声明的语法；④说明一些由其他机构或组织定义的元数据标准的属性类。RDFS 描述类是通过资源 rdfs:Class 和 rdfs:Resourc、特性 rdf:type 和 rdfs:subClassOf 来完成的。利用 rdfs:subClassOf 可以定义子类，形成层次结构。此外，在 RDFS 中对类的特性的描述是利用 RDFS 类 rdf:Property 和 RDFS 特性 rdfs:domain（定义域）、rdfs:range（值域）、rdfs:subPropertyOf 进行说明的。

2. Ontology

英文术语"ontology"一词源于哲学领域，并且一直存在多种不同的用法。在计算机科学领域，其核心含义是指一种模型，用于描述由一套对象类型（概念或者类）、属性及关系类型所构成的世界。尽管不同的本体对于构成成分的确切称谓有所不同，但它们都是一部本体不可或缺的基本要素。一般来说，本体中模型的特征应当非常类似于相应的现实世界。20 世纪 90 年代初期，斯坦福大学的计算机科学家 Tom Gruber 对于计算机科学术语"ontology"给出了审慎的定义：一种关于某一概念体系（概念表达或概念化过程）（Conceptualization）的明确表述（Specification）。对于特定的领域，本体表达的是其术语、实体、对象、类、属性，以及它们之间的关系，通过提供形式化的定义和公理，对术语的解释进行约束。

在语义网的实现中，本体具有非常重要的地位。如何构建本体一直是研究热点。各国科研人员已研发出不少本体的构建、存储和检索工具，其中较为常用的能够支持中文本体构建的软件是由斯坦福大学开发的 Protege，开发语言采用 Java，属于开放源码软件。本体的构建大多是面向特定领域的，因此，如果没有规范的方法，就难以在不同领域的本体构建中保持一致。正因为本体是领域相关的，所以难以制订一个标准的、通用的 Ontology 构建方法。在此背景下，本体工程学应运而生。本体工程学研究的内容包括面向领域的本体开发过程、本体生命周期、本体构建方法及方法学，以及相关工具包和语言。

本体一般采用本体语言进行编制。本体语言是一种用于编制本体的形式化语言。目前已经诞生了不少本体描述语言，既包括专有的，也包括基于标准的。在众多本体语言中，网络本体语言（Web Ontology Language，OWL）是接受度最高的一种语言，它旨在提供一种能够描述网络文档和应用中所固有的类及其之间关系的语言。OWL 于 2004 年 2 月成为一项 W3C 推荐标准，它是万维网联盟认可的用于编纂本体的知识表达语言家族。

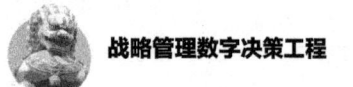

为了适应不同的表达能力和计算效率的需要，OWL 提供了 3 种表达能力递增、计算效率递减的子语言：OWL Lite、OWL DL、OWL Full。其中，OWL Lite 的服务对象是只需要一个分类层次和简单约束的用户，它是 OWL DL 的一个子集，仅支持部分 OWL 语言要素。OWL DL 包括 OWL Lite 的所有成分，但有一定的约束：一个类不能同时是一个个体或者属性，一个属性不能同时是一个个体或者类等。OWL DL 的服务对象是在拥有计算保证的前提下追求强大表达能力的用户。其缺点是失去了与 RDF 的完全兼容。OWL Full 是 OWL 的全集，包含所有的 OWL 语言要素并拥有和 RDF 一样的句法自由，它面向需要 RDF 的最大限度表达能力的用户。OWL Full 允许引入本体来扩展预定义的 RDF/OWL 词汇的含义。选择 OWL DL 或 OWL Full，主要取决于用户在多大程度上需要 RDF 的元模型机制。与 OWL DL 相比，OWL Full 对推理的支持难以预测。

OWL 弥补了 RDFS 的不足，通过运用人工智能（AI）中的逻辑来赋予语义，支持多种形式的推理。在表达概念的语义灵活性、Web 内容的机器可理解性等方面，OWL 比之前的 XML、RDF、RDF-S 等语言都要强。在 RDFS/OWL 之上，W3C 还定义了规则互换格式（Rule Interchange Format，RIF）和 SWRL（Semantic Web Rule Language）来辅助推理。其中，RIF 支持在不同的规则格式里实现互操作。

3. SPARQL

SPARQL（SPARQL Protocol and RDF Query Language）是为 RDF 开发的一种查询语言和数据获取协议，它由 W3C 所开发的 RDF 数据模型定义，但是可以用于任何用 RDF 来表示的信息资源。SPARQL 构建在以前的 RDF 查询语言（如 rdfDB、RDQL 和 SeRQL）之上，拥有一些有价值的新特性。

SPARQL 允许用户针对可以被称为"键值"数据的内容，即遵循 W3C 的 RDF 规范的数据进行编写查询，因此，整个数据库是一组"主语-谓语-对象"三元组。在 SQL 关系数据库术语中，RDF 数据可以被视为具有 3 列的表——主题列、谓词列和对象列。RDF 中的主题类似于 SQL 数据库中的实体，其给定业务对象的数据元素（或字段）放置在多个列中，有时分布在多个表中，并由唯一键标识。在 RDF 中，这些字段表示为共享相同主题的单独谓词/对象行，通常是相同的唯一键，谓词类似于列名称，对象是实际数据。与关系数据库不同，对象列是异构的，即每个数据类型通常由谓词值表示（或在本体中指定）。与 SQL 不同，RDF 的每个谓词可以有多个条目。例如，可以为单个"人"提供多个"子"条目，并返回这些对象的集合，如"儿童"。

因此，SPARQL 为数据提供了一整套分析查询操作，如 JOIN、SORT、AGGREGATE，这些数据的模式在本质上是数据的一部分，因而不需要单独的模式定义。但是架构信息（本体）通常在外部提供，以允许明确连接不同的数据集。此外，SPARQL 还是能够将其视为图形的数据提供特定的图形遍历语法。

9.3.3　标准语义网在能力图谱构建中的应用

随着企业架构建模的广泛应用，人们普遍认识到利用语义增强架构建模方法的必要性和重要性，于是出现了大量关于语义增强的架构建模方法研究。本节主要介绍并分析标准语义网技术在以下方面的应用问题：①架构建模技术与语义网技术如何进行结合；②语义

技术为架构建模提供哪些扩展能力；③研究采用哪些主流语义技术。

基于以上问题，提出标准语义网的几种应用场景：

（1）通过与数据对齐的架构模型，实现企业协调管理。

（2）促进大型组织内部各独立领域、业务部门、信息系统之间的知识共享。

（3）信息体系结构与业务需求的对齐和同步，以及对分布在多个信息系统中的相关信息的有效访问。

（4）通过支持架构模型分析，生成新的知识和信息。

目前的一些相关文献从使用企业架构对企业运行状态进行监控的角度，提出有必要增强架构模型对实时数据的访问能力。文献认为从实时数据中提取信息的主要问题是企业系统运行过程中存储的数据通常处于较低的抽象层次，并不与企业架构模型的业务概念相关联，如目标、业务流程、规范等，进而提出了如何访问和查询这种低级数据以便获得关于企业架构模型演变的相关信息的问题，如给定的业务流程处于哪种状态、业务目标是否已经实现，以及是否违反规范原语等。为了能够收集数据以监控目标实现情况，文献提出利用知识图谱中基于本体的数据访问技术（OBDA），按照"数据—领域模式层—上层模式层—问答交互层"的层次，实现企业架构对现存关系数据库数据的访问和查询，如图 9.6 所示。

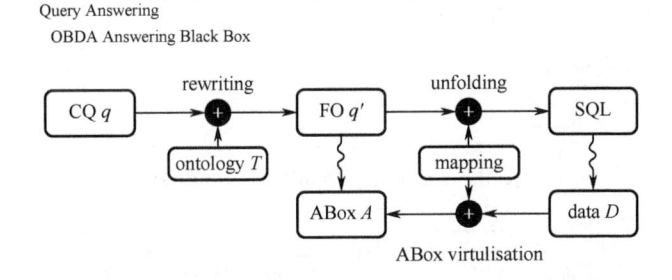

图 9.6　基于本体的数据访问技术

Encarna Sosa 等从解决面向服务的架构（SOA）的应用问题的角度，提出一种使用语义算法计算本体之间相近度的方法，以对业务流程和底层服务进行半自动对齐。基于面向服务体系架构建模语言（SoaML），提出一个经过裁剪的本体模型 Simple-SoaML Metamodel（见图 9.7），并在此基础上考虑了同义词、上下文和缩略语等术语的接近度，实现对业务流程与底层服务的语义连接算法。这种研究思路与目前基于图的深度学习有着异曲同工之处，但在推理算法灵活性上则远不及当前主流的深度神经网络，并且推理规则需要领域专家的深度参与。

在语义增强的企业架构研究中，军事领域的应用是一个很重要的方面，下面介绍几个在军事领域比较有代表性的研究。

相关文献研究并验证了利用语义技术增强美国国防部能力规划管理的可行性，进而提出一种集成的企业架构模型——联合能力企业架构（JCEA）。美国国防部通过联合能力集成与开发系统（JCIDS）来管理能力、需求和采办，这些能力规划管理的大量信息以文档和数据的形式存储在中央存储库中，但国防部无法在企业层面利用该种特点。文献认为，随着计算和数据技术的快速进步，整合和分析大量数据成为可能，于是构建了一个联合能力企业架构以对处于信息孤岛中的数据进行聚合，并将它们聚集在一起生成用于分析的架

构视图。JCEA 通过提取各种文件中包含的信息，并用来自中小企业和各部门的其他数据丰富这些信息，创建了一个数据湖，该数据湖可以作为国防部系统环境系统的单一信息库。之后，JCEA 将能够为预期类型的用户生成专门的视点。通过采用标准语义网技术——OWL、RDF、SPARQL，建立一个用于验证语义技术应用的概念原型（见图9.8）。

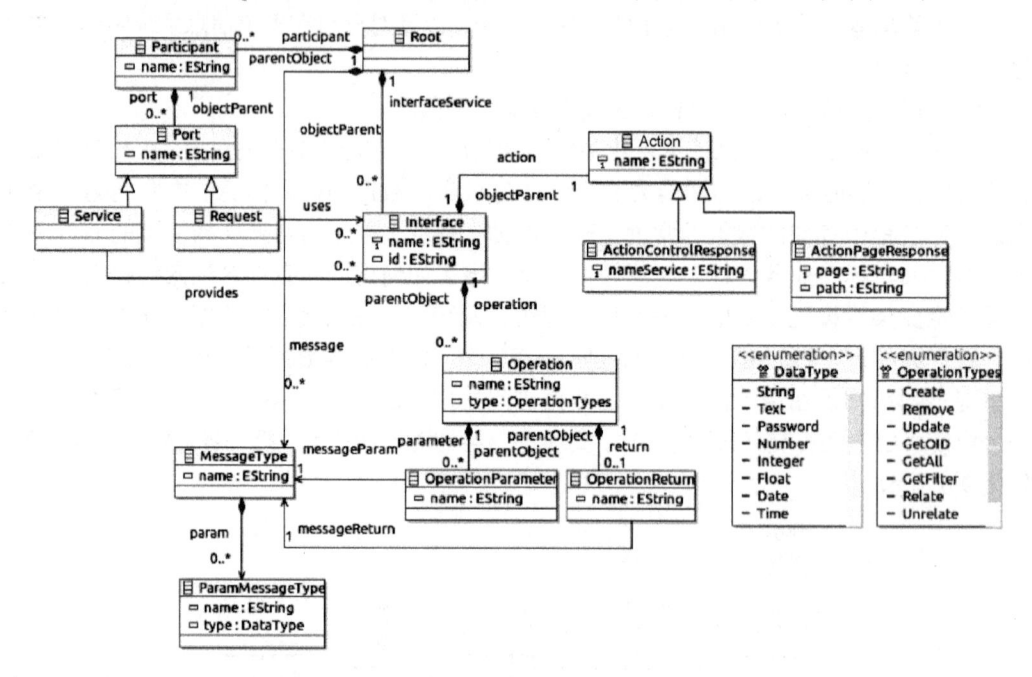

图 9.7　Simple-SoaML Metamodel

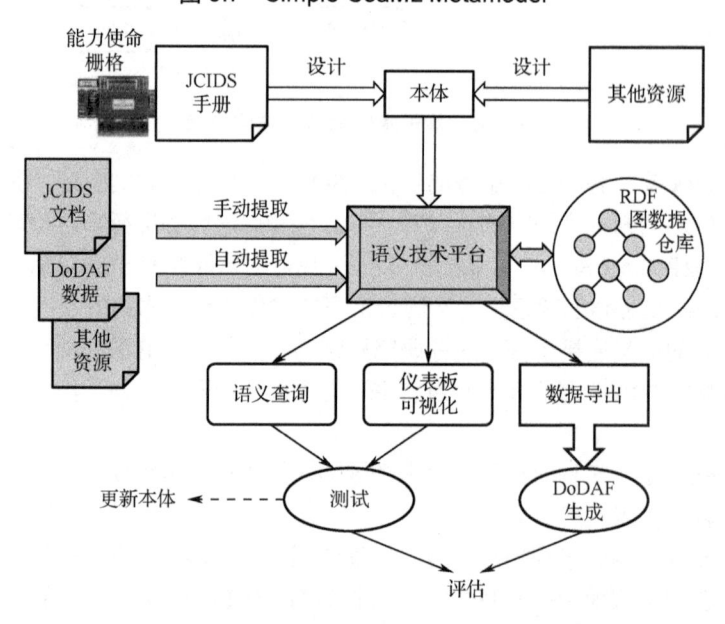

图 9.8　用于验证语义技术应用的概念原型

相关文献提出使用混合本体的建模方法（MOBM）来集成军事领域的各个知识要素，使机器能够理解和自动管理来自各种军事信息系统的信息，并展示该方法在陆军战术指挥

信息系统（ATCIS）中的应用。文章将 4 种领域本体——安全控制本体、信息本体、火力本体、作战本体进行融合，提出智能陆军战术指挥信息系统（I-ATCIS）的原型系统架构（见图 9.9），它由资源层、本体管理层、推理层、知识库层及人机接口层组成。其中，资源层用于存储军事术语；本体管理层实现对军事本体和军事知识的管理；推理层负责推理新的军事信息，以上三重信息均存储在知识库层，并通过人机接口层呈现应用服务。应用服务包括作战方案导航服务、综合信息检索服务、访问控制和指挥员决策支持服务。

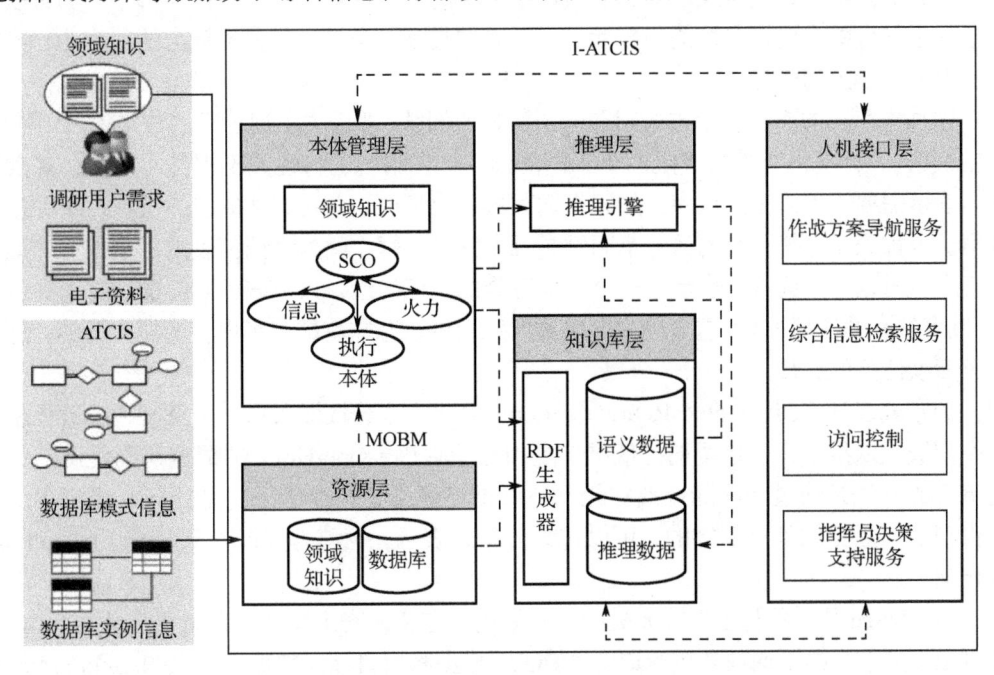

图 9.9　I-ATCIS 的原型系统架构

本节介绍了语义技术与企业架构相结合的主流技术路线。综合来看，有关语义技术和企业架构相结合的研究与应用主要通过标准语义网技术来增强企业架构的语义丰富性，从而使架构可以更好地服务于跨领域、跨部门的企业管理和知识管理，其所采用的推理技术大多是基于本体和规则的推理。标准语义网技术在一定程度上实现了关联和推理两方面功能的自动化，但其缺点十分明显：基于本体和规则的方法对数据质量的要求很高，而推理规则又严重依赖人为指定，并且对知识的利用程度十分有限，这些缺陷导致标准语义网技术在企业架构的应用方面仍存在很大的局限性。下面主要介绍基于深度语言模型的图谱构建思路。

9.4　基于语义化架构的图谱构建

语义网技术期望建立一个高效的、低成本的数据共享、发现、集成、重用的方法和工具，但是受限于当时人们的认识和技术手段，语义网技术存在许多先天不足，正是这些不足使得语义网技术无法实现大规模应用。

同一时期，在自然语言处理领域，语义表示技术正沿着完全不同的方向——从符号表示到分布表示发展，并取得了长足的进步。传统的自然语言处理是用词汇和符号来表达概念，近年来则是将词表示为连续的、低维的、稠密的向量，并计算不同层次的语言单元之

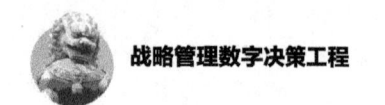

间的相似度。这种方法也可以被神经网络直接使用，它是该领域的一个重要的变化。

9.4.1 词向量分布式表示技术

早期的语言表示方法是一种符号化的离散表示，其中最常用的就是独热（One-Hot）的表示方法。该种表示方法一般先对一段文本进行分词，在去掉一些标点符号和停用词后，得到所有的词汇表，然后通过哈希表对词汇表中的每个词进行编号，这样每个词都可以表示成固定长度的向量，向量的长度就是词汇表的长度，向量大部分位置上的值为 0，当前词汇所在位置上的值为 1。

这种符号化的离散表示方式存在一个明显的问题，即丢失了词语间的语义信息。例如，"电脑"和"计算机"被看成是两个不同的词，这和语言的特性并不相符。因此，离散的语言表示需要引入人工知识库，如同义词词典、上下位词典等，才能有效进行后续的语义计算。该种表示方式存在的另一个问题是维度灾难问题，因为当词汇表的容量过大（如十几万个）时，每个词就会表示成一个十几万维的词汇向量，只有该词对应的位置上的值为 1，其余位置的值都为 0，这个向量是高维且稀疏的，意味着计算机内存的巨大开销，这不利于后续任务的进行。

分布式表示（Distributed Representation）是将文本分散嵌入另一个空间，一般是从高维空间嵌入低维空间。这里的"低维"是相对于独热（One-Hot）的词编码而提出的，目前流行的方法是通过矩阵降维或神经网络降维将语义分散存储于向量的各个维度中，其所得到的向量空间都是低维的，可以称为分布式表示，也称为词嵌入（Word Embedding）或词向量。

Word2vec 是一种与上下文无关的、高效的无监督词表示模型。它主要涉及两个模型：通过上下文信息的平均预测目标词的 CBOW 模型和用目标词预测上下文的 Skip-gram 模型，二者都可以学习高质量的词表示。通常无监督得到的词向量，会给下游任务的学习赋予一个非常好的初始值，从而加快模型的收敛。

全局词向量（Global Vectors for Word Representation，Glove）是一个基于全局词频统计的词表征工具。和 Word2vec 一样，它可以将一个单词表示成一个由实数组成的向量，向量可以捕捉单词之间的一些语义特性，如相似性、类比性，并通过向量运算，得出两个单词之间的语义相似性。

以上两种词向量表示模型无法很好地解决一词多义的问题，尤其是在不同语境下的一词多义，因此研究在 2016 年后出现了短暂的停滞。直到 2018 年，随着注意力机制模型的提出，词向量模型才开始得到更为广泛的应用，不同于之前学习相对比较独立的词向量，大量新工作将工作重心转移到带有上下文的语境化词向量上，最经典的就是 Elmo 和 Bert。这两个模型能够大大提高词向量模型的性能。下面主要介绍基于注意力机制的语言模型，主要是谷歌提出的 Transformer 框架。

9.4.2 基于注意力机制的语言模型

注意力机制（Attention Mechanism）最早被引入自然语言中，目的是解决机器翻译中语句长度（超过 50）增加而性能显著下降的问题，现已广泛应用于各类序列数据的处理中。机器翻译问题本质上可以看成是编码解码问题，即将语句先编码为向量，再解码为翻译内

容。早期的处理方法一般是将语句拆分为一些小的片段单独进行处理，深度学习通过构建一个大型的神经网络同时考虑整个语句的内容，并给出翻译结果。其网络结构主要包括编码和解码两部分。编码器将一条语句编码为固定长度的向量，而解码器则负责进行解码操作。然而实验表明，随着语句长度的增加，这种做法将使性能急剧恶化，其原因是用固定长度的向量去概括长句的所有语义细节是十分困难的，它需要足够大的 RNN 网络和足够长的训练时间。为了克服这一问题，相关文献提出在读取整个语句或段落时，通过自适应地选择编码向量的部分相关语义细节片段进行解码翻译的方案，即对于整个语句，通过选择相关语义信息最集中的部分，同时考虑上下文信息和相关的目标词出现概率进行翻译。文献最大的贡献就是首次提出了注意力集中机制（本质上是加权平均形成上下文向量），它在长句的处理中得到了广泛应用。

1．注意力机制

注意力机制的实质是一个寻址的过程：给定一个和任务相关的查询（Query）向量 Q，通过计算与 Key 的注意力分布并附加在 Value 上，得到 Attention Value。这个过程实际上是注意力机制降低神经网络模型复杂度的体现，即不需要将所有的 N 个输入信息都输入神经网络进行计算，而是从中选择一些和任务相关的信息输入神经网络。

如图 9.10 所示，可以按照 3 个阶段进行理解：一是信息输入；二是计算注意力分布 a；三是根据注意力分布 a 计算输入信息的加权平均值。

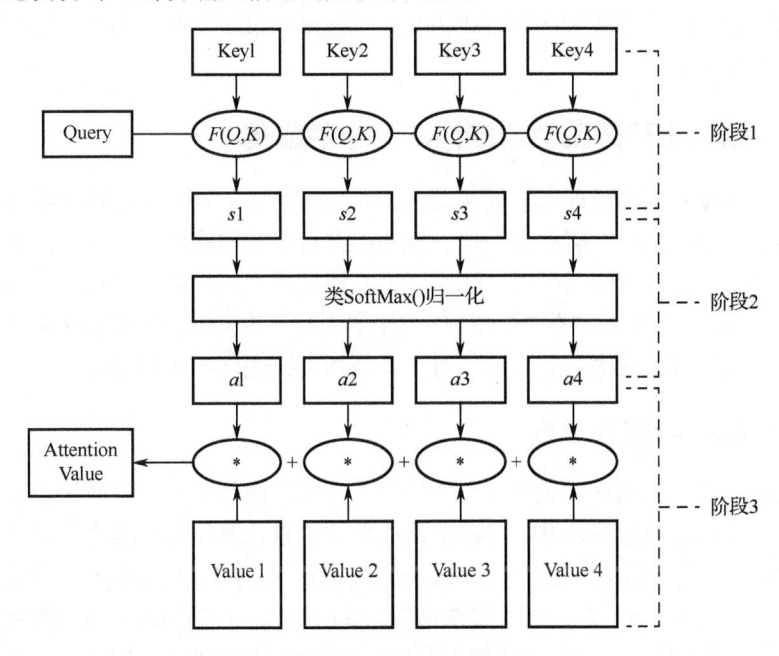

图 9.10 注意力机制的基本原理

注意力机制的优点为：①一步到位的全局联系捕捉，即可以灵活捕捉全局和局部的联系，并且是一步到位的；②通过并行计算减少模型训练时间，注意力机制每一步的计算都不依赖于上一步的计算结果，因而可以像卷积神经网络（CNN）一样并行处理；③相较于 CNN 和循环神经网络（RNN），注意力机制的模型复杂度小、参数少。

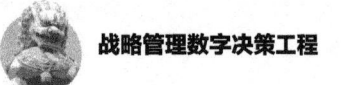

单独使用的注意力机制的缺点很明显，它对距离不敏感，不能捕捉语序顺序。这在自然语言处理中是不利的，因为自然语言的语序包含了大量的信息，如果缺失某方面的信息，结果会受影响。而 Transformer 框架正是在该方面做了较大的改进。

2. Transformer 框架

在引入注意力机制之前，自然语言处理大多利用循环神经网络（RNN）和卷积神经神经网络（CNN）来处理词向量。传统的 RNN（或 LSTM、GRU 等）的计算限制是有顺序的，即 RNN 相关算法只能采用从左向右或者从右向左的计算顺序，但会产生两个问题：①时间片 t 的计算依赖 $t-1$ 时刻的计算结果，因而限制了模型的并行能力；②在顺序计算的过程中信息会丢失，尽管 LSTM 等门机制的结构在一定程度上缓解了长期依赖的问题，但是对于长距离的依赖现象，LSTM 无能为力。

Transformer 是谷歌的团队于 2017 年提出的一种自然语言处理经典模型，目前较为主流的语言模型都是基于 Transformer 的。Transformer 摒弃了传统的 CNN 和 RNN，其整个网络结构完全由注意力机制组成。一个基于 Transformer 的神经网络可以通过堆叠的形式进行搭建。

本节重点介绍了分布式语义表示技术的研究进展，尤其是基于注意力机制的 Transformer 框架。分布式语义表示技术是自然语言处理与深度学习相结合的最新成果，它解决了早期 One-Hot 等编码技术存在的先天不足，并且在语言信息的理解和推理方面，远远超过之前的语义网标准技术。分布式语义表示技术的最新发展，为大规模语言模型的出现奠定了技术基础。

9.4.3 语义化架构在能力图谱构建中的应用

本节介绍一种面向国防能力规划管理的架构建模方法。该方法能够实现结构化和非结构化数据信息提取、知识图谱动态构建、杀伤链自动生成和推理，以及可视化架构综合展现等功能。通过综合运用知识挖掘、知识图谱、语义推理等技术和方法，提供一套功能完备的可组合工具，实现从结构化/非结构化数据到图谱，并由图谱生成杀伤链后集成到架构视图，通过多维关联语义化企业架构，对能力规划方案进行推演和评估。

1. 语义化架构的应用思路

非结构化知识库中包含的大量非结构信息（文本、图片等）为作战概念生成提供了额外的信息，知识图谱构建系统基于目前主流的自然语言处理和知识推理技术，对非结构化知识库中的信息进行提取并加以利用，以事理图谱的形式对杀伤链路进行探索和辅助规划，基于用户需要生成多场景、多方案、多杀伤链的作战概念。作战概念集成展现系统负责实现作战概念的静态可视化，主要以作战概念中杀伤链的静态视图为主，并形成一系列集成架构视图。集成架构视图能够为用户提供一种多视角的可视化方案，进而有效服务于专家决策。动态推演模型生成系统提供一种可支持作战概念动态推演的架构建模语言工具，该种工具可以为动态推演平台提供剧本和场景数据，从而为作战概念的动态推演提供支持。

这里以图 9.11 为例，给出一种基于语义化架构的能力组合管理思路。首先，使命能力架构提供一系列视图，视图可以转化为映射矩阵，并提供关联匹配路径分析的功能，实现

对规划制订的验证和推演评估,包括验证 how→what 的完整性,即验证规划的能力组合是否实现对发展路线图的完整覆盖。此外,视图还可以通过映射矩阵和权重分配矩阵进行方案择优(或者对方案中的项目优先度进行排序)。具体来说,关键的实现过程是基于多维关联语义化企业架构的动机视图,进行项目规划与能力建设的关联匹配路径分析与优化。

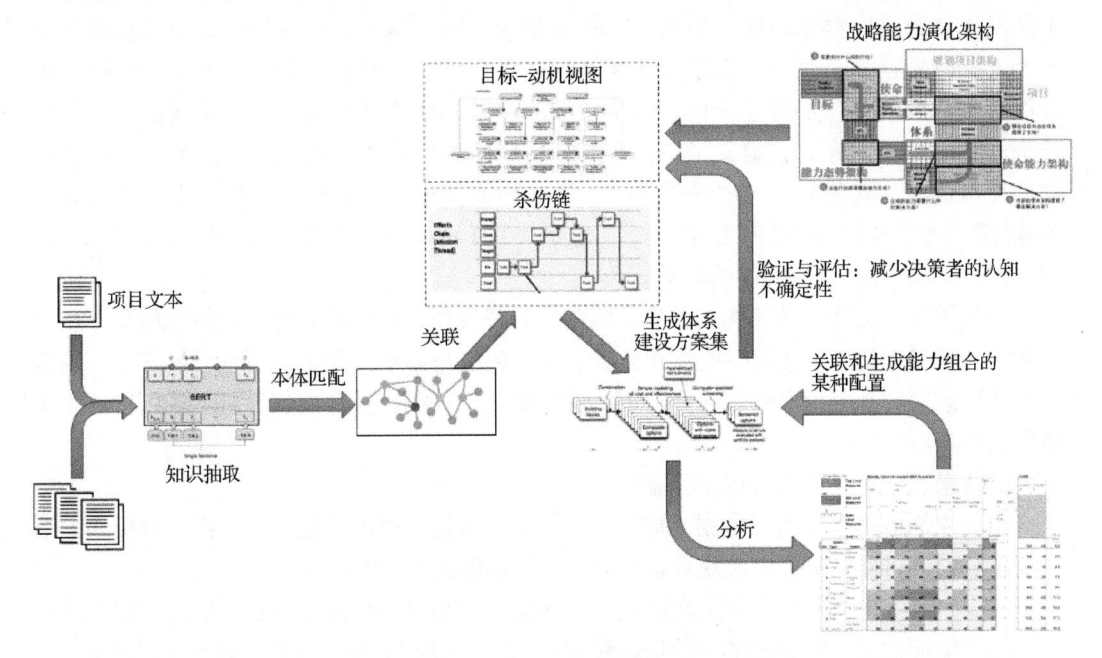

图 9.11 基于语义化架构的能力组合管理思路

(1)关联:从项目规划方案中抽取项目,并假设项目具有一系列项目属性,从而可以关联到使命链路中的一个环节。对于项目文本,可以通过语义技术将非结构化文本翻译为一系列特征,并通过注意力机制得到该项目关联到关键词的分类结果,从而将项目对齐到一条使命链路上。

(2)生成:满足一个完整使命链路的项目群可以构成一个使能体系,若干使能体系又能组成体系建设方案集,可以采用遗传算法对使能体系进行编码,以便于后续的优化分析。

(3)分析:每个使能体系具有一定的效能、风险、成本和开发周期,其中最为关键的是效能,它关系到体系评价指标,其他要素则作为次要属性,为生成体系建设方案集提供限制和约束。

(4)关联与生成:每个使能体系关联到一系列能力上,若干使能体系生成能力的某种配置。

(5)分析:通过计算得到能力组合的建设绩效,体现为能力需求指标的满足情况。

(6)验证与评估:将当前的能力组合与发展路线图进行匹配,以验证发展路线图对发展目标的实现情况。

2. 多维关联语义化企业架构

从规划方法的角度来说,比较成熟的有两种,其中一种是基于场景(威胁)的规划,另一种是基于能力的规划。一般来讲,基于场景的规划适用于场景较少、威胁明确的情况,其缺点是当威胁增多时，规划的目标将不再清晰，建设目标也存在许多重复和冗余。基于能力的规划是一个以战略为重点的规划框架，可促进组织系统发展的能力，在高度不确定、动态和竞争的环境中实现其业务目标。基于能力的规划相对来说目标更为清晰，相关方可以清楚了解组织的发展目标，一般不会出现冗余，但容易造成各个投资组合选项趋于平衡发展，导致发展平均化。不论是基于场景的，还是基于能力的规划，最终都要导出一个发展愿景，基于愿景的规划能够清楚阐述整个组织的发展终态，这对组织内部共识有很大的益处。企业架构是一种表示企业级的愿景、战略和实施的有效工具，可以看成一个战略信息资产库，它定义了使命、执行使命所需的信息、技术，以及为响应不断变化的使命需求而实施新技术的转型过程。许多研究指出，企业架构已演变为构建企业业务体系与技术体系相匹配的一门学科，因而可以用来解决决策结构之间"Why-What-How"相互关联的问题。

多维关联语义化企业架构试图建立国防项目投资决策中结构化因素的概念模型，从而为数字决策工程建立一个可供交流和调查、比较的决策结构。通过运用软系统方法，决策者可在该架构的基础上对概念模型与现状进行比较，并找出符合决策者意图且可行的改革途径或方案。

具体来说，它需要回答以下问题：

（1）如何根据宏观战略规划，梳理各单位提出项目所处的位置，从而系统分析和推演当前规划的项目群和项目对宏观战略方向和目标的匹配情况？

（2）如何找出当前规划方案在满足宏观战略方向和目标方面存在的缺项和薄弱环节？

（3）如何建立一套合理的评价指标和评估框架，以对项目的体系贡献率进行评估？

在提出多维关联语义化企业架构之前，首先需要知道国防项目投资决策过程涉及多个决策环节，从顶层、宏观的战略筹划到能力规划，再到具体项目实现，需要建立一个层次化的概念模型进行描述。相关文献给出了一种用于战略规划的决策结构模型，可以用来解释上述过程，在参考该模型的同时加入自己的理解并进行调整，最终得出能力规划问题的决策结构模型，如图 9.12 所示。

图 9.12 所示的决策结构模型分为 3 个层次：

（1）在使命筹划层，决策者需要先根据能力态势制订未来的战略方向，再根据战略方向推出发展目标，并针对特定战略方向，围绕如何实现发展目标制订发展路线图。

（2）在能力规划层，决策者需要考虑如何度量发展目标，即能力需求目标，并确定实现这些发展目标所需规划的体系建设方案集，体系建设方案集进一步形成若干能力组合，特定的能力组合将被纳入发展路线图进行进一步细化。

（3）在项目实施层，决策者需要根据能力组合明确具体的评价指标，而能力组合也将被进一步分类，并按照杀伤链流程进行组织和管理，每个杀伤链都将与项目（或项目群）进行关联、匹配。

因此，多维关联语义化企业架构包括 3 类架构：能力态势架构、使命能力架构、规划项目架构，分别用于描述使命筹划层、能力规划层和项目实施层的决策问题。以某企业的规划发展为例，在使命筹划层，它需要进行以下工作：

（1）提出战略发展的主要方向（Why），如企业认为需要加快研发进程、提高自动化水平、降低成本等。

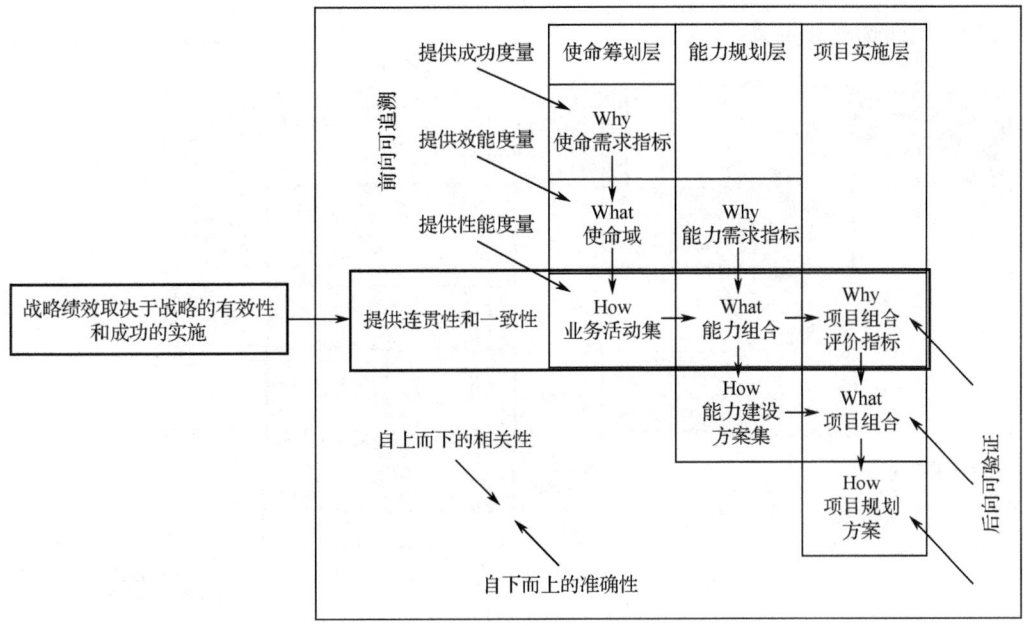

图 9.12 能力规划问题的决策结构模型

（2）根据战略方向制订需要重点规划的领域或技术（What），如企业决定实现服务数字化、流程处理自动化、云架构等发展目标。

（3）明确为实现上述发展目标，需要发展哪些能力组合及目标实现的进度要求，并形成发展路线图（How），如企业推出数字化战略、云战略等。

在能力规划层面，企业通过在发展路线图中规定能力指标、能力组合库，生成能力建设方案集，为后续推演提供材料，它需要进行以下工作：

（1）在发展路线图中进一步明确所需能力在未来需要达到何种水平（What->Why），即能力指标，以为量化决策分析提供基础。

（2）分析可以提出什么样的能力组合库（How->What）。

（3）通过分析能力组合库，梳理可供选择的方案，并形成建设方案集，从而为后续推演提供材料。

在项目执行层，企业主要分析如果按照某个建设方案集实施项目，最终会形成什么样的能力组合，以及这样的能力组合能否被接受，它需要进行以下工作：

（1）细化建设方案的指标要求（What->Why）。

（2）分析建设方案集可以形成什么样的能力组合（How->What）。

（3）确定最终的项目规划方案（What->How）。

需要说明的是，多维关联语义化企业架构的具体形式仍需要更深入的研究。这里借鉴美军 JCIDS 中提出的能力使命栅格，给出多维关联语义化企业架构的一种参考形式，如图 9.13 所示。

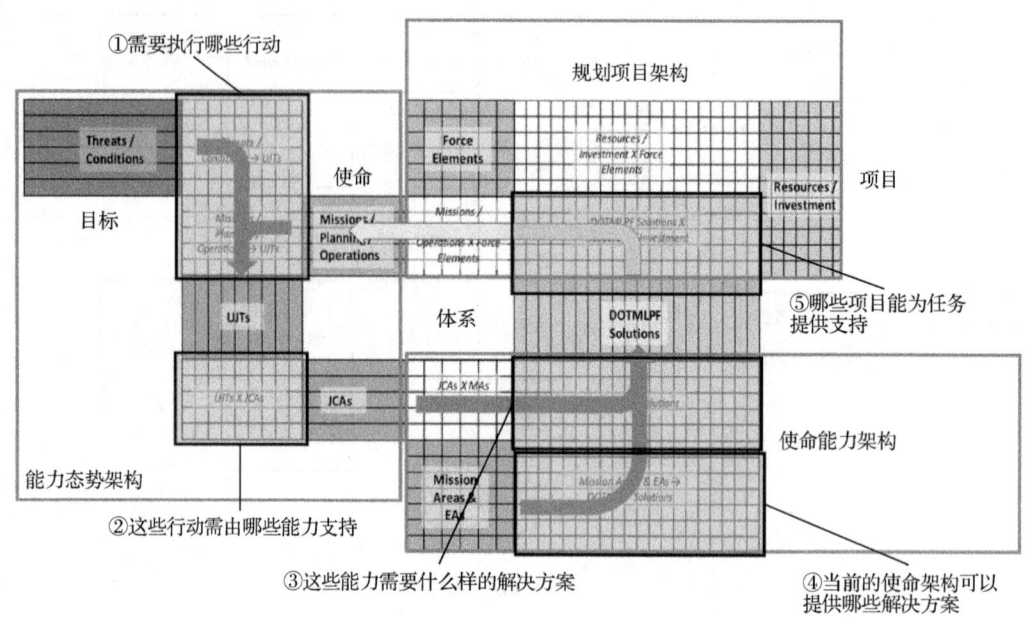

图 9.13 多维关联语义化企业架构的参考形式

参考文献

[1] ANTONIOU G, HARMELEN F. A semantic web primer [M]. Cambridge: The MIT Press, 2008.

[2] CARDOSO E, MONTALI M. A preliminary framework for strategic and compliance monitoring[C]//2019 IEEE 23rd International Enterprise Distributed Object Computing Workshop (EDOCW). Piscataway, NJ: IEEE, 2019: 75-84.

[3] DETONI A A, MIRANDA G M, RENAULT L D C, et al. Exploring the role of enterprise architecture models in the modularization of an ontology network: A case in the public security domain[C]//2017 IEEE 21st International Enterprise Distributed Object Computing Workshop (EDOCW). Piscataway, NJ: IEEE, 2017: 117-126.

[4] DE BOER R C. Archimedes publication and integration of architectural knowledge [C]//2017 IEEE International Conference on Software Architecture Workshops (ICSAW). Piscataway, NJ: IEEE, 2017: 268-271.

[5] STUHT T, SPECK A. Bridging the gap between independent enterprise architecture domain models[C]//International Conference on Business Information Systems. Cham: Springer, 2016: 277-288.

[6] AZEVEDO C L B, IACOB M E, ALMEIDA J P A, et al. Modeling resources and capabilities in enterprise architecture: A well-founded ontology-based proposal for ArchiMate[J]. Information systems, 2015, 54: 235-262.

[7] ABRAHAM R, AIER S, WINTER R. Crossing the line: overcoming knowledge boundaries in enterprise transforma- tion[J]. Business & Information Systems Engineering, 2015, 57(1): 3-13.

[8] DEL NOSTRO P, ORCIUOLI F, PAOLOZZI S, et al. ARISTOTELE: A semantic-driven platform for enterprise management[C]//2013 27th International Conference on Advanced Information Networking and Applications Work-shops. Piscataway, NJ: IEEE, 2013: 44-49.

[9] JABLOUN M, SAYEB Y, GHEZALA H B. Enterprise ontology oriented competence: A support for enterprise architecture[C]//2013 3rd International Symposium ISKO-Maghreb. Piscataway, NJ: IEEE, 2013: 1-8.

[10] HUANG L, REN G, JIANG S, et al. Toward dynamic model association through semantic analytics: Approach and evaluation[C]//2019 IEEE 21st Conference on Business Informatics (CBI). Piscataway, NJ: IEEE, 2019, 1: 130-137.

[11] HINKELMANN K, MAISE M, THÖNSSEN B. Connecting enterprise architecture and information objects using an enterprise ontology[C]//Proceedings of the First International Conference on Enterprise Systems: ES 2013. Piscataway, NJ: IEEE, 2013: 1-11.

[12] SOSA-SÁNCHEZ E, CLEMENTE P J, PRIETO Á E, et al. Aligning business processes with the services layer using a semantic approach[J]. IEEE Access, 2018, 7: 2904-2927.

[13] ANTUNES G, BORBINHA J, CAETANO A. An application of semantic techniques to the analysis of enterprise ar- chitecture models[C]//2016 49th Hawaii International Conference on System Sciences (HICSS). Piscataway, NJ: IEEE, 2016:4536-4545.

[14] SOSA-SÁNCHEZ E, CLEMENTE P J, PRIETO Á E, et al. Aligning business processes with the services layer using a semantic approach[J]. IEEE Access, 2018, 7: 2904-2927.

[15] SOSA-SÁNCHEZ E, CLEMENTE P J, SÁNCHEZ-CABRERA M, et al. Service discovery using a semantic algorithm in a SOA modernization process from legacy Web applications [C]//2014 IEEE World Congress on Services. Piscataway, NJ: IEEE, 2014: 470-477.

[16] SOSA E, CLEMENTE P J, CONEJERO J M, et al. A model-driven process to modernize legacy web applications based on service oriented architectures[C]//2013 15th IEEE International Symposium on Web Systems Evolution (WSE). Piscataway, NJ: IEEE, 2013: 61-70.

[17] OSENBERG M, LANGERMEIER M, BAUER B. Using semantic web technologies for enterprise architecture analy- sis[C]//European Semantic Web Conference. Cham: Springer, 2015: 668-682.

[18] ANTUNES G, BAKHSHANDEH M, MAYER R, et al. Ontology-based enterprise architecture model analysis[C]//Proceedings of the 29th Annual ACM Symposium on Applied Computing. [S.l.:s.n.], 2014: 1420-1422.

[19] FILL H G. Semantic annotations of enterprise models for supporting the evolution of model-driven organizations[J]. Enterprise Modelling and Information Systems Architectures (EMISAJ), 2018, 13: 5: 1-25-5: 1-25.

[20] CASTELLANOS C, CORREAL D, MURCIA F. An ontology-matching based proposal to detect potential redundancies on enterprise architectures[C]//2011 30th International Conference of the Chilean Computer Science Society. Piscataway, NJ: IEEE, 2011:

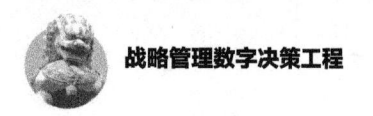

118-126.

[21] MARTIN A, EMMENEGGER S, WILKE G. Integrating an enterprise architecture ontology in a case-based reasoning approach for project knowledge[C]//Proceedings of the First International Conference on Enterprise Systems: ES 2013. Piscataway, NJ: IEEE, 2013: 1-12.

[22] DAS A. Capability requirements portfolio management in large organizations using semantic data lake as a decision support system: proof-of-concept experiments[D]. Boston: Massachusetts Institute of Technology, 2018.

[23] RA M, YOO D, NO S. Construction and applicability of military ontology for semantic data processing[C]//Proceedings of the 3rd International Conference on Web Intelligence, Mining and Semantics. [S.l.:s.n.], 2013: 1-7.

[24] Anon. Case studies in system of systems, enterprise systems and complex systems engineering[M]. [S.l.]:CRC press, 2014.

[25] HANAFIZADEH P, KAZAZI A, BOLHASANI A J. Portfolio design for investment companies through scenario planning[J]. Management Decision, 2011, 49(4): 513-532.

[26] AMER M, DAIM T U, JETTER A. A review of scenario planning[J]. Futures, 2013, 46: 23-40.

[27] MARTTUNEN M, LIENERT J, BELTON V. Structuring problems for Multi-Criteria Decision Analysis in practice: A literature review of method combinations[J]. European journal of operational research, 2017, 263(1): 1-17.

[28] SHAFI K, ELSAYED S, SARKER R, et al. Scenario-based multi-period program optimization for capability-based planning using evolutionary algorithms[J]. Applied Soft Computing, 2017, 56: 717-729.

[29] HARRISON K R, ELSAYED S, WEIR T, et al. Multi-period project selection and scheduling for defence capability-based planning[C]//2020 IEEE International Conference on Systems, Man, and Cybernetics (SMC). Piscataway, NJ: IEEE, 2020: 4044-4050.

[30] ALDEA A, IACOB M E, DANEVA M, et al. Multi-criteria and model-based analysis for project selection: An integration of capability-based planning, project portfolio management and enterprise architecture[C]//2019 IEEE 23rd International Enterprise Distributed Object Computing Workshop (EDOCW). Piscataway, NJ: IEEE, 2019: 128-135.

[31] BUI L T, BARLOW M, ABBASS H A. A multi-objective risk-based framework for mission capability planning[J]. New Mathematics and Natural Computation, 2009, 5(2): 459-485.

[32] SWARZ R S, DEROSA J K. A framework for enterprise systems engineering processes[R]. Bedford,MA: Mitre Corp., 2006.

[33] DAVIS P K. Analytic architecture for capabilities-based planning, mission-system analysis, and transformation[R]. Santa Monica ,CA: Rand National Defense Research Inst ,2002.

[34] AL-TURKISTANI H F, ALDOBAIAN S, LATIF R. Enterprise architecture frameworks assessment: Capabilities, cyber security and resiliency review[C]//2021 1st International

Conference on Artificial Intelligence and Data Analytics (CAIDA). Piscataway, NJ: IEEE, 2021: 79-84.

[35] MASUDA Y. Digital Enterprise Architecture for Global Organizations[M]//LIMMERMANN A, SCHMIDT R, JAIN C L. Architecting the Digital Transformation. Cham: Springer, 2021: 265-286.

[36] SULTAN M, MIRANSKYY A. Ordering stakeholder viewpoint concerns for holistic enterprise architecture: the W6H framework[C]//Proceedings of the 33rd Annual ACM Symposium on Applied Computing.[S.l.:s.n.], 2018: 78-85.

[37] MOSER C, BUCHMANN R A, UTZ W, et al. CE-SIB: A modelling method plug-in for managing standards in enterprise architectures[C]//International Conference on Conceptual Modeling. Cham: Springer, 2017: 21-35.

[38] HINKELMANN K, MAISE M, THÖNSSEN B. Connecting enterprise architecture and information objects using an enterprise ontology[C]//Proceedings of the First International Conference on Enterprise Systems: ES 2013. Piscataway, NJ: IEEE, 2013: 1-11.

[39] AHMAD M, ODEH M, GREEN S. Derivation of a semantic cancer care information architecture from riva-based business process architecture using the BPAOntoEIA framework[C]//2018 1st International Conference on Cancer Care Informatics (CCI). Piscataway, NJ: IEEE, 2018: 152-164.

第 10 章

镜鉴能力刻画方法

> 立足镜鉴超越，从能力发展绩效评估、能力投资预测分析、能力链路表征和数字画像构建等方面，开展战略能力刻画表征方法研究。以国防经费投向投量为基础，研究战略能力发展绩效评估和预测分析，可以洞察镜鉴对手战略目标的经费支撑程度，分析其真实战略意图和能力发展走向。战略能力链路是战略博弈的重要抓手，镜鉴对手数字画像的绘制重在清晰、准确、及时，因此研究镜鉴能力刻画方法具有重要战略价值。

10.1 战略能力发展绩效评估方法

面向国防经费的能力发展建设绩效评估主要指围绕国防建设目标，评估国防经费建设完成产出能力建设效果与投资之间的比重关系。当前大国竞争，不仅比拼现有军事力量对比的硬实力，还比拼面向未来战斗力建设和能力生成的投资绩效等软实力。因此，认知梳理国防经费绩效评估理论与方法具有现实意义。

10.1.1 绩效评估基本认识

绩效是一个宽泛且复杂的价值概念。Bernadin 等主张将绩效定义为工作结果，它是对组织运营有效性的评估。也有学者对绩效是结果、产量、生产率及目标等观点提出了质疑，进而提出绩效行为观。Lepine 等通过综合绩效行为观和绩效结果观，提出绩效不仅包括可评价要素行为，也包括结果。除了视角不同，绩效范畴、内容、评估方法也存在争议。Yuchtman 和 Seashore 认为，组织绩效是衡量经营绩效评价指标的总和，而这种绩效指标的构建需要了解被评估对象的经营状况。Campbell 认为，绩效无法直接测量，而是需要通过理论建模进行定义。在现有研究基础上，Ford 和 Schellenberg 认为绩效测量有 3 种方法：目标法、系统资源法、过程导向法。也有学者提出三维度评估模型，认为组织绩效包括组织效率、组织效能和组织适应性。Rohrbaugh 与 Quinn 将组织绩效评价指标分为 3 类：①组织关注的焦点，如利润、生产率等；②组织结构偏好，包括组织柔性和外部环境适应性，以及组织冲突解决能力和组织凝聚力等；③组织追求的成功部分，如员工培训和发展等。Venkatraman 与 Ramanujam 将组织绩效概括为财务绩效（销售增长率和投资回报率）、运营绩效（新产品投入、产品质量等）和组织效能（员工士气等）。

Zahra 与 Bogner 提出采用最近 3 年的税前平均利润率、销售增长率和市场份额增长率

3个指标来衡量组织绩效。Drucker.EF.认为绩效是组织策略目标达成度及资源的运用情况。Fare.R.认为所谓效率，是侧重于衡量组织资源被利用的程度，效率的提升意味着组织成本的降低或者产出价值的增加，因此绩效通常使用投入与产出之间的比率来评估。

国防经费投资绩效评估主要指围绕国防建设目标，评估国防经费建设完成产出效果与投资之间的比例。美国作为军事强国，其国防军费开支约占全球军费开支的40%，它在国防经费投资方面积累了一些经验和教训，因此，可以参考美国国防授权法案数据（NDAA），以及军力评估报告、政府问责局（GAO）、战略预算评估中心（CSBA）等的数据，综合采用趋势规律啮合分析、未来发展趋势预判、目标资源匹配分析等研究方法，形成美军国防经费投资绩效评估结论、主要经验教训启示，以为我军绩效评估提供参考借鉴。

10.1.2 绩效评估方法

目前，用于绩效评估的方法有很多。例如，美国政府问责局（GAO）从2003年开始采用技术成熟度（TRL）对美国国防部的重大国防采办项目（MDAPs）的系统原型机、性能指标、试验计划和技术成熟计划进行年度评估，并提出相关建议措施，以指导重大项目管理；陈晔婷基于Meta分析方法开展中国对外直接投资与创新绩效的关系研究，Meta分析与以往的文本文献分析不同，它是一种对已有研究结果进行系统、定量分析整合的方法，也称为元分析。元分析不仅能够用于检验自变量与因变量的关系，还能通过分组检验来评估调节变量的影响程度。选用元分析的原因有两个：①关于对外直接投资对创新绩效的影响，现有研究结论不尽相同，而采用元分析可以得到更加科学有效的结论；②不同的文献选择的样本对象不同，而元分析可以研究不用样本特征对主效应的影响程度。

目前，管理军力绩效评估较多采用综合指数法，该方法可以集多重视角于一体，在定量分析的基础上给出定性结论，基本能够满足军力评估分析结论的要求。综合指数法现已普遍运用于美国各类军力报告中，它主要包括3方面内容：

（1）战备状态评估。战备状态得分源于各军种根据其要求对战备状态所做的评估。需要注意的是，即使是"很高"或"非常高"的分数，也不能说明部队已完全做好准备，只能说明该军种完全满足自己的战备要求。战备度水平定义如下：非常弱（占军种要求的0~19%）；弱（占军种要求的20%~39%）；勉强（占军种要求的40%~59%）；强（达到军种要求的60%~79%）；非常强（达到军种要求的80%~100%）。

（2）规模评估。为了给规模评分，需要将军种的规模（无论是最终兵力还是平台数量）与同时参与两场战争或达到两个主要区域紧急状态（MRC）基准所需的部队规模进行比较。这个基准包括打赢两场MRC战争所需的兵力及作为战略储备的20%的余量。战略储备是必要的，因为在任何时候都无法部署100%的兵力。不只是训练或装备的维持和维护等持续需求使得全部兵力无法部署，100%的兵力投入也会导致没有资源来处理突发情况。具体规模评估如下：很弱（占两个MRC基准的0~37%）；弱（占两个MRC基准的38%~74%）；一般（占两个MRC基准的75%~82%）；强（占两个MRC基准的83%~91%）；非常强（占两个MRC基准的92%~100%）。

（3）能力评估。根据作战装备的现状对能力进行评估，它涉及4个因素：①关键平台相对于其预期寿命的年龄；②所需能力是由遗留装备还是现代装备来满足的；③改进或潜在作战需求计划的相关程度；④现代化计划的总体健康性和稳定性（重点是资金和技术）。

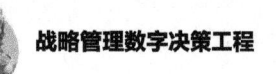

能力评估采用五级评分法，每个军种都会得到一个能力得分，它是以下 4 类得分的非加权总分：①装备的年龄；②能力的现代化程度；③现代化计划的规模；④现代化计划的健康状况。

10.2 国防经费能力投资预测分析

国防预算是国家在国防建设领域的经费投入计划，也是国家地缘战略、安全战略和军事战略的反映。为了应对和平发展所面临的潜在威胁，我国仍需了解他国在国防投资领域的总体发展趋势和侧重点。针对美国国防投资中列出的研发项目和采购项目，需要将其分类对应到不同的建设领域，以分析美国国防投资在不同建设领域的分布状况和发展趋势，实现增量数据的自动化分类和分析。

10.2.1 预测方法和模型

卷积神经网络（Convolutional Neural Networks，CNN）在计算机视觉领域取得了不错的成果，同时可以用于文本分类。文本分类的关键在于准确提炼文档或语句的中心思想，其方法是先抽取文档或语句中的关键词作为特征，再基于这些特征去训练分类器并进行分类。由于 CNN 的卷积和池化过程是一个抽取特征的过程，若能准确抽取关键词的特征，就能准确提炼文档或语句的中心思想。2014 年，Yoon Kim 在 *Convolutional Neural Networks for Sentence Classification*（文本分类的卷积神经网络）一文中首次提出将卷积神经网络用于文本分类。下面重点介绍 text-CNN 模型。

text-CNN 模型主要包括 5 层：第一层是输入层，第二层是卷积层，第三层是池化层，第四层是全连接层，第五层是 softmax 层。

图 10.1 展示了使用 CNN 进行语句分类的过程，即卷积过程。

1. 输入层

首先输入一个一维的由 7 个单词构成的语句，为了使其能够卷积，需要将其转化为二维矩阵，通常使用 word2vec、glove 等词嵌入实现。其中，$d=5$ 表示每个单词可以转化为 5 维向量，矩阵的形式是[sentence_matrix×5]，即[7×5]。

2. 卷积层

在处理图像数据时，CNN 使用的卷积核的宽度和高度是相同的，但在 text-CNN 模型中，卷积核的宽度是与词向量的维度相一致的。这是因为输入的每一行向量只代表一个单词，在抽取特征的过程中，单词作为文本的最小粒度，若使用卷积核的宽度小于词向量的维度，则无法将单词作为最小粒度。而 text-CNN 的卷积核高度和 CNN 一样，可以自行设置，通常取 2、3、4、5。由于输入的是语句，句中相邻的单词之间关联性很高，因此，当用卷积核进行卷积时，不仅考虑了词义，还考虑了词序及其上下文。

卷积的具体过程：向卷积层输入一个表示语句的矩阵，维度为 $n×d$，即每条语句共有 n 个单词，每个单词用一个 d 维的词向量表示。假设 $x_{i:i+j}$ 表示 x_i 到 x_{i+j} 个单词，先用一个宽度为 d、高度为 h 的卷积核 w 与 $x_{i:i+h-1}$（h 个单词）进行卷积操作，再由激活函数激活得

到相应的特征 c_i，则卷积操作可以表示为
$$c_i = f(\boldsymbol{w} \cdot \boldsymbol{x}_{i:i+h-1} + b)$$
式中，使用点乘来表示卷积操作。

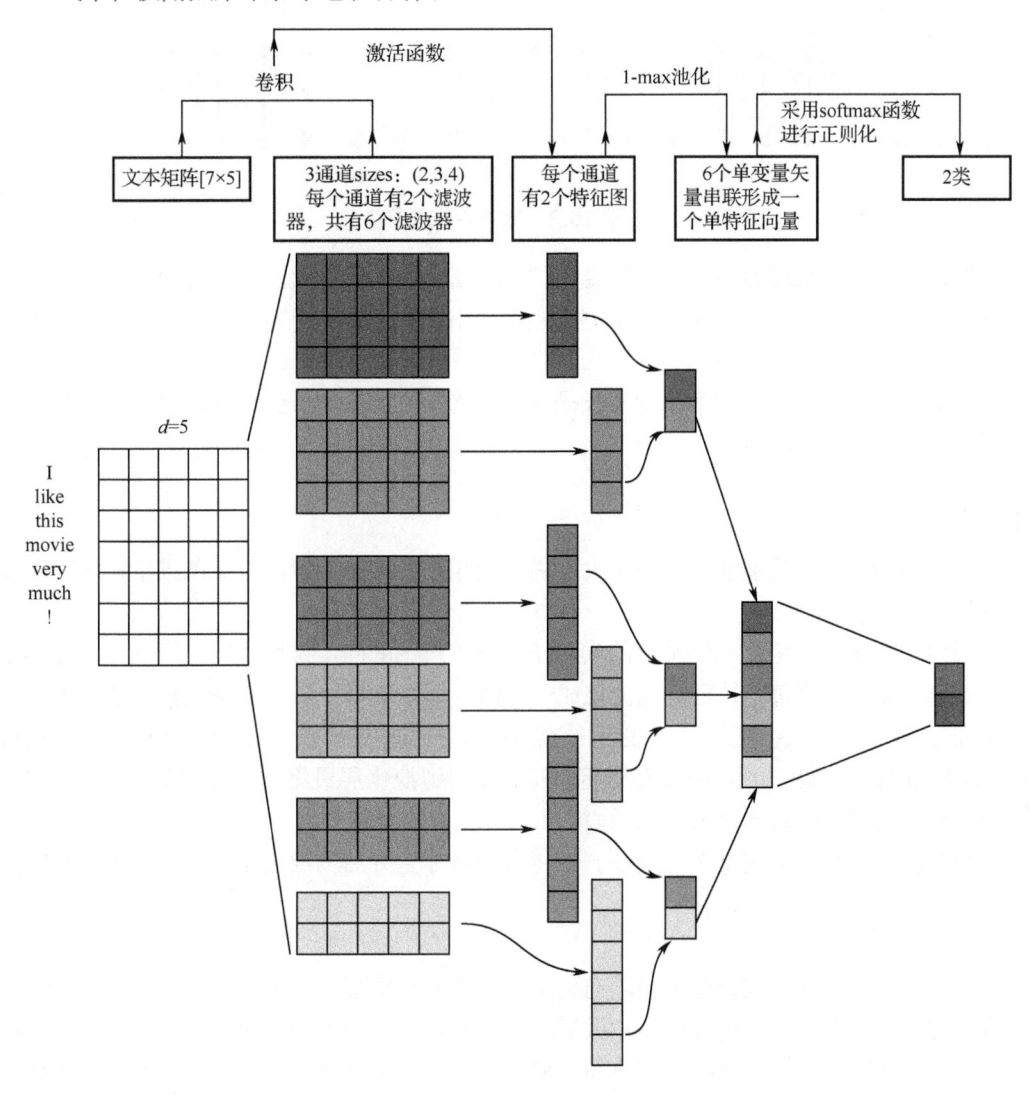

图 10.1 卷积过程

因此，经过卷积可以得到一个 $n-h+1$ 维的向量 $\boldsymbol{c}$，形如
$$\boldsymbol{c} = [c_1, c_2, \cdots, c_{n-h+1}]$$

以上只是一个卷积核与输入语句的卷积操作，同样地，也可以使用更多高度不同的卷积核获得更多不同的特征。

如图 10.1 所示，它有（2，3，4）三种维度，每种维度有 2 个滤波器，因此共有 6 个滤波器。在卷积过程中，由于 stride 是 1，对于高度是 4 的滤波器，最后生成 4 维向量，即 (7-4)/1+1=4；而对于高度是 3 的滤波器，最后生成 5 维向量，即(7-3)/1+1=5。

（1）窄卷积与宽卷积。在矩阵的中部可以使用卷积核进行滤波，而在矩阵的边缘，如对于左侧和顶部没有相邻元素的元素，可采用补零法（Zero-Padding）。对于所有落在矩阵范围之外的元素，其值都默认为 0。这样就可以对输入矩阵的每个元素进行滤波操作，从而输出一个大小相同或是更大的矩阵。补零法又称为宽卷积，不使用补零法的则称为窄卷积。宽卷积示例如图 10.2 所示。

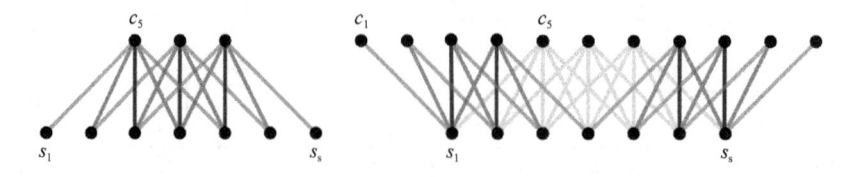

图 10.2 宽卷积示例

假设滤波器的长度为 5，输入长度为 7。当滤波器的长度大于输入向量的长度时，宽卷积很有用，或者说很有必要。此时，窄卷积输出的长度是$(7-5)+1=3$，宽卷积输出的长度是$(7+2\times4-5)+1=11$。

（2）步长。相关文献中常用的步长是 1，但选择更大的步长会让模型更接近递归神经网络，其结构就像一棵树。

3. 池化层

池化的特点之一是能够输出一个大小固定的矩阵，并降低输出结果的维度，同时保留显著的特征。

因为在卷积层使用了不同高度的卷积核，导致产生的向量维度不同，所以在池化层使用 1-Max-Pooling 将每个特征向量池化成一个值，即抽取每个特征向量的最大值用于表示该特征，并且认为这个最大值表示的就是最重要的特征。在对所有特征向量进行 1-Max-Pooling 后，还需要将每个值进行拼接，以得到池化层最终的特征向量。在池化层到全连接层之前可以加入 dropout 防止过拟合。

每个滤波器最后会得到两个特征，在将所有特征合并后需要使用 softmax 进行分类。

4. 全连接层

和其他模型一样，假设全连接层有两层，其中第一层可以加入 relu 作为激活函数；对于多分类来说，第二层使用 softmax 激活函数得到属于每个类别的概率。如果处理的数据集为二分类问题，如情感分析的正负面，那么第二层也可以使用 sigmoid 作为激活函数，并且使用对数损失函数 binary_crossentropy 作为损失函数。通过激活函数 softmax 可以得到 2 个类别的概率。

5. 通道

通道是输入数据的不同"视角"，如图像识别时的 RGB 通道（红绿蓝）。既可以对每个通道做卷积运算，赋予相同或不同的权值，也可以将自然语言处理想象成有多个通道：将不同类的词向量表征（如 word2vec 和 GloVe）当作独立的通道，或是将不同语言版本的同一语句当作一个通道。

词向量的构造可以采用下述不同的方式：

（1）CNN-rand：随机初始化每个单词的词向量，并通过后续的训练去调整。

（2）CNN-static：使用预先训练好的词向量，如 word2vec 训练得到的词向量，在训练过程中不再调整该词向量。

（3）CNN-non-static：使用预先训练好的词向量，并在训练过程进行进一步调整。

（4）CNN-multichannel：将 static 与 non-static 作为两通道的词向量。

利用 text-CNN 模型对文本向量进行特征提取，相较于传统的 word2vec 特征，能够尽量保留原句中的语法和语义信息，并有效降低向量特征维度，通过一维卷积层和一维池化层，可将句中每个单词的重要特征提取出来，并将语句整合成一个不同维度的特征向量。

10.2.2 典型案例分析

将美国国防预算中的采办和研发项目分为战略核打击、太空作战、制海作战、制空作战、导弹防御、网电对抗、无人体系等建设领域，通过对其 2010—2019 财年的项目进行人工标注，开发文本分类模型，以对 2020—2021 财年国防预算进行分类预测，从而分析 2010—2021 财年新兴技术的资金变化。

主要采用自然语言处理技术的 text-CNN 文本分类技术开发文本分类模型，该模型能够实现短文本分类功能，即给出一些短文本（如文档标题）及其所属类别。文本分类模型通过训练神经网络，能够学习短文本在词向量空间中的表达，并建立短文本与其所属类别的映射关系。对于其他具有相似语义特征的短文本，文本分类模型可预测其所属类别。

基于美国 2010—2019 财年数据的人工标注结果对分类器模型进行训练，得到采办和研发项目的准确率结果，分别如图 10.3 和图 10.4 所示。

```
Batch[1098] - loss: 0.002330   acc: 100.0000%(128/128)
Batch[1099] - loss: 0.001944   acc: 100.0000%(128/128)
Batch[1100] - loss: 0.003678   acc: 100.0000%(73/73)las
model_path: trained_model/2020-12-24_19-44-50/only_t
raw acc = 0.9852700490998363
refined acc = 0.9869067103109657
test_res_file: ./data_1224/res_test_pro.csv
```

```
Batch[1098] - loss: 0.000811   acc: 100.0000%(128/128)
Batch[1099] - loss: 0.001430   acc: 100.0000%(128/128)
Batch[1100] - loss: 0.002165   acc: 100.0000%(35/35)las
model_path: trained_model/2020-12-24_19-37-54/only_t
raw acc = 0.9855635757912271
refined acc = 0.9838978345363687
test_res_file: ./data_1224/res_test_rdte.csv
```

图 10.3　采办项目的准确率结果　　　　　图 10.4　研发项目的准确率结果

分类器模型的预测精度见表 10.1。

表 10.1　分类器模型的预测精度

项 目 类 型	神经网络模型	神经网络+规则字典
采办项目	0.89	0.98
研发项目	0.91	0.98

在对国防预算项目进行分类后，可利用各建设领域的预算金额趋势图来客观反映美军建设发展的战略动向、战略意图等。根据各建设领域中采办与研发的占比，可以研判体系升级与换代间的变换，并根据太空、制海、制空的投资变换研判体系内部结构调整变换情况。长时间跟踪了解美国国防预算变化，有助于洞察其军事战略、军事动向和作战体系演变趋势等。美国重点领域国防投资趋势分析示例如图 10.5 所示。

图 10.5 美国重点领域国防投资趋势分析示例

10.3 能力链路表征方法

10.3.1 能力链路建模

能力链路分析主要是围绕建设目标，对建设发展路径的时间、资源、里程碑指标等进行规划和设计的过程。具体研究过程是以能力链路形成路径为核心进行建设路径筹划。围绕基于能力链路的 FFTTEA 6 个环节（空军的杀伤链），分别构建侦察装备库、定位装备库、跟踪装备库、指挥决策装备库、交战武器库、效果评估装备库。装备库中既包括现有装备型号，还包括未来可能发展的装备型号，如装备的质量、尺寸、射程、探测距离等性能指标，以及各装备之间的关联关系指标（如某类型导弹只能挂在某类型飞机上）。下面以空军的杀伤链为例，针对 FFTTEA 进行具体分析。

（1）发现（Find）：利用侦察卫星/电子侦察机/无人机和地面雷达等进行空中侦察与地面探测，以发现目标。

（2）定位（Fix）：采用某类传感器对发现目标实施定位和识别。

（3）跟踪（Track）：基于某雷达对目标进行优先级排序，通过持续监视与侦察，保持对目标的跟踪。

（4）瞄准（Target）：通过预警机装备确定目标威胁，进而进行战场资源配置，生成打击方案，评估风险并避免冲突，最终确定打击方案。

（5）交战（Engage）：轰炸机发射导弹以对地面目标实施突击。

（6）评估（Assess）：根据预警机、卫星和无人机等兵力信息进行作战效果评估。能力链路节点作战任务列表如表 10.2 所示。

表 10.2 能力链路节点作战任务列表

行动序列	作战任务
发现（Find）	1. 收集情报，探测目标 2. 传感器信息集成与融合 3. 战场态势实时感知与动态更新
定位（Fix）	1. 确定目标位置 2. 掌握目标运动规律 3. 对目标进行准确查找与辨识
跟踪（Track）	1. 调整情报、监视和侦察（ISR）的优先级 2. 生成目标点航迹，保持航迹连续性 3. 按照生命周期，持续更新目标航迹

续表

行动序列	作战任务
瞄准（Target）	1. 评估目标威胁 2. 分析可用资源，进行交战规划制订 3. 分析打击约束，生成打击预案 4. 计算武器发射点/命中点 5. 评估打击损益 6. 生成决策指令
交战（Engage）	1. 分发交战指令 2. 启动武器发射 3. 监视与管理战场态势 4. 实时调整作战任务和打击预案
评估（Assess）	1. 打击效果评估 2. 战场态势评估 3. 再打击分析与决策

10.3.2 能力链路测度

构建能力链路使命指数的输入包括己方知识库、敌方知识库和己方目标视图；测度过程包括分析能力链路构建现状、分析力量差距、提出方案和度量态势方案 4 个阶段；输出为己方力量视图和敌方力量视图。下面以陆军能力链路构建为例进行介绍。

1．输入数据

链路筹划的输入数据为敌我双方知识库中能力链路构建的相关内容，以及己方目标视图。己方目标视图是目标筹划过程的输出结果，具体形式已在 10.2 节中做过描述，这里不再赘述。敌我双方知识库中能力链路构建的相关内容主要是指用于构建满足使命目标的杀伤链的作战人员、作战资源、作战活动及作战能力知识。以陆军能力链路构建为例，陆军作战能力知识描述了陆军作战能力结构和相互关系，以及陆军现有作战能力，这些知识立足于业务数据库，通过本体映射，利用机器学习的方法从已有的结构化、半结构化、非结构化业务数据库中抽取本体及本体之间的关系，并通过抽取本体知识库的元数据，形成本体元模型，如图 10.6 所示。

业务数据库、本体知识、本体元模型按抽象层级依次提升。在业务数据库中，数据多为实体关系型，如"情报人员 A，年龄为 25 岁，军种为陆军"，经本体映射后，本体知识为情报人员本体，含年龄、军种等属性；经过元数据抽取，本体元模型为人员本体，包含年龄、组织等属性，人员则可以分为情报人员、指挥人员、保障人员等。

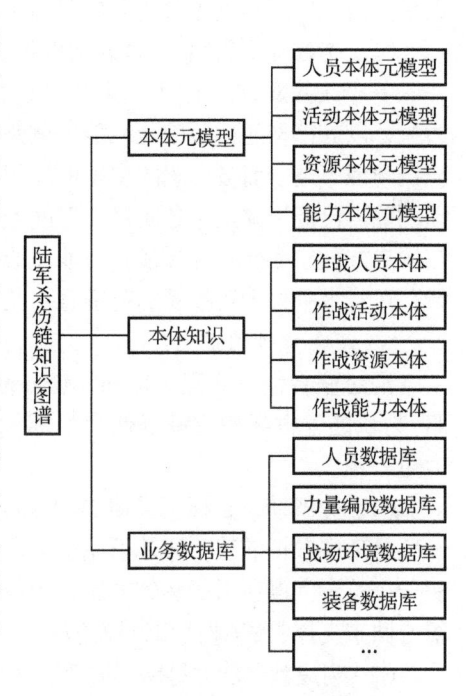

图 10.6 陆军能力链路知识结构

2. 测度过程

为了构建能力链路达成使命目标，首先需要构建指标体系并基于知识库刻画敌我双方当前力量视图，进而构建能力链路-力量匹配框架；然后分解使命目标，构建能够达成使命目标的预期能力链路并刻画预期力量视图，通过分析力量差距，评估优化能力链路，得到敌我双方力量视图。以陆军能力链路构建为例，为构建达成陆军使命目标的能力链路，需要从侦察预警力量、指挥控制力量、防御力量、机动力量、火力打击力量、综合保障力量6方面进行考虑。链路筹划过程包括分析能力链路构建现状、提出建设需求、构建能力链路和链路成效评估4方面。

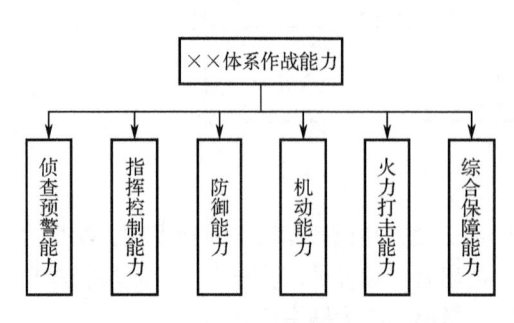

图 10.7 ××体系作战能力指标体系

1）分析能力链路构建现状

（1）刻画当前己方力量视图。构建指标体系，基于己方知识库，通过知识推理、知识计算等手段刻画己方力量的构成情况及力量间的关系。××体系作战能力指标体系如图 10.7 所示。

（2）刻画当前敌方力量视图。构建指标体系，基于敌方知识库，通过知识推理、知识计算等手段刻画敌方力量的构成情况及力量间的关系，指标体系的具体形式可参照图 10.7。

（3）构建能力链路-力量匹配框架。

基于敌我双方当前力量视图，通过"供应商-用户"架构匹配能力链路各环节和作战力量，以支撑构建自适应跨域能力链路。"供应商-用户"架构是受到在线交易、采购和供应链管理等电子商务理念的启发而运用于能力链路构建的，在供应商方面，每个供应商必须明确自己能否满足服务质量、时间表及其他要求，并且需要考虑其他正在进行的任务；在用户方面，目标是选择最有可能完成任务的选项，该选项能够在可接受的时间窗口内执行，风险水平处于可接受的范围且对其他任务的干扰最小。

2）提出建设需求

通过联合使命线程（Joint Mission Thread，JMT）技术分解使命目标，基于能力链路-力量匹配框架构建满足使命目标的预期能力链路，进而刻画预期力量视图，并分析力量差距。

（1）分解使命目标。采用 JMT 技术将使命目标逐层分解。JMT 可分为 3 个层次：第一层是顶层数据描述，即基于完全可重用架构的信息集合；第二层的"线程"是回答和解决一个特定问题所需的具体方案；第三层是系统工程层级。通常采用微观（Bit-Level）分析方法来支撑测试/评估和建模仿真。

（2）构建预期能力链路。基于使命目标分解结果，构建满足使命目标的预期能力链路。

（3）刻画预期力量视图。基于能力链路-力量匹配框架及预期能力链路，刻画预期力量视图。这里将指挥控制节点看作用户，用户通过虚拟联络员向（能够提供传感、武器、非动力效应、通信等能力的）供应商展示其操作目标（服务需求），以协商使用服务，实现力量的筹划。

（4）分析力量差距。采用基于多视图（当前力量视图和预期力量视图）的能力差距全要素分析方法结合专家经验来分析力量差距，并形成分析报告。

3）构建能力链路

若当前力量视图与预期力量视图存在差距，无法满足使命目标要求，则需要构建能力链路，以支撑使命目标的实现。依据前文提出的建设需求，专家根据经验和力量差距分析结果，基于能力链路-力量匹配框架构建杀伤链备选集，并建立"能力链路预期贡献率-能力链路力量构成"计算模型，以为后续力量视图生成和链路成效评估提供支持。能力链路的模型可定义为六元组：KC=<K,N,S,C,E,U>，其中，$K=\{k_1,k_2,\cdots,k_n\}$ 为能力链路集合；$N=\{N_1,N_2,\cdots,N_i\}$ 为边集，表示能力链路之间的依赖关系；$S=\{s_1,s_2,\cdots,s_n\}$ 表示能力链路中感知要素协同数量；$C=\{c_1,c_2,\cdots,c_n\}$ 表示决策要素协同数量；$E=\{e_1,e_2,\cdots,e_n\}$ 表示打击要素协同数量；$U=\{u_1,u_2,\cdots,u_m\}$ 表示能力链路边属性集合，即能力链路之间依赖关系的种类（结构与模式特征）。

4）链路成效评估

链路成效评估主要包括能力链路预期贡献率计算和链路风险评估，用于支撑能力链路的优化及敌我双方力量视图的刻画。

（1）能力链路预期贡献率计算。根据专家经验构建能力链路预期贡献率计算模型，通过历史数据学习模型参数。计算能力链路备选集中各杀伤链的预期绩效，选取预期绩效最高的目标列表。能力链路预期贡献率计算模型主要包括两方面：①基于作战力量指标体系评估能力链路是否满足使命目标要求；②评估能力链路自身性能指标，如时间指标、精确度、协调能力及生存能力等，以保证构建的能力链路既能满足使命目标要求，也具有较好的性能。

（2）链路风险评估。在评估某链路时，需要加入风险分析，目的是分析在资金、人力、技术、物资、设施建设周期等要素出现异常的情况下，链路能否按照预期进度达到使命目标要求。对于面临的风险，需要提出相应的规避措施。采用的风险分析方法主要是德尔菲法和专家调查法，即先利用德尔菲法进行风险识别，同时请专家对风险因素的发生概率和影响水平进行评价，再综合整体风险水平进行评价。

3. 输出结果

输出结果为敌方力量视图和己方力量视图。力量视图主要包括力量构成和力量关系，用于支撑后续武器装备体系作战需求方案的生成，通常采用表格、分层结构图、图形等方式进行描述。力量构成可以描述为{力量1：力量1属性，力量2：力量2属性，…，力量n：力量n属性}，其中力量属性包括力量等级、力量规模、力量领域等，力量等级又被定性分为"非常弱""比较弱""中等""较强""非常强"5个层级，可以采用0~100分，按20分为一个等级进行对应，分越高则对己方越有利。力量关系通过分层结构图来描述力量的组成结构，以陆上作战装备体系为例，力量顶层包括侦察预警力量、指挥控制力量、防御力量、机动力量、火力打击力量、综合保障力量6方面，每方面的力量又可以进行细分。

10.4 战略对手数字画像构建方法

战略动向研判包括国防投资图谱的建立，以及基于国防投资图谱的图谱导入、数据提取、数据分析、意图识别、因果推断、数据画像。其中，国防投资图谱包括投资预算图谱、投向投量图谱、意向关联图谱。投资预算图谱是国防预算的投资原则、审列依据、年度分布和调整情况；投向投量图谱是各个重大战略领域预算的实际投入分布；意向关联图谱用于描述战略意图与投入投向之间的因果和影响关系。战略动向研判的主要功能包括混合博弈、综合研判、仿真评估等。

10.4.1 战略对手数字画像

基于以采办、研发、维持、人员等国防经费投向投量数据为重点的多源多维数据，对战略对手的战略目标、战略意图、发展路径、战略走向演进、战略部署调整、战略重心及战略薄弱点等进行战略分析预判，通过构建战略对手的多维度数字画像和己方威胁环境，预测未来面临的新挑战，并分析未来的任务变化，从而生成能力需求来源。例如，美国发布的《联合作战环境2035》中列举了6大挑战：暴力的意识形态竞争、对美国主权与领土的威胁、对抗性的地缘政治平衡、对全球公域的扰乱、赛博空间对抗、区域秩序破坏与重建。上述分析结论为我国进行有效战略应对提供了有益决策参考。

对于战略对手数字画像的构建工作，国内多个单位都有参与，但总感觉存在画不清、画不准、画不及时等问题。围绕这些问题，重点探索战略对手部署和动态威胁画像、战略对手军费投向投量画像、国防工业基础画像、多源评估案例结论整合分析等内容，并借鉴2018年麻省理工学院发布的《基于语义数据湖的决策支持系统的能力需求组合管理》，主要包括传统的静态兵力部署和动态演习巡航情况。投向投量分析围绕对手近十年国防授权方案中实际的军费投向投量，分析战略对手的战略图谋、战略目标支撑度及各领域发展趋势等。战略对手国防工业基础监测评估的核心思想是监测评估大国竞争背景下，产业链支撑杀伤链的情况。多源评估案例报告结论印证分析了在前面兵力部署、军费投资、国防工业基础支撑等基础上，结合兰德公司、政府问责局、CSBA等相对权威机构的评估报告，通过综合比较分析，得出战略对手体系短板问题。

10.4.2 混合博弈

在仿真评估数据和评估案例数据的基础上，通过对特定领域案例的行动序列（COA）进行分析，建立COA库并评估可能达成的效果；通过建立社会、经济、政治、军事等领域的效果模型、对象节点模型、行动模型和资源模型，建立ENAR（效果-节点-活动-资源）模型库并评估可能达成的效果。在COA库和ENAR模型库的基础上，通过设定博弈规则，搭建博弈推演仿真平台，以进行多方博弈推演，并利用推演结果分析，展现分析数据。基于作战网评估（ONA）方法进行作战活动分析，作战网评估是指使用多种信息资源整合人员、过程和工具，同时协作分析以期建立敌情、我情、战场环境的共同认知。通过综合分析敌我双方的经济、军事、政治、社会、信息及设施网络，找出薄弱环节，进行作战任务分析。作战网评估流程主要包括以下4步：

（1）基于作战效果，提出战役目标和战略目标。

（2）将节点链接到效果开发子流程衍生出的特定效果上，建立效果-节点（E-N）链接。

（3）结合针对特定关键节点所能采取的潜在外交信息军事经济（DIME）活动，产生预期效果，同时考虑其对每个效果-节点-活动（E-N-A）链接所产生的次要和意外影响。

（4）通过将资源与每个效果-节点-活动链接进行关联，得到效果-节点-活动-资源（E-N-A-R）链接。上述流程的结果是一个预先分析的选项范围，用于实现潜在的效果。

10.4.3　综合研判

在仿真评估数据和评估案例数据的基础上，基于超网络模型对多方体系进行快速建模，通过构建体系快速原型演化算法，提出多方体系博弈规则；通过构建智能软件机器人，实现人机智能问答，从而能够解释体系快速原型演化过程或者多方体系博弈过程中存在的现象，同时向仿真对象传达人的指令；参加评判的专家需要按照钱学森提出的复杂巨系统理论和综合研讨厅思想，在定量分析的基础上提出自己对问题认识的定性判断。

建设方案综合研判是基于定性与定量相结合的集体智慧决策形式的。在围绕规划建设方案决策方面，项目需求测算与过程推演提供了较好的定量测算评估结果，项目投资组合分析从效费比最优化角度给出了规划项目组合结果，即建设方案雏形。因此，方案综合研判需要从战略目标、杀伤链建设角度对建设方案进行总体优化与决策。

综合研判以战略兵棋推演技术为核心，并搭建战略兵棋推演平台作为支撑，该平台借鉴了战略选择方法的部分理念。美军认为国防开支总体水平固然重要，但鉴于国防部不断变化的优先事项和不断演变的威胁环境，国防资源的分配方式更为重要。战略选择演习基本流程包括构建部队结构与能力选项、制订战略想定背景、划分演习小组、制订小组战略、执行战略推演、小组集中研讨及全体参演人员集中研讨 7 个环节。

现代兵棋是由普鲁士布雷斯劳军事学院院长冯·莱斯维茨于 1811 年发明的，它是运用表示战场环境和军事力量的地图和棋子，依据从战争和训练实践经验中抽象的规则，运用概率原理，采用回合制，模拟作战双方或多方决策对抗活动的工具。

战略兵棋推演技术以规划项目为基本推演元素，侧重于战略层级的推演，人的因素体现得更为充分，决策作为中心要素获得了更多关注。战略兵棋推演旨在提高分析验证的全面性、提升建设方案的分析效果、提高建设方案的针对性，以及提高指挥人员的决策水平。战略兵棋推演的基本流程包括推演准备阶段、推演实施阶段和结果分析阶段。在推演准备阶段，主要围绕建设方案所需的数据、人员和方法开展准备工作；在推演实施阶段，主要根据限定的规则和过程进行战略兵棋推演，并形成推演结果；在结果分析阶段，通过对推演结果进行回顾总结分析，形成战略兵棋推演结论。战略兵棋推演更注重参演人员的决策水平训练，在指挥及参谋人员对建设方案做出决策前，需要充分分析推演中的支配因素、当前的决策点及其发展趋势、关键事件、敌方的发展重心与脆弱点，以及双方的力量态势演变情况等。

战略兵棋推演结果的分析与集成研讨，是发挥战略兵棋推演作用的重要步骤。以建设方案为研讨对象，全面分析以杀伤链对抗推演为核心的战略兵棋推演数据，并以国防资源为基本约束，将规划项目集成为军队建设方案，从而支撑战略目标落实落地，是建设方案综合研判的关键使命所在。

10.4.4　仿真评估

仿真评估是进行仿真数据获取、管理和分析的平台，该平台包含面向多种任务场景的仿真软件，既能支持构想仿真、效能仿真、检验仿真 3 种仿真模式，也能支持仿真数据的

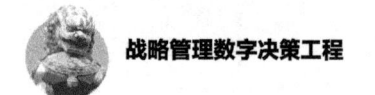

存储、管理和挖掘，同时实现模型管理与资源服务。

评估数据分析是进行评估案例数据获取、管理和分析的平台，它通过分类收集各种规划建设发展报告，并进行先期评估、运行评估、总结评估，从而实现案例库基础管理、外部数据引接与采集、案例数据分析挖掘及智能检索与推荐。

参考文献

[1] 赵丹玲，谭跃进，李际超，等. 基于作战环的武器装备体系贡献度评估[J]. 系统工程与电子技术，2017, 39(10): 2239-2247.

[2] 耿帅. 基于群决策理论的非经营性政府投资项目决策模型研究[D]. 北京：华北电力大学，2015.

[3] 梁展凡. 投资建设项目群链式风险分析、评估及其仿真研究[M]. 武汉：武汉大学出版社，2011.

[4] 张晓伟. 基于动态平衡计分卡的制造企业项目群绩效管理研究[D]. 成都：电子科技大学，2013.

[5] 李传方，许瑞明，麦群伟. 作战能力分析方法研究综述[J]. 军事运筹与系统工程，2009, 23(3):72-77.

[6] 黄飞，周明根，翟玉柱. 基于军事战略调整的美国 2013 财年国防预算分析[J]. 军事经济研究，2012(7): 69-71.

[7] 肖石忠. 美国 2016 财年国防预算的重点、难点与变数[J]. 国防，2015(3): 47-49.

[8] 焦艳，晋军. 2015 年《美国国家军事战略》与 2017 财年美国国防预算申请[J]. 江南社会学院学报，2016(3): 31-34.

[9] 林旺群，汪淼，王伟，等. 知识图谱研究现状及军事应用[J]. 中文信息学报，2020, 34(12):8.

[10] JI S, PAN S, CAMBRIA E, et al. A survey on knowledge graphs: Representation, acquisition and applications[J]. IEEE transactions on neural networks and learning systems, 2020, 33(2): 494-514.

[11] 尹铁红，谢文秀. 基于费用—效能的武器装备采购绩效静态分析[J]. 装备学院学报，2015, 26(5): 36-40.

[12] 傅勉，王世贵，王京鸣. 基于多视图的能力差距全要素分析方法[J]. 指挥控制与仿真，2015(6): 50-56.

[13] 王小军，张修社，胡小全，等. 基于杀伤链感知的动态可重构作战体系结构[J]. 现代导航，2020(4): 235-243, 249.

[14] 彭飞，袁卫，吴翌琳. 中国发展报告[M]. 北京：中国人民大学出版社，2020.

[15] 刘源. 中国军力报告与美对华安全战略[D]. 上海：复旦大学，2008.

[16] DAKOTA L. WOOD. 2020 Index of U.S. Military Strength with Essays on Great Power Competition[R]. [S. l.]: The Heritage Foundation, 2020.

[17] 陈晔婷，朱锐. 中国对外直接投资与创新绩效的关系研究[J]. 当代经济管理，2020, 42(10): 27-34.

第 11 章

能力评估分析方法

> 针对使命任务需求的能力评估分析,是战略管理决策的重要环节。能力评估分析方法主要包括面向战略目标的发展指数评估方法和立足战略对策的能力短板分析方法。本章结合典型战略管理决策问题,围绕能力评估分析的 3 个关键环节和方法构成,介绍能力评估方法的基本思想、流程等,为推动能力评估和建设推演技术的开发及应用提供参考。

能力评估分析是指围绕能力目标达成战略选项的预实践,为战略方案的构建和优化提供服务。针对使命任务需求的能力评估分析,是战略管理决策的重要环节。随着信息网络、人工智能等技术的快速进步,人类社会的战略决策风险意识正在迅速提高,借助科学的方法手段进行能力发展指数评估,并实现能力差距和满足度的图谱化,进而构建战略选项方案并进行优化,已经成为战略规划建设过程中,形成能力目标并优化战略选项的重要支撑环节。

本章首先围绕纵向比较优势、横向比较优势和对标发展效果 3 个维度,进行竞争发展指数、能力发展指数和发展绩效指数的评估方法构建,包括评估输入、评估内容筹划过程和评估输出,形成基本评估方法体系;然后从能力差距程度、能力满足度和能力图谱映射 3 方面,对能力短板分析方法进行梳理和构建,包括分析步骤、计算模型和评估思想等,形成包括思路、方法、流程和表现的完整实施框架。

11.1 发展指数评估

发展指数评估面向战略目标,是围绕竞争力提升、能力塑造和综合绩效的指标构建和评估活动,具体包括竞争发展指数评估、能力发展指数评估和发展绩效指数评估。其中,竞争发展指数评估围绕竞争力提升构建评估指标体系并实施评估解算,它是能力评估分析的起点,能够提供能力评估的价值尺度;能力发展指数评估围绕能力塑造评估能力差距和能力满足度,它是能力评估分析的关键,能够提供能力建设的对标方向;发展绩效指数评估围绕综合绩效设置战略选项并进行可行性评估及优化,它是能力评估分析的目标归宿。

11.1.1 竞争发展指数评估

战略竞争发展指数构建指依据敌我双方的战略、战术、装备、编制等情报信息,通过

战略目标筹划，形成己方战略建设的目标视图。以战略竞争发展指数构建过程为依据，竞争发展指数评估的输入为己方知识库和敌方知识库，输出为己方目标视图。竞争发展目标筹划过程包括分析战略竞争发展现状、提出建设需求、提出实现举措和目标成效评估4个阶段，如图11.1所示。

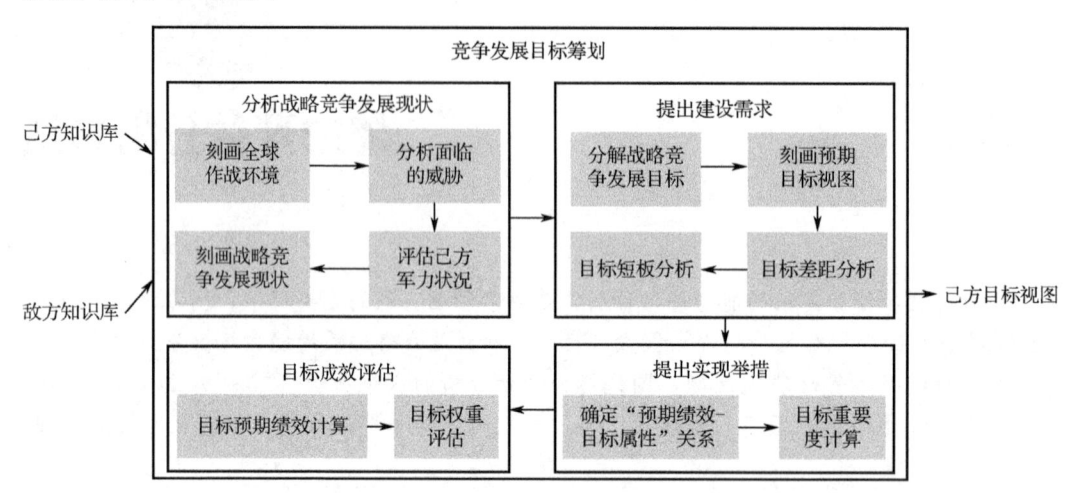

图 11.1　竞争发展目标筹划过程

本节参考美国军力报告，以"打赢两场同时发生的地区性冲突"这一战略竞争发展目标为例，对竞争发展指数评估方法进行介绍。

1．评估指标体系构建

竞争发展目标筹划的依据为己方知识库和敌方知识库中有关战略竞争发展的内容。以"打赢两场同时发生的地区性冲突"这一战略竞争发展目标为例，其输入数据包括全球作战环境、面临的威胁及军力状况3类指标，指标采用5分制，梯度设定为从极差到极好、从很弱到很强，对应的战略竞争发展目标评估指标体系见表11.1。

表 11.1　"打赢两场同时发生的地区性冲突"战略竞争发展目标评估指标体系

目 标 层	全球作战环境	面临的威胁	军 力 状 况
准则层	欧洲、中东、亚洲	行为能力、主观意图	陆、海、空、陆战队、核力量
方案层	盟国关系 地区政治稳定性 军事存在 基础设施情况	大国竞争 恐怖活动 …	能力 规模 战备状态

2．竞争发展目标筹划过程

竞争发展目标筹划，就是以战略竞争目标为牵引，通过评估指标体系刻画战略竞争发展现状并分析差距，进而提出一系列需要达到的子目标。为达到"打赢两场同时发生的地区性冲突"这一战略竞争发展目标，需要在全球作战环境、面临的威胁及军力状况3方面达到指标要求。该战略竞争发展目标的筹划过程包括分析战略竞争发展现状、提出建设需

求、提出实现举措和目标成效评估 4 方面。

1）分析战略竞争发展现状

战略竞争发展现状分析过程包括刻画全球作战环境、分析面临的威胁、评估已方军力状况和刻画战略竞争发展现状 4 个步骤。

（1）刻画全球作战环境。全球作战环境是衡量军力的"坐标"。首先依据重要程度从盟国关系、地区政治稳定性、军事存在、基础设施情况 4 个维度对重点区域进行作战环境评级，并采用层次分析法逐层聚合作战环境评级结果，以刻画军事力量所处的全球作战环境状况；然后按照作战环境是否对未来行动有利，将全球作战环境划分为 5 个级别：极差、不利、中等、有利、极好。采用定量与定性相结合的方法来评估各项指标值，对于定量因素，主要通过间断测量的方式获得；对于定性因素，则根据已有材料进行主观判断。区域和全球作战环境评级及其结果按照表 11.2～表 11.4 的形式输出（表中的示意性选择仅供参考）。

表 11.2　区域作战环境评级

	极差	不利	中等	有利	极好
盟国关系			√		
地区政治稳定性		√			
军事存在					√
基础设施情况				√	
综合情况				√	

表 11.3　全球作战环境评级

	极差	不利	中等	有利	极好
区域 1				√	
区域 2					√
区域 3			√		
综合情况				√	

表 11.4　全球作战环境评级结果

极差	不利	中等	有利	极好
			√	

（2）分析面临的威胁。各国所面临的威胁，是牵引其军力发展的"引擎"。主要从客观行为能力和主观意图两个角度分析可能面临的威胁与假想敌，先采用定性与定量相结合的方法逐个分析具有威胁的对象，再采用层次分析法聚合得到威胁评级结果。将所面临威胁的挑衅水平（威胁行为）由低到高分为温和、坚决、考验、挑衅、敌意 5 个级别，将威胁行为体的能力由低到高分为最低限度的威胁、有愿望但无实际效果的威胁、有能力的威胁、力量不断壮大的威胁、可怕的威胁 5 个级别，将威胁的严重水平由低到高分为低级、警戒级、较高级、高级、严重级 5 个级别。威胁评级及其结果按照表 11.5～表 11.8 的形式输出（表中的示意性选择仅供参考）。

表 11.5 威胁行为评级

	温和	坚决	考验	挑衅	敌意
威胁体 1		√			
威胁体 2				√	
威胁体 3					√
综合情况				√	

表 11.6 威胁能力评级

	最低限度的威胁	有愿望但无实际效果的威胁	有能力的威胁	力量不断壮大的威胁	可怕的威胁
威胁体 1			√		
威胁体 2				√	
威胁体 3					√
综合情况				√	

表 11.7 威胁评级

	低级	警戒级	较高级	高级	严重级
威胁体 1			√		
威胁体 2					√
威胁体 3				√	
综合情况				√	

表 11.8 威胁评级结果

低级	警戒级	较高级	高级	严重级
			√	

（3）评估己方军力状况。陆、海、空等各军种力量的基本情况是构建军力的"基石"。基于全球作战环境和威胁评估结果，从规模、能力和战备状态 3 方面评估陆、海、空等重要力量构成的优劣，不同于传统的军力评估，该种评估方法注重系统与环境的相互作用，通过将静态和动态、客观与主观进行统一，从行为能力和主观意图两个角度分析所面临的威胁，并从军种角度分解传统意义上的军力构成要素，从而以多维度、多视角全面呈现己方军力状况。将各军种军力由低到高分为 5 个级别：极弱、薄弱、最低限度、强大、极强。军力评级及其结果按照表 11.9～表 11.11 的形式输出（表中的示意性选择仅供参考）。

表 11.9 军种军力评级

	极弱	薄弱	最低限度	强大	极强
规模					√
能力				√	
战备状态			√		
综合情况				√	

表 11.10 军力评级

	极 弱	薄 弱	最低限度	强 大	极 强
军种 1				√	
军种 2				√	
军种 3				√	
综合情况				√	

表 11.11 军力评级结果

极 弱	薄 弱	最低限度	强 大	极 强
			√	

（4）刻画战略竞争发展现状。围绕战略竞争发展目标，基于上述评级结果，运用 SWOT 分析法，从环境、威胁、军力 3 方面刻画己方战略竞争发展中的优势、劣势、挑战、机会，为后续的目标差距分析、提出建设需求提供支撑。

2）提出建设需求

通过分解己方战略竞争发展目标，给出战略竞争发展现状与预期状况的差距和短板，主要采用基于模型与专家评估相结合的方法。基本工作流程如下：

（1）解构战略竞争发展目标内涵。

（2）刻画预期目标视图。

（3）根据战略竞争发展现状，基于模型分析目标现状与预期差距。

（4）专家根据经验分析目标短板，并形成分析报告。

3）提出实现举措

如果现阶段战略竞争发展状况与战略竞争发展目标存在差距，则应规划一系列需要达到的子目标及其实现举措，以支撑战略竞争发展目标的实现。依据上述建设需求，专家通过定性定量相结合的方法，提出需要达成的子目标列表备选集，并给出"预期绩效-目标属性"关系和"目标重要度"计算模型，以支撑后续的目标成效评估。

4）目标成效评估

目标成效评估主要包括目标预期绩效计算和目标权重评估，用于支撑目标列表的优化和己方目标视图的刻画。

（1）目标预期绩效计算。根据专家经验构建目标预期绩效计算模型，通过历史数据学习模型参数。计算目标列表备选集中各目标列表的预期绩效，并选取预期绩效最高的目标列表。

（2）目标权重计算。采用基于专家经验的主观赋权法与客观赋权法相结合的方式评估目标权重，如采用层次分析法和因子分析法综合评估目标权重。将目标列表按权重从大到小排序，排序在前的目标具有较高的优先级。

3. 评估输出

竞争发展指数评估的输出结果为己方目标视图，输出形式为{目标 1:目标 1 属性，目标 2:目标 2 属性，…，目标 n:目标 n 属性}。目标属性如图 11.2 所示，具体包括目标期望、目标方向、目标权重和目标时间 4 方面。

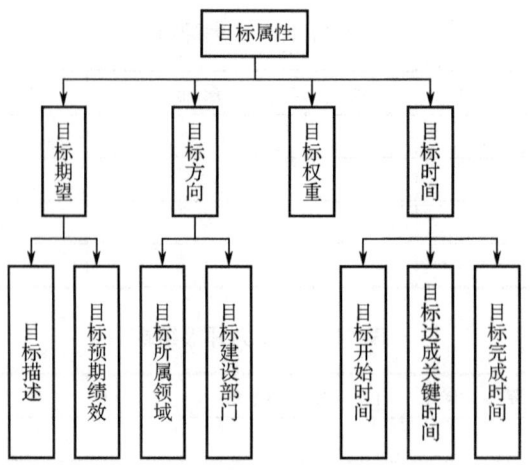

图 11.2 目标属性

（1）目标期望。目标期望包括目标描述和目标预期绩效。

（2）目标方向。目标方向明确了目标的定位与行为指向，具体包括目标所属领域和目标建设部门。

（3）目标权重。目标权重是由专家通过定性定量相结合的方法估算得出的值，用于衡量目标的重要程度。

（4）目标时间。目标时间包括目标开始时间、目标达成关键时间和目标完成时间。

11.1.2 能力发展指数评估

能力发展指数评估是指在己方目标视图的基础上，通过能力塑造链路筹划过程，形成己方力量视图和敌方力量视图。能力发展指数评估的输入是己方知识库、敌方知识库和己方目标视图，通过能力塑造链路筹划过程输出己方力量视图和敌方力量视图。如图 11.3 所示，能力塑造链路筹划过程包括以下 4 个阶段：

（1）分析杀伤链路构建现状。根据敌我双方现有力量的状态，构建杀伤链力量匹配框架。

（2）提出建设需求。通过分解己方使命目标，对预期杀伤链及其力量配系进行详细刻画，并给出力量差距分析，进而提出建设需求。

（3）提出实现举措。根据建设需求对杀伤链匹配力量建设方案进行分析决策，提出建设举措和具体方案。

（4）链路成效评估。将实现举措的预期效用融入链路，以对链路预期贡献率进行计算，并开展链路风险评估，给出链路成效的综合评价。

能力杀伤链指数评估的详细内容可参考 10.3.2 节能力态势测度，此处不再赘述。

11.1.3 发展绩效指数评估

基于目标分解和能力塑造，通过项目实现综合绩效。项目是体系各组成要素达成力量指标的基本单元，项目建设需要在体系约束下开展。发展绩效筹划模块包括数据输入、项目筹划和数据输出 3 部分，如图 11.4 所示。

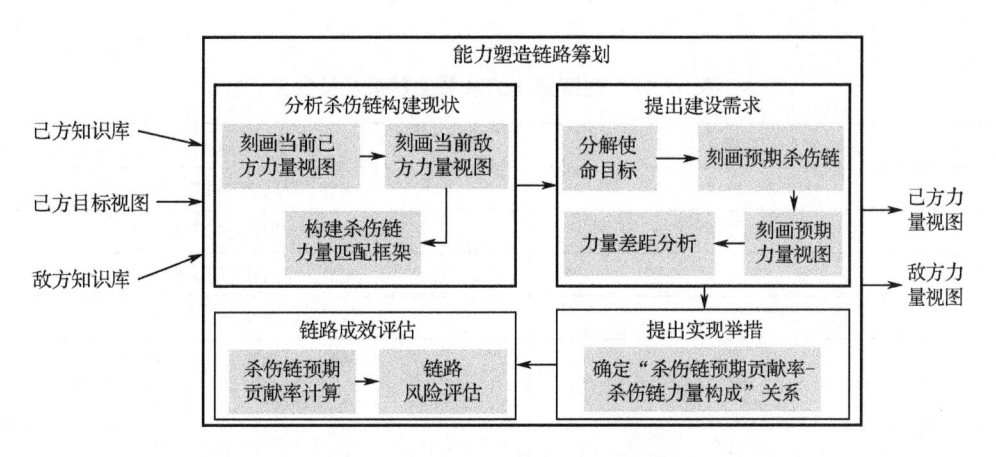

图 11.3　能力塑造链路筹划过程

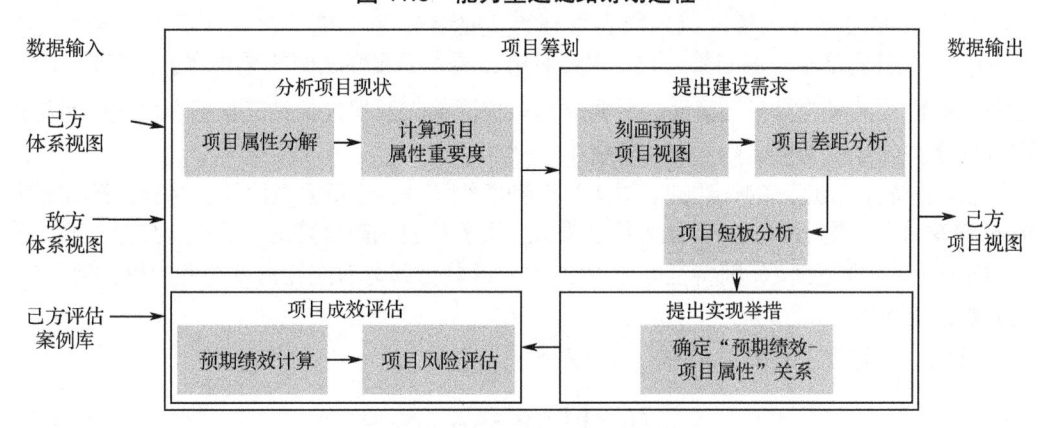

图 11.4　发展绩效筹划模块

1. 数据输入

项目筹划的输入数据为敌我双方体系视图和己方评估案例库。

2. 项目筹划

通过项目建设弥补体系要素指标的差距，如体系中各系统性能指标。项目建设应在体系约束下，给出项目的属性及其建成后的体系指标提高值。项目筹划过程包括分析项目现状、提出建设需求、提出实现举措和项目成效评估 4 方面。

1）分析项目现状

分析项目现状的输出是当前类似功能的项目属性参数，采用层次分析法给出各个参数的相对重要度。

（1）项目属性分解。通过对项目属性进行分解，建立项目指标体系，具体包括 3 层：第一层是项目总属性，以此为基础进行项目重要度评估；第二层是投入投量、预期绩效、配套保障、建设需求 4 类关键需求；第三层是第二层需求的进一步分解。

（2）计算项目属性重要度。通过专家打分和经验数据分析等方式，基于层次分析过程对各项需求的重要程度和水平进行定量打分。对于重要程度，一般采用 1~9 级重要度标度法根据判断矩阵中各项需求的重要度比较结果赋值，见表 11.12。

表 11.12 判断矩阵的重要度等级及其含义

重要度等级	含 义
1	属性 i 和属性 j 同等重要
3	属性 i 比属性 j 略微重要
5	属性 i 比属性 j 明显重要
7	属性 i 比属性 j 非常重要
9	属性 i 比属性 j 极度重要
2,4,6,8	相邻等级之间的中间值
1/3,1/5,1/7,1/9	两对比项颠倒比较结果

将需求逐层进行比较，以判断各层属性间的相对重要度，构建各层若干判断矩阵 $X=(x_{ij})_{n\times n}$。首先是第一层与第二层，需要对第二层 4 个属性之间的重要度进行打分；其次是第二层属性下属的第三层属性，需要对具有相同第二层属性的第三层指标之间的重要度进行打分。打分结果需要存入相关表格中。

检验分层指标矩阵的一致性。对于每个判断矩阵 X，运用方根法计算判断矩阵 X 的特征向量 W 和最大特征根 $\lambda_{\max}$。最大特征根 $\lambda_{\max}$ 用于检验判断矩阵的一致性。如果一致性指标（CI）处于合理范围内，则特征向量 W 所对应的分量即为对应元素单排序的权重值。$\lambda_{\max}$ 的计算步骤如下：

首先，计算判断矩阵 X 每行元素的连乘积，即

$$M_i = \prod_{j=1}^{n} x_{ij}, i=1,2,\cdots,n \tag{11-1}$$

其次，计算 M_i 的 n 次方根，即

$$\tilde{w}_i = \sqrt[n]{M_i} \tag{11-2}$$

再次，对向量 $\tilde{W}=[\tilde{w}_1,\tilde{w}_2,\cdots,\tilde{w}_n]$ 进行规格化处理，即

$$w_i = \frac{\tilde{w}_i}{\sum_{j=1}^{n}\tilde{w}_j} \tag{11-3}$$

所得向量 $W=[w_1,w_2,\cdots,w_n]$ 就是所求的特征向量。

最后，计算最大特征值 $\lambda_{\max}$，即

$$\lambda_{\max} = \sum_{i=1}^{n} \frac{(X\cdot W)_i}{n\cdot w_i} \tag{11-4}$$

式中，$(X\cdot W)_i$ 为判断矩阵 X 与特征向量 W 乘积的第 i 项分量。

在得到 $\lambda_{\max}$ 后，计算一致性指标 $\mathrm{CI}=\frac{\lambda_{\max}-n}{n-1}$，通过查表 11.13 得到平均随机一致性指标 RI 后，计算随机一致性比率 $\mathrm{CR}=\frac{\mathrm{CI}}{\mathrm{RI}}$，若 CR < 0.1，则认为所构建的判断矩阵具有满意的一致性。

表 11.13　平均随机一致性指标 RI 的取值

阶数	1	2	3	4	5	6	7	8
RI	0	0	0.52	0.89	1.12	1.26	1.36	1.41
阶数	9	10	11	12	13	14	15	
RI	1.46	1.49	1.52	1.54	1.56	1.58	1.59	

特征向量 W（目标权重）的存储格式见表 11.14。

表 11.14　目标权重的存储格式

变量名	变量类型	变量值
属性权重	浮点型数据类 list<float>或者 浮点型数组 float[]	0～1

层次总排序一致性检验：层次总排序指第三层（记为 C 层）中每个目标 c_{ij} 层的所有元素对于第一层（记为 A 层）中目标 a 的相对重要性排序权重，即 $a_{ij}=b_i \times c_{ij}$。其中，b_i 为第二层（记为 B 层）中的第 i 个目标，i 的取值为枚举型数据 $\{1,2,\cdots,N\}$，N 为第二层目标数量；c_{ij} 表示第 i 个二层目标下属第 j 个三层目标，j 的取值为枚举型数据 $\{1,2,\cdots,M\}$，M 表示第 i 个二层目标下属三层目标的数量。

设与 B 层中任一属性 b_i 对应的 C 层中判断矩阵的一致性属性为 CI_j，平均随机一致性属性为 RI_j，则 C 层总排序随机一致性比率 CR 为

$$CR = \frac{CI}{RI} = \frac{\sum_{j=1}^{m} b_j CI_j}{\sum_{j=1}^{m} b_j RI_j} \tag{11-5}$$

如果 CR<0.1，则满足一致性检验。将计算得到的总排序权重进行归整化处理，得到最底层各元素的属性重要度。

2）提出建设需求

在专家指导和满足约束的情况下依次确定各项属性值，进而刻画预期项目视图。将当前项目视图与预期项目视图进行比较并展示在屏幕上，以供人员分析属性之间的差别。

3）提出实现举措

用多对多的线性关系表示预期进度 a_1、标志性成果 a_2、预期战技性能 a_3、预期作战效能 a_4 四个预期绩效属性与其他属性 b 的关系，如

$$a_1 = \sum_i c_{1,i} \cdot b_{1,i} \tag{11-6}$$

式中，$c_{1,i}$ 表示属性 $b_{1,i}$ 对预期进度的影响程度。

一般而言，在项目筹划阶段，各个属性之间基本是独立的，约束较少。但是在项目评估阶段，不同项目之间的属性可能是冲突的，如资金冲突、人力冲突等，因而需要进一步权衡。

4）项目成效评估

在评估某项目时，需要以该项目为核心进行推演，通过与该项目相关的项目在特定时

间提供支撑或约束，并加入风险分析，依次判断该项目能否达到预期各项指标。换言之，就是在资金、人力、技术、物资、设施建设周期等要素出现异常的情况下，判断项目能否按照预期进度达到预期战技性能和作战效能。具体而言，即调整上述属性，计算预期绩效能否实现。

3．数据输出

项目筹划的输出数据为己方项目视图，具体包括投入投量、预期绩效、配套保障、项目归属 4 方面项目属性，如图 11.5 所示。

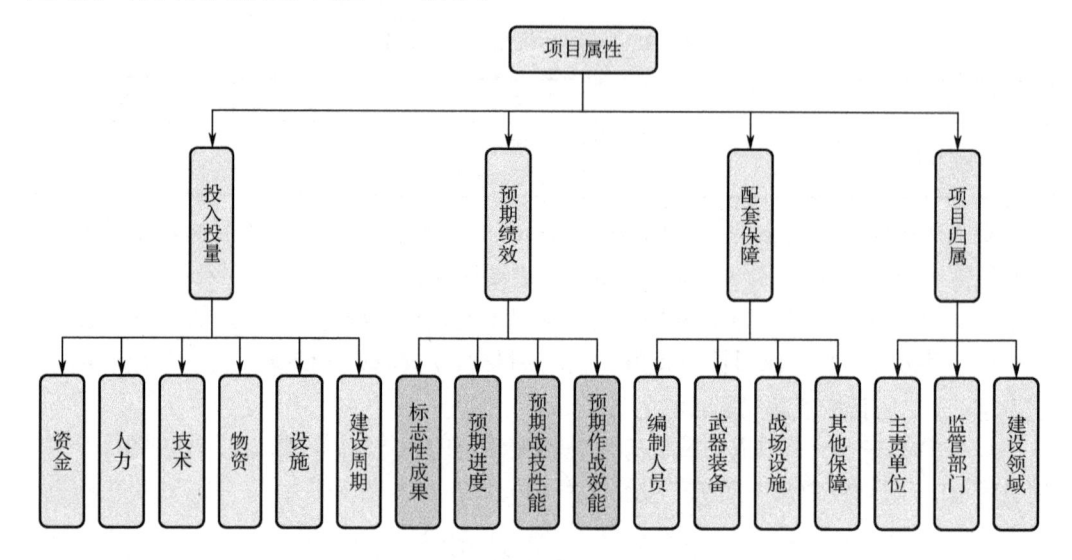

图 11.5　项目属性分解示意图

项目总属性包括项目重要度，项目重要度又可分为投入投量、预期绩效、配套保障 3 方面的项目建设需求测算功能。其中，投入投量测算能对项目建设全寿命周期所需的资金、人力、技术、物资、设施和建设周期等进行先期测算评估；预期绩效测算能对项目的预期进度、标志性成果、预期战技性能、预期作战效能等进行先期测算评估；配套保障测算能对项目部署运用所需的编制人员、武器装备、战场设施和其他保障等进行先期测算评估。上述 3 方面的测算能够支持项目、主责单位、监管部门和建设领域的多维度预期绩效和建设需求测算评估，以及统计分析比较，并能支持重大工程和重点建设项目建成后的预期作战力量提升度测算。

1）投入投量

投入投量包括资金、人力、技术、物资、设施、建设周期 6 类属性。

（1）资金：项目建设费用，单位为"元"，按年记录。

（2）人力：所有参与项目的领导、专家、工作人员、研究人员等各类人员的总工作量，单位为"月/年"（每年工作的月份数量），按年记录。

（3）技术：完成项目所需的框架、理论及方法等，单位为"贡献率"，主要是技术对预期绩效各项指标的贡献。此外，还需要标注技术名称和核心内容。

（4）物资：完成项目所需的软硬件、材料等的总量，单位为"贡献率"和"需求度"，主要用于评估物资对预期绩效各项指标的贡献，以及项目对物资的需求程度。此

外，还需要标注物资名称和核心内容，以便在项目评估中评判不同项目之间是否存在物资冲突。

（5）设施：完成项目所需的基础设施，如建筑物、场地等的总度量，单位为"贡献率"和"需求度"，主要用于评估设施对预期绩效各项指标的贡献，以及项目对设施的需求程度。此外，还需要标注设施名称和核心内容，以便在项目评估中评判不同项目之间是否存在设施冲突。

（6）建设周期：建设项目所需的时间，单位为"年"。

2）预期绩效

预期绩效包括标志性成果、预期进度、预期战技性能和预期作战效能4类属性，其存储格式见表11.15。

表11.15 预期绩效存储格式

指标等级	变量名	变量类型
三级	标志性成果	结构体类 structure{ 标志性成果编号（整形数据 int）， 标志性成果名称（字符串 string）， 标志性成果贡献率（枚举 enum）， 标志性成果重要度（字符串 string）}
三级	预期进度	整形数据 int
三级	预期战技性能	结构体类 structure{ 战技性能编号（整形数据 int）， 战技性能名称（字符串 string）， 性能度量（浮点型变量 float）}
三级	预期作战效能	浮点型变量 float

（1）标志性成果：对于完成项目具有重大意义的成果，单位为"贡献率"，即对项目完成的贡献程度。此外，还需要标注成果名称、类别及含义，以便判断其能否为其他项目提供支撑。

（2）预期进度：给出标志性成果的时间节点，单位为"年"。

（3）预期战技性能：项目完成后体系要素能够达到的性能指标和战术指标。

（4）预期作战效能：项目完成后体系能够达到的效能指标。

3）配套保障

配套保障包括编制人员、武器装备、战场设施、其他保障4类属性。

（1）编制人员：对项目部署运用所需人力的进一步细化。它需要描述所需的岗位及岗位所需人员数量，以便在项目评估中评判不同项目之间是否存在编制人员冲突。

（2）武器装备：一种特殊的物资，也是对项目部署运用所需物资的进一步细化。它需要描述所需的武器装备型号、数量，以便在项目评估中评判不同项目之间是否存在武器装备冲突。

（3）战场设施：一种特殊的基础设施，也是对项目部署运用所需基础设施的进一步细化。它需要描述所需战场设施的位置、面积及功能等，以便在项目评估中评判不同项目之间是否存在战场设施冲突。

（4）其他保障：对其他可能需要重点列出的资金和技术等保障的进一步细化。

4）项目归属

项目归属包括主责单位、监管部门、建设领域 3 类属性。

（1）主责单位：对主责单位的综合要求。

（2）监管部门：对监管部门的综合要求。

（3）建设领域：对建设领域的综合要求。

11.2 能力短板分析

在发展指数评估的基础上，立足战略对策进行能力短板分析，是能力评估分析的关键环节。能力短板分析通过对标建设目标，定量评估当前建设状态存在的能力差距和能力满足度，并进行直观可视化的能力图谱映射，从而为战略建设的选项配置分析提供依据。其中，能力差距评估是基于能力差距程度和能力重要度，对能力相对差距所做的综合度量；能力满足度评估是对标能力需求对能力满足程度所做的度量；能力图谱映射是在能力差距评估和能力满足度评估的基础上，对能力构成、差距、满足度等的多视角综合可视化呈现。

11.2.1 能力差距评估

能力差距评估主要涉及两方面：能力的重要度和能力相对差距的大小。其中，能力的重要度由任务的重要度和能力相对任务的重要度决定；能力相对差距的大小主要与能力指标值差距的大小、弥补能力差距所用时长等客观因素有关，并受主观偏好的影响。

1. 基本评估过程

能力差距评估的工作过程如下：

（1）确定联合作战能力相对战略目标的重要度。

首先，通过战略到任务的分解架构，确定任务相对战略目标的重要度。战略到任务，是一种以定性分析为主的递阶层次分解过程，融入了领域相关人员大量的经验判断。此外，任务属性的模糊性、任务关系的复杂性、评价者偏好的不确定性等，都会导致领域专家在表述任务重要性时，经常采用模糊语言来表达一种"柔性"决策。这种"柔性"决策需要进一步采用不确定的评判方法来确定任务的重要度。

其次，根据任务执行中能力之间的关系，确定能力相对任务的重要度。例如，面对未来不确定的环境，信息化条件下的联合作战能力在完成任务过程中表现出"能动适应性"，通过相互作用形成复杂网络结构，网络节点重要度受网络拓扑结构和连接支持的影响，仅靠专家定性分析难以做出准确判断，因此，选择合理的网络分析方法是能力相对重要度准确判定的关键。

（2）确定能力相对差距的大小。根据能力指标差距的大小和能力差距的时间属性确定能力相对差距的大小，并将主观感知的影响融入相对差距大小的判定中。能力的多样性使能力指标具有多种不同的衡量标准，在量化不同能力指标差距时，应使用统一的形式，以避免标准的多样性；时间也是影响能力相对差距大小判定的重要因素，若改善能力差距所

需时间相对较长，则认为相对差距较大，应优先发展，反之，相对差距较小。另外，决策者主观感知的差距大小对实际差距大小的判定也有较大影响，如悲观决策者通常认为未达到基本需求的差距相对其他类型的差距更大。综上所述，能力相对差距的计算需要综合考虑客观和主观因素的影响。

（3）综合确定联合作战能力差距程度。结合能力重要度和能力相对差距大小的计算思路与要求，将能力差距程度重新定义为能力相对战略目标的重要度与能力相对差距的乘积，其计算公式如下：

$$STCGW_{ij} = STCW_{ij} \cdot CG_{ij} \tag{11-7}$$

式中，$STCGW_{ij}$ 表示任务 t_j 中能力 i 相对战略目标的差距程度；$STCW_{ij}$ 表示任务 t_j 中能力 i 相对战略目标的重要度；CG_{ij} 表示能力 i 相对任务 t_j 需求的差距大小。

2. 能力重要度确定

根据"战略、任务、能力"之间的分解框架和层级关系，利用层次分析原理，可以推出能力相对战略目标的重要度等于能力相对任务的重要度乘以任务相对战略目标的重要度，其计算公式如下：

$$STCW_{ij} = STW_j \cdot TCW_{ij} \tag{11-8}$$

式中，STW_j 表示任务 t_j 相对战略目标的重要度；TCW_{ij} 表示能力 i 相对任务 t_j 的重要度。

1）任务重要度的确定方法

任务不确定性通常有两种形式，其中一种是任务发生与否的随机性，另一种是任务状态的不确定性。例如：对于任务是否重要、任务完成的好坏等不确定性，没有明显的界线，称为模糊性。基于专家的柔性评判，采用区间数比精确数字更能准确表达任务重要度的不确定性。这里主要采用三角模糊数表达专家的评判意见，并针对战略到任务分解的层级结构，利用模糊层次分析法确定任务重要度。

将多个专家对任务重要度的评判意见进行合成，主要有两种方法：一种是在计算相对重要度之前先融合专家评价意见，形成群体综合意见，再根据综合意见计算任务重要度；另一种是先根据各专家评价意见计算任务重要度，再融合各专家评价的重要度形成群体决策重要度。这里选择第二种合成方法，因其在一定程度上保持了专家评价的独立性，并能减少评价信息的丢失。

模糊层次分析法是由 Satty 将模糊判断理论引入层次分析法而创立的，它对决策者不能精确定义的重要决策，都以模糊集合与隶属度的形式表达。运用模糊层次分析法计算任务重要度的步骤如下：

（1）构造战略到任务的分解框架，如图 11.6 所示。

（2）利用三角模糊数对任务之间的相对重要度进行定性判断，形成模糊互反判断矩阵。

（3）计算模糊重要度，其计算公式为

$$\begin{cases} a_i = (a_{i1} \times a_{i2} \times \cdots \times a_{in})^{1/n} \\ w_i = a_i / (a_1 + a_2 + \cdots + a_n) \end{cases} \tag{11-9}$$

式中，a_{ij} 表示任务 i 相对任务 j 的重要度；w_i 表示任务 i 相对战略目标的重要度。

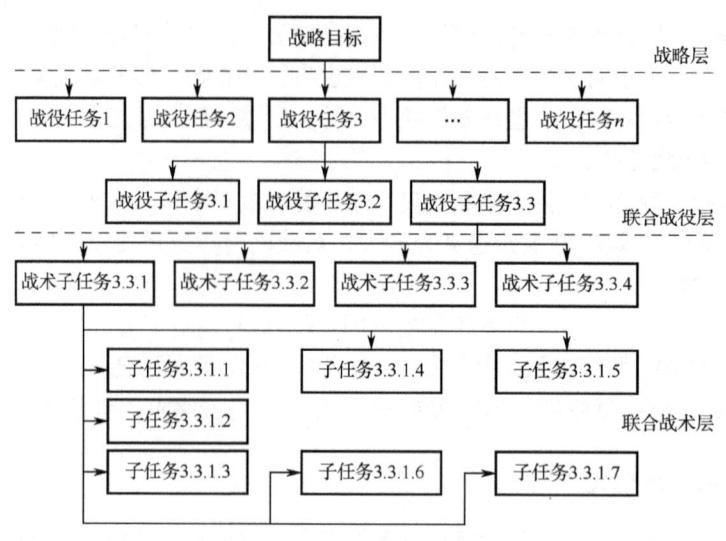

图 11.6 战略到任务的分解框架

（4）采用质心法转化为确定性重要度，即

$$\text{STW}_i' = \frac{w_{il} + w_{im} + w_{ih}}{\sum_{i=1}^{n} w_{il} + \sum_{i=1}^{n} w_{im} + \sum_{i=1}^{n} w_{ih}} \quad (11\text{-}10)$$

式中，STW_i' 表示任务 i 相对战略目标的确定性重要度；w_{il}、w_{im} 和 w_{ih} 分别代表三角模糊评价的下限值、中值和上限值。

在使用模糊层次分析后，得到 m（专家数）组任务重要度向量，设合成后的重要度向量是 $\text{STW} = (\text{STW}_1, \text{STW}_2, \cdots, \text{STW}_n)$，各专家评估任务重要度向量是 $\text{STW}_e' = (\text{STW}_{e1}', \text{STW}_{e2}', \cdots, \text{STW}_{en}')$，其中，$\text{STW}_{ei}'$ 表示专家 e 确立的任务 i 相对战略目标的确定性重要度，在不考虑专家权重的前提下，以合成后的任务重要度向量与各专家确立的任务重要度向量的偏差平方和最小为目标函数，拟合各专家重要度数据。其计算模型为

$$\begin{cases} \min \sum_{e=1}^{m} \sum_{i=1}^{n} (\text{STW}_i - \text{STW}_{ei}')^2 \\ \text{s.t.} \sum_{i=1}^{n} \text{STW}_i = 1 \end{cases} \quad (11\text{-}11)$$

通过拉格朗日乘数法简化求得

$$\text{STW}_i = \frac{1}{m} \sum_{e=1}^{m} \text{STW}_{ei}' \quad (11\text{-}12)$$

由式（11-12）可知，在不考虑专家自身权重的条件下，各任务重要度等于各专家评估重要度的平均值。

若根据专家知识结构对专家赋予不同权重，则可引用带权重因子的证据合成方法。假设第 j 个专家的权重是 β_j，可计算出各专家评估权重的折扣率 $\partial_j = \dfrac{\beta_j}{\beta_{\max}}$，其中 $\beta_{\max} = \max\{\beta_1, \beta_2, \cdots, \beta_m\}$，折扣率可用于调整任务权重分配函数。

2）能力相对任务重要度的确定方法

能力之间会形成复杂网络关系。当前评估复杂网络中节点重要性的方法主要有社会网

络分析法、系统科学分析法和信息搜索领域分析法等。其中，社会网络分析法主要是在保持原有网络结构的前提下量化分析每个节点对周围节点的影响力，进而对节点的重要性进行排序，具体包括度指标法、介数指标法、特征向量指标法等；系统科学分析法是在节点被破坏后将网络的破坏性作为节点的重要性，主要包括生成树数目的节点删除法、网络效率法、凝聚度法等；信息搜索领域分析法主要运用信息被连接的次数作为重要性评估依据，它是一种基于统计的简单计算模型，广泛用于网页设计。

在复杂网络节点的重要度判定中，上述方法都在特定情景下表现出优势和不足，而能力关系网络内部具有特定的组织程序和相互依赖关系，并且这种关系是依靠作战条令提前建立的，不能自由改变，如图 11.7 所示的子任务 3.3.1.1 的能力关系网络。现有的网络破坏性衡量方法难以适应这种半固定网络关系结构，可引入邻接矩阵特征向量法计算能力之间的支持度和依赖度，进而综合计算能力相对任务的重要度，具体步骤如下：

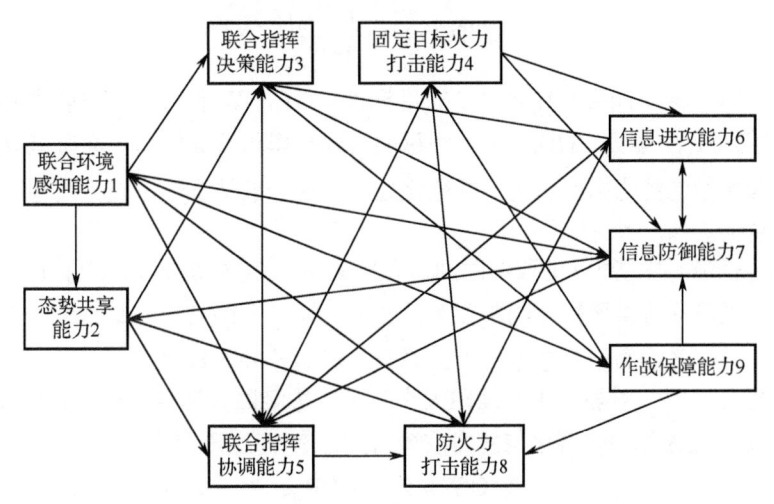

图 11.7　子任务 3.3.1.1 的能力关系网络

（1）计算任务 t_j 中各能力之间的支持度。将图 11.7 中任务能力之间的模糊关系转换为邻接矩阵 $\boldsymbol{R}$，矩阵中行和列的编号须与能力编号相对应。

$$\boldsymbol{R} = \begin{pmatrix} 1 & 1 & 1 & 1 & 1 & 1 & 1 & 1 & 1 \\ 0 & 1 & 1 & 0 & 1 & 0 & 0 & 0 & 0 \\ 0 & 0 & 1 & 1 & 1 & 1 & 1 & 1 & 1 \\ 0 & 0 & 0 & 1 & 0 & 1 & 1 & 1 & 0 \\ 0 & 0 & 1 & 1 & 1 & 1 & 1 & 1 & 1 \\ 0 & 0 & 0 & 1 & 0 & 1 & 1 & 1 & 0 \\ 1 & 1 & 0 & 0 & 0 & 1 & 1 & 0 & 0 \\ 1 & 1 & 0 & 0 & 0 & 0 & 1 & 1 & 0 \\ 0 & 0 & 1 & 1 & 0 & 1 & 1 & 1 & 1 \end{pmatrix} \qquad (11\text{-}13)$$

计算邻接矩阵的主特征根 λ 及对应的特征向量 $\boldsymbol{TSC}_j$，特征向量 $\boldsymbol{TSC}_j$ 表示任务 t_j 中各能力之间的支持度。

（2）计算任务 t_j 中各能力的依赖度。将关系矩阵 $\boldsymbol{R}$ 进行转置，形成矩阵 $\boldsymbol{R}^{\mathrm{T}}$，计算主特征值 v 与对应的特征向量 $\boldsymbol{TDC}_j$，特征向量 $\boldsymbol{TDC}_j$ 表示任务 t_j 中各能力的依赖度。

(3)归一化计算任务 t_j 中各能力的重要度,即

$$TCW_{ij} = \frac{TDC_{ij} + TSC_{ij}}{\sum_{i=1}^{n}(TDC_{ij} + TSC_{ij})} \quad (11\text{-}14)$$

式中,TDC_{ij} 表示任务 t_j 中能力 i 的依赖度;TSC_{ij} 表示任务 t_j 中能力 i 的支持度。

3. 能力相对差距计算

能力相对差距的大小主要与能力指标本身差距的大小、改善能力指标的时长及对能力相对差距大小的主观感知有关,为进一步量化分析能力相对差距,给出以下定义。

定义 1:对于效益型指标,能力改善率 TCGR 等于能力指标的目标值与现实能力指标值之比,其计算公式为

$$TCGR_{ij} = \frac{TCO_{ij}}{TCF_{ij}} \quad (11\text{-}15)$$

式中,TCO_{ij} 表示任务 t_j 中能力 i 的目标值;TCF_{ij} 表示任务 t_j 中能力 i 的现实值;$TCGR_{ij}$ 表示任务 t_j 中能力 i 的改善率。利用能力改善率可避免能力不同所造成的标准不统一,对于其他类型的能力指标,可做规范化处理。在一般情况下,能力改善率越大,能力相对差距就越大。

定义 2:任务 t_j 中能力 i 的改善时间占有率 λ_{ij} 等于完成能力改善所需时间 Y_i 与预定完成能力建设发展目标方案所需时间跨度 Y_{max} 之比,即 $\lambda_{ij} = Y_i/Y_{max}$。$\lambda_{ij}$ 越大,弥补能力差距所需时间越长,任务能力相对差距越大,能力差距的弥补应越优先。

当不考虑主观感知对能力相对差距大小判定的影响时,通常将任务 t_j 中能力 i 的相对差距大小 CG_{ij} 定义为能力改善率与能力改善时间占有率之积,即

$$CG_{ij} = \lambda_{ij} \cdot TCGR_{ij} \quad (11\text{-}16)$$

在实际判定中,主观感知对能力相对差距大小判定的影响主要取决于能力建设发展决策者的主观偏好,即能力指标改善引起主观感知上认同的作战效果变化的大小。能力相对差距的计算模型实际假设了能力差距改善率与能力改善带来的效果呈线性变化,但在实际任务执行过程中,同一能力的提升与主观感知的任务效果却呈非线性关系。若现有能力未达到任务基本需求,能力将出现严重缝隙,导致任务损失增大,风险难以承受。随着能力逐步提升至基本需求标准,主观感知的任务效果将大幅提升,规划者对弥补此类能力差距表现出浓厚的兴趣,即在当前状态下,主观感知认定的能力相对差距较大;反之,若该能力已远超任务基本需求,则在资源有限的情况下,规划者对提升能力的兴趣较小,即主观感知认定的能力相对差距较小。因此,对于同一种能力而言,主观感知认定的能力相对差距大小受现实能力指标值和能力改善目标值所处状态的影响,在不同状态条件下,主观感知认定的能力相对差距大小存在很大差异。因而在确认能力相对差距大小时,应考虑能力指标值所处状态对主观感知认定的能力相对差距大小的影响。

根据 Kano 需求分类方法和能力指标对任务效果提升的贡献,将能力指标所处的状态分为基本需求、期望需求、魅力需求 3 种类型。其中,基本需求是指完成任务必须具备的最小基本功能或性能指标,若指标无法满足基本需求,则会导致任务失败、损失严重,其代价难以承受;期望需求是指达到任务目的且损失可承受时所要求的功能和性能指标,满

足期望需求的指标越充足，任务执行越顺利，完成目标越容易；魅力需求是指针对任务目标所提供的功能或者性能指标远高于期望需求，即使在最差的条件下，依然能顺利达成任务目标，并且损失代价较小。当能力指标处于同一基本状态时，相同改善率带来的作战效果变化基本相同，主观感知的能力相对差距并无太大不同；而当能力指标处于不同状态时，相同改善率引起作战效果的变化差异很大，主观感知的能力相对差距存在很大不同。在实际应用中，为了简化各因素相互间的影响关系，近似认为能力相对差距大小与能力指标改善率和能力指标需求类型呈指数关系，则能力相对差距的计算模型可调整为

$$\mathrm{CG}_{ij} = \lambda_{ij} \cdot \mathrm{TCGR}_{ij}^{k} \quad (11\text{-}17)$$

式中，k 的取值与能力指标需求类型有关，可通过结合军事演习或计算机仿真，采用多元回归分析法实现近似选择。在能力建设发展方案论证过程中，若现实能力未达到能力的基本需求，则 $k>1$；若现实能力已达到能力的基本需求且低于魅力需求，则 $k=1$；若现实能力已达到能力的魅力需求，则 $k<1$。对于非对称战略规划者，经常选取相反的结果。

在应用计算模型前，应先判定能力指标所属的需求类型，再调整能力相对差距的大小，如图 11.8 所示。

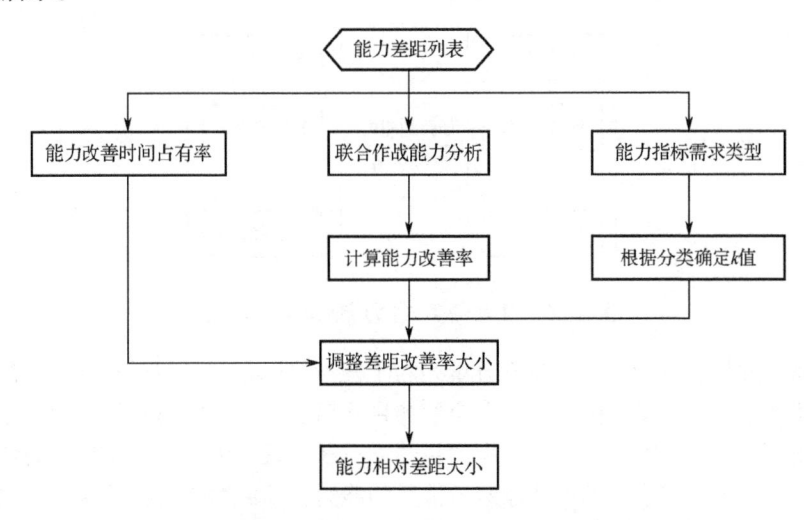

图 11.8 考虑能力指标需求类型的能力相对差距调整过程

11.2.2 能力满足度评估

能力满足度评估以能力需求分析为起点，通过对标使命任务分解得出的能力目标，结合证据理论和信度规则库等，解算得到各项能力的满足程度。其中，能力需求分析是实现使命任务到能力需求的映射；证据理论属于人工智能领域，最早应用于专家系统，具有直接表达和处理"不确定"信息和"不知道"信息的能力；信度又称为稳定性或精确度，用于反映在相同条件下，对同一客观事物测量若干次的结果的相互符合程度或一致程度，能够说明数据的可靠性，信度规则库就是信度保证的规则库。

1. 能力需求分析

使命分解是进行战略威胁分析和对策研究的基础工作。不论是作战方案规划与任务计划，还是资源调度和作战效能评估，其首要工作都是进行作战使命的解释，通过分解抽象

的作战使命，建立具体可执行的作战任务，实现对作战意图的认知。

使命是宏观的、笼统的，甚至是模糊的，无法被基层作战单元理解和执行，使命任务需求的分解则是完成后续工作的必要基础。使命任务需求的分解主要用于分析完成一项使命需要完成的任务，即使命基本任务，它是将使命逐级分解为具体任务的过程。例如面向联合作战的使命分解，就是将由联合军事力量执行的任务逐级分解，并用易于理解的层次列表来表示，同时对每种战斗级别、任务和子任务都进行严格的命名和定义。使命任务一般分解到活动的上一层。

对于一个武器装备体系而言，其作战使命是与作战行动企图达到的目的相一致的。作战使命任务分解的主要目的是为能力需求分析提供支持。能力需求分析旨在将用使命任务指标描述的任务要求转化为用能力指标描述的能力需求，其关键是找到使命任务与能力需求之间的对应转换，这种转换就是一种映射关系，如图 11.9 所示，通过建立美国国防部架构框架的 SV-5 视图，描述使命任务与系统功能之间的映射关系，确定需求向系统作战行动的转化，即系统功能如何支持使命任务的完成。作战行动与系统功能并不是一一对应的关系，一个作战行动可以由多个系统功能支持，而一个系统功能也能支持多个作战行动。

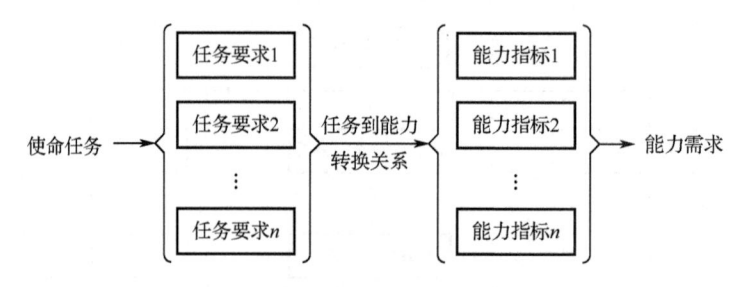

图 11.9 使命任务-能力需求映射示意图

对于高层的复杂使命，可以将其分解为若干使命目标，体系通过完成一系列的使命目标来达成其使命。一个使命由一个或多个使命目标组成，一个使命目标又由一个或多个任务支持。任务是使命的细化，具有较强的目的性。任务既可由单一的组织、系统完成，也可由不同的单元协同完成。例如武器装备体系的能力，即武器装备体系执行或完成作战任务所需具备的"本领"或应具有的"潜力"，是体系固有的属性。

从武器装备体系的使命到能力的映射，是指由相关组织或人员先根据组织的使命目标对战略使命进行分解得到作战任务，再根据作战任务进一步分解得到更为具体的功能，从而自顶向下形成武器装备体系能力和作战系统的功能需求，如图 11.10 所示。

在制订作战计划过程中，处于最底层的是由一系列作战单元所构成的战术行动，作战单元是作战资源能力的载体，其在分布作战环境中可以是控制作战平台资源的结点，也可以是某个级别上单独作战的建制部队，如步兵连、坦克连、工程兵分队等。作战单元没有固定的编制形式和装备配备，而是根据作战指挥组织的需要进行定义。通常作战单元是区域分布上相对集中的力量集合体，如舰艇平台、飞机平台、陆军连级建制等。每个作战单元在履行作战任务目标的过程中发挥了各自的作战能力，并体现在所配备的作战资源的一系列功能指标上。对于作战能力的单个功能指标的需求满足度建模与计算，是根据能力需求将能力指标数值进行无量纲化处理，它与指数法中的无量纲化建模类似。单项能力的需求满足度建模与计算，采样多属性综合评价方法，如线性加权法、幂函数法等。

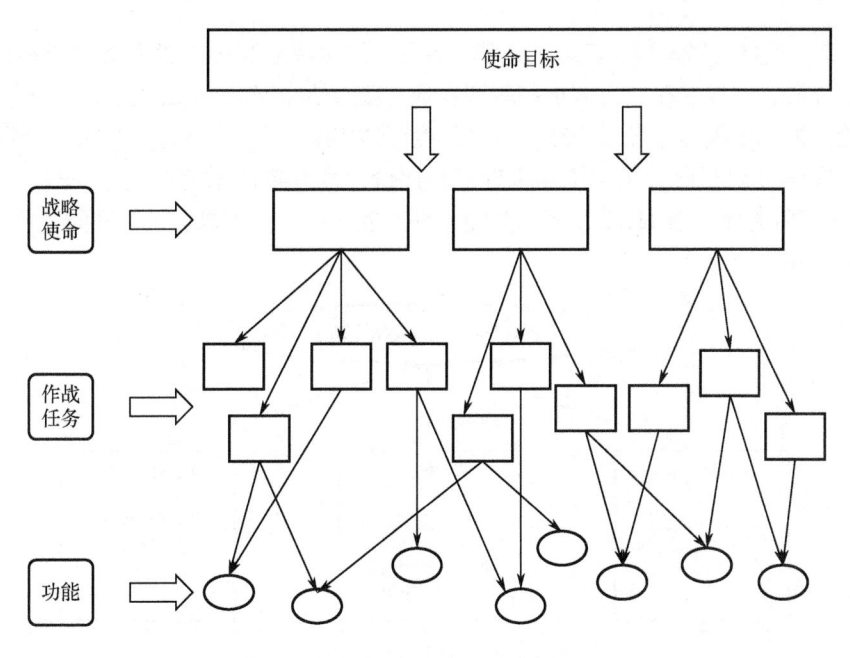

图 11.10　武器装备体系使命-能力映射

2. 基本思路和评估流程

武器装备体系能力满足度评估是在给定某一使命任务的能力需求，以及武器装备体系能力水平条件的情况下，评价武器装备体系提供的能力是否满足该需求。通过分析，该评估的输入是体系具备的能力和使命的能力需求，输出是使命完成的可能性。该类评估有以下两个显著的特点。

（1）底层能力指标和能力需求类型多样。从能力指标的论域来看，既有数值型指标（值域为整数、实数或离散点等），也有布尔型、语言型指标；从能力指标的效用特点来看，可分为成本型、效益型、区间型、固定型、偏离型、偏离区间型。能力指标类型的多样性，导致能力需求指标类型的多样性及能力需求满足度计算方式的不同。例如能力需求指标，有的属于效益型，要求越大越好，如打击距离、杀伤范围；有的则属于成本型，要求越小越好，如打击精度、传输时间延迟。

（2）输入的评估信息具有多种不确定性。评估信息的不确定性涉及以下情况：有的体系能力水平指标通过仿真获取，是概率型数据；有的能力水平指标用区间数表示，即装备体系某项能力处于某个区间内。此外，武器装备体系部分指标的取值不能通过试验或观测获得，只能依据专家的定性经验知识和主观判断给出估值。需要说明的是，输入的当前武器装备体系能力水平信息中的部分信息可能是未知的，即对某些能力的水平一无所知。目前，武器装备体系评估研究大多集中在体系作战效能评估方面，对于体系能力满足度评估的方法却很少，有学者提出了一种体系结构对体系能力满足度的评估方法：首先通过改进的灰色关联理想解法获得系统对系统功能的满足程度，然后通过改进的网络分析法获得系统功能对体系能力的贡献度，最后采用线性加权的方法按照贡献度对各系统功能的满足程度求和得到体系结构对能力需求的满足程度。该方法计算过程复杂、对数据的要求高，是一种理想情况下的评估方法。

通过上述分析，提出基于证据推理算法的信度规则库推理方法（RIMER）的武器装备体系能力满足度评估方法，如图 11.11 所示，具体包括：通过分析武器装备体系的种类、

型号、数量、质量及搭配等，获取体系能力水平；通过建立高级作战概念、使命任务分解、作战活动分解、作战活动能力需求获取等步骤，获取使命能力需求；通过综合历史知识、专家经验、仿真结果等信息，构建能力满足度评估信度规则库；综合体系能力水平、使命能力需求和信度规则库，采用证据推理算法评价武器装备体系完成使命任务的可能性。RIMER 的应用流程如图 11.12 所示。在能力满足度评估中，可以假设使命能力需求、体系能力水平已知。

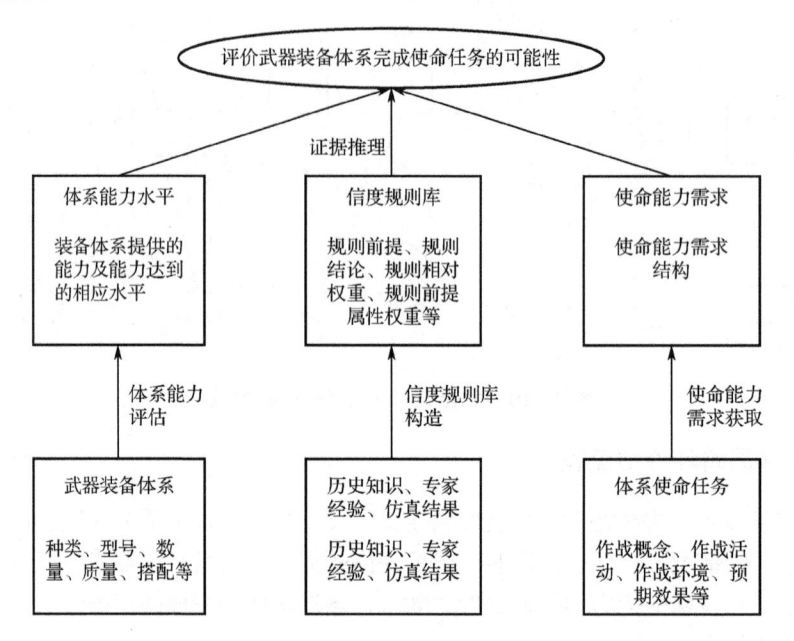

图 11.11　基于 RIMER 的武器装备体系能力满足度评估方法

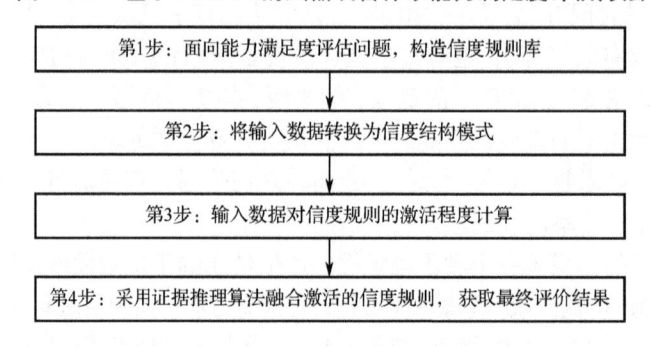

图 11.12　RIMER 的应用流程

上述方法与现有体系评估方法相比具有以下特点：

（1）强调从能力角度去评估武器装备体系。考虑到武器装备体系结构的复杂性及体系使命的多样性和不确定性，利用能力将两者联系起来，再通过比较武器装备体系提供的能力与完成使命任务的能力需求，评估武器装备体系完成使命任务的可能性。

（2）采用信度对不确定性进行建模。证据理论是比传统概率论更普通的一种处理不确定性问题的方法，适用于表示武器装备体系评估中多种不确定的情形。采用信度对不确定性进行建模，不仅能处理常见的不确定性（如概率性、模糊性），还能处理"无知"的情况，适于模拟人们只掌握研究对象部分事实时的主观判断。

（3）评估采用信度规则库+证据推理的方法。在体系评估方法中，传统的解析评估方法，无论是层次分析法、网络层次分析法还是模糊综合评价法，都在聚合中采用一定的解析公式，其结果是一个数值，可解释性不强。仿真评估方法存在底层仿真模型分辨率选择和多分辨率建模中不同分辨率模型耦合的难题。先采用信度规则库将专家知识、历史经验和试验数据以信度规则的形式表示，再采用证据推理算法自底向上推理获取体系使命完成的可能性。该方法能够有效利用各类信息，并且允许信息中带有多种类型的不确定性，既避免了解析方法过于简单、解释性不强的问题，又避免了单纯依靠仿真方法建模困难和仿真结果可信性的问题。证据推理用于评估具有可理解、可跟踪的特点，评估结果解释性强，利于用户理解，在故障诊断、航天风险分析、环境评估等领域应用广泛。

11.2.3 能力图谱映射

能力图谱是能力的可视化呈现方式。在能力差距评估、能力满足度评估的基础上，通过将使命任务的能力需求、能力现状映射为能力图谱，可直观反映出能力短板，以为能力建设选项配置和推演奠定基础。

1. 能力图谱概述

作战能力图谱是军事领域的典型能力图谱。作战能力图谱是对作战能力相关数据的一种可视化的表征和标识方法，它通过静态图谱的方式直观描述装备体系或装备系统及其编配的部队完成特定作战任务应具备的作战能力，并通过动态图谱的方式展现其生成因素和相互关系，以及受战场态势和自身状态影响而产生的变化规律。

作战能力图谱中的作战能力是广义的概念，涵盖了装备体系的作战能力和综合效能、武器系统的体系作战能力和综合效能，以及体系贡献率、部队的战斗力等内容。与作战能力图谱有关的数据可分为装备体系作战能力类、型号装备作战能力和效能类及部队战斗力类等。其中，装备体系作战能力类数据包括：体系的作战能力指标、体系的能力满足度、新旧体系能力对比、体系能力任务分工、体系能力匹配度、体系能力关联度、体系能力技术支撑度、体系能力发展重要度、体系能力装备实现度、体系能力装备编配度及不同想定下的体系综合效能等。上述数据均包含任务值、规划值、现状值及实现值。

型号装备作战能力和效能类数据包括：装备的作战能力指标、不同想定下的装备作战效能、装备的体系贡献率、装备的体系融合度、装备的作战适用能力、装备的部队适用能力、装备能力的组成因素分解、装备组成的能力贡献、装备能力的硬件分解、装备能力的软件分解、装备能力的使用方式因素分解、装备能力的工作状态因素分解、装备能力的作战过程因素分解、装备能力的战场环境因素分解、装备能力的作战目标因素分解、装备能力的参战人员因素分解、装备能力的战损因素分解、装备能力的消耗因素分解及装备能力的降级因素分解等。上述数据均包含论证值、设计值、试验值和演训考核值。此外，各级各类装备作战能力指标分类，均可参考相关标准规范的通用要求定义并结合装备和部队特点，构建、裁剪或扩充适用的指标。

部队战斗力类数据包括：部队作战能力指标、部队作战能力生成度、部队作战能力保持度、部队作战能力提升度、部队作战能力发挥度、部队作战任务完成度、部队装备使用度、部队训练任务完成度、部队装备编配度、部队人员编配度、部队人员培训度及部队人员技能达标度。上述数据均包含部队级别、部队类型及部队任务方向等。

2. 能力图谱生成和使用流程

以作战能力图谱为例，能力图谱的生成和使用流程如下：

（1）论证人员依据军事需求和作战任务，梳理作战能力需求，并形成能力图谱树根。

（2）分解确定各层能力指标，形成能力图谱枝干。

（3）确认装备编配、组成和技术支撑要素，扩展能力图谱的关联关系。

（4）形成装备体系规划和立项论证阶段的作战能力图谱，称为论证图谱。

（5）论证人员在研制总要求论证阶段，依据论证图谱将作战能力要求分解为装备体系和武器系统各组成部分的能力指标和支撑各项能力指标实现的初步技术方案，并继续补充完善论证图谱，进而形成研制图谱。

（6）设计人员在工程样机研制阶段，对照研制图谱开展样机试制工作，最终形成样机作战能力图谱（以下简称样机图谱）。通过性能鉴定后的样机图谱随样机转入试验鉴定阶段。

（7）在试验鉴定阶段，试验论证人员依据样机图谱设计试验科目，并制定数据采集方案和评估方案，再将实装试验和仿真试验得到的能力和效能数据注入图谱，最终形成试验鉴定图谱。试验鉴定图谱随装备通过状态鉴定和列装定型后交付部队。

（8）装备服役后，作战能力图谱作为重要的训练手段和数据支撑，以及实战中决策运用的参考，由部队人员管理和使用，并在日常备战训练及在役考核过程中进行及时更新。

3. 能力图谱构成及展示

能力图谱构成如图 11.13 所示。

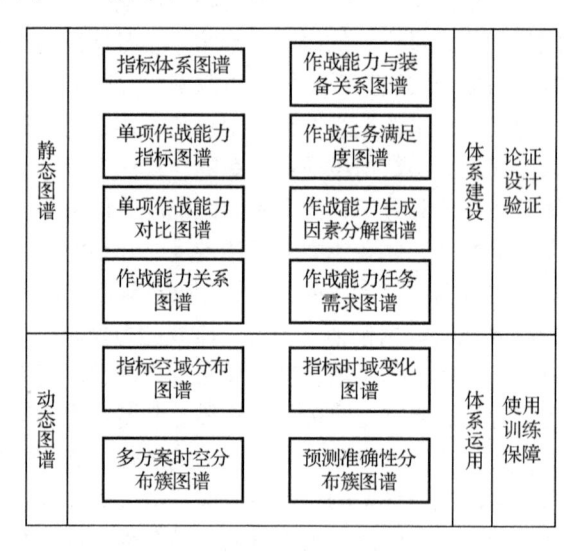

图 11.13　能力图谱构成

1）静态图谱

静态图谱包括指标体系图谱、作战能力与装备关系图谱、单项作战能力指标图谱、作战任务满足度图谱、单项作战能力对比图谱、作战能力生成因素分解图谱、作战能力关系图谱及作战能力任务需求图谱，它是能力状态的可视化表征。

装备作战能力指标体系图谱示例如图 11.14 所示。

第11章 能力评估分析方法

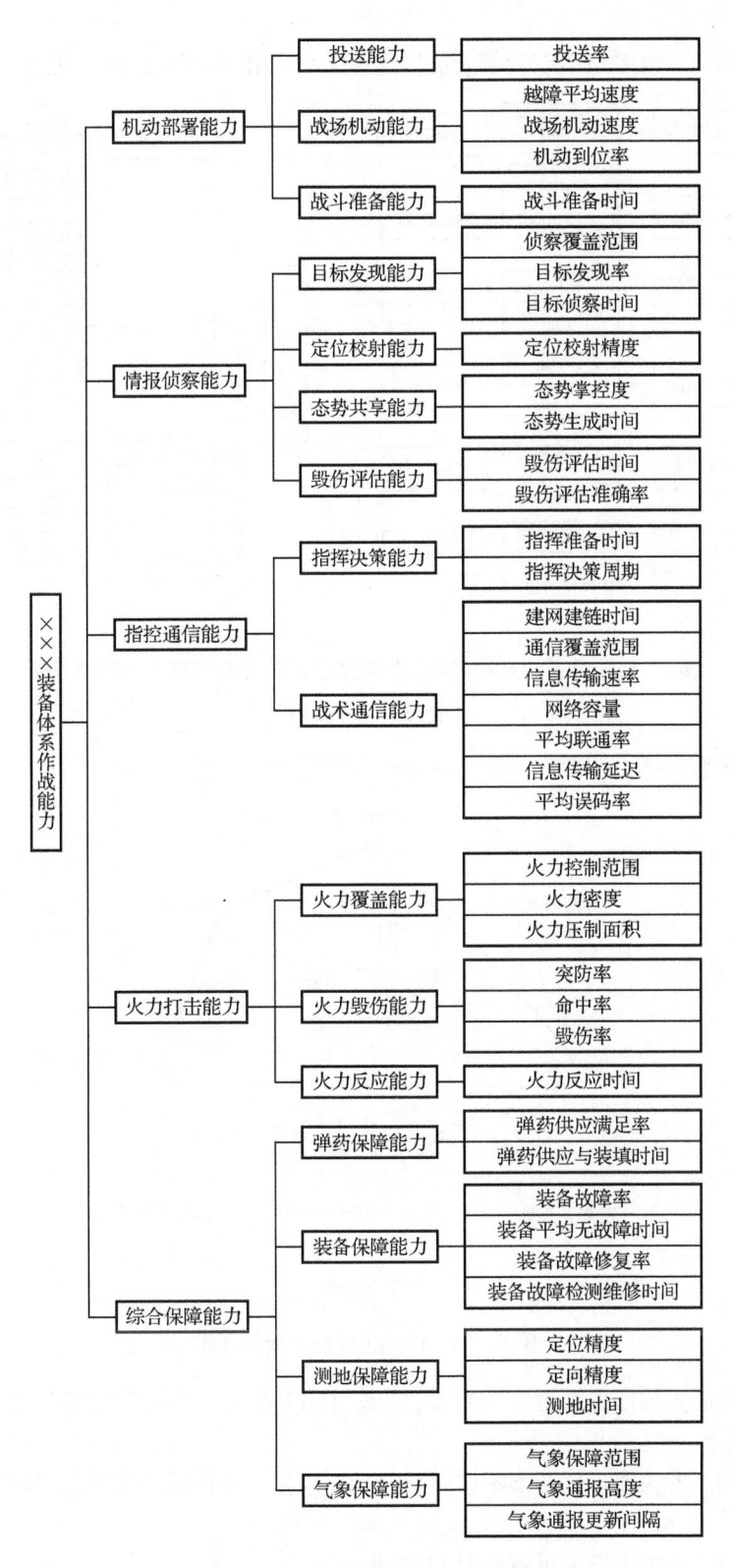

```
                                    ┌── 投送能力 ──── 投送率
                                    │                 ┌── 越障平均速度
                    ┌── 机动部署能力 ┼── 战场机动能力 ┼── 战场机动速度
                    │               │                 └── 机动到位率
                    │               └── 战斗准备能力 ── 战斗准备时间
                    │                                 ┌── 侦察覆盖范围
                    │               ┌── 目标发现能力 ┼── 目标发现率
                    │               │                 └── 目标侦察时间
                    ├── 情报侦察能力 ┼── 定位校射能力 ── 定位校射精度
                    │               │                 ┌── 态势掌控度
                    │               ├── 态势共享能力 ┴── 态势生成时间
                    │               │                 ┌── 毁伤评估时间
                    │               └── 毁伤评估能力 ┴── 毁伤评估准确率
                    │                                 ┌── 指挥准备时间
×                   │               ┌── 指挥决策能力 ┴── 指挥决策周期
×                   │               │                 ┌── 建网建链时间
× 装                │               │                 ├── 通信覆盖范围
  备                ├── 指控通信能力 │                 ├── 信息传输速率
  体                │               └── 战术通信能力 ┼── 网络容量
  系                │                                 ├── 平均联通率
  作                │                                 ├── 信息传输延迟
  战                │                                 └── 平均误码率
  能                │                                 ┌── 火力控制范围
  力                │               ┌── 火力覆盖能力 ┼── 火力密度
                    │               │                 └── 火力压制面积
                    ├── 火力打击能力 ┤                 ┌── 突防率
                    │               ├── 火力毁伤能力 ┼── 命中率
                    │               │                 └── 毁伤率
                    │               └── 火力反应能力 ── 火力反应时间
                    │                                 ┌── 弹药供应满足率
                    │               ┌── 弹药保障能力 ┴── 弹药供应与装填时间
                    │               │                 ┌── 装备故障率
                    │               │                 ├── 装备平均无故障时间
                    │               ├── 装备保障能力 ┼── 装备故障修复率
                    └── 综合保障能力 ┤                 └── 装备故障检测维修时间
                                    │                 ┌── 定位精度
                                    ├── 测地保障能力 ┼── 定向精度
                                    │                 └── 测地时间
                                    │                 ┌── 气象保障范围
                                    └── 气象保障能力 ┼── 气象通报高度
                                                      └── 气象通报更新间隔
```

图 11.14 装备作战能力指标体系图谱示例
（指控即指挥控制）

装备体系和武器系统组成分解与能力支撑关系图谱示例如图 11.15 所示。

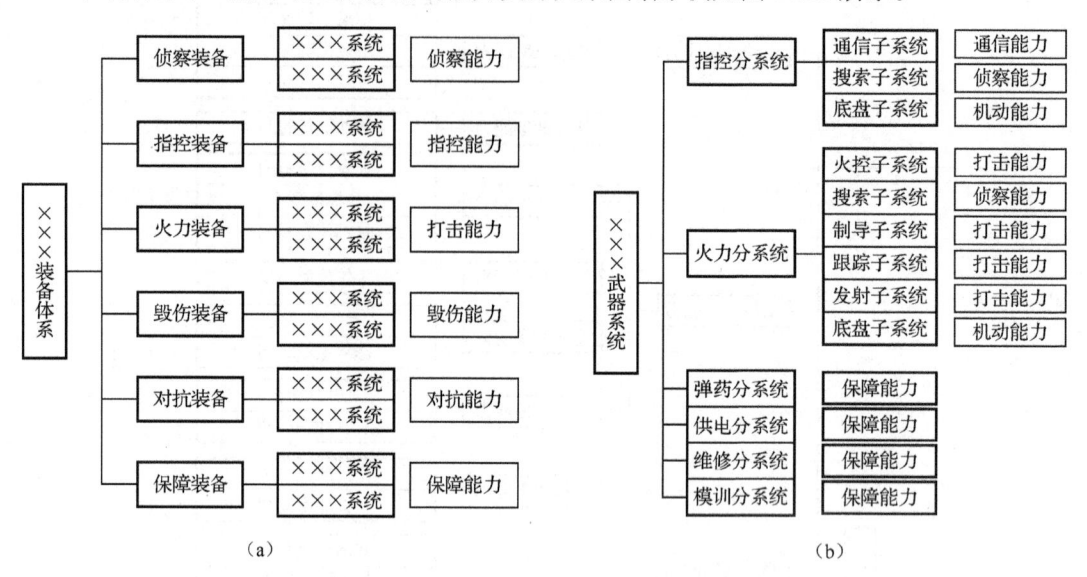

(a)

(b)

图 11.15　装备体系和武器系统组成分解与能力支撑关系图谱示例
（指控即指挥控制）

以侦察预警为例，单项作战能力指标图谱如图 11.16 所示。

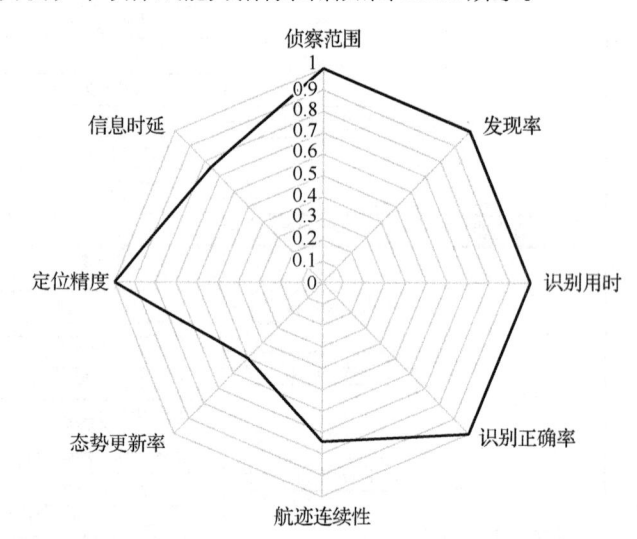

图 11.16　侦察预警能力指标图谱

体系作战能力的任务满足度图谱示例如图 11.17 所示。单装作战能力的对比图谱示例如图 11.18 所示。

作战能力生成因素分解图谱示例如图 11.19 所示。作战能力关系图谱示例如图 11.20 所示。

作战能力任务需求图谱示例如图 11.21 所示。

图 11.17 体系作战能力的任务满足度图谱示例

图 11.18 单装作战能力的对比图谱示例

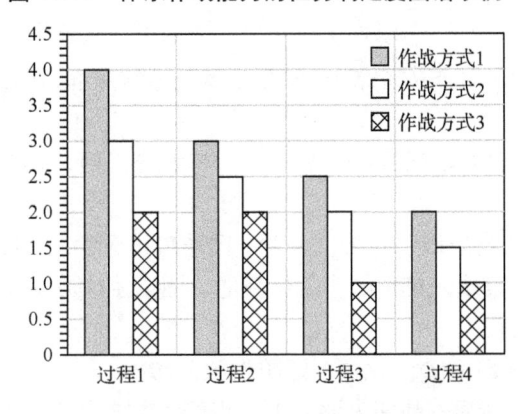

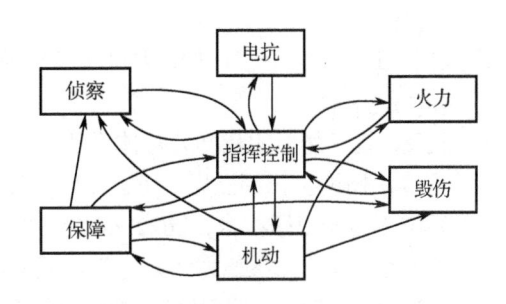

图 11.19 作战能力生成因素分解图谱示例

图 11.20 作战能力关系图谱示例

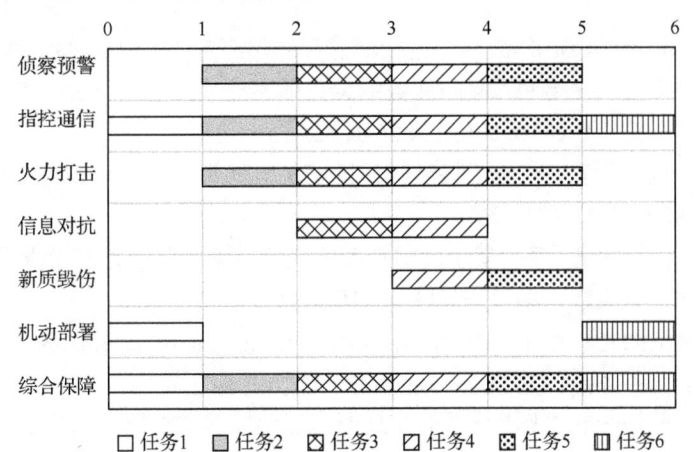

图 11.21 作战能力任务需求图谱示例
（指控即指挥控制）

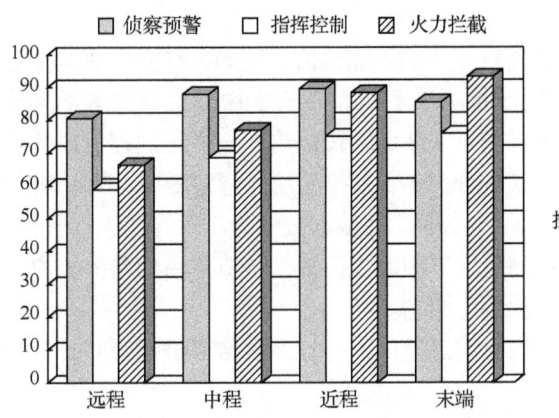

2）动态图谱

在大规模探索性仿真实验的基础上，构建多重迭代、逐步聚焦的试验框架，主要包括线索提炼、数据耕耘、数据收获和综合分析等步骤，进而对实时能力评估数据进行可视化

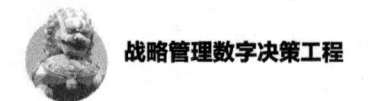

展示，即能力动态图谱。

动态图谱在具体时空环境下的体系对抗具有重要的研究价值。例如，红方作战体系对重点关注区域的目标指示能力和打击能力因对抗环境不同而在三维物理空间内有不同的分布，并随作战进程的推进不断变化。首先对重点关注区域按照热图与基于地理信息的可视化方法生成能力图谱，并将红方重点关注区域分为 $M \times N$ 个区块，通过对每个区块进行仿真，计算区块内能力指标（如目标指示能力）的数值，并根据数值大小对区块进行着色，进而形成区域的能力图谱；然后通过生成不同条件下的能力图谱，分析体系的整体能力。能力图谱可用于体系对抗过程中的态势评估和指挥控制。

总而言之，动态图谱通过序贯采集数据进行动态评估，并对评估结果进行空间分布和时变曲线绘制，以为实时决策提供依据。

参考文献

[1] 赵志敏, 许瑞明. 联合作战能力差距程度评估方法研究[J]. 军事运筹与系统工程, 2013, 27(4): 64-69.

[2] 郭齐胜, 陈建荣. 军事能力差距分析确定方法研究[J]. 军事运筹与系统工程, 2010, 24(2): 34-39.

[3] 程贲. 基于能力的武器装备体系评估方法与应用研究[D]. 长沙：国防科技大学, 2012.

[4] 马骏, 杨镜宇, 邹立岩. 基于 Stacking 集成元模型的作战体系能力图谱生成方法[J]. 系统工程与电子技术, 2022, 44(1): 154-163.

[5] 刘虹麟. 作战体系能力图谱仿真实验方法研究[D]. 北京：国防大学, 2018.

[6] 杨镜宇, 胡晓峰. 基于体系仿真试验床的新质作战能力评估[J]. 军事运筹与系统工程, 2016(3): 5-9.

[7] 赵绍彩, 张海川, 李楠. 作战能力图谱概念和应用研究[J]. 国防科技, 2021(2): 106-112.

[8] 樊延平, 郭齐胜, 王金良. 面向任务的装备体系作战能力需求满足度分析方法[J]. 系统工程与电子技术, 2016, 38(8): 1826-1832.

[9] 夏正洪, 万健, 朱新平. 基于科学知识图谱的效能评估研究可视化分析[J]. 火力与指挥控制, 2020, 45(3): 133-137.

[10] 程贲, 姜江, 谭跃进, 等. 基于证据推理的武器装备体系能力需求满足度评估方法[J]. 系统工程理论与实践, 2011, 31(11): 2210-2216.

[11] GOEL T, HAFTKA R T, SHYY W, et al. Ensemble of surrogates[J]. Structural and Multi-Multidisciplinary Optimization, 2007, 33(3): 199-216.

[12] 纪梦琪. 面向作战能力需求分析的作战概念建模推演方法研究[D]. 长沙：国防科技大学, 2018.

[13] 胡剑文. 武器装备体系能力指标的探索性分析与设计[M]. 北京：国防工业出版社, 2009.

[14] 杨建, 董岩, 边月奎, 等. 联合作战背景下的体系效能评估方法[J]. 科技导报, 2022, 40(4): 106-117.

[15] 沈丙振, 缪建明, 李晓菲, 等. 基于改进结构方程模型的陆军武器装备体系作战能力评估模型[J]. 兵工学报, 2021, 42(11): 2503-2512.

[16] 郭晓鸿，宦国杨，梁波. 基于网络信息体系的结构力及其生成模式[J]. 指挥信息系统与技术，2021, 12(6): 20-25.

[17] 张杰勇，林燕，王勋，等. 基于能力满足度的网络信息体系武器装备发展路线评估方法[J]. 指挥信息系统与技术，2018, 9(5): 62-67.

[18] 黄澄清，张静，谢程利. 中国互联网行业创新能力发展指数构建与评估研究[J]. 汕头大学学报（人文社会科学版），2016, 32(6): 146-153.

[19] 张先超，马亚辉. 体系能力模型与装备体系贡献率测度方法[J]. 系统工程与电子技术，2019, 41(4): 843-849.

[20] LI J C, ZHAO D L, JIANG J, et al. Capability oriented equipment contribution analysis in temporal combat networks[J]. IEEE Transactions on Systems, Man and Cybernetics: Systems, 2021, 51(2): 696-704.

[21] DRYER D A, BOCK T, BROSCHI M, et al. DoDAF limitations and enhancements for the Capability Test Methodology[C]//Proceedings of the 2007 spring simulation multiconference (SpringSim'07). [S.l.:s.n.], 2007: 170-176.

[22] DAVID F, BECK. Enterprise and system of systems capability development life-cycle processes[R]. New Mexico: SANDIA REPORT SAND & California: Livermore, 2014.

[23] OLIVIER J P, BALESTRINI-ROBINSON S, BRICENO S. Approach to capability-based system-of-systems framework in support of naval ship design[C]// 2014 8th Annual IEEE Systems Conference (SysCon). Piscataway, NJ: IEEE, 2014.

[24] OLIVIER J P, BALESTRINI-ROBINSON S, BRICENO S. Approach to capability-based system-of-systems framework in support of naval ship design[C]// 2014 IEEE International Systems Conference Proceedings. Piscataway, NJ: IEEE, 2014.

[25] FERREIRA, A, OTLEY D. The design and use of performance management systems: An extended framework for analysis[J]. Management Accounting Research, 2009, (12): 263-282.

[26] KATZ R, TUSHMAN M. Communication patterns, project performance and task characteristics: An empirical evaluation and integration in an R&D setting[J]. Organizational Behavior & Human Performance, 1979, 23(2): 139-162.

[27] DAKOTA L. 2020 Index of U.S. Military Strength[M]. Washington DC :The Heritage Foundation, 2019.

[28] BEHRMAN R. Structural measurement of military organization capability[D]. Pittsburgh : Carnegie Mellon University, 2014.

第 12 章

战略筹划分析方法

> 战略筹划是组织的生命线，也是组织一切工作必须遵循的总纲，它对组织的生存和发展具有决定性指导作用。战略筹划通过规划基本任务、目标及业务，使组织与不断变化的外部环境之间保持战略适应性，战略筹划分析是战略筹划的关键环节。本章首先介绍战略选择工具相关背景，然后介绍计划评估和审查技术，为战略筹划分析提供参考的方法和工具。

12.1 战略选择演习方法

美国的一项研究报告表明，美国正面临一系列不断演变的安全挑战，包括先进常规武器的扩散、核技术的扩散、大国竞争及恐怖活动的威胁。为应对这些挑战，美国民间智库——战略和预算评估中心（Center for Strategic and Budgetary Assessments，CSBA）认为美国国防领导人需要优先考虑资源和投资，从而建立一支首屈一指的未来部队，战略选择演习应运而生。

12.1.1 战略和预算评估中心

战略和预算评估中心是世界上了解未来国际竞争和冲突的首要中心，其以发展创新的、以资源为基础的防御概念为基本任务，并推动行动以促进美国和盟国的利益。CSBA的愿景是为美国国防的未来设定辩论条件，推动观念发展、力量结构和资源的变革，以为美国及其盟友在大国竞争和冲突中取胜做好准备，并将"独立、客观性、正直、创新、专业知识、质量"等作为价值观。

CSBA 作为一家民间智库，目前是美国总务管理局管理、组织和业务改进服务供应商中的一员，也是咨询服务、促进服务和调查服务的授权供应商。CSBA 的研究专家包括陆军、空军、海军和海军陆战队的退役军人，他们在联合军事行动方面拥有丰富的经验。CSBA 的部分工作人员曾在国防部、国务院和国家安全委员会担任高级决策职务，也有工作人员在国防部和管理与预算办公室担任过高级职务。

2019 年，CSBA 成立了 CSBA 理事会，即一个顾问委员会，通常由在相关领域拥有较高成就的人员组成。CSBA 理事会负责推动研究所发展创新的、以资源为基础的防御概念，

并促进公众辩论，它通过定期与高级管理层会晤，参与推动 CSBA 的工作，发展促进国家战略的新思维，培养国防领域专业人才。

在研究领域，CSBA 聚焦于以下 4 方面：

（1）战略与政策。目前，美国的国家安全正面临许多挑战，如大国竞争、破坏性武器的扩散和极端主义的蔓延等。随着这些挑战日趋激烈，美国的经济基础逐步被侵蚀。CSBA 寻求为美国战略的发展提供信息，通过制定协调目的和手段的创新方案，并确定持久优势的来源，帮助美国维持其地位和应对新挑战。

（2）预算和资源。CSBA 在促进有关国防预算和资源的更知情辩论方面发挥了重要的作用。美国决策者长期面临的问题是需要多少钱，而在长期的军事集结之后，鉴于美国日益恶化的财政状况，美军正面临越来越大的削减国防开支的压力。美国国防部正在进入一个可能会持续较长时间的紧缩时期，这将导致预算和资源决策困难。CSBA 的研究项目提供了一个独立的预算分析来源，能够帮助政府了解预算趋势、预期权衡的短期和长期影响、国防项目变化的二阶后果，以及如何与美国国防政策和战略的总体背景相适应。

（3）未来战争与概念。CSBA 专门思考战争的未来。虽然预测未来可能无法实现，但思考未来对于制定概念和战略至关重要，这些概念和战略将在最广泛的突发事件中生效，并在预计的资源限制范围内能够执行。CSBA 采用净评估的方法来构建未来军事竞争的框架，通过评估竞争对手的相对优势和劣势，提出竞争优势的来源，同时明确考虑不确定性因素。CSBA 还利用场景规划和作战模拟来确定未来趋势和候选作战概念及了解新兴作战体制，并对未来先入为主的观念提出挑战。CSBA 的工作突出了安全环境所不允许的特点，如反介入/区域拒止能力的成熟和扩散、大规模杀伤性武器和破坏性武器的扩散，这些都有可能否定美军传统的权力投射方式。根据通过研究、作战模拟和探索未来作战场景所收集的见解，CSBA 开发了开拓性的作战概念，为美军的作战规划提供了信息。这些概念是连接美国战略和国防计划的"结缔组织"。

（4）部队和能力。合理的部队具备规划、确定、发展和部署的能力，以支持给定的战略，因此需要确定部队结构、作战概念和系统性能等特征方面所需的变化。部队规划需要在考虑部队和能力的规模及构型的同时考虑其优先顺序和风险平衡。CSBA 的研究强调了最适合未来安全环境的部队和能力的属性与特点，从而确定了当前国防计划中的关键问题，并为美军改进组织、训练、装备和条令提供了选择。

12.1.2　战略选择演习基本方法

战略选择演习由 CSBA 于 2012 年首次提出并开展了第一次实践，它的起源是 2011 年美国国会通过的《预算控制法案》。CSBA 认为，无论该法案是否生效，国防部未来十年都可能面临资金紧张的问题，美军也没有无限的资源。虽然国防开支总体水平很重要，但鉴于国防部不断变化的优先事项和不断演变的威胁环境，国防资源的分配方式更为重要。

战略选择演习的基本流程包括以下步骤。

1）构建部队结构与能力选项

该步骤是演习实际举办前的重要工作，其本质是度量战略选择演习可用选项的成本。实际上，这些选项的数量直接制约演习的探索空间，数量过少会导致演习难以推进，数量过多则会导致演习过于发散。面向战略级别的应用，部队结构与能力对象通常是高于师旅

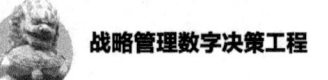

级的建制单位，如海军的福特级航空母舰、朱姆沃尔特级隐形驱逐舰，以及陆军作战旅和空军的 F-35 战机、MQ-9A/B 战略无人机等。核算可用选项的成本需要使用专业的成本测算方法，在部分情况下可能需要采取近似或估算的方法，但幅度不大的误差通常不会对战略层面的演习产生较大影响。

2）制定战略想定背景

该步骤主要用于形成战略选择演习统一的战略想定背景，包括演习基本想定和预算控制基数。演习基本想定的形成建立在对当前世界发展趋势的理解及对世界未来一段时间内的战略预判的基础上，通常由涉及作战、规划等多领域的专家经过集中研讨确定，如应对恐怖袭击、大国竞争等。预算控制基数是战略选择演习的必要设定，CSBA 认为国防资源是战略规划的基础和核心，如要求在未来 5 年内削减预算 10%或增加预算 5%等，目的主要是通过资源约束来探索不同战略想定下的选择权衡。

3）划分演习小组

依据演习目的及需求，该步骤主要对参加演习的人员进行分组，分组时应尽可能保证同一小组内的成员具备不同的知识结构和背景经历，最好是来自不同的单位或领域，从而保证小组能够充分集成制定战略的多领域知识。小组人数一般为几个人至十余人，若人员过少，则难以发挥集成效应，导致战略公允性不足；若人员过多，则可能导致战略一致性难以达成，制约小组战略的及时制定。

4）制定小组战略

小组战略由演习小组经自由研讨产生，是小组成员对战略想定背景的一致认知的结果，该步骤由不同演习小组"背靠背"进行。特别需要强调的是，允许各小组制定不同的战略甚至是完全对立冲突的战略，是确保战略选择演习成效的重要保证。

5）执行战略推演

该步骤主要基于战略选择工具（Strategic Choices Tool，SCT）展开。SCT 由 CSBA 为开展战略选择演习而开发，它是国防战略和预算规划的有力工具。SCT 旨在促进战略高层更好地理解美国国防预算和部队结构之间的联系。它通过要求用户进行长期防御规划，开发新的作战概念，评估替代的部队结构和态势，确定需要更多投资或撤资的领域，以及评估美国与其盟友之间的分工来实现增加战略高层对国防预算和部队结构关系的理解这一目标。各演习小组利用 SCT 对所制定的小组战略进行推演实施，通过开发和评估主要能力的替代组合，应对特定财政限制下的未来挑战，并分析特定部门的战略投资和撤资可能对国防开支产生的影响。

6）小组集中研讨

在完成战略推演后，演习小组随即开展集中研讨，重在分析战略推演过程中的战略执行是否存在问题、所制定的战略能否达成演习想定背景的目的，以及战略推演过程中最难以权衡之处和相应理由等，并给出演习小组的战略建议。

7）全体参演人员集中研讨

该步骤基于各演习小组的推演和研讨结果展开，通常有军方代表参加。首先由各演习小组汇报开展演习的结果及收获；然后汇总全部结果并展开深度研讨，通过对比分析不同小组战略制定的依据及相应的战略选择，形成对不同部队结构与能力选项折中的理解；最后形成战略性研讨结论。与一般的自由探讨不同，CSBA 的战略选择演习参与方通常包括

军方人员,演习结果及结论等也需以报告等形式提交给国会。

12.1.3 战略选择演习实践

根据 CSBA 官方网站公布的数据,截至目前,CSBA 作为主办方共开展 5 次战略选择演习,相关演习基本情况见表 12.1。

表 12.1 战略选择演习基本情况

序号	时间	演习主题	主要参与方
1	2012 年夏	应对《预算控制法案》所带来的战略预算紧缩	美国国会工作人员,美国国防部所有部门的文职人员和退役军官,来自工业界的国防专家,其他智库的思想领导者
2	2013 年 5 月	制定替代战略以重新平衡美国国防部的主要能力	美国企业公共政策研究所(AEI)、新美国安全中心(CNAS)、CSBA、战略与国防研究中心(CSIS)4 个独立的智库
3	2014 年 2 月	审查 2015—2024 年的战略备选方案	AEI、CNAS、CSBA、CSIS 4 个独立的智库
4	2016 年 10 月	美国在全球的角色、美国的大战略及实现战略所需的能力	AEI、长托研究所(Cato)、CNAS、CSIS、CSBA 等智库
5	2020 年 10 月	美国战略选择——"新型冠状病毒肺炎疫情后时期的国防投资"	由权威的国防政策和预算专家组成的小组

具体演习情况如下。

1)第一次战略选择演习

在 2012 年的夏天,为应对《预算控制法案》所带来的战略预算紧缩,CSBA 进行了一系列战略选择演习,来自国防界的专家被赋予改变国防部战略和能力的任务,同时实施与该法案所需大致相同的预算削减。所有参与团队的一个共同假设是,未来的军事行动环境将不如冷战后那般轻松。CSBA 鼓励参与团队关注在主要能力领域内和之间进行权衡的理由,而不是简单地追求预算目标。虽然这些团队在方法和具体决策上存在不同,但其在许多领域中都做出了类似的选择。

参与团队共同确定了战略优先事项,具体包括:继续保护特种作战部队,维持网络空间力量以保持美国网络空间优势,发展下一代远程渗透监视和打击系统,以及发展可生存水下作战系统,如适合在反介入/区域拒止环境中运行的潜艇和无人水下运载工具。

另外,通过此次演习还发现对国防部整体能力组合产生最大影响的再平衡战略始于确定国家未来可能需要的力量类型,并追溯至今,以确定具体的计划和预算决策。被证明有效的方法是首先选择优胜者,并就国防部总体优先事项达成共识,而不是从削减计划开始。

2)第二次战略选择演习

2013 年 5 月,CSBA 通过组织 4 个独立的智库(AEI、CNAS、CSBA、CSIS)开展以国防部主要能力为研究对象的战略选择演习。此次演习聚焦国防部的主要能力,而非某个项目(群)的成本,旨在探索主要的权衡方法及其随时间的影响,可以理解为对战略在未

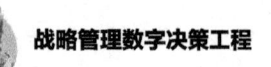

来两个财年周期（2014—2018 财年和 2019—2023 财年）及两个不同的预算削减水平上的"压力测试"。

此次演习以 2012 年的《国防战略指南》为基准，每个团队根据自己的战略做出重新平衡的选择，并假设国防部在削减预算方面几乎拥有完全的灵活性。演习的预算削减场景分为下述两种。

（1）场景 A：在按《预算控制法案》水平完全削减的情况下，战略重点为每个财年的平衡能力。

（2）场景 B：在按《预算控制法案》水平削减一半的情况下，战略重点为每个财年的恢复能力。

在上述两个场景的设定下，不同团队选择了不同的战略重点，如 AEI 团队聚焦于全球战略，提出目前的规划没有维持战场的兵力，以及更高的削减水平加速了战略失败；CNAS 团队聚焦于自治和机器人系统，预测未来会有一个新的战争体制的转变；CSBA 团队旨在加强美国的安全承诺和地区安全平衡，并建议优先发展网络与电子战及先进的无人远程穿透式空中情报、监视与打击手段等；CSIS 团队则聚焦于发展一个更强大的美国，该团队认为美国仍然是国际稳定和基于规则的秩序的维护者，但处于克制的、可持续的水平，并建议优先发展网络、太空与空中打击力量。

3）第三次战略选择演习

2014 年 2 月，CSBA 通过召集 4 个独立的智库（AEI、CNAS、CSBA、CSIS），以审查 2015—2024 年的战略备选方案为主题开展了第三次战略选择演习。此次演习的战略背景选定主要围绕大国竞争、极端主义及核武器等方面。

基于选定的战略背景，CSBA 团队确定了指导国防战略的 3 个国家目标：

（1）保持对进出美国有重大利益的地区的通道管控，防止对手控制这些地区。

（2）建立有利于美国及其盟友的区域安全平衡。

（3）威慑、防范或减弱对美国及其盟友战略目标的恐怖袭击等，如使用更强的弹性措施。

面向上述目标，选定战略再平衡方法主要包括 3 要素：①寻求推动从强制行动转向威慑力量，并使美国的军事能力更好地适应上述 3 种军事目标；②再平衡战略优先考虑"惩罚"力量，这种力量有助于同时威慑多个地区的入侵或胁迫行动，如继续延长 B-61 战术核弹的寿命，发展和改进远程导弹（LRSO），以确保 F-35 作为双功能飞机；③寻求提高美国及其盟友的能力，以阻止对手实施入侵和胁迫行动，如优先发展海底作战能力、陆基机动部队、空天网络拒绝能力等。

此外，战略选择演习允许团队改变自己的策略，并为每个团队提供两套预算约束，从而帮助团队辨别哪些选择是由预算驱动的，哪些选择是由策略驱动的。例如，每个团队对海军陆战队的部队结构做出不同的选择，这表明选择取决于团队的战略。若所有团队都在预算限制下削减了准备资金，而在预算限制放松时，又改变了准备资金，则表明削减准备资金是由预算驱动的。

4）第四次战略选择演习

2016 年 10 月，CSBA 邀请 AEI、Cato、CNAS 和 CSIS、CSBA 等智库参与开展第四次战略选择演习，此次演习的主题为美国在全球的角色、美国的大战略及实现该战略所需

的能力。第四次战略选择演习以大国竞争为战略背景，同时认为美国国防部受到《预算控制法案》施加的财政限制。鉴于美国面临的战略和作战挑战，美国国防部除了重新平衡其能力组合和部队结构以保护美国利益免受不断变化的威胁，还须重新评估其作战方式——作战概念。CSBA 在此背景下，通过演习提出了 3 个核心问题：①美国的防御战略应是什么？②该战略可能需要哪些能力、投资和力量结构？③军事代价是什么？

在演习中，各团队采取的战略基线与策略存在较大差异。AEI 团队的策略是"大国不会转向"，防御战略选定为美国日益恶化的国际地位需要美国军队的紧急再投资和扩张，预算和投资选择反映了一种"买你所能买，做你所需做"的态度。该团队建议大规模部署隐形飞机，以及收回海洋控制权并大力投资海底战争。Cato 团队以"克制战略"为核心，认为美国当前的防御方式其实是进攻性的，即假设世界的问题只能通过美国的军事行动来解决，从而破坏了美国的安全。该团队建议削减地面部队——陆军、海军陆战队和特种作战部队在部队结构和开支方面大约三分之一。"平衡下一代力量"是 CNAS 团队的战略重心，该团队认为应专注于维持应对当前威胁的准备工作，并使部队实现现代化，以应对未来的挑战，同时提出以下建议：扩大海军舰队的规模；增加战术飞机和隐形轰炸机；保持陆军现役部队的最终实力及增加科技投资等。CSBA 团队以"未来竞争的战略选择"为基础，认为美国应该部署一支首屈一指的军队。"为持久的政治共识重新进行平衡"是 CSIS 团队的战略选择，该团队认为美国主要的长期威胁是美国力量投射能力的削弱和对手力量投射能力的增长，并提出高端能力的一个共同点是越来越重视隐身/潜航、远程、无人和分布式部队，相应的预算也应进行再平衡。

5）第五次战略选择演习

2020 年 10 月，以"新型冠状病毒肺炎疫情后时期的国防投资"为主题的第五次战略选择演习由罗纳德·里根研究所和 CSBA 举行，由权威的国防政策和预算专家组成的小组参与其中，旨在重点评估财政紧缩对未来十年美国的国防战略和军事力量的影响。演习分两次进行，共有 4 个小组，所有小组都被要求以 2018 年国防战略为起点，制定 2022 年国防战略的概念参数，并在给定的预算限制内相应调整部队结构及实现现代化。

在此次演习中，团队被要求使用基于战略选择工具（Strategic Choices Tool，SCT）来调整美军在两种不同预算方案下的国防开支：一种是立即削减 10%的国防开支，以后的每年按照通货膨胀率增长；另一种是国防开支每年增长 3%。

为了获得优先事项所需的资源，团队进行了几次艰难的抵消性削减，包括战术战斗机、航空母舰、地面部队结构单位和人员，所有团队都大幅减少了战术战斗机的计划采购量，同时各小组优先考虑空中和海上类别，其次是研发、弹药和太空/网络/通信类别。最后，各团队一致认为预算削减 10%将危及国防部维持一支既能打赢一场战争又能威慑另一场战争的部队的能力。

12.1.4 战略选择工具

按照实际价值计算，2017 财年未来年度国防计划（Future Years Defense Program，FYDP）的国防支出比 2012 财年 FYDP 的国防支出低 12%。这两种趋势的重点是了解国家战略、军事能力和决策者、分析师及工业可用资源之间的关键联系。

CSBA 的战略选择工具旨在阐明上述安全挑战，并促进更好地理解美国国防预算和部

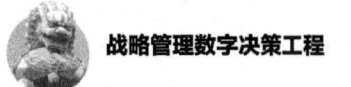

队结构之间的联系。它通过要求用户进行长期防御规划，开发新的作战概念，评估替代的部队结构和态势，确定需要更多投资或撤资的领域，以及评估美国与其盟友之间的分工来实现这一目标。

战略选择工具允许用户探索其他国防投资优先事项，并为未来计划制定战略，突出未来计划与当前计划的区别。在用户对国家安全威胁的看法及应对这些威胁的最佳战略的驱动下，用户在两个"五年"行动中重新平衡国防力量结构和投资，这两个"五年"行动对应于连续的 FYDP。美国的战略选择工具包括 1200 余个部队结构和能力选项，涵盖 12 个领域，包括空中、海上、地面、特种作战、核武力、太空、后勤、导弹防御、人力资源、战备、科技。

战略选择工具的特点如下：①直截了当。它不涉及从头开始编制预算，这将需要详细的方案知识。而是由用户通过一个直观的基于网络的平台，自动更新国防开支和部队结构的变化，从而改变当前的记录程序。②战略驱动。通过利用实际和预计的预算数据，该工具提供了一种独特的能力，可以将战略驱动的选择与现实世界的支出影响联系起来。③可适应且可扩展的。该工具能够支持可变财务目标和时间段、多个用户、远程访问、练习特定选项，以及在练习前或期间创建的新选项。

高级军事领导人使用战略选择工具来开发和评估主要能力的替代组合，以应对特定财政限制下的未来挑战，其他人则可以使用该工具来了解特定部门的战略投资和撤资可能对国防开支产生的影响。用户可以探索在其他战略能力投资情景下，哪些部门更有可能增加支出，哪些部门更有可能成为付款人。

战略选择工具已经扩展到其他国家的国防预算，允许团队专注于两国各自面临的具体挑战，以及各自联盟面临的挑战。CSBA 打算继续扩充该工具的国际数据集，以涵盖其他盟国和合作伙伴。此外，战略选择工具还为潜在对手开发数据集，从而实现动态的逐财年周期的战略竞争。

CSBA 计划通过添加部队结构和支出选择的可视化表示，以及扩展报告和分析能力，增强战略选择工具。此外，CSBA 还打算开发一个精简版本，要求与当前工具具有相同的预算保真度，但可供更多用户使用，并且允许用户在几小时内重新平衡国防投资组合。

12.2 计划评估和审查技术

计划评估和审查技术（Program Evaluation and Review Technique，PERT）是利用网络分析制订计划并予以评价的技术，它是建立在网络计划技术基础之上的。网络计划技术是一种具有普遍实用价值的科学的计划管理方法，也是一项用于工程项目的计划与控制的管理技术。该技术的基本原理：用网络模型来表示计划任务的安排及其组成的各项工序之间的相互依赖、相互制约的关系，使计划中各项工作与整个计划的关系得以明确显示，通过在错综复杂的环节中寻找控制计划的关键工序和关键线路，并利用时差不断改善网络计划，得出时间、资源和成本的优化方案。在计划执行过程中，通过信息反馈进行监督和控制，保证以最低的消耗获得最佳的经济效果。

除了 PERT，关键路径法（Critical Path Method，CPM）也是网络计划技术的基本组成形式。CPM 分析的基本目标是确定关键路径，而 PERT 则是该方法的延伸。在 CPM 中，假定活动持续期是确定不变的；而在项目管理领域，主要用 PERT 对每个活动进行 3 种时

间估计（最乐观时间、最悲观时间和最可能时间），以解决活动持续期中存在的潜在不确定性问题。PERT 和 CPM 是网络计划的重要组成部分，它们在实质上相近，都用于规划评估、项目管理和系统分析。由于 PERT 与 CPM 既有相同的目标应用，又有许多相同的术语，学者们经常将这两者结合起来进行研究，进而合并为一种方法，在国内称为统筹方法，在国外则称为 PERT/CPM。其核心内容包括绘制网络图、识别关键路径和基于关键路径的优化。

PERT 的理论基础是假设项目持续时间及整个项目的完成时间是随机的，并且服从某种概率分布。PERT 可以预估整个项目在某个时间内完成的概率。目前，PERT 被广泛用于项目的进度规划中，适于在环境条件不确定的情况下，预估整个项目工期。

12.2.1 进度优化时间参数及其逻辑关系

1. 时间参数的确定

时间参数与整个研究计划密切呼应，通过计算各研究阶段的时间参数，确定研究过程中不同时段的关键工作、关键线路，利用 PERT 计算研究时长，并与计划用时进行比对，从而为优化研究计划、调整时间安排和督促研究执行提供较为明确的时间参考。任何阶段的研究都有最早开始时间和完成时间、最迟开始时间和完成时间及可以利用的机动时间 5 种时间分配。这里提到的机动时间又分为两种：一种是不影响整个研究计划时间的 $i-j$ 阶段研究可利用的机动时间，称为总时差，用 TF_{i-j} 表示；另一种是不影响紧后 $j-k$ 研究阶段最早开始的 $i-j$ 阶段研究可利用的机动时间，称为自由时差，用 FF_{i-j} 表示。为方便计算与公式列举，用 ES_{i-j} 表示最早开始时间、EF_{i-j} 表示最早完成时间、LS_{i-j} 表示最迟开始时间、LF_{i-j} 表示最迟完成时间。上述 6 个时间参数共同组成了基于 PERT 的科研进程管理网络计划的计算参数。

2. 时间参数间的逻辑关系

某项研究的最早完成时间 EF_{i-j} 是最早开始时间 ES_{i-j} 与持续时间 D_{i-j} 之和，即 $EF_{i-j}=ES_{i-j}+D_{i-j}$。其中，最早开始时间 ES_{i-j} 受紧前工作 $h-i$ 阶段的约束，从研究起始节点开始，沿着箭线方向依次计算，当 $i=1$ 时，$ES_{i-j}=0$；当 $i>1$ 时，$ES_{i-j}=\max\{EF_{h-i}\}$ 或 $ES_{i-j}=\max\{ES_{h-i}+D_{h-i}\}$。取整个研究进程网络计划的终止节点为箭头节点，其各阶段研究最早完成时间的最大值就是计算研究周期，用 Tc 表示，设终止节点为 m，则 $Tc=\max\{EF_{i-m}\}$。取研究最早完成时间的最大值作为计算研究周期的目的是使计划研究时间 Tp 与计算研究周期 Tc 相一致，即 Tp=Tc。

利用逆向思维从最迟完成时间进行分析：该研究的最迟开始时间 LS_{i-j} 是最迟完成时间 LF_{i-j} 与持续时间 D_{i-j} 之差，即 $LS_{i-j}=LF_{i-j}-D_{i-j}$。其中，最迟完成时间 LF_{i-j} 受紧后工作 $j-k$ 研究阶段的约束，从终止节点开始，沿着箭线相反方向依次计算，箭头节点的各阶段研究最迟完成时间的最小值就是计划研究周期，即终止节点的 $LF_{i-m}=Tp$，其他节点的 $LF_{i-j}=\min\{LF_{j-k}-D_{j-k}\}$ 或 $LF_{i-j}=\min\{LS_{j-k}\}$。

关于研究时差，一项工作的研究周期总时差 TF_{i-j} 可以是最迟完成时间与最早完成时间之差，也可以是最迟开始时间与最早开始时间之差；自由时差 FF_{i-j} 是工作阶段的时间间隔，即紧后工作 $j-k$ 研究阶段最早开始时间与工作 $i-j$ 阶段最早完成时间之差，对于终止节点 $j=m$ 的自由时差 FF_{i-m} 是计划时间与最早完成时间之差，即 $FF_{i-m}=Tp-EF_{i-m}$。

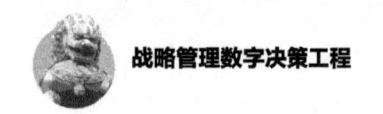

12.2.2 进度管理优化设计

1. 确定科学研究实施过程中各阶段的内容要素

在一般情况下,为确保一项研究的科学性、实用性和可行性,往往需要对研究主旨和研究方法进行反复论证、修改、提炼,研究计划调整、研究内容反复、研究方法不断优化是研究实施的常态。对于社会人文科学而言,一项科学研究的整个实施周期包括参考文献梳理、数据分析筛选、研究方法选择、研究内容论证、研究成果定性等环节,这其中的某个环节可能会因为新的思想对原有思想的冲击、新的理论对原有理念的更新、专家多次论证后研究思路与研究框架的进一步优化、原有研究方法需要修改或更换等实际问题而反复出现,即在不断发现问题、解决问题的过程中,实施研究,以达到预期研究成效。

结合以上分析,一项科学研究实施的基本过程如图12.1所示。图中最左侧的字母A~H为研究进展关键阶段的要素代码,其作用是为下一步的研究分析做铺垫。研究进度优化的核心目标是合理分配时间、用最短的时间实现最理想的效果,整体最优指每个环节都是最优开始与最优结束的,通过安排各环节研究实施的最优执行时间,使研究时间在符合预期的前提下实现最大限度的合理压缩,以达到每个研究节点的最佳完成时间,进而实现整个项目完成的最短时间。

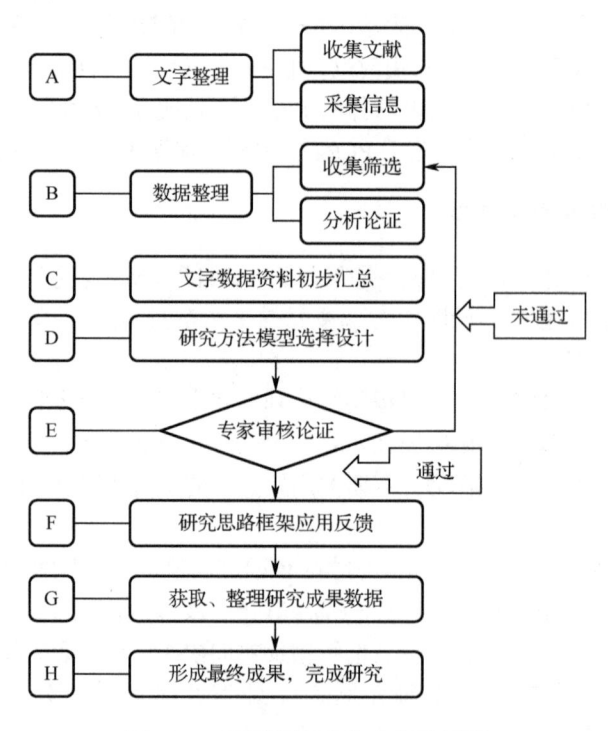

图 12.1 科学研究实施的基本过程

在各研究阶段中实施的逻辑关系、最佳规划时间与研究周期,均不考虑过程中可能存在的循环环节,即网络计划图中不存在回路。假设已通过图12.1所示的"专家审核论证"阶段,各研究阶段进度安排的逻辑关系见表12.2。

表 12.2　研究阶段进度安排的逻辑关系

工　作	紧 前 工 作	紧 后 工 作
A	—	B,C
B	A	C
C	A,B	D
D	C	E
E	D	F
F	E	G
G	F	H
H	G	—

"文字整理""数据整理""文字数据资料初步汇总""研究方法模型选择设计"4个阶段共同组成整个研究的第一部分，也是整个研究的重要基础，因为研究需要与进度安排不同，存在进程同步或交叉。

2．实证分析基于 PERT 的研究关键路径选择

假设某项研究以"天"为单位计算时长，根据研究计划，"文字整理""数据整理""方法选择"3项工作的持续时间按照表 12.3 进行安排，考虑研究实际，由于存在不同工作同期开展或同一工作内容反复进行的情况，部分紧前工作和紧后工作会在同一时段内出现两个事项。结合表 12.3 提供的信息，用网络计划图绘制各节点连接并标注持续时间，根据关键研究路线"持续时间最长"的计算原则，将"文字整理""数据整理""方法选择"作为该阶段研究的关键工作，其进程构成了研究的关键路径。

表 12.3　某阶段研究计划逻辑关系与持续时间

工　作	紧 前 工 作	紧 后 工 作	持续时间（天）
文字整理 1	—	数据整理 1 文字整理 2	6
数据整理 1	文字整理 1	方法选择 1 数据整理 2	8
方法选择 1	数据整理 1	方法选择 2	4
文字整理 2	文字整理 1	数据整理 2	6
数据整理 2	数据整理 1 文字整理 2	方法选择 2	8
方法选择 2	方法选择 1 数据整理 2	—	4

结合表 12.3 中的研究计划及持续时间，将相应节点的工作内容通过网络计划图的方式予以表现，如图 12.2 所示。对于一项时间安排合理的研究进度计划，计算得出的完成时间应与计划完成时间相一致，并且关键路径上的关键工作的时间间隔为"0"、总时差最小，因而对于该阶段研究而言，最合理的时间安排是 6+8+8+4=26（天），如图 12.2 中加粗的黑色折线所示，它就是该阶段研究的关键路径、最佳计划。

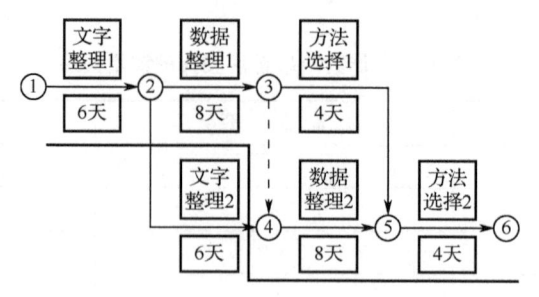

图 12.2　某研究阶段时标网络计划图

3. 自由时差存在的重要性分析

若一项研究含有多项紧前工作，则取最早完成时间的最大值作为该项研究的最早开始时间；若其含有多项紧后工作，则取最迟开始时间的最小值作为该项研究的最迟完成时间。取紧后工作最早开始时间与该工作最早完成时间之差作为该项研究的自由时差，考虑自由时差的目的是从必要性的角度出发，优化研究实施过程中的时间支配。这里以表 12.3 中各工作与持续时间的实证罗列，具体分析自由时差计算与支配建议。

结合以上数据可以推出，"方法选择 1"与"文字整理 2"存在自由时差，通过计算分别是 4 天与 2 天，假如这两个阶段的研究延误 x 天、y 天，则整个研究进程中受影响的天数为延误天数与各阶段自由时差之差，即 $x-4$（天）、$y-2$（天），其在一定程度上可以缩短研究完成时间，具有灵活可支配性。为了方便直观查看各研究阶段用时及关联情况，采用时标网络计算图的表达形式，各阶段的最早开始时间与完成时间、最迟开始时间与完成时间、总时差与自由时差如图 12.3 所示。图中同时存在两个阶段的自由时差，既便于研究进程中突发事件的时间再支配，也利于开展研究进度的适时调整及研究资源需求的再论证。

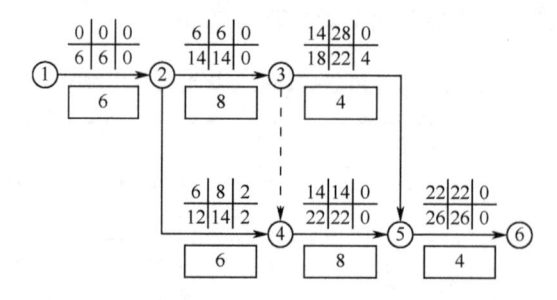

图 12.3　某阶段研究时标网络计算图

12.2.3　主要问题与优化措施

1. 主要问题

任何研究模型在实际应用中都会表现出短板与不足，将 PERT 应用于科学研究（以下简称科研）进度管理优化所遇到和发现的问题主要如下：

（1）因项目负责人缺少项目管理专业训练，项目实施计划的制订存在问题。仅围绕基于 PERT 的关键路径方法优化科研进度管理的应用实施，缺少对资源约束条件的综合考虑，在项目实施过程中可能存在资源使用冲突、计划时间重叠、不同进程撞车等实际问题，进

而导致关键路径发生变化、关键点实施所用时间增加、项目实施周期延长，预设计划大幅调整。

（2）各研究阶段计划排序不明晰，导致项目进度控制的有效性大打折扣。各阶段的研究主旨或研究子课题在实施过程中存在相互依赖的实际问题，如果排序思考不足，就会影响研究成效。在确定研究关键路径环节，如果紧前工作出现延迟，则紧后工作的实施时间无法得到保障，既有可能为保证整个研究如期完成而大幅压缩部分研究用时，也可能因继续延迟导致整个研究无法准时完成。"前松后紧"的研究节奏会影响整个研究进程控制，可能出现降低研究成效、研究计划超期的不良影响。

（3）对研究各阶段、各子课题所需时长预估不到位，导致项目计划执行不力。各研究阶段、各子课题的计划完成时间构成整个研究项目计划完成时间。如前所述，在项目具体实施过程中，一旦某个环节发生延迟或出现研究关键路径变化，就会导致整个研究时间计划出现变动，根据实际情况不断调整研究时间分配、调配人力物力保障在一定程度上耗费了管理资源和管理精力。

2．优化措施

熟悉整个研究流程，细化各研究阶段所需时间，尽可能相对准确地估算各重要节点的时间，最大限度避免时间偏差。在全面掌握整个研究计划安排的基础上，充分考虑研究过程时间与研究各阶段的关系，从研究资源充分合理分配的角度出发，制订更为科学、更为具体、符合研究规律与发展逻辑的研究进度计划，重点关注可能存在重大偏差的研究实施环节，预设适当补救措施，以防出现问题影响研究进度。

利用文本编辑或技术条件实时跟进研究进展，并及时开展合理性分析，以寻找可进一步优化研究方案的时间计划。合理使用各类报表、进展报告等文本资料及各类统计软件，结合研究进展整理出制约研究进展和完成时间的影响因素，并开展合理性分析，进一步明确研究进展方向和关键实施环节，为优化研究时长找准探讨方向。

重视已完成研究的阶段性总结分析和未实施阶段的科学规划，探索利用分时模块化完成研究内容。创新研究分块实施模式，结合研究进展和总体控制目标，落实全程关键点控制和局部关键点控制，耦合已完成的关键环节，开展阶段总结、实施进度评价，从而不断纠正并明确研究实施计划，通过全过程控制实现研究前后阶段的有效连接和积极影响。

12.3　规划计划与进度管理技术

12.3.1　技术介绍

1．基本内涵

"规划计划与进度管理"主要用于多领域、具有一定关联关系的多项目间整体规划与过程管理，它是一种以 PERT/CPM 为核心进行计划制订、进度控制、风险管理的理论模型。用户可利用该模型对监测的计划数据进行网络生成、工期估计、进度跟踪和风险评估等规划和管理活动。

如图 12.4 所示，在规划计划与进度管理模型中，需要先输入监控数据，包括基础的项目信息、依赖关系、持续时间、所属领域、制约因素等规划信息，再通过进度模型（基于 PERT 和 CPM，并应用图生成算法、关键路径算法）自动输出评估后的进度计划、进度网络图等进度信息。

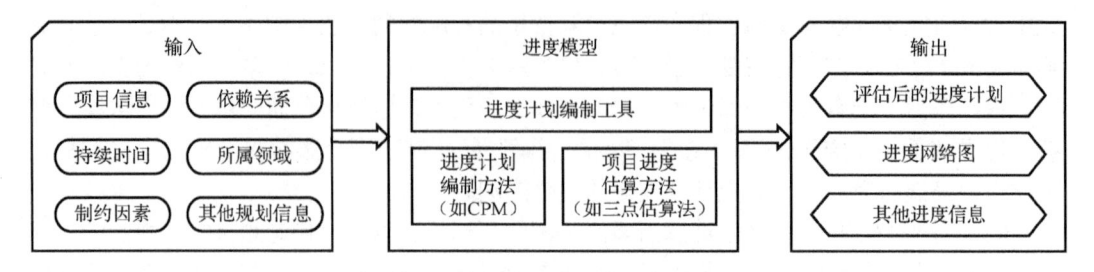

图 12.4　规划计划与进度管理模型

通过运用规划计划与进度管理模型，管理者能获得以下信息：多个项目构成的网络图（进度网络图）、为及时完成项目而找出的最关键的活动、项目持续时间估计，以及在不延长项目工期的情况下某些活动能够延长的时间。

2．网络图生成

规划计划与进度管理模型基于网络计划技术，其最大的特点是通过网络图的形式直观、形象地绘制工作流向的有向、有序网状图并作为计划的图解模型。网络图的生成基于拓扑排序技术，包括单代号网络图生成和六时标网络图生成两种算法，详见 12.3.2 和 12.3.3 两节的内容。

3．关键路径

关键路径具有以下作用：推导项目工期、识别关键工作（直接决定项目工期）、优化资源分配、识别压缩工期时针对的对象，以及识别有浮动时间的活动。

4．作用与价值

清楚表达各工作之间的相互依赖、相互制约的关系，可使人们对复杂项目及困难项目的制造与管理做出有序且可行的安排，从而产生良好的管理效果和经济效益，尤其对于某些巨额投资的开发项目，此种方法更为适用。

不仅能提供项目管理的有效控制总工期，还可提供每项工作的最早开始时间和最迟开始时间、最早完成时间和最迟完成时间、总浮时和自由浮时等，并提供管理效果信息等，网络计划是应用计算机进行全过程管理的理想模型。这种计划形式能够和先进的计算机技术结合起来，从计划的编制、优化到执行过程中的调整和控制，都可以借助计算机来完成。

通过计算可以找出网络计划的关键路径和次关键路径，从而能够区分关键工作和非关键工作。关键路径上的工作消耗资源多，大型网络计划在全部工作中所占的比例小，通常只占工作总量的 5%～10%，因而便于人们认清重点，并集中力量抓住重点，以确保计划实现，避免造成浪费。标识出项目的关键路径，以明确项目活动的重点，便于优化项目活动的资源分配；当管理者计划缩短项目完成时间、节省成本时，就要重点考虑关键路径；当

资源分配发生矛盾时，可适当调动非关键路径上的活动资源去支持关键路径上的活动，以有效保证项目的完成进度；与可以找出关键路径相呼应，利用网络计划，可以计算除关键工作外其他工作的机动时间。对于每项工作的机动时间需要做到心中有数，这有利于在实际工作中有效利用机动时间，从而做到合理分配资源、支援关键工作、调整工作进程、降低成本、提高管理水平，即向关键路径要时间，对非关键路径挖潜力。

所获结果的质量在很大程度上取决于对活动事件的预测，若能对各项活动的先后次序和完成时间进行较为准确的预测，则可大大缩短项目完成的时间。

12.3.2 规划计划与进度管理核心算法

1. 单代号网络图生成及关键路径算法

单代号网络图生成及关键路径计算主要使用拓扑排序，拓扑排序是重要运算之一，其在实际中有很多应用。例如很多工程都可分为若干个具有独立性的子工程，即活动。每个活动之间有时会存在一定的先决条件关系，即在时间上存在一定的相互制约关系。也就是说，有些活动必须在其他活动完成后才能开始，即某项活动的开始须以另一项活动的完成为前提。在有向图中，若以图中的顶点表示活动，以弧表示活动之间的优先关系，则将这种有向图称为 AOV 网（Active on Vertex Network）。在 AOV 网中，若从顶点 v_i 到顶点 v_j 之间存在一条有向路径，则称 v_i 是 v_j 的前驱、v_j 是 v_i 的后继；若 <v_i, v_j> 是 AOV 网中的弧，则称 v_i 是 v_j 的直接前驱、v_j 是 v_i 的直接后继。

在 AOV 网中，不应出现有向环路，因为有环意味着某项活动以自己作为先决条件，这将导致死循环，因此，对给定的 AOV 网应首先判定网中是否存在环。检测的方法是对有向图进行拓扑排序，拓扑排序指按照有向图给出的次序关系，将图中顶点排成一个线性序列，对于有向图中没有限定次序关系的顶点，可人为加上任意的次序关系，由此得到的顶点的线性序列就是拓扑有序序列。

AOV 网进行拓扑排序的过程如下：①从有向图中选取一个没有前驱的顶点，并输出；②从有向图中删去此顶点及所有以它为尾的弧。重复上述两步，直至图中无内容或者找不到无前驱的顶点。若图中无内容时，则说明网中不存在有向回路，拓扑排序成功；若图中仍有内容但找不到无前驱的顶点，则说明网中存在有向回路。

2. 算法实现

1）初始化输入的项目建设计划数据

首先，记录 Excel 表格中开始时间、结束时间、紧前约束、项目编号等关键属性的下标，并对数据进行校验；其次，根据得到的属性下标取出项目的关键属性值，其中紧前约束关系属性值通过每个具有紧前约束关系项目的链表结构来构建，以此保存每个项目的紧前约束；最后，依靠开始时间和结束时间计算项目的持续时长。

2）构建图数据结构

图数据结构中存有以下属性：图中的节点个数、边的个数、每个节点所指向的节点集合、每个节点的入度。图数据结构中包括以下方法：

- 根据输入节点的个数初始化图数据结构，明确节点之间的边，返回指定节点所指向的所有节点及其入度和出度、所有的边及其个数，以及节点的个数，并对要查找的

节点下标值进行合法校验。
- 构建图中边的数据结构。由于该图为加权有向图，故每个边包含 3 个属性，即边的起点、边的终点、边的权重。
- 构建两个虚拟节点，分别表示整个图的起点和终点；同时，用一条边用作表示一个项目，构建起点与每个项目边起点的连线、每个项目边终点和终点的连线。
- 构建紧前约束关系数据，创建项目边之间的关系边，并将项目间的关系表示出来。
- 通过深度优先搜索的方式对图数据进行遍历扫描，以验证图中是否存在环并记录前置和后置的节点次序。如果不存在环，则返回图的后置节点次序，该次序即图进行拓扑排序的结果。
- 在拓扑排序的基础上对图数据再做一次遍历扫描，并对每条边进行标记和时长累加，最终完成标记的所有边构成最长路径，最后一条边上累加得到的时长即为关键路径上的总时长。
- 构建前端项目节点的数据结构集合，并对集合中的每个项目对象设置项目编号、项目时长、from 节点下标、to 节点下标、是否为关键节点等属性值，然后返回该集合。

3）输出效果图

利用单代号网络图生成及关键路径算法，可以输出相应的效果图，如图 12.5 所示，图中红色代表关键路径。

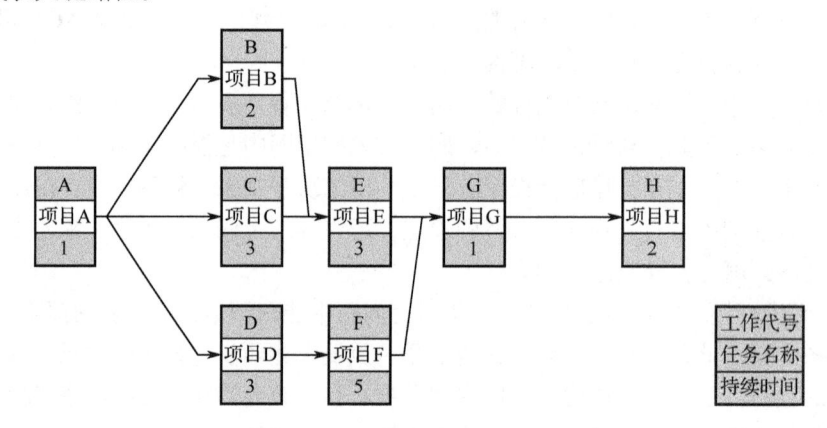

图 12.5　单代号网络图输出效果图

12.3.3　六时标注法网络图生成及管理路径算法

该算法将导入到系统中的计划，即算法集合，按照其提供的每个项目的开始及结束时间，计算得到整个项目建设计划的最长路径，即关键建设路径。

1. 算法原理

假定网络图中的每个节点都有代号和时长，并且前后关系明确，先从左往右推：①第一节点的最早开始时间=0；②最早完成时间=最早开始时间+本节点工期；③紧后节点的最早开始时间=max（紧前节点的最晚完成时间）(从左往右推取最大的）。再从右往左推：①最后一个节点的最晚完成时间=自身最早完成时间；②最后一个节点的最晚开始时间=自身最晚完成时间-节点时长；③紧前节点的最晚完成时间=min（紧后节点的最早开始时间），

节点的最晚开始时间=自身最晚完成时间-节点时长，每个节点（活动）的可宽延时间=最晚完成时间-最晚开始时间。最后，关键路径的节点就是可宽延时间为0的节点。

2．算法实现

步骤1：初始化输入的项目建设计划数据。

步骤2：根据输入的项目建设计划数据创建项目节点的数据结构，具体包括项目编号、项目名称、原始数据中的行下标、是否为关键路径的节点、所有指向该节点的集合、所有由该节点指向的节点集合、最早开始时间、最早完成时间、持续时长、最晚开始时间、最晚完成时间及可宽延时间属性。

根据步骤2中项目的节点集合和步骤1中生成的约束关系创建六时图。

（1）构建图中边的数据结构。由于该图为加权有向图，故每个边包含3个属性：边的起点、边的终点、边的权重。

（2）构建两个虚拟节点，分别表示整个图的起点和终点；同时，用一条边表示一个项目，构建起点与每个项目边起点的连线、每个项目边终点和终点的连线。

（3）依靠步骤1和步骤2构建的紧前约束关系数据创建项目边之间的关系边，以此表示项目之间的关系。

（4）通过深度优先搜索的方式遍历图结构，验证图是否存在环状结构。

（5）同理构建紧后关系网络图，即图的反向图。

（6）遍历图数据，依据图中每条项目边与关系边的数据，为步骤2中创建的项目节点数据结构进行属性赋值，具体包括：①连线关系（from、to）；②最早开始时间、最早完成时间、持续时长，其中最早开始时间以项目节点中属性from为空的节点为准，该节点的最早完成时间加一天就是其指向的下一级项目节点的开始时间，而下一级节点的最早完成时间则等于自身开始时间与持续时长之和，持续时长为输入的原始数据的持续时长；同理可设置每个项目节点的最早开始时间、最早完成时间。

（7）反转项目节点集合中的连线关系。定义整个项目计划网络图中属性to为空的项目节点的最晚完成时间等于其最早完成时间，可宽延时间定义为最晚完成时间与最早完成时间之差，最晚开始时间定义为最晚完成时间与持续时长之差；指向该节点即前一级节点的最晚完成时间为该节点的最晚开始时间减一天，其余可宽延时间和最晚开始时间的计算方法同理。

通过连线关系的反转可以得到最后的末级节点。

（8）进行最晚开始时间、可宽延时间、最晚完成时间的属性赋值。

（9）再次反转关系，得到原始数据。

（10）根据深度优先搜索原理查找所有可宽延时间为0的项目节点，并记录保存从起点到终点的每条路径。

（11）返回关键路径的集合及所有的项目节点。

利用六时标注法网络图生成及管理路径算法，可以输出相应的效果图，如图12.6所示，图中红色代表关键路径。

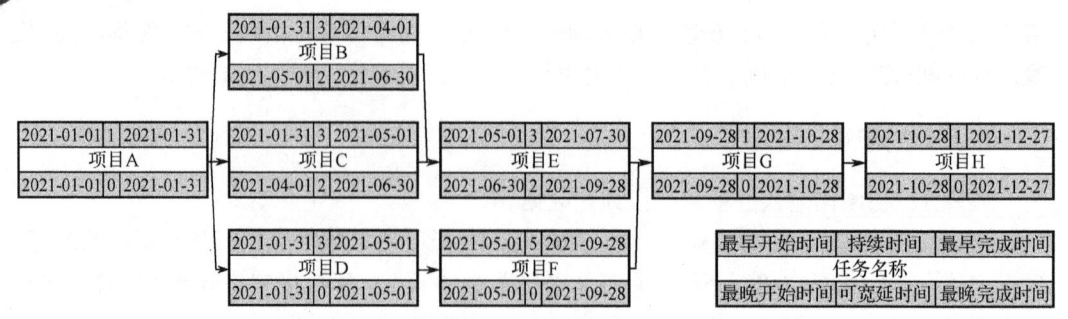

图 12.6　六时标注法网络图输出效果图

参考文献

[1] GHORBANI M K, HAMIDIFAR H, SKOULIKARIS C, et al. Concept-based integration of project management and strategic management of rubber dam projects using the SWOT-AHP method[J]. Sustainability, 2022, 14(5): 1-20.

[2] GKOLTSIOU A, MOUGIAKOU E. The use of Islandscape character assessment and participatory spatial SWOT analysis to the strategic planning and sustainable development of small islands：The case of Gavdos[J]. Land Use Policy, 2021, 103(1-2): 105277.

[3] HAZIR O, SCHMIDT K W. An integrated scheduling and control model for multimode projects[J]. Flexible Serv. Manuf. J., 2013, 25(1-2): 230-254.

[4] KONGAR E, ADEBAYO O. Impact of social media marketing on business performance: A hybrid performance measurement approach using data analytics and machine learning[J], IEEE Engineering Management Review, 2021, 49(1): 133-147.

[5] MEZ-DOLGAN N, FESCIOGLU-UNVER N, CEPHE E, et al. Capacitated strategic assortment planning under explicit demand substitution[J]. European Journal of Operational Research, 2021, 294(3): 1120-1138.

[6] MOKHTARI H, KAZEMZADEH R B, SALMASNIA A. Time-cost tradeoff analysis in project management: An ant system approach[J]. IEEE Trans. Eng. Manag., 2011, 58(1): 36-43.

[7] ROSE K H. Project quality management: why, what and how[M]. [S.l.]:Ross Publishing, 2005.

[8] SCHMIDT K W, HAZIR O. A data envelopment analysis method for finding robust and cost-efficient schedules in multimode projects[J]. IEEE Transactions on Engineering Management, 2019: 1-16.

[9] SMOL M, PREISNER M, BIANCHINI A, et al. Strategies for sustainable and circular management of phosphorus in the Baltic sea region: the holistic approach of the InPhos project[J]. Sustainability, 2020, 12(6): 1-21.

[10] SMOLANDER K, ROSSI M, PEKKOLA S. Heroes, contracts, cooperation and processes: changes in collaboration in a large enterprise systems project[J]. Information & Management, 2020, 58(2): 103407.

[11] TURAN H H, JALALVAND F, ELSAWAH S, et al. A joint problem of strategic workforce planning and fleet renewal: with an application in defense[J]. European Journal of Operational Research, 2021, 296(2): 615-634.

[12] 蔡恩泽. 俄罗斯经济突出重围的战略选项[J]. 进出口经理人，2019(3): 42-45.

[13] 曾智洪. SWOT 分析工具与企业战略危机管理[J]. 科技管理研究，2009, 29(11): 465-467.

[14] 邓国彬. 高校校办企业发展的SWOT分析及战略选择[J]. 时代经贸（中旬刊），2007(S2): 1-3.

[15] 胡维友. 基于 SWOT-PEST 分析的安徽数字出版产业发展探讨[J]. 出版发行研究，2013(11): 63-65.

[16] 黄伟. 计划评审技术（PERT）[J]. 系统工程与电子技术，1979(1): 86-88.

[17] 金勇，赵志纲. 计划评审技术工序综合重要度分析方法[J]. 中国制造业信息化：学术版，2011(7): 54-57.

[18] 赖一飞. 项目计划与进度管理[M]. 武汉：武汉大学出版社，2007.

[19] 乐云，胡毅，陈建国，等. 从复杂项目管理到复杂系统管理：北京大兴国际机场工程进度管理实践[J]. 管理世界，2022, 38(3): 212-225.

[20] 林德明，王宇开，丁堃. 基于语义识别的知识产权战略政策工具选择[J]. 情报学报，2020, 39(2): 178-185.

[21] 刘庆. 计划评审技术在工程项目管理中的应用[J]. 工程建设与设计，2005(2): 61-62.

[22] 马国丰，陈强. 项目进度管理的研究现状及其展望[J]. 上海管理科学，2006, 28(4): 70-74.

[23] 马瑞民，肖立中. 战略管理工具与案例[M]. 北京：机械工业出版社，2009.

[24] 沈敏圣，王成程，张林，等. 利用关键链技术进行科研项目计划进度管理改进探索[J]. 科技管理研究，2017(18): 173-179.

[25] 汤亚楠. 战略选择工具——安索夫矩阵浅析[J]. 中国对外贸易（英文版），2011(12): 209.

[26] 唐韬智. SWOT 分析法与竞争战略选择[J]. 发现，2002(9): 13-15.

[27] 王秉安，甘健胜. SWOT 营销战略分析模型[J]. 系统工程理论与实践，1995, 15(12): 34-40.

[28] 王国广. 从实际出发推行计划协调技术[J]. 系统工程理论与实践，1981(4): 5.

[29] 王磊. "一带一路"背景下电商企业财务战略选择分析[J]. 长江丛刊，2018(10): 179.

[30] 王铁城. 一个关于生产组织和管理的科学方法——计划评审技术（PERT）简介[J]. 经济问题，1980(2): 23-29.

[31] 吴耕，罗文. 基于PEST-SWOT 分析范式的水电企业战略选择分析[J]. 四川水力发电，2011, 30(4): 75-76.

[32] 项国鹏，杨卓. 战略分析工具：研究脉络梳理及分析框架构建[J]. 科技进步与对策，2014, 31(19): 155-160.

[33] 肖子拾，梁文潮. 中小企业 SWOT 分析及发展战略选择[J]. 科技进步与对策，2002, 19(3): 20-21.

[34] 徐哲，王黎黎. 基于关键链技术的项目进度管理研究综述[J]. 北京航空航天大学学报（社会科学版），2011, 24(2): 54-59.

[35] 杨铭，李原，张开富，等. 基于改进的计划评审技术的航空项目风险评价技术研究[J]. 计算机集成制造系统，2008, 14(1): 192-196, 208.

[36] 张新国，向绍信. 大科学时代背景下科研项目进度优化研究[J]. 科技管理研究，2014, (18): 198-202.

[37] 张一飞. 中国战略文化中的"战"与"和"："自修"文化的两种战略选项[M]. 北京：中国社会科学出版社，2020.

[38] 张云. 新冠疫情下全球治理的区域转向与中国的战略选项[J]. 当代亚太，2020(3): 141-165, 168.

[39] 赵凡，罗批，荣明，等. 面向战略演习的网络舆情仿真推演系统研究[C]//中国自动化学会系统仿真专委会；中国计算机用户协会仿真应用分会；中国指挥与控制学会建模与仿真专委会. 第十届中国系统建模与仿真技术高层论坛论文集. [S.l.: s.n.], 2015: 37-41.

[40] 赵永昌. 多加性元素 GERT 网络解析法[J]. 系统工程理论与实践，1983(1): 18-24.

[41] 周生，胡晓峰，罗批. 战略对抗演习中的态势表现方法研究[J]. 装备指挥技术学院学报，2009, 20(3): 96-99.

[42] 朱萍，姜润生，周梅. 从项目管理的视角剖析医学科研项目进度管理中存在的问题[J]. 中国卫生事业管理，2008(5): 340-341.

第13章

规划项目评估方法

> 项目是体系构建、杀伤链闭合、目标路径达成的具体承载,项目的需求、规划、预算、执行、评估环节是战略管理的焦点所在,而项目决策则旨在更好地优化平衡项目布局、统筹协调预算资金、避免投资重复冗余、控制降低项目风险。本章基于前面章节的内容,聚焦项目决策的平台支撑问题,特别考虑了人工智能技术发展所带来的影响,进而对项目决策智能推演平台所涉及的测算筛选、关联聚合、计划协调、统筹分析和推演引擎等模块进行介绍。

13.1 规划项目测算筛选

测算筛选模块主要通过相关模型算法,对项目建设所需的工业资源、人力资源、管理资源和创新资源等资源需求进行测算分析,并根据支撑项目建设的既有资源情况,对项目从资源支撑度的维度进行统筹优化和筛选排序,以为后续经费决策提供基础。

13.1.1 基本功能

在资源有限的情况下,项目的规划应综合考虑项目建设的资源需求,高效推进项目建设进程,统筹优化工业资源、人力资源、管理资源、创新资源配置,以减少无效浪费,进而提高项目建设效益。测算筛选模块功能如图 13.1 所示。

1)工业资源测算分析

对项目建设、发展所需的技术、工艺、相关工业材料及成品予以合理配置,以期达到完成项目任务的技术成熟度、集成成熟度、工业基础指标等方面的要求,进而促使项目高效达成。

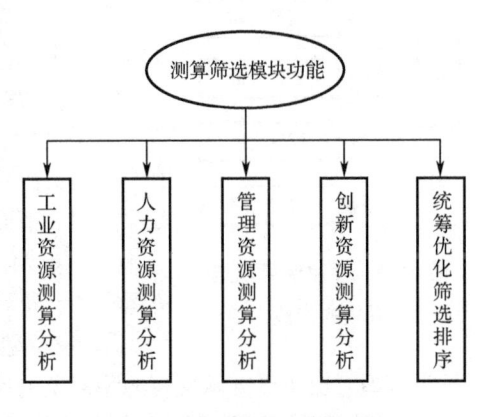

图 13.1 测算筛选模块功能

2)人力资源测算分析

通过对项目人力资源的需求和供给进行预测,制定必要的人力资源获取与配置、开发、激励、管理职能等策略,以确保人力资源的数量、质量能满足项目需求。

（1）规划人力发展。一方面对项目人力现状予以分析，了解人事动态；另一方面对未来人力需求进行预测，以便对项目人力的增减进行通盘考虑，并制订人员增补和培训计划。

（2）促使人力资源的合理运用。改善人力分配的不平衡状况，进而谋求合理化。

（3）配合项目发展的需要。即如何适时、适量、适质地使项目获得战略发展所需的各类人力资源。由于现代科学技术日新月异、社会环境多变，如何针对多变的因素，配合项目发展目标，对人力资源进行恰当规划显得尤为重要。

（4）降低用人成本。通过分析现有人力结构，找出影响人力资源有效运用的瓶颈，以使人力资源效能充分发挥，进而降低人力资源在成本中所占的比率。

3）管理资源测算分析

根据项目需求牵引项目建设的组织管理，按照"生产链"的思路打破既有的部门编制，尽可能合理地调配参与的部门和人力资源，并对整个项目所需的管理资源进行测算分析。

4）创新资源测算分析

科技创新资源是完善原有科技水平、提高科技创新能力的人、财、物及信息4种科技资源的总称。不论是科技创新资源，还是一般性资源都具有稀缺特征，合理的资源配置显得尤为重要。很多项目既是人力、物力、财力高度集中的领域，也是知识密集、技术密集和资金密集的领域，需要对项目所涉及的创新资源进行测算分析，以便于统筹安排。

5）统筹优化筛选排序

统筹优化筛选排序的目的是解决有限项目资源的合理分配问题。它主要指在项目建设所需的各类资源测算分析的基础上，对项目所需资源进行综合优化，进而对项目进行筛选排序。

13.1.2 功能构成

测算筛选模块主要包括数据导入、资源建模、资源测算、评估分析、配置优化及筛选排序等内容，如图13.2所示。

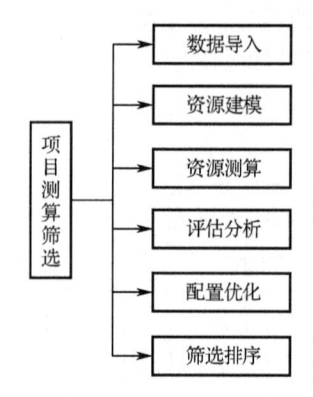

图13.2 项目测算筛选模块的构成

1）数据导入

数据导入就是导入项目的相关数据及现有资源的相关数据，并对数据进行预处理。

2）资源建模

为了分析、优化资源配置，需要对资源进行建模。资源模型用于描述资源对象及其之间的关系，从而可以精确且真实地反映资源情况。下面介绍几种常用的资源建模方法。

（1）集成化资源建模方法。集成化资源建模方法采用资源型、资源实体、资源池及资源组合的概念来描述资源分类及组织。

① 资源型：从资源分类的角度描述资源，可以嵌套定义，子资源型对象可以继承父资源型对象的属性，从而构成资源分类树。

② 资源实体：资源分类树的底层节点。

③ 资源池：具有同类属性和同种行为资源的一个编号资源的集合。

④ 资源组合：不同类型资源的组合。资源组合是由资源实体构成的，并且多个资源组合可以构成更大的资源组合。

（2）面向对象的资源建模方法。面向对象的资源建模方法可以为资源的描述提供统一的表达方式，因此可以一致描述从资源分析、资源评估到资源配置优化过程中需要使用的资源对象信息，从而使模型的可重用性和可集成性大大增强。该建模方法采用下述模型对象来描述资源。

① 资源型：对资源实体的归类和整理，它从资源分类的角度来描述资源，可嵌套定义，构成资源分类树。资源型的分类依据主要是资源能够完成的功能类型和使用特征。

② 资源组：以执行某一项目为目标而动态组建的资源组合。这里指由具体资源实体组成的集合。

③ 资源实体：具体的资源，既是资源分类树的底层节点，也是资源建模中的核心对象。精确描述资源实体的属性是资源建模的基础，这里将其属性分为4部分，分别是一般描述属性、组织属性、使用特征及能力属性。

④ 资源能力：资源模型中的能力对象不仅包括现有资源具有的执行项目的能力，还包括完成某项项目对资源能力的需求。

以上两种资源建模方法都采用资源型对象，资源类型一般可以考虑工业资源、人力资源、管理资源和创新资源。

3）资源测算

在优化资源配置之前，应先对资源进行分析测算，主要包括现有资源、资源利用情况、资源灵活性、资源平衡性及战略适应性等方面的分析测算。

（1）现有资源分析测算。现有资源分析的目的是确定当前拥有的资源量和可能获得的资源量，为资源配置提供可靠依据。这里围绕工业资源、人力资源、管理资源和创新资源4方面进行分析。

工业资源主要分析现有的技术、工艺、相关工业材料及成品等；人力资源可按年龄结构、学历结构、职称结构及岗级结构全方位、多维度地分析；管理资源应对管理部门的构成特征、管理人员的专业分布及平衡情况、管理人员的流动情况进行分析；创新资源应对提高科技创新能力的各种人、财、物及信息等科技资源进行分析。

（2）资源利用情况分析测算。资源利用情况分析的目的是分析产出与资源投入的比率，为了客观反映资源利用效率，需要将资源实际利用情况与计划目标及竞争对手的情况进行对比。

（3）资源灵活性分析测算。资源灵活性分析的主要目的是确定在内外部环境发生变化时，重新配置资源以满足新需求的能力。这里仍围绕上述4方面进行分析，需要着重分析对环境变化特别敏感的资源类。

（4）资源平衡性分析测算。资源平衡性分析的目的是保持资源的稳定平衡。

（5）战略适应性分析测算。战略适应性分析的目的是了解所制定的战略是否符合资源拥有情况。

通过上述资源分析测算，可以得到资源的优势、劣势和量化结果，从而为后续评估分析和配置优化提供依据。

4）评估分析

通过资源建模和分析测算，对项目所需的资源按工业资源、人力资源、管理资源及创新资源进行初步分析测算。在项目资源有限的情况下，需要建立合理的评估指标体系，以对资源投入情况进行定量化评估，进而对项目资源进行配置优化。

（1）评估模型。资源评估模型是对评估资源配置水平问题的建模。在建模前设计科学有效、便于操作、重点突出的资源投入分析指标体系，能够全面、准确地反映军队建设中的资源投入现状、需求、趋势变化，为决策部门提供合理的决策依据。

资源投入分析指标由工业资源、人力资源、管理资源及创新资源 4 类指标构成。这 4 类一级指标可根据需要细分出 2 级、3 级指标。例如，人力资源可划分出人力资源数量指标、人力资源结构指标和人力资源费用指标 3 个 2 级指标。

资源投入效益是资源配置的核心问题，它可以用来评价资源配置的水平。建立资源投入效益评估指标体系，科学衡量资源使用的工作水平，对于探索提高资源投入效益的有效途径、最大限度发挥资源效益具有十分重要的意义。但是影响资源投入效益的相关因素存在数量繁多、关系复杂、层次不一且不断变化的问题，故而难以进行客观评价。因此，这里的评估指标体系应按时间设置为预期绩效水平、过程绩效水平和综合绩效水平。

预期绩效评价相当于资源投入项目的可行性分析，主要反映项目的效益、作用和影响等方面的情况，具体包括 6 个指标：成本效益、军事战略地位、前期工作质量、决策水平、社会效益和生态环境效益；过程绩效评价的重点是支出的成本和效率；综合绩效评价的重点是与预期绩效目标对应的结果及其影响力、满意度等。

（2）评估方法。资源评估的目的是衡量资源配置的水平，以为后续资源配置优化提供决策依据，其应遵循以下原则：整体完备性原则、客观性原则、科学性原则及可操作性原则。

现有的评估方法主要分为两类：一类是主观赋权评价法，它通过专家经验得出相应的参数，具有一定的主观性，如层次分析法（AHP）、综合模糊评判法；另一类是客观赋权评价法，它通过各种指标之间的相互关系或者变异系数得出相应的参数，常见的有主成分分析法、灰色关联度法。项目测算筛选模块应尽量结合主观和客观两种评价方法来评估资源配置水平。

5）配置优化

资源优化配置的目的在于提高资源利用率，进而实现系统最优。通过分析资源供应量、项目的需求及项目价值，明确资源约束，并采用合理的资源优化配置规则及科学的配置方法改善多项目资源持有状况。资源的配置应使系统总体效果达到最佳，而非局限于单个项目的资源满足度。

资源配置优化在数学上是一个最优化问题，若想解决它，首先需要根据资源的供应能力（或者约束）及项目的资源需求建立数学模型，然后对模型进行求解，从而得到一个或几个最优的资源配置方案。模型求解的方法主要有模拟退火算法、遗传算法及多目标粒子群算法等。

此外，资源配置优化还可从资源优先和项目优先两个角度分别进行考虑。从资源优先的角度出发，在对优化问题进行建模时，应重点关注现有资源的供应能力；从项目优先的角度出发，在对优化问题进行建模时，应着重关注项目对资源的需求。项目测算筛选模块最终给出备选的资源配置方案，为总体资源的统筹分配和后续投资优化中资源成本的测算提供可靠依据。

6）筛选排序

经过项目资源的配置优化后，通过对项目进行筛选排序，输出资源配置优化后得到的

几个备选的资源配置方案，并通过可视化的输出场景进行直观展示，以辅助专家选择最优的资源配置方案。

13.1.3 应用流程

测算筛选模块的应用流程如图 13.3 所示，主要包括数据导入、资源建模、资源测算、评估分析、配置优化及筛选排序 6 个步骤。

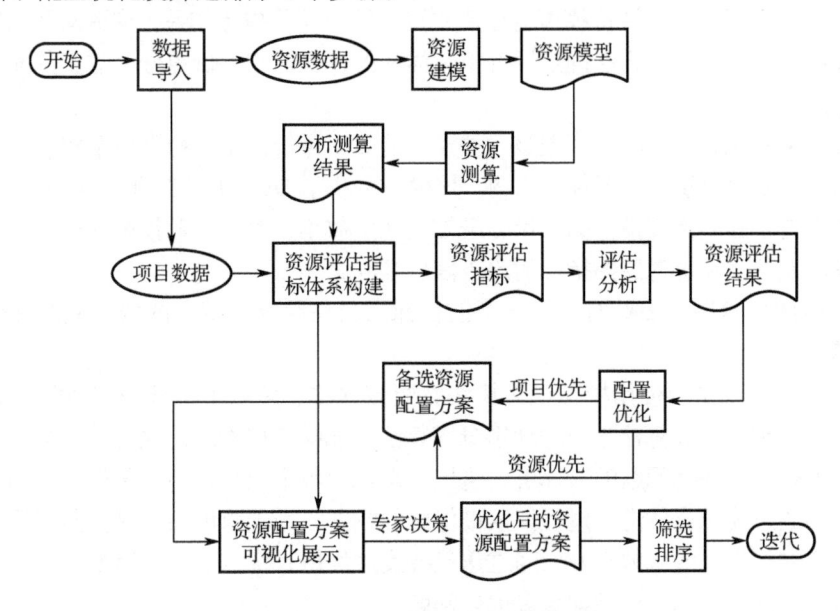

图 13.3 测算筛选模块的应用流程

（1）数据导入。导入资源数据和项目数据，并做数据清洗。

（2）资源建模。基于资源数据对资源进行建模，并给出规范格式的资源模型，为后续资源分析、评估及优化提供服务。

（3）资源测算。基于资源数据，分析现有资源情况、资源利用情况、资源灵活性、资源平衡性及战略适应性，并以图表形式呈现。

（4）评估分析。结合项目数据和测算结果，构建资源评估指标体系，进而对资源配置进行初步评估，并以图表形式呈现评估结果。

（5）配置优化。依据项目对资源的需求和资源的供应能力，分别从项目优先和资源优先两个角度对资源配置进行优化，并输出备选的总体资源配置方案，总体资源配置方案针对规划方案中的所有项目给出了工业资源、人力资源、管理资源、创新资源 4 种资源在不同时期的配置方案。

（6）筛选排序。基于前面的测算结果分析，专家根据经验对项目进行筛选排序，并从备选资源配置方案中选择最优的资源配置方案。

13.1.4 模型算法

测算筛选模块主要使用资源模型、资源分析模型、加权求和多指标综合评价模型、多层次复杂系统的数据包络分析（DEA）模型和多目标优化模型。资源模型通过定义规划方

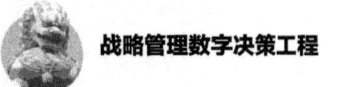

案中的所有项目所涉及的关键资源之间的逻辑关系和资源的具体属性，描述主要资源的构成和约束。其功能主要包括以下两方面：

（1）全面且精确地定义、描述资源的结构和特征。

（2）资源模型可以为资源提供统一的描述方式，它是实现资源配置优化的重要基础。

资源分析模型的主要功能是了解现有国防资源的利用率、灵活性、平衡性及战略适应性，分析其优势和劣势，进而发现在资源使用方面需要进行调整的内容。

加权求和多指标综合评价模型通过建立资源综合评价指标体系，构造两两比较的判断矩阵，并结合专家评分等方法确定评价指标体系的权重值与评价得分，对资源配置水平进行综合评价。

多层次复杂系统的 DEA 模型是一种重要的效率评价模型，特别适于解决复杂系统的评价问题，如多项目资源配置优化问题。该模型解决了 DEA 方法在评价复杂系统效率时，其评价结果过于强调次要指标的作用、经常出现多数单元有效、对投影的要求过于苛刻、指标集成后无法找到针对原始指标的改进信息等问题。

多目标优化模型主要针对多于一个的目标函数在给定区域上的资源配置最优化问题进行建模。

测算筛选模块主要使用模拟退火算法、遗传算法、多粒子群算法和两阶段集成优化算法。其中，模拟退火算法是一种通用概率算法，能够模拟物理退火过程，其作用是在一个大的搜索空间内寻找问题的最优解，这里用来求解单个项目资源配置最优化问题。遗传算法是一种通过模拟自然进化过程搜索最优解的方法，用于求解某一类资源配置最优化问题。多粒子群算法从随机解出发，通过迭代寻找最优解，优点是实现容易、精度高、收敛快等，这里用来求解总体资源配置最优化问题。

13.2 规划项目关联聚合

项目决策是一种资源约束条件下的众多目标之间平衡投资的多方案综合寻优问题，而各个项目之间在时间、空间、功能、资源等维度往往存在复杂且具有不确定性特征的约束关系，因此需要使用关联聚合进行分析。

13.2.1 基本功能

关联聚合模块是指在支撑目标达成的能力总体建设需求明确的情况下，根据资源限制和投资水平，明确能力建设短板和差距，通过分析各种不同的项目组合所能带来的能力提升，寻求最优的项目建设组合。该模块具有以下主要功能是：①进行投资总体规划，开展能力差距空间分析，找出影响能力建设的主要因素，明确最佳投资方向；②开展重点建设的单项投资项目分析，计算建设项目可能产生的效果，分析项目的风险和可行性，确定项目的需求满意度；③开展投资组合项目分析，计算投资组合项目对能力价值的提升和可能的代价，通过敏感度分析寻求最小代价下的最大能力提升。关联聚合模块的功能如图 13.4 所示。

（1）建设能力现状分析。其目的是确定前期已投资项目的建设水平及与能力建设目标的差距，为进一步分析指标差距提供依据。

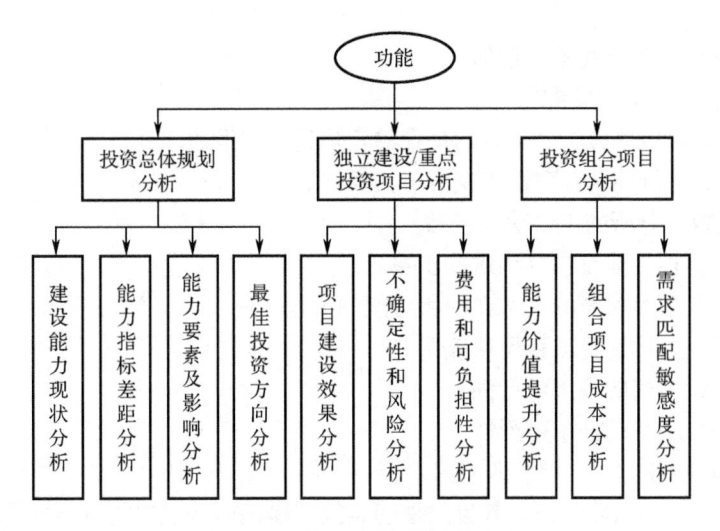

```
                                    功能
                                     │
         ┌───────────────────────────┼───────────────────────────┐
    投资总体规划                  独立建设/重点              投资组合项目
       分析                      投资项目分析                  分析
         │                           │                           │
   ┌──┬──┼──┐                  ┌──┬──┼──┐                  ┌────┼────┐
  建 能 能 最                  项 不 费                    能 组 需
  设 力 力 佳                  目 确 用                    力 合 求
  能 指 要 投                  建 定 和                    价 项 匹
  力 标 素 资                  设 性 可                    值 目 配
  现 差 及 方                  效 和 负                    提 成 敏
  状 距 影 向                  果 风 担                    升 本 感
  分 分 响 分                  分 险 性                    分 分 度
  析 析 分 析                  析 分 分                    析 析 分
           析                         析 析                            析
```

图 13.4　关联聚合模块的功能

建设能力现状分析的主要功能包括：
- 获取前期投资方向和投资力度。
- 分析前期投资建设项目的进度完成率。
- 分析前期投资建设项目的投资完成率。
- 获取前期投资建设项目的投资效果审核结果。
- 对比前期投资目标，分析前期投资项目的目标差距。

（2）能力指标差距分析。其目的是将各投资项目的目标差距分解为与投资方向和领域相关的分项能力指标，并根据建设目标和路径构想分析具体的投资方向上的能力指标差距。

能力指标差距分析的主要功能包括：
- 获取建设目标构想。
- 获取建设路径构想。
- 明确环境约束和资源约束。
- 确定人才、培训、法规、政策、科技等领域的能力基数。
- 根据组合能力模型计算各领域能力指标差距。

（3）能力要素及影响分析。其目的是将投资领域能力要素映射到项目核心能力要素并细化分解，以考察各个方向和领域的投资对项目核心能力要素的价值提升，并分析相关效费比指标，为确定效费比指标最佳的投资组合方向提供依据。

（4）最佳投资方向分析。其目的是确定如何调整和管理项目投资组合，包括项目预算削减、增加新项目，以及确定如何保持尽可能高的满足需求的机会。

最佳投资方向分析的主要功能包括：
- 获取建设目标构想。
- 获取建设路径构想。
- 明确各投资方向上投资力度和产生效益的关系。
- 明确各投资方向上的效益需求。
- 明确各投资方向上的投资力度约束。
- 明确投资方向组合选项。

- 对比分析投资方向组合选项。
- 投资方向组合选项寻优。

（5）项目建设效果分析。其目的是在给定项目部署运用场景下，明确不同领域能力提升的相对价值、可行性、合理性和成本可负担性。

项目建设效果分析的主要功能包括：
- 获取投资项目建设内容和建设步骤。
- 获取投资项目实施的技术途径和可能的风险。
- 根据项目目标计算项目预期效果。
- 分析建设项目的经济可行性。
- 分析建设项目的技术可行性。
- 形成单项目的能力-需求匹配图。

（6）不确定性和风险分析。其目的是明确投资建设项目成功的可能性及影响项目成功和项目费用/进度的不确定性因素并进行评估，进而给出对策建议。

不确定性和风险分析的主要功能包括：
- 明确内部不确定性因素和环境影响因素。
- 进行风险信息整合，明确风险评价指标。
- 风险感知和危害评估。
- 明确风险对策。

（7）费用和可负担性分析。其目的是从"系统全貌"的角度来考虑项目建设从基础研究到运行保障全寿命周期成本，并确定预算限制情况下的"立项"客观要求满足度。

费用和可负担性分析的主要功能包括：
- 分析项目申请费用与投资估算的差异。
- 分析调整投资项目内容的能力目标影响。
- 分析调整投资项目资助力度的能力目标影响。
- 分析调整投资项目建设周期的能力目标影响。
- 明确投资项目的"立项"客观要求满足度。

（8）能力价值提升分析。其目的是从价值单元的角度来评估投资组合项目的价值，并给出各类投资组合项目分析评估的结果和排序。

能力价值提升分析的主要功能包括：
- 确定投资组合方案在核心能力要素领域的能力提升水平。
- 确定投资组合方案在人才/培训领域的能力提升水平。
- 确定投资组合方案在政策法规领域的能力提升水平。
- 确定投资组合方案在科学基础领域的能力提升水平。
- 投资组合方案在特定目标和建设路径下的能力价值。

（9）组合项目成本分析。其目的是根据投资组合项目在费用、进度、人力资源、配套资源等方面的消耗，分析各投资组合项目方案的成本与效能的对比有效性。

组合项目成本分析的主要功能包括：
- 明确投资组合项目的工业资源消耗。
- 明确投资组合项目的人力资源消耗。

- 明确投资组合项目的管理资源消耗。
- 明确投资组合项目的创新资源消耗。
- 明确投资组合项目的配套资源消耗。
- 获取投资组合项目的能力-资源消耗匹配图。
- 分析投资组合项目方案的有效性。

（10）需求匹配敏感度分析。根据目标能力需求框架对投资组合项目的有效性做出判断，考察投资分析平台所提供的投资项目组合是否满足需求及其满足程度，并根据判断结果提出投资项目组合的优化改进意见。

需求匹配敏感度分析的主要功能包括：

- 分析投资组合项目内容调整的效果和成本影响。
- 分析投资组合项目经费调整的效果和成本影响。
- 分析投资组合项目目标调整的效果和成本影响。
- 分析投资组合项目关系调整的效果和成本影响。
- 寻求最优投资组合方案。

13.2.2 功能构成

关联聚合模块支持投资总体规划分析、独立建设/重点投资项目分析和投资组合项目分析 3 方面的功能需求，如图 13.5 所示。

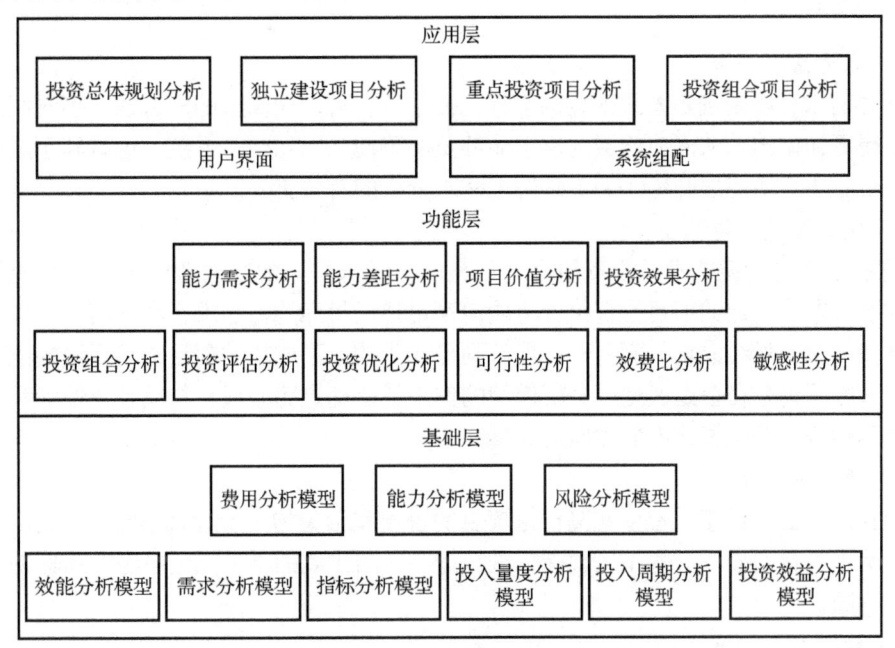

图 13.5 关联聚合模块的构成

1. 应用层

1）用户界面

针对不同的用户和不同的应用场景，开发不同的用户界面，促使用户在使用关联聚合模块时，仅需考虑投资组合项目本身的问题，不需要研究具体的模型和算法。用户界面应

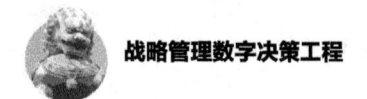

能方便用户清晰地描述问题，选择解决问题的途径，以及获取分析数据和结论。

2）系统组配

用户在使用关联聚合模块进行不同的应用分析时，相应功能不是由单一软件完成的。系统组配模块可以根据用户应用分析需求，从功能层和基础层中选取适用的部分组建专用的应用模块，以为用户当前的应用分析提供服务。

3）投资总体规划分析

投资总体规划模块负责实现建设能力现状分析、能力指标差距分析、能力要素及影响分析和最佳投资方向分析4项系统功能。

4）独立建设项目分析

独立建设项目分析模块针对独立建设项目实现项目建设效果分析、不确定性和风险分析、费用和可负担性分析3项系统功能。

5）重点投资项目分析

重点投资项目分析模块针对重点投资项目实现项目建设效果分析、不确定性和风险分析、费用和可负担性分析3项系统功能。

6）投资组合项目分析

投资组合项目分析模块负责实现能力价值提升分析、组合项目成本分析、需求匹配敏感度分析3项系统功能。

2．功能层

1）能力需求分析

能力需求分析是确定系统架构的前提。需求分析可以使高层的复杂的、不透明的逻辑关系变得更加简洁，从而使低层的需求能够更明确地映射到相关系统，这有利于进行系统定量分析。质量功能展开（QFD）是进行需求分析的有效工具。

2）能力差距分析

差距分析的关键技术是投资组合项目与能力需求关系的映射匹配技术。在规划过程中，并非只考虑给定的项目投资组合将如何满足建设目标能力需求，在任何项目投资组合中，某些项目必然会成功，而另一些项目则可能失败。不成功的项目与其系统性能和成本目标要求之间仍存在差距，差距分析模型的作用就是确定哪些项目与其系统性能和成本目标要求不相符，并尝试给出具体差距。

3）项目价值分析

项目价值分析用于监控潜在高价值项目的进展和相关的风险缓解策略，以确保实现其价值。基于项目的显式价值和风险指标进行排序，与传统的基于无记录隐式指标的排序有明显的不同。

4）投资效果分析

投资效果分析包括：①分析项目投资周期内，项目建设预期目标实现的程度，找出影响目标实现的相关因素；②评价项目投资预算完成情况，确定项目投资力度和投资节奏对项目建设目标的影响。

5）投资组合分析

投资组合分析需要可靠的数据和精确的计算，以及深度不确定性下的主观输入和分

析。此外，投资组合分析还要应对高层决策者之间存在的重大分歧，这些分歧可在战略视角下部分把握。项目决策的本质通常是选择一个视角，或在重要的视角上做出有价值的分析选择。

6）投资评估分析

投资评估分析是从战略目标、总体方法和使用方法的一般含义等方面评估备选战略的，它通过识别各个领域需要实现的目标和能力，开发投资备选方案，并将所需的能力转化为特定的力量建设项目，将多个投资项目建设方案的能力目标聚合为单一的总体投资方案目标。通过评估投资备选方案的成本，对比投资备选方案的风险，根据潜在影响和核心优势对投资策略进行改进。

7）投资优化分析

各种投资组合策略既没有重合的，也没有孤立于单一领域或目标的。投资策略之间存在明显的差异，因而在现实中需要有所舍弃并做出选择。

通常是通过询问并回答诸如"对投资策略做出修改会发生什么""如何修正投资策略才能让它在整体上做得更好"等问题来产生迭代的。通过迭代，投资策略能够达到实现能力的灵活性、适应性和稳健性的目标。

另一种类型的迭代将包括以下问题："多少才是足够的""在某些战略方向所需的巨额投资真的能得到期望的回报吗""在有证据表明这些投资是成功的之前，它们能被削减吗"。

8）可行性分析

可行性分析是投资建设项目获得立项许可的重要依据。

技术可行性从项目实施的角度，分析投资建设项目方案的合理性，并比较项目建设目标的可能性及预算和进度规划的科学性。

经济可行性从成本效益的角度进行项目预算审核，评价为达成项目建设目标可能产生的资源消耗；同时，从资源配置的角度衡量项目的价值，分析项目建设的综合效益。

工程可行性从组织管理的角度，分析项目建设中的工程性制约因素及其对项目建设进度和成本效益的影响。

9）效费比分析

每个投资组合方案都有一个相关联的投资流。投资流由每年的预计成本、成本类别（如研发、采购和运行）和支出项目确定。

综合度量指标和具体度量指标可能与各种类型的功能或风险相关。例如，评估指标可能是兵力结构在"短期预警"情况下的能力，而这种评估不仅取决于场景，还取决于结果的度量、所使用的模型及模型的详细输入。

在备选方案、评价准则、效用函数等都被确定后，各备选方案的综合性能即可针对评价准则进行估计，性能估计值是通过试验、参数分析、仿真试验或其他可用的、可承受且可信赖的方法而获得的。

10）敏感性分析

敏感性分析的作用有两个：一是分析备选方案的稳健性，即对系统环境扰动的敏感程度，若出现扰动时系统的性能指标有很大的偏差，则说明备选方案存在缺陷，应慎重决策；二是当多个备选方案加权后的总评分相近时，需要通过敏感性分析进行进一步的权衡，如对任何一项准则稍做改变，观察系统性能估计值的变化，据此做出最终决策。

如果性能评价的准确度影响决策，那么决策者可以选择推迟决策，一方面通过收集补充数据或改进分析方法来减少不确定性；另一方面可以重新审查评价准则和权重，以保证决策的准确性。

3. 基础层

1) 费用分析模型

费用分析模型主要解决项目预算类型、预算分解、费用分类及费用估算等问题。该模型用于计算项目寿命周期费用，并根据所需费用，通过简化和归纳构造数学公式。

2) 能力分析模型

能力分析模型的主要功能是：

（1）获取投资项目能力空间。根据能力需求进行作战构想和系统的开发验证，形成满足能力方案空间的概念模型，并通过推演和仿真支撑评估。

（2）构建投资项目方案空间。通过结合领域能力的特征和涵义，以适当方式构建投资项目相应的能力方案空间，并在此基础上进行初步探索和筛选。

（3）对比排序方案空间。通过列举不同的投资组合方案进行仿真模拟，并根据仿真结果对各方案进行排序以获得最优。

3) 风险分析模型

风险分析模型主要包含以下3方面的内容：

（1）风险分类。第一类是战略上可接受的风险，如在资源有限的条件下，优先考虑一个需求就意味着需要对另一个需求承担一些风险；第二类是不明显却极其重要的风险，如投资策略在特定领域的有效性的"最佳估计"有时可能是错误的。

（2）分析风险并确定其优先级。确定风险优先级的依据包括：①风险影响，即风险所造成的项目进度、工作量或研制成本相对于计划的偏差；②发生的可能性，即风险实际发生的概率；③风险的可能影响程度，即对风险发生可能性和影响的综合定量评估，在简单情况下可以考虑采用这两者的乘积。

（3）确定风险规避策略。评估投资选择的潜在有效性是重要的。开发支持特定策略的投资选项并不能保证可以实现该选项的目的，因此有必要根据设计策略的要求评估选项的能力和容量。对于多个备选方案，应根据备选方案的需求来评估，以降低支撑某一特定策略的假设被证明是错误的风险。应使用评估的结果来完善投资选择并重复分析。

4) 效能分析模型

效能分析模型主要用于解决以下问题：

（1）确定效能指标。效能分析指标可以采用记分卡方式，如使用红色、橙色、黄色、浅绿色和绿色分别表示极糟、糟糕、中等、良好和优异的结果。

（2）确定效能分析方法。评估武器系统效能的方法较多，基本方法有专家评定法、试验统计法、作战模拟法、指数法和解析法等。可以采用基于仿真的分析，描述长期竞争和环境塑造战略的预期后果。应确保以与投资组合分析中使用的更量化的措施相称的方式来衡量结果。解析方法吸引人的特性是既能进行几个月的深思熟虑的分析，也可以进行快节奏的分析。

（3）效能指标计算。根据不同能力建设领域的特点，采用特定效能分析方法，在给定

的作战构想和建设构想背景下，计算每项领域能力指标。这些能力可以用武器系统的某种输出特性加以描述。例如，用发现和稳定跟踪概率描述预警探测雷达的能力，用推力和工作时间描述导弹发动机的能力。

（4）效能指标综合。系统效能分析的目的是全面了解其完成特定作战使命任务的有效性。系统效能是多项能力指标的综合，在进行指标综合时，需要注意各项指标的衡量标准应统一。

5）需求分析模型

项目投资组合与能力和成本需求不匹配的精确定位可以通过以下步骤实现：①假设一个投资组合中的所有科技项目都将获得成功，从而建立一个衡量供应满足需求程度的基准。现实情况是，可能会有足够多的项目失败，导致无法满足所有需求。②分析各种不确定性因素，以及这些因素如何影响投资组合满足需求的能力，从而可以知晓哪些需求领域可能得不到满足、哪些项目投资组合可能需要调整。

6）指标分析模型

指标分析模型用于解决低层次指标向高层次集成的问题。指标聚合集成能够降低分析数据的复杂度，聚合集成的指标更容易反映系统的本质行为规律。

7）投入量度分析模型

计划投入量度的分析，可以为用户提供项目内部所需投资的概要信息。用户可将所投入的量度值与可用于分配的资金进行比较，并决定是否按要求执行全部项目，还是取消某些项目，或是对其进行修改。

8）投入周期分析模型

投入周期分析模型运用信息系统，分析从程序项目到单项目资产的多样化报表，涵盖了计划周期、工期、未来预期等多项内容。针对投资程序和投资额度所提供的大部分报表选择功能也可用于程序项目和为资产购置制定统一价格预算的报表。报表分项选择的最大优点是使订单或项目直接归入固定资产，可实现实际账面价值，并附有资产减值明细。

9）投资效益分析模型

投资效益分析模型负责在项目效益分析周期内对各个投入模块进行效益评估，并提出能力、容量、可负担性和可执行性方面的各种问题。该模型对主要分析工作的预想条件、备选方案分析的预想条件，以及所有筹划场景和战役分析工作都将进行协调。

13.2.3 应用流程

针对不同类型的项目，关联聚合模块的应用流程不尽相同，以科技项目为例，其应用流程如图13.6所示。

（1）确定投资项目组合需求满足度。明确现有投资项目组合能够或应该满足哪些需求，剩余需求则由新的投资项目满足，从而可以通过调整从现有投资项目组合中选择一个最佳组合。

（2）确定需要调整的投资项目组合。现有投资项目组合中只有部分能够继续给予资金支持，其他则需要终止，由此节省下来的资金将在新的投资项目中产生更高的成本效益。这是一种用于确定如何管理预期的或意外的预算削减，同时保持尽可能高的满足需求机会的方法。

```
         ┌─────────────────────────────┐
         │  确定投资项目组合需求满足度  │
         └──────────────┬──────────────┘
                        ↓
         ┌─────────────────────────────┐
    ┌───→│  确定需要调整的投资项目组合  │
    │    └──────────────┬──────────────┘
    │                   ↓
    │    ┌─────────────────────────────┐
    │ ┌─→│   削减用于新系统开发的预算   │
    │ │  └──────────────┬──────────────┘
    │ │                 ↓
    │ │  ┌─────────────────────────────┐
    │ │  │   描绘技术指标-能力需求关系图 │
    │ │  └──────────────┬──────────────┘
    │ │                 ↓
    │ │  ┌─────────────────────────────┐
    │ └──│  寻找满足能力需求的最佳平衡点 │
    │    └──────────────┬──────────────┘
    │                   ↓
    │    ┌─────────────────────────────┐
    └────│ 选择最具成本效益的投资项目组合│
         └─────────────────────────────┘
```

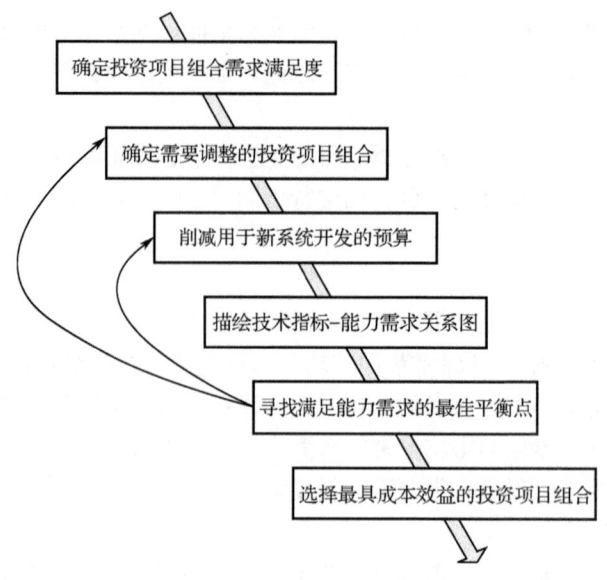

图 13.6　科技项目关联聚合模块的应用流程

（3）削减用于新系统开发的预算。针对新开发的或通过采购获得的新系统进行预算削减，对系统的部署、运行、维护及退出使用进行总体预算，即项目执行的结余预算。从开始资助项目到项目立项之前的预算，称为项目预研结余预算。不论是哪种预算的更改，都会改变投资项目覆盖能力需求的可能性，即改变可行百分比。上述两项预算的总和称为寿命周期结余预算。

（4）描绘技术指标-能力需求关系图。技术指标-能力需求关系图只涉及投资项目组合满足能力需求的可能性。

（5）寻找满足能力需求的最佳平衡点。规划的目标是寻找满足能力需求的可能性和可负担性之间的最佳平衡点。这个最佳平衡点表明了应该花费在选定的现有项目上的项目预研结余预算和项目执行结余预算，以及相应的可行百分比。如果期望获得一个更高的可行百分比，那么"最佳平衡点"的含义就是：与为更多现有项目提供资金相比，为新项目提供资金的代价会更低。

（6）选择最具成本效益的投资项目组合。为了找到现有项目的最佳平衡点，必须在可行百分比和可负担性之间进行权衡。一旦寿命周期预算和投资项目预算通过权衡被确定在最佳水平，后续工作就是选择最具成本效益的投资项目组合。通过结合各种项目预研投资预算与各种项目执行投资预算，能够得出各种可能的总预算组合，而各种投资组合的总预算的失效则是有好有坏。

13.2.4　模型算法

关联聚合模块主要使用费用分析模型、能力分析模型、风险分析模型、效能分析模型、需求分析模型、投入度量分析模型、投入周期分析模型、投资效益分析模型和指标分析模型。

费用分析包括确定预算类型、预算分解、费用分类和费用估算。费用分析模型将投资项目的建设目标、建设内容、建设活动和建设周期作为输入，输出项目建设的费用类型及

费用估算值，模型参数包括预设的预算类型、项目建设领域和活动类型及费用估算模型。

能力分析包括获取投资项目能力空间、投资选项方案空间构建及方案空间对比排序。能力分析模型将能力需求、作战构想作为输入，输出投资项目能力空间、方案空间中可选方案的排序，模型参数包括能力指标、可选方案中的参数、方案筛选和排序方法的参数等。

风险分析包括风险分类、分析风险并确定其优先级，以及确定风险规避策略等内容。风险分析模型将项目建设目标、经费、周期、进度的计划和实际进展数据作为输入，输出风险可能发生的影响及风险处置策略，模型参数包括预设的风险类型、可承受风险的门限值。

效能分析包括确定效能指标、确定效能分析方法、效能指标计算和效能指标综合。效能分析模型将效能指标体系、项目建设目标、经费、周期、进度的计划和实际进展数据作为输入，输出投资项目方案的综合效能，模型参数包括项目领域特征与效能的关系、效能计算模型和效能综合模型。

需求分析包括项目投资组合与能力和成本需求不匹配问题的精确定位，以及利用 QFD 将调整后的需求分配到系统。需求分析模型将项目建设需求、需求满足程度的评判标准作为输入，输出需求不匹配问题定位、影响因素的分析结果及分配完成的需求集，模型参数包括各领域需求满足程度的用户期望权重。

投入度量分析包括获取项目所需投资、计划值与分配资金比较，以及确定实施和取消的项目选项。投入度量分析模型将项目投资申请数据、项目投资建设目标、项目投资建设预算作为输入，输出按计划实施项目清单、加大投资项目清单及暂缓建设项目清单作，模型参数是项目投资申请是否通过的评判准则。

投入周期分析包括分析从组合项目到单项目资产的计划周期、工期、未来预期，寻求项目投资周期调整方案，以及评估投资周期调整方案。投入周期分析模型参数包含投资方案工期评估模型参数、投资方案资金评估模型参数、投资方案工期-能力关系矩阵及投资方案工期-资产关系矩阵。

投资效益分析包括从能力、容量、可负担性和可执行性方面对项目效益分析周期内各个投入模块的效益评估。投资效益分析模型将投资组合备选方案作为输入，输出投资项目的总体效益。

指标分析包括低层次指标评估、低层次指标向高层次集成及聚合集成的指标校验。指标分析模型将聚合的低层次指标作为输入，输出聚合集成的高层次指标。

关联聚合可能涉及能力需求分析算法、能力差距分析算法、项目价值分析算法、投资效果分析算法、投资组合分析算法、投资评估分析算法、投资优化分析算法、可行性分析算法、效费比分析算法和敏感性分析算法。

能力需求分析算法可以根据各领域能力建设需求，确定各个建设领域的能力需求，并粗略估计相应的投资需求；能力差距分析算法可以根据各建设领域的能力需求，评估前期投资的能力建设成果指标和发展趋势，并分析相应建设领域能力差距；项目价值分析算法可以根据当前各领域能力建设水平和项目投资建设计划估算项目投资建设的能力提升值，并结合项目按计划、按预算完成概率综合分析投资建设项目价值；投资效果分析算法可以根据项目投资建设目标和建设计划，预估建设目标的预期实现程度，并分析相关影响因素（投资力度和投资节奏）对实现项目建设目标的影响；投资组合分析算法通过评估投资组

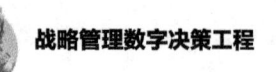

合各单项投资建设项目选项在相关建设领域的能力指标,分析其成本效益;投资评估分析算法根据投资建设组合项目的影响因素,确定项目在资金、进度等方面的可调整空间,保证在可调整空间内达到投资建设组合项目的建设目标;投资优化分析算法用于分析投资建设组合项目的关键影响因素,并在影响因素可调整空间内使用探索性分析方法寻求最优可选投资建设组合项目;可行性分析算法分别从项目实施的角度分析技术可行性,从成本效益的角度分析经济可行性,从组织管理的角度分析工程可行性;效费比分析算法依据投资项目效费综合度量指标计算效费比相应的效用函数,给出备选投资组合项目的优先排序;敏感性分析算法通过指标微调进行投资组合项目的敏感性和稳健性分析,给出各项影响指标的价值排序。

13.3 规划项目计划协调

13.3.1 基本功能

计划协调模块主要包括以下 3 种功能:

(1)提高项目计划制订的精细化水平。若项目任务计划制订不详细、责任分工不明确,则在多项目控制过程中,制订者难以准确判断关联项目间的协同度,导致项目出现计划变更和工期延长。

(2)准确界定各项目的优先级。项目优先级是多项目管理的难点,优先级排序受多种因素影响,并且包含人为干涉与决策的模糊性,科学合理地界定项目优先级,对多项目的协调运行具有重要影响。

(3)资源冲突过程的动态发现与消解。由于多项目环境中的资源供给随时间动态变化,资源竞争时有发生,经常出现资源利用率不足导致项目失败的情况,因而需要支撑多项目的资源冲突过程的动态发现与调度,以便更好地实现资源的有效利用与动态配置。

下面介绍计划协调模块的功能需求。

1)项目计划管理
- 导入并编辑项目信息,定义项目的属性参数,对项目进行增加、删除、编辑、查看等操作。
- 进行项目任务信息的录入和编辑,项目任务信息包括项目负责人、执行部门、监管单位及主责单位等。
- 建立项目的甘特图,并显示其功能。
- 对项目计划进行编辑与下发,进一步细化分解为下级部门。
- 进行文件保存、备份、导入等操作。
- 项目参与部门对项目的进一步细化,以及人员和各种资源的分配。
- 项目查看功能,包括对项目任务优先级、甘特图和时标网络图等的查看。
- 提供项目任务部门和任务人员的工作日历,显示相关部门和人员的任务执行信息。

2)项目优先级评定
- 项目优先级影响因素库的构建,以及增、删、改、查等操作。
- 基于层次分析法等进行项目优先级评价因素的权重计算。
- 专家对不同的项目进行影响因素打分,并形成专家打分库。

- 通过模糊综合评价对项目进行优先级评定。

3）项目运行动态调控
- 基于各项目的网络计划，生成多项目工作流模型。
- 指定资源对多项目过程进行动态资源冲突检查，并发现制定时间段内存在资源冲突的过程。
- 基于项目实时进展情况，采用调度策略对项目进行任务调度，保证多项目运行综合优化。

13.3.2 功能构成

计划协调模块采用分层结构，包括应用层、服务层和数据层。其中，数据层主要负责对项目计划、项目运行、影响因素、专家打分、项目优先级、网络计划、里程碑计划等数据进行存储和管理；服务层主要通过微服务模式提供项目计划制订、优先级因素计算、多项目过程建模、项目计划分解、项目优先级综合评价、运行过程动态调控等服务；应用层主要负责区分系统管理员、项目管理员、单位用户、个人用户等不同角色，并提供不同服务组合应用。

数据层主要实现项目信息表、任务信息表、用户信息表、评价因素表、优先级评定结果表、任务资源分配表、资源库表等的存储、维护与管理。其中，项目信息表、任务信息表和用户信息表主要用于项目、任务、用户的信息维护；评价因素表和优先级评定结果表主要用于项目优先级的评定和维护；任务资源分配表和资源库表主要是用于维护资源和任务的关系。

1）项目计划管理

该模块主要用于项目、任务、计划、用户等的管理。
- 项目：描述项目的基本属性信息，支持增加、删除、编辑、查看，以及项目导入与导出操作。
- 任务：描述任务的基本属性信息，支持任务的分解与细化操作，以及参与单位与人员对任务的浏览与修改。
- 项目计划：支持项目计划的甘特图、网络图等的绘制，以及项目任务的分配。
- 用户：描述和维护系统用户的基本信息，包括单位、角色、人员等。
- 导入：实现已有项目方案数据的导入。
- 导出：实现项目方案数据的导出。
- 任务工作日历：支持参与单位与人员查看所负责任务的工作日历。

2）项目优先级评定

该模块主要基于优先级影响因素和专家经验，通过层次分析法（AHP）等方法对项目优先级进行综合评定。
- 专家库维护：维护专家数据库的相关信息，如专家姓名、所属项目、从事领域、权威性等。
- 项目优先级影响因素：维护影响项目优先级的因素属性信息，支持因素的增加、删除、编辑、查看等操作。
- 基于 AHP 的影响因素权重计算：采用 AHP 算法进行项目优先级影响因素的权重计算。
- 评价集：项目优先级量化值的计算和管理。

- 模糊判断矩阵：基于专家根据评判标准对项目影响因素的评分，构造模糊判断矩阵。
- 项目优先级评定结果：根据模糊判断矩阵和各影响因素的权重，进行项目优先级综合评判，并记录评定结果。

3）项目运行动态调控
- 项目计划信息：维护项目任务进度、里程碑节点等计划信息。
- 项目工作流模型：生成和维护项目的工作流过程模型。
- 任务：工作流过程模型中的变迁，用于描述任务的完成者及所需资源等信息。
- 资源冲突检测：对于多个项目工作流过程模型进行资源冲突检测，并维护检测结果。
- 资源冲突过程：描述存在资源冲突的项目工作流过程。
- 任务调度：存储任务调度的结果，并推送给项目人员。
- 资源管理：描述和维护资源基本信息，如资源名称、数量、可用时间段等，支持资源的请求、分配、回收等操作。

13.3.3 应用流程

计划协调模块的应用流程包括项目计划管理、项目优先级评定和项目运行动态调控的流程，如图 13.7 所示。

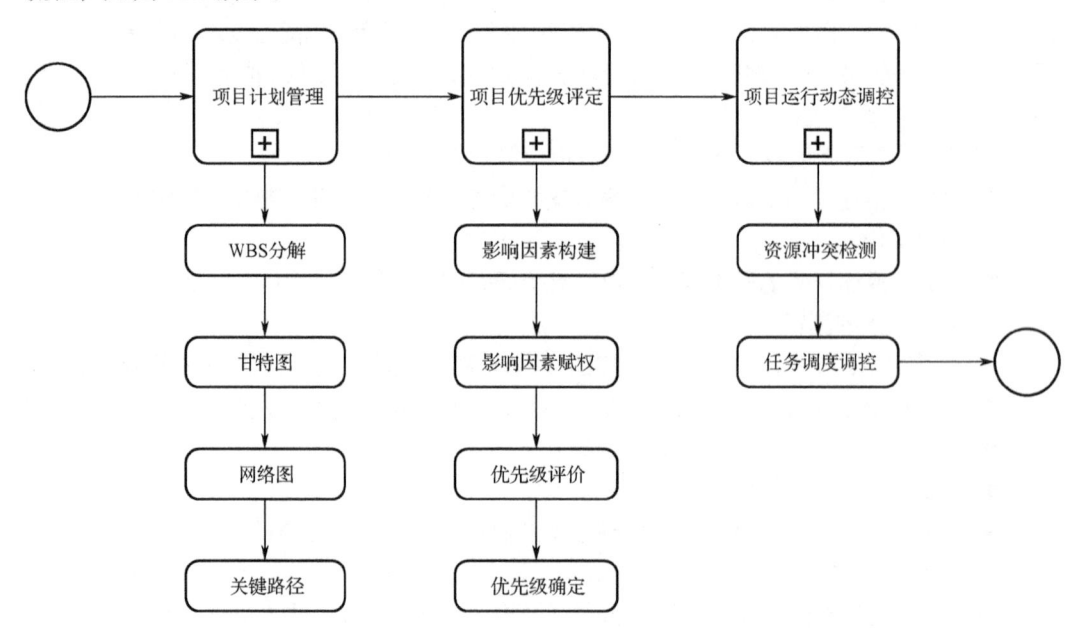

图 13.7 计划协调模块的应用流程

1）项目计划管理
- 项目计划管理人员根据项目计划按照工作分解结构（WBS）进行分解分配，可通过对本部门的进一步细化分解得到下级部门。
- 各部门计划管理人员对项目的甘特图进行查看。
- 项目计划管理人员对整个项目的网络图、关键路径等进行查看，以整体把握项目。

2）项目优先级评定
- 评定专家建立影响因素，并进行影响因素的增加、删除、编辑等操作。

- 评定专家对影响因素进行权重赋值,即在评分后利用 AHP 得出各个影响因素的权重值。
- 评定专家根据各项目的结果数据和影响因素对项目进行优先级评价。
- 项目管理员根据项目执行情况,设置不同的评价维度,以确定项目优先级。

3)项目运行动态调控
- 根据各项目实际运行情况、资源使用情况等因素,针对选定时间段内的重要资源进行资源冲突检测。
- 对存在资源冲突的任务,进行任务调度调控。

13.3.4 模型算法

计划协调模块主要使用甘特图、网络计划图、计划评审技术、图示评审技术和风险评审技术等。

甘特图以图示的方式通过活动列表和时间刻度形象展示特定项目的活动顺序与持续时间。

网络计划图的模型采用节点和箭头对项目进展流程进行网络状图形化表达,根据绘图表达方式不同,分为双代号表示法(以箭头标识工作)和单代号表示法(以节点标识工作)。

计划评审技术模型(PERT)利用网络结构分析制订计划,并对计划予以评价。该模型能够协调整个项目计划的各项活动,合理安排人力、物力、时间和经费,从而加快项目计划的完成。

图示评审技术模型(GERT),也称为随机网络技术模型或决策网络技术模型,它是一种结合网络理论、概率论、模拟技术和信号流图等技术的方法,用于研究随机网络,也可对网络逻辑关系和历史估算进行概率处理。在 GERT 的网络计划中,活动之间的逻辑关系具有不确定性,活动的成本和时间参数也不确定。

风险评审技术模型(VERT)是一种用于研究风险决策问题的随机网络仿真技术,能针对各种随机因素,构造适当的网络模型,并通过仿真来评估项目进展的风险程度,从而为决策提供依据。其模型可用于时间、费用和性能等方面的风险评估,是一种适用于高度不确定性和风险性的决策问题的网络仿真系统。VERT 仿真可以给出不同性能指标下,相应时间周期和费用的概率分布,以及工程在技术上获得成功或失败的概率等。由于 VERT 将时间、费用、性能联系起来进行综合性仿真,故而能为多目标决策提供强有力的工具。

13.4 规划项目统筹分析

统筹分析模块根据项目对一流目标的贡献率进行统筹分析,并对项目预算方案进行评估优化。

1. 战略规划体系超网络原型仿真统筹分析

现代战争体系对抗的特征越发显著,体系化建设和发展成为军队建设发展的根本要求。军队建设发展以作战体系建设为融合点和落脚点,突出联合作战概念牵引、体系能力要素统筹集成。体系网络是对建设发展方案相关的体系能力、建设项目、资源经费等要素的网络化描述，能够从整体上建立各要素之间的关联关系、支持预实践实验推演，并为成果展示提供结构化的数据支撑。

体系网络是一个包含体系能力网络、项目建设网络和支撑资源网络等子网络的超网络。

- 体系能力网络：包括军事力量体系能力网络、作战使命体系能力网络两个层次。其中，第一个层次包括战略能力任务需求、军事力量体系组成要素、体系作战能力要素3方面；第二个层次是由具体的兵力和资源等组成面向具体使命任务的作战体系所构成的能力网络。
- 项目建设网络：由项目建设目标、项目要素、项目资源、项目关系等方面属性描述的项目节点所构成的项目网络。
- 支撑资源网络：支撑项目建设的各类资源（包括经费）所形成的网络。

体系网络按照应用目标分为3个阶段和3种形态，分别为建模分析、实验推演、成果展示提供一体化支撑。

第一阶段：基于数据的体系网络。通过导入相关，数据，形成体系现有能力网络、项目建设网络、可用资源网络。

第二阶段：基于实验的体系网络。实验推演，一方面通过能效预实践对项目进行推演评估，给项目建设网络带来能力增量，形成体系预期能力网络；另一方面通过项目方案过程推演预实践，在可用资源和费用的基础上构建资源配置与投资组合网络。

第三阶段：基于知识的体系网络。综合实验推演数据和各种数据来源，采用大数据分析、数据挖掘等方法，面向决策支持和辅助分析的需要进行模式发现和关联关系识别，构建知识图谱网络，尤其可参考ENAR给出以项目方案投资为自变量、能力为因变量的因果影响网络。

2. 多因素多层次探索性分析评估技术

建设发展规划方案涉及多方面、多类型、多层次的项目，需要在有效应对大量不确定性的前提下实现多个领域内的不同类型的能力，因而必须综合考虑资源约束、经费限制、能力指标等因素，并进行多因素多层次组合评估，以支持决策人员对方案进行全面评估和合理优化。

探索性分析以系统分析为基础，充分考虑系统的不确定性，对低层高分辨率模型研究结果进行抽象和综合后，从高层到低层利用变分辨率建模技术构建一个层次化的问题分析树，并由此构建分析模型，最后利用层次化分析模型对不确定性因素进行全面组合试验设计，并对实验结果进行可视化分析。

多因素多层次探索性分析能够从建设发展规划方案所包含的不确定性因素出发，建立建设发展规划方案的动态模型，调整不同的不确定性因素，观察和比较建设绩效和目标能力的变化，从而在深入研究特定的内部细节之前，实现对建设发展规划问题空间快速的多因素多层次广度探索，并对建设发展规划方案进行稳健、自适应和灵活的组合评估。

3. 基于体系贡献率的项目决策支持

项目对目标的体系贡献率可以采用项目对体系、体系对力量、力量对目标等多个层次向上聚合的贡献率方法，这里以装备项目对装备规划计划的体系贡献率为例进行介绍。

规划计划是装备发展和运用工作的起点，主要根据国家安全战略和军事发展战略来确定装备发展方向和总体方案，在经费资源的约束下分配经费预算并进行投向投量。从体系贡献率主导的装备全寿命周期管理思想来看，规划计划阶段是起始阶段，体系贡献率评估根据全寿命周期要求开展作战体系顶层能力需求研究。这里给出面向装备规划计划的体系贡献率评估方法，其主要思想如下：将作战体系概念开发和体系设计作为研究起点，根据体系能力需求缺项来确定体系贡献率配比，并用规划计划项目对体系能力需求缺项的满足情况来评估项目对体系的贡献率。如图 13.8 所示，该方法分为体系作战概念设计、体系能力需求分析、能力价值定位建模、使命手段框架构建及项目体系贡献率评估 5 部分。

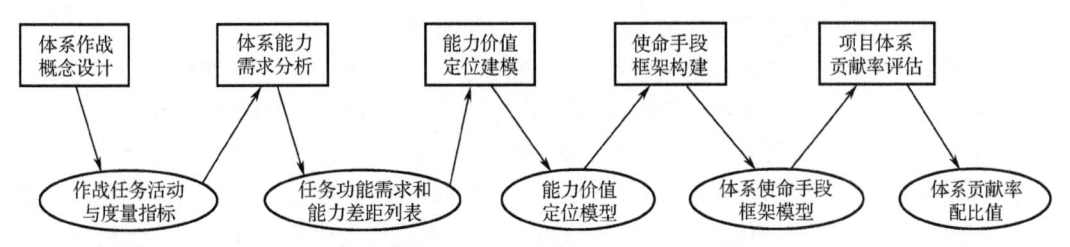

图 13.8 面向装备规划计划的体系贡献率评估方法

参考文献

[1] ANDRE V, RAMAT E. Parallel-devs specification of resource-constrained project scheduling project with a variable demand of resources[C]// 5th International Conference on Industrial Engineering and Systems Management. Piscataway, NJ: IEEE, 2013: 1-7.

[2] BARTOLOMEI J E. Qualitative knowledge construction for engineering systems: Extending the design structure matrix methodology in scope and procedure[D]. Poston: Massachusetts Institute of Technology, 2007.

[3] BRUCKER P, KNUST S, SCHOO A, et al. A branch and bound algorithm for the resource-constrained project scheduling problem[J], European Journal of Operational Research, 1998,107: 272-288.

[4] DAVIS P K, DREYER P. RAND's Portfolio Analysis Tool (PAT): Theory, Methods and Reference Manual[M]. Santa Monica, CA: RAND Corporation, 2009.

[5] GREGORY T H. Project planning and scheduling [M]. New York: Springer, 2009.

[6] LEE S M, MOELLER G L, DIGMAN L A. Description of the venture evaluation and review technique[M]//Network Analysis for Management Decisions. Netherlands: Springer, 1982.

[7] LOWS D, HAYWARD J, BELL J, et al The SCMILE services framework: A conceptual tool for designing the NCW force[C]//Defense Science and Technology Organization 11th ICCRTS. [S.l.: s.n.], 2006.

[8] MOELLER G L, DIGMAN L A. Operations planning with VERT[J]. Operations Research, 1981, 29(4): 676.

[9] PATTERSON D. Application Series: A comparison of heuristic and optimum solutions in resource-constrained project scheduling[J]. Management Science, 1975, 21(8): 944-955.

[10] 朱云风，顾昌耀，梁叔平. VERT 仿真风险分析在空间运输系统评价中的应用[J]. 管理工程学报，1990(2): 19-24.

[11] 白思俊. 资源有限的网络计划与启发式优化方法及其评价与选择——启发式优化方法综述[J]. 中国管理科学，1993, (2): 30-38.

[12] 程绍驰. NASA 技术路线图与优先级生成方法研究[C]//中国载人航天工程办公室. 2014 年第三届载人航天学术大会论文集. [S.l.: s.n.], 2014: 1079.

[13] 董文杰，刘思峰，方志耕，等. 基于 HGERT 网络模型的退化型失效可靠性评估[J]. 系统工程与电子技术，2019, 41(1): 213-219.

[14] 杜栋. 论 AHP 的标度评价[J]. 运筹与管理，2000, 9(4): 42-45.

[15] 方春. 供电企业战略规划项目管理研究[D]. 北京：华北电力大学，2011.

[16] 何英南. 施工项目的成本计划与成本控制[J]. 经营与管理，2008(2): 69-70.

[17] 洪钟冠. 建设项目规划设计投标方案选择和确定[D]. 泉州：华侨大学，2015.

[18] 蒋根谋. 线状工程项目进度计划及资源分配问题优化研究[D]. 南昌：南昌大学，2008.

[19] 李金海，刘辉，张树银. 基于项目进度规划方法的集成化研究[J]. 项目管理技术，2007(5): 61-64.

[20] 刘辉，李金海. 基于项目进度规划方法集成化的研究[J]. 工程经济，2004(7): 62-68.

[21] 娄涛. 在项目管理中如何有效地控制进度和质量[J]. 山西建筑，2009, 35(9): 204-205.

[22] 聂淑萍，高建民. 项目进度管理在国防科研项目管理中的应用探析[J]. 国防技术基础，2008(7): 51-56.

[23] 潘娜，李晖，杨茜. 甘特图在高校国防科研项目质量管理中的应用初探[J]. 中国管理信息化，2016, 19(12): 61-63.

[24] 曲豫宾，李芳，陈翔. 基于双目标特征筛选优化的项目开发工作量估算方法：CN108090699A[P]. 2018-01-10.

[25] 王昌照，王雁雄，李彦生，等. 一种基于优选策略的配电网规划项目自动优选方法：CN107918827A[P]. 2017-11-15.

[26] 王鹭华，朱建军，姚雨辰. 考虑"时间-资源"的大型客机协同研制 GERT 网络优化[J]. 控制与决策，2019, 34(2): 309-316.

[27] 王永超. 航空多型号项目与协调控制技术研究[D]. 西安：西北工业大学，2007.

[28] 文凡，于晓彦，朱国荣，等. 电网企业综合计划分配测算的项目统计指标筛选方法：CN110796564A[P]. 2019-09-09.

[29] 严贺祥，林柏梁，梁栋. 铁路网多项目多阶段投资规划模型[J]. 铁道学报，2007, 29(3): 19-24.

[30] 杨帆，王海名. 美国发布《NASA 战略规划 2018》[J]. 空间科学学报，2018, 38(4): 433-434.

[31] 张海涛，李题印，徐海玲，等. 商务网络信息生态链价值流动的 GERT 网络模型研究[J]. 情报理论与实践，2019, 42(9): 35-40,51.

[32] 张瑾，祝彬，王家胜. NASA 战略管理系统的工作流程[J]. 航天工业管理，2014, (2): 34-37.

[33] 郑轶松，王玲，王谦，等. 应用 GERT 的高科技产品开发项目计划方法[J]. 工业工程，2009, 12(5): 86-90.

[34] 周昀. 基于全面质量管理模式下的高校科研项目管理研究[C]//国防科技大学信息系统与管理学院. 2014 管理科学学术研讨会论文集. [S.l: s.n.], 2014: 247-251.

第14章

项目投资组合决策方法

> 项目投资组合指通过投资不同领域或者统一领域的不同项目,达到有效管理组织和满足业务战略目标的方法。项目投资组合既描述了组织和项目之间的依赖关系,也描述了管理单一投资项目所需的组织结构。本章通过阐述项目投资组合的测算方法,以及项目选项生成和组合分析方法,为读者提供投资组合的新视角和新手段。

14.1 投资项目效用测算

项目效用测算的主要目的是从决策者的角度来衡量项目所能够带来的效益,并运用效用理论评价项目、项目群的价值。通过构造效用测算函数,考虑决策者偏好,获得在约束条件下能够实现最大效用的项目、项目群,从而为项目、项目群的投向和投量调整提供决策支持,实现项目的选择决策。

14.1.1 项目投资效用理论

效用理论是用来分析决策者对待风险态度的理论,也称为优先理论、消费者行为理论。通过效用理论可以进行源于主观价值或偏好的商品选择与推断,即有风险的决策(能明确给出概率)和不确定的决策(不能明确给出概率)。效用理论的基础是效用原理,该原理是由约翰·冯·诺伊曼和奥斯卡·摩根斯坦于1947年提出的,他们展示了4项相对合适的"公理",并认为任何满足公理的期望都可用 VNM 效用函数(Von Neumann-Morgenstern Utility Function)表示。期望效用假说通过建立数学模型求最大化期望值来表示期望的合理性,并由完整性、传递性、独立性和连续性这4条公理组成期望效用原理。决策问题的特点之一是各种后果的价值待定。为了用定量化的方法研究决策问题,除了利用主观概率量化自然状态的不确定性,还需要量化后果的价值。在决策理论中,后果对决策者的实际价值表现为决策者对后果的偏好,效用是用偏好的量化实值函数来描述的。

20 世纪 50 年代以后,随着效用理论研究的深入,萨维奇在《统计学基础》一书中提出了主观期望效用理论(Subjective Expected Utility theory,SEU),其函数表达式为 $SEU = \sum \rho(E_i)\mu(x_i)$。其中,SEU 是与 VNM 期望效用理论中相同的效用函数,也是主观概率的度量,受到确定事件原则的影响。萨维奇的确定事件原则与独立性公理拥有相同的

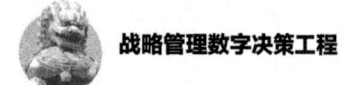

假设基础：自然对于概率的安排存在于客观世界本身，与决策者对结果的偏好无关；决策者安排偏好（概率赋值）的理由存在于主观世界本身，与客观世界无关。上述假设与拉普拉斯的客观世界决定论的哲学观是一脉相承的，实际上是对主观世界与客观世界的一种分离。

由于主观期望效用模型在面对复杂的现实社会时，无法设定单先验分布来描述不确定事件，故而对主观期望效用理论的公理体系进行了部分改造。其中，多先验期望效用模型不要求唯一主观概率分布，而是以弱序关系、确定性独立、连续性、单调性、不确定性厌恶和非退化性的 6 项公理，对不确定性厌恶现象用公式进行描述。在许多情况下，设定单先验分布不能很好地反映状态的不确定性，而利用多先验分布可以较好地解决状态的不确定表示问题。通过多先验期望效用的表示，并结合贝叶斯分析制定基于多先验期望效用的决策准则，如乐观准则、悲观准则、折中准则，这有利于在面对不确定的情况时能更好地做出决策。但是在决策分析时，先验分布的构造是很困难的，如果先验分布的微小改变会造成决策上的重大变化，则应对所设定的先验分布进行稳健性分析。

多属性效用理论的基本思想是构造一个可分解的多属性效用函数，在测定各属性（目标）效用值的基础上，按该函数形式归并为一个综合效用，并以综合效用的高低来判断方案或者项目的优劣。

综上所述，效用理论主要取自 VNM 期望效用，之后又发展出主观期望效用、多先验期望效用、多属性效用等多种效用理论。多属性非线性效用、比例效用理论等都是通过对 VNM 期望效用进行修正而提出的，这些效用理论在心理学、系统工程、微观经济学等方面得到应用。这些理论的主要区别在于决策判断时的效用偏好是源于客观因素还是主观因素，是确定的因素还是不确定的因素。使用概率形式度量效用大小的效用理论还与效用价值、基数效用、序数效用、无差异曲线、边际效用、边际效用递减规律、替代效应及边际替代率递减等方面的理论相结合，广泛用于不确定性、风险评价、消费者均衡、消费者偏好和收入效应等的研究中。

14.1.2　项目效用测算过程

项目效用测算过程主要如下：

（1）先对项目的效用计算建立符合项目属性特点的评价指标体系，再运用层次结构分析法构建层次化的评价指标体系。

（2）根据各指标及其对决策者的效用的特点构建效用函数，并由效用函数计算相应的项目效用。

1. 构建项目效用评价指标体系

进行项目效用测算的首要工作是按照层次结构分析法构建效用评价指标体系，因为项目的选择往往涉及多目标决策及约束条件的权衡，所以需要使问题条理化、层次化，以构建能够反映项目本质属性和内在联系的递阶层次结构模型，并在该种层次结构模型中，根据决策分析的结果，厘清能够影响决策者的项目属性及属性之间的相互联系、隶属关系等。将具有共性的属性归为一组，并作为层次结构模型的一个层次，同一层次的元素既对下一层次的元素具有制约作用，也受到上一层次元素的制约。效用评价指标体系的层次结构，即可以是序列型的，也可以是非序列型的。一般来说，可以将层次分为 3 种类型：最高层、

中间层、最低层。

（1）最高层：表示项目决策分析的总目标，也称为总目标层，其中只包含一个元素。

（2）中间层：表示实现总目标所涉及的各子目标，如准则、约束、策略等，也称为目标层，其中包含若干层元素。

（3）最低层：表示各种可进行选择的项目，也称为项目层。

2．构建项目效用函数

效用函数通常是表示消费者在消费中所获得的效用与所消费的商品组合之间数量关系的函数，用于衡量消费者从消费既定的商品组合中得到满足的程度。构建项目效用函数的目的是计算项目建设对评价指标体系的满足程度。设 f 是定义在消费集合 X 上的偏好关系，如果对于 X 中任意的 x,y，当且仅当 $u(x) \geqslant u(y)$，则称函数 $u: X \to R$ 是表示偏好关系 f 的效用函数。下面介绍几种效用函数的构建方法。

1）估计效用函数值的方法

（1）概率当量法。当确定 x_2 与一个随机性后果无差异时，即 $x_2 \sim \pi x_1 + (1-\pi)x_3$，可以通过确定 π 值（概率当量）来设定 3 个后果之间的偏好关系，进而设定效用值，该方法又称为 NM 法。

（2）确定当量法。通过给定的 x_1、x_3 和 π 可以确定当量 x_2，即 $u(x_1)=1$，$u(x_3)=0$，$\pi=0.5$，则后果 x_2 的效用为 0.5，该方法又称为修正的 NM 法。

（3）增益当量法。该方法将最优的后果 x_i 称为增益，将最差的后果称为损失，如果 $x_1 > x_2 > x_3$，则可通过确定的 x_2 和 x_3 得到增益 x_1 的值。

（4）损失当量法。与增益当量法不同，该方法通过 x_1 和 x_2 得到 x_3 的值。

从纯理论角度看，上述 4 种方法并没有实质性的区别，但是试验结果表明：使用确定当量法时决策人对最优后果（增益）的保守性和对损失的冒险性都比概率当量法严重；采用增益当量法与损失当量法所产生的误差都比概率当量法大，因此应尽可能使用概率当量法。

2）离散型后果的效用设定

当后果为离散型随机变量时，后果集 C 中的元素是有限的，即 $C = \{c_1, c_2, \cdots, c_r\}$。后果集效用函数的构建包括两方面内容：一是确定各后果之间的优先序；二是确定后果之间的优先程度。

离散型后果效用值的设定可以采用概率当量法，其关键在于找到 $1 > \alpha > 0$，使得 $P_2 \sim \alpha P_1 + (1-\alpha)P_3$。在设定 $u(P_1)$ 和 $u(P_3)$ 为任意给定值后，通过反复使用公式 $P_2 \sim \alpha P_1 + (1-\alpha)P_3$，能够设定 P 中各元素的效用值，具体步骤如下：

（1）选定 $c_1, c_2 \in C$ 使 $c_2 \succ$（符号 $\succ$ 表示优先顺序），令 $u(c_1)=0$，$u(c_2)=1$，所选择的 c_1, c_2 应利于进行比较。

（2）对于 $c_2 \succ c_3 \succ c_1$，求 $\alpha(1 > \alpha > 0)$，使 $c_3 \sim \alpha c_2 + (1-\alpha)c_1$，则 $u(c_3) = u(\alpha c_2 + (1-\alpha)c_1) = \alpha u(c_2) + (1-\alpha)u(c_1)$。

（3）若 $c_1 \succ c_4$，求 $\alpha(1 > \alpha > 0)$，使 $c_1 \sim \alpha c_2 + (1-\alpha)c_4$，则 $u(c_1) = u(\alpha c_2 + (1-\alpha)c_4) = \alpha u(c_2) + (1-\alpha)u(c_4)$，可得 $u(c_4) = \alpha/(\alpha-1)$。

（4）若 $c_5 \succ c_2$，求 $\alpha(1 > \alpha > 0)$，使 $c_2 \sim \alpha c_5 + (1-\alpha)c_1$，则 $u(c_2) = u(\alpha c_5 + (1-\alpha)c_1) = \alpha u(c_5) + (1-\alpha)u(c_1)$，所以 $u(c_5) = 1/\alpha$。

（5）设 $c_5 \succ c_4 \succ c_3$，并且都已知，由 $c_4 \sim \alpha c_5 + (1-\alpha)c_3$ 可求 $u'(c_4)$，若 $u'(c_4)$ 与已知的 $u(c_4)$ 不符，则反复进行步骤（2）～（4），直至一致性校验通过。

3）连续型后果的效用函数的构造

当后果为连续变量时，不再适用上述方法。若能找到 $u(c)$ 的若干特征值，则可在求得特征点的效用后，将其连成光滑曲线以形成效用函数。若 $u(c)$ 是连续且光滑的，则可对其分段以构造效用函数。

4）效用函数的解析函数近似

为了便于分析和运算，分析人员通常希望能够用某种解析函数式 $u(x)$ 来近似表达效用。

为了简化讨论，这里只讨论下凹的、规范化的效用曲线。所谓规范化的效用函数是指 $0 \leqslant x \leqslant 1$ 且 $u(0)=0$，$u(1)=1$ 的效用函数。由于效用函数在正线性变换下的唯一性，规范化的效用函数和变换前的效用函数都能反映决策者的偏好，并且对于规范化的效用曲线，任何下凸的曲线都有一条对称于直线 $u(x)=x$ 的下凹曲线 $u'(x)$，并且这两条相互对称的曲线存在如下关系：$u'(x)=1-u(1-x)$，因此只讨论下凹的、规范化的效用曲线并不失一般性。

常用的下凹函数有幂函数和对数函数，下面分别进行介绍。

幂函数 $u=x^\alpha (0<\alpha<1)$ 的曲线曲率随 α 的增加而变小。当 α 保持不变时，曲线在不同的区间有不同的曲率。因此，可以通过坐标平移用幂函数曲线的某个区间来近似表示下凹的效用曲线。

如图 14.1 所示，坐标 $u-x$ 平移后记作 $u'-x'$，它们之间的关系为 $\begin{cases} x = x'+b \\ u = u'+b^\alpha \end{cases}$。

将 $u=x^\alpha$ 代入该关系式，可得 $u'+b^\alpha=(x'+b)^\alpha$，即 $u'=(x'+b)^\alpha-b^\alpha$，令 $x'=y$ 且 $u'=\frac{1}{c}u''(y)$，可得 $u''(y)=-cb^\alpha+c(y+b)^\alpha$，此即效用函数的幂函数形式。分析人员在求决策者的幂函数形式的效用函数时，首先需要通过前述方法获得效用函数曲线上的若干具有代表性的点；然后选择 α，如 $\alpha=0.5$，并用最小二乘法解回归方程，确定参数 b 和 c，从而得到 $u''(y)=-cb^\alpha+c(y+b)^\alpha$ 的拟合的效用函数；在拟合误差较大时，可以适当调整 α 重新拟合。拟合所得效用函数 $u''=y$ 的准确性，主要取决于最初设定的代表性点的效用值的精度。

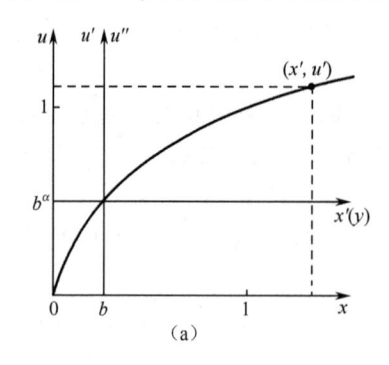

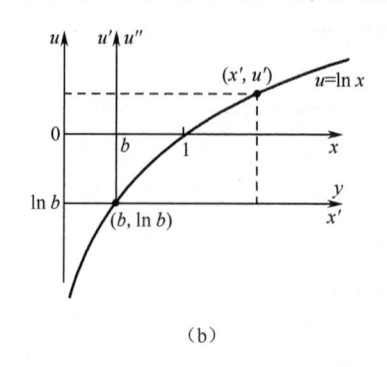

图 14.1 坐标变换

当用对数函数 $u=\ln x$ 拟合决策者的效用函数时，如同幂函数，它也要进行坐标变换。变换后的 $u'-x'$ 与原坐标 $u-x$ 之间的关系为 $\begin{cases} x=x'+b \\ u=u'+\ln b \end{cases}$。将 $u=\ln x$ 代入该关系式，可得

$u' = \ln(x'+b) - \ln b$，令 $x' = y$ 且 $u' = \dfrac{1}{c}u''(y)$，可得 $u''(y) = -c\ln b + c\ln(y+b)$。若令 $d = -c\ln b$，则可得 $u''(y) = d + c\ln(y+b)$。

上述公式就是效用函数的对数函数形式，具体求解过程如下：

（1）获得决策者效用函数曲线上的若干具有代表性的点，利用这些点绘制效用函数曲线并实现归一化；在归一化的效用函数曲线上求得 $u(x_0) = 0.5$ 中 x_0 的值。

（2）将 $u''(1) = 1$ 和 $u''(x_0) = 0.5$ 代入 $u''(y) = -c\ln b + c\ln(y+b)$，可得

$$\begin{cases} -c\ln b + c\ln(1+b) = 1 \\ -c\ln b + c\ln(x_0+b) = 0.5 \end{cases}$$

解得 $b = \dfrac{x_0^2}{1-2x_0}$。

因为只讨论下凹的效用函数，所以对于 $b = \dfrac{x_0^2}{1-2x_0}$，有 $0 < x_0 < 0.5$。将 $b = \dfrac{x_0^2}{1-2x_0}$ 代入 $u''(y) = d + c\ln(y+b)$，可得

$$u''(y) = d + c\ln\left(y + \dfrac{x_0^2}{1-2x_0}\right)$$

（3）利用函数曲线上若干具有代表性点的值来解回归方程，确定参数 d 和 c，得到 $u''(y)$ 拟合的效用函数。与幂函数一样，拟合所得效用函数 $u''(y)$ 的准确性取决于最初设定的代表性点的效用值的精度。

14.2 投资项目选项生成

投资组合分析的方案筛选从一组基础模块开始，每个基础模块都对应一个投资选项，并具有相应的"效果"和"成本"，通过投资组合方案筛选工具（BCOT）对基础模块进行组合，可以生成大量的备选方案，并进行推演和迭代。筛选后的方案组合被称为"生成集"，用于进一步的投资组合分析。BCOT 的数学原理将确保该组合分析仅用于防空导弹武器系统（AMWS）案例，即所有组件模块都存在，并应用于联合打击模式的案例。BCOT 是兰德公司基于 Analytica 开发的仿真推演工具，用于筛选投资组合方案。BCOT 可以完成对基础模块的组合，并对不同组合的预期"效果"和"成本"进行推演。推演引擎采用了美国 Lumina 公司的决策分析工具 Analytica，Analytica 建模平台的突出特点是它的结构化建模方式，可以清楚地表达模型各单元之间的关系，并且通过整合相关单元，可以实现模型的分层，从而将复杂的小单元集成为几个大的模块，而每个模块又可以继续分解和整合。

投资组合选项的筛选过程具体如下：

（1）根据成本和效能，在特定的作战场景、兵力效能和一系列参数（定义场景、效能和成本的参数集）下评估组合选项。

（2）对每个效能函数，找出一组经济上有效的选项（在帕累托最优边界上或附近，称为有效边界），这些效能函数在给定场景（筛选焦点）的权重和参数值等方面都是不同的。

（3）构建接近有效边界的选项组合集及其对其他焦点或假设集选择的效能。

（4）手动查看结果，并放弃更多的选项，也可能从放弃的选项中添加一些选项。

接口模块是一个输入与标准输出的集中之处。使用 BCOT 的分析人员可以在接口模块

中进行操作，只改变输入的假设条件，即可观察不同的结果显示。

14.2.1 计算组合选项的效能

组合选项的"效能"发挥取决于作战场景和兵力的运用模式。这里，对于全球打击的3个场景，考虑使用的模式有空袭、导弹攻击、协同攻击和联合空中-协同攻击。在特定想定类别的具体兵力运用模式下，给定的组件模块可能得到或没有得到应用，用户需要说明每个组件模块在各个兵力运用模式中是否得到了应用。表14.1给出了BCOT的一种输入形式，在联合运用模式（最后一列）中，如果给定的选项包括所有的组件模块，那么这些模块都将得到应用。

表 14.1　针对组件模块选项示例的兵力运用模式

组件模块	兵力运用模式			
	飞机打击	导弹打击	特种部队打击	飞机-导弹-特种部队的联合打击
飞机	1	0	0	1
导弹	0	1	0	1
武器	1	0	1	1
特种部队	0	0	1	1

项目投资推演平台可以使用不同的方法来估计组合选项的"效能"，这里以拟线性近似法为例进行简单介绍，该方法具有快且方便的特点。对于一个具体的选项，拟线性近似的效能是以下各项之和：没有采购任何组件模块时可应用的基础效能、由于选项中单独组件模块可用所递增的效能、可能的非线性修正因子，它们都取决于想定类别和兵力运用模式。因此，用户必须指定大量相关输入，如表14.2所示的示例，仅给出对机动式导弹想定类别的输入，类似的表格也适用于其他想定类别。在该示例中，导弹被认为是无效的，因为它无法探测、发现并准确打击机动式导弹目标。假定先进武器在飞机打击、导弹打击、特种部队打击和飞机-导弹-特种部队的联合打击中所贡献的增量分别是0.2、0、0.1和0.2。

组合选项的效能有时可近似为一阶函数，作为组件模块构成的效能之和。但这种近似并非总是正确的。例如，很多仅包含单一组件模块的选项没有实际的效能，因为还需要能力的其他关键构成。但是在简单的线性方法中，效能被认为是组件模块的效能。

表 14.2　针对机动式导弹想定类别的组件模块的效能增量（仅限于拟线性近似法）

组件模块	兵力运用模式			
	飞机打击	导弹打击	特种部队打击	飞机-导弹-特种部队的联合打击
飞机	0	0	0	0.1
导弹	0	0	0	0
武器	0.2	0	0.1	0.2
特种部队	0	0	0.088	0

尽管BCOT拟线性近似法存在问题，但其仍然适用，特别对于以下情况：

（1）BCOT允许用户对非线性进行定义和修正。因为最关心的问题是不经意间淘汰了

好的选项，所以非线性修正对于组件模块 A 和 B 积极配合的机制大于二者独立价值之和最为重要。但是非线性修正也可保证如果组件模块 A 和 B 并非同时存在，二者在实际中就不会有价值，后续的拟线性近似仍将坚持这一点。

（2）对于效能计算出现严重错误的选项，按照有效边界的方法将其淘汰。如果一个选项的"实际"效能为 0.2，但因拟线性公式中的错误将其近似计算为 0.1，则不会出现问题。因为该选项无论如何都将输给其他效能更高的选项，特别是当选项效能低于阈值（如 0.5）将被删除时。

由于战略是长期固定且被组织全体人员所熟知的一项规划，在项目投资组合实施前，各项战略目标就已经被明确量化。因此，研究项目组合配置战略贴近度实际上是在一系列已知约束条件下度量组合配置的实施效能，这就需要对效能的计算方法进行标定。

在标准的计算中，需要更多的输入，不仅是直接输入，还有其他通过计算或模型绘制的效果-成本曲线所生成的输入。在极端情况下，可能生成形如表 14.3 的输入表格，并且对于每个想定类别，都有一个类似的表格。为了简便，假设该表几乎所有选项都完全无效。对于表 14.3 所示的示例而言，购买新型飞机和武器（选项 5）会赢得一些效能，因为飞机打击与包括特种部队的联合打击效能相同。购买新型飞机、武器和特殊的特种部队能力，将具有更多价值。但是在增加导弹选项（选项 15 的 AMWS）后，数据表明只有在协调一致的联合作战（最后一列）中，才能获得相当高的成功概率。需要注意的是，如果将小的效能数值基本视为 0，那么对于表 14.3 的输入，当采用拟线性计算再加上上文提及的与协同相关的 2 倍乘子时，将会实现相当好的近似效果。

表 14.3　效能标准计算的输入

		想定类别：机动式导弹			
		兵力运用模式			
选项	选项名称	飞机打击	导弹打击	特种部队打击	飞机-导弹-特种部队的联合打击
1	A	0	0	0	0
2	M	0	0	0	0
3	AM	0	0	0	0
4	W	0	0	0	0
5	AW	0.3	0	0	0.3
6	MW	0	0	0	0
7	AMW	0	0	0	0
8	S	0	0	0	0
9	AS	0	0	0	0
10	MS	0	0	0	0
11	AMS	0	0	0	0
12	WS	0	0	0	0
13	AWS	0.3	0	0	0.3
14	MWS	0	0	0	0
15	AMWS	0.3	0	0	0.65

注：A，M，W 和 S 分别表示飞机、导弹、武器和特种部队的打击。

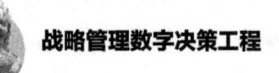

当选项数量过多,或效能值是敌方防空系统质量、飞机选项隐身程度等参数的函数时,直接的数据输入会变得非常复杂。但是通过一些理论,同时详细说明理论中作为输入的参数,就可以将数据输入这项工作进行分解。例如,效能可以计算为决定选项成功可能性的各个概率的乘积,包括捕获目标、突防、毁伤目标。随着使命类型、兵力运用模式和防空系统质量的变化,模块参数的数值也会发生改变。然而并不需要对每个组合选项说明所有的参数,这里对于任何给定的运用模式,只研究相关的组件模块。

上述两种方法都对组合选项的最终效能评分给出同样的定义,即对于给定的投资选项,在已有的想定试验案例中,采用最佳兵力运用模式时的效能。

14.2.2 绘制效果-成本曲线

假如存在许多具有不同效能与费用的选项,通常期望知道哪个选项作为费用的函数是"最好"的,也就是 Pareto 最优选项——对于相同的费用,其效能最高。在描绘效能与费用函数的图形中,通常将 Pareto 最优点的连线称为"有效边界"。类似的问题在哈里·马科维兹(Harry Markowitz)关于组合理论的早期研究中也曾有过讨论,但在实际应用中,有效边界中的 Pareto 最优点存在于备选组合的预期效益对风险的图示中。

项目投资推演平台通过绘制效果-成本曲线来寻找不同组合情况下具有最优效费比的投资选项。每个投资选项对应于"效果-成本"坐标系中的一个点,这些点的"前缘"形成一条折线,称为"有效边界"。在不同的成本约束条件下,位于有效边界上的点具有最大的效能值,称为"优势点",可以认为优势点具有最佳效费比。在有效边界上寻找最优点相对简单,但是靠近有效边界的点也需要考虑在内。在某些情况下,如调整效能计算的公式后,这些投资选项点的效费比可能会优于优势点,因而需要找到与优势点具有相同效能且成本稍高的投资选项,与之对应的点称为"边界附近点"。在几何图形上,可以在有效边界点的右侧和下方绘制一个矩形,边界附近点就位于该矩形内,对于该矩形的尺寸可以定义一个接近度标准。如图 14.2 所示,黑点是优势点,灰点是位于有效边界附近的边界附近点,白点则是既不在有效边界上也不在边界附近的点,因此将被淘汰。

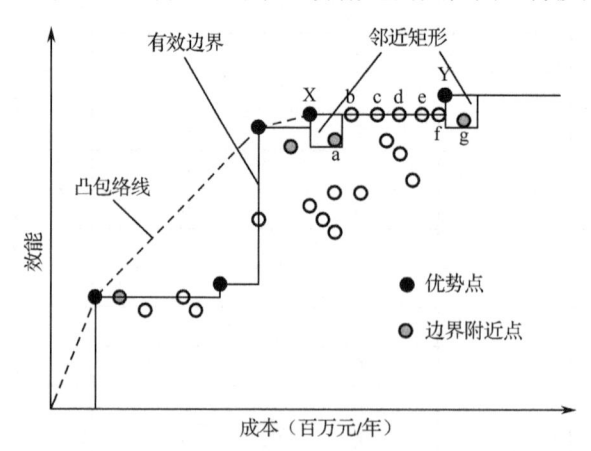

图 14.2 投资组合选项效能-成本曲线的"前缘"

考虑到可能的组合选项数量是非常巨大的,最终生成的效果-成本曲线结果可能如图 14.3 所示。

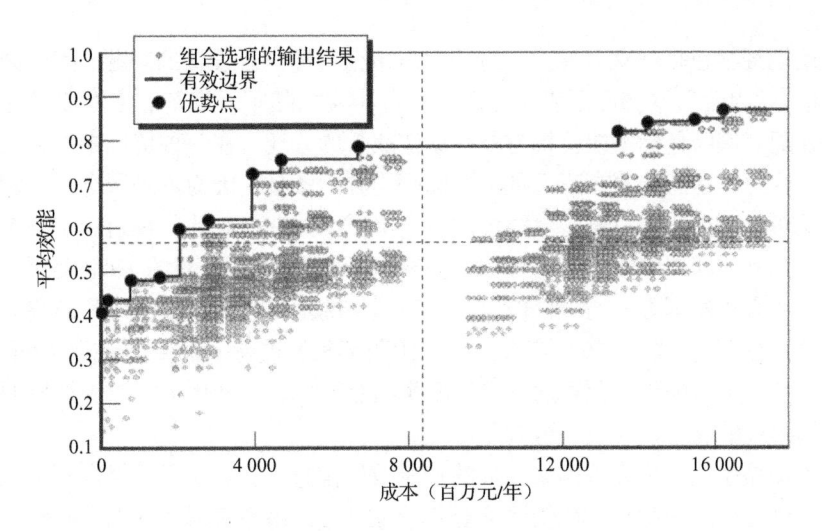

图 14.3　效能-成本曲线的结果

14.2.3　投资组合排序

不同投资组合的效能会随不同的作战场景而变化，因而需要考虑如何综合不同场景下的效能。BCOT 采用各种场景下效能的线性加权和作为总的效能值，称为"净效能"。当决策者的关注点不同时，可以选择给作战场景分配不同的加权因子，每种"焦点"对应一组特定的加权因子。

假设决策者需要找到一组侧重满足某种特定需求的备选投资组合，可以将该需求作为"筛选重点"对投资组合进行筛选。通过筛选重点可以找出备选投资组合中最符合特定需求的组合，并分析这些组合在所有作战场景下效能的平均值。可以选择不同的筛选重点并查看投资组合选项的结果。对于不同的筛选重点，筛选所得的选项集通常是不同的。当选择打击机动式导弹武器场景的"筛选重点"时，只有 3 个备选组合选项出现在列表中。在 3 类场景等权重的情况下，以投资组合选项结果的平均值为基准进行排序，可以得到 6 个备选组合选项，通过筛选发现的备选组合选项将随不同的标准而显著不同。

14.3　投资项目组合分析

兰德公司的组合分析工具 PAT 是为了便于战略上的组合分析而设计的，该工具可同时处理不确定性和视角的差异。PAT 吸取了早期工具使用的经验，从 2005 年开始用于兰德公司的多项研究，得到了很大的发展。

兰德公司组合分析工具 PAT 的开发动机，在于战略规划中对多个目标权衡投资的重要性。这种权衡对诸如国防部、国土安全部、国际商业企业与个人金融等在各自不同领域内的规划是非常重要的。例如，当前的防务规划者需要考虑与部队能力相关的多个目标：未来的传统和非常规作战、非战争军事行动，这些目标分别适用于不同的地理区域和时间阶段。采办的规划者具有为众多使命领域中的每个领域都提供未来武器系统能力的目标。训练者具有使部队准备在不同使命和环境中作战的目标。在上述规划者和训练者中，没有一个是只具有单一要求最大化目标的，反而会面临多个目标，有时还会出现混淆的情况。在这些目标中，只有少数目标可以被忽略。尽管如此，还是需要做出选择，因为资源是有限的。

战略规划经常包括在众多能力与行动中对多个目标进行投资的问题，因而会使用组合规划的术语。"组合"本身可以表示为跨投资种类（如陆军、海军、空军或坦克、舰船、飞机）的分配，或跨目标（如传统与非常规作战）的分配。在每种情况中，目的都是权衡组合方式。这并不是意味着在不同种类之间平均分配资金，因为不是所有目标都是同等重要的，而且对一个足够关注可能就要求对另一个减少关注。此外，在给定了一个大的投资基准后（如在其他部门中由国防部和国土安全部所共享），对临界的 10 亿美元，一些花费方式会比其他方式发挥更大的杠杆作用。按照开支的基准模式，增加或削减临界的 10 亿美元通常是不合理的。早在 2009 年，当时的国防部长罗伯特·盖茨在提议防务预算时，就指出了这一点。当时的防务预算通过重新权衡组合方式，将备用的相对少量资源投向了非常规作战和维稳的能力、安全、过渡和重建。

当能力模型生成作为许多因素函数的初始效能信息后，需要通过组合分析工具来辅助确定备选组合对投资的意义。在使用组合分析工具时，用户必须明确以下问题：要比较的投资选项，以及要采用的多方面效能指标、风险指标。

一旦投资选项、效能和风险指标得以确定，分析框架也就相应确定了。但是需要对框架进行充实，即提供不同选项在效能、风险等不同指标下的优劣情况及其相应的费用。组合分析的术语源于经济理论中类似方法的使用。例如，投资者为了很好应对不同类型的风险，应当持有不同类型投资项目（如股票、债券、房地产、黄金）的合理组合。投资者应当经常审查并调整这种组合，以确保在目标与风险之间达到合理的平衡。

投资组合分析工具应当生成表格、图形和文本等输出，以辅助决策者评估选项的相对优缺点，并做出一些判断。这些输出可以采用彩色"记分卡"、费效比图形、两两对比的表格或图形及其他形式。

投资组合分析工具存在并发展了多年，其中一些是由用户定制开发的，另一些则是在商业领域中出现的用于例行分析开发的商业软件。相对于简单的平衡记分卡，投资组合分析方法在近些年被讨论得更多，并且许多工具都使用商业方面的研究文献作为理论支撑，如彼得·威尔（Peter Well）在信息技术组合方法方面所做的研究。但是，满足美国国防部目标所需的工具在一些方面更趋于复杂且精细，并具有多种属性，这在表示不同类型的风险和机遇方面也是有用的。

兰德公司已经开发了两种相关工具，目前都在使用中。这些工具的开发是由基于现代决策科学对军事决策的支持系统，结合国防部和军种决策者的数年研究经验所促成的。

DynaRank 决策系统的初始开发目的是在指定预算时，对选项进行排序，从而辅助决策资助（或削减）的对象顺序。PAT 是针对导弹防御局特定目的而开发的一个早期工具的通用化版本。从技术层面出发，PAT 中包括一些较为重要的特点，具体如下：

- 采用简单的记分卡方法，对组合的效能、风险和费用等大量维度进行评估。
- 可以放大（深入发展），有助于形象的说明。
- 非线性的评估方法。
- 备选的"视角"（在评估中使用的假设条件集合），可用来进行费用-效益计算。
- 多种分辨率，允许在不同细节层次输入假设条件。

好的工具允许根据不同的观众和场合对分析材料进行裁剪。裁剪过程的关键因素包括：①需要进行决策或判断的性质；②决策者对战略、技术或过程问题的相对兴趣；③决

策者已有知识的深度；④时间；⑤由其他同时发生事件所导致的心理状态；⑥演示汇报的形式；⑦个人倾向与风格。

PAT 不是一个通常意义上的模型，而是一个跨平台的电子表格工具。PAT 通过向高级领导以一种有用的方式展现信息，辅助规划制定。但在使用中，它却鼓励采用结构化的思路，对正在分析的问题生成概念模型。此外，PAT 还可以使用多种独立的或嵌入的模型作为输入数据来源。PAT 是一个空的容器，但具有许多有用的特征，具体如下：

（1）总结记分卡。PAT 会生成交通指示灯似的图形和简单的彩色记分卡，可用于总结选项对许多并列准则的排序，这些准则包括能力、风险、改善的潜力和费用的指标，并且可能是定量或定性的，也可能是客观或主观的。战略规划会要求根据多种准则来评估选项，这些准则可能与不同的目标、作战、环境、时间尺度等有关，其中还可能包括风险和改善潜力的指标。虽然经典的费效比方法强调按照不同的准则组合效能评分，以得到需优化的单一变量，但是现代策略分析一直在强调"策略记分卡"，因为决策者需要看到选项在不同准则下的表现。选项的相对优劣最终可以总结成单一指数或效用的形式，但是这种简化也应遵循按照多种准则的更多判别进行推理。其原因在于跨准则的横向思维往往是战略决策者最为关心的，也是其最应唯一负责的，而这种思维不只是数学上的解决问题。

（2）放大（深入发展）。PAT 通过考虑细节生成，而细节则可以通过深入观察底层来获得。这种层面会提供假设条件、简洁的逻辑和精确性的指标，即使对定性评估也是如此。两层的放大也是存在的。

（3）多分辨率建模和数据输入。PAT 允许分析人员以最低层面的细节或两个更为综合的层面之一输入数据。在较为综合的层面输入数据可以大幅降低数据输入量，并与更久远的自顶向下分析方法（从高层开始，在有根据的地方增加使其充实的细节）相一致。数据本身可通过多分辨率模型或模型族生成。

（4）灵敏度分析与探索性分析。PAT 允许分析人员快速识别关键假设条件，并对其进行交互式修改，其方式既可以是按照参数逐个开展，也可以是更广泛的实施。

（5）备选的聚合方法。PAT 允许分析人员快速修改、总结显示的生成方法（如何由细节聚合而来）。例如选择项包括简单的线性加权和、一些非线性"最弱连接"方法、具有阈值约束的线性加权和、等级排序。此外，分析人员也可使用定制的聚合规则，即 PAT 是可扩展的。这在实际中是很重要的。

（6）与能力分析和其他数据源的连接。PAT 可连接至更具体的信息，如内置或连接的能力模型信息、由能力模型单独生成的数据、经验数据及结构化的判断。

（7）边际分析。尽管 PAT 强调多目标的记分卡，但也会生成总体效能或费效比的评分。这些可用于边际分析或大尺度边际分析，其中包括关于如何增加（或削减）资金的下一步增量。

（8）展示与对比备选视角的能力。PAT 鼓励分析人员明确处理选项间的重大不同和所谓备选视角的判断。之后，PAT 分析的结果可以表示成战略视角的函数。有关费效比评估的启示，会存在很大的区别。

（9）方便的操作。在方法层面，PAT 使许多枯燥的电子表格操作实现了自动化，这样用户就能够快速生成与处理组合类型的记分卡和底层的详细信息。此外，PAT 还提供了多种内置的显示方式。

PAT 是一个"空容器"的工具，并非一个模型。其目的是辅助决策者构建、处理、分析和展示多方面信息的结果，尤其是关心战略层面规划的决策者。对于防务研究而言，PAT 包括所谓的兵力规划、使命层面的能力规划和跨能力域的规划。PAT 被设计成与合适的能力模型并行工作，并利用其他不同种类的信息，如结构化的专家判断。PAT 能够适应不同的管理目的，包括所面临的突出问题，以及重视成果而非遗留的缺点。此外，在广泛的权力平衡研究中，PAT 能够开展普遍且相对 较为宽松的评估。

一些首次听说 PAT 的人员可能考虑使用它从数学上优化资源分配。这些人员可能看到了计算费效比的方法，并假设目标是（或应该是）使其最大化。这对编写的初衷将是一种误解，也不是支撑方法的基本观点。PAT 最重要的输出包括：①针对备选的投资选项，按照多种不同的指标和费用同时进行评估的组合类型记分卡；②下一层的记分卡细节，分析人员通过它能够深入理解彩色总结评估的依据，并改变影响评估的高层假设条件或优先级。

进一步聚合为单一数值，如同费效比计算中的那般，应当推迟至改进阶段，用来"整理"和思考决策结果之间的联系。其原因是费效比计算非常敏感地依赖于假设条件和深入其中的优先级，而这些又都是决策者注意思考和依靠决策的内容。决策者负责关注跨使命间组合的"权衡"、承担风险的程度和管理风险的方法，因此需要在组合层面进行思考，而不是单纯比较费效比数值的层面。

PAT 提供了许多评估备选项的方法，以及一些有限但很有用的探索备选假设条件与优先级结果的方法。但与优化完全不同，PAT 的目的是在似乎合理的预算中，查找具有柔性、自适应性和健壮性的战略。

尽管在这里无法逐条列出分析人员应当考虑的全部事项，但其中的几项如果只是作为部分清单，还是值得特别强调的，例如：

- 对指标和子指标，应当给出足够完整的评估。
- 理想的情况是指标相互独立，每个指标的子指标也相互独立。若并非如此，即存在相关性，则应该选择权重因子，以避免结果对单一底层问题过度敏感。
- 评分与聚合方法的选择值得特别考虑。如果所有指标的子指标都是关键的，则可能适合采用阈值方法。如果所有指标都是关键的，则最弱连接方法可能是适合的。但是如果上述条件都不满足，并且对看见发展比标记问题更感兴趣，则目标方法可能是适合的。当由于一种或另一种原因，不适合讨论目标和阈值时，排序方法较为适合。
- 在任何情况下，无论上述问题的假设条件会如何影响结果和理解，都有必要对系统的分析制订计划，并调整假设条件，从而尽可能提供健壮性的基础结果。

由上述事项可知，目标和阈值都需要被视作是启发式的，而不是粗略地完全接受。

随着时间推移，PAT 在应用经验的基础上，将会得到改进与提高。除了修正错误与改善用户友好性，目前正在考虑从以下方面进行改进的可能性：

（1）对不同的指标或费效比进行计算，而不是简单评分，允许采用不同的评分与聚合方法。

（2）对费效比中使用的费用指标提供计算生成的能力，并将其作为各种费用输入的线性加权和。

（3）对探索性分析开发更为丰富、结构化的方法，可能是基于备选视角的方法，可以包括有限的搜索方法，如查找会使特定选项评估或好或差的关键参数组合。

参考文献

[1] CASTRO L D, GALVAO A F, KIM J Y, et al. Experiments on portfolio selection: A comparison between quantile preferences and expected utility decision models[J]. Journal of Behavioral and Experimental Economics (formerly The Journal of Socio-Economics), 2022, 97: 101822.1-101822.13.

[2] DAVIS M, NORMAN A R. Portfolio selection with transaction costs[J]. Mathematics of Operations Research, 1990, 15(4): 676-713.

[3] LI N, FENG S, LEI T, et al. Rescheduling plan optimization of underground mine haulage equipment based on random breakdown simulation[J]. Sustainability, 2022, 14(6): 1-18.

[4] MARKOWITZ H M. Portfolio selection[J]. The journal of finance, 1952, 7(1): 77.

[5] NALLAINATHAN S, AREFI A, LUND C, et al. Reliability evaluation of renewable-rich microgrids using Monte Carlo simulation considering resource and equipment availability[C]// 2020 IEEE International Conference on Power Systems Technology (POWERCON). Piscataway, NJ: IEEE, 2020: 1-6.

[6] NISANI D, SHELEF A. A statistical analysis of investor preferences for portfolio selection[J]. Empirical Economics, 2021, 61(4): 1883-1915.

[7] PAOLELLA M S, POLAK P, WALKER P S. A non-elliptical orthogonal GARCH model for portfolio selection under transaction costs[J]. Journal of Banking & Finance, 2021, 125(2): 106046.1-106046.20.

[8] SI G Y, WANG Y Z. Network space combat modeling and simulation[M]. Beijing: Science Press, 2019.

[9] TSANG K H, WONG H Y. Deep-learning solution to portfolio selection with serially dependent returns[J]. SIAM Journal on Financial Mathematics, 2020, 11(2): 593-619.

[10] WEI P, XIONG L. Research on warfare modeling method based on Agent action diagrams[J]. Systems Engineering and Electronics, 2017, 39(4): 795-805.

[11] WINSTON W L. Operations research application and algorithms[M]. Boston: PWS-Kent, 1987.

[12] ZHOU X Y, LI D. Continuous-time mean-variance portfolio selection: A stochastic LQ framework[J]. Applied Mathematics & Optimization, 2000, 42(1): 19-33.

[13] 龚丽丽. 一般带跳模型中——基于跨国资产的最优投资组合问题研究[D]. 上海：上海交通大学，2011.

[14] 郭齐胜，郅志刚，杨瑞平，等. 装备效能评估概论[M]. 北京：国防工业出版社，2005.

[15] 蒋翠侠，许启发，张世英. 基于多目标优化和效用理论的高阶矩动态组合投资[J]. 统计研究，2009, 26(10): 73-80.

[16] 焦媛媛，韩文秀，杜军. 组合投资项目的风险度分析及择优方法[J]. 系统工程理论与实践，2002, 7: 30-34.

[17] 金振中, 贾旭山. 武器作战效能的评估方法[J]. 战术导弹技术, 2007(1): 20-26.

[18] 雷永林, 李群, 杨峰, 等. 武器装备效能仿真的可组合建模框架研究[J]. 系统工程理论与实践, 2013, 33(11): 2954-2966.

[19] 雷永林, 姚剑, 朱宁, 等. 武器装备作战效能仿真系统WESS[J]. 系统仿真学报, 2017, 29(6): 1244-1252.

[20] 李春好, 杜元伟. 具有Pareto最优性的风险投资项目组合选择方法[J]. 数理统计与管理, 2009, 28(5): 904-912.

[21] 李志猛, 谈群, 汪彦明, 等. 基于探索性分析的信息系统效能评估方法[J]. 科学技术与工程, 2009, 9(22): 6702-6707.

[22] 林根祥. 资金总量约束下独立型投资项目的比选[J]. 中南财经大学学报, 1996(3): 72-74.

[23] 刘晓东. 装备寿命周期费用分析与控制[M]. 北京: 国防工业出版社, 2008.

[24] 卡普兰, 等. 平衡计分卡: 化战略为行动[M]. 刘俊勇, 孙薇, 译. 广州: 广东经济出版社, 2013.

[25] 罗洪浪, 王浣尘. 现代投资组合理论的新进展[J]. 系统工程理论方法应用, 2002, 11(3): 185-189, 197.

[26] 马庆喜, 王丽萍, 张立新. 技术创新项目组合优化投资决策研究[J]. 学术交流, 2007(9): 88-91.

[27] 毛义华, 凌金良. 技术创新项目组合决策支持系统[J]. 数量经济技术经济研究, 2000(8): 60-62.

[28] 蒲玮, 李雄. 基于Agent行动图的作战建模方法[J]. 系统工程与电子技术, 2017, 39(4): 795-805.

[29] 隋云云, 马树才, 付云鹏. 基于效用最大化的区间值投资组合模型及其应用[J]. 统计与信息论坛, 2018, 33(2): 80-86.

[30] 屠新曙, 王春峰, 巴曙松. 投资组合效用问题的研究[J]. 数量经济技术经济研究, 2002, (5): 37-40.

[31] 王春峰, 屠新曙, 厉斌. 效用函数意义下投资组合有效选择问题的研究[J]. 中国管理科学, 2002, 10(2): 15-19.

[32] 王京明, 郭婷玮, 萧子训, 等. 风险与不确定性下最适电源配比之研析[J]. 经济研究, 2017, 53(2): 225-259.

[33] 吴国良, 魏继才, 霍家枢. 武器系统研制费用-效能分析的应用[J]. 火力与指挥控制, 2000, 28(3): 46-50.

[34] 谢赤, 钟赞, 熊正德. 组合预测方法在财务投资决策中的应用[J]. 经济管理, 2003(13): 52-55.

[35] 严彬. 效用管理研究[M]. 北京: 北京邮电大学出版社, 2014.

[36] 杨建池. Agent建模理论在信息化联合作战仿真中的应用研究[D]. 长沙: 国防科技大学, 2007.

[37] 尹铁红, 谢文秀. 基于费用-效能的武器装备采购绩效静态分析[J]. 装备学院学报, 2015, 26(5): 36-40.

[38] 岳超源. 决策理论与方法[M]. 北京：科学出版社，2003.

[39] 张大伟，陈亮. 基于效用函数下的最优投资组合问题研究[J]. 产业与科技论坛，2008，7(9): 152-153.

[40] 张剑. 军事装备系统的效能分析优化与仿真[M]. 北京：国防工业出版社，2000.

[41] 张鹏，张忠桢，岳超源. 基于效用最大化的投资组合旋转算法研究[J]. 财经研究，2005，31(12): 116-125.

[42] 张卫国，梅琴，陈炽文，等. 具有模糊收益的项目投资组合优化方法[J]. 管理学报，2011, 8(6): 938-942.

[43] 张延锋，司春林. 基于图示评审技术的风险投资组合模型[J]. 系统管理学报，2007，16(3): 298-301.

[44] 张尧庭，陈慧玉. 效用函数及优化[M]. 北京：科学出版社，2000.

[45] 赵丹玲，谭跃进，李际超，等. 基于作战环的武器装备体系贡献度评估[J]. 系统工程与电子技术，2017, 39(10): 2239-2247.

[46] 周光友，罗素梅. 互联网金融资产的多目标投资组合研究[J]. 金融研究，2019(10): 135-151.

第 15 章

使命链路规划方法

> 使命链路规划方法通常用于规划方法拟制阶段,主要是从威胁出发,首先按照国防安全战略分析、军事战略分析、战区战略分析得出作战构想,然后围绕作战构想对现有能力分析得出能力差距,最后针对能力差距进行作战概念设计,并通过作战概念的生成和推演牵引体系建设需求和规划方案的生成。

作战概念是装备需求论证的起点,也是搭建作战需求与装备需求联系的桥梁和纽带。具体来说,作战概念的生成与建模包括以下 3 个步骤:

(1)作战概念生成。按照威胁分析、国家安全战略分析、军事战略分析、战区战略分析、作战构想分析、能力差距分析、基于能力差距满足度分析的流程生成作战概念。

(2)作战概念建模。主要分为 3 步,分别是基于 5W1H(Who、What、Where、When、Why、How)的作战概念思想建模、基于 ABM(能力活动方法论)七步法的作战概念活动建模,以及基于 OPM(对象过程方法论)的作战概念流程和逻辑验证。

(3)作战概念指标分解。一是基于 JMT(联合使命线程)方法对作战概念进行 3 层指标分解,即使命层指标分解、任务层指标分解、体系/系统层指标分解;二是在指标分解的基础上,基于功能质量部署方法对指标进行重要度筛选,以找出关键指标,为后续试验验证提供基础。

15.1 基于作战概念生成的能力需求分析

根据《现代汉语词典》,概念是思维的基本形式之一,反映了客观事物的一般的、本质的特征。人类在认识过程中,将感觉到的事物的共同特点抽出来并加以概括。在《新华词典》中,"概"指大略、总括及大概、概述、概论,"念"指惦记、念头(思想、想法)。因此,概念就是想法的描述,描述内容是一些事可能的做法。一个概念,在经历了未来发展、试验、评估、改进后,可以引出一个可接受的做法。作战概念是对作战构想、作战场景的描述。具体来说,2011 年发布的美军《作战概念文档准备指南》[①](*Guide to the Preparation of Operational Concept Documents*)中给出了作战概念的定义:作战概念是使命

---

① 该指南为审查版。

组织对于由特定系统或一系列相关特定新的、现存的及改进系统所组成的一项作战行动或一系列作战行动的构想或意图的文字或图形描述。作战概念通常作为一项系统发展或采办项目的组成部分。作战概念是从使用者或作战人员的视角，对在使命组织的作战环境中使用一项、多项特定系统或一系列相关系统给出整体视图。美军的作战概念分为3类：联合作战顶层概念、联合作战概念和联合集成概念。其中，联合作战顶层概念（CCJO）是指导未来联合部队能力发展的首要概念。它大致描述了在多边作战环境下，与跨部门和多边合作伙伴的合作，联合部队将如何在未来 8~20 年的时间内在所有领域开展军事行动。联合集成概念（JICs）是指联合部队指挥官在未来 8~20 年的时间内围绕如何执行一个具体的作战行动的功能描述，内容包括为基本任务、条件和标准。本书重点讨论联合集成概念。

作战概念是作战体系设计的起点，也是连接作战需求和体系设计需求的桥梁和纽带。西方军事学家杜黑指出："一个想要制造一件好的战争工具的人，必须先问问自己下次战争会是什么样的。"作战概念就是对未来战争场景的描述，也是围绕促进国家利益与贯彻军事战略，针对发展和运用军队核心能力所提出的设想、具体要求和发展方向。开发一种新的作战概念，就可能预示战术、作战界思维、作战模式、武器装备系统等将发生重大变化。目前，关于作战概念，我军还没有权威的、统一的认识。例如，2011版《军语》中只有军事概念建模的定义，作战概念的定义则需要借鉴美军国防部军事术语的定义：通过口头表述或图表的方式清晰、简明地表达联合部队指挥官想要完成的任务，以及如何利用可用的资源来完成任务。此外，我军作战人员对于作战概念的设计偏向于作战构想，对装备系统的关注较少；而装备部门、工业部门更加关注作战概念中装备系统的论证，这两者的结合目前还不是很紧密。

15.1.1 始于威胁的战略博弈分析

作战概念是对未来作战构想的描述，然而作战概念的设计都是基于安全威胁的。从安全威胁到新的作战概念生成需要一个科学流程。这里通过借鉴美军航空航天研究所发布的 *Guide to the Preparation of Operational Concept Documents* 中的作战概念提出流程，并结合当前我军实际情况和自身特点，提出作战概念流程图（见图 15.1），具体如下：从威胁出发，先经过国家战略分析、军事战略分析、战区战略分析（主要包括战略判断、作战目标分析、战争设想、作战方向分析）得出作战概念新需求，再基于当前军队作战能力进行差距分析，通过更新条例和训练模式、升级/改造系统及使用新系统等措施，提出新的作战概念，以满足差距分析结论。

1）输入——威胁分析

主要指在某地区，X 方兵力配置处于显著劣势，并且由于地形限制，人员活动能力有限，一旦交战，某地区面临被突破的威胁。

2）国家战略分析

近年来，X 方积极倡导 "睦邻安邻""互利共赢"的战略。

3）军事战略分析

X 军一直奉行主动防御的军事战略。主动防御包括两个层面，防御是指不会主动攻击对方；与被动防御不同，主动防御采取积极主动的姿态营造有利于 X 方的安全态势，确保遭受攻击时，能够迅速做出反应，并给予对方不可承受的打击，令对手心存忌惮，不敢贸然入侵。

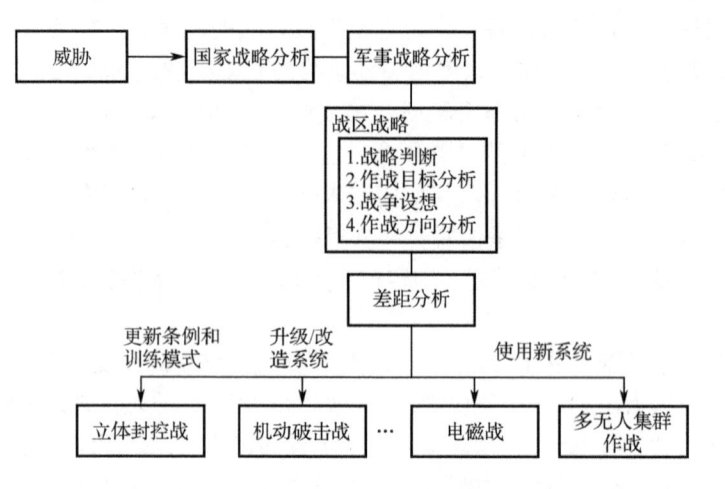

图 15.1　作战概念流程图

4）战区战略分析

参照两国在某地区出现摩擦的经验数据，L 军极有可能在某地区的 XX 区域挑起事端，采取小规模作战方式实现其"拉平"的目的。

5）博弈方法

（1）静态博弈。红蓝双方经过"漫长"的博弈过程，最终得到的博弈结果，以及令双方损害最少并"接受"的结束状态，见表 15.1。

表 15.1　静态博弈图

参 与 方	红方求全忍耐，选择退让	红方选择阵地阻击，红蓝双方势均力敌，形成停火线	红方投入巨大兵力和资源，蓝方遭受巨大伤亡，被迫退回界线	红方闪电战，蓝方少量损伤，快速退回本方基地
蓝方继续侵犯，大幅占领红方区域	A E			
蓝方停止侵犯，以当前占领区划界，红蓝双方形成停火线		B D		
蓝方遭受巨大伤亡，被迫退回本方基地			E A	
蓝方少量损伤，害怕进一步损失，快速退回本方基地				C C

注：A>B>C>D>E。

（2）动态博弈。作战模式的动态博弈主要是基于作战流程基本清晰、目标杀伤链回路确定进行作战行动序列的对抗博弈路径设计。它主要包括建立各对抗阶段红蓝双方选项模型、基于序列博弈建立红蓝双方博弈树、方案优化 3 个步骤。

① 建立各对抗阶段红蓝双方选项模型。根据作战过程，分别构建红蓝双方的选项集

合，如图 15.2 所示。其中，红方的手段称为进攻性太空控制（OSC），蓝方的手段称为防御性太空控制（DSC）。

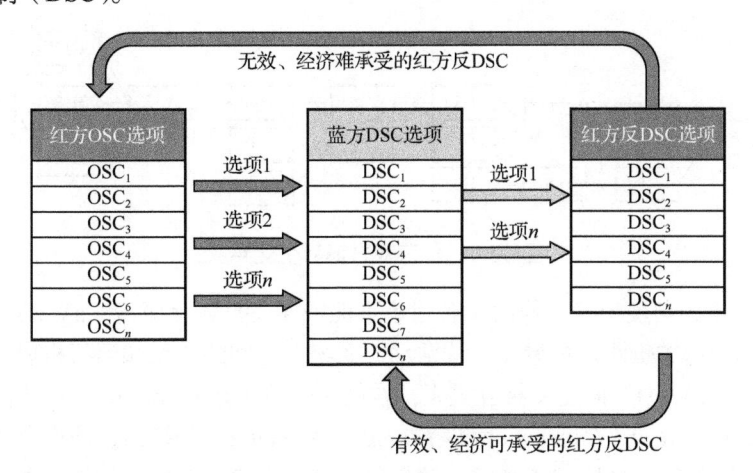

图 15.2　红蓝双方博弈选项集合

② 基于序列博弈建立红蓝双方博弈树。基于博弈论中的序贯博弈方法，构建博弈树，并基于解析分析进行选项评分设计，如图 15.3 所示。

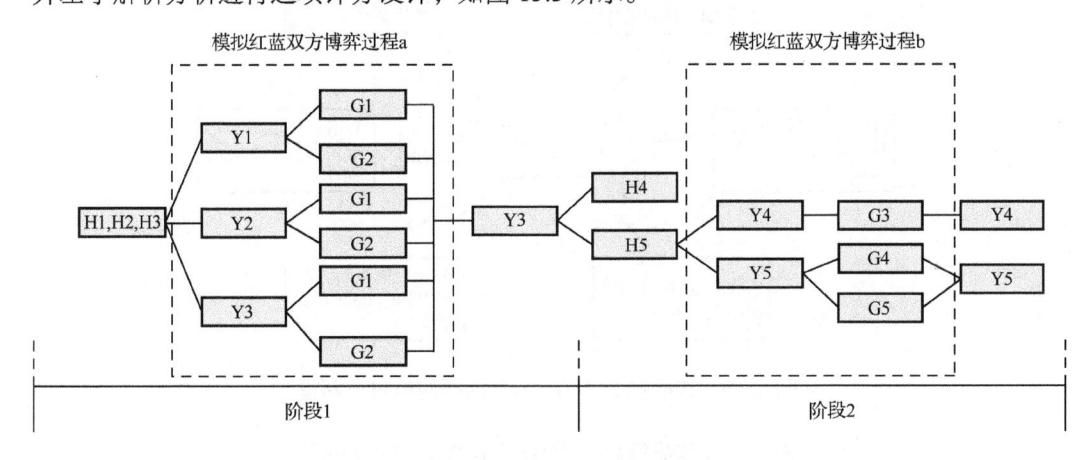

图 15.3　红蓝双方博弈树

③ 方案优化。基于博弈结果对威胁目标回路进行优化，并形成多个合理方案。

6）差距分析

（1）关于一线兵力部署，L 方与 H 方之比为 3∶1。

（2）L 方战士更适合某区域环境，并开展更多的相关训练。

（3）武器没有代差，但 H 方在数量上处于劣势。

（4）H 方无法对某区域实施全时侦察，并且机动能力也弱，无法第一时间做出应对，极易出现 L 方越界后双方对峙的局面，导致 H 方在军事、外交方面变得被动。

7）输出——新作战概念（应对策略）

为了消除差距，提出新作战概念，如图 15.4 所示，主要是通过大量使用无人装备替代兵力人员来弥补兵力数量劣势和人员对于某地区环境的不适应性。核心内容是：通过无人机群全域持续侦察、无人车抵近侦察等方式，增加侦察情报的完整性和实时性；通过巡飞弹群远程精确打击能力、滞空压制能力、高强度火力毁伤能力，增强对 L 方重型火力、纵深兵力的打击能力。

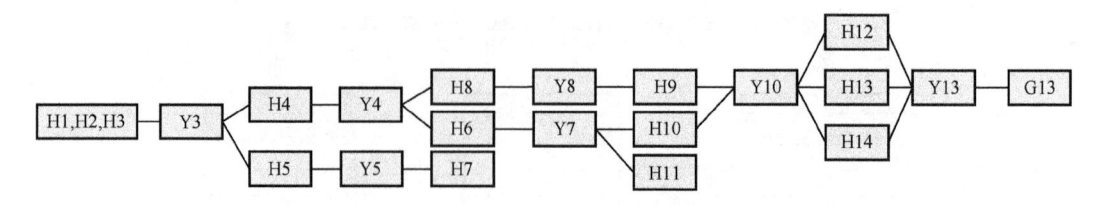

图 15.4　红蓝双方博弈优化结果

从系统工程的角度出发，作战概念建模不但需要在整体上厘清"5W1H"问题，还要厘清作战概念内部关键组成要素（作战活动、系统）之间的关系和运行机理，即厘清作战活动和系统的"5W1H"问题和相互关系。吉姆·普拉（Jim Purpura）在《作战概念开发过程》（*Development of a Concept of Operations*，CONOPS）中指出作战概念架构需要重点回答"5W1H"问题，如图 15.5 所示。这里以"多无人集群空地一体战"作战概念为例，说明作战概念"5W1H"问题的整体分析（见表 15.2）。

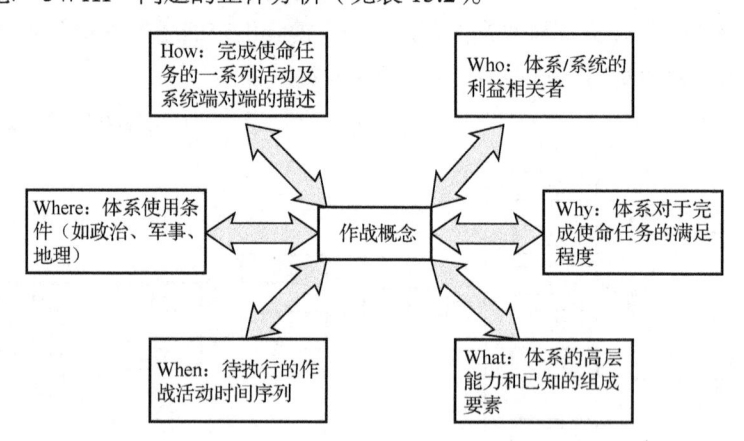

图 15.5　作战概念"5W1H"问题的整体分析图

表 15.2　作战概念"5W1H"问题的整体分析表

项 目	内 容	"多无人集群空地一体战"作战概念案例
Who	体系/系统的利益相关者	H 方某战区
Why	体系对于完成使命任务的满足程度	对于遂行 XX 使命任务的满足度能够提升至 90%
What	体系的高层能力和已知的组成要素	已知的组成要素：无人机群、无人车群、巡飞弹群 高层能力：复杂环境适应能力、协同突防能力、协同侦察能力、协同打击能力
When	待执行的作战活动时间序列	按照先期侦察、全域侦察、一体打击、纵深打击、定点清除的作战顺序
Where	体系使用条件（如政治、军事、地理）	L 方军事入侵，其余解决方案均无法奏效，H 方军事力量遭受攻击
How	完成使命任务的一系列活动及系统端对端的描述	—

15.1.2 基于能力指标框架的能力差距分析

美军在能力试验方法（CTM）中提出开展作战体系能力试验评估的基础是设计一系列作战体系的关键能力问题（CCI）、关键作战问题（COI）和关键技术问题（CTI）。其中，关键能力问题是评估体系配置 Y 在条件集 A 下执行任务 X 并达到使命效果 Z 的能力问题；关键作战问题是体系在规定的对抗环境下执行指定作战任务的作战效能问题；关键技术问题是体系要达到规定的技战术指标所涉及的技术参数问题。

设计关键能力问题的前提是构建能力指标框架，分析能力差距。这里在充分借鉴美、俄两军作战能力评估指标的基础上，提出构建 3 层能力指标框架：顶层目标层是作战能力类型；第二层包括侦察预警能力、指挥控制能力、火力打击能力、太空作战能力、战略投送与兵力机动能力、信息攻防能力、全维防护能力、综合保障能力、信息基础支撑能力共 9 种类型；第三层包括 30 种类型，如战略侦察能力、战略预警能力、战场侦察预警能力等。前期在专家评分的基础上，已为第二层、第三层的指标（一级指标、二级指标）赋予了权重，见表 15.3。

表 15.3 作战能力评估表（部分内容）

	一级指标	指标权重	二级指标	二级指标权重
作战能力评估	侦察预警能力	0.12	战略侦察能力	0.2
			战略预警能力	0.2
			战场侦察预警能力	0.3
			打击效果评估能力	0.3
	指挥控制能力	0.1	态势生成与分析能力	0.2
			作战筹划能力	0.2
			作战指挥控制能力	0.3
			兵力协同能力	0.2
			战场管理能力	0.1
	...	...	...	...
	信息基础支撑能力	0.1	通信组网能力	0.2
			导航定位与时空统一能力	0.1
			战场环境信息保障能力	0.4
			综合管理能力	0.1
			信息服务能力	0.2

具体流程如下：

（1）请相关领域的 10 名专家对三级指标进行评分（范围为 0~100 分）。

（2）根据专家评分结果去掉一个最高分和一个最低分后，对其他分数取平均值。

（3）首先将各项指标各自对应的指标权重相乘，并向上层聚合，形成对应二级指标的评分；然后将二级指标评分与各自对应的指标权重相乘，并向上层聚合，形成整体评分。将各项指标评分与 100 分（满分）之差的绝对值小于 40 分的标为红色，表示能力差距存在重大短板；将绝对值处于 20~40 分的标为黄色，表示存在能力差距，但可以接受；将

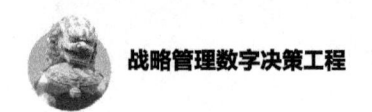

绝对值小于 20 分的标为绿色，表示不存在能力差距，最终形成能力差距态势图。

15.2 基于联合使命链路和活动方法论的作战概念建模

在美军发布的 CJCSI 6212.01E 中，联合使命线程（JMT）是指为完成一项联合任务而对一系列端对端活动与系统的操作和技术所做的描述。JMT 主要描述了一系列端对端的作战活动和系统，却没有描述作战活动和系统之间的运行机理。2004 年，Wizdom 公司在《可执行架构之路》（*The Road to Executable Architectures*）中提出了 ABM 集成架构方法，用于构建作战活动和系统的架构，恰好说明了作战活动和系统的相互关系，如图 15.6 和表 15.4 所示。因此，可以通过两种方法相互结合，对作战概念中的作战活动、系统进行完整描述。

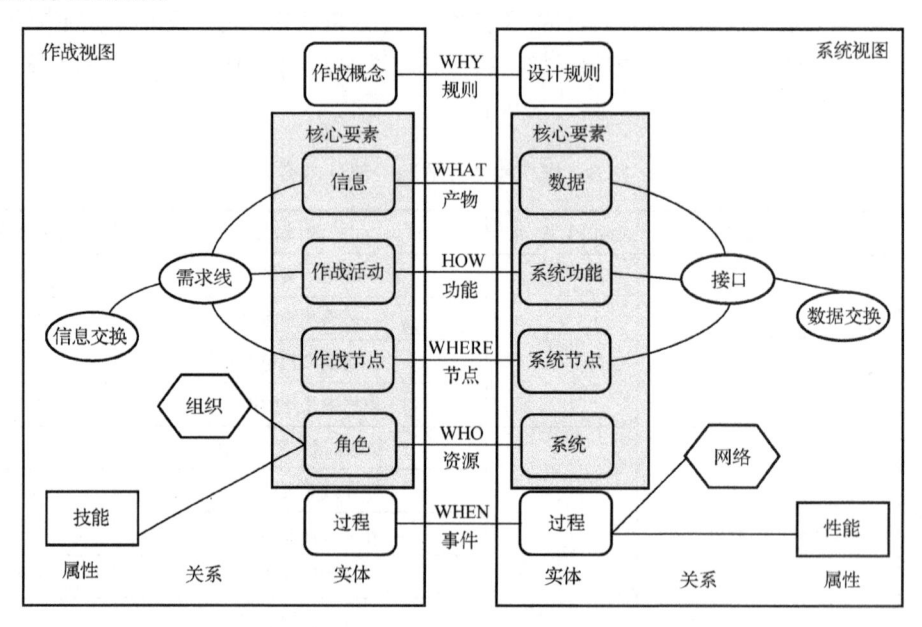

图 15.6 基于 ABM 的作战活动与系统关系示意图

表 15.4 基于 ABM 的作战活动与系统"5W1H"分析表

描述	作战活动	系统
reason（原因）	相同使命任务	
Why 策略	作战规则	系统设计规则
What 产品	信息	数据
How 功能	活动列表	系统功能
Where 载体	作战节点	系统节点
Who 资产	角色	系统
When 表现	OODA 环	

15.2.1 作战概念的作战活动三角形建模

从使命任务目标出发,将使命任务目标划分为一系列作战活动,并基于作战活动,建立作战节点-角色-作战活动三角模型(见图 15.7),找出作战活动与作战执行者之间的关系,为获取作战任务指标做准备。

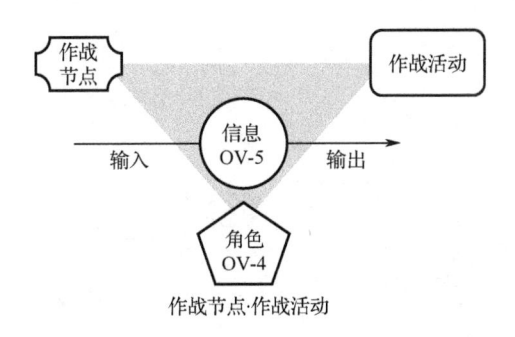

图 15.7 作战节点-角色-作战活动三角模型

15.2.2 作战概念的装备系统三角形建模

在作战活动三角形建模的基础上,通过建立组织关系图表、系统功能描述的映射,获取正确的系统功能。主要产品视图包括 SV-4 和 SV-5 两种视图。之后,进行系统接口、系统通信描述,找出系统之间的交互关系和通信关系,构建功能-系统节点-系统三角模型(见图 15.8),并将系统三角关系模型与作战三角关系模型进行匹配,得到 ABM 三角关系模型。

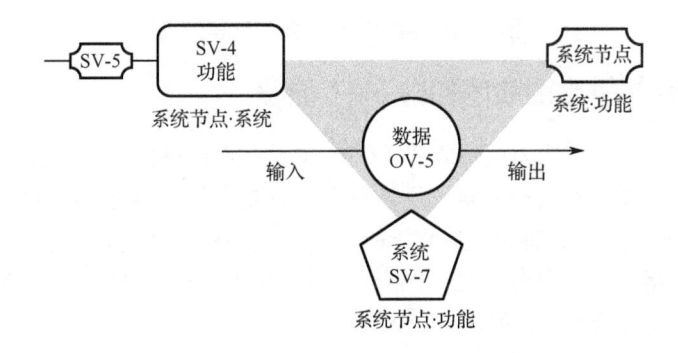

图 15.8 功能-系统节点-系统三角模型

15.2.3 作战概念的兵力组织三角形建模

在对作战活动和系统建模进行分析后,还需要对运行过程进行建模分析。通过作战要素三角形建模、系统三角形建模,最终可以得出兵力组织三角形建模产品,如图 15.9 所示。

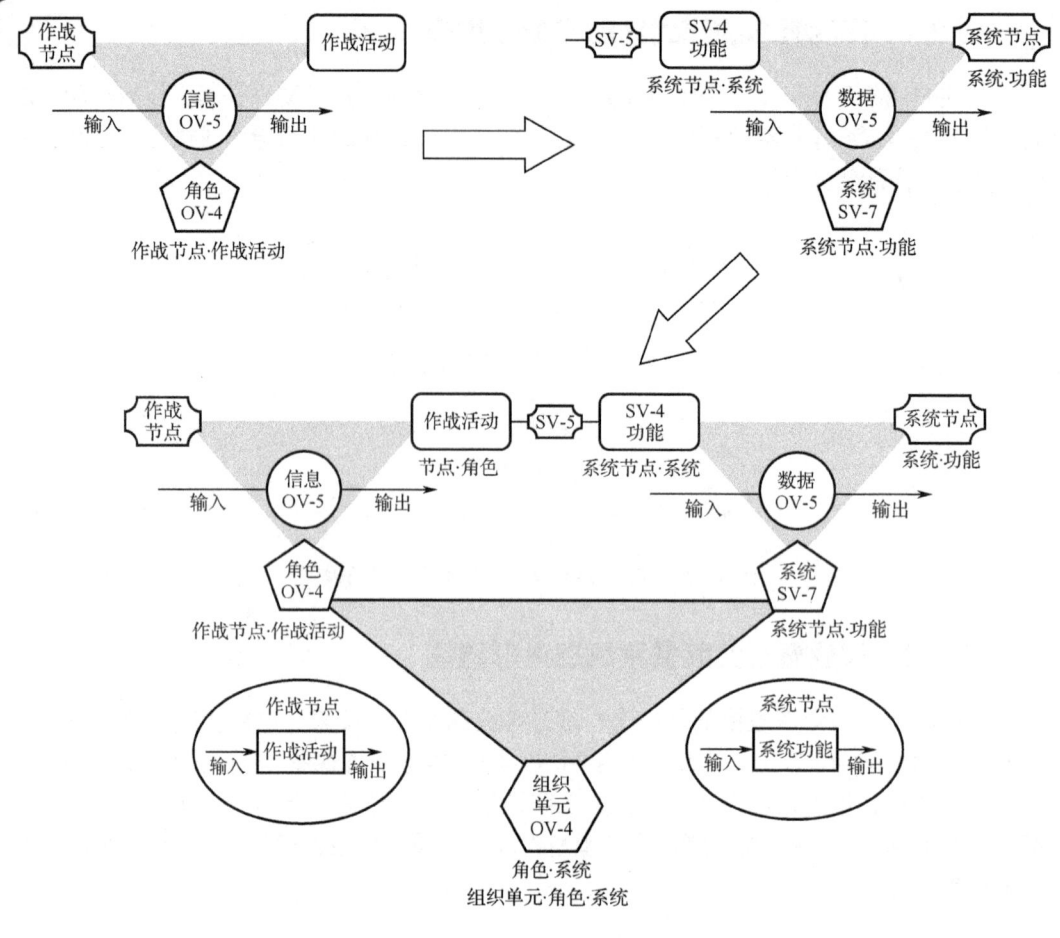

图 15.9　兵力组织三角形建模产品

15.2.4　作战概念活动序列的 JMT 建模

基于联合任务路径和能力试验方法（CTM）的重点是进行指标分解和指标体系构建。其中，指标分解主要包括两层：第一层指标分解是基于使命描述-活动节点-使命活动-使命属性-使命效能指标得到使命层效能指标；第二层指标分解是基于使命描述-活动节点-使命活动-作战活动/任务-任务属性-任务性能指标得到任务层性能指标。若为网络化作战，还能分解得到网络使能指标，如图 15.10 所示。

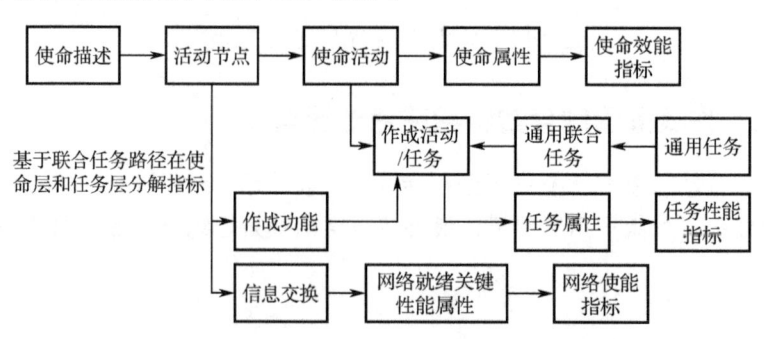

图 15.10　基于 JMT 的指标分解

构建指标体系，首先需要分解指标体系。基于美军的 JMT 方法分解指标体系，主要包括：①使命级指标分解；②任务（活动）级指标分解；③体系/系统级指标分解。JMT 指标表如表 15.5 所示。结合作战概念的特点，重点进行前两项分解工作。

表 15.5　JMT 指标表

作战需求指标		功能需求指标	
使命级指标	任务（活动）级指标	体系级指标	系统级指标
使命完成效果	任务绩效或工作效能	体系功能的测量	系统功能的测量
作战者使命需求	作战者任务需求	体系功能需求	系统功能需求

1）使命级指标分解（见图 15.11）

（1）使命描述（Mission Description）。使命是具有目的的任务（Task），用于描述要进行的行动及其原因。使命描述应用简短的语句清楚表达要执行的任务和目的，并注意讲明"5W1H"要素。使命描述可以借助目标进一步定义。

（2）需求效果（Desired Effect）。效果（Effect）描述了系统在作战环境下的行为。需求效果是要达成目标的条件。

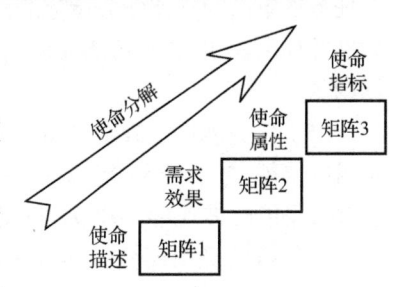

图 15.11　使命级指标分解

（3）使命属性（Mission Attribute）。属性被定义为一个要素或者行动定量或定性的特征。在使命级，属性关注的是行为（Action）。每个预期效果至少对应一个属性。

（4）使命指标（Mission Measures）。使命指标用于测量使命效果。对于评估所用的数据，正确的说法是效用的测量，因为它是在预测环境中运用系统所达到的军事效果（使命完成情况）。使命指标注意事项：①使命指标是与属性相伴的；②须保证测量简便；③确定测量的单位，如时间、长度、数量等；④保证每个属性至少有一个测量指标。

使命描述和需求效果的关系由矩阵 1 表示，需求效果和使命属性的关系由矩阵 2 表示，使命属性和使命指标的关系由矩阵 3 表示，按照上述矩阵顺序分解使命，最终可得使命指标。

2）任务（活动）级分解（见图 15.12）

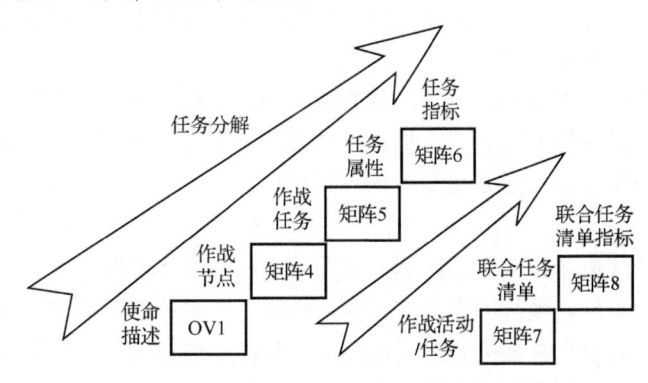

图 15.12　任务（活动）级指标分解

（1）作战节点（Operational Nodes）。作战节点是用来完成使命的关键功能节点，每个作战节点都被赋予一个功能性的名称而非系统中的特定名称。

（2）作战活动（Operational Activities）。一个任务（Task）就是一个行动或者活动，当提到活动时，具体指的是任务。任务可以按照需要被分解为多个级别，其中第一级的任务应当在 OV-1 视图中表示。OV-1 视图描述了高层作战概念，即使命描述和作战节点之间的关系。

（3）联合任务清单（Joint Task Lists）。通用联合任务清单是联合任务的成文清单。联合服务/任务清单为任务描述和测量提供权威的信息来源。

（4）联合任务清单指标（Task List Measures）。联合任务清单为每个任务提供指标。联合任务清单指标支持任务指标的分解，但须注意这个分解并不是完善且充分的，其目的是识别并列出在 JMT 中可能会用到的任务指标。联合任务清单可以作为确定 JMT 的任务指标的基础。

（5）任务属性（Task Attributes）。类似于使命属性，它也是一个要素或者行动定性或定量的特征，在任务级上，其关注点依旧是行动（Action）。每个任务都有多个层面的效果，这些效果能够被观察，并按照一定的标准对其每个方面指定一个可以接受的效果级别。例如一些任务的通用属性：任务完成时间、任务完成效率、任务完成率、毁伤概率、精确度等。

（6）任务指标（Task Measures）。每个任务都会有预期关联的度量属性，任务指标应当为满足作战人员完成任务的需求提供基础。

作战节点和作战任务的关系由矩阵 4 表示，作战任务和任务属性的关系由矩阵 5 表示，任务属性和任务指标的关系由矩阵 6 表示，作战活动/任务和联合任务清单的关系由矩阵 7 表示，联合任务清单和联合任务清单指标的关系由矩阵 8 表示，按照上述矩阵顺序分解任务，最终可得任务指标。

15.3 作战概念 OPM 推演

作战概念是用户对目标系统的描述性说明，其作用是向利益相关者传达系统的定性或定量特征，被广泛应用于军事、政府和服务领域。在美军联合作战中，美国国防部对作战概念给出以下定义：清晰且准确地表达联合力量指挥官在有限资源下实现目标打击的口头或图形化实施方案。在系统工程领域，作战概念的延伸是需求确定实施步骤，在需求确定的驱动下作战概念包含以下步骤：

（1）声明系统问题的应用范围，明确系统的预期目标和最终状态。

（2）构想系统整体的解决方案，描述系统解决方案在未来环境中的运行过程。

（3）确认系统交互，包括系统与环境、子系统、组成部分、功能组件和物理结构之间的交互。

综上所述，作战概念其实就是武器系统需求确定的具体实施方案，也是需求确定落地的指导手册，有助于声明系统的目的或目标，厘清影响系统的策略和政策约束，明确责任与授权，掌握参与者及利益相关者之间的互动，并指导现场系统的具体操作过程。此外，作战概念还是武器系统工程领域能否取得成功的关键因素。

15.3.1 基于 OPM 建模框架的选择

作战概念建模推演语言需要满足以下要求：①建模语言能够支持模型的构建、扩展和改进完善；②支持威胁处置过程中的定性分析、推演仿真和逻辑校验；③保持语义的一致性；④系统复杂性管理。

为支撑相应的方法要求，同时满足信息和知识语言的一致性逻辑验证、系统的复杂性管理等，基于以上要求和相关优点，选择 OPM 建模语言。对象过程方法论（Object-Process Methodology, OPM）是由多利（Dori）在 2002 年提出的通用建模方法，符合标准（ISO19450）的系统工程建模框架。OPM 建模本体分为实体和链接，如图 15.13 所示。实体是 OPM 系统建模的基本模块，对象和过程是 OPM 的主要实体。其中，对象描述了系统的物理和信息，能够支持系统实体或者环境实体，即信息实体或物理实体的设计；过程描述对象之间的迁移转变，既可以生成、消耗对象，也可以改变对象的状态；状态是对象的属性，作为实体附属于对象。链接分为结构性链接和过程性链接。其中，结构性链接描述了系统内实体之间静态的、与时间无关的关系；过程性链接则负责连接实体间对象（过程和状态），描述系统的行为。与面向对象的方法不同，OPM 的过程不是封装在特定的对象类中的。独立的建模过程允许在一个过程中激活或改变多个对象。

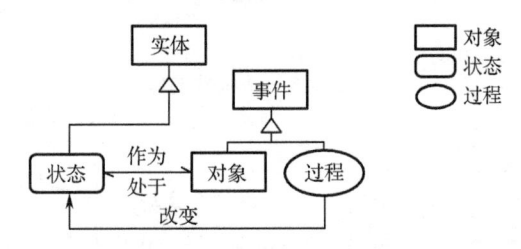

图 15.13 OPM 建模元素和层次关系

系统行为在 OPM 中有 3 种表现方式，分别采用不同的过程性链接表示，具体如下：①迁移链接——过程转变对象，即在过程中生成、消耗对象或改变对象的状态；②主体链接——对象执行过程但不被过程所迁移，如对象启动或终止某个过程；③事件链接，即在实体满足某些条件后触发事件调用相应的过程。OPM 的事件类型既支持状态进入、状态迁移、状态超时、过程终止、过程超时等内部事件，也支持外部环境触发的事件。

OPM 集成面向对象和面向过程建模范式于同一参考框架下，按照简洁直观的标识方法，基于同一视图构建系统结构模型和行为模型。具体通过以下特性展现：

（1）最少的表示符号，仅有 20 个（对比 UML 有 120 个）。

（2）使用单一的对象过程图（OPD）来解决不同层次的分类，并统一静态结构和动态过程，从而有效减少复杂多维的系统层次（对比 UML 的 14 种视图和 SysML 的 9 种视图）。

（3）通过逐层展开-折叠自相似的 OPD，可以延伸至模型核心并保持与模型核心的充分协调，同时通过实例化通用的多用途模型或模式，适用于各类特定场景问题并有效解决复杂性管理问题。

OPM 的基本建模元素主要包括对象（Object）、过程（Process）、状态（State）、结构性链接和过程性链接，如图 15.14~图 15.16 所示。

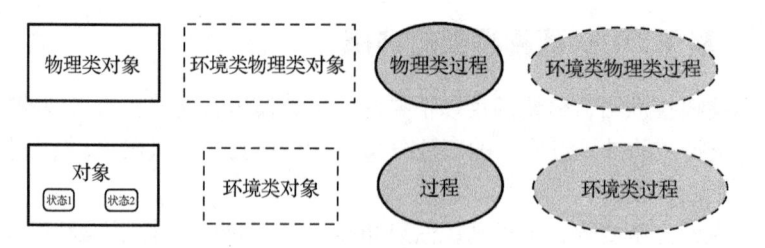

图 15.14　对象、过程、状态

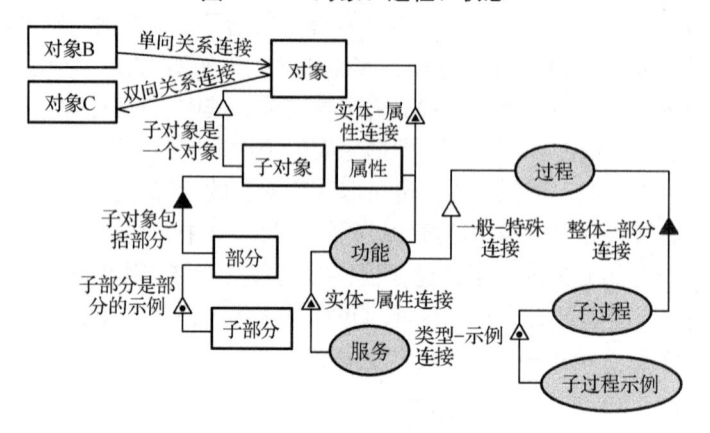

图 15.15　结构性链接

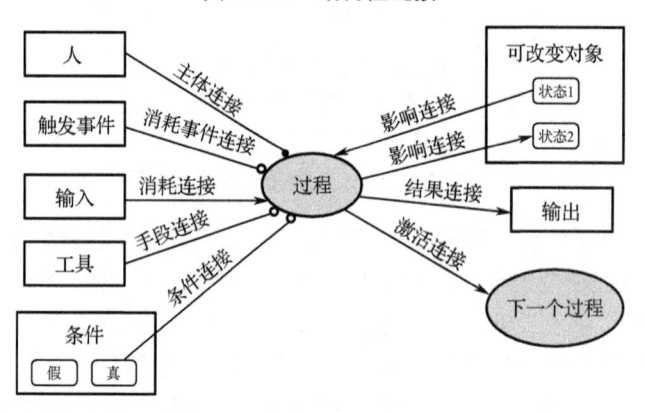

图 15.16　过程性链接

对象：用矩形符号表示，代表存在的事物，其存在方式可以是物理方式或概念、逻辑方式。

过程：用椭圆符号表示，代表对象的转变形式，是唯一可以引起对象生成或消失并改变对象状态的建模元素。过程的发生需要消耗时间，并且需要与一个或多个对象相连。

状态：用圆角矩形符号表示，属于较低层次的实体并隶属于对象，代表在某一时间点可能存在的情况或取值。

结构性链接：表示两个对象或两个过程之间持续的静态连接，具体包括4种基础性连接和两种一般连接。

过程性链接：用来描述系统的行为，具体包括支持连接、变换连接和事件连接。其所描述的系统行为主要包括：

- 过程对对象的转换，包括过程产生对象、过程消耗对象及过程改变对象的状态。
- 对象在不被转换的情况下可以触发过程。
- 过程或对象能够触发事件的调用过程。

15.3.2 作战概念推演 OPM 统一求解框架

作战概念推演建模的过程，实际是问题域向方案域映射的过程，其映射结果就是形成作战行动方案模型，这一映射过程在方案任务空间概念建模阶段完成。作战行动方案模型只有通过作战模拟推演才能得到具体场景的应用验证，而推演模拟的核心基础是仿真推演空间的构建。因此，作战概念推演一体化概念建模的过程其实就是一个两阶段双映射过程，如图 15.17 所示。

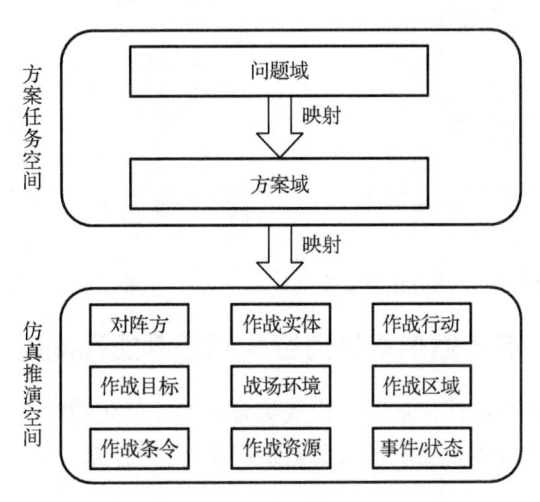

图 15.17 作战设计推演一体化概念建模

问题域的主要内容是作战场景中的军事使命，问题域向方案域的映射过程就是明确并解析军事使命的过程。具体来说，就是需要以具体作战重点、难点问题和历史典型应用案例为分析输入，参照联合作战条令、军事需求、作战想定和评估分析规范明确当前军事使命，并分解为各使命阶段。在各使命阶段内细化作战任务，并以作战任务为核心组织作战力量、分配作战资源，以作战目标为导向，以 OPM 描述规范和作战条令纲要及作战武器平台性能等为约束构建基于 OPM 的作战行动方案，最终构成方案域的主要内容。作战行动方案模型的有效性需要在逼真作战环境下的仿真推演平台中进行模拟推演，这样才能具有实践应用可行性和分析评估可靠性，因此，需要完成方案任务空间向仿真推演空间的转换映射。仿真推演空间是能够在同一框架下对作战行动方案模型进行模拟推演的系统平台的抽象仿真概念模型。通过仿真推演空间概念模型，军事人员能够了解推演系统平台如何对应作战行动方案展开模拟推演，开发人员则能了解实际军事需求，并实现推演系统平台原型。首先定义最基础的 Operational-Functional 建模模式（以下简称 OF 模式），如图 15.18 所示。这里 Operational 代表两层含义：一是作战行动方案模型中作战任务等要素的静态模型定义；二是推演系统里的作战模拟推演过程中的动态运行状态。Functional 则代表推演系统支持作战行动方案模型仿真推演所具备的功能性体现，它是推演系统各子功能模块的集合。这里定义推演系统包括各系统构成组件，并具有作战任务的执行属性。作战任务是

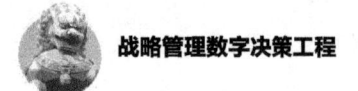

作战行动过程的关键要素，也是推演系统进行作战推演活动的核心驱动。

最基础的 OF 模式可以进一步扩展为包括场景（Scenario）的建模模式（以下简称 OFS 建模模式），如图 15.19 所示。作战场景是包含一系列具体作战任务和作战行动序列等的集成若干系统子功能模块所构成的模拟作战环境。它用于表征系统功能组件的行为。在该建模模式的指导下，能够将作战行动方案建模与推演系统构建统一在一个框架下，并通过可视化建模方法搭建不同领域人员协同认知概念模型的沟通桥梁。

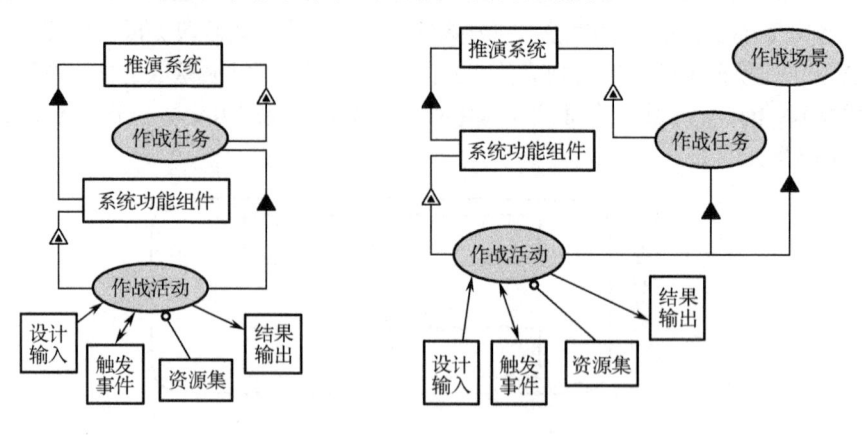

图 15.18　Operational-Functional 建模模式　　　　图 15.19　OFS 建模模式

15.3.3　基于 OPM 框架的任务空间和推演空间模型

这里以 OPM 为建模方法描述基于作战概念推演一体化的两阶段概念模型。首先需要了解方案任务空间建模过程，然后进行仿真推演空间的构建。

1. 基于 OPM 框架的任务空间模型

通过明确军事使命，划分不同使命阶段，并在各使命阶段明确作战任务，从而实现方案域的构建，即进行作战行动方案建模，形成方案任务空间。

一般来说，作战行动方案模型是方案任务空间中最核心的部分，主要包括作战目标、作战任务、作战活动及战场环境等，如图 15.20 所示。其中，作战任务以使命阶段的作战目标为导向设定，通过侦察活动获得全面的战场环境信息，辅助综合研判战场态势，最终产生不同的事件，以触发作战任务在决策点上实现动态调整。作战任务的设计需要进行包括双方重心、作战条令、战场资源、行动时间和节奏等要素的统筹规划，并通过行动集落实作战任务，以产生对应作战活动。行动集里的子行动按照既定作战线和规划的行动序列在既定作战区域内实施一系列行动，使战场态势发生转变，从而推动作战态势由初始状态向终止状态演进。

2. 基于 OPM 框架的推演空间模型

通过构建方案任务空间，可以根据具体的推演问题将作战行动方案基础模型实例化，以便进行作战问题设计和分析。通过构建仿真推演空间模型，使各领域人员能够理解推演机理。

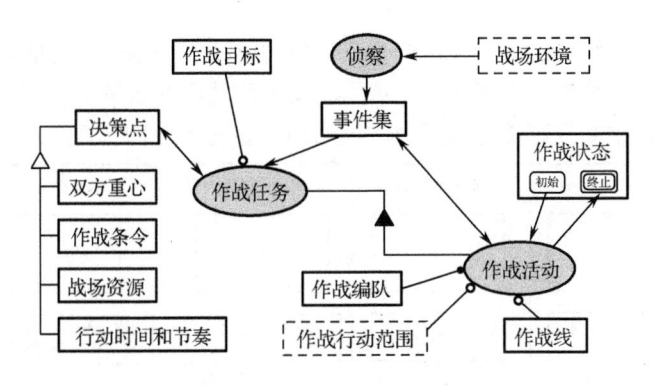

图 15.20 任务空间作战行动方案模型

推演场景是任务空间与推演空间共同作用的衔接点，具体包括推演空间的系统功能性构件和任务空间的作战行动方案模型，当其经过实例化变成具体推演环境时，推演场景对象转化为作战场景过程。场景既反映了推演系统的功能组件层面，即仿真实现，可以视作系统功能子集的实现，也体现了军事人员的作战设计构想，即作战行动方案模型，可以视作作战方案模型的验证分析。

推演空间模型描述了一般通用推演空间的概念模型，为了便于读者理解该模型，用与 OPD 图相对应的 OPL 自然语言进行描述，具体如下：

作战条令包括电磁辐射、控制规则、武器运用规则、撤退与重新部署规则、武器控制状态、空战规则与核武器运用规则。

推演场景主要包括一系列作战实体。

水面舰艇是作战单元，具备水面舰艇决策、水面舰艇导航、水面舰艇机动、水面舰艇探测、水面舰艇打击、水面舰艇通信与水面舰艇毁伤等属性。

潜艇是作战单元，具备潜艇决策、潜艇导航、潜艇机动、潜艇探测、潜艇打击、潜艇通信与潜艇毁伤等属性。

飞机是作战单元，具备飞机机动、飞机探测、飞机打击、飞机通信、飞机决策、飞机导航与飞机毁伤等属性。

地面设施是作战单元，具备地面设施机动、地面设施探测、地面设施打击、地面设施通信、地面设施决策、地面设施导航与地面设施毁伤等属性。

武器是作战单元，具备武器机动、武器探测、武器通信、武器决策、武器导航与武器毁伤等属性。

作战单元是作战实体，具备单元决策、单元导航、单元机动、单元探测、单元打击、单元通信、单元航空与单元毁伤等属性。

作战编组是作战实体，具备编组决策、编组导航、编组机动、编组探测、编组打击、编组通信与编组航空等属性。

传感器、通信设备、挂载挂架都是平台组件。

作战任务具备作战目标与作战区域等属性，它需要作战条令，并能影响推演场景。

15.4 规划方案分析设计方法

在博弈分析和能力差距分析的基础上，还应考虑资源支撑和匹配程度，这就需要进行资源能力建模和兵力结构设计：一是构建资源能力框架，并基于资源能力规则库分析，构建资源能力模型；二是选取未来典型对抗场景类型和典型对抗场景，通过效费比和贡献率等设计分析，找出平衡且可负担的兵力体系结构，如图 15.21 所示。

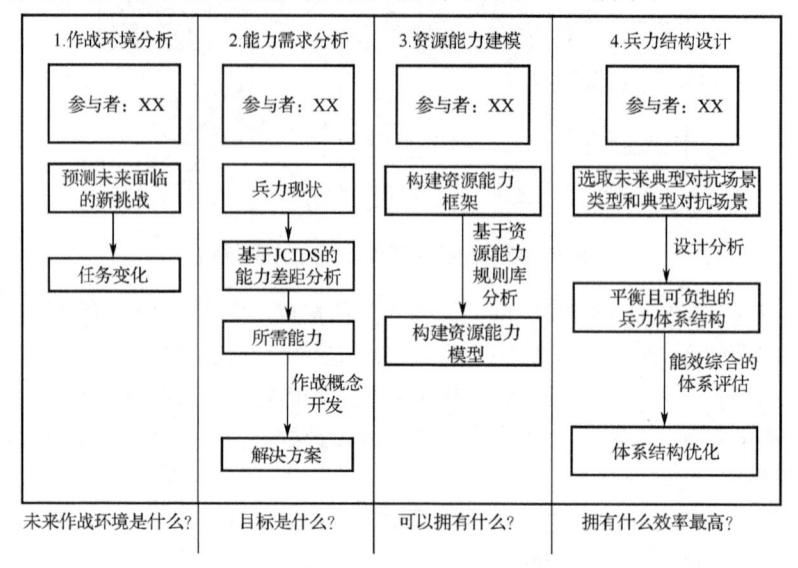

图 15.21　面向资源匹配的兵力结构运行流程

基于作战网络评估（ONA）方法进行作战活动分析，主要包括 4 个步骤：

（1）基于作战效果，提出战役目标和战略目标。

（2）将节点链接至效果开发子流程所衍生的特定效果上，建立效果-节点（E-N）的链接。

（3）针对特定关键节点可以采取的潜在外交信息军事经济（DIME）活动，产生预期效果，同时考虑对每个效果-节点-活动（E-N-A）链接所带来的次要和意外影响。

（4）开发效果-节点-活动-资源（E-N-A-R）链接的最后一步是将资源与每个效果-节点-活动相关联。该过程的结果是一个预先分析的选项范围，能够实现潜在的效果，如图 15.22 所示。

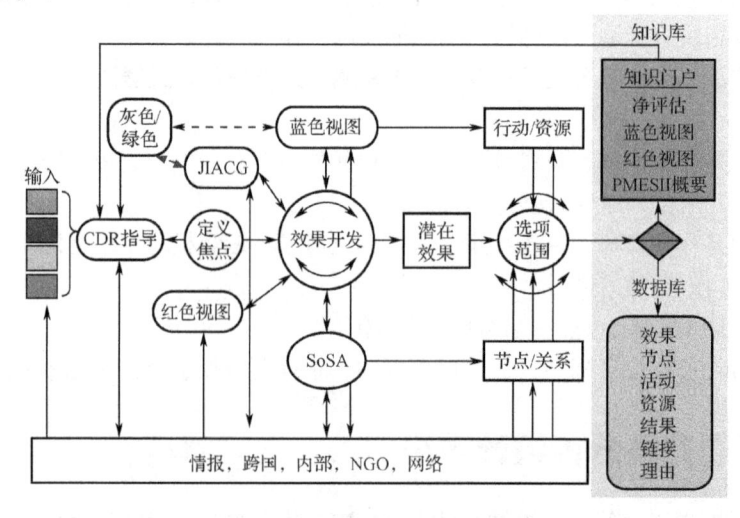

图 15.22　作战网络评估流程

作战概念生成和建模推演主要确定了未来应用场景，在此基础上还需对解决方案进行分析，包括功能领域分析、功能需求分析、功能解决方案分析、资源能力建模、兵力结构和规划方案设计 5 个步骤。

15.4.1 功能领域分析（FAA）

功能领域分析的目的是确定达到军事目标所需完成的作战任务、条件和标准。功能领域分析以国家战略、政策、联合功能概念、综合体系结构等为初始条件，经过分析得到一个有优先级的、涵盖所有功能领域的任务列表，列表中的任务将在功能领域分析过程中被重点审查，任务列表可以基于联合任务线程的指标分解结果生成。功能领域分析的流程如图 15.23 所示。

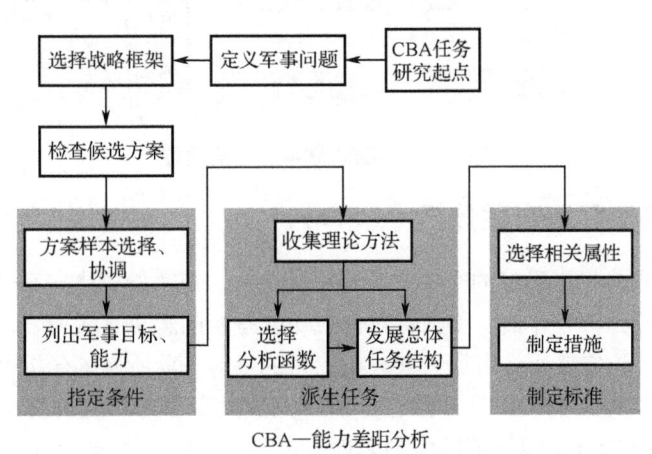

图 15.23 功能领域分析的流程

15.4.2 功能需求分析（FNA）

功能需求分析的目的是通过对当前和计划中的能力进行分析，比较和确认能力现状及存在的差距。功能需求分析按照指定的标准，分析完成功能领域分析中得到的作战任务所需的功能，并评估当前和未来所需的联合能力。功能需求分析利用功能领域分析中确认的任务作为基本输入，输出一份需要解决的功能差距的列表清单，并提出消除差距的解决方案及使用的阶段。此外，功能需求分析还需要分析影响效率的功能冗余。功能需求分析的流程如图 15.24 所示。

功能需求分析应完成以下工作：

- 使用作战术语或广义的、基于效果的术语，描述功能差距和功能冗余问题。
- 描述上述问题及解决方案可能涉及的其他作战功能领域。
- 依据目的、任务和条件，描述能够解决能力差距问题的一个或多个功能的关键特征。
- 确认经联合需求监督部门批准的作战功能领域效能度量指标。通过功能领域分析和功能需求分析，得到联合能力文档，其主要内容是作战任务需求和存在的能力差距。

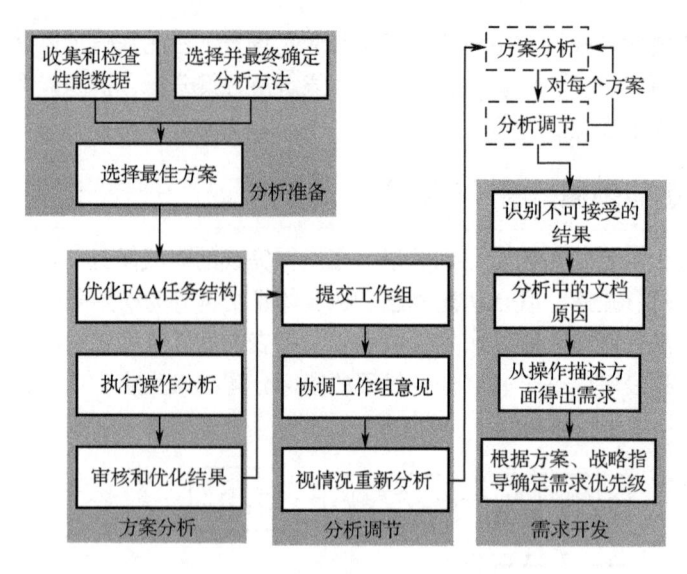

图 15.24 功能需求分析的流程

15.4.3 功能解决方案分析（FSA）

针对功能需求分析中确定的作战功能差距和冗余，在功能解决方案分析过程中，通过组织领域专家进行分析和评估，得到针对作战功能差距的解决方案列表，并按照重要程度进行排序。此外，还需要实施后期独立分析，目的是对先前所做的分析进行检查，并对推荐的方案进行再次评估确认。后期独立分析由完全没有参与功能解决方案分析的专家进行，其所确定的备选方案能够消除能力差距，并进行优选。功能解决方案分析的流程如图 15.25 所示。

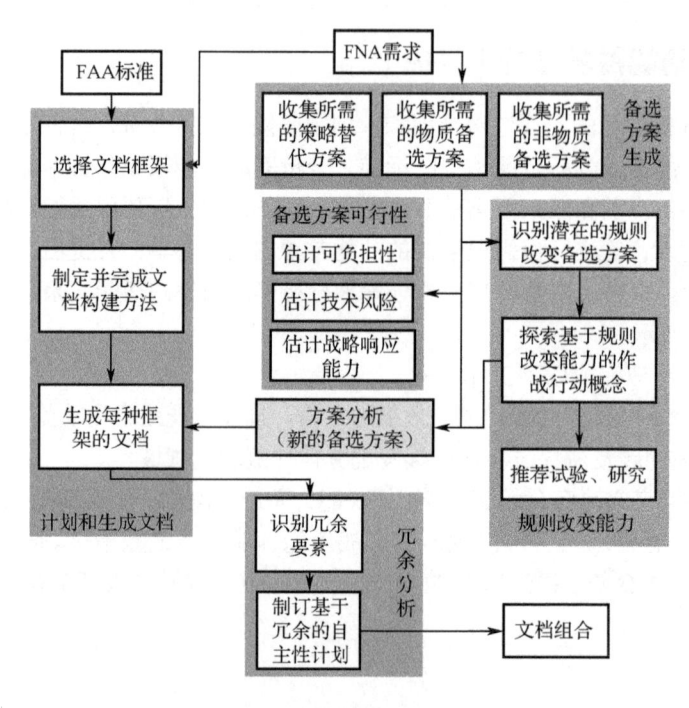

图 15.25 功能解决方案分析的流程

15.4.4 资源能力建模

通过对功能解决方案中的多个解决方案进行资源能力匹配建模，筛选可负担的合理方案。主要研究内容包括两部分：资源能力匹配和基于作战方案的资源推演。

1）资源能力匹配

主要包括以下步骤：①建立能力与资产类型的关联关系；②建立兵力单元与资产类型的关系；③建立兵力单元与所属基地的关系；④建立基地与战区的联系；⑤基于作战方案将能力、资产类型、兵力单元、基地、战区统一起来，形成能力资源关系图，如图 15.26 所示。

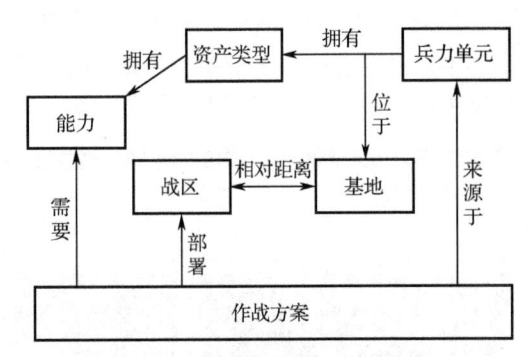

图 15.26 能力资源关系图

通过能力资源关系匹配，最终可以建立能力与各要素的关联关系，见表 15.6。

表 15.6 能力资源匹配表

能力	关键能力问题（CCI）	关键作战问题（COI）	战区	基地（或同级作战单位）	基本作战部队	装备选项	作战方案类型	作战方案
能力 1	CCI1	COI1	战区 1	基地 1	步兵旅	航空母舰	低烈度冲突 1	方案 1.1
能力 2	CCI2	COI2	战区 2	基地 2	火力旅	弹道导弹	低烈度冲突 2	方案 1.2
能力 3	CCI3	COI3	战区 3	基地 3	舰队	轰炸机	低烈度冲突 3	方案 1.3
能力 4	CCI4	COI4	…	基地 4	导弹旅	歼击机	低烈度冲突 4	方案 1.4
能力 5	CCI5	COI5		基地 5	轰炸机团	潜艇	中等烈度冲突 1	方案 1.5
能力 6	CCI6	COI6		基地 6	防空旅	巡洋舰	中等烈度冲突 2	方案 1.6
…	CCI7	COI7		基地 7	…	坦克	中等烈度冲突 3	方案 2.1
	CCI8	COI8		…		…	中等烈度冲突 4	方案 2.2
	CCI9	COI9					中等烈度冲突 5	方案 2.3
	CCI10	COI10					高烈度冲突 1	方案 2.4
	CCI11	COI11					高烈度冲突 2	方案 2.5
	CCI12	COI12					高烈度冲突 3	方案 2.6
	CCI13	COI13					高烈度冲突 4	方案 2.7
	CCI14	COI14					高烈度冲突 5	方案 3.1
	…	COI15					…	方案 3.2

续表

能力	关键能力问题（CCI）	关键作战问题（COI）	战区	基地（或同级作战单位）	基本作战部队	装备选项	作战方案类型	作战方案
		COI16						方案 3.3
		COI17						方案 3.4
		…						方案 3.5
								…

2）基于作战方案的资源推演

在建立能力资源匹配关系后，需要对多种资源匹配方式进行推演，并形成方案排序，如图 15.27 所示，可以调整推演粒度、推演步长等。在完成推演后，可对推演过程数据进行统计、分析及展示。根据推演分析数据，可以得出优化方案。

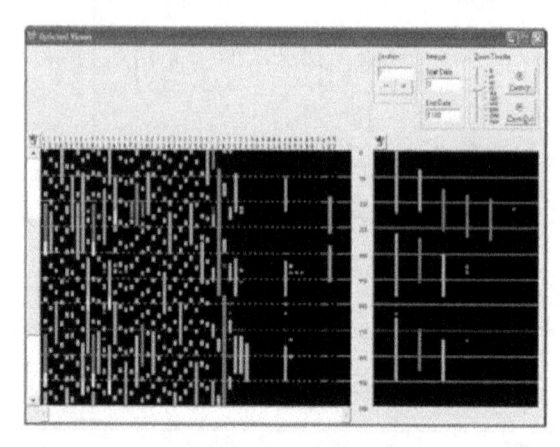

图 15.27　推演过程

15.4.5　兵力结构和规划方案设计

对资源能力建模中形成的多个配比方案进行兵力结构设计，具体包括兵力体系架构设计和原型系统构建。其中，兵力体系架构设计包括基础结构设计、行为流程设计、兵力组网设计、任务链路设计、运行机制设计和组分协议设计等；原型系统构建包括系统装备配系设计、系统任务活动设计、系统功能流程设计和子系统功能流程设计等。

参考文献

[1] Chairman of the Joint Chiefs of Staff Instruction. Joint capabilities integration and development system (CJCSI 3170.01G)[R]. Fort Belvoir: Defense Acquisition University, 2009.

[2] 崔侃，曹裕华. 美军装备能力试验及其启示[J]. 装备学院学报，2015, 26(2): 115-116.

[3] 杜智远，廖学军. 美军武器装备联合试验的发展和启示[J]. 军事运筹与系统工程，2018, 32(1): 73-75.

[4] 申卯兴. 现代军事运筹[M]. 北京：国防工业出版社，2014.

[5] WILLIAM S. Mission based analysis in the systems engineering process[C]//18th Annual NDIA Systems Engineering Conference. [S.l.:s.n.], 2015.

[6] BRADLEY A. B. Optimizing the air-to-ground kill chain for time-sensitive targets[D]. California: Naval Postgraduate School, 2009.

[7] DAHMANN J, LANE J A, REBOVICH G, et al. Systems of systems test and evaluation challenges[C] //2010 5th International Conference on System of Systems Engineering. Piscataway, NJ: IEEE, 2010.

[8] WANG Y F, WANG T, WANG J H. Military chain: Construction of domain knowledge graph of kill chain based on natural language model[J]. Mobile Information Systems, 2022(6): 11-13.

[9] MORDECAI Y, DORI D. Model-based risk-oriented robust systems design with object-process methodology[J]. 2013, 1(4): 331.

[10] 林益明，袁俊刚. 系统工程内涵、过程及框架探讨[J]. 航天器工程，2009, 18(1): 8-12.

第 16 章

体系任务链路设计优化方法

> 体系任务链路是指面向完成任务各环节的具体需求，将体系功能配系中的各个功能节点进行适应性匹配所形成的一条完整闭合链路。虽然任务链路与功能链路、杀伤链、效果链等概念在侧重点、描述范围上有一定的区别，但其基本内涵一致，都是面向闭环完成任务所构建的链路形态的行动方案。本章分别从体系任务链路的基本概念、构建、建模仿真及快速原型 4 方面介绍体系构型设计优化方法。

16.1 体系任务链路基本概念

体系任务链路是指面向完成任务各环节的具体需求，将体系功能配系中的各个功能节点进行适应性匹配所形成的一条完整闭合链路。典型的任务链路模型包括美国空军的 F2T2EA（发现、识别、跟踪、瞄准、交战、评估）模型、美国陆军的 D3A（决策、探测、投送、评估）模型、美国海军的 DITN（探测、识别、瞄准、抵消）模型及 F5（发现、锁定、开火、完成、反馈）模型。无论选择哪种任务链路模型，都要遵循"侦察、指挥控制、打击、评估"的逻辑过程。

16.1.1 体系任务链路的概念发展

1. 冷兵器至机械化战争时代

任务链路概念是随着战争这种冲突形式的产生而形成的，也随着战争的形态演变而发展。早在冷兵器时代，巴比伦人、波斯人、希腊人和罗马人等就已经认识到了任务链路的概念，并使用简单的缩写 FKP（Find, Kill, Pillage）（发现-杀伤-掠夺）来描述当时的任务链路闭合过程。进入机械化战争时代，随着机枪、火炮、坦克、飞机等新装备、新技术的发展，任务链路中的"掠夺"被淘汰。第二次世界大战期间，美国海军陆战队使用 FKR（Find, Kill, Repeat until ordered to stop）（发现-杀伤-重复）来描述当时的任务链路过程。在机械化引领任务链路加速的基础上，通过引入指挥人员参与情报收集与分析的过程，使任务链路的发展再次提速，由此产生了 F2TK（Find, Fix, Track, Kill）（发现-识别-跟踪-杀伤）任务链路。随着信息化技术的发展，作战情报收集与分析的速度变快。20 世纪 50 年代，美国国防部开始执行第一次"抵消战略"，试图采用核武器技术抵消苏联地面

部队的数量优势。但由于未认识到全链路闭合对抗的重要性，仅注重提升杀伤阶段的直接效能。

2. 机械化、信息化战争时代

20世纪70年代中期，美国开始制定和实施第二次"抵消战略"，提出以信息技术优势抵消苏联的机械化兵力优势。通过在信息技术领域的不断创新，美国占据优势。随着大量精确制导武器、察打一体平台等信息化作战装备陆续出现在海湾战争等战场上，美军开始意识到精确、快速闭合任务链路的重要性。以 John Boyd 提出的 OODA（Observe, Orient, Decide, Act）（观察-定位-决策-行动）理论为基础，美军开始研究确立各军种的任务链路模型。1990年，时任美国空军总参谋长 John Jumper 针对时敏目标打击，提出了 F2T2EA（Find, Fix, Track, Target, Engage, Assess）（发现-识别-跟踪-瞄准-交战-评估）任务链路模型。在之后的海湾战争和伊拉克战争中，美军的任务链路闭合时间显著缩短。随后美国的陆军、海军、海军陆战队和特种作战部队分别按照各自军种的作战行动特点，相继提出了 D3A（Decide, Detect, Deliver, Assess）（决策-探测-投送-评估）、DITN（Detect, Identify, Target, Neutralize）（发现-识别-瞄准-抵消）、F3EAD（Find, Fix, Finish, Exploit, Assess, Disseminate）（发现-识别-完成-运用-评估-分发）等任务链路模型。美军整体战略开始由传统的"以平台为中心"向"以网络为中心"转变，以期实现将信息迅速传递给最需要的作战单位，创造更快、更有效的任务链路。

为了更频繁、更快地闭合任务链路，美军开始大量采购功能高度集成的高技术作战平台。在近二十年的全球反恐行动中，美军通过加快数据到信息、信息到认知、认知到决策、决策到行动的循环，积极践行快速、高效闭合任务链路，摧毁了多处恐怖组织网络。然而美军不断购买的许多相同类型的作战平台，本该用于构建和验证更快、更高效、更具适应性的任务链路，但在这二十年中，美军却花费了约590亿美元开展多个被标榜为"跨代飞跃"的武器计划，包括美国陆军的未来作战系统（FCS）等，由于这些计划几乎都只是旧平台的升级，故而被大量取消。来自前线战场的真实反馈却是采办的武器系统未能给一线部队提供迫切需要的实战化能力。美军付出了巨大的代价，却收获了大批在信息时代战场上无法互联互通、共享信息的昂贵且封闭的作战系统，导致美军在更新、提升任务链路的实际闭合能力和方式上几乎停滞不前。

3. 机械化、信息化、智能化融合发展的战争时代

随着先进武器平台的不断突破，其他大国的国防实力与日俱增，美军开始认识到自身的技术优势正在变小。2014年，美国国防部提出了第三次"抵消战略"，即以发展颠覆性技术为核心，创新作战概念，改进部队编成编组，进而形成常态化"威慑"，并给对手增加长期竞争成本。围绕加速闭环任务链路的核心目标，美军在第三次"抵消战略"的指导下，主要采取以下措施：

（1）持续提升当前各任务链路关键环节的能力水平。推进可互联、互通、互操作的战场互联网络建设，同时提升装备智能化水平，以期更快地找到目标并做出决策，进而推动任务链路进化，使任务链路阶段划分不再明显，部分阶段已经并行或重叠执行。随着智能化技术的引入，部分装备系统在任务链路环节上已经具备了替代传统作战人员的能力。相对固化的任务链路模型已不能完全适用于当前信息化、智能化技术高速发展的战争时代，曾任国防高级研究计划局（DARPA）研究员的 Mike Benítez 提出了新时代的 F5（Find，Fix，Fire，Finish，Feedback）（发现-识别-发射-完成-反馈）任务链路模型。相较于之前的各类模型，该任务链路模型的最大特点是可扩展性，为实现敏捷任务链路提供了较高的适应性。F5 任务链路模型通过在依序闭合的"发现-识别-完成-反馈"循环中的不同位置引入"发射"及"批准"环节来适应当前不同的作战模式和新旧多型作战武器的使用过程。对于非自主常规武器，如自行坦克发射炮弹打击机动陆上目标，对应的 F5 任务链路模型为"发现-识别-（批准）-发射-完成-反馈"；对于当前阶段运用较多的半自主武器，如天基探测手段指引舰载巡航导弹超视距打击机动舰船目标，对应的 F5 任务链路模型为"发现-发射-识别-（批准）-完成-反馈"；对于具备较高智能化水平的自主武器，如集自主识别、探测、定位和打击能力于一体的智能巡飞导弹，对应的 F5 任务链路模型为"发射-发现-识别-（批准）-完成-反馈"。

（2）使独立的任务链路闭合形态发生"颠覆性"的改变。2018 年，美军提出了新型作战概念——"马赛克战"，其作战方式从传统的"以消耗为中心"转向"以决策为中心"，以期在比对手更快、更有效地完成决策的同时给对手造成行动困难，致使其无法实现作战目标。在闭合任务链路方面，"马赛克战"提出通过分布式兵力、信息网络、人工智能和自主系统实现从传统显示、线性的任务链路到对手难以锁定的隐式、非线性效果网的过渡。2018 年 5 月，DARPA 在 C4ISRNET 会议上首次正式提出了效果网（杀伤网）的概念。同年 7 月，DARPA 发布了自适应性跨域杀伤网项目的跨机构公告（BAA），正式开始对效果网作战模式进行系统研究。2020 年 4 月，DARPA 下属的自适应能力办公室（ACO）发布了开发"自适应作战架构"的项目需求。ACO 提出使用效果网来表示复杂作战效应实现过程，因而需要能够快速应对战场态势变化的自适应架构。ACO 将效果网描述为各作战要素的可组合集成体，能够通过关联特定要素来执行多种独立的任务链路，从而实现传统多种功能的任务链路。效果网主要具备以下特性：

① 跨域互联性。构建效果网的基础是基于战场互联网络实现战场态势的"数据-信息-认识"按需传递、共享。效果网改变了传统作战过程中己方持续搜索目标的被动状态，而是在陆、海、空、天、电、网作战空间布置多域互联的作战网络。数据、信息和认知的多域互联将有助于形成对目标更准确的识别、判断。

② 目标操纵性。目标一旦出现，网络中不同领域的大量传感器立即开始持续探测目标，在获取大量目标数据的基础上，智能融合算法辅助情报分析人员实现对目标的准确定位，并预判其动向和威胁。在此过程中，该目标如果不采取相关措施，将被限制、锁定在效果网中。

③ 链路冗余性。关于目标的情报信息将迅速在效果网中流向相关联的作战单位，随即生成多条备选任务链路。这些任务链路并非常态化固定存在，而是临机快速生成的，其自身具备冗余性，对敌方探测则具有隐藏性。敌方难以对这些任务链路采用传统的"断链破击"策略，甚至会陷入侦察、判断的困境，无法做出有效决策。一旦指挥人员完成决策、授权，任务链路将迅速闭合，产生作战效应。

④ 网络适变性。作为一种网络形态的任务链路，效果网还具备对战场态势变化的适应性。当敌情、我情、战场环境发生变化时，效果网支持通过对作战网络的资源种类、数

量、关联关系、应用方式等方面的调整，生成针对当前态势的任务链路。

例如，一个典型的效果网构想案例如下：天基探测平台发现一个正在机动的时敏目标，根据多源融合后的情报信息，空军战斗机飞行员判断该目标对己方某处陆军指挥单位产生较大威胁，在比较多项备选任务链路方案后，授权向目标就近发射海军的舰载导弹并派出舰载无人机执行监视，并在导弹命中目标后，由无人机完成毁伤评估。

16.1.2 体系任务链路建模分析现状

1. 传统任务链路建模分析

在认识到任务链路的重要性的基础上，以时敏目标打击为典型问题，国内外研究人员开展了多项关于任务链路的建模分析研究。例如在 2005 年，Brickner 和 William K 开展了时敏目标打击的任务链路分析研究。其在美国海军航空系统司令部（NAVAIR）建立的时敏目标任务链路基线模型的基础上，结合采用弹道导弹针对时敏目标探测和打击的典型实例，利用建模仿真方法，在 Extend 系统仿真软件中对任务链路的闭合时间进行了详细分析，并根据评估结果，提出相较于当时 NAVAIR 兵力架构、作战概念更有效的探测、打击配置方案。2009 年，Brad Bloye 对空对地时敏打击任务链路的优化问题进行了研究，提出将以网络为中心的信息优势转化为任务链路的闭合效率优势，基于开发的"KCAT"任务链路评估工具，完成任务链路的定量化分析、评估和优化，为作战人员基于任务链路的有效性对已有及新研装备系统、作战概念进行决策提供了支撑。2010 年，Smith 和 Roy M 对水面舰船防御反舰巡航导弹作战概念的任务链路进行研究，分别在时间轴、决策树中分析了任务链路的闭合时间和成功概率，提出了敌方反舰导弹为了取得打击成功，可能采用更低的航迹和更快的航速，同时配合软杀伤措施以提高突防概率的结论。2014 年，Lee 和 Joong Yang 对有人机-无人机编队的任务链路进行了研究，他们按照能力识别映射、参考任务设计、作战活动分析、功能分析、活动-功能映射、试验设计、建模仿真和结果分析的方法框架对有人机-无人机编队的任务链路进行详细分析，得出需要进一步加强任务链路的定位环节的精确性，以及有人机飞行员耐力会影响编队整体效能等结论。而在国内，冯旺于 2008 年对打击时敏目标作战效能仿真方法进行了研究，他根据时敏目标打击任务的特点，扩展 Petri 网模型，进而提出基于层次化着色广义随机 Petri 网作战过程仿真建模技术，不仅实现了打击方案视图向规范化描述语言的转化，也得到了打击时敏目标体系的效能指标并做了仿真评估。2018 年，陆军等针对打击链闭环时间问题，采用不确定性理论进行研究，最终建立了链路模型、无回路网络模型和有回路网络模型 3 类打击链模型，并给出相应的闭环时间计算评估方法。2020 年，刘冠邦等针对美军空中战场任务链路问题进行了全面的介绍和分析，梳理了空中战场时敏目标打击的任务流程和信息流程，总结了决策平台主导、传感器平台主导、射手平台主导 3 种典型任务链路指挥模式，并从机载多传感器、信息化武器系统打击、时敏目标协同探测任务规划、无人机指挥控制等方面对任务链路的发展趋势做了预测。

2. 跨域效果网建模分析

国内部分研究人员紧跟"多域战""马赛克战"等新型作战概念，对"效果网（杀伤网）"开展相关建模分析研究。2020 年，王小军等提出一种基于任务链路感知的动态可重构作战体系结构,通过采用范畴论、集合论、超图和可重构计算理论等方法来研究任务链路可重构建模问题,使相关算法模型在支持传统单域任务链路演化分析的基础上,也能支持对跨域链路组成的杀伤网作战过程进行可重构分析。夏博远等针对杀伤网中的装备组合多领域优化问题进行了研究,其采用层次化网络模型描述了杀伤网的架构,并构建了冗余性、风险性和敏捷性 3 个任务链路评估指标,同时基于 NSDE 算法进行多领域优化求解,从而为静态网络化结构视角下的杀伤网配系优化问题提供一种建模与求解方法。

从最初未能认识到闭合任务链路的重要性,导致作战体系设计和装备体系采办偏离实际战场应用,进而付出了高昂的代价,到针对时敏目标打击问题开始深入研究,进而认识到需要从全作战流程综合提升任务链路闭合能力,在作战运用方面,形成适用于各军种典型作战场景的任务链路闭合模式;在装备采办方面,开始重视分布式协同作战概念牵引下的低成本装备平台,使任务链路构建更具有针对性,闭合水平显著提升。目前,随着人工智能技术在目标识别、信息融合、指挥控制等任务环节的应用和高超声速武器、激光武器等先进武器系统的发展,任务链路的闭合水平正向着更快速、更准确、更高效、更灵活的方向发展。

16.2 体系任务链路构建

体系任务链路构建是在体系初步设计方案的基础上,进一步将体系配系中的功能要素,按照任务需求匹配到任务流程的各个环节,以支撑各个环节依序完成,最终实现任务链路闭合,达成任务目标。

16.2.1 体系任务链路构建的主要业务过程

传统体系任务链路的构建需要依靠在任务运行过程和链路要素性能两方面都具有一定经验的决策人员的深度参与,存在考虑要素少、构建周期长、方案寻优难、临机调整慢等问题。通过引入多目标组合寻优和强化学习训练等技术,可提升体系任务链路构建的效率和效果。这里以体系智能博弈仿真平台为例,介绍体系任务链路构建过程。该平台的主要业务流程包括链路构建、己方纳智、互弈演进 3 个阶段,如图 16.1 所示。

16.2.2 体系任务链路构建的详细流程

1. 链路构建

该阶段主要是在明确"链路要实现什么目标"、"有什么链路要素可用"和"链路构建过程有什么要求" 3 个问题的基础上,开展链路配置、模拟分析和纳智规划。首先,根据体系构型设计方案和典型任务场景,分析链路构建的要素;其次,明确链路构建的目标,即作用对象威胁分析结果;最后,确定链路闭合过程的相关条件、限制等要求,如链路闭合时间、精度传递、作用效能等。在上述构建分析的基础上,开展链路运行模拟分析,初步识别出己方链路闭合的弱点、重心及各环节协同难点,并结合"需求分析-试验设计-空间规划"过程,为下一阶段的己方纳智训练指明"着力点"。

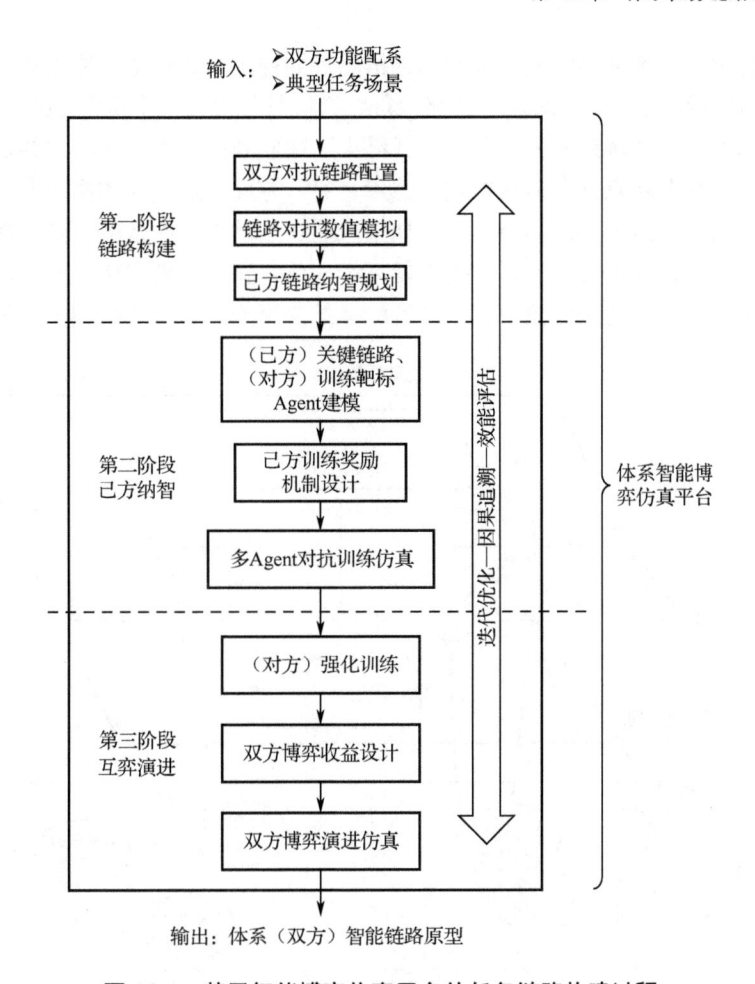

图 16.1　基于智能博弈仿真平台的任务链路构建过程

2. 己方纳智

该阶段主要依据链路构建所形成的双方基线链路方案和己方链路纳智重点，构建己方链路规划智能体（Agent）模型，并开展仿真训练，提升己方智能化水平。

以典型两级组织管理系统（总体管理-节点管理）为例，分层链路规划 Agent 模型架构主要包括组织管理层和功能要素层，如图 16.2 所示。总体管理（BMAgent）根据体系需要完成的基础任务和态势信息输入，分解形成多条任务链路，按照"观察-判断-决策-行动"等链路模型，每条任务链路包含所需的节点管理（CMAgent，主要实现判断-决策）和各型功能节点（NFAgent，主要实现观察-行动）。

在上述分层链路规划 Agent 模型架构中，BMAgent 的链路规划能力和 CMAgent 的"判断-决策"能力是体系链路闭合的关键。

3. 互弈演进

该阶段主要是在经过训练的体系双方均具备一定自主链路规划能力的基础上，针对典型非合作博弈场景，开展基于互博弈的链路规划对抗仿真。如图 16.3 所示，首先根据链路构建阶段规划的试验方案，开展基线任务链路对抗仿真，即将仿真过程中的态势信息分别

输入经过强化学习训练的链路规划智能体的链路规划神经网络模型，输出双方任务链路，并在对抗仿真中执行。之后，对双方链路执行结果进行裁决，并计算双方的回报。一方面，将回报数据与本次的"链路方案"和"交战结果"建立映射，存入博弈训练数据库，在完成评估追溯后分别更新双方的链路规划知识库；另一方面，通过对本次双方回报进行博弈均衡分析，判断是否达到动态均衡条件。如果未能达到动态均衡条件，则将此次双方态势更新至仿真态势中，并再次输入双方链路规划智能体，直至达到均衡条件，本次博弈仿真停止。随着多轮次试验的迭代循环，双方智能体的决策能力将呈现螺旋上升的趋势。

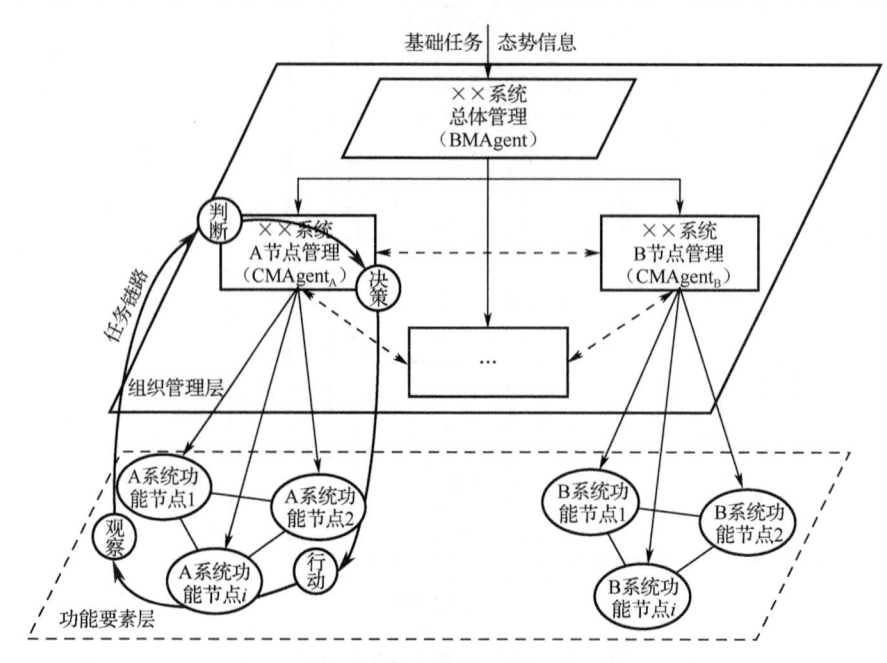

图 16.2 分层链路规划 Agent 模型架构

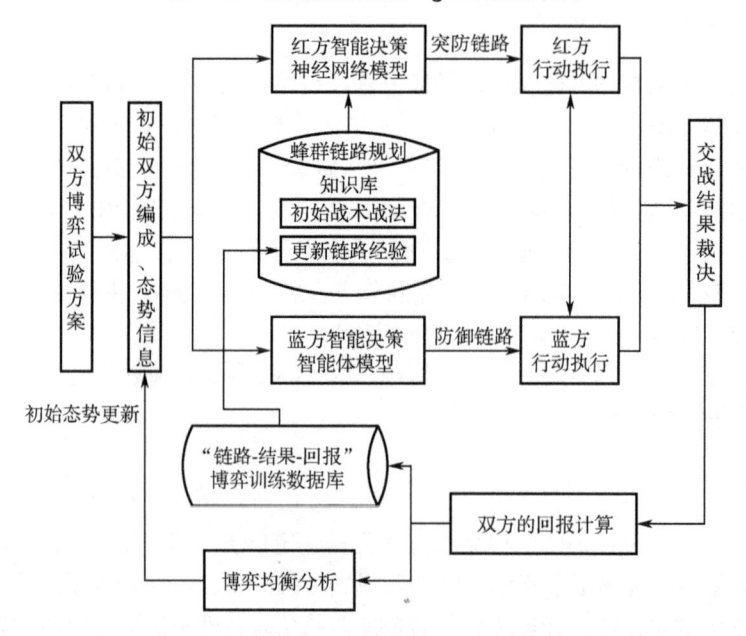

图 16.3 基于互博弈的智能演进仿真原理

16.2.3 智能链路规划训练基本原理

如图 16.4 所示,在完成训练智能体建模后,将总体管理、节点管理两级智能体接入任务环境中,假设存在一个离散的时间序列 $t = 0,1,2,3,\cdots$。在 t 时刻,智能体通过观察当前的环境状态 S_t,选择行为 a_t;进入 $(t+1)$ 时刻,智能体在采取行为后会收到回报 r_{t+1},环境状态开始发生转移,变为 S_{t+1}。智能体在某个状态下可能会选择某种行为的概率,就是智能体策略,记为 π_t,则在时间 t、状态 $S_t = s$ 的条件下选择行为 $a_t = a$ 的概率为 $\pi_t(s,a)$。强化学习方法反映了一个智能体根据自身经验不断改变自身行为策略的过程,并在整个过程中使自身的回报总量最大化。

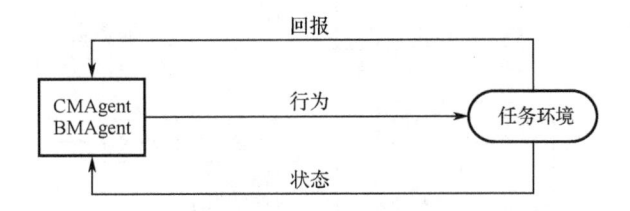

图 16.4 分层链路规划 Agent 训练基本过程

每个 t 时刻的循环都包括以下过程:
(1)智能体首先确认当前的环境,并观察当前的状态。
(2)根据当前的情况,智能体选择一个行为。
(3)在智能体实施行为后,其所处的环境状态发生改变,转入下个循环过程,并给出回报。
(4)回报被反馈给智能体。

在强化学习中,智能体的前、后决策具备关联特性,属于序贯决策,该关联过程可在马尔科夫理论的基础上通过引入回报和行为进行描述,在此不做详细描述。

智能博弈训练平台,可为实现上述基于互博弈的智能演进仿真提供环境支撑。该平台可通过控制基础环境仿真引擎,在每个仿真步长返回训练、博弈智能体模型的观测、奖励、状态、完成标识等信息。

基础仿真环境在仿真推进过程中具有以下作用:
(1)表征环境的态势数据的实时输出。
(2)在智能体提出请求的每个时间步长内,将任务态势特征作为己方观测,并以数据的形式输出。

奖励接口返回每个步长、每个实体的奖励回报信息,即在该接口实现目标奖励函数,通过奖励回报反馈智能体行为。

状态接口返回每个步长的所有状态信息,包括环境状态和实体状态信息。

完成标识返回模型计算完成的最终标识,用以判断是否继续推进引擎。

基于互博弈的智能体单局训练-仿真过程如图 16.5 所示。

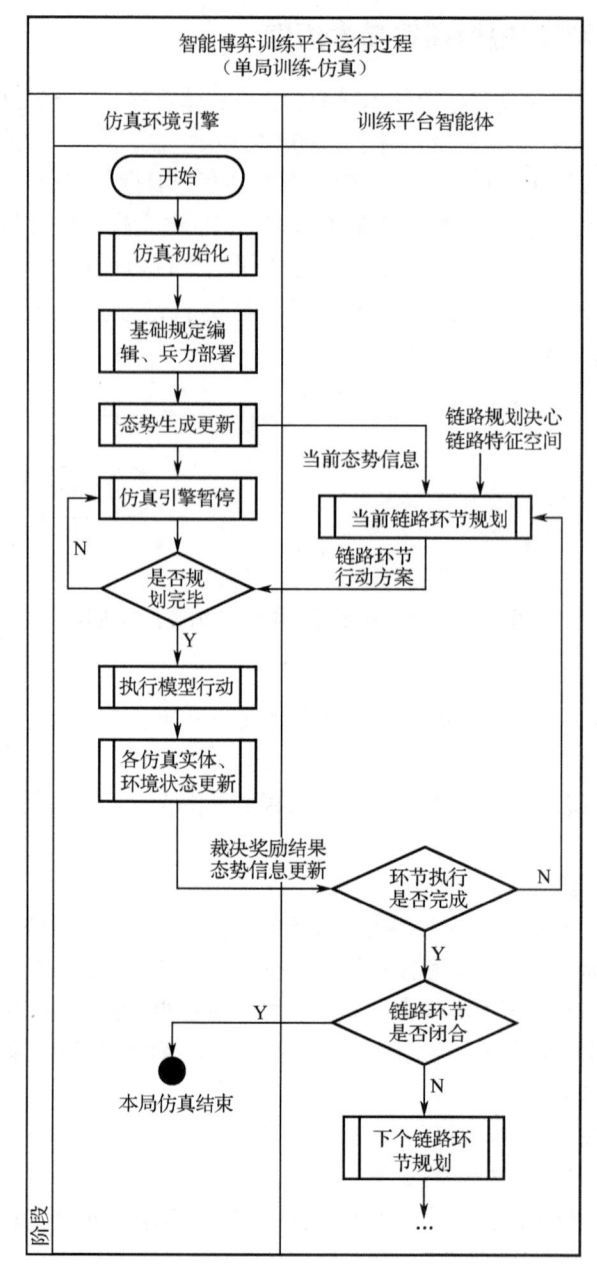

图 16.5　基于互博弈的智能体单局训练-仿真过程

16.3　体系任务链路建模仿真

本节基于"仿真即服务"（Simulation as a Service）的技术理念提出体系任务链路建模仿真环境的设计思路，并以无人蜂群模型为例描述实现方案：首先，介绍体系任务链路建模仿真的环境构成和功能实现方案；其次，介绍体系任务链路中平台智能的实现思路；最后，基于仿真互联技术，通过构建虚实互动、硬件在环的智能装备原型试验床，实现仿真和试验结果的交叉校验，并通过闭环评估优化，实现体系任务链路和相应构型的孪生演进。

16.3.1 体系任务链路建模仿真环境的构成

体系任务链路的建模仿真环境主要由资源层、通用仿真部件层、专业仿真部件层、服务与管理层构成。每层按功能进行组件划分，以便于升级和扩展。

资源层包含知识资源库、仿真模型资源、仿真信息系统和资源管理控件等。通用仿真部件层主要由物理引擎、声音引擎、图像渲染引擎、动画系统、场景管理、特效支持、人工智能及网络引擎等仿真部件组成，这些部件都是仿真引擎的核心组成，也是通用仿真引擎的内核。其中，物理引擎能够对自然界的系统动力学、运动学和物理效应进行科学逼真的模拟仿真；声音引擎可以理解为仿真平台控制声卡硬件产生声音效果的软件，能够对自然界的音响效应进行逼真模拟仿真；图像渲染引擎是图形、图像驱动与逼真三维效果模拟仿真软件系统；人工智能能够提供知识搜索和推进机制，并采用有限状态机原理对作战中的智能行为进行建模与仿真驱动。

专业仿真部件层主要由战场环境仿真模块、武器装备仿真模块及作战行为仿真模块等类组件组成，能够对作战系统中的战场环境、武器装备及作战行动等进行刻画、模拟与仿真支持，既是专业仿真涉及的基本范畴，也是作战仿真空间的基本要素。由于采用组件化建模和参数化配置，专业仿真部件层能够提高组件的概括性和抽象度，提升组件的重用性和适应性，增强组件的针对性和实用性。

服务与管理层主要由地图管理、地形分析、用户管理、环境设置、装备配置、兵力生成、想定编辑、行为模拟及态势显示等组成，它是仿真应用的基本功能单元，也是专业仿真组件、部件加工处理的基本方式。

16.3.2 体系任务链路中的智能组件数字仿真

体系任务链路中的智能主要体现在智能组件的感知、决策和行动过程中。如图 16.6 所示，智能体的感知模块通过处理外部战场环境的感知信号，将智能体对战场环境的认知转换为智能体的内部符号并保存在内部状态中。内部状态既包括对环境的认知和通过通信接收的上级命令，以及与其他计算机生成兵力（CGF）交互所得的战场态势信息，也包括自身状态和 CGF 要实现的目标。CGF 根据需要实现的目标、自身状态和当前战场环境信息，通过决策规划得到一个局部的行动计划——由一组动作序列表示，并传给控制模块，由其执行相应动作以影响环境。

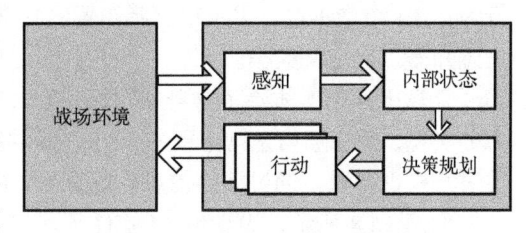

图 16.6 智能体行为模式框架

基于计算机生成兵力行为模式，在蜂群智能模拟器上可以构建一套基于人工智能（AI）强化的计算机生成兵力建模框架。该方法采用基于规则和学习的混合行为建模技术，主要完成关于武器装备和人员基本反应的智能行为。基础战术动作依据基本战术条例、规则对基础动作序列进行定义与规划，以及武器装备、人员状态设计。例如，将开火定义为基础战术动作，则需要同步完成的动作序列包括目标瞄准、姿态控制（立姿、跪姿、卧姿等）、武器弹药选择与更换等。上层采用深度学习实现威胁感知、目标选择、路径规划等智能行为建模，主要研究内容包括感知、决策规划、行动规划及建模工具。

如图 16.7 所示，智能组件模拟器的 AI 感知模块设计主要包括两部分：①感知器（Sensor），用于数据的采集；②黑板系统（Blackboard System），用于数据的存储和共享。感知器的控制及黑板数据的使用均在行为树集构建的过程中完成。

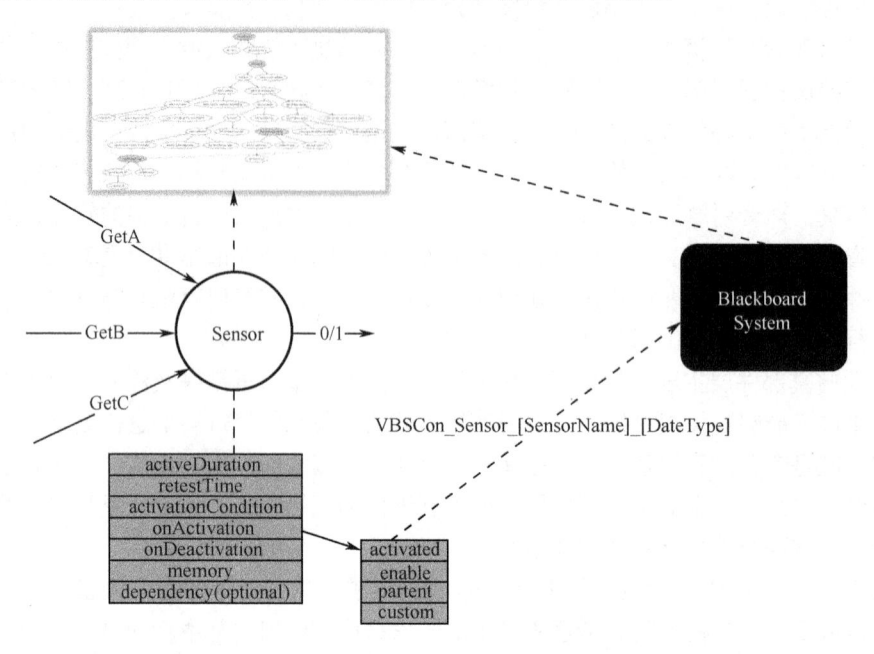

图 16.7 AI 感知模块设计

感知器由 3 部分组成：①1 个基本计时器，负责定义感知器在激活状态下的持续时间及两次激活的间隔时间；②3 个核心函数，负责定义感知器的激活条件、激活和失效时的行为；③1 个数据区，用于存储感知器的状态信息和关联数据，包括是否激活、是否可用、父感知器、自定义数据。

计算机兵力实体除了自身感知，还能共享感知信息。共享感知主要基于 AI 间通信能力的实现，即在通信正常范围内，AI 之间共享各自获取的威胁信息，并根据信息来源可靠性进行权重调整。通过威胁信息强度衰减，实现 AI 对信息记忆能力的构建。

如图 16.8 所示，为满足 AI 实体（含组织）在不同任务类型条件下自动交火的要求，分别建立组、子组、单实体多层有限状态机（HFSM），以实现对具有各类任务能力的 AI 实体战术规则/条例的构建。

在层次化的 CGF 智能体组织结构中，上层的 CGF 智能体负责控制下层的 CGF 智能体，这样可以实现比下级规模更大、时间更长的作战目标的规划。上层的 CGF 智能体负责向下级分配任务，并监控所属单位完成任务的情况；下层的 CGF 智能体隶属于上层的 CGF 智能体，负责接受上级下达的命令和任务并规划执行，在执行上级分配任务的同时对战场环境变化做出自主反应。

人员装备路径规划可以描述为在带有损耗的加权图中查找从起始位置到目标位置的最优路径，问题空间被表示为一组实体的位置状态及连接它们的边，每条边都有相应的损耗值。A*算法可简化表示为 $f(n) = g(n) + h(n)$，其中，$g(n)$ 表示从初始节点到任意节点 n 的代价；$h(n)$ 表示从节点 n 到目标节点的启发式评估代价，在从初始节点向目标节点移动的

第 16 章 体系任务链路设计优化方法

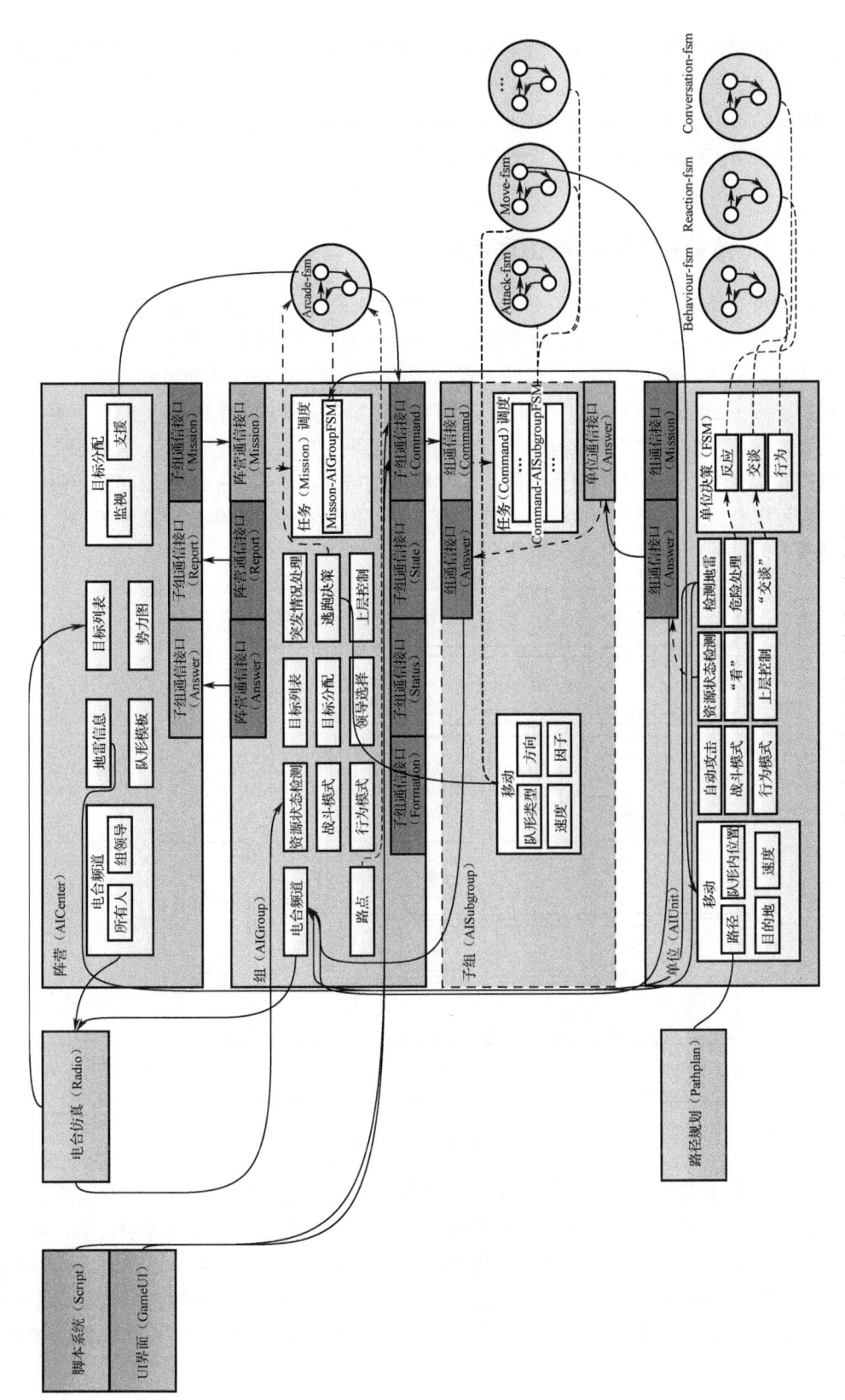

图 16.8 基于任务能力的自动交火运行框架

过程中，主循环每进行一次，程序就对 $f(n)$ 最小的节点 n 进行一次检查。在使用节点威胁级别系数后添加一个启发函数 h'，用于评估从任意位置到达邻近导航点（Waypoints）的代价。启发函数可以表示为 $h(n) = h'(n, w1) + cost(w1, w2)h'(w2, goal)$，即通过节点威胁级别系数增加相应节点的评估代价，从而改变最终生成的节点序列，以达到对部分威胁区域的规避。

16.3.3 体系任务链路的仿真互联

体系任务链路的仿真互联可以分 3 层，如图 16.9 所示，分别为集成（WFaaS）、执行（SIMaaS）和云（Cloud）。仿真过程使用现有的云技术和面向服务架构（Service Oriented Architecture，SOA）技术，这些技术使大规模的信息物理系统集成成为可能。仿真互联的云层封装了"平台服务"（PaaS）、"基础架构服务"（IaaS）和"软件服务"（SaaS）等传统云结构层，允许根据具体需要执行仿真，充分利用云平台提供的弹性优势。模拟服务作为各个模拟的执行层，允许执行诸多不同类型和精度的仿真。这些模拟既可以在特定硬件上运行，也可以在第三方工具中执行。此外，第三方模拟器和设备被集成到工作流中，通过实时处理中间件（DDS）与仿真互联进行通信。

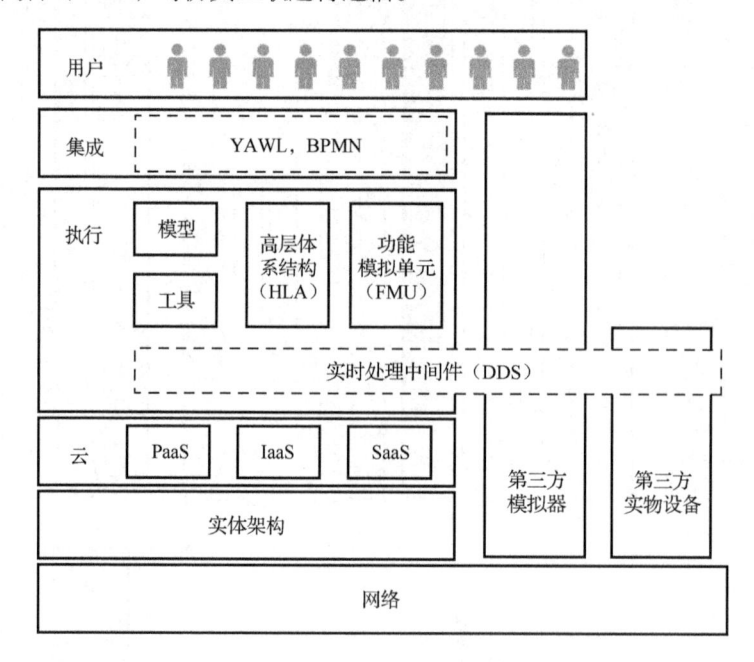

图 16.9 仿真互联分层架构

仿真互联的主要优势在于其可以实现大规模的集成仿真和协同仿真。仿真可以集成在一起，并在工作流服务中作为单个虚拟系统得到执行。在互联仿真环境中，用户可以使用虚拟组件描述系统仿真。系统的行为是由组件之间的交互和关系，以及与更广泛的虚拟环境之间的关系所确定的。最后，仿真互联必须消除各模拟系统与各自执行环境的紧密耦合，以便实现大规模的应用。仿真互联的闭环过程需要借助下述仿真模拟的关键技术。

1．硬件在环

硬件在环仿真是将需要仿真的部分系统硬件直接嵌入仿真回路中的仿真方式，它不仅弥补了纯数字仿真中的许多缺陷，提高了整个模型的置信度，还可以大大减轻编程的工作量。这种仿真的另一个优势在于它实现了仿真模型和实际系统之间的实时数据交互，使仿真结果的验证过程变得非常直观，从而有效缩短了产品的开发周期。仿真时，计算机与实际硬件通过各种信息通道相连，共同完成仿真工作，仿真结果在计算机中进行分析，以判断硬件的运行情况。

硬件在环仿真是在物理仿真和数学仿真的基础上发展起来的，它将实际系统的部分设备与计算机相连，用软件模型对其中不存在或者不便于试验的部分进行仿真，同时保证整个系统的运行。它具有以下优点：充分利用计算机建模的简易性，能够减少费用；有利于对系统的输入进行灵活快捷的变更，在更改参数的同时可以详细观察系统性能的变化；对于系统中非重点考察的复杂环节，可直接将其硬件连入仿真系统。

2．智能嵌入

智能嵌入以应用为中心、以计算机技术为基础，软硬件皆可剪裁，一般由嵌入式微处理器、外围硬件设备、嵌入式操作系统和用户的应用程序 4 个部分组成。它可以满足应用系统对功能、可靠性、成本、体积和功耗的严格要求。

3．虚实互动

数字孪生智能组件是与实物智能组件网络一一映射、协同交互、智能互动的虚拟集群，构建数字孪生智能组件需要先对实物智能组件网络进行仿真建模等工作。在对实物智能组件网络进行数字化处理后，即进入数字世界与物理世界的互动阶段。在该阶段，通过借助物联网技术，依据任务链路各环节需要，安装充足的传感器和设备采集数据，进行动态的、准确的数据采集。由于依据数字孪生体做出的决策指令能够反作用于实体空间，当开展虚实结合的无人机试验时，根据数字模拟器形成的蜂群任务规划、航迹规划，就能控制实物智能组件执行相应的任务。

4．孪生演进

数字孪生智能组件网络通过实测、仿真和数据分析来实时感知、诊断、预测物理实体对象的状态，借助优化和指令来调控物理实体对象的行为，并利用相关数字模型间的相互学习来提高实物智能组件网络任务执行能力。

16.4 体系任务链路快速原型

本节以前面章节构建的任务链路为基础，基于"马赛克战"的思想，利用智能增强组件将现有无人平台的各项能力分解成马赛克块，并根据任务快速动态地解构和重构，从而形成体系任务链路快速原型。下面将从智能增强组件的概念出发，探讨其架构设计，以及在缩短任务链路闭合时间及提升效果方面的作用。

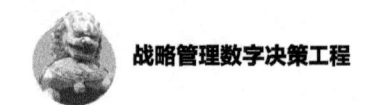

16.4.1 智能增强组件概述

"马赛克战"属于典型的分布式作战,在功能要素重组层面,它"通过大量低成本系统(感知、决策、行动单元)的灵活、动态、多样化、自适应组合,按需形成预期效能";而在兵力建制重组层面,它针对动态变化的战场态势,依照快速高效原则,跨域动态聚合能够充分发挥协同效能的多元作战力量,适时进行自主协同、快速释放杀伤力。

基于"马赛克战"的思想,需要在保留现有体系的基础上增加弹性系统设计,将人工智能的新算法、新机制、新策略等封装到不同层级的智能增强组件中,从而形成可以动态配置的智能增强组件。智能增强组件与现存有人/无人平台之间可以实现"即插即用",并能将现有装备按能力类型(侦查、控制、打击、评估)进行分解,拆分成提供单个能力的马赛克块。因此,智能增强组件是针对特定业务的标准"能力库",也是"智能乐高"。在实际应用过程中,面向多样化的业务场景和任务需求,可以将场景和任务所需的能力进行分解,并选择和调用合适的智能增强组件,进而通过最优化评估和筛选,实现智能增强组件的灵捷配置,最终"组装为"针对具体场景和任务的智能 Agent。

结合以上想法,可以将智能增强组件的特点概括为分布性、协作性、开放性、容错性、独立性。分布性主要表现为整个系统的信息(包括数据、知识和控制等),其在逻辑上和物理上都是分布的,不存在全局控制和全局数据存储。系统中各层级的智能增强组件能够并行求解问题,从而提高了子系统的求解效率。协作性主要表现为各层级智能组件经过横向、纵向融合后协同工作,能够求解单个子系统难以解决或者无法解决的困难问题。开放性主要表现为通过网络互连和系统的分布,有利于扩充系统规模,使系统比单个系统更具有开放性和灵活性。容错性主要表现为系统具有较多的冗余处理节点、通信路径和知识,能够使系统在出现故障时,只降低响应速度或求解精度,以保持系统正常工作,提高工作可靠性。独立性主要表现为系统求解任务归约为几个相对独立的子任务,从而降低了各个处理节点和子系统问题求解的复杂性,也降低了软件设计开发的复杂性。

依据智能化的程度,智能增强组件主要分为感知智能、认知智能、决策智能、行动智能 4 个层级。

1. 感知智能

感知智能主要是数据识别,需要完成大规模数据的采集,并对图像、视频、声音等类型的数据进行特征抽取和结构化处理。感知智能组件包括视觉传感器处理组件、超声波传感器处理组件、激光雷达传感器处理组件、毫米波雷达传感器处理组件、惯性传感器处理组件及定位传感器处理组件等。感知智能主要是采用多种传感器对机器人所处的环境进行感知,并建立环境模型。常用的传感器有视觉传感器、激光雷达、毫米波雷达、超声波和红外测距传感器等,对应不同的传感器,可以采用多种信息处理方法。例如,针对视觉传感器,可以采用基于灰度特征、彩色特征、模板匹配或者神经网络的处理方法;而对于雷达传感器,可以采用扩展卡尔曼滤波、最大熵原理、断点分割法、聚类算法、最小二乘法等方法进行目标的识别和环境模型的建立。

2. 认知智能

认知智能是指机器具有主动思考和理解的能力,不用人类事先编程就可以实现自我学

习、有目的推理及与人类自然交互。认知智能，即"能理解、会思考"，拥有处理复杂的事实和情形的能力。认知智能的发展分为 3 个层次：第一层是语言理解，如实现自动阅卷、批改作业等；第二层是分析、推理；第三层是人格和情感，即人工智能拥有自己的人格和情感及自主意识，如同人类一样有思想。

认知智能组件包括两部分：一是高质量超大规模知识图谱；二是对知识的理解能力，即面向认知的深度学习算法。

3．决策智能

决策智能的本质是将人的专业知识量化为大数据级别信息，通过有机组合数学统计模型和风险分析模型，辅助用户实现科学决策。它包含专家级知识库与推理机，并借助自然语言处理技术（NLP）形成智能人机交互接口。决策智能领域是多学科、多维度的延伸。

决策智能可以表现为以下形式：能够适应局部战场变化，与人配合进行决策；同类型多智能系统协同进行局部战场决策；基于训练数据与知识，借助离线学习提升决策能力。

4．行动智能

行动智能体现在以下方面：在人的配合下实施行动；同类型多智能系统协同行动或群组战术行动；基于训练数据与知识，提升行为控制能力。

由上述层级划分可知，智能增强组件根据任务层级的不同，可以完成智能数据处理、智能特征提取及智能决策与控制。智能增强组件可以根据外部信息反馈，包括与人的交互，调用内部智能学习算法，进行动态学习和在线调整。相同任务层级的智能增强组件可以进行横向融合；相邻任务层级的智能增强组件可以进行纵向融合。大量智能增强组件经过横向、纵向融合后，可以完成复杂的任务。

16.4.2 智能增强组件架构设计

1．架构设计思路

基于上述关于智能增强组件的构想，采用软件定义（Software Define Anything，SDX）的思想开展智能增强组件的架构设计，并顺应智能化发展趋势，确立架构的合理性、普适性、可扩展性，做到"即插即用"。

软件定义思想是将一体式硬件设施相对拆散成若干基础部件，并用这些基础部件建立一个虚拟化的软件层，通过对虚拟化的软件层提供接口，利用管控软件对整个硬件系统进行开放的、智能的管控服务。其目的是在基础硬件平台上建立一个统一的、可扩展的、高效的架构。

基于软件定义思想设计的架构具有如下优势：

（1）实现系统按需构建的灵活性。面向多样化战场需求的灵活重构是未来无人平台的必备特性。采用通用框架、专用服务、具体模型的系统架构和服务化技术体制设计的基于软件定义的智能增强组件，可实现面向多样化作战需求的系统灵活重构，具备通用软件工具的可裁剪安装、软件服务的按需组合调用，以及基于规则的服务动态选择调用能力。

（2）实现系统应用场景的普适性。为增强系统的抗毁性，软件定义系统可利用基于服务在线迁移技术，实现服务的快速自动复制和迁移，以及多实例冗余抗毁接替，从而保证

无人集群的无中心节点及抗毁的特性。

（3）将各种智能算法以服务的形式体现，使用户从对具体设备的控制上升到对服务的使用，做到无须对具体的硬件进行控制，只需提出需求，由模块内嵌的智能算法进行处理，这样可以将用户从底层操作中解放出来，并将精力放在全局控制上。

软件定义的本质：在硬件资源数字化、标准化的基础上，通过软件编程实现虚拟化、灵活化、多样化和定制化的功能，对外提供专用智能化、定制化服务，实现应用软件与硬件的深度融合。其核心是接口，利用接口能解除软硬件之间的耦合关系，推动系统功能向智能化方向发展。

基于软件定义的智能增强组件架构主要分为信息基础设施、软件定义层和应用系统层，如图16.10所示。

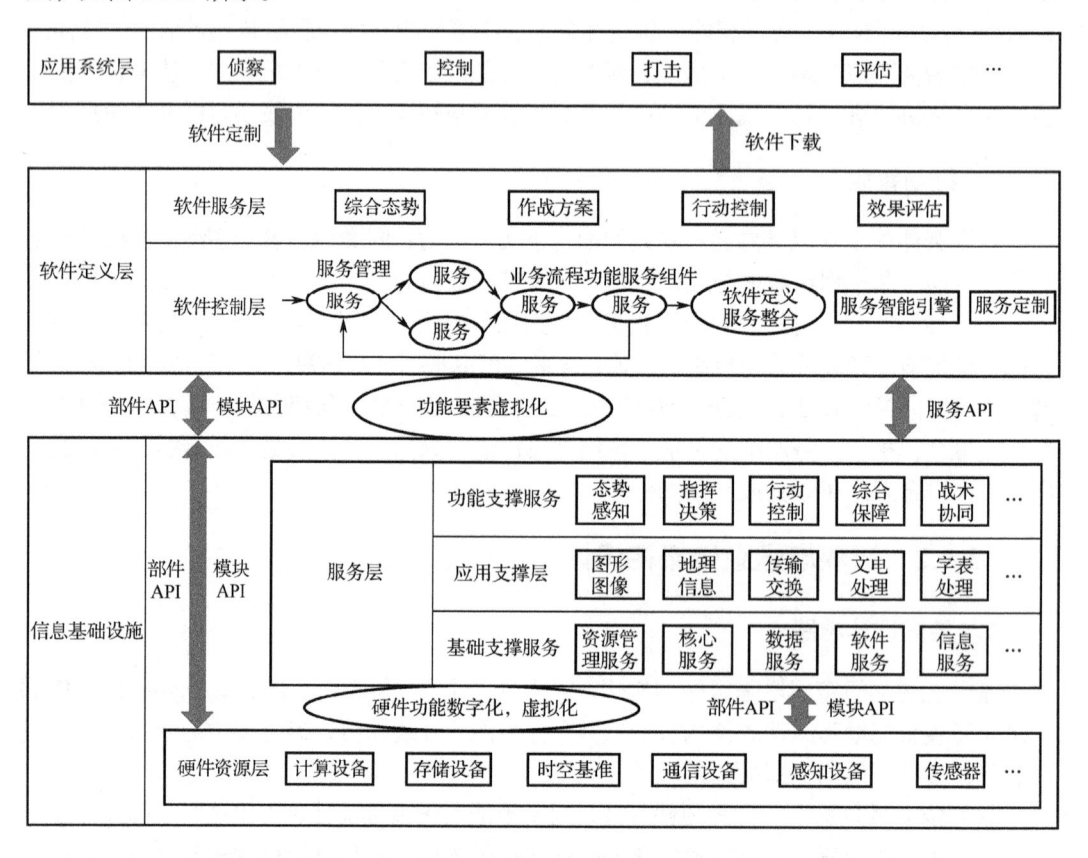

图16.10 基于软件定义的智能增强组件架构

（1）信息基础设施。信息基础设施包含硬件资源层和服务层两部分，可以将其视为一个"大硬件层"，负责为上层应用层提供硬件功能和服务功能的API调用。其中，硬件资源层包括计算设备、存储设备、时空基准、通信设备、感知设备及传感器等硬件资源，通过对硬件功能进行数字化、虚拟化处理，为上层提供部件级和模块级的API调度接口；服务层可基于部件API和模块API，以通用/专用软件功能集和工具集的形式，为上层应用层提供基础设施及基础支撑、应用支撑和功能支撑等各项支撑服务。

（2）软件定义层。软件定义层包括软件控制层和软件服务层两部分。其中，软件控制层主要采用功能要素虚拟化管理的形式，通过软件定义服务整合、服务智能引擎、服务定

制等控制软件,接收软件服务层的软件定制;通过软件定义交换网络访问接口,以 API 接口形式向信息基础设施搜索获取所需功能服务,实现对功能要素的整合和调度,并按 API 接口要求,形成应用业务功能服务组件的封装,同时向软件服务层的业务应用提供可编程的支撑性服务调用功能。软件服务层主要根据应用系统配置需求,通过服务功能项索引向软件控制层定制所需服务。

(3)应用系统层。应用系统层可以根据不同层级及任务系统的构建需求,实现与系统需求相对应的各类软件下载,用于构建侦察、控制、打击、评估等不同层级的应用系统,并适应不同承载平台的部署。

2. 部分成果

如图 16.11 所示,目前已在采购的 AI 芯片及相关硬件上实现了部分侦察、控制、打击算法,并进行了外场验证测试。例如,基于毫米波雷达、双目摄像头等硬件,可以进行融合定位,并在 50m 范围内达到米级精度;基于 Yolo-V3 算法,可以对人、车、建筑等类型物体进行识别;结合目标测距及无人机/车飞控和打击云台控制,可以实现无人机或无人车对特定目标的跟踪瞄准及打击。

图 16.11 部分成果

16.4.3 基于智能增强组件的任务链路快速原型示例

为实现"马赛克战"的跨域作战要素协同,需要对多类智能增强组件进行同类横向协同、异类纵向协同的组配效能分析,进而刻画出适合各种功能样式的任务链路结构,以研究这些任务链路之间的关系、作战要素的组合规则等。

针对不同的作战任务,分解和细化其作战功能与作战样式,并根据现有资源、平台等子结构及初始化生成的任务链路计算粒子,感知其作战要素特征和建制单元状态,并选出

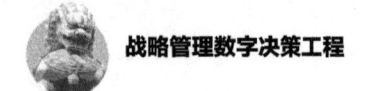

所有符合任务链路计算粒子的作战要素，最终通过效能寻优，将任务链路分配到匹配的平台上，生成实际任务链（效果网），从而达到协同作战高性能、低能耗的目标。

基于先前的工作，无人蜂群在按照事前规划好的任务链路开展任务时，为高效地遂行特定作战任务，在选择任务链路时应考虑作战任务的功能与样式、所辖建制单元（含建制平台、单一作战系统）的资源状态、作战要素连接拓扑及协同属性等。对于某个任务链路，根据感知算法感知其相适应的作战要素的状态，并使用决策算法将其分配到多组适合任务链路的建制单元（含平台、单一作战系统等）中，在任务链路与建制单元的多对多映射中，通过寻找效能最高的映射关系，能够得到最适合特定作战任务的体系结构。

下面以追逃模型为例，介绍任务链路的工作流程。当有 N 个追击者视图抓住 K 个逃避者时，通常会出现以下问题：某个追击者应该追击哪个逃避者、某个逃避者应该远离哪个追击者，以及追击者如何保证追到所有的逃避者。追击者为了以最快的速度追上逃避者，其过程就是 OODA 循环。在战争中，由于敌我双方的 OODA 循环同时运转，拥有最有效和最先进的循环的一方将会获胜。例如，OODA 循环可使己方比对手更快做出决策，或通过改变己方的速度和节奏，使对手无法应对。对手越是不知所措，就越有可能放弃现有的模式以匹配当前的框架，这会导致脱离现实，甚至失败。

智能增强组件对于任务链路的效果提升体现在以下方面：

（1）决策过程快速化。以决策为中心，聚焦破击敌方判断环节，由人类指挥员负责指挥，由人工智能赋能的智能增强组件负责控制，对己方高度分散的部队快速重组，使战场态势复杂化，以扰乱敌方对战争形势的判断，使其无法掌握真实的战场信息，或者即使掌握战场态势信息，也难以判断己方作战意图，进而陷入决策困境。"马赛克战"的关键是以最快的速度给敌方施加最多的困境，作战重点是扰乱敌方 OODA 循环中的"判断"环节，目的是比敌方更快速、更高效地做出战场决策。

一方面，智能增强组件可以协助指挥员指挥快速复杂的作战行动，直接为"任务式指挥"提供决策支持能力，即缩短己方决策时间和运用迷惑、干扰等手段增加敌方决策时间；另一方面，人工智能可辅助人类情报分析员综合评估海量战场信息，间接辅助指挥员做出决策。

（2）杀伤打击精确化。以人工智能技术为核心、综合多种嵌入智能算法的无人平台为手段，在多重维度实施精确打击。相对于信息化战争中传统的精确打击而言，智能化战争中的精准定制杀伤融合了多种快速发展的人工智能技术，具备 5 个新特点：情报检索高效快速、目标锁定"化整为零"、杀伤流程趋于自主、作战编组灵活分散、杀伤效果集约可控。

智能增强组件利用深度学习及综合机器视觉等技术进行目标筛选和追踪，同时发挥人工智能在态势感知、运算速度方面的巨大优势，引导火控系统根据实时情况快速精准评估，并根据打击效果实时调整任务和战术。在杀伤效果上，精准定制杀伤根据目标属性、战场环境和杀伤要求，自主定制并调整攻击组合、时序与方式，达成警示、干扰、压制、降级、失能等多种损伤效果。

参考文献

[1] MARTIN L C, CHRISTIAN B. The kill chain: Defending America in the future of

High-tech warfare[J]. Naval War College Review, 2020, 73(4): 168-169.

[2] AGENCY P B. 2020 Defense-Advanced-Research-Projects. Exhibit R-2, RDT&E Budget Item Justification: 0603760E[R]. Arlington: DARPA, 2020.

[3] BRICKNER W K. An analysis of the kill chain for time critical strike[D]. California: Naval Postgraduate School, 2005.

[4] BRADLEY A B. Optimizing the air-to-ground kill chain for time-sensitive targets[D]. California: Naval Postgraduate School, 2009.

[5] 王梦，杨松，李小波，等. 基于可执行架构的杀伤链设计与分析优化方法[J]. 系统仿真技术，2021, 17(3): 169-174.

[6] 杨松，王维平，李小波，等. 杀伤链概念发展及研究现状综述[C]//第三届体系工程学术会议论文集——复杂系统与体系工程管理. [S.l: s.n.], 2021: 67-72.

[7] 冯旺. 打击TCT体系作战效能仿真方法研究[D]. 长沙：国防科技大学，2008.

[8] 陆军，张瑶，乔永杰. 不确定性打击链的闭环时间表征和评估[J]. 中国科学：信息科学，2017, 47(2): 207-220.

[9] 刘冠邦，张昕，郑明，等. 分布式通用地面系统（DCGS）在杀伤链中的应用[C]//2019第七届中国指挥控制大会论文集. [S.l.: s.n.], 2019: 277-281.

[10] 王小军，张修社，胡小全，等. 基于杀伤链感知的动态可重构作战体系结构[J]. 现代导航，2020, 11(4): 235-243, 249.

[11] 刘佳，杨克巍，姜江，等. 基于多保真度代理模型的装备系统参数估计方法[J]. 系统工程与电子技术，2021, 43(1): 130-137.

[12] 李强，王飞跃. 马赛克战概念分析和未来陆战场网信体系及其智能对抗研究[J]. 指挥与控制学报，2020, 6(2): 87-93.

[13] 袁勇，欧阳丽炜，王晓，等. 基于区块链的智能组件：一种分布式人工智能研究新范式[J]. 数据与计算发展前沿，2020, 3(1): 1-14.

[14] 陈峰，赵玉林，梅发国，等. 基于软件定义的指挥信息系统设计思考[J]. 中国电子科学研究院学报，2021, 16(3): 232-238.

[15] 王小军，张修社，胡小全，等. 基于杀伤链感知的动态可重构作战体系结构[J]. 现代导航，2020, 11(4): 235-243.

[16] LONG X. A GA-SA Hybrid planning algorithm combined with improved clustering for LEO observation satellite missions[J]. Algorithms, 2019, 12(11): 231.

[17] XU Y. A hybrid algorithm based on MOSFLA and GA for multi-UAVs plant protection task assignment and sequencing optimization[J]. Applied Soft Computing, 2020, 96: 106623.

[18] HOU W. Enhanced ant colony algorithm with communication mechanism for mobile robot path planning[J]. Robotics and Autonomous Systems, 2022, 148: 103949.

[19] ZHAO H C, ZHAO J Z. Improved ant colony algorithm for path planning of fixed wing unmanned aerial vehicle[J]. MATEC web of conferences, 2022, 355: 03002.

[20] LI J, TAN Y. A comprehensive review of the fireworks algorithm[J]. ACM computing surveys, 2020. 52(6): 1-28.

[21] WEI W. Dynamic Collaborative Fireworks Algorithm and its applications in robust pole assignment optimization[J]. Applied Soft Computing, 2021, 100: 106999.

[22] CHEN Y. Simplified hybrid fireworks algorithm[J]. Knowledge-Based Systems, 2019, 173: 128-139.

[23] HORBULIN V P, HULIANYTSKYI L F, SERGIENKO I V. Optimization of UAV team routes in the presence of alternative and dynamic depots[J]. Cybernetics and Systems Analysis, 2020, 56(2): 195-203.

[24] MCKENDALL Jr. A R. Improved Tabu search heuristics for the dynamic space allocation problem[J]. Computers & Operations Research, 2008, 35(10): 3347-3359.

[25] JI X, NIU Y, SHEN L. Robust satisficing decision making for unmanned aerial vehicle complex missions under severe uncertainty[J]. PLOS ONE, 2016, 11(11): 0166448.

[26] KURU K., et al. Analysis and optimization of unmanned aerial vehicle swarms in logistics: An Intelligent delivery platform[J]. IEEE access, 2019, 7: 15804-15831.

[27] SCHEFERS N, et al. A constraint programming model with time uncertainty for cooperative flight departures[J]. Transportation research. Part C, Emerging technologies, 2018, 96: 170-191.

[28] ABDESSAMEUD M O F. Van Utterbeeck and M. Guerry, Military Human Resource Planning through Flow Network Modeling[J]. Engineering Management Journal, 2021: 1-12.

[29] YAO P, WANG H, JI H. Gaussian mixture model and receding horizon control for multiple UAV search in complex environment[J]. Nonlinear dynamics, 2017, 88(2): 903-919.

[30] DUAN X, et al. A novel hybrid auction algorithm for multi-UAVs dynamic task assignment[J]. IEEE access, 2020, 8: 86207-86222.

[31] EUN Y, BANG H. Cooperative task assignment/path planning of multiple unmanned aerial vehicles using genetic algorithm[J]. Journal of aircraft, 2009, 46(1): 338-343.

[32] SMITH-R M. Using kill-chain analysis to develop surface ship CONOPs to defend against anti-ship cruise missiles[D]. California: Naval Postgraduate School, 2010.

[33] LEE J Y. Expanded kill chain analysis of manned-unmanned teaming for future strike operations[D]. California: Naval Postgraduate School, 2014.

第 17 章
体系架构设计方法

> 作战体系是规划建设发展的基本抓手，体系设计是作战体系建设发展的核心环节。使命链路规划给出的作战概念描述了作战场景和作战构想，在作战概念的基础上需要设计出恰当的作战体系。本章介绍的作战体系架构设计遵循 CAM（能力-架构-机制）范式，主要针对现成兵力架构缺失情形，通过开展兵力编成架构设计，作为军事力量运用的物质基础，为后续面向具体使命任务的作战运用架构设计提供支撑；通过开展作战运用架构设计，形成针对特定任务场景的作战链路与适变机制，以应对灵活多变的态势环境；通过开展组分系统需求设计，形成组分系统协议和战术技术指标，以指导与约束实际系统的建设。

17.1 体系设计的 CAM 范式

17.1.1 体系设计的问题背景

随着信息通信、网络互联和人工智能等新兴技术的持续发展，系统工程研究的对象正在由简单系统、复杂系统向体系扩展。目前，学术界对于体系尚未给出完全一致的定义，但一般认为体系具有以下 8 方面的特征。

（1）组分自治：组分的行为主要受自身规则支配，而非外部因素。

（2）独立：组分系统从体系中分离后，仍能够正常运行。

（3）分布：组分系统是分散的或者在地理上是分布的，需要某些形式的互联来支持通信和信息共享。

（4）演化：体系是长期存在的，并且不断变化（包括需求的变化和结构的变化）。

（5）动态重构：体系能够在没有事先规划的干预下改变自身结构和组成。

（6）行为涌现：指组分协同合作产生的行为，该行为能够提供组分系统单个所不能提供的更高层次的功能性。

（7）相互依赖：组分系统必须依赖彼此才能完成共同的体系目标。

（8）互操作：体系具备融入一定范围内的异质组分系统的能力，互操作包括对接口、协议和标准的集成与修改，以连接现有和新设计的系统。

为了应对上述体系特征所带来的复杂性，从 21 世纪初开始，广泛兴起体系工程的研

究。从体系工程的发展历程和研究现状来看，当前的体系工程研究主要有 3 种导向：一是政策导向的体系工程，以美军提出的联合能力集成与开发体制（JCIDS）为代表，JCIDS 通过科学技术倡议（Initiatives）、规划设计预算体制（PPBS）、国防采办系统和试验 4 方面的研究，为装备体系建设与发展提供战略性的政策指导。二是规划导向的体系工程，主要采用基于能力的规划方法对体系使命能力进行分析，并根据现有装备体系相对于能力需求的缺陷进行装备体系发展规划。典型的方法是采用 DoDAF 架构和 CORE 工具进行三阶分析——首先将作战视图映射到系统视图，然后进行系统之间的接口映射，最后采用可执行架构分析，根据装备对于能力差距的满足程度形成装备采办的组合投资方案。三是设计导向的体系工程，通过体系架构设计、方案评估与优化和使能技术开发来支撑具体体系的工程化开发。例如，欧洲联盟（以下简称欧盟）在 2010 年资助了两个基于模型的体系设计项目，分别是《先进体系综合建模项目》（COMPASS）和《体系工程适应性与演化性设计项目》（DANSE）；美国科学应用国际公司（SAIC）在美国国防部的资助下开展以体系设计、体系开发与集成、体系测试与集成为核心的体系工程过程与方法研究，并将研究成果成功应用于未来作战系统（FCS）的研制中。从国内外最新的体系工程研究趋势来看，随着体系工程理论方法和相关支撑技术的发展，体系工程的理论和应用研究不再局限于宏观抽象体系的政策指导和规划指向，已经扩展到微观具体体系的设计与实现。

在军事领域，作战体系设计需要实现从平台总体设计到体系总体设计的转变。以往的武器装备设计采用一种"自下而上"的思路，体系实际上是通过工业部门的技术和产品自我升级换代所形成的。现在应推行"自上而下牵引、自下而上集成"联合互动的设计方法，这就要求武器装备设计部门从平台总体上升到体系总体，并掌握与之对应的体系设计方法和技术工具。因此，首先应该在设计方法论上做到"装备服从系统、系统服从总体、总体服从体系、体系服务实战"。从平台总体设计到体系总体设计的转变应始于作战概念研究，即从作战应用和技术实现的可行性出发，在设计中增加体系概念开发阶段，同时强化体系条件下的装备需求论证，大力加强体系架构设计与仿真优化，以及基于体系架构的体系原型研制、测试和使用。对于工程研制，尤其是装备体系的研发，如果没有概念开发和原型研制，就会增加工程风险。

17.1.2　体系设计范式的转变

系统总体设计一般遵循功能-行为-结构（Function-Behavior-Structure，FBS）的方法论，即组成结构决定行为活动，行为活动提供功能需求。但是体系层面在功能、行为、结构 3 方面的研究对象的复杂性均大为增强，尤其是作战体系，需要考虑作战动态对抗行为和体系的复合结构。因此，从设计角度出发，FBS 设计在体系层面演变为能力（功能）-架构（结构）-机制（行为）（Capability-Architecture-Mechanism，CAM）设计。

（1）面向能力的设计。作战体系的设计需求由系统层面的功能向体系层面的能力转变。从目标的角度出发，体系工程可以看成是能力工程，即能力的规划、设计、开发、测试、集成、评估、优化、维护和运用的过程。根据能力的定义，能力的设计和形成，以及发挥作用，都需要在多个场景下通过体系完成系列任务的效果来考察，相较于系统行为与功能需求之间较为直观的关系更显复杂。

（2）基于架构的设计。由于体系的边界开放，结构可以动态变化和演化，组件本身存

在独立性，并且组件之间是松耦合集成的关系。传统的静态结构设计方法以确定性设计为主，难以有效应对体系结构的复杂性，需要采用架构设计方法。此外，由于作战体系需要考虑人在回路形成作战能力，组织指挥控制是作战体系中的重要组成部分，需要在工程系统设计的基础上引入组织系统的设计。

（3）聚焦机制的设计。由于体系在行为方面的涌现、适应、协同等特性，体系行为的重点由行为模式特征转变为行为适变机制。机理复杂难以实现设计，空间庞大难以全面设计，只能根据能力生成机制，预设基本模式及其适变机制，并根据架构对结构的动态支配关系，确定机制对动态行为的引导和决定关系。

17.1.3 基于 CAM 范式的体系架构设计总体框架

根据 CAM 范式搭建作战体系多视点架构设计总体框架，将体系架构设计分为兵力编成、作战运用和组分需求 3 个部分，这 3 个部分又分为任务活动、装备功能、组织指挥控制、兵力组网、任务链路、构型机制、组分指标需求、组分协议需求和组分任务需求 9 个阶段。每个阶段都拟制了设计规程（规范化流程），并对每个阶段的详细流程步骤及其输入/输出、产品规格、支撑方法技术和参与人员角色都进行了初步规范。该框架遵循基于 CAM 的多视图统一原则，每一方面的视图由若干视图具体呈现，如图 17.1 所示。

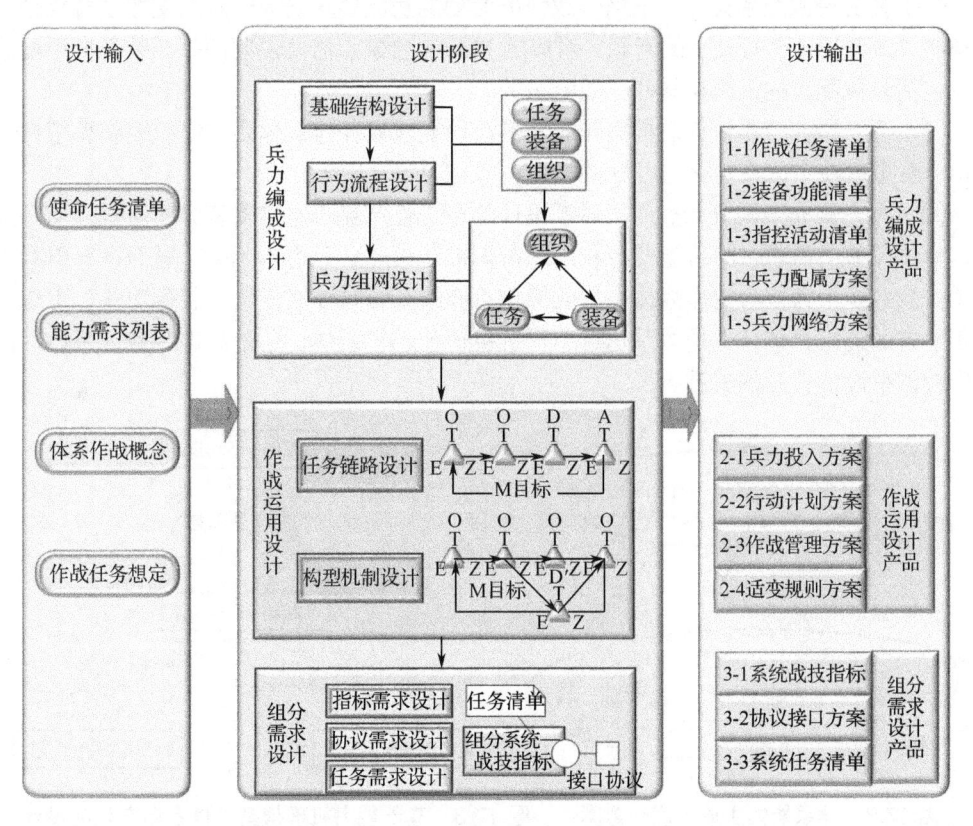

图 17.1 基于 CAM 范式的体系架构设计总体框架
（指控即指挥控制）

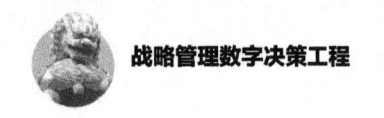

17.2 兵力编成架构设计方法

17.2.1 基于能力机理模型的兵力编成架构设计方法

相对于系统设计而言，体系设计需要应对更强的不确定性和复杂性，因此，与基于功能和性能的系统设计不同，体系设计范式需要向基于能力的设计转变。能力是对体系功能需求的一种高层描述，并且不会因特定系统、威胁和环境而发生变化。参照美军的定义，能力要素涉及条令、组织、训练、装备、领导和教育、人员、设施及政策（Doctrine, Organization, Training, Materiel, Leadership and Education, Personnel, Facilities and Policy, DOTMLPFP）等方面。作战能力生成实际上是通过一定的兵力组织指挥控制方式（Ways）来运用配属的装备资源手段（Means），并通过完成一系列任务达到预期的使命效果（Ends），如图 17.2 所示。基于能力的作战体系方案是非装备方案和装备方案的组合。

根据以上体系能力原理，作战体系设计包括 4 方面，如图 17.3 所示，分别如下：

（1）作战任务活动设计。根据体系使命能力要求设计一系列支撑的作战任务活动，着重解决"体系打什么仗"的问题，对应 Ends 要素。

（2）装备资源配系设计。根据作战任务活动的功能要求设计一系列支撑装备集合，着重解决"体系用什么打仗"的问题，对应的 Means 要素。需要说明的是，装备资源配系设计也包括装备配套的设施和其他作战资源。

（3）组织指挥控制设计。根据作战任务活动要求设计作战体系的组织编制和指挥控制架构，着重解决"体系怎么打仗"的问题，对应 Ways 要素。

（4）兵力集成架构设计。作战体系设计的标志性产品不是装备资源的配置，而是如何根据具体任务的需求，将装备资源和组织指挥控制集成到兵力单元中，进而设计以兵力单元（作战系统）为核心的作战体系集成架构。作战系统是作战任务、装备功能、组织指挥控制3方面的综合体，也是体系运行和对抗机理的基本载体，还是静态装备体系设计向动态作战体系设计转变的关键。

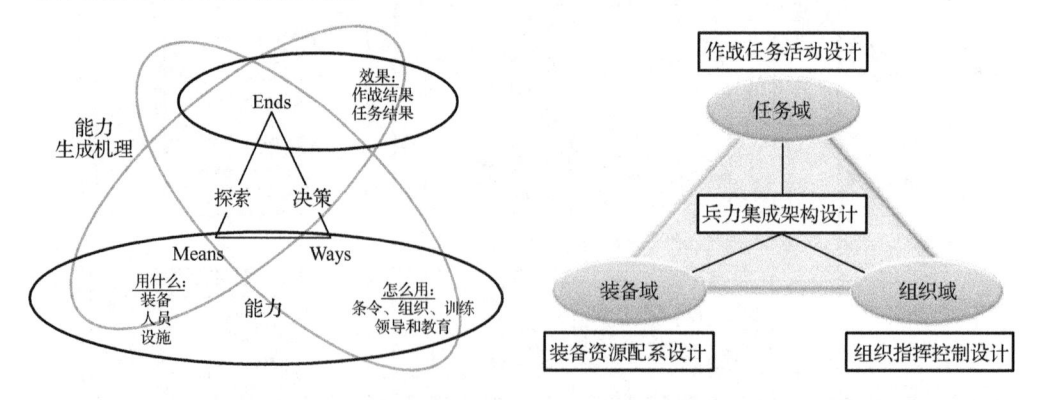

图 17.2 体系能力生成机理示意图　　图 17.3 基于能力机理模型的体系动态集成设计理论

17.2.2 兵力编成架构设计流程

1. 作战任务流程设计

作战任务流程设计,即对作战能力定义中的系列任务的具体分解方案的设计,包含相关的任务活动、任务状态、任务属性及任务指标设计。作战任务活动设计流程见表 17.1。

表 17.1 作战任务活动设计流程

序号	流程名称	流程内容	输入/输出	
1	任务节点定义	任务节点是在作战任务活动领域,为了达成作战使命,需要完成的具体任务关键点。任务节点包括任务活动、任务状态、任务属性及任务指标等要素。主要包含以下步骤: ① 任务活动设计; ② 任务状态分解; ③ 任务属性分析; ④ 任务指标关联	输入	
			(1) 任务想定	想定规格
			(2) 先期概念模型	OV-1、CCI-COI-CTI
			(3) 实际组织关系	OV-4
			输出	
			(1) 任务分类及活动分解视图	OV-5a
			(2) 任务状态转移条件描述	OV-6b
			(3) "任务活动-属性"矩阵	表格
			(4) "任务活动-属性-指标"矩阵	表格
2	任务流程设计	任务流程是指基于定义的任务节点,分别按照作战逻辑顺序和作战时间进程构建关联的具体过程。主要包含以下步骤: ① 任务阶段划分; ② 任务逻辑关联; ③ 任务时序设计; ④ 任务清单汇总	输入	
			(1) 作战单位关系及资源流描述	OV-2
			(2) 作战资源交互矩阵	OV-3
			(3) 作战规则约束	OV-6a
			输出	
			(1) 任务阶段划分	—
			(2) 任务活动逻辑关系视图	OV-5b
			(3) 主线任务时间序列图	OV-6c
			(4) 任务活动清单	—
3	任务活动汇总	根据架构设计工作,汇总形成任务视角下的详细活动清单	任务活动清单	—

2. 装备功能配系设计

对于装备功能配系设计,一方面应依据功能需求详细配置各个组成系统;另一方面则要实现与任务方案的关联,以支撑作战能力定义中的系列任务实施。

基于 ABM(基于活动的方法论)的"实体-关系-属性"设计框架和 OPM(对象过程方法论)的静态、动态结合建模思想,按照装备的功能实体设计、功能关系设计、功能流程设计、功能属性定义和功能配系汇总的步骤,开展功能架构的设计工作,具体流程见表 17.2。

表 17.2 装备功能配系设计流程

序号	流程名称	流程内容	输入输出		产品规格
1	装备功能实体设计	从"5W1H"的视角，功能配系实体的核心要素主要包括系统、系统功能、系统节点和数据，相关实体的描述流程如下： ① 功能系统分解； ② 功能状态描述； ③ 功能过程描述	输入		
			（1）作战任务想定	—	
			（2）先期概念模型	OV-1	
			（3）实际组织关系	OV-4	
			输出		
			（1）系统组成视图	SV-1	
			（2）系统状态转移描述	SV-10b	
			（3）系统资源流描述	SV-2	
2	装备功能关系设计	建立功能配系关系的核心要素之间的接口关系，具体流程如下： ① 功能组成关联； ② 功能过程关联	输入		
			（1）作战单位关系及资源流描述	OV-2	
			（2）作战资源交互矩阵	OV-3	
			输出		
			（1）系统资源依赖描述	SV-3	
			（2）系统信息交换描述	SV-4	
3	装备功能流程设计	在功能配系静态模型的基础上，向动态执行过程转换，设计功能配系的运行架构，具体流程如下： ① 系统运行原则分析； ② 系统运行序列设计	输入		
			（1）任务节点逻辑关系	OV-5b	
			（2）任务时间序列	OV-6c	
			输出		
			（1）系统原则约束	SV-10a	
			（2）系统事件时序	SV-10c	
4	装备功能属性定义	在实际应用过程中，需要明确对系统功能的度量，并形成功能配系模型的效能和性能指标，具体流程如下： ① 系统属性分析； ② 系统指标分解	输入		
			关键能力、任务、技术问题	CCI-COI-CTI	
			输出		
			（1）系统度量矩阵	SV-7（MOE、MOP）	
			（2）系统-组织关系映射（实体、关系、属性）	新增"系统-组织单元视图"	
5	装备功能配系汇总	根据架构设计及关联工作，汇总形成功能视角下的配系清单	装备功能配系清单	—	

3. 组织指挥控制设计

组织指挥控制架构设计流程见表17.3。

表 17.3　组织指挥控制架构设计流程

序号	流程名称	流程内容	输入输出	产品规格
1	指控[①]概念建模	基于典型指挥控制模式，建立云流化指控概念模型，界定模型内涵、分类、基本运行流程及主要特征。具体包括： ① 指挥控制概念建模； ② 指挥控制单元分类及概念建模； ③ 指挥控制单元运行流程及特征建模	输入：体系设计需求； 输出：指控概念模型、适变指挥控制单元模型	参考 OV1，源图平台导入
2	组织结构建模	组织结构设计：结合作战概念想定，设计组织结构。 组织关系设计：结合组织结构视图，设计组织单元关系。 具体包括： ① 组织结构建模； ② 组织关系建模； ③ 组织元模型设计	输入：作战概念想定、指控概念模型； 输出：组织结构视图、组织关系视图、组织设计视图元模型	参考 OV4，源图平台定制
3	指控节点建模	指控节点内部结构建模：设置组织单元指挥所及分队协控平台之间的指控角色。 指控节点内部关系建模：设计各层指控节点内部角色之间的指控关系，并给出指控节点设计视图元模型。 具体包括： ① 指控节点内部结构设计； ② 指控节点内部关系设计； ③ 指控节点元模型设计	输入：组织结构视图、组织关系视图； 输出：节点结构视图、节点关系视图、节点设计视图元模型	组织关系视图，源图平台定制
4	指控活动建模	指控节点活动流程建模：从作战活动流程角度对各级指控节点内部的主要作战活动顺序进行建模。 指控节点指控业务建模：以指控节点内部角色之间的交互关系为核心，设计各级内部各作战活动实现时的角色之间的交互过程及内容，并形成节点指控业务清单。 具体包括： ① 节点指控活动设计（形成清单）； ② 节点指控业务设计（形成清单）	输入：作战概念想定、节点结构视图、节点关系视图； 输出：节点指控活动清单、节点指控业务清单	清单建模视图，源图平台定制

注：① 指控即指挥控制。

4. 兵力组网设计

兵力的具体内涵界定如下：按照一定组织建制或者指挥控制关系形成的能够执行指定作战任务（包括人员、武器装备及其附属设施资源与支撑服务）的军事力量综合体。兵力组网设计是指在作战任务、装备功能和组织指挥控制设计的基础上，将 3 方面要素有机融合形成层次化兵力单元及其集成网络。

将兵力组网设计作为体系架构设计第一部分兵力编成设计的输出阶段，将兵力网络作为体系静态设计的最终产品，体现了面向任务的作战体系设计与面向采办的装备体系设计的本质区别，实现了从以装备系统为中心到以兵力单元为中心的体系设计范式转变。

兵力组网是指体系各领域能力要素通过信息化时代的泛在互联组合所形成的体系能力集成网络。兵力组网设计是在体系结构、行为设计的基础上，按照体系能力要素网络化集成的思路，基于体系作战任务、装备配系和组织指挥控制的匹配映射关系，从综合集成的角度设计侦察、通信、感知、指挥控制、火力、保障等兵力节点及其交互关系，进而构建体系兵力网络模型，并形成体系兵力编成设计的最终产品，从而为体系作战运用架构设计提供物质基础。兵力组网设计流程见表17.4。总体来说，该流程分为3个阶段、6个步骤：第一阶段为能力领域映射关系建模，包括表 17.4 中的步骤 1～3；第二阶段为兵力单元及其关系建模，包括表 17.4 中的步骤 4～5；第三阶段为作战兵力网络建模，包括表 17.4 中的步骤 6。

表 17.4　兵力组网设计流程

序号	流程名称	流程内容	输入/输出	产品规格	方法技术	支撑工具	人员角色
1	任务-组织映射关系建模	根据任务视图模型与组织节点之间的作战任务-组织使命关系建立所有可能的映射关联	输入：组织架构视图和任务架构视图；输出：任务-组织映射矩阵表	BLV-1	任务规划	DoDAF工具-源图	作战任务专家、组织指挥控制专家
2	组织-装备映射关系建模	根据组织视图模型与装备系统节点模型之间的组织-装备配属关系建立所有可能的映射关联	输入：组织架构视图和装备架构视图；输出：组织-装备映射矩阵表	BLV-2	计算组织理论		组织指挥控制专家、装备专家
3	任务-装备映射关系建模	根据任务视图模型的功能性任务节点与装备系统节点之间的作战功能-装备功能匹配关系建立所有可能的映射关联	输入：任务架构视图和装备架构视图；输出：任务-装备映射矩阵表	BLV-3	任务能力包 MCP、TCP		作战任务专家、装备专家
4	基本兵力节点三元映射关系建模	根据3类二元映射关系对基于三元关系的基本兵力节点进行建模	输入：组织、任务、装备清单；输出：基本兵力节点模型	BLV-4	EC2-VPU		组织指挥控制专家、作战任务专家、装备专家
5	兵力单元关系建模	根据基本兵力单元之间的组织、任务、装备关联，分别建立3类同质关联关系	输入：BLV-4；输出：各兵力单元关联关系	BLV-5	SCMILE、NetForce		组织指挥控制专家、作战任务专家、装备专家
6	作战兵力网络建模	根据步骤4和步骤5进行兵力节点的超网络建模，并考虑兵力之间的任务、装备、指挥控制3类同质交互关系	输入：BLV-4、BLV-5；输出：各层级作战兵力单元模型	BLV-6	超网络		组织指挥控制专家、作战任务专家、装备专家

网络化是体系的重要属性特征，体系的网络化模型已经发展成为体系架构表示的重要方法之一。作战体系的架构模型主要包括作战活动网络模型、功能装备网络模型、指挥控制网络模型 3 个子网络，每个子网络按照各自的属性构成网络，彼此之间通过约定的交互

关系和层次结构形成作战体系超网络模型。

兵力网络模型是在上述超网络的基础上，先以组织指挥控制网络节点为核心，根据任务分配关系（任务-组织关联匹配关系）将作战任务活动分配到组织节点，并根据装备配属关系（装备-组织关联匹配关系）将装备资源编入组织节点，再根据装备-任务的功能支撑关系对同一兵力节点内的装备、任务适配关系进行分析和校验，最终形成包含组织指挥控制-任务活动-装备资源三要素及其三元关联匹配关系的作战兵力节点。体系兵力网络设计视图元模型如图 17.4 所示。由于组织指挥控制、任务活动、装备资源 3 类要素内部及要素之间存在复杂交互系统，包括这 3 类要素的兵力节点之间形成了异质的网络化交互关系，见表 17.5。

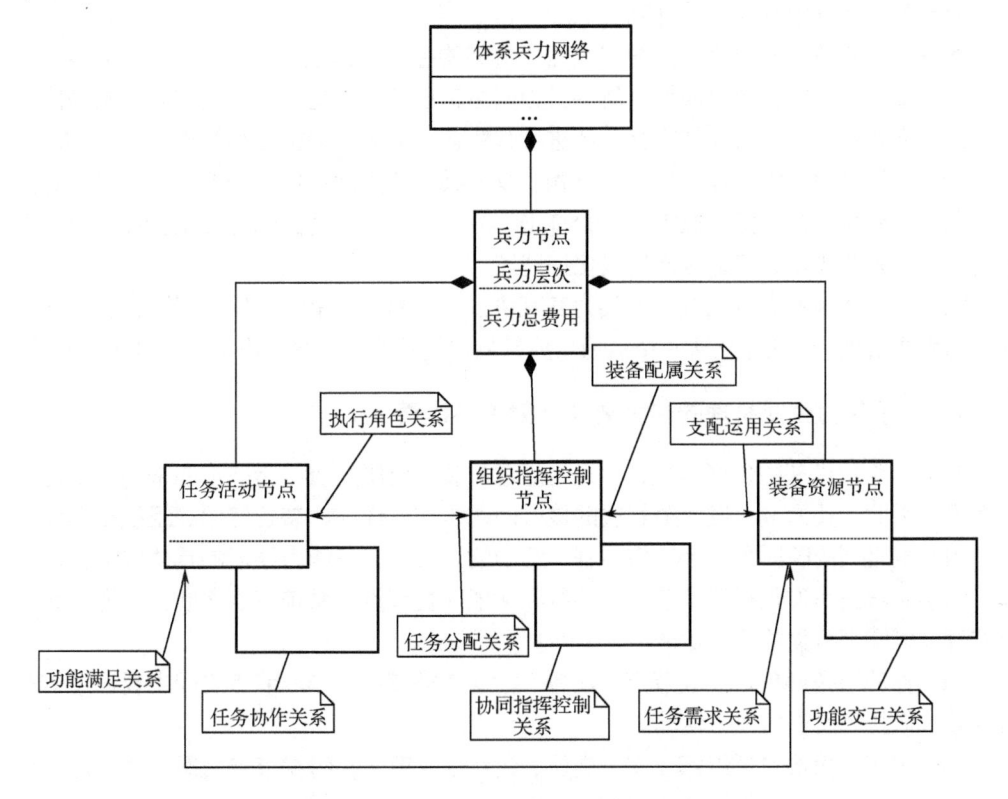

图 17.4　体系兵力网络设计视图元模型

表 17.5　任务、装备、组织三要素的关联关系

节点类型	附属任务节点	附属装备节点	附属指挥控制节点
附属任务节点	（内外部）任务协作关系	（内部）任务-功能需求关系	（内部）任务-组织分配关系
附属装备节点	（内部）功能-任务支撑关系	（内外部）功能交互关系	（内部）装备-组织配属
附属指挥控制节点	（内部）组织-任务执行关系	（内部）指挥控制-装备运用关系	（外部）协同指挥控制关系

注：暂不考虑异质附属节点跨兵力之间的交互关系，即兵力节点外部交互只考虑相同附属节点的交互关系。

17.2.3 兵力编成架构设计关键技术

1. 模块化、开放式兵力集成架构

作战体系的边界是动态演化的，在其建设和运用的过程中允许体系组分动态加入和退出。因此，兵力集成架构应具备通用接口协议和开放边界。对于无人作战体系兵力集成架构，一方面应借鉴美国海军的开放式架构思想，对兵力单元之间的物理交互、组织协作和任务协同进行标准化定义，以支持兵力单元的模块化开发和"即插即用"；另一方面则应借鉴美军的网络兵力参考模型，对兵力单元的通用功能和服务进行标准化定义，以使各兵力单元具备作战行为互操作的基础。

根据上述思路，模块化、开放式兵力集成架构主要包括以下 3 方面的研究内容：

（1）面向服务的开放式架构，解决兵力网络顶层动态构建和管理的问题，根据体系对抗的服务需要对兵力节点及其交互关系进行智能化、适应性的构建和管理。

（2）基于通用功能的模块化兵力结构，解决兵力节点动态构建问题，将作战功能分为侦察监视、信息融合、指挥控制、火力打击、战场机动、后勤保障等类型，并基于通用功能对兵力单元构成及其编组进行模块化描述。

（3）基于体系能力生成机理的兵力交互协议，根据兵力单元的任务-装备-组织三位一体能力生成机理，合理建立这 3 个能力生成领域之间的交互关系，并作为兵力交互的基础。

2. 基于能力生成机理的能力要素映射关系建模

从能力生成机理的角度出发，兵力是通过对装备资源的组织指挥控制来完成指定作战任务的。因此，兵力节点设计须解决的核心问题是作战任务、装备资源、组织指挥控制 3 个能力要素之间的映射和融合。借鉴基于活动的方法论，各能力要素的具体内涵包括：

（1）系统三角形包括系统节点、系统和功能 3 类节点，系统节点之间主要通过数据进行交互，以实现所需的系统功能。

（2）作战三角形包括作战节点、任务、活动 3 类节点，作战节点之间主要通过信息进行交互，以执行所需的任务活动。

（3）组织三角形包括组织节点、岗位、角色 3 类节点，组织节点之间主要通过信息进行交互，以履行所需的组织角色。

从兵力集成的角度出发，3 个能力领域之间的映射匹配关系包括 3 类：一是系统-任务-组织这 3 类结构节点的映射匹配；二是功能-活动-角色这 3 类能力要素的映射匹配；三是数据-信息-知识这 3 类交互关系的匹配映射。

对于能力领域的二元映射关系，可以通过以下 3 方面开展研究：

（1）基于使命能力包（MCP）/任务能力包（TCP）的装备系统功能——作战任务活动映射建模。根据兵力需要执行的体系级使命任务和系统级作战任务建立 MCP 和 TCP，并将使命任务分解到与装备相对应的功能性任务（或者称为作战活动序列）中，根据装备功能对功能性任务即活动的支撑关系，选择相应的装备组成兵力所包含的装备集合。

（2）基于计算组织理论的装备系统——组织指挥控制映射建模。将装备配属到不同的组织是一个决策问题，计算组织理论主要通过不同组织之间的装备交互成本进行装备-组织配属关系的评估和优化。

（3）基于负载均衡性分析的任务——组织映射建模。将体系作战任务分配到组织节点需要考虑各组织节点之间的负载均衡性问题，通常需要在组织任务的多样性和资源任务并发冲突，以及组织单元负载等之间做出综合权衡，从而为组织单元设置合理的任务清单。

3．基于扩展设计结构矩阵的多域集成优化设计

无人作战体系由多个领域的多个子系统组成，体系方案设计需要考虑不同领域的问题特点，进行多领域协同优化设计，以实现体系整体方案和领域局部方案的一致性优化。与系统设计领域的多学科设计优化不同，体系多领域协同优化设计本质上是一个跨域多杀伤链设计优化问题，其内涵包括两个维度：一是海、陆、空、天、电、网等作战领域的杀伤链协同优化设计，以达到杀伤链局部和由多杀伤链构成的联合任务线程整体最优；二是任务、装备、组织指挥控制等能力领域协同优化设计，以达到体系作战网络的能力效能整体最优。根据体系多领域协同优化设计的特点，其研究包括层次化体系多领域协同优化设计框架、多作战领域杀伤链协同设计优化、多能力领域联合任务线程协同设计优化和超网络认知计算协同优化设计4方面的内容。

设计结构矩阵（DSM）以矩阵形式描述复杂设计过程中特征变量间的依赖关系。体系设计包括多个领域、多个方面，适合采用设计结构矩阵对体系能力设计变量进行全面的建模。根据能力的要素，分别建立使命、任务、组织、装备、环境5个领域的设计结构矩阵，并建立5个领域子矩阵的交互关系，从而得到一个综合矩阵，如图17.5所示，为体系设计提供全方位的定量支持。

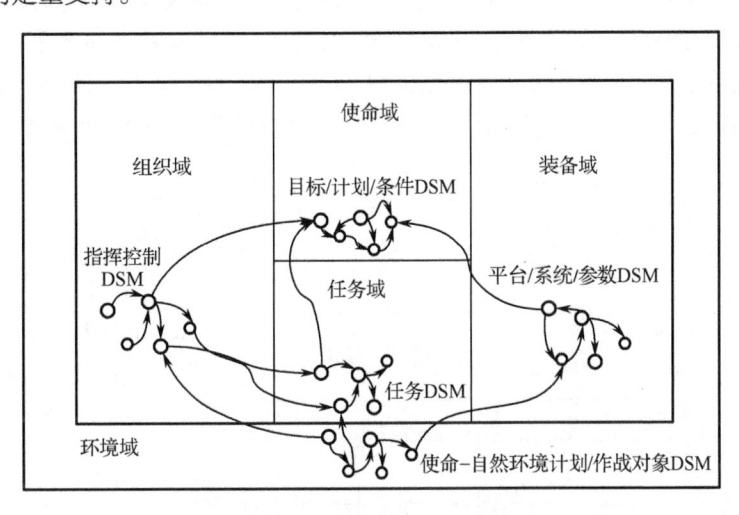

图 17.5　体系多领域设计结构矩阵示意图

17.3　作战运用架构设计方法

体系作战运用架构设计是在体系兵力编成架构的基础上，根据具体使命任务要求，从军事力量运用的角度设计作战体系的任务链路、行动计划和适变机制。兵力编成架构设计给出了初步的体系整体设计方案，回答"体系是什么"的问题，却没有回答面向具体任务体系怎么用，即如何满足给定作战场景中的具体使命任务需求，以及如何从能力领域的角度提供遂行具体任务的运用方案等问题，因此需要聚焦具体使命能力需求进行任务链路和构型机制的设计。

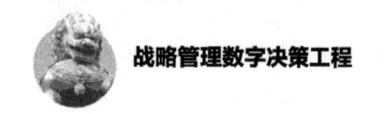

17.3.1　任务链路设计方法流程及关键技术

体系任务链路是为了完成体系使命路径中的某项体系任务所执行的行动序列及其执行主体和支撑装备资源，也是能力集成原理的领域三元关系在体系局部行为中的具体体现。体系任务链路设计是指根据体系使命路径的要求，在体系作战任务架构和体系兵力组网方案的基础上，聚焦线程（JMT）中的关键和核心任务的执行过程、所需资源和责任主体，从任务场景需求的角度设计、测试和优化典型作战任务链路和整体作战行动计划方案。需要说明的是，它涉及任务流程、装备资源、组织指挥控制 3 类要素。

任务链路设计的主要目的是将体系作战任务架构中的任务活动，细化落实为针对作战目标的各层次兵力单元的作战行动序列。站在技术领域的角度，任务链路设计属于任务规划和作战行动计划生成范畴。将任务链路设计作为体系架构设计第二部分作战运用设计的起点，将作战行动网络作为体系动态设计的基础产品，体现了面向任务的作战体系设计与面向采办的装备体系设计的动态性区别，为面向具体使命任务的体系作战运用设计奠定基础。

体系按照其要素连接方式属于一个由多个异质子网络组成的超网络，组成要素的网络化连接是无人作战体系的重要特征，应从复杂网络，尤其是超网络的角度研究体系的连接和交互关系。本部分研究不仅要充分利用已有的复杂网络理论基础，从体系网络拓扑结构、体系网络动力学、网络化复杂系统预测模型与仿真和基于模型的网络化复杂系统控制与优化等方面对无人作战体系进行研究，还要从组成体系的任务、装备和组织控制等体系子网络的不同特征和网络间的交互关系出发开展研究，建立体系超网络理论模型，如图 17.6 所示。网络化是体系的重要属性特征，体系的网络化模型已经发展成为体系架构表示的重要方法之一。作战体系的架构模型主要包括作战活动网络模型、功能装备网络模型、指挥控制网络模型 3 个子网络，子网络之间通过约定的交互关系和层次结构形成作战体系超网络模型。

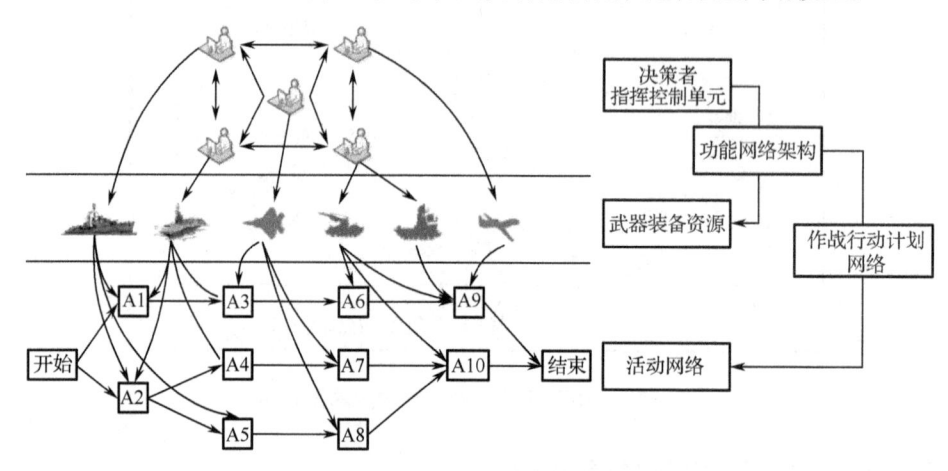

图 17.6　任务链路超网络模型

任务链路网络模型是在上述超网络的基础上，先以作战活动网络节点为核心，根据任务分配关系（任务-组织关联匹配关系）将作战任务活动分配到组织节点，并根据装备配属关系（装备-组织关联匹配关系）将装备资源编入组织节点，再根据装备-任务的功能支撑关系对同一任务节点内的装备、指挥控制适配关系进行分析和校验，最终形成包含任务活动-组织指控-装备资源三要素及其三元关联匹配关系的作战行动单元。作战行动单元包

括组织指挥控制、任务活动、装备资源 3 类要素。由于这 3 类要素的内部及之间存在不同关系，作战行动单元之间形成了异质的网络化交互关系，见表 17.6。

表 17.6 作战行动单元及其要素交互关系

节点类型	附属任务节点	附属装备节点	附属指挥控制节点
附属任务节点	（内外部）任务协作关系	（内部）任务-功能需求关系	（内部）任务-组织分配关系
附属装备节点	（内部）功能-任务满足关系	（内外部）功能交互关系	（内部）装备-组织配属
附属指挥控制节点	（内部）组织-任务执行关系	（内部）指挥控制-装备运用关系	（外部）协同指挥控制关系

注：暂不考虑异质附属节点跨兵力之间的交互关系，即兵力节点外部交互只考虑相同附属节点的交互关系。

根据作战回路思想，构建体系任务链路设计视图元模型，如图 17.7 所示。该模型用于生成任务链路建模视图，并为下一步的任务链路设计提供建模语言和工具支持。模型中的实体及关系的具体内涵如下：一个任务链路节点至少包括两个任务节点，节点的属性包括敌方目标名、主责指挥控制节点名、任务链路效能指标、任务链路时长指标等；任务节点分为侦察（侦）、指挥控制（控）、打击（打）、评估（评）、保障（保）等类型，包括任务效能指标等属性；每个任务节点至少包括一个装备平台节点、一个组织指挥控制节点；任务节点之间具备任务协作信息交互关系，装备平台节点之间具备装备互联数据交互关系，组织指挥控制节点之间具备指挥控制协同指令交互关系；装备平台节点与任务节点之间存在功能满足关系，组织指挥控制节点和任务节点之间存在分配执行关系。

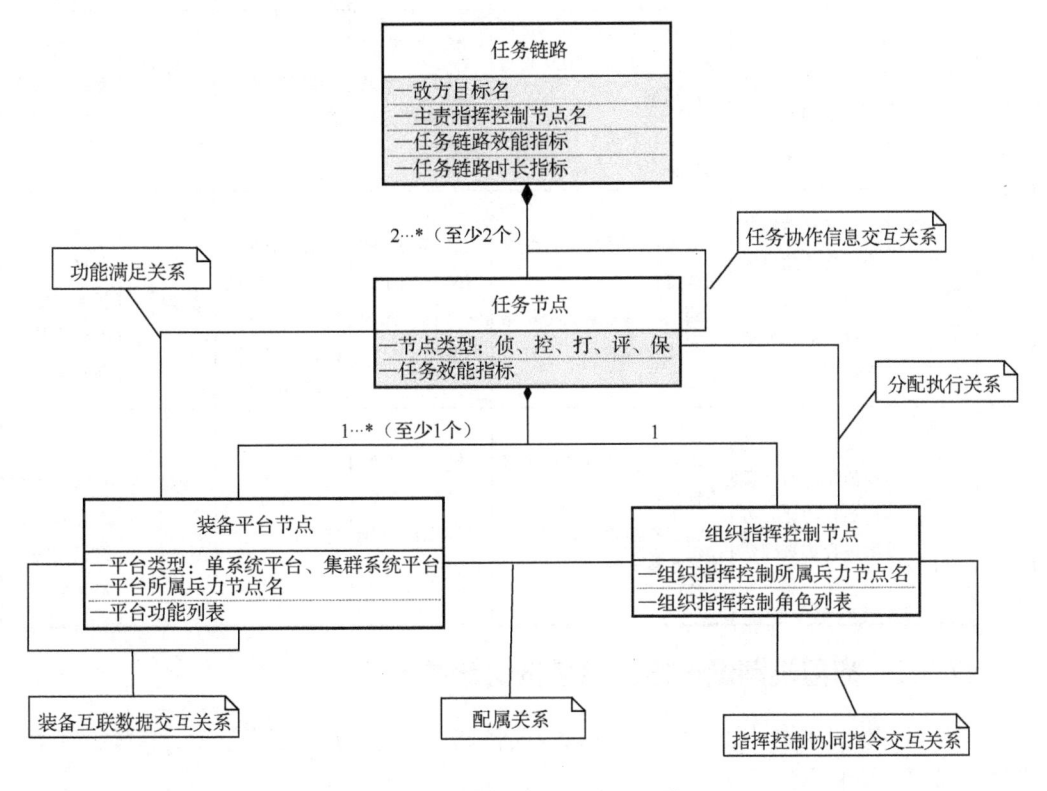

图 17.7 任务链路设计视图元模型

任务链路设计流程见表 17.7，具体包括 5 个步骤：①目标任务链路设计，主要针对所有体系作战的目标和威胁设计侦-控-打-评-保任务链路；②兵力单元行动计划设计，主要针对所有层级的兵力单元设计行动计划方案；③体系作战行动计划网络设计，主要是在前述工作的基础上，设计由体系各层次行动计划所构成的网络化行动计划方案；④体系作战行动网络解析分析与优化（可选步骤），主要从网络拓扑结构的角度对体系作战行动方案进行解析分析与评估优化；⑤体系作战行动计划流程仿真评估与优化（可选步骤），主要从行为流程的角度对体系作战行动计划方案进行仿真评估与优化。

表 17.7　任务链路设计流程

序号	流程名称	流程内容	输入/输出	产品规格	方法技术	支撑工具	人员角色
1	目标任务链路设计	主要针对所有体系作战的目标和威胁设计侦-控-打-评-保任务链路	输入：体系作战目标威胁列表、作战视图（OV）模型、兵力视图（BLV）兵力、网络模型；输出：目标任务链路模型	链路视图LLV-1（基于任务链路元模型定制）	OODA 回路、杀伤链、链路预测	DoDAF工具-源图	作战任务专家、装备专家
2	兵力单元行动计划设计	主要针对所有层级的兵力单元设计行动计划方案	输入：OV 模型、指挥控制视图模型、兵力网络模型；输出：兵力单元行动计划模型	链路视图LLV-2（基于任务链路元模型定制）	任务规划、行动序列生成、使命组织指挥控制（EC2）	DoDAF工具-源图	作战任务专家、组织指挥控制专家
3	体系作战行动计划网络设计	设计由体系各层次行动计划所构成的网络化行动计划方案	输入：OV 模型、指挥控制视图模型、BLV 兵力网络模型；输出：作战行动计划网络模型	链路视图LLV-3（基于超网络视图元模型定制）	超网络建模方法	DoDAF工具-源图	作战任务专家、组织指挥控制专家
4	体系作战行动网络解析分析与优化	主要从网络拓扑结构的角度对体系作战行动方案进行解析分析和优化	输入：作战行动计划网络模型；输出：网络解析分析结果与优化方案	链路视图LLV-3（基于超网络视图元模型定制）	复杂网络/超网络分析、Petri网、时间影响网络分析、动态贝叶斯网络分析	复杂网络分析工具	复杂网络专家、作战任务专家、组织指挥控制专家
5	体系作战行动计划流程仿真评估与优化	主要从行为流程的角度对体系作战行动计划方案进行仿真评估与优化	输入：作战行动计划网络模型；输出：流程仿真评估结果与优化方案	链路视图LLV-3（基于超网络视图元模型定制）	任务流程仿真	流程仿真工具Arena	流程仿真专家、作战任务专家、组织指挥控制专家

17.3.2　构型机制设计方法流程及关键技术

构型机制设计主要从任务域、组织域、装备域 3 个角度开展任务适变、指挥控制柔性和功能抗毁等机制设计。

1. 构型机制设计基础理论

从军事领域的研究现状来看，体系架构设计可以分为以下 3 方面：①聚焦静态兵力配系的效用性（Utility）架构设计；②聚焦外部态势变化的适应性（Adaptability）架构设计；③聚焦内部功能抗毁的弹变性（Resilience）架构设计。以美国为代表的军事强国体系设计呈现下列特征：①作战需求牵引，以作战概念牵引装备和技术的体系化发展；②装备与作战融合，兼顾装备体系的功能配系设计和作战体系的运用机制设计；③建设与运用耦合，设计理念由设计产品向设计能力转变；④重视赛博安全，将弹变性设计作为体系设计的重要环节。当前国内体系设计研究主要关注效用性架构设计方面，对于适应性架构和弹变性架构研究较少，尤其缺乏在智能化无人作战领域三者的综合研究。

在本章中，兵力编成设计属于效用性设计范畴，构型机制设计则主要解决外部态势适应性设计和内部功能弹变性设计问题，具体内涵见表 17.8。

表 17.8 三性架构设计内涵

特性	使命能力包络线	毁伤类型	可预测性	错误管理主动性	响应长期/短期	成本及其评估权重	设计时刻/运行时刻	相关指标	设计视图
效用性	预设使命能力包络线内（定常能力需求）	不考虑或只考虑低强度扰动	可预测	被动	短期	成本效益型，效费比在总体中的占比高	设计时刻	稳健性、可靠性、使命效果	结构视图、行为视图、兵力视图、任务链路视图
适应性	可超出预设使命能力包络线（可变能力需求）	考虑外部中高强度扰动	基本不可预测	主动为主	长期演化	成本高，效费比在总体中的占比较低	运行时刻为主	适应性、柔性	任务链路视图、构型机制视图
弹变性	预设使命能力包络线内（定常能力需求）	着重考虑外部中高强度扰动引起的内部变化	部分可预测	被动为主	短期	成本较高，效费比在总体中的占比较高	设计时刻为主	生存性、恢复性	构型机制视图、协议视图

2. 基于模式切换规则的构型机制设计方法

构型机制设计主要描述体系运行过程中，构型模式根据特定战场态势如何切换的问题，即从机制原理角度设计体系的任务流程适变、组织指挥控制构型和装备抗毁模式切换规则。在无人化、智能化的作战背景下，体系构型设计的主要目标是设计体系各个层级的智能性（系统层智能、集群-编队级智能、体系层智能），以有效应对体系对抗的不确定性。具体来说，就是在使命任务、组织结构或者装备配系等变化的情况下，通过针对性的智能化构型调整与行为模式切换，使作战任务流程、组织智能流程、装备功能流程之间能够形成适应性动态匹配，从而有效支撑体系使命的达成。

根据基于模式切换规则的构型机制思想，构建体系构型机制设计视图元模型，如图 17.8 所示。该模型用于生成构型机制设计建模视图，并为下一步的构型机制设计提供建模语言和工具支持。模型中的实体及关系的具体内涵如下：一个构型机制模型包括 3 个部分，分别是模式切换触发条件和初始构型模式、模式切换规则集和模式切换行动集，以及模式切换换约束和目标构型模式，以上模型要素均有且只有一个。

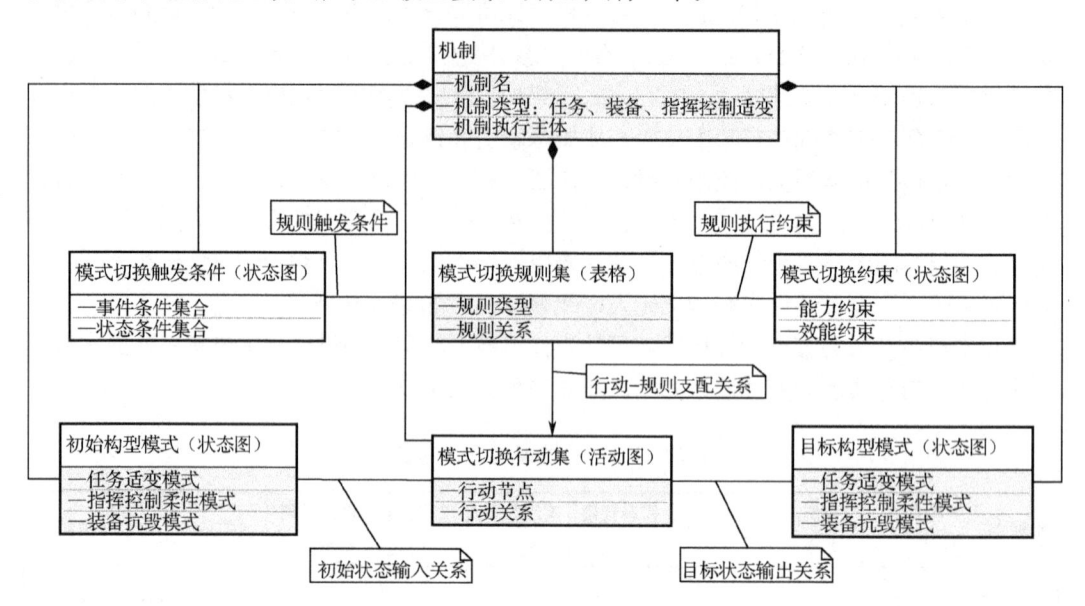

```
                              ┌─────────────────────────┐
                              │ 机制                     │
                              ├─────────────────────────┤
                              │ —机制名                  │
                              │ —机制类型：任务、装备、  │
                              │   指挥控制适变            │
                              │ —机制执行主体            │
                              └─────────────────────────┘

           规则触发条件                         规则执行约束

┌──────────────────────┐   ┌──────────────────────┐   ┌──────────────────────┐
│ 模式切换触发条件      │   │ 模式切换规则集（表格）│   │ 模式切换约束（状态图）│
│ （状态图）            │   ├──────────────────────┤   ├──────────────────────┤
├──────────────────────┤   │ —规则类型             │   │ —能力约束             │
│ —事件条件集合         │   │ —规则关系             │   │ —效能约束             │
│ —状态条件集合         │   └──────────────────────┘   └──────────────────────┘
└──────────────────────┘
                                 行动-规则支配关系

┌──────────────────────┐   ┌──────────────────────┐   ┌──────────────────────┐
│ 初始构型模式（状态图）│   │ 模式切换行动集（活动图）│ │ 目标构型模式（状态图）│
├──────────────────────┤   ├──────────────────────┤   ├──────────────────────┤
│ —任务适变模式         │   │ —行动节点             │   │ —任务适变模式         │
│ —指挥控制柔性模式     │   │ —行动关系             │   │ —指挥控制柔性模式     │
│ —装备抗毁模式         │   └──────────────────────┘   │ —装备抗毁模式         │
└──────────────────────┘                               └──────────────────────┘
           初始状态输入关系                   目标状态输出关系
```

图 17.8 体系构型机制设计视图元模型

3．构型机制设计流程

构型机制设计流程见表 17.9。

表 17.9 构型机制设计流程

序号	流程名称	流程内容	输入/输出	产品规格	方法技术	支撑工具	人员角色
1	任务适变构型机制建模	针对某个任务无法完成或者任务变化后的任务流程适变机制进行建模	输入：OV 相关视图模型、任务链路视图模型；输出：任务适变构型机制模型	JZV-1（基于图 17.8 所示元模型定制）	在线任务规划任务链路重构任务路径（预设冗余链路）	DoDAF 工具-源图	作战任务专家、装备专家
2	指挥控制柔性构型机制设计	针对外界需求变化或者内部扰动进行组织指挥控制结构、角色和关系柔性变化机制设计	输入：指挥控制架构相关视图模型、任务链路视图模型；输出：指挥控制柔性构型机制模型	JZV-2（基于图 17.8 所示元模型定制）	组织架构柔性授权等级柔性角色重配柔性兵力编组柔性	DoDAF 工具-源图	指挥控制专家
3	功能抗毁构型机制设计	针对装备节点毁伤失效进行装备节点抗毁机制设计，主要包括功能冗余和节点冗余机制	输入：装备架构 SV 相关视图模型、任务链路视图模型；输出：功能抗毁构型机制模型	JZV-3（基于图 17.8 所示元模型定制）	功能冗余装备冗余3接口重连	DoDAF 工具-源图	指挥控制专家、装备专家

4. 构型机制设计总体方案

体系构型机制设计是在体系架构和流程设计的基础上，根据任务适变、指挥控制柔性、功能抗毁等要求，从机制原理角度设计体系的指挥控制组织构型和作战行为模式，通过针对性的智能化构型调整与行为模式切换，使作战任务流程、组织智能流程、装备功能流程之间能够形成适应性动态匹配，从而有效支撑体系使命的达成。构型机制设计总体方案见表 17.10。

表 17.10 构型机制设计总体方案

层级	任务流程适变机制	组织指挥控制柔性机制	装备功能弹性机制
体系级	体系级适应性任务规划机制	体系级决策模式与授权等级柔性机制 体系级干预控制机制（支持扁平化和越级指挥）	
集群级	目标任务链路适应性规划机制（含冗余任务链路）	集群级混构集群柔性编组机制	跨集群弹性重组与通信重连机制
平台级	平台行动序列适应性生成机制 （战术）行动规则在线学习机制	平台组织重构柔性机制 平台领头重配柔性机制 平台柔性授权机制	平台装备冗余机制 动态接口重联机制 平台功能交叉冗余机制

1）任务适变构型机制设计

体系任务适变主要针对新增任务目标适变，通过实时动态的任务规划和链路重构，并可能包含相关的指挥控制组织构型和装备功能行为模式调整，支持捷变式打击。任务适变构型机制设计包括在线任务规划、任务链路重构和多任务路径（预设冗余链路）。

2）指挥控制柔性构型机制设计

指挥控制柔性是一种组织柔性，指的是在体系使命任务不变、战场态势变化的情况下，体系通过实时动态的组织指挥控制构型调整，更加高效地完成使命任务。指挥控制柔性构型设计包括组织架构柔性、授权等级柔性、角色重配柔性、兵力编组柔性等内容。

3）功能抗毁构型机制设计

体系功能抗毁是指在使命任务不变、外部态势不变而装备损毁或者失效的情况下，体系通过功能构型调整，将受损的体系功能恢复到正常或者设定水平。功能抗毁构型机制设计包括装备冗余、功能冗余、装备重连等方面。

4）综合弹性适变机制设计

当多种变化同时作用时，体系需要综合运用任务、指挥控制、功能 3 方面的机制，以实现各个层次的综合弹性适变机制。

17.4 组分系统需求设计方法

17.4.1 组分系统需求架构设计基本概念

根据作战体系和作战系统的定义，作战体系设计的落脚点是组成体系的作战分系统（又称为组分系统，以下简称组分）的设计，即通过作战体系设计明确组分的集成协议和设计需求，以支持组分集成到作战体系中，最终形成体系作战能力。综上所述，将组分需求设计的内涵界定为作战体系所包含的主要组分的集成协议需求、作战任务需求和战术技

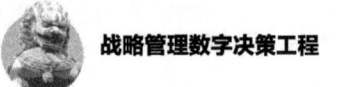

术指标 3 方面的需求设计。

体系架构设计是逻辑意义上的体系总体设计，其落地的关键是牵引所属组分的设计需求。组分需求设计作为体系设计的最后阶段，是衔接体系总体设计和系统总体设计的关键步骤。体系架构设计的落地环节是组分系统需求设计，这里根据体系兵力编成架构和作战运用架构设计各分系统的交互集成协议需求、作战任务背景需求和战术技术指标需求，为分系统研制提供体系结构框架、作战运用需求和总体研发需求。

17.4.2　组分协议需求设计方法流程

体系组分协议是体系组分设计、实现、集成和运行所遵循的标准、规范、协议等的统称。体系设计向分系统设计落地的关键是根据整体设计方案的要求提供能够指导体系组分开发和运行的协议需求，这样不仅能使体系组分满足体系使命能力需要，也能使各组分之间实现互联、互通、互操作。体系组分协议设计的主要目标是牵引一系列体系组分的交互协议，用以指导组分系统的设计、开发和作战运用，从而提高体系组分的重用、互联、互操作和协同作战能力。协议设计针对体系兵力网络设计方案，从体系组分互操作与能力集成的角度设计装备交互接口协议、兵力作战行为协议和组织指挥控制角色协议，具体流程见表 17.11。

表 17.11　组分协议需求设计流程

序号	流程名称	流程内容	输入/输出	产品规格	方法技术	支撑工具	人员角色
1	装备交互接口协议需求设计	根据体系逻辑架构设计方案，从物理实现的角度设计装备系统之间的交互接口协议需求（包括通信协议、数据链协议等需求）	输入：装备系统视图模型、兵力网络模型；输出：装备交互接口协议需求标准	XYV-1（基于标准视图定制标准化表格）	参考无人系统联合架构（JAUS）	DoDAF 工具-源图	装备专家
2	兵力作战行为协议需求设计	根据体系逻辑架构设计方案，从物理实现的角度设计作战兵力分系统之间的战术行为协议需求（包括侦、控、打、评、保各类任务之间的协同和逻辑协议的物理实现需求）	输入：任务视图模型、兵力网络模型、任务链路视图模型、机制视图模型；输出：兵力作战行为协议需求标准	XYV-2（基于标准视图定制标准化表格）	参考网络化兵力 SCMILE 的要素关系进行设计	DoDAF 工具-源图	作战任务专家、组织指挥控制专家
3	组织指挥控制角色协议需求设计	根据体系逻辑架构设计方案，从物理实现的角度设计组织指挥控制单元内部各角色之间的指挥控制行为协议需求（包括 EC2 的 E0~E5 角色之间交互的物理实现需求）	输入：指挥控制视图模型、兵力网络模型、任务链路视图模型、机制视图模型；输出：组织指挥控制角色协议需求标准	XYV-3（基于标准视图定制标准化表格）	参考组织控制理论的价值生产单元角色协议	DoDAF 工具-源图	组织指挥控制专家

注：表中 XYV 为协议需求视图的简称。

17.4.3　组分战术技术指标需求设计方法流程

组分（分系统）战术技术指标需求设计是衔接体系总体设计和系统总体设计的关键，也是综合考虑体系设计方案中的任务、组织和装备等能力领域对组分系统的要求，并结合组分的主要结构、行为和功能特征对系统所提出的战术和技术定量化要求。其目的是为分系统设计提供体系层次的定量输入，具体包括组分（分系统）的任务功能、任务效能指标、主要战术技术指标需求设计和配套指标边界约束设计 4 方面的内容，相关流程见表 17.12。

表 17.12　组分战术技术指标需求设计流程

序号	流程名称	流程内容	输入/输出	产品规格	方法技术	支撑工具	人员角色
1	组分任务功能需求设计	根据组分任务清单的兵力或装备功能需求，结合系统视图设计支撑这些任务的指定组分功能清单	输入：任务视图模型 OV、系统视图模型 SV；输出：组分体系任务功能需求清单	ZBV-1	参考任务功能包 TCP 和 SCMILE、NETFORCE、SysML 需求图	DoDAF 工具-源图	装备专家、作战任务专家
2	组分效能指标需求设计	根据组分任务清单中的任务效能指标要求，设计指定组分所有任务效能指标清单	输入：任务视图模型 OV、系统视图模型 SV、任务链路视图模型 LLV；输出：组分体系效能指标需求清单	ZBV-2	OODA 任务链路、联合使命线程指标的质量功能部署分解法		作战任务专家、装备专家
3	组分主要战术技术指标需求设计	根据组分任务清单、任务功能清单和效能指标清单，从需求角度设计组分的主要战术技术指标类型及其值域要求	输入：ZBV-1、ZBV-2、兵力网络模型；输出：组分主要战术技术指标需求清单	ZBV-3	联合使命线程指标的质量功能部署分解法		装备专家、作战任务专家、国防工业设计人员
4	组分配套指标边界约束设计	根据组分任务清单、任务功能清单、效能指标清单和主要战术技术指标需求，设计组分的配套指标边界约束	输入：ZBV-1、ZBV-2、ZBV-3、兵力网络模型；输出：组分配套指标边界约束清单	ZBV-4			装备专家、作战任务专家、国防工业设计人员

参考文献

[1] 王维平，李小波，杨松，等. 智能化多无人集群作战体系动态适变机制设计方法[J]. 系统工程理论与实践，2021, 41(5): 1096-1106.

[2] 李小波，王梦，杨松，等. 体系任务链路动量获取方法、装置和计算机设备：

2021106905996[P]. 2021-06-22.

[3] 杨松，王维，李小波，等. 杀伤链概念发展及研究现状综述[C]//第三届体系工程学术会议论文集——复杂系统与体系工程管理. [S.l.:s.n.], 2021: 67-72.

[4] 王梦，杨松，李小波，等. 基于可执行架构的杀伤链设计与分析优化方法[J]. 系统仿真技术，2021,17(3): 169-174.

[5] 金伟新. 体系对抗复杂网络建模与仿真[M]. 北京：电子工业出版社，2010.

[6] 潘星，张国忠，张跃东，等. 工程弹性系统与系统弹性理论研究综述[J]. 系统工程与电子技术，2019, 41(9): 2006-2015.

[7] 邓睿. 面向作战效能评估的架构驱动仿真方法及其关键技术研究[D]. 长沙：国防科技大学，2008.

[8] 朱宁. 基于DSM的武器装备体系架构建模与仿真方法研究[D]. 长沙：国防科技大学，2017.

[9] 李响. 面向开放式创新的产品集成设计理论与方法研究[D]. 上海：上海交通大学，2014.

[10] UDAY P, MARAIS K. Designing resilient systems-of-systems: A survey of metrics, methods and challenges[J]. Systems Engineering, 2015, 18(5): 491-510.

[11] TRAN H T, DOMERÇANT J C, MAVRIS D N. A system-of-systems approach for assessing the resilience of reconfigurable command and control networks[C]//AIAA infotech@aerospace conference; AIAA Sci'Tech forum. [S.l.:s.n.], 2015: 446-459.

[12] SIEVERS M, MADNI A. A flexible contract-based design framework for evaluating system resilience approaches and mechanisms[C]//Annual Conference and Expo of the Institute of Industrial Engineers. [S.L.: s.n.], 2016.

[13] BABU A, IACOB S, LOLLINI P, et al. AMADEOS framework and supporting tools[J]. Cyber-Physical Systems of Systems, 2016, 12: 128-164.

[14] ENGEL A, BROWNING T R. Designing systems for adaptability by means of architecture options[J]. Systems Engineering, 2008, 11(2): 125-146.

[15] UNEWISSE M, GRISOGONO A M. Adaptivity led networked force capability[C]//12TH ICCRTS - ADAPTING C2 TO THE 21st CENTURY. [S.l.: s.n.], 2007.

[16] 陈宗基，魏金钟，王英勋，等. 无人机自主控制等级及其系统结构研究[J]. 航空学报，2011, 32(6): 1075-1083.

[17] 杨婷婷，刘忠，朱先强，等. 面向知识图谱的作战体系运行机制研究[J]. 指挥控制与仿真，2018, 40(2): 15-21.

[18] 索琪，郭进利. 基于超图的超网络:结构及演化机制[J]. 系统工程理论与实践，2017, 37(3): 720-734.

[19] BASTIAN N D, FULTON L V, MITCHELL R, et al. Force design analysis of the Army aeromedical evacuation company: A quantitative approach[J]. The Journal of Defense Modeling and Simulation: Applications, Methodology, Technology, 2013, 10(1): 23-30.

[20] COOK S C, PRATT J M. Towards designing innovative SoSE approaches for the Australian defence force[C]// International Conference on System of Systems Engineering.

Piscataway, NJ: IEEE, 2014.

[21] AYYALASOMAYAJULA S, FRY D, DELAURENTIS D. A framework for formulating design problems in a system-of-systems context[C]//12th AIAA/ISSMO Multidisciplinary Analysis and Optimization Conference. [S.L.: s.n.], 2008.

[22] BILAL M, DACLIN N, CHAPURLAT V. System of systems design verification: Problematic, trends and opportunities[J]. Springer International Publishing, 2014.

[23] KILIAN J C, SCHUCK T M. Architecture and system-of-systems design for integrated missile defense[C]// International Conference on System of Systems Engineering. Piscataway, NJ: IEEE, 2014.

[24] LIU J, WANG W, LI X, et al. Solving a multi-objective mission planning problem for UAV swarms with an improved NSGA-III algorithm[J]. International Journal of Computational Intelligence Systems, 2018, 11(1): 1067-1081.

[25] FROMMER J B. System of systems design: Evaluating aircraft in a fleet context using reliability and non-deterministic approaches[D]. West Lafayette: Purdue University, 2008.

[26] SILVA E, BATISTA T, OQUENDO F. A mission-oriented approach for designing system-of-systems[C]// International Conference on System of Systems Engineering. Piscataway, NJ: IEEE, 2015.

[27] NASSAR N, AUSTIN M. Model-based systems engineering design and trade-off analysis with RDF graphs[J]. Procedia Computer Science, 2013, 16(1): 216-225.

[28] MEI Y, WANG M. Architecture design for joint operation and command information system-of-systems[C]//2013 Fifth International Conference on Computational and Information Sciences (ICCIS). Piscataway, NJ: IEEE, 2013.

[29] 熊伟涛. 基于博弈的武器装备体系发展规划方法研究[D]. 长沙：国防科技大学，2016.

[30] 穆歌，张富雪，郭齐胜，等. 复杂装备系统体系架构设计工程化基本理论研究[J]. 装甲兵工程学院学报，2018, 32(2): 1-6.

第 18 章

体系评估优化方法

> 评估优化是体系架构设计—仿真实验—评估优化的收官环节,主要通过计算实验数据等数据集合,对体系架构设计方案进行体系能力、效能和贡献率评估,并根据评估结果及其因果机理开展方案优化。评估优化很难一步到位,可能需要经过多次"设计—仿真—评估—优化"的闭环迭代过程才能得到满意的体系优化方案。

本章根据体系的"设计—仿真—评估—优化"闭环过程思想,开展体系能力、效能及体系贡献率的评估优化方法与关键技术研究,为体系架构设计方案决策提供定量支持。本章首先提出了评估优化研究的方法过程框架,然后具体探讨了体系评估和体系优化两方面的关键技术。

18.1 评估优化方法流程

18.1.1 评估优化方法总体方案

评估优化总体研究方案见表 18.1,该表针对项目研究的各个阶段,从设计线、验证线、工具线、产品线和指标线 5 方面阐述了评估优化研究的主要思路。

(1)需求分析阶段。该阶段包括体系能力需求分析和作战概念建模推演两个步骤,主要针对关键能力需求和关键任务需求,运用体系作战概念推演工具,完成能力需求满足度推演和作战链路全流程推演,进而实现对能力需求清单和作战任务清单的能效(能力和效能)需求评估。

(2)架构设计阶段。该阶段包括兵力编成架构设计和作战运用架构设计两个步骤,主要针对关键能力设计方案和关键任务设计方案,运用体系架构解析分析工具和体系攻防对抗仿真工具,完成体系设计方案的可执行架构分析和效能仿真,进而评估优化其能效指标。

(3)原型研发阶段。该阶段主要针对系统原型中的关键装备、关键技术设计方案,运用集群 LVC 仿真工具,完成系统能力需求满足度分析与效能仿真实验,进而对照组分需求评估系统原型方案,计算集群/系统能效与贡献率指标。

(4)内场实验阶段。该阶段包括内场系统级仿真实验和内场集群级仿真实验两个步骤,主要针对系统和集群的原型方案,运用集群 LVC 仿真工具,开展系统原型仿真实验和集群协同仿真实验,评估系统和集群的能效与贡献率指标,从而对设计方案进行评估优化,并

给出外场试验方案建议。

（5）外场试验阶段。该阶段主要是在体系实装原型的基础上，开展外场实装集成验证试验，从而对关键能力-任务-装备-技术方案进行评估优化。

表 18.1 评估优化总体研究方案

阶 段	步 骤	设 计 线	验 证 线	工 具 线	产 品 线	指 标 线
1.需求分析	体系能力需求分析	关键能力需求分析	能力需求满足度推演	体系作战概念推演工具	能力需求清单	体系能力指标
	作战概念建模推演	关键能力、关键任务需求分析	作战链路全流程推演		作战任务清单	体系效能指标
2.架构设计	兵力编成架构设计	关键能力方案设计	体系架构方案可执行分析	体系架构解析分析工具	兵力编成架构方案	体系能力指标
	作战运用架构设计	关键任务方案设计	体系效能仿真实验	体系攻防对抗仿真工具	作战运用架构方案	体系效能指标
3.原型研发	系统原型设计与实现	关键装备、关键技术方案设计	系统能力需求满足度分析与效能仿真实验	集群 LVC 仿真工具	组分需求方案、系统原型方案	集群/系统能效与贡献率指标
4.内场实验	内场系统级仿真实验	关键装备、技术方案评估优化	系统原型仿真实验		优化后的系统方案	
	内场集群级仿真实验	关键能力-任务方案评估优化	集群协同仿真实验		优化后的集群方案与外场试验方案建议	体系/集群能效指标
5.外场试验	外场集成试验验证	关键能力-任务-装备-技术评估优化	外场实装集成验证试验	体系实装原型	评估后的体系实装原型	体系/集群能效指标

18.1.2 评估优化研究总体流程

评估优化研究总体流程（见图 18.1）包括以下步骤：

（1）评估需求分析。针对体系设计方案和系统原型方案进行评估需求分析，进而辨识出评估优化的关键能力、关键任务、关键装备和关键技术需求。

（2）能力框架构建。根据面向任务的能力要求，建立统一能力框架和体系价值定位模型。

（3）评估指标设计。根据体系统一能力框架设计各层次、各类型的指标，并建立体系指标框架。

（4）评估问题分析。针对评估需求分析关键评估问题，具体包括关键能力、关键任务、关键装备和关键技术评估 4 方面的问题。

（5）评估方案设计。针对评估问题设计评估的总体策略和关键实验问题，为评估优化实施提供总体指导。

（6）评估模型设计。针对能力、效能和贡献率评估的要求建立相应的评估模型，为评估结果解算提供量化模型支撑。

（7）评估实验实施。根据评估方案和评估模型的解算要求开展多类型、多层次的评估实验（或试验，含外场试验），并收集相关实验（或试验）数据。

（8）评估结果解算。针对实验数据进行数据融合与统计分析，输入评估模型中进行解算后，对评估结果进行分析、展现。

（9）方案迭代优化。对照指标要求对评估结果进行追溯分析，如果满足要求，则不需要进行优化；如果不满足要求，则应选定优化方向开展迭代性设计-仿真-评估-优化回路研究，直至满足指标要求。

（10）评估结论诠释。通过迭代评估优化，形成最终评估结论，并对方案与结论之间的因果关系进行诠释，为体系设计与研发决策提供基于因果推理的定量支撑。

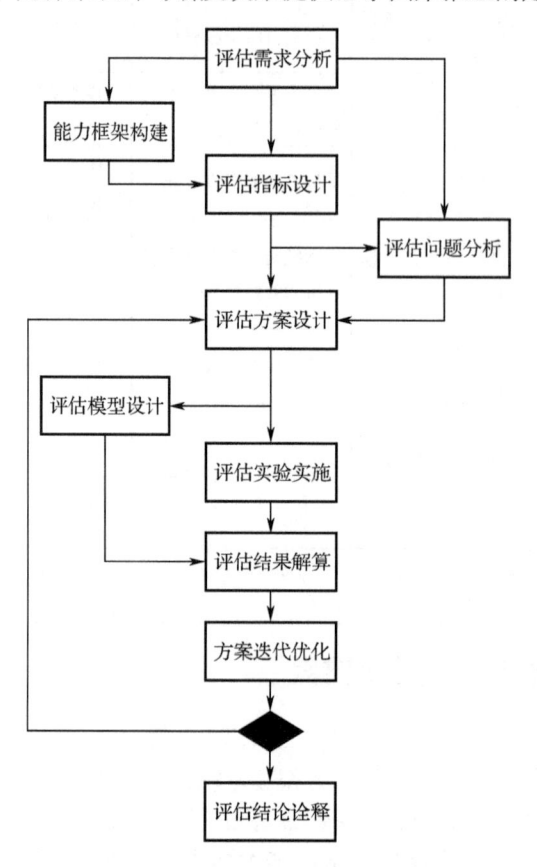

图 18.1 评估优化研究总体流程

18.1.3 评估优化指标总体框架

体系指标框架是从体系各能力领域、各层次组分中抽取得到的对体系架构设计方案进行度量和评估的定量要素及其关系的集合。体系指标框架设计是体系总体设计的重要组成部分，也是体系结构和行为主要特征进行系统化抽象的产物，还是体系设计方案量化评估实施的基础。体系指标框架设计需要在体系架构设计的基础上，重点针对体系设计方案决策点和适变能力特征，构建支撑方案决策点权衡计算和适变能力因果探究的指标框架。

如图 18.2 所示，体系指标框架在纵向上可分为体系层、集群层和平台层；在横向上可分为 3 类指标：设计决策变量（又称设计自变量，与设计决策点紧密相关，主要指属性指标）、设计约束变量（对设计决策有边界约束作用，主要指体系资源、成本、技术能力

和时间进度等约束变量）、设计结果变量（主要指能力、效能、贡献率、效费比、贡价比等方案评价指标）。从指标框架的角度出发，体系设计评估就是在设计约束变量的约束下设计体系的各层次属性，并根据各层次能力和任务效能指标进行决策点选择的过程。

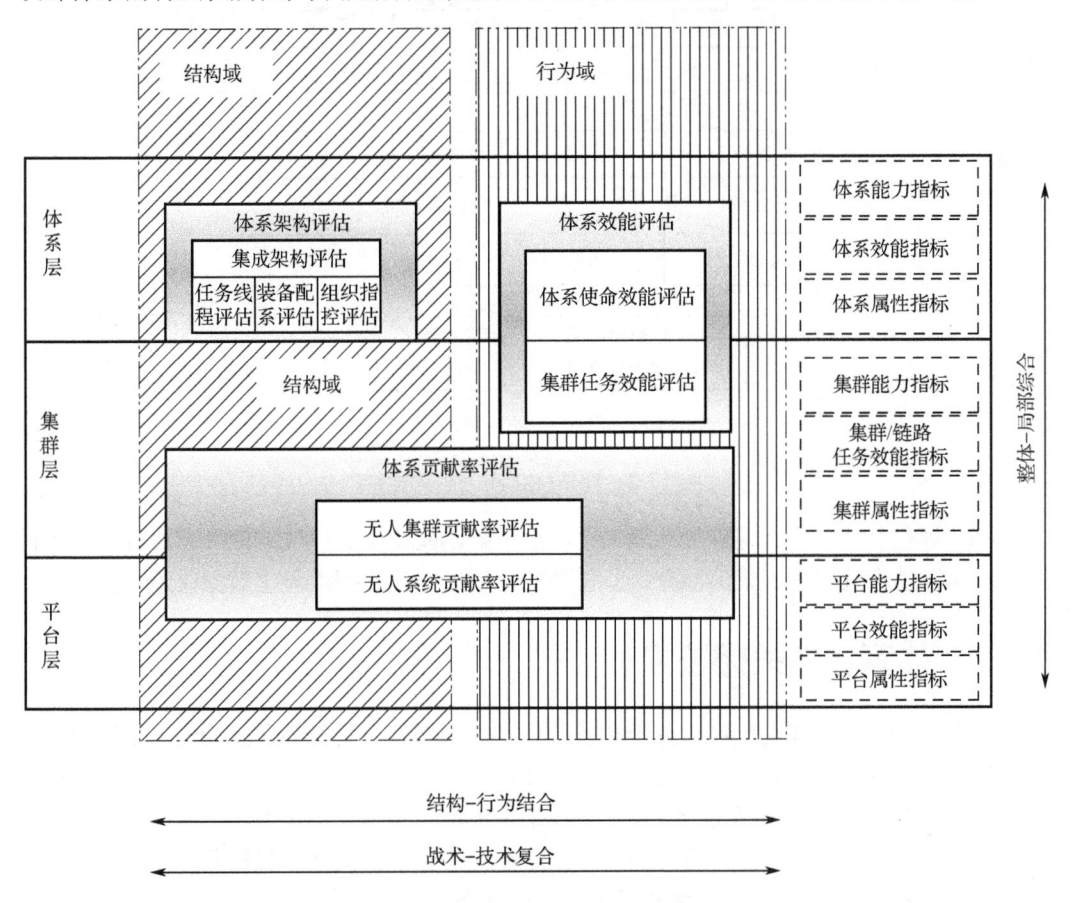

图 18.2　评估优化指标总体框架

18.1.4　评估优化实施总体框架

按照评估数据采集、评估建模、指标解算、评估分析和优化的逻辑流程开展体系评估优化，具体实施总体框架如图 18.3 所示。

该框架包括领域层、关键问题层、实验科目层、评估实施层和评估优化层。

（1）领域层。从各阶段的决策问题出发，定位评估优化的应用领域，包括体系规模结构、指挥信息流程和战术战法运用等。

（2）关键问题层。基于统一能力框架，分析解构能力、任务、装备和技术各层次的关键评估问题，并界定对应领域的评估优化基本的问题指向。

（3）实验科目层。围绕关键问题的决策支持，明确实验目的，设计相应的实验科目，包括装备配系、集群运用等。

（4）评估实施层。该层包括体系特性评估、体系作战能力评估和体系作战效能评估，从不同侧面反映了体系能力、属性和效益等。基本过程如下：采集实验科目生成的实验数据作为评估输入，建立与关键问题匹配的针对性评估指标体系，经解算得到评估结果。

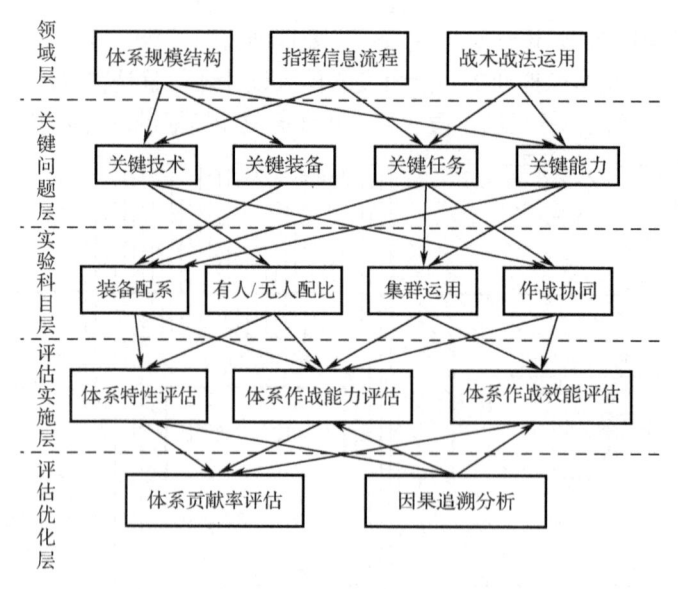

```
领域层      体系规模结构    指挥信息流程    战术战法运用
关键问题层   关键技术  关键装备   关键任务   关键能力
实验科目层   装备配系  有人/无人配比  集群运用  作战协同
评估实施层   体系特性评估  体系作战能力评估  体系作战效能评估
评估优化层   体系贡献率评估         因果追溯分析
```

图 18.3　评估优化实施总体框架

（5）评估优化层。在得到评估输入、输出数据的基础上，以达成使命为目标，进行体系贡献率评估和逐层的因果追溯分析，从而为作战效能优化提供量化数据决策支持。

18.2　体系评估关键技术

体系架构设计方案必须经过分析和校验评估才能验证其可行性和正确性。按照分析校验方法由易到难的操作复杂性，可分为 4 种方法。

（1）架构模型定量指标解析计算。即在架构模型相关节点中添加定量属性，并对整个模型的定量化指标进行综合计算。例如，在对一般任务视图模型、装备视图模型和组织视图模型的相关定量指标进行计算的基础上，对任务链路模型的效能、时间和损耗进行解析计算，并对兵力网络视图模型的任务负载均衡性和装备资源分配合理性进行计算。该方法操作简单，计算结果直观可行，但是只能解算时间、资源等指标，无法刻画复杂的体系行为。

（2）基于形式体系的架构模型解析分析。即利用体系架构方案通过模型转换来建立形式体系模型，并分析验证相关特性。例如，将体系架构模型状态转移部分转换为 Petri 网模型后，利用成熟的 Petri 网分析方法对体系行为的并发性和功能冗余进行分析。该方法适合在较高抽象层次对体系行为的某些特性进行逻辑推理和分析，具备形式化程度高、分析过程较为简单、较易实现等特点。

（3）基于仿真实验的体系架构方案分析验证。即针对体系方案建立仿真模型并进行仿真实验，在对仿真结果数据进行统计分析的基础上研究体系行为，以验证架构方案。该方法能够对体系的复杂行为进行时间基的模拟，从而充分展现体系的交互过程和行为细节，尤其可以将仿真系统嵌入整个体系中进行人和系统在回路的仿真。但是仿真系统的构建相对第一种方法工作量较大，并且仿真模型的有效性需要得到充分验证。

（4）基于物理试验的体系架构方案分析验证。即通过运行体系实体进行（实物或半实

物）试验，观测其行为并进行研究。该方法能够得到最为真实有效的行为数据，但是代价较高，需要在体系或其部分子系统开发完毕后进行。

18.2.1 面向能效综合的统一能力框架构建评估技术

统一能力框架是根据体系使命任务逐行要求而建立的"体系-集群-系统"兵力层次化能力网络模型，它是评估优化研究的核心，也是其他后续研究开展的基础。统一能力框架中的"统一"表示该框架是体系评估优化各项工作的公共基础，能够将能力、效能、性能、贡献率评估统一到一个框架下，从而为评估指标设计、评估方案设计和评估模型设计提供统一的指导和要求。

统一能力框架的研究流程如图 18.4 所示。首先，根据关键需求问题和关键设计问题，开展涉及体系能力、体系效能、体系贡献率和装备效能/性能 4 方面的体系能效指标分析，并采用 QFD 关联矩阵方法建立各项指标之间的关联关系，进而构建统一能力框架；其次，在对多源数据进行融合的基础上，采用定性定量综合的方法确定指标之间的相对权重关系，建立体系价值定位模型；最后，根据设计方案的决策点和价值定位模型，明确体系层次的关键使命能力、分系统层次的关键任务能力、装备平台层次的关键系统能力，以及关键技术能力，并根据指标体系与这 4 类能力的关联关系设计层次化、网络化的统一能力框架指标模型。该模型能够指导评估指标设计、评估方案设计和评估模型设计，并对为体系方案的实验评估优化提供基本依据。

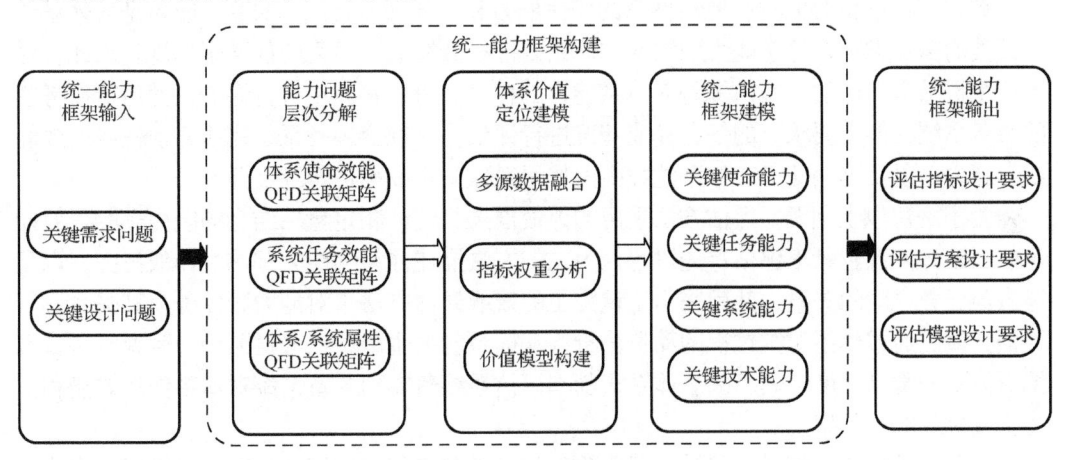

图 18.4 统一能力框架的研究流程

18.2.2 基于多层次仿真的体系效能评估技术

运用建模与仿真技术，在较为逼真的战场环境和确定的作战样式下，通过开展武器装备体系的仿真实验，实现体系架构方案的优化研究和武器装备作战能力的分析与评估，可以作为一种有效的手段。体系效能评估涉及体系、集群、装备平台等多个层次，每个层次具有相应的结构和行为特点，需要采取针对性的仿真实验手段，以支持效能评估。具体来说，就是采用体系层次的攻防对抗效能仿真和集群及平台层次的 LVC 仿真，具体如下：

（1）体系级攻防对抗仿真。该类仿真主要针对体系架构方案进行攻防对抗仿真实验，用于体系使命效能的评估优化。其特点是仿真模型粒度较粗，实验空间较大，侧重对方案空间的广度探索，能够支持关键能力问题的研究。

（2）集群级 LVC 仿真。该类仿真主要针对集群效能进行对抗条件下的仿真实验，用于集群任务效能的评估优化。其特点是仿真模型粒度中等，在体系方案的指导下可以进行小范围的集群方案空间探索，能够支持集群系统原型设计研发和关键任务问题的研究。

（3）平台级 LVC 仿真。该类仿真主要针对装备平台进行仿真实验，用于装备平台原型方案和关键技术算法的评估优化。其特点是仿真模型粒度较细、侧重对方案空间某个局部的深度探索，能够支持关键装备问题和关键技术问题的研究。

18.2.3 体系贡献率能效综合评估技术

1. 方法概述

当前的评估方法已经由静态的以体系能力贡献评估为主转向动态的以体系对抗效能为主，并向能效综合和多视角综合方向发展。但是对于基于机理的多视角、多方法综合评估方法仍缺乏足够的研究，只有理解贡献率机理，才能根据机理有机融合各类方法，从而提高评估结果的可信度和可解释性，使决策人员"知其然并知其所以然"，最终理解和认可贡献率评估结果。

评估方法的核心问题是厘清体系的使命能力和作战任务之间的关系。能力是对体系进行评估的基本准则，体系能力则需通过体系内部要素完成一系列的任务来体现。因此，对于体系贡献率的评估，其前提是对体系能力的种类、有无和大小进行评价，然后对待考察的装备系统在能力要求下的任务完成情况进行评估，并综合装备系统完成各项任务的效能或者能力，以及这些任务在体系能力中的作用对体系贡献率进行综合评价。

为了解决以上问题，评估方法采用的评估框架是定性和定量相结合的能力-动量-效能评估回路。体系贡献率评估首先以定性为主的方法描述体系的能力需求、作战任务，以及能力与任务之间的关系，然后采用定量为主的效能评估方法来对能力和任务及其关系进行验证，最后通过体系对抗过程的动量分析，从体系能力生成和任务链路等角度说明装备系统对体系的贡献程度及其原因。体系贡献率评估最终落实到装备系统对体系作战效能和能力生成机理的贡献率上。

评估方法的实施基础是设计一系列作战体系的关键能力问题（CCE，支撑能力生成和使命完成的作战体系级别的关键问题）和待评装备系统的关键任务问题（CTE，支撑作战活动顺利进行和任务达成的装备系统级别的关键问题），具体包括以下 3 个阶段：①采用能力需求满足度的方法，自顶向下将安全战略需求层层分解到作战体系的能力要求中，并由能力要求提出装备功能需求和贡献率评估需要；②按照自底向上的方式，从某个装备出发，充分考虑该装备对于填补体系能力差距所发挥的作用，明确该装备所支撑的作战任务和使命能力，以及使命能力和任务之间的关联关系；③在前两个阶段的基础上，设计一系列关键能力问题和关键任务问题，并建立能力之间、任务之间、能力和任务之间的关联关系，这两类关键问题都包括已方体系配置、作战环境和敌方情况、使命任务及其效能度量指标等要素。关键能力问题示意图如图 18.5 所示。

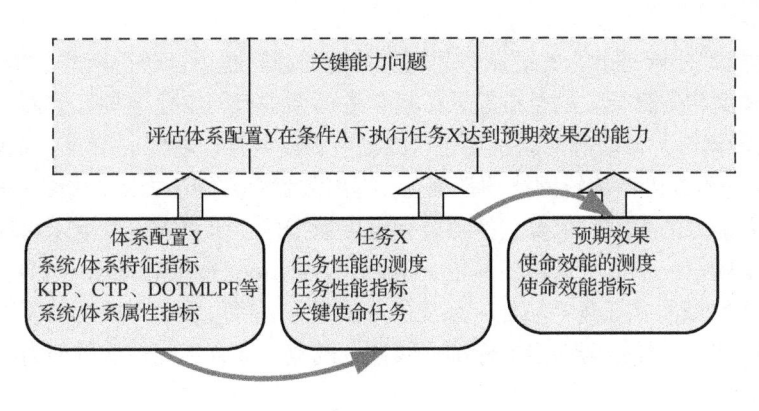

图 18.5 关键能力问题示意图

2．实施步骤

实施评估方法的关键是综合采用解析计算和效能仿真方法，从能力和效能两方面对体系贡献率进行整体性评估。一方面，基于功能网络解析计算的能力贡献率结果，能够对作战体系全局进行初步问题空间探索和分析，从而建立关系清晰、易于理解的贡献率因果关系模型，并指导效能仿真的想定设置和实验方案设计；另一方面，基于仿真实验的体系贡献率评估结果是体系能力在特定作战环境下的效能体现，能够对体系贡献率的能力解析计算结果进行验证和校准。因此，通过综合两方面的评估结果进行贡献率结果相互校验、结果一致性分析和贡献率能力机理解释，可以提高贡献率评估的科学性、真实性和可靠性。根据能力和效能相结合的指导思想，给出体系贡献率能效综合评估方法的基本流程（见图 18.6），具体步骤如下所述。

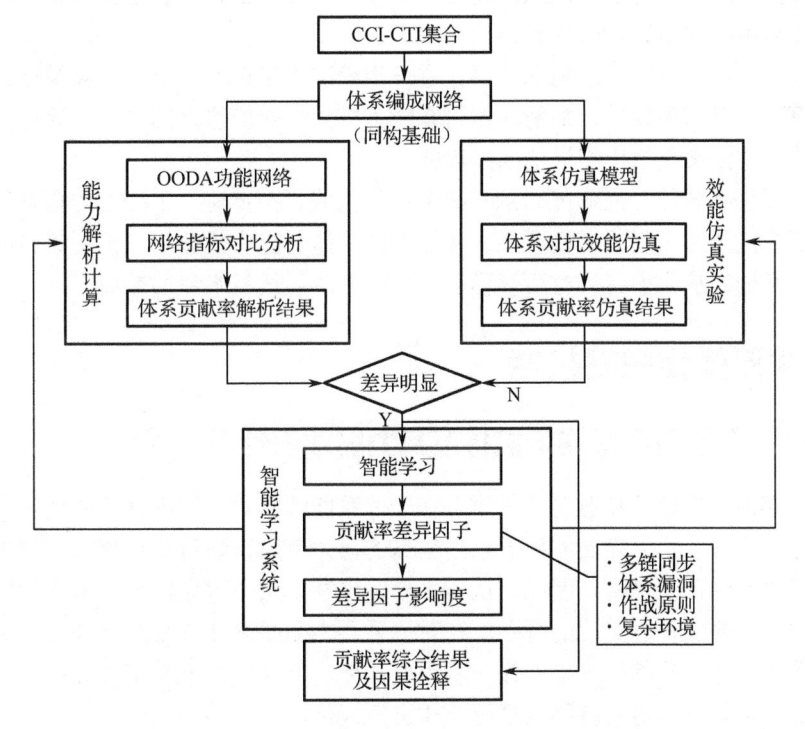

图 18.6 体系贡献率能效综合评估方法的基本流程

步骤1：根据分析得出的关键能力问题和关键任务问题集合获得相应的体系编成网络，并作为解析模型和仿真模型的基础输入，对装备体系进行网络化建模，进而构建装备体系的OODA功能网络，该功能网络主要包含武器装备的属性、功能、交互关系等要素。

步骤2：在作战体系功能网络的基础上，提出敌我双方的能力对比指标——能力指数，它反映了体系能力的构成，主要包括功能回路度量指标、节点重要度度量指标和体系架构复杂度度量指标等；采用质量功能部署（Quality Function Deployment，QFD）分析求解的方法，按照目标/威胁—任务—功能—系统的分解过程，将顶层面向威胁的能力需求分解到底层的功能系统上，并根据制定的标准分级评分规范，综合不同层次的能力指标，给出敌我双方的能力指数。

步骤3：根据能力指数，采用能力需求满足度方法计算关键装备的体系贡献率，体系贡献率表征为有无该装备对能力指数的影响，这里记为体系贡献率解析结果。

步骤4：根据给定的关系任务问题和体系编成方案，选择典型的作战场景建立体系效能仿真应用（可以根据研究问题的需要建立体系层次和系统层次的效能仿真应用），并进行效能仿真，同时记录作战过程中形成的功能链路数量、功能链路作战节奏、功能链路作战效果、功能链路存活时间等相关仿真数据的统计量。

步骤5：在仿真数据统计量的基础上，根据体系对抗效能计算关键装备的体系贡献率，体系贡献率表征为有无该装备对体系对抗效能的影响，这里记为体系贡献率仿真结果。

步骤6：通过对比分析体系贡献率的解析结果和仿真结果，从多链同步、体系漏洞、作战原则、复杂环境4方面计算贡献率差异因子。在假定能力指数和体系贡献率计算准确的前提下，如果贡献率差异因子处于一定阈值范围内，则可认定满足能力和效能结果一致性判据；如果解析结果与仿真结果的偏差超出一定阈值范围，则认定不满足一致性判据，需要进一步对解析模型进行因果追溯。

步骤7：通过分析因果追溯的结果，进一步校准体系贡献率解析计算模型，并进行演化迭代计算。如果结果收敛，则能根据体系能力模型和效能仿真结果综合计算体系贡献率的具体数值，并给出贡献率结果的因果诠释。

该方法以任务效能对使命能力的支撑关系为主线，初步建立了静态的全局能力评估与动态的局部效能评估之间的有机联系，并根据作战体系能力机理生成机制给出能力效能机理的一致性判据，从而得到具有可解释因果机理的体系贡献率评估数值。

18.3 体系优化关键技术

18.3.1 基于贡献率均衡的体系兵力编成设计方案优化

体系稳健性、抗毁性和适变性的重点在于体系能够有效应对内外部的变化。对于体系兵力编成方案而言，如果存在体系贡献率较高的兵力节点，则意味着该节点的失效将对体系的作战能效产生较大影响。因此，从体系全局出发，兵力节点体系贡献率的相对均衡是体系稳健性、抗毁性和适变性的基础。在对体系兵力编成设计方案进行评估和优化时，可以将作战兵力的体系贡献率分布作为一项重要指标。针对体系贡献率较高的节点，可以采取装备系统冗余备份、功能转移共享等方式进行优化。

18.3.2 基于任务链路动量的体系作战运用方案优化

从作战运用的角度来看，作战体系的基本组成单元是侦察-指挥控制-打击-评估任务链路（以下简称任务链路），具体包括目标探测、数据融合、态势评估、火力分配、武器交战和战果评估等典型过程。现代网络化作战体系的核心就是在任务链路思想的指导下，根据目标的需要建立一系列具体化的任务序列。例如，针对美国空军远程火力打击所建立的发现-锁定-跟踪-目标分配-交战-评估链路。

整个作战体系是由多个层次的任务链路所构成的体系网络，如图 18.7 所示。低层次的任务链路作为一个整体完成高层次的任务链路的某个作战功能，同级任务链路之间存在相互关联性，而体系动量就是所有任务链路动量之和。对于装备变化对体系的影响，可以采用体系动量的影响从作战能力和作战效能两方面进行静态和动态的度量。作战双方的对抗可以看成是双方任务链路之间的对抗，体系的制胜率取决于体系所包含的任务链路相对于敌方任务链路的制胜率。

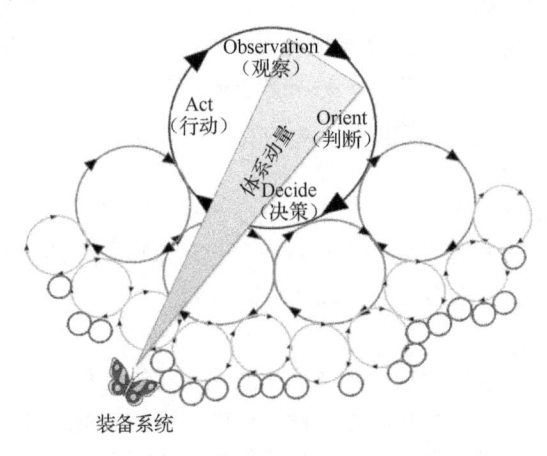

图 18.7 基于任务链路的作战体系网络模型

作战体系包括以下 3 种类型的任务链路：

（1）同单元（Intra-Unit）。兵力单元内部指挥控制活动链路（包括观察-判断-决策-行动，即 OODA 回路），单个兵力单元内部可同时完成多个任务。

（2）跨编组（Inter-Unit）。单一作战方多兵力单元之间协同形成的单任务链路，主要指保障、支援、机动、信息传输共享等仅有己方兵力参与的任务链路。

（3）跨编组、跨兵力方。针对敌方目标的杀伤任务链路，由双方兵力单元共同构成，一般包含侦察、指挥控制、打击、评估全要素。

1）基本兵力动量建模

以基本兵力单元为研究对象，与其动量相关的要素有：兵力单元所执行的作战任务、兵力单元的指挥控制和装备编成方案。由于兵力编成在动量建模中占据核心地位，可采取以编成为核心的体系能力模型，即以任务为牵引，以指挥控制和装备为落脚点，计算兵力针对当前所有任务的指挥控制活动链路动量及其装备动量。

基本兵力动量 P_{bf}（Basic Force Momentum）计算公式为：

$$P_{bf} = M_{bf} \times V_{bf}$$
$$M_{bf} = \min\{D_{bf}, E_{bf}\}$$

$$|V_{bf}| = 1/T_{OODA}$$

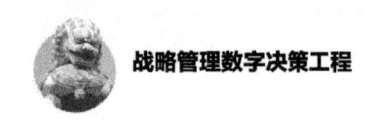

式中，M_{bf}是针对当前兵力任务（作战目标）的有效作用距离、可用武器（能量当量）等；V_{bf}是当前指挥控制周期、任务空间方向（划分为侦察、指挥控制、打击、评估等作战功能维度，按照作战要素动量进行加权计算）；D_{bf}是兵力最大探测距离；E_{bf}是兵力最大打击距离；T_{OODA}是兵力指挥控制活动周期时间。

2）基本任务动量建模

对作战任务网络中的基本任务（最底层不能再分解的任务）的动量进行建模，采取以任务为核心的体系能力模型。基本任务动量 P_{bt} 计算公式为

$$P_{bt} = M_{bt} \times V_{bt}$$

式中，M_{bt}是与当前任务相关的兵力、指挥控制、装备实时性能；V_{bt}是当前任务的完成速度和任务空间方向。

3）聚合兵力动量建模

由多个基本兵力单元组成的聚合兵力，其动量采取 $P=M\times v$ 进行计算，但是质量和速度的概念内涵有变化。其中，质量 M 是指针对当前任务（目标）的下属兵力的综合有效探测距离、武器数量和杀伤能力；速度 v 是指当前聚合兵力的指挥控制节奏、任务协同性，它与下属兵力的指挥控制节奏和协同相关。

4）任务链路动量建模

由多个任务组成的任务链路，其动量采取 $P=M\times v$ 进行计算，但是质量和速度的概念内涵有变化。其中，质量 M 指链路内各个任务节点动量所包含的兵力、装备质量之和；速度 v 指任务链路的时间（作战节奏）和任务空间方向。

5）体系动量模型

体系整体动量由两个部分组成：①体系下属兵力动量之和，兵力动量给出了己方的实时作战能力发挥情况；②体系所有任务线程所包含的任务链路动量之和，任务动量给出了体系作战目标的实时完成度。上述两部分对体系当前的能力态势和目标完成情况进行整体刻画。

6）基于体系动量的作战态势分析与管控

通过对敌方动量进行建模分析，尤其是敌方对己方目标的杀伤链路分析，以及敌我双方链路动量环之间的对抗分析，把握敌我双方的质量和动力变化趋势（毁伤情况）；通过在线任务规划、装备配系重构、指挥控制柔性变化、兵力自适应编成等手段调整冲量，形成对抗条件下的动量优势，并在合适时机完成动能杀伤，将优势转化为胜果，以达到预期作战效能。

18.3.3 基于智联网快速原型的兵力超网络认知计算实验优化

根据认知计算优化理论，采取解析分析-仿真实验-认知优化的基本思路，综合运用深度学习等智能算法，对体系多领域协同优化设计方案进行基于认知计算的持续迭代优化。首先，建立超网络模型，对体系方案进行解析分析；其次，建立仿真模型，对体系对抗行为进行动态分析；最后，根据分析结果和实验结果解算体系指标，充分利用专家知识和机器智能，挖掘结果数据中与体系动量等体系动力学因果知识，对体系动量模型进行修改完善，并以此为基础确定架构优化方向，进行架构优化。

（1）超网络建模。首先建立包括任务网络、装备网络、指控（指挥控制）网络 3 个子网络的作战网络，它是一个在结构上基于 OODA 模体（作战任务回路、装备功能回路、指挥控制活动回路）、在交互关系上基于任务能力包模体的超网络。该网络静态上包括子网络内部的交互关系，和网络之间的交互关系（相较于网络内部关系是一种异质的交互关系），核心是在组织指挥控制关系的约束下，根据体系使命线程建立任务网络及其对应的装备节点。超网络建模的关键是如何在 3 个子网络的基础上，围绕体系使命线程生成对抗条件下的动态杀伤链网络。

（2）超网络解析分析。根据配系优化的目标对超网络进行假设和简化，将配系超网络抽象为一个基于 OODA 的分型超网络，并采用深度学习智能优化算法进行解析计算与优化。主要包括针对多个并发杀伤链的任务分析（任务效能、任务并发性）、资源分析（如冗余性）、组织分析（负载均衡），以及基于超网络指标（模体熵、体系动量）的方案整体分析与优化。

（3）超网络仿真实验。根据解析分析的结果确定优化方向和重点，选定典型的作战想定进行仿真实验，将分析因素作为实验因子，重点对装备配系网络的决策因子进行仿真实验，将任务和组织指挥控制作为约束。仿真实验主要研究如何围绕体系使命线程在对抗条件下随着时间基的推进生成动态杀伤链网络，并采集相关的实验数据。

（4）超网络认知计算。将体系的解析模型给出的顶层核心指标和机理作为解析分析和仿真实验的结果一致性判据。对仿真实验数据进行分析处理，计算作战网络的相关指标，并与解析分析结果进行对比和一致性判定，通过对比结果验证、调整和优化体系超网络解析模型的相关参数，并进行新一轮的解析分析-仿真实验迭代优化。

18.3.4 基于 NSGA-III 的体系架构方案演化仿真优化

行动计划虽然受到时序逻辑的约束，但是执行顺序的方案空间依然是巨大的。基于多目标优化方法，选取 Pareto 前沿解是可行的方法。为了提高演化算法的效率和质量，人们试图将各种方法和数据结构与演化算法进行结合。这类算法在实践中是非常成功的，并且成为一个颇具潜力、快速发展的研究领域。以生成作战行动计划为目标的优化是通过作战活动序列来完成的，它直接采用作战活动序列的形式对染色体进行编码。因此，为了保证由遗传操作所产生的后代又不会破坏时序逻辑的约束，需要对交叉和变异方式进行规范。为了降低传统交叉算子的破坏性，有文献提出将生命科学中的免疫学原理与遗传算法结合起来，基于免疫算子（利用领域知识）对交叉、变异结果进行修复、改进，以便整体提高算法的性能。借鉴免疫算子的思路，在交叉和变异过程中，将时序逻辑约束看成是免疫疫苗，通过对产生的子代进行选择，得到满足约束的后代。

NSGA-III（第 3 代非支配遗传算法）与 NSGA-II（第 2 代非支配遗传算法）的算法框架大致相同，也是由种群初始化、参考点生成等组成的。染色体的编码方式受到任务图的任务优化执行顺序约束，为了将 NSGA-III 应用于问题的求解，需要在算法中使用定制的遗传算子，使自变量在遗传变化中保持任务之间的相对逻辑顺序。改进的 NSGA-III 的流程如图 18.8 所示。

借鉴上述遗传的自适应算子的思路，对 NSGA-III 的交叉和变异概率做出调整，并根据定制的编码方式，确定合理的交叉和变异规则。

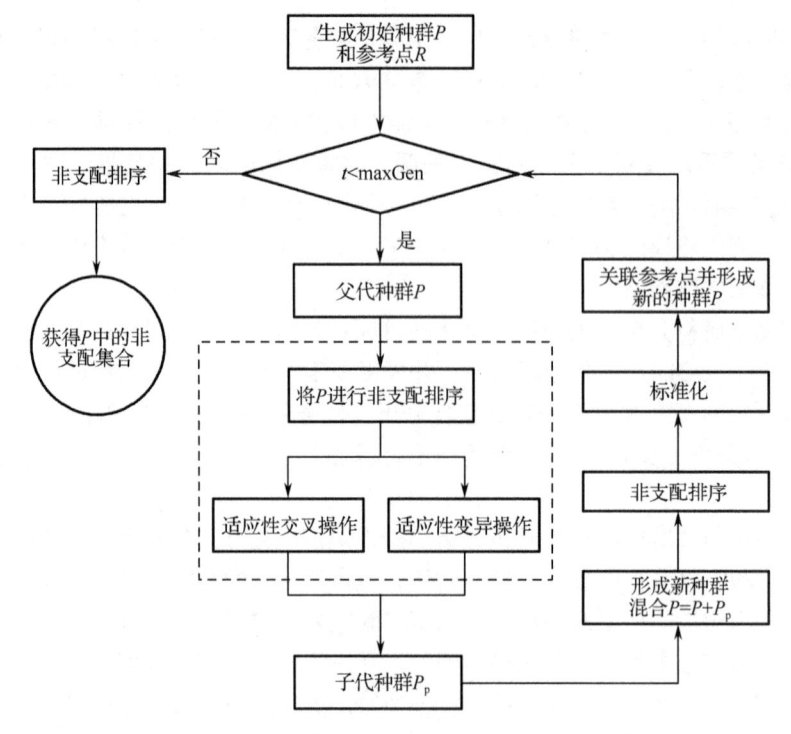

```
                    ┌─────────────┐
                    │ 生成初始种群P │
                    │  和参考点R   │
                    └──────┬──────┘
                           ↓
    ┌─────────┐   否   ╱╲
    │非支配排序│ ←─── ╱  ╲  ─────────────┐
    └────┬────┘     ╲t<maxGen╱           │
         ↓           ╲      ╱            │
    ╱─────────╲       ╲是 ╱         ┌─────────────┐
   ╱ 获得P中的非╲       ↓           │关联参考点并形成│
   ╲  支配集合  ╱   ┌───────┐        │  新的种群P   │
    ╲─────────╱    │父代种群P│       └──────┬──────┘
                   └───┬───┘                ↑
              ┌────────┼─────────────┐  ┌───────┐
              │        ↓             │  │ 标准化 │
              │  ┌─────────────┐     │  └───┬───┘
              │  │将P进行非支配排序│   │      ↑
              │  └──────┬──────┘    │  ┌───────┐
              │    ┌────┴────┐      │  │非支配排序│
              │    ↓         ↓      │  └───┬───┘
              │┌────────┐┌────────┐ │      ↑
              ││适应性交叉││适应性变异││    ┌───────────┐
              ││  操作  ││  操作  ││    │  形成新种群   │
              │└────┬───┘└───┬────┘│    │混合P=P+Pp   │
              └─────┼────────┼─────┘    └──────┬───────┘
                    └────┬───┘                 ↑
                         ↓                     │
                   ┌──────────┐                │
                   │子代种群Pp │ ───────────────┘
                   └──────────┘
```

图 18.8 改进的 NSGA-III 的流程

改进的 NSGA-III 的伪代码如下：

1: Best $F \leftarrow \phi$：将非支配解集赋空

2: $l=1$：初始化非支配层级

3: $P \leftarrow$ generatepopulation(N)：生成规模为 N 的种群 P

4: $R \leftarrow$ generatereferencepoints(M,p)：生成参考点 R，其中 M 为目标的数量，p 为每个目标上的划分数量

5: for $t \leftarrow 1$ to maxGen：t 取值范围为 1 到种群演化次数最大值

6: F_P $\leftarrow$ objectiveFunction(P)：计算种群的目标函数值

7: ($P1,P2$) $\leftarrow$ Non-dominated sorting(P)：对 P 进行非支配层级分配，$P1$ 为 1 到 $l-1$ 层的集合，$P2$ 为 l 层的集合

8: Oc $\leftarrow$ Adaptive Crossover(P,pc)：进行适应性交叉操作

9: Fc $\leftarrow$ objectiveFunction(Oc)：计算交叉后子代种群的目标函数

10: Om $\leftarrow$ Adaptive Mutate(P,pm)：进行适应性变异操作

11: Fm $\leftarrow$ objectiveFunction(Om)：计算变异后子代种群的目标函数

12: (Joint P,Joint F) $\leftarrow$ multisetUnion(P,Oc,Om,F_c,F_m)：混合种群

13: ($P1,l,P2,K$) $\leftarrow$ nondominatedsorting(Joint P,Joint F)：非支配分类

14: P2N $\leftarrow$ normalization($P1,P2$)：将种群归一化

15: $P \leftarrow$ Association and selection(P2N,K,R)：将混合种群进行非支配排序，挑选 l 层上的种群进入下一代

16: end

17: Best $F \leftarrow$ nondominatedsorting(P)：对最后一代进行非支配排序，找出非支配解集

参考文献

[1] 王梦，杨松，李小波，等. 基于可执行架构的杀伤链设计与分析优化方法[J]，系统仿真技术，2021, 17(3): 169-174.

[2] 李小波，林木，束哲，等. 体系贡献率能效综合评估方法[J]. 系统仿真学报，2018, 30(12): 4520-4528, 4535.

[3] 李小波，王梦，杨松，等. 体系任务链路动量获取方法、装置和计算机设备：2021106905996[P]. 2021-06-22.

[4] 李小波，王维平，林木，等. 体系贡献率评估的研究框架、进展与重点方向[J]. 系统工程理论与实践，2019, 39(6): 1623-1634.

[5] 何华. 作战行动计划网络化建模与优化方法研究[D]. 长沙：国防科技大学，2019.

[6] 林木，李小波，王彦锋，等. 基于QFD和组合赋权TOPSIS的体系贡献率能效评估[J]. 系统工程与电子技术，2019, 41(8): 1802-1809.

[7] 王维平，李小波，束哲，等. 基于认知计算的体系贡献率评估方法[C]//全军武器装备体系研究第九届学术研讨会. [S.l.:s.n.], 2015.

[8] 束哲. 体系架构超网络建模与优化方法研究[D]. 长沙：国防科技大学，2018.

[9] 黄炎焱，杨峰，王维平，等. 一种武器装备作战效能稳健评估方法研究[J]. 系统仿真学报，2007, 19(20): 4629-4633, 4656.

[10] 张世坤，操新文，申宏芬. 作战体系评估方法综述[J]. 指挥控制与仿真，2021, 43(6): 1-5.

[11] 罗小明，杨娟，何榕. 基于任务-能力-结构-演化的武器装备体系贡献度评估与示例分析[J]. 装备学院学报，2016, 27(3): 7-13.

[12] 吕惠文，张炜，吕耀平，等. 基于多视角的武器装备体系贡献率评估指标体系构建[J]. 装备学院学报，2017, 28(3): 62-66.

[13] 金丛镇. 基于MMF-OODA的海军装备体系贡献度评估方法研究[D]. 南京：南京理工大学，2017.

[14] 曹建军，马海洲，蒋德珑. 武器装备体系评估建模研究[J]. 系统仿真学报，2015, 27(1): 37-42.

[15] 商慧琳. 武器装备体系作战网络建模及能力评估方法研究[D]. 长沙：国防科技大学，2013.

[16] 蒋德珑，曹建军. 武器装备体系评估论证模型的构建研究[J]. 军事运筹与系统工程，2014, 28(1): 47-51.

[17] 闫雪飞，李新明，刘东. 武器装备体系评估技术与研究[J]. 火力与指挥控制，2016, 41(1): 7-10.

[18] 沈丙振，缪建明，李晓菲，等. 基于改进结构方程模型的陆军武器装备体系作战能力评估模型[J]. 兵工学报，2021, 42(11): 2503-2512.

[19] 杨克巍，杨志伟，谭跃进，等. 面向体系贡献率的装备体系评估方法研究综述[J]. 系统工程与电子技术，2019, 41(2): 311-321.

[20] TRAN H T, DOMERCANT J C, MAVRIS D N. Parametric design of resilient complex networked systems[J]. IEEE Systems Journal, 2019, 13(2): 1496-1504.

[21] UDAY P. System importance measures: A new approach to resilient systems-of-systems [D]. West Lafayette: Purdue University, 2015.

[22] 张峰. 基于指标体系关键要素灵敏度的装备能力智能评估研究[D]. 北京：中国科学院大学（中国科学院长春光学精密机械与物理研究所），2022.

[23] JIA N, YOU Y, LU Y, et al. Research on the search and rescue system-of-systems capability evaluation index system construction method based on weighted supernetwork[J]. IEEE Access, 2019, 7: 97401-97425.

[24] BILTGEN P T. A methodology for capability-based technology evaluation for systems-of-systems[D]. Atlanta：Georgia Institute of Technology, 2007.

[25] BILTGEN P T, MAVRIS D N. A methodology for technology evaluation and capability tradeoff for complex system architechtures [C]//25th Congress of the International Council of the Aeronautical Sciences. Atlanta: Georgia Institute of Technology, 2006.

[26] DRYER D A, BOCK T, BROSCHI M, et al. DoDAF limitations and enhancements for the Capability Test Methodology[C]//Proceedings of the 2007 spring simulation multiconference (SpringSim'07). [S.l.:s.n.], 2007: 170-176.

[27] 陈汗龙，董哲，邹加华，等. 装备体系贡献率评估方法及标准的探讨[J]. 标准科学，2021(11): 25-29.

[28] 李元锋，刘建平，石成英，等. 基于能力测试方法和探索回归分析的体系作战效能评估[J]. 系统工程与电子技术，2014, 36(7): 1339-1345.

[29] 石子烨. 面向优化设计的新型武器装备体系贡献度评估[J]. 中国电子科学研究院学报，2020, 15(10): 1002-1010.

[30] 吴溪，王铁虎，高振辉. 武器装备作战试验评估指标体系构建及优化方法[J]. 火力与指挥控制，2020, 45(3): 75-80, 85.

[31] 张小可. 基于作战环的武器装备体系发展建模与优化方法研究[D]. 长沙：国防科技大学，2016.

[32] 叶国青，姜江，陈森，等. 武器装备体系设计问题求解框架与优化方法[J]. 系统工程与电子技术，2012, 34(11): 2256-2263.

第3篇
战略管理数字决策工程支撑技术

第 19 章

语义增强架构建模技术

> 国防能力组合管理不仅需要采用基于模型的系统工程（MBSE）和企业架构（EA）的方法进行管理，还需要一种能够有效利用多领域非结构化数据和信息，以智能手段辅助 MBSE 和 EA 实现及运用的方法。目前，语义化架构技术已拥有更多、更为先进的辅助手段，使利用语义技术增强 MBSE 的建模工作成为可能，并且有望成为未来架构建模技术发展的一个重要方向。

19.1 语义增强架构建模技术概述

国防领域建设具有资源投入大、参与主体多、技术体系复杂等特点，传统的基于能力的规划过程通常会遇到以下问题：①基于文档进行能力规划和设计，容易产生二义性，导致规划信息在组织内部难以共享；②能力规划阶段和能力开发阶段割裂，导致预期建设效果难以有效预测和控制；③由于能力增量之间存在较强的依赖性，导致规划方案可能存在系统性、结构性缺陷；④如果在能力开发后期发现能力规划方案缺陷，则会使补救成本高昂。随着信息技术飞速发展，基于模型的系统工程（Model Based System Engineering，MBSE）方法应运而生。利用该种方法，能够在能力规划的早期阶段就通过模型定义需求和功能、设计系统架构及进行相应的验证工作，从而可以大大减少能力规划的不确定性，使得国防投资预算与国防领域建设战略规划目标有效契合。

作为一种系统工程方法，MBSE 方法最初的应用范围主要围绕系统层面。随着实践对象复杂程度的不断增加，传统系统工程不断得到发展，相继出现了体系工程、企业系统工程等概念。特别对于国防能力组合管理，采用企业系统工程（Enterprise System Engineering，ESE）的方法更为合适。本章参考文献[1]通过对比企业系统工程和传统系统工程的区别，将企业系统工程所采取的方法比作园丁打理花园，而非钟表匠制作钟表。例如，园丁在打理花园时会采取以下步骤：利用土壤、气候和种子中的可用资源，计划收获的农作物，并为其布局和时间安排制定框架；规划并实施相应的策略，使工具和技术能够适应当地环境；配合花园的发展和环境变化采取施肥、浇水、除草等操作。与之相比，钟表匠则有着明确的要求：采购全部材料，完成重复的钟表组装。上述示例通过园丁和钟表匠的形象很好地解释了企业系统工程和传统系统工程在研究对象和方法论上的区别。企业架构（Enterprise Architecture，EA）可以看成是 MBSE 在企业系统工程中的拓展，它被用来表示企业级的愿景、战略和实施，能

够为整个企业带来一致的视角，从而促进开发人员和管理人员的自同步。

虽然 MBSE 和 EA 促进了能力规划管理相关知识的共享和重用，但当前的能力组合管理过程仍然存在大量的文档密集型管理工作。事实上，对于像美国国防部这样一个庞大的组织来说，能够通过模型进行管理的知识是非常有限的，大量的知识和信息仍然存在于各自独立分散的文档中，这使得决策者在做出决策时仍然无法摆脱认知上的不确定性，即所谓的"认知迷雾"。随着知识图谱技术和自然语言处理领域相关研究的飞速发展，语义化架构技术有了更多、更为先进的辅助手段，使得利用语义技术增强 MBSE 的建模工作成为可能，并且有望成为未来架构建模技术发展的一个重要方向。

本章剩余部分组织如下：首先对国防建设规划领域的知识结构进行分析，然后对几种架构建模语言所提供的知识结构模式进行简要介绍，最后介绍美国国防部与麻省理工学院的一项合作研究，该项研究对语义架构技术平台的可能应用进行了探索，为国防能力组合管理提供了一种新的问题求解思路。

19.2 国防建设规划领域知识结构分析

国防建设规划领域的语义架构的主要用途是解决该领域项目投资规划的知识管理问题。项目投资规划是实现战略规划目标的主要手段和措施，但一个战略规划是否成功的关键取决于项目投资规划与战略规划目标的匹配性和一致性，因此，建立一种能够分析投资项目建设与顶层战略规划关联关系的系统化概念框架是非常重要的。这里提出"目标-能力-体系-项目"的价值链条概念框架，围绕这一框架，从系统的角度对国防建设规划领域知识构成，以及各领域层次知识之间的关系进行分析，是进一步建立国防建设规划领域语义架构的前提和基础。表 19.1 中列出了四维领域知识结构的知识内涵、形式描述、测度方法、状态描述及相关的知识本体内容。

表 19.1 目标能力价值链领域知识结构需求

	目 标	能 力	体 系	项 目
知识内涵	推动建立战略发展目标的因素 战略规划的能力要素 因素和能力要素的关联	使用体系达成某项核心能力所要求的预期效果的程度	一组通过构建杀伤链达成预期效果的项目投资选项的集合	具有成本、周期、收益和风险属性的投资项目
形式描述	战略目标分解矩阵 战略地图 业务动机模型 …	核心能力杀伤链	由能力和能力聚合基元构成的交换矩阵	以能力聚合基元进行聚类所得到的规建项目位置图谱
测度方法	力量对比记分卡 平衡记分卡 …	核心能力	战力生成基元就绪度（不含兵力结构）	位置测度 投资效益测度 风险测度
状态描述	战略布局 战略阶段 发展路线图 …	AoA 案例 SCMILE 案例 任务工程案例	OSM 案例	投资分析案例——拟线性方程

续表

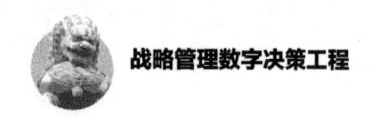

目标		能力	体系	项目
知识本体内容	战略构想 总体目标 阶段目标 战略手段 使命任务 …	JCA 功能 服务 …	JMT 通用任务清单 通用联合任务清单 杀伤链 …	项目群 项目

基于"目标-能力-体系-项目"的价值链条概念框架，围绕国防建设规划领域知识的 3 个层次对领域知识结构需求进行分析，这 3 个层次分别是目标规划层次、能力规划层次和使能体系层次。

19.2.1　目标规划层次知识结构

在目标规划层次方面，知识结构将围绕"目标-能力"的关联映射展开，形成能力到目标的价值链条，重点是建立能力规划与顶层战略规划的关联。能力规划与战略规划息息相关，战略规划的决策指导了能力建设的方向和规模，并为能力建设的绩效评估提供了重要的参考依据，它是项目建设的总要求和总目标。在目标能力价值链中，不同的建设领域拥有自身独有的领域建设问题和战略方向，不同的战略方向又包含不同的建设目标，并且在不同时期，同一建设领域又会根据内部的和外部的形势变化产生不同的发展诉求。"目标"层次的知识结构应能清晰地实现对上述各类问题的语义表达，具体来说，它包含以下 3 方面的内涵：

（1）确定推动建立战略发展目标的因素。
（2）确定并定义战略规划的能力要素。
（3）说明这些因素和能力要素如何关联。

建立上述各项内涵的知识结构，首先是对战略规划中的各种关键概念进行梳理，因此，有必要对战略规划的定义和内涵进行阐述和分析。战略规划是将战略决策的内容具体化为战略行动的统筹安排，它不仅是连接战略决策与战略实施的纽带，也是战略指导的重要环节。战略规划既是一个过程，也是一个指导行动的文本。战略规划的主要内容包括形势研判、指导思想、目标任务、总体布局、资源保障、关键步骤和落实举措，这些内容通常也是战略规划作为一个纲领性文件所描述的内容。为了能够直观地分析和建立"目标"层次知识结构，下面结合具体的战略规划实例进行分析。

这里以美国国防部数字现代化战略规划为例进行分析和说明。2019 年，美国国防部发布《国防部数字现代化战略》（以下简称《数字现代化战略》），该文件同时也是《2019—2023 财年国防部信息资源管理战略计划》。作为指导美国国防部多个部门协调工作的一份顶层规划文件，《数字现代化战略》拥有十分清晰的逻辑结构，其主体部分阐述了美国国防部未来数字化环境的战略目的、阶段目标和战略途径。该战略规划主要由国防部首席信息官牵头制定，由于美国国防部首席信息官主要负责与国防部信息企业（IE）相关的所有事项，并且美国国防部的整个信息企业都在向联合信息环境（JIE）转型，因此，该战略规划中所阐述的绝大部分工作都属于 JIE 转型的范畴。

考虑到国防领域建设目标的复杂性,在目标规划层次需要建立宏观目标和微观目标的两层语义表达。在对象管理组织于 2005 年发布的"业务动机模型"(Business Motivation Model,BMM)中,宏观目标和微观目标分别通过愿景和期望结果来表示,期望结果又分为总体目标和阶段目标。战略构想,或称为愿景,是对组织想要的整体形象或发展状态的宏观描述。可以将愿景理解为一种经过提炼和总结的总体目标。战略目的——战略目标和阶段目标是战略行动所要达到的预期结果,也是组织对未来发展状态的一种定义,目标可以是改变当前的某种状态,也可以是保持当前相对于竞争对手的优势地位。战略目的更加具体,能够提供对目标的微观描述。发展方向通常是长期的、定性的,它应该足够具体,以便为其定义发展目标。发展目标是朝着发展方向前进的一步,它必须有一个结束日期,并判断是否已经达到的标准。发展目标为衡量是否在实现发展方向方面取得进展提供了量化的基础。目标的表达形式通常是文本化的,也可以通过图形化的方式进行展现。

例如,《数字现代化战略》提出的总体目标是在新兴数字化作战环境中保持、扩大军事优势。具体来说,这就要求联合作战力量必须具有适应性、创新性,并能够无缝地将其能力应用于多个地区和所有领域,它也是《数字现代化战略》规划的总体出发点。《数字现代化战略》提出为了确保在持续的网络安全威胁下可靠地执行任务,敏捷、弹性、透明、无缝和安全的信息技术基础设施和服务至关重要,进而构成其基本战略目标。

战略目标知识结构的定义中并没有说明战略目标将如何实现,因此,还需要建立关于如何实现战略目标的战略手段(Means),以及度量目标所达成的标准,一般用能力表示。战略手段是为达成战略目的而使用的具体方法和措施。战略能力是运用战略资源和手段实现战略目的的能力,其核心是军事能力。手段是关于一个组织为了成为理想的样子而决定做什么,它是一些"可以被调用、激活或强制实现目的的装置、能力、制度、技术、限制、代理、工具或方法",包括使命、行动过程和指令。

使命表示企业正在进行的业务活动。其定义应足够宽泛,以涵盖所有战略和整个业务领域。企业可以使用商业动机模型,无须明确定义使命。

行动方案是企业决定要做的事情。行动方针不只是企业可以利用的资源、技能或能力,还是一种配置企业某方面(事物、流程、位置、人员、时间)的方式,以将努力引向期望的结果——企业决定使用其资源、技能和能力的最佳方式的结果。行动方针定义了必须做什么,而不是要做得多好。行动方案支持的目标中定义了绩效衡量标准。在商业动机模型中,行动过程分为战略和战术。每项战略都是由战术实施的,战术通常期限较短、范围较窄。一项策略可能有助于实施多项战略。行动方针和预期结果之间其实是一致的。一般来说,选择战略是为了使企业朝着目标前进,选择战术是为了确保企业达到目标。

19.2.2 能力规划层次知识结构

军事能力建设是国家安全战略规划的重要内容,也是实现国防战略目标的集中表现形式。例如,2018 年版的《国家安全战略报告》明确了总的战略目标是建立一支更具杀伤力的联合部队,使其对任何可能的冲突都具有决定性的优势,并在所有冲突中都保持竞争优势,以支持战略目标的达成,为此定义了包括核力量、空间赛博领域、C4ISR、导弹防御、联合作战在内的 8 项关键能力。关于能力(Capability),其在美军参联会联合出版物 JP1-02 中的定义是"执行一项指定行动的能力(Ability)";而在美国国防部 CJCSI 3170.01G 指令中的定义则是"在指定的标准和条件下,通过多种方法和手段的组合来执行一系列任务以完成指定的作战行动,从而达到某种预期效果的能力(Ability)"。简单来说,能力定义了实现国家战略目标所需达到的具体目标,是对国家战略目标的进一步细化和具化。美军按作战能力领域,定义了联合能力领域(Joint Capability Area, JCA),用于对军种需求论证工作实行集中统一管理,包括能力评估、战略制定、投资决策、能力组合管理、基于能力的部队建设和作战规划。联合能力领域包括一级能力和二级能力两个层级。根据能力属性,一级能力需求包括9个领域,分别是军事力量保障、战场空间感知、军事力量运用、后勤、指挥与控制、网络中心战、防护、共建伙伴关系和综合管理与保障。将9个宏观层面的能力进一步细分,可以得到二级能力需求,用于指导各军种装备的平衡发展。明确的能力需求促进了各军种联合作战能力的生成,有效避免了军种各自为战、重复建设所导致的能力冗余和经费浪费问题。

19.2.3 使能体系层次知识结构

体系在目标能力价值链中占据非常重要的地位,也是国防建设领域明显区别于国民经济和社会领域的显著特征之一。对于现代军事对抗,尤其是大国之间的军事对抗,体系建设水平显得尤为重要。任何军事力量都必须纳入一个完整的体系进行运用,同时体系的运行也依赖于体系内部各个环节的正常运转,体系建设水平越高,越能发挥出"整体大于局部之和"的体系涌现效应。一个完整的体系通常包括战场感知、兵力运用、指挥控制、基础设施和后勤保障等方面,每一方面都是构成一个完整体系所不能缺失的要素,这里将其称为能力聚合单元。由于能力聚合单元可以通过不同的规建项目来实现,故而存在一个项目组成体系的组合和优化问题,即在体系这一层级,主要进行投资组合的分析和优化;而在体系的下一级,即项目层级,则要对成本、性能和风险进行分析和考虑;在体系的上一级,即目标能力层级,将通过一个交换矩阵匹配体系、能力和目标,在特定的战略目标下,考虑应具备什么样的能力,并分析体系备选方案在特定的威胁和条件下,是否能够满足这一能力需求。评估的指标可以采用有效性或战略目标吻合度和能力需求满足度。能力聚合单元是衔接整个目标能力价值链的重要一环,由于国防建设领域的特殊性,体系具有一些独有的特点,因而需要详细解释体系的定义。

在过去的十年中,针对体系的系统工程已成为全球国防热点。大多数军事任务都依赖于系统集成作为体系有效的协同工作来提供所需的用户能力。尽管国防采办通常以单独的系统进行,但想有效发挥作用,仍需要对其进行工程设计,使其成为大型体系的一部分来部署。在许多情况下,系统最初不是为特定的体系所设计的,而是可能支持多个体系完成多种任务,并且由具有各自目标的组织拥有和运营。《美国国防采购指南》对体系的定义如下:在将独立且有用的系统集成到提供独特功能的较大系统的过程中所产生的系统集合或布置"。体系工程是"计划、分析、组织和集成现有系统和新系统的功能,以使系统组成的能力大于各组成部分之和的过程"。

考虑到体系的重要性,将国防投资项目按照其所提供的服务类型纳入体系中并进行位置匹配。体系和项目具有关联性,并且其关联关系的复杂性随着研究范围的扩大将呈指数规模不断增加。具体来说,当提出投资项目时,项目建设目标往往聚焦于某一特定领域,但在项目实际应用过程中,其所产生的作用和效益又不局限于某一特定的应用领域。因此,如果不能在项目规划早期就建立国防建设领域投资项目的总体视图,则会在预算投向投量

上难以做出科学判断和决策，导致国家资产的重复投入和资源浪费。

因此，弄清建设项目与能力需求之间的依赖关系，建立建设项目规划与军事能力的关联关系，是体系-项目层需要重点研究解决的问题。对此，Donald Lowe 等提出的 SCMILE 服务框架（SCMILE Service Frameworks，SSF）是一种有效的建模和分析军事能力系统之间关系的方法。SCMILE 通过服务交换模型分析实体之间的交互关系，即将实体之间的交互关系描述为服务。服务是两个实体之间的关系，其中一个实体称为提供者，另一个实体称为消费者，服务则由提供者创建及提供，并由消费者使用。根据军事领域的问题特点，SSF 将服务分为六大类：传感、命令和控制、物理移动性、信息移动性、后勤和支持、交战。将项目之间的依赖关系用服务来描述具有以下优点：

（1）明确了项目之间的关系。

（2）将重点从具体建设内容和资产上移开。

（3）可以将项目建设与能力需求联系起来。

（4）可以通过重新安排项目对能力需求进行解构，并用不同的（预期更好的）实现方式来重构它。

研究表明，SSF 具有很好的通用性，经过扩展可以应用于非军事领域。此外，使用 SSF 的好处还在于它的可伸缩性和分形性，能够实现类似于数据管理中的"上卷"和"下钻"操作。这种特性有助于对投资项目的位置测度进行不同粒度的匹配，可以较为容易地建立项目-项目群、系统-子体系-体系的服务支持框架。

19.3 基于架构的领域知识结构模式分析

企业架构（Enterprise Architecture，EA）定义了构成企业这一系统的关键组件及其关系，以及指导企业设计和随时间演化的原则与指南。其中，"企业"不仅指经济生活中狭义的工商企业，也是一个广义的"企业"，泛指一切组织，如政府、军队及社团团体等。

企业架构有两类典型的服务场景：①国防单位、机构的信息化规划。主要基于顶层架构方法论，为国防单位、机构等组织开展信息化体系规划，通常以业务架构和信息化战略作为顶层输入，分析企业的信息化现状，并设计目标信息化架构及其演进路线。②战法和装备体系的论证和设计。主要基于 DoDAF 方法，针对作战场景开展作战场景分析和装备体系的论证、设计与建模。

元模型（Metamodel）是基于特定语言的某种应用模型表达空间的陈述集，即模型的模型。它是指导企业如何建立模型、模型的语义或模型之间如何集成和互操作等信息的描述，可以将元模型理解为对应用模型元素的定义和表述。在企业架构工作时，需要元模型对企业建模进行指导和规范，以使其内部各子系统能够在整个企业范围内保证一致性。

19.3.1 TOGAF 的知识结构

TOGAF 是一个面向通用体系的架构框架，它能够支持与其他企业架构相融合。TOGAF 具有通用的特点，可以满足不同行业、不同层次的需求。此外，它还具有很大的灵活性，不仅可以满足抽象框架的具体要求，还能满足详细框架的要求，并且可以进行动态剪裁。

TOGAF 将企业架构分为业务架构（Business Architecture）、数据架构（Data Architecture）、应用架构（Application Architecture）、技术架构（Technology Architecture）4

个相互关联的架构域。其中，企业的数据架构和应用架构共同组成企业的信息架构（Information Architecture）。业务架构主要描述了企业的业务战略、内部管理模式、组织结构框架，并梳理了企业的关键业务流程，能够保证企业的业务设计保持战略竞争优势，并通过企业的信息架构和技术架构来实现。数据架构主要描述了企业所拥有的数据结构，包括逻辑数据和物理数据，以及相关的数据管理资源，并通过企业业务架构抽取企业的数据标准、数据元素，建立数据模型，从而构建统一的企业数据运行环境，为企业应用架构提供统一的数据平台。应用架构主要描述了部署在统一数据平台上各个彼此独立的应用系统，以及它们与核心业务流程之间的作用和关系，其目标主要是实现各个业务流程的信息化和自动化，并将各个应用系统集成到统一的架构中。技术架构是实现企业架构的底层基础结构，它通过软件平台技术、硬件技术、网络技术、信息安全技术间的相互作用支撑企业各个应用系统的正常运转，为上层的业务架构、数据架构、应用架构提供技术支持。

ArchiMate 最初是由信息技术领域中的荷兰研究组织 Telematica Institute 组建的开发团队所制定的。2008 年，由于 ArchiMate 的主导权发生转移，它成为全面支撑 TOGAF 开发的一项技术标准。ArchiMate 是一种集成多种架构的可视化业务分析模型语言，它通过图 19.1 所示的业务、应用和技术 3 个层次（Layer），以及对象、行为和主体 3 方面（Aspect）和产品、组织、流程、信息、数据、应用、技术领域进行描述。

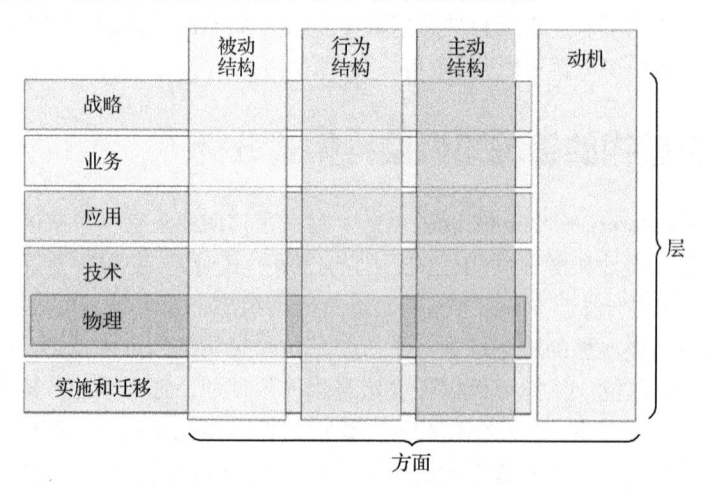

图 19.1 ArchiMate 的知识维度

内容元模型提供了架构中可能存在的所有类型的构建块的定义，并展示了如何描述这些构建块及其之间的关系。例如，在创建架构时，架构师将识别应用程序、应用程序中的"数据实体"，以及实现这些应用程序的技术。这些应用程序反过来将支持特定的业务用户或参与者群体，并用于实现"业务服务"。内容元模型使用 TOGAF 中定义的术语作为正式元模型的基础，包括核心术语及相关概念，具体见表 19.2。

表 19.2 TOGAF 的核心术语

核心术语		核心术语含义
参与者	Actor	不在架构模型考虑范围内，但与之交互的个人、组织或系统
功能	Function	提供与组织紧密结合的业务能力，但不被组织明确管理

续表

核心术语		核心术语含义
应用组件	Application Component	一项应用的功能封装,与最终的实现保持结构一致
业务能力	Business Capability	企业可能拥有或交换以实现特定目的的特定能力业务
业务服务	Business Service	通过明确定义的接口支持业务能力,并由组织明确管理
行动方案	Course of Action	战略目标和目的所提供的方向和重点,通常是为了实现商业模式中的价值主张
数据实体	Data Entity	被业务领域专家视为离散概念的数据封装,数据实体可以与应用程序、存储库和服务进行绑定
信息系统服务	Information System Service	业务服务的自动化元素。信息系统服务可以交付或支持一个或多个业务服务的部分或全部
组织单元	Organization Unit	具有目标、目的和措施的独立的资源单位。组织单位可能包括外部各方和业务伙伴组织
角色	Role	承担者在执行任务中的角色
技术组件	Technology Component	代表一类技术产品或特定技术产品的技术基础设施的封装
技术服务	Technology Service	提供支持应用交付的支持性基础设施所需的技术能力

TOGAF 核心术语的一些关键关系概念描述如下:

(1)流程是功能和服务之间的交互流,不能物理部署。所有流程都应该描述一个功能的执行流程,因此流程的部署是由它所支持的功能来完成的,即应用实现具有一定流程的功能,而不是应用实现流程。

(2)功能描述了所有粒度级别的业务能力单元。术语"功能"用于描述所有粒度级别的业务能力单元,封装了诸如价值链、流程领域、能力、业务功能等术语。业务功能的任何有界单元都应该被描述为一个函数。

(3)业务服务支持组织目标,并在与所需治理级别一致的粒度级别进行定义。业务服务充当一个或多个功能的边界,其粒度取决于业务的重点和侧重点。面向服务架构(SOA)术语中的服务(应用功能的可部署单元)实际上更接近于应用服务、应用组件或技术组件,可能实现或支持业务服务。

(4)业务服务被部署到应用程序组件上。业务服务可以通过与信息技术无关的业务活动来实现,也可以通过信息技术来实现。应用程序组件可以分层分解,并可能支持一个或多个业务服务。一个业务服务可能由多个应用程序组件支持,但是从治理的角度来看,这是有问题的,并且是粒度过粗的业务服务或粒度过细的应用程序组件的症状。

(5)应用程序组件被部署到技术组件上。应用程序组件由一套技术组件实现。类似"人力资源系统"这样的应用程序通常会在几个技术组件上实现,包括硬件、应用服务器软件和应用服务。

19.3.2 DoDAF 的知识结构

DoDAF 2.0 的数据通过元模型进行规范和定义,称为数据元模型(DM2)。DM2 定义了体系结构数据元素,为体系结构描述内部或之间的语义(理解)一致性奠定了基础,使体系结构描述可以集成。目前,DM2 已经成熟,不仅可以满足流程主管、决策者、架构师和新技术发展中的数据需求，还能全面支持体系结构的数据需求，并以前后一致、可理解的方式发布，使体系结构数据更加容易地跨越组织机构边界进行检索、共享和复用。

DM2 包括 3 个层次，分别是概念数据模型（CDM）、逻辑数据模型（LDM）和物理交换模式（PES）。DoDAF 概念数据模型的核心术语见表 19.3。

表 19.3 DoDAF 概念数据模型的核心术语

核心术语		核心术语含义
活动	Activity	将输入（资源）转换为输出（资源）或改变其状态的工作，不限于单个组织机构、武器系统或个人
协议	Agreement	各方之间就术语和参与的活动条件所达成的一致意见
能力	Capability	在特定的执行标准和条件下，综合使用各种方法和手段进行一系列活动以实现期望效能的能力
条件	Condition	执行者完成任务所处的环境或态势
限定条件	Constrains	对一个对象进行限制的范畴
数据	Data	适合人或其他自动化手段进行沟通、解释或处理的正式的信息表述，如模型、包、实体、属性、等级、域值、枚举值、记录、表、行、列、单元格
期望效果	Desired Resource State	行动的结果或后果
指南	Guidance	权威说明，旨在指导行动的实施
信息	Information	信息是一种物化的以任何媒介或格式形式出现的有关事物的状态，可以进行交流或被接受
位置	Location	空间上的一个点或范围，既可以是物理上的，也可是逻辑上的
物资	Materiel	相关的装备、设备或补给，不考虑其管理运用或作战用途
度量	Measure	个体的某个属性的量值
组织机构	Organization	在现实世界中，为正在进行的目标专门组织的人和其他资源的集合
执行者	Performer	任何实体，包括人、自动化、人或自动化集合体，负责执行活动并提供能力
人员类别	Person role	根据人们承担的与体系结构相关的任务来界定人员的类别
项目	Project	在有限时间内采取行动，以创造资源或期望的效能
资源	Resource	产生或消耗的数据、信息、执行者、器材或人员类别
规则	Rule	管理行为的原则或条件，对行为或行动进行规范的指南
服务	Service	访问一种或多种能力的机制。这种访问是通过预先定义的接口来提供的，服务的实施应与服务描述所规定的限制条件和政策保持一致。机制本身就是一个执行者，获取的"能力"就是资源——信息、数据、器材、执行者和地缘政治范围
技能	Skill	把事情做好的能力，源于一个人的知识、实践、态度等
标准	Standard	正式的协议文件，用于证明一致接受的有关产品、流程、程序、政策、系统或人的规范或标准
系统	System	功能上、物理上或行为上相关的集合，通常是交互作用或相互依赖的要素

DM2 基于国际国防企业体系结构规范（IDEAS）建立，该规范是由国防部门和政府部门联合开发的正式本体基础。所有的 DoDAF 概念及概念关系都从中继承了若干严格定义的数学属性。基础元组（关系）类似于许多本体、概念方案和数据模型中的概念，常见的

关系模式如下。

（1）总分关系：一个服务或者系统的组成部分、数据的部分、物资的部分、活动的细分以及度量的要素等。

（2）超类与子类关系：一般化和特化。

（3）先后关系：两个个体类型之间的关联关系，表示一个类型所有个体的时间终点先于另一个类型所有个体的时间起点。

（4）重叠关系：四维共享范围。任何事物都有与其他事物共享的部分，特别是重叠，它是将一个持久的整体与其变化的部分联系在一起的关系。

19.3.3 FEAF 的知识结构

在联邦企业架构的建立方面，FEAF 首先是一种组织机制，用于管理企业架构描述的开发和维护；而在将企业架构付诸实施方面，FEAF 则提供了一种结构，用于组织联邦政府资源及描述和管理联邦企业架构的相关行为。联邦企业架构框架将企业架构的开发和维护过程以模型的形式进行表述，并将这一模型分为 8 个相互结合、互相作用的子部件。

（1）架构驱动力（Architecture Drivers）。架构驱动力是促使架构产生和演进的原动力，一般包含两种类型的源于外界并对企业架构的变革产生刺激的推动力：业务驱动力和设计驱动力。其中，业务驱动力包括新的法规、新的管理举措，用于加强重点领域的预算增加及市场力量等；设计驱动力则包括新的软件或硬件技术，以及新的针对软硬件系统的部署方式等。

（2）战略方向（Strategic Direction）。战略方向用于指导目标架构的开发，具体包括愿景、原则和目标。

（3）当前架构（Current Architecture）。当前架构通过描述企业架构的当前状态，展示企业当前的业务能力和技术能力。它包括企业当前的业务架构和设计架构（设计架构可以进一步分为应用、数据及技术等方面）两部分。

（4）目标架构（Target Architecture）。目标架构描述了企业架构将要达到的目标状态，展示了企业未来的业务和技术能力。它包括企业的目标业务架构和设计架构两部分。

（5）过渡过程（Transitional Process）。过渡过程用于支持从当前架构到目标架构的迁移。联邦政府的重要过渡过程包括资本的 IT 投资规划、迁移规划、配置管理及工程变更控制。

（6）架构片段（Architectural Segments）。整个企业架构被分为若干部分，每一部分对应一个架构片段。

（7）架构模型（Architectural Models）。架构模型定义了对各个架构片段进行描述的业务和设计模型。

（8）标准（Standards）。它代表架构开发和维护过程中所涉及的所有标准（有些可能是强制性的要求）、导则和最佳实践。

FEAF 包含一系列便于在联邦各机构中进行跨部门分析的参考模型，有助于在整个联邦政府范围内或在某个部门之中寻找重复的投资、识别差距和合作机会。这些参考模型形成了一套框架，有利于各部门使用一种通用且统一的方式对联邦企业架构的重要组成元素进行描述，从而实现在全联邦政府范围内改善针对信息技术资源的管理和利用。按照关注

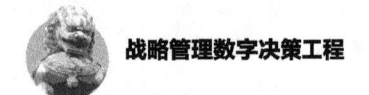

点的不同，FEAF 的参考模型序列包含以下 5 种参考模型：①性能参考模型（Performance Reference Model，PRM）；②业务参考模型（Business Reference Model，BRM）；③服务组件参考模型（Service Component Reference Model，SRM/CRM）；④技术参考模型（Technical Reference Model，TRM）；⑤数据参考模型（Data Reference Model，DRM）。

其中，数据参考模型的目标是通过标准的数据描述、通用数据的发现及统一的数据管理实践的推广，使联邦政府实现跨机构的信息共享和重用。数据参考模型的适用范围很广，既可以在一个机构内部使用，也可以在某个利益共同体内或不同利益共同体之间使用。为了实现这一目标，数据参考模型采用一种灵活且基于标准的方式对数据的描述、分类和共享进行定义，划分为以下 3 个标准领域：

（1）数据描述（Data Description），即提供对于数据的统一描述方法，以支持数据的发现和共享。

（2）数据背景（Data Context），即采用某种分类法对数据进行归类，以便发现数据。

（3）数据共享（Data Sharing），即支持数据的访问和交换。

19.4 语义架构图谱技术及其应用

国防建设规划领域一般是通过体系架构建模语言进行建模和描述的。例如，可以使用 DoDAF 来建模和描述一个体系内部的系统组成和结构，DoDAF 定义了严格的描述逻辑语义，可以在语义逻辑的基础上进行一定的推理。但是对于企业级的建模场景，以能力组合管理为例，严格的语义逻辑并没有为联合能力管理中固有的复杂性提供更多的帮助，因为在这种场景下，决策者面临的问题本身就是模糊且不确定的，需要一种更为灵活的、能够处理企业级建模场景和复杂问题的解决方案。

基于上述情况，美国国防部与麻省理工学院从 2014 年开始合作开展一项研究，旨在使用一种名为联合能力企业架构（JCEA）的框架来探索语义架构工程技术在能力需求组合管理和采办系统中提供决策支持的可行性，特别是针对国防领域项目中存在的协同作用、跨服务和平台的协作机会，以及关键的相互依赖性进行管理的问题。该项研究的重点是探索如何在联合能力集成与开发系统（JCIDS）所提供的文档数据的基础上，通过将系统工程技术，特别是企业战略分析和语义架构技术应用于 JCIDS 的过程中，以建立一个本体结构和知识库，从而能够帮助决策者管理联合能力管理中固有的复杂性。

本节主要介绍上文提及的框架——联合能力企业架构（JCEA），以及该架构技术的应用。首先介绍基于能力使命栅格（CML）本体的联合能力企业架构构建方法，该方法通过本体解决体系架构建模语言与知识图谱本体语言之间的衔接问题，并介绍基于 JCEL 的应用示例。

19.4.1 基于 CML 的语义企业架构

CML 是 JCIDS 中引入的一种用于描述"目标-手段-方法"的框架，它与联合使命线程（Joint Mission Thread，JMT）、系统架构、功能接口描述，以及集成试验与评估共同作为基于使命的系统工程方法的一种工程实现流程。在联合能力企业架构（JCEA）中，能力使命栅格作为一种结构被引入，以促进在识别、评估及验证能力需求和相关能力差距时必须考虑的诸多因素的整合。CML 结合了现有的 JCIDS 分类法，如 JCAs，并扩展到需求领

域的其他相关领域。

JCIDS 流程的主要目标是确保联合作战人员所需的能力可在一个透明的流程中得到识别、评估、验证和优先排序，从而做出平衡和知情的决策。JCIDS 包括两个主要阶段：文档构建和文档审查。在文档构建阶段，根据解决方案的成熟度，记录在以下某个能力文档中：

- 初始能力文档（ICD）——记录物资解决方案的需求。
- 能力开发文档（CDD）——规定系统的运行要求。
- 能力产品文档（CPD）——规定生产、测试和部署所需的信息。

上述能力文档会交由一个联合工作组进行处理，并提供给合适的职能能力委员会（FCB）进行审查，FCB 负责为最终审批机构——联合需求监督委员会（JROC）提供审查意见。在 JROC 批准后，相关的能力文档会退出 JCIDS 流程，并作为一个经过验证的、优先的联合需求，进入国防部采办流程。

JCEA 必须在联合需求进入采办流程之前，为能力需求组合管理和采办系统提供决策支持，因此，JCEA 须考虑能够处理上述 3 种处于不同阶段的能力文档所提供的数据。由于 CML 提供了需求领域的恰当描述，并记录了跨多个领域中影响元素的连接，故而被采纳为研究的初步框架，能力文档中的关键信息也被映射到 CML 中。

JCEA 为这些关键信息的采集定义了一个本体结构，包括信息的类、子类、插槽和实例。能力文档中的同类信息会被归为某一个"类"，根据信息的细节层次，还可能有"子类"。插槽描述了类和实例的属性，实例则是对基本数据来源的标注。JCEA 中的本例样例见表 19.4。

表 19.4 JCEA 中的本体样例

文　档	类	子　类	插　槽
联合未来战区升降机（JFTL）项目的初始能力文件（ICD）	能力解决方案	战略系统	海上基地
联合空对地导弹（JAGM）项目的能力开发文件（CDD）	通用联合任务	火力运用	海军突击支援
远程无人机（MQ 1C）项目的能力产品文件（CPD）	威胁环境	主动威胁	计算机网络攻击

JCEA 对能力文档中的数据定义了 15 个"类"，这些类又提供了跨文档的整体视图。以表 19.4 中的 3 个项目为例，构建一个初步的数据采集框架。

19.4.2 基于标准语义网技术构建语义数据湖

能力组合管理的重要作用之一是促进作战人员和采办部门之间的沟通,文档和 DoDAF 则是采办方和作战人员之间的交互媒介。所有文件都存放在知识管理/知识服务文件库中，但是这种知识管理/数据共享具有很大的局限性。一方面，知识管理/数据存储解决方案在本质上仍然是基于文档的，而不是由数据驱动的，如果一个文档涉及某个能力需求，则很难确定服务中具有类似能力的系统，或者其他相关能力；另一方面，数据的"语义"，即文档内容的含义也被锁定在文档内部。

为了解决上述问题，麻省理工学院开展了一项基于语义数据湖技术和 JCEA 对语义架构中的信息进行检索和关联的研究。在该项研究中，JCEA 被用作语义数据的模型，并作为语义数据湖的基础模板，文档中的数据被推送到这些模型中后，借助 SPARQL 查询语言对数据湖中的数据进行检索并返回其原始的文本形式。

1. 原型系统设计

该项研究采用标准语义网技术——OWL、RDF、SPARQL 设计了一个用于概念验证的语义技术平台原型系统，参照前文中的图 9.8。

首先，由 JCIDS 手册、DoDAF 和 JCEA 定义了该语义技术平台的本体，并作为语义技术平台的骨架，为非结构化的 RDF 数据存储提供结构；其次，使用 JCEA 中建立的本体概念数据槽提取能力文档中的数据，并将各种来源的数据加载到符合语义技术平台本体设计的规范形式的语义技术平台中，于是语义数据湖中便有了本体设计和相应的数据，这些数据通过 RDF 图的形式进行存储；最后，将采用 SPARQL 语言开发的查询语句输入语义技术平台，通过查询的数据来判断当前语义数据湖存在的信息能否为能力组合管理的决策提供帮助。

2. 语义数据湖的设计与构建

语义技术平台采用安索公司开发的一款数据湖系统——安索智能数据湖（Anzo Smart Data Lake），该平台的本体构建过程如图 19.2 所示，具体包括以下步骤：

（1）对提取的文档原始数据进行清洗，并将数据与本体的标题对齐，移除空白的数据以供进一步的预处理。

（2）通过安索智能数据湖将数据转换为 OWL 文件。安索智能数据湖提供了一个图形用户界面，有助于手工构建业务本体，可以加快大型本体的创建速度。

（3）将 OWL 文件导入安索智能数据湖中，并将本体存储在数据湖中。

（4）将每个本体对应的数据上传到安索智能数据湖中进行分析。

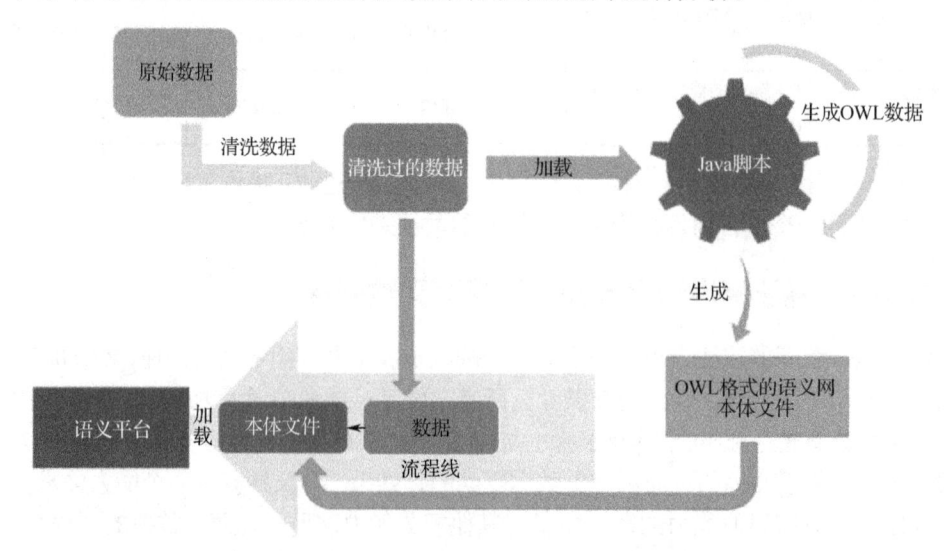

图 19.2　语义技术平台的本体构建过程

该语义技术平台提供了一种提取本体的实现机制：

（1）通过对隐含本体的 Excel 文档进行人工过滤，抽取本体结构。

（2）使用 JavaScript 应用程序按照规则对本体数据（类、属性、描述等）进行分类。

（3）将本体数据保存在一个过渡的 JSON 文件中，该文件定义了数据元素的名称和数据的类型（类或属性）。如果是一个类，则需要进一步定义其基类和描述，以及所具有的属性、属性的值域等。

（4）语义技术平台将 JSON 文件转换为 OWL 文件。在转换过程中，内在关系被注入 OWL 转换中，具体包括本体的关系，如类的层次结构、域、范围和属性的特征，如图 19.3 所示。

图 19.3 OWL 格式的本体表示

映射到语义技术平台中的本体文件承载了可以上传的 RDF 数据的结构，如图 19.4 所示的本体类的一个片段，其层次映射到安索语义数据湖平台中。

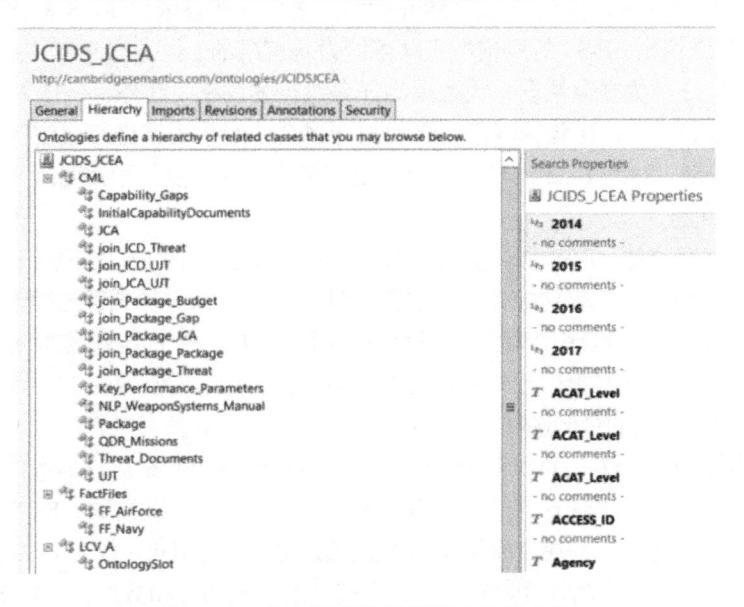

图 19.4 安索语义数据湖平台中的本体

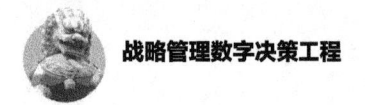

19.4.3 应用示例

这里给出一个 JCEA 的应用示例，用于研究美国空军的 F-35 战斗机（以下简称 F-35）在国防需求过程中面临的挑战，特别是与 F-22 战斗机（以下简称 F-22）相互配合的能力。尽管这两款战斗机都是由美国空军资助的，并由同一家公司（洛克希德·马丁公司）制造，但在系统论证和开发阶段仍然反映出论证人员对这两种武器系统之间缺乏详细的了解。

F-22 是美国空军最为先进的战斗机之一。它是一款双引擎、超音速的隐形战斗机，专供美国空军使用，暂不出口。该型飞机主要用于空对空任务，同时具有空对地能力。F-22 的首次试飞时间是 1997 年 9 月，第一架量产飞机于 2003 年 1 月交付，最后一架于 2012 年 5 月交付。F-35 是美国空军的主战多功能战斗机。它是一款单引擎、可出口的飞机，并且针对空对空和空对地任务进行了优化。F-35 的首次试飞时间是 2006 年 12 月，第一架量产飞机于 2011 年 5 月交付，交付计划将持续到 2035 年。F-22 和 F-35 均为第五代战机，融合了最先进的技术和隐身特性，都是由洛克希德·马丁公司制造的。在该应用示例中，基于 JCEA 建立了这两款战斗机的能力文档关键数据。

F-22 的设计目的是穿透拒止环境，同时发现、跟踪并瞄准对手的空中和地面威胁。先进隐身、超巡航、先进机动性和综合航空电子设备的独特组合使其能够实现"踢开大门"的作用，从而为后续跟进的作战行动和作战部队提供行动自由保证。F-22 采用一种新的数据融合引擎来构建不同于现有数据链格式的独特消息结构和格式。美国空军最初预计部署的 F-22 超过 600 架，这样可以保证 F-22 能够自主、独立地完成作战任务（仅与其他 F-22 一起飞行）。考虑到 F-22 自主作战的初衷，因而在 F-22 的论证和设计过程中，没有对网络中心或建立伙伴关系的能力领域提出要求。但是随着 F-22 采购数量的减少，其使命任务也发生了调整。F-22 仍然负责完成相同的任务和任务集，机队中只有 188 架飞机，但在这种情况下它必须与其他飞机更紧密地合作。信息交流曾经是一项不太重要的能力，现在却变得至关重要。

因此，在后续机型 F-35 的设计过程中，论证部门被要求将 F-35 设计成一款能够与 F-22 进行协同作战的战斗机，以在 F-22 "踢开大门"之后，能够依靠 F-35 的作战力量主导作战任务。与 F-22 相比，F-35 的穿透拒止环境能力是有限的，但是与 F-22 共同执行任务时，F-35 将作为 F-22 的力量倍增器，大大提高任务执行的效率。此外，F-35 被指定为一款能够出口的"全球飞机"，这意味着它还必须与许多全球军事资产进行通信，因此，互操作性是 F-35 的关键。然而 F-22 的论证过程并没有考虑到这一点，导致两款飞机的互操作出现了技术上的问题。

与 F-22 不同的是，F-35 的主要作用还包括空对地任务，由于数据量较大，空对地任务需要更高的带宽。为了容纳如此庞大的数据量，F-35 采用一种先进的融合引擎，这种引擎在逻辑上与 F-22 的融合引擎相似，但有所不同。此外，由于 F-35 需要定期与国际伙伴一起飞行，它必须能够在更广泛的平台上进行通信，于是人们发现 F-22 的 IFDL 通信系统不是与 F-35 进行通信的最佳选择。

美国空军委托一个专门负责互操作性的部门来处理这个问题。该小组首先审查了现有的规划需求文件，很快发现这些文件没有提供相应的需求。与此同时，F-35 的数据链体系结构开发工作仍在继续，并决定采用多功能先进数据链（MADL）作为 F-35 的主要通信手段。MADL 是一种数字波形，可在 F-35 之间安全地传输语音和数据，并将 F-35 与地面站或其他飞机进行连接。为了能够兼顾与 F-22 的通信需求，MADL 主要用于 F-35 机队的"内

部"通信，而 Link-16 则用于 F-35 机队的"外部"通信。

1997 年，美国空军提出了新的通信架构。然而对于 F-35 而言，该通信架构的发展始终落后于需求开发过程，造成许多问题。

该应用示例通过建立两款战斗机的 JCEA 本体和数据，发现它们在能力解决方案上存在某种不匹配的问题。在此背景下提出一种猜想，如果能够在论证过程的早期就建立这两款战斗机的语义架构本体和数据，是否有可能为论证人员提供相互依赖的关系。该项研究认为，语义架构可以帮助论证人员预测可能存在的"能力差距"。

参考文献

[1] SWARZ R S, DEROSA J K. A framework for enterprise systems engineering processes[R]. Bedford, MA: Mitre Corp, 2006.

[2] VICENTE M, GAMA N, DA SILVA M M. A business motivation model for IT service management[J]. International Journal of Information System Modeling and Design (IJISMD), 2014, 5(1): 83-107.

[3] 王文荣. 战略学[M]. 北京：国防大学出版社，1999.

[4] NORQUIST D L. DoD digital modernization strategy: DoD information resources management strategic plan FY19-23[R]. Washington D C: OSD, 2019.

[5] RHOADS D. Commercial practices for defense acquisition guidebook[M]. [S.l.]: Defense Systems Management College, 1992.

[6] LOWE, DONALD. A service-based approach to force design, integration and analysis [C]//Incose International Symposium., 2017, 27(1): 1506-1519.

[7] LUI F, LOWE D, FLAHIVE A, et al. Architecture-based SCMILE service framework for systems' integration[C]. [S.l.: s.n.], 2017: 996-1010.

[8] DESFRAY P, RAYMOND G. Modeling enterprise architecture with TOGAF: A practical guide using UML and BPMN[M]. [S.l.]: Morgan Kaufmann, 2014.

[9] TAO Z G, LUO Y F, CHEN C X, et al. Enterprise application architecture development based on DoDAF and TOGAF[J]. Enterprise Information Systems, 2017, 11(5): 627-651.

[10] MAHDAVIFAR H, NASSIRI R, BAGHERI A. A method to improve test process in federal enterprise architecture framework using istqb framework[J]. International Journal of Computer and Information Engineering, 2012, 6(10): 1199-1203.

[11] AHMED L N. Improving trade visibility and fidelity in defense requirements portfolio management[D]. Poston: Massachusetts Institute of Technology, 2014.

[12] LEE M N. Information capture during early front end analysis in the Joint Capabilities Integration and Development System (JCIDS): a formative study of the capabilities of the Department of Defense Architecture Framework (DoDAF)[D]. Poston: Massachusetts Institute of Technology, 2016.

[13] DAS A. Capability requirements portfolio management in large organizations using semantic data lake as a decision support system: proof-of-concept experiments[D]. Poston: Massachusetts Institute of Technology, 2018.

第20章

建设发展推演技术

> 建设发展是组织战略博弈的重要领域，建设发展推演则是窥探未来、把准趋势的基本手段。面向建设发展推演需求，体系化探索战略态势评估技术、国防经费分析技术、战略兵棋推演技术和战略指数构建技术。战略态势评估旨在明确当前己方所处的整体战略态势。国防经费分析作为国防建设的经济基础，通过分析其投向投量及趋势，能够预测国防战略未来发展的重点。战略兵棋是面向建设发展领域的、以规划项目为基本单元的、以决策为支配因素的战略层级兵棋；战略指数则是评估组织战略管理能力的重要依据。

20.1 战略态势评估技术

战略态势评估的目标是明确当前己方所处的整体战略态势，具体包括环境、己方和对手3方面的分析。其中，环境分析的重点是当前国际上的宏观战略环境，由各种因素综合形成；己方分析聚焦战略目标与发展现状，是明确己方当前定位与发展预期的过程；对手分析则是对对手的建设发展重心与弱点，以及对手当前具备的能力状态等进行分析，其国防经费投入是分析的重要数据基础。

战略态势是分析的重中之重，从一定程度上讲，开展战略规划并实施建设方案，其本质就是由战略目标期望所指引的态势塑造过程。战略态势评估的总体框架流程如图20.1所示。

在战略态势评估的总体框架中，战略能力评估模型负责解决相关核心领域聚合为战略能力评估结果的问题；核心领域评估模型负责解决相关支撑体系聚合为核心领域评估结果的问题；支撑体系评估模型负责解决相关指标变量聚合为支撑体系评估结果的问题；指标变量评估模型负责描述经费投向投量对指标变量的影响。

战略态势的核心是能力组态分布关系，特指己方与强手之间的战略态势。组态是能力间关系的表征形态，主要包括制胜、制衡、制约和受制，也称为四制组态。需要说明的是，能力组态是从己方视角进行表征的。例如，制胜代表己方对对手在某战略能力上的制胜态势，并且己方的战略能力提升会进一步累积制胜优势，进而提升能力组态；而强手的战略能力提升则会降低其能力组态，如从制胜降低为制衡。

在此基础上，可将战略能力组态分为同质能力组态和对抗能力组态两类。其中，同质能力组态是由同质战略能力进行对比所形成的组态结果，包括双方战略指挥能力对比、双方战略威慑能力对比等；对抗能力组态是由具有对抗性的战略能力进行对比所形成的组态结果，主要包括己方战略进攻能力与强手战略防御能力、强手战略进攻能力与己方战略防御能力、己方战略威慑能力与强手战略防御能力、强手战略威慑能力与己方战略防御能力。

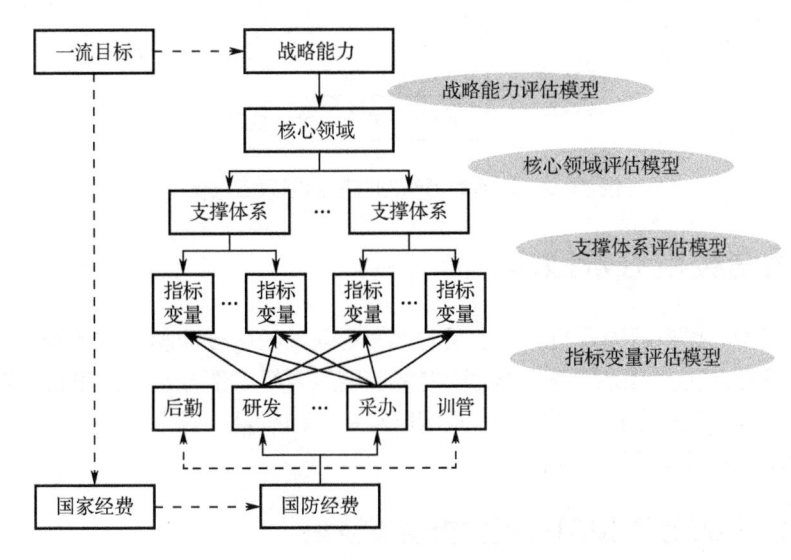

图 20.1 战略态势评估的总体框架流程

战略规划建设主导经费投向投量，己方和强手的经费投入情况客观上直接制约战略能力组态的演化发展，最终影响战略态势演化，如图 20.2 所示。

综上所述，战略态势演化研究具有以下边界：①战略态势演化只考虑己方与强手；②战略规划建设手段重点研究国防经费投入，可细化为经费投向与经费投量，其中经费投向仅区分研发与采办，而不对如训练、后勤等经费投入进行考虑（因为战略能力对比通常是"静态"意义上的纸面数据，并不考虑熟练度等因素）；③能力组态包括上文提及的同质能力组态与对抗能力组态。

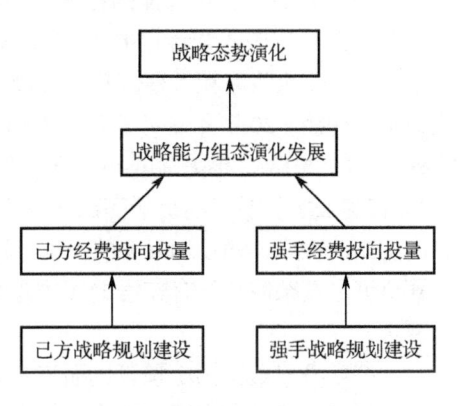

图 20.2 战略态势演化框架

从系统动力学的角度出发，战略能力组态演变的因果回路图如图 20.3 所示。其中，影响战略能力组态的因素主要来自己方与强手的研发与制造能力，而研发与制造能力又依赖于经费投入情况。己方经费投入对己方的研发能力与制造能力均有促进作用，并与战略能力组态形成正向因果关系，构成正反馈环；强手经费投入对强手的研发能力与制造能力也有促进作用，但与战略能力组态形成负向因果关系，构成负反馈环。

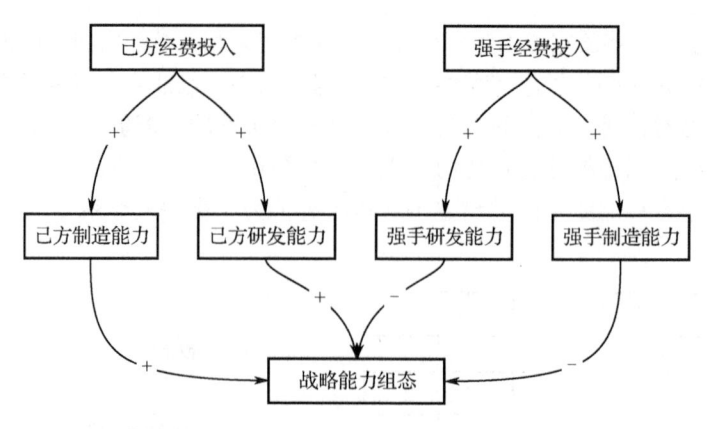

图 20.3　战略能力组态演变的因果回路图

20.2　国防经费分析技术

国防经费投向投量趋势分析，主要是对已有的建设经费投向和投量数据进行分析，预测其未来的发展方向。国防经费，作为政府经费的重要组成部分，是国家对国防和军队建设实行战略管理的重要工具。因此，分析国防经费投向投量，对于实现"巩固国防和强大军队"的战略目标具有重要意义。

20.2.1　国防经费投向投量分析基本认识

国防预算是经国家批准的在一定时期内用于国防的经费开支计划。"想要了解一个政府在做什么，只需要查看它的预算"。国防预算是国家在国防建设领域的计划，也是国家地缘战略、安全战略和军事战略的反映，研究一个国家的国防预算是了解其国防和军队建设的有效途径。2017 年 3 月 6 日，美国政府发布了名为《美国优先：让美国再次伟大的预算纲要》的 2018 财年美国联邦政府预算草案，提出高达 6390 亿美元的国防预算需求，较《预算控制法案》规定的上限高出 540 亿美元，达到 2013 财年以来的最高点。经众议院、参议院立法程序，美国 2018 财年国防预算被调增至 6961 亿美元。美国国防预算规模之大、预算决策之复杂使其具有较强的样本意义，因此，下面主要以美国为例，研究其国防经费问题。

一些学者对美国国防预算的研究主要包括两个维度：一是从结果维度，对美国国防预算的内容、经费投向投量、变化趋势进行评析，通过预算考察美国政府的宏观战略；二是从过程维度，对美国国防预算的制定过程进行研究。这里主要分析国防经费的投向投量。其中，投向指的是国防经费投资总量在领域的分配比例关系；投量指的是投入各领域的国防经费的数量。

美国的国防预算主要包括国防部预算、能源部预算及其他部门有关国防活动的预算，这里主要对国防部预算进行分析。国防部预算可分为 3 类：一是按用途分为军事人员费、活动与维持费、采购费、研究/发展/试验和鉴定费（RDT&E）、军事建筑费、家庭住房费、周转与管理资金及信托基金与收入共 8 类，其中活动与维持费占比最高，为 41%。二是按部门分为陆军、海军（含海军陆战队）、空军及国防部业务局 4 类，国防部业务局又包括导弹防御局、国防部长办公厅、生化防御计划局、国防信息系统局等 18 个机构。三是按

性质分为常规和应急预算两类。在 2017—2021 年的 5 年内，国防部预算占美国 GDP 的比例均值为 3.8%，占联邦支出的比例均值为 17.4%，国防部预算支持的军职人员和文职人员平均预算为 28 万美元/年。

这里，为研究国防部在各个技术领域中支出的增幅，将国防部规划建设项目分为七大体系作为投向，包括陆、海、空、天、电、网和人工智能体系。

20.2.2 国防经费投向投量分析基本方法

对于国防经费投向投量分析，一些学者的研究成果较为丰富，有的学者选择从整体角度对国防经费投向投量的概况进行简要分析。例如，孟亚波、黄飞等分别对美国 2013 财年国防预算做了简要评析；肖石忠对美国 2016 财年国防预算的重点、难点和变数进行分析；焦艳等分析了美国 2017 财年国防预算与《美国国家军事战略》的关系，并对其做了简要评判。也有学者选择美国国防预算的某个重要领域进行投向投量分析。例如，胡冬冬等分别对 2015 财年和 2016 财年的导弹武器采办预算做了分析；杨云翔对 2017 财年的导弹防御系统预算做了分析；朱殿骅等对 2017 财年的采购与研发预算做了简要分析。

综上所述，国防经费投向投量分析的基本方法可以分为以下 3 种：

（1）报告分析法。只有大量阅读相关报告，才能正确掌握国防经济学理论的渊源及进展，把握国防经费投向投量与经济增长的内在作用机制，结合美国国防预算的制定过程，尝试建立研究框架，从而为后续研究奠定理论基础。

（2）比较分析法。可以选择美国等为研究对象，通过分析典型国家在不同历史阶段的国防经费投向投量情况，揭示国防经费投向投量与经济增长之间的内在规律性，为进一步细化的研究厘清思路。

（3）定量分析法。通过图表等数据描述，使论证更为清晰、简洁、有力。通过定量比较，更为深刻地描绘国防经费的投向投量，从而可以更清晰地看出其发展趋势。

随着国防经济学研究的快速发展，更多的学者开始利用经典模型、统计工具或计量方法对国防费投向投量问题进行定量研究与实证分析，但是这种方法主要侧重于经费的分配情况，不适于从顶层研究国防经费的投向投量。

近年来，随着大数据技术的快速发展，有学者通过机器学习等算法模型来研究国防经费的投向投量问题。例如著名军事评论平台"warontherocks"上刊登的一篇文章，其作者就是通过机器学习模型来分析国防部财政预算中超过 10 000 个研发项目的，并对项目进行分类，统计各个项目的预算情况。该篇文章的作者使用一个机器学习文本分类模型来分析 2020 财年和 2021 财年预算之间新兴技术的资金变化，并阐述每个类别的基础项目规划。

在美国国防部的官方网站上可以找到所有的财政预算子文件，如图 20.4 所示。

除了上述子文件，还有各军种的预算文件。每个文件都包含各自的项目，每个项目规划的描述都说明了每年取得的进展，以及增加或减少预算的理由。为了了解每种新兴技术的资金变化情况，研究人员从预算文件中抓取并对每个研发项目规划进行归类，包括人工智能、生物技术、定向能武器、高超音速武器和车辆、量子技术、自主和集群系统，微电子/5G 及非新兴类技术项目。

有多种机器学习模型可以用于数据的分类，为了从中选择最有效的项目规划数据分类模型，研究人员编写了 1200 个程序，以测试模型随机森林、k 近邻及支持向量机和模型数据集。每个模型都会查看规划说明中所有单词的词频，以决定如何对每个规划进行分类。例如，对于陆军的远程高超音速武器规划，模型可能在描述中看到了"高超音速"、"滑行"和"热"的文字内容，并猜测这很可能是一个超音速项目规划。由于随机森林模型的性能略胜于支持向量机模型，并且明显优于 k 近邻模型，同时也是一种仅在项目规划描述中查找特定关键字的简单方法，研究人员决定选择随机森林作为最终模型。

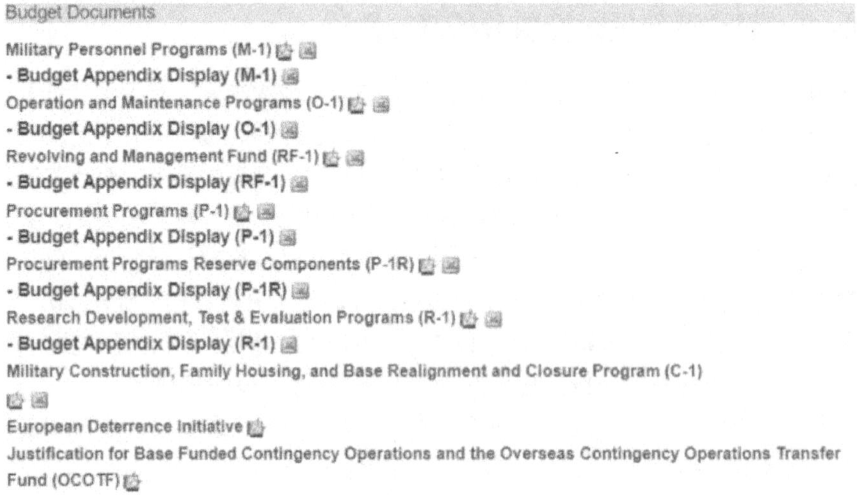

```
Budget Documents
Military Personnel Programs (M-1)
- Budget Appendix Display (M-1)
Operation and Maintenance Programs (O-1)
- Budget Appendix Display (O-1)
Revolving and Management Fund (RF-1)
- Budget Appendix Display (RF-1)
Procurement Programs (P-1)
- Budget Appendix Display (P-1)
Procurement Programs Reserve Components (P-1R)
- Budget Appendix Display (P-1R)
Research Development, Test & Evaluation Programs (R-1)
- Budget Appendix Display (R-1)
Military Construction, Family Housing, and Base Realignment and Closure Program (C-1)
European Deterrence Initiative
Justification for Base Funded Contingency Operations and the Overseas Contingency Operations Transfer Fund (OCOTF)
```

图 20.4　财政预算子文件

在选择要使用的机器学习模型后，研究人员对现有的 10 000 个项目规划进行分类，最终得到的结果是 2020 财年和 2021 财年研发预算中提到的所有项目的一个大型数据集，包括规划的完整描述、预测的类别和年度的预算资金。按模型对项目规划进行排序和分类后，各个新兴技术之间的预算差异清晰易见。

在规划建设项目领域中存有大量的文本型数据，这些数据包含大量的知识，而传统的分析方法主要是对数值型数据进行统计分析，基于机器学习等的算法也只是对词频做简单的统计，缺乏对国防规划建设领域知识的形式化表示和语义嵌入。下面将引入知识图谱技术，作为以上方法的有效补充，从而为上述难点问题提供一个可行的解决方案。

20.2.3　国防经费投向投量知识图谱分析

1. 分析流程

随着移动计算、云计算、大数据等技术的蓬勃发展，由各类社交网络、电子商务、物联网等产生的数据正在快速增长，如何在复杂、异构、海量的数据中获取高质量的知识并进行有效管理，对提高数据资源利用率，促进社会政治、经济、军事等领域的发展均具有重要意义。知识图谱以语义网络为基础，其目标是将非结构化与半结构化的数据进行有效分析与挖掘，通过有效方式从数据中抽取信息，从信息中提炼知识，最终实现将纷繁复杂的海量数据以用户所需的知识形式进行呈现。

知识图谱的本质是一个规模巨大的语义网络，该网络以实体概念为节点、以关系为边，通过描述客观世界的概念、实体及其之间的关系，提供一种实体关系的崭新视角来描述复

杂数据世界。知识图谱能够有效地将实体、属性及链接关系聚集为知识，使信息更易于计算和理解。知识图谱不仅在搜索引擎、互联网金融、在线医疗等民用领域具有重要的应用价值，在情报侦察挖掘、作战指挥控制、战场态势感知、战场环境保障、网电空间安全等典型军事应用领域也有广阔的应用前景。通过知识图谱技术对海量异构数据进行建模分析和深度挖掘，能够大幅提高军事业务数据的综合利用能力。

基于知识图谱的国防经费投向投量分析，是通过知识图谱的形式对国防经费的投向投量，即相关规划建设项目的可视化展示，利用知识图谱的自动化构建技术，可以对项目中包含的知识进行高效的萃取，进而通过知识图谱表示学习与推理技术，分析国防经费在各个领域的投向投量趋势。构建国防经费投向投量知识图谱，首先需要进行本体建模，定义并约束该知识图谱的建设项目的属性（包括投入经费）、关联关系及项目与所属领域的关系等；其次，利用知识图谱的自动化构建技术，抽取相关文档中包含的知识，以构建知识图谱，将项目的数值信息与文本信息放在统一的框架下，使投向投量清晰可见；最后，利用知识图谱推理技术，分析国防经费的投向投量趋势。

2. 相关技术

1）知识图谱数据模型设计技术

数据模型采用 RDF 图模型，定义了图谱数据的逻辑组织结构（Structure）、其上的操作（Operation）和约束（Constraint），决定了数据管理所采取的有效方法与策略，对于存储管理、查询处理、查询语言设计均至关重要。RDF 图模型基于图结构，用顶点表示实体，用边表示实体间的联系，这种数据表示结构恰好能够自然地刻画案例数据的广泛联系。

资源描述框架（Resource Description Framework，RDF）是万维网联盟（W3C）制定的在语义 Web 上表示和交换机器可理解信息的标准数据模型。在 RDF 图中，每个资源都有一个 HTTP URI（统一资源定位符）作为其唯一的 ID。RDF 图定义为三元组（s,p,o）的有限集合，每个三元组表示是一个事实陈述句，其中 s 是主语，p 是谓语，o 是宾语，即（s,p,o）表示 s 与 o 之间具有联系 p，或 s 具有属性 p 且其取值为 o。

2）知识图谱自动构建方法

构建国防经费投向投量知识图谱，主要是从文本报告中抽取关于项目属性、关联关系及项目与所属领域关系等的三元组数据。采用基于神经网络的实体关系联合抽取模型同时抽取实体和关系，如抽取某项目与某领域之间的配属关系。

实体关系抽取模型包含 3 层：嵌入层、Bi-LSTM 和 CRF，联合抽取流程如下：

用 $X=(x_1,x_2,\cdots,x_s)$ 表示一个包含某项目与某领域信息的输入序列，其中 s 表示序列的长度。将字符信息转换为低维稠密的数值型向量，即 embedding，以便使用神经网络模型抽取实体和关系。对于语句中的每个单词 $x \in X$，构建一个由 3 部分组成的 embedding $i=[w;c_h;c_a]$，其中 w 表示语义级的特征，c_h 表示字符集的特征，c_a 表示大小写的特征。采用字符级特征 c_h 的目的是尽可能全面抽取单词的特征，具体来讲，联合抽取模型将单词中的每个字符的 embedding 输入一个 Bi-LSTM 中，并将 Bi-LSTM 模型的第 n 个输出向量作为单词总体的字符集特征 c_n，其中 n 表示单词中字符的长度。因此，输入向量的总长度 $d_i=d_w+d_o+d_c$，具体公式为

$$i_t = \sigma(W_{xi}x_t + W_{hi}h_{t-1} + W_{ci}c_{t-1} + b_i)$$
$$f_t = \sigma(W_{fi}x_t + W_{hf}h_{t-1} + W_{cf}c_{t-1} + b_f)$$
$$c_t = f_t c_{t-1} + i_t \tan h(W_{xc}x_t + W_{hc}h_{t-1} + b_c)$$
$$o_t = \sigma(W_{xo}x_t + W_{ho}h_{t-1} + W_{co}c_{t-1} + b_o)$$
$$h_t = o_t \tan h(c_t)$$

以上为单向 LSTM 模型，其中 i_t 表示需要增加的新信息，f_t 表示遗忘门，c_t 表示更新的信息，最终得到 RNN 单元的输出。上述未提及的参量全部为神经网络需要训练的权重参数，均需要在训练中获得最终的结果。单向 LSTM 模型虽然能解决长期依赖的问题，但它只能学习文本序列中的前向信息，由于序列模型的效果往往取决于文本的上、下文信息，双向长短期神经网络（Bi-directional Long Short-Term Memory，Bi-LSTM）应运而生，它可以将前向 LSTM 和后向 LSTM 进行拼接，从而获得更丰富的上、下文信息。为了便于表示，下文都利用 LSTM(i_t, h_{t-1}) 来表示 STM 模型。

Bi-LSTM 的主要作用是抽取语句中的潜在特征。在嵌入层，抽取模型可以获得每个单词的 embedding，并作为一个序列输入 Bi-LSTM 中。Bi-LSTM 中包含两个 LSTM 模型，其中一个负责抽取前向隐藏特征，另一个负责抽取反向隐藏特征，可以表示为

$$\overrightarrow{h_t}, \overrightarrow{c_t} = \text{LSTM}(i_t, \overrightarrow{h_{t-1}}, \overrightarrow{c_{t-1}})$$
$$\overleftarrow{h_t}, \overleftarrow{c_t} = \text{LSTM}(i_t, \overrightarrow{h_{t+1}}, \overrightarrow{c_{t+1}})$$
$$I = \tan h[W_t \tan h(W_t h_t + b_t) + b_l]$$

对于每个 Bi-LSTM 输出的特征，模型用条件随机场来识别序列每个位置的具体标签，和其他模型相比，条件随机场能够较好地考虑不同标签之间的依赖关系，并以此提高项目实体与领域实体识别的准确率。具体来讲，模型将 Bi-LSTM 层的输出合并作为一个序列输入 CRF 模型中，对一个预测序列 y，先计算 CRF 的得分函数，再由联合抽取模型利用一个归一化函数 softmax 来计算序列 y 的概率，即

$$p(y|X) = \frac{e^{f(X,y)}}{\sum_{\overline{y} \in Y} e^{f(X,\overline{y})}}$$

式中，$f(X, \overline{y})$ 为给定输入序列 X，输出预测序列 y 相应的 CRF 得分函数。

通过合并实体抽取的损失函数和关系抽取的损失函数，可以得到最终的损失函数，即

$$L = L_e + \lambda L_r$$

在完成模型训练后，利用训练好的模型对项目与领域信息之间的配属关系进行抽取。联合抽取模型首先利用最大得分函数来获取输入序列 X 的标签序列 $\overline{y}$，并利用得分函数来计算每个候选三元组的得分。如果该三元组的得分大于关系阈值，则将其作为该实体对应的候选三元组，否则认为该项目与领域信息之间没有配属关系。关系阈值的大小是在模型训练过程中得到的。之后，联合抽取模型依据得分对所有的候选三元组进行排序，并选取 top-n（排名前 n）个三元组作为正确抽取的三元组，以此为依据和测试集中的正确三元组进行比较。在每个语句中，只有当抽取的三元组项目与领域信息的实体名称、位置及配属关系完全一致时，才认为该三元组是正确的三元组。

3. 典型案例

以采办领域知识图谱分析为例，基于美国国防经费十年的投入投向数据，构建知识图

谱。经过前期人工整理和机器爬取，得到 4 类结构化数据：军事人员（Military Person）、作战和维护（Operations and Maintenance）、采办（Procurement）以及研发测评（Research, Development, Test and Evaluation）。目前，基于采办项目数据及对数据的理解，利用 OWL 语言构建了本体，又基于本体和具体项目实例构建了知识图谱，共有 1581 个概念、4 个对象属性、12 个数据属性、107 368 个三元组及 11 381 个实例。

知识图谱本体架构按照采办项目军种类别，分为陆军飞机采办项目、陆军导弹采办项目等数十类项目，如图 20.5 所示；按照采办项目装备类别所做的分类如图 20.6 所示；按照采办项目变更类型所做的分类如图 20.7 所示。此外，还有 4 个对象属性及 12 个数据属性，分别如图 20.8、图 20.9 所示。采办项目知识图谱如图 20.10 所示（许多内容都未展开，数据较多），基于该知识图谱可以清楚地了解国防经费的投向投量及其变化趋势。

图 20.5　采办项目军种类别　　图 20.6　采办项目装备类别　　图 20.7　采办项目变更类型

图 20.8　采办项目对象属性　　　　图 20.9　采办项目数据属性

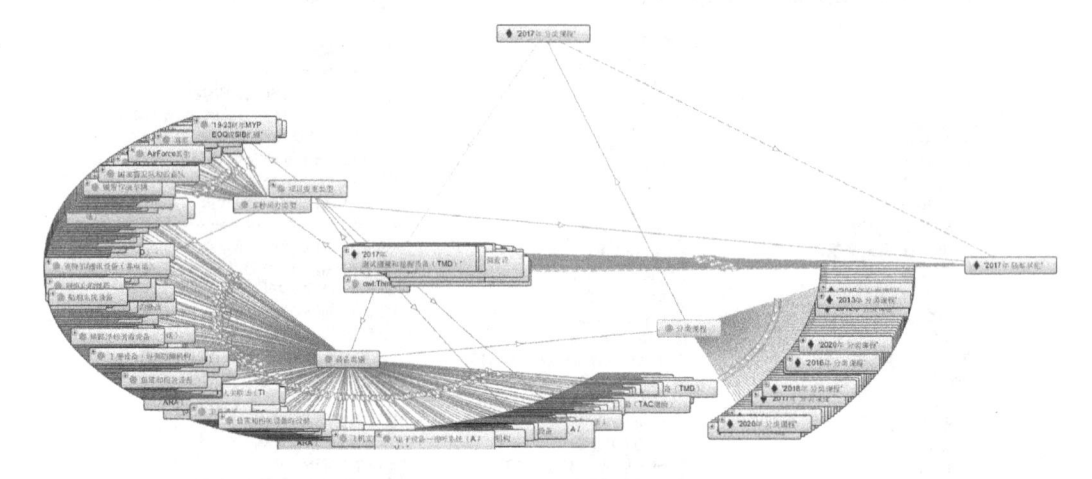

图 20.10　采办项目知识图谱

战略动向研判包括国防投资图谱的建立，以及基于国防投资图谱的图谱导入、数据提取、数据分析、意图识别、因果推断及数据画像。其中，国防投资图谱包括投资预算图谱、投向投量图谱和意向关联图谱。投资预算图谱即国防预算的投资原则、审列依据、年度分布和调整情况；投向投量图谱是重大战略领域预算的实际投入分布；意向关联图谱用于描述战略意图与投入投向之间的因果和影响关系。

20.3　战略兵棋推演技术

战略兵棋是面向建设发展领域的、以规划项目为基本单元的、以决策为支配因素的战略层级兵棋。本节在梳理分析美军战略选择研究思路方法的基础上，总结战略兵棋推演的基本方法流程，并着重分析兰德公司为美国国防部研发的一款战略兵棋推演工具——"霸权"游戏。

20.3.1　兵棋推演概述

现代兵棋是由普鲁士布雷斯劳军事学院的院长冯·莱斯维茨于 1811 年发明的，此即现代兵棋诞生的标志。现代兵棋重在模拟热兵器时代的战争，其突出的特点是着重体现力量的对抗，基本原理是以自然消耗和概率的方式推演作战结果。为了追求真实性，兵棋规

则逐渐变得复杂,人们不得不花费大量的时间去学习规则,此即"严格式兵棋"。1876 年,普鲁士陆军上校冯·凡尔第更改了冯·莱斯维茨的兵棋,通过采用具有丰富战争实践经验的人担任裁判实施评判,来取代规则,并取消了书面的固定规则与图表,由此衍变为"自由式兵棋"。但是自由式兵棋破坏了定量军事分析的数学基础,阻碍了现代兵棋的发展,因此,不少国家仍采用严格式兵棋。1871 年,普鲁士军队通过反复的兵棋推演,在战争中取得了胜利,其军事经验深刻影响了其他各国的军事力量建设和作战训练,兵棋也由此备受青睐并得到推广。现代兵棋进入军队后,就成为作战训练、方案评估的重要工具。1883 年,美国陆军少校利沃摩尔试图将兵棋引入美国,但遭遇阻碍。1889 年,美国海军在战争学院开展兵棋推演。目前,美国从国防部到各个军种都有多个兵棋推演及仿真模拟研究机构,在世界上占据领先地位。

兵棋是借助表示战场环境和军事力量的地图和棋子,依据从战争和训练实践经验中抽象的规则,运用概率原理,采用回合制,模拟作战双方或多方决策对抗活动的工具。通过兵棋推演,模拟演绎对方谋略决策活动,并检验己方行动方案在实施过程中可能出现的情况和问题,从而为评估、完善作战方案提供实验平台和依据;通过兵棋推演,融入新型武器装备的作战运用,并模拟和论证其作战效能,以不断探索和创新军事理论与作战方法。兵棋推演有两个主要目标:一是教育,即让受训者能够在兵棋推演活动中快速提升规划计划和决策水平;二是研究,通过兵棋推演来发现和分析问题,进而提供解决问题的建议,并推演其解决问题的能力。

美国海军是世界上最早运用兵棋的军种之一,兵棋一直是美国海军学院的重要课程。目前,美军拥有 7 个大中型推演系统:

(1)联合战争系统(JWARS)。联合战争系统的研究始于 20 世纪 90 年代中期,它是美军较为先进的战役级模拟系统。为了更好地反应该系统的内在潜力,美军于 2006 年将其更名为联合分析系统(JAS)。联合分析系统的功能非常灵活,可以分析当前、近期和未来的作战概念、条令、系统,也可以描述美国的机构、盟友、非政府组织/个人自愿组织、平民和潜在对手。该系统目前仍处于不断开发与完善中。

(2)联合战区级模拟系统(JTLS)。联合战区级模拟系统是一种计算机辅助兵棋推演系统,它采用红、蓝两军对抗互动操作模式,特点是由计算机运行的陆、海、空三军多向作战仿真环境。

(3)联合冲突战术仿真(JCATS)。联合冲突战术仿真是一种多边的、互动的、实体级的冲突仿真工具。

(4)联合多分辨率模型(JMRM)联邦。JMRM 联邦是在 JTLS-JCATS 联邦的基础上发展而来的,它采用多分辨率建模技术支持多层级演习和训练的思路,将不同层级的分辨率仿真进行集成,是美军及其盟友实施计算机支持演习的主要工具。

(5)联合半自动化兵力(JSAF)。联合半自动化兵力是美军现有联合作战试验和训练的重要工具之一,能够支持测试与评估、训练及试验等多种用途。

(6)美国陆军新一代计算机生成兵力系统(OneSAF)。OneSAF 是美国陆军新一代的可重组的通用型计算机兵力生成系统,它可对单兵、单武器平台层次到营层次的作战行动、系统与控制过程进行仿真。该系统具有可变的仿真分辨率,以支持不同领域的建模与仿真。

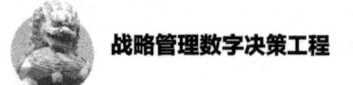

（7）联合建模与仿真系统（JMASS）。联合建模与仿真系统是美国陆、海、空三军使用的产品，目前因其标准的交战级和工程级仿真框架而适用于采购测试评估及科研技术情报界领域。该系统遵从"高层体系结构"（HLA）的要求，以 HLA 提供的通用技术框架来保证各个仿真部件的互操作性。

20.3.2　战略兵棋推演基本方法

通常认为，兵棋推演是按照一定的规则与步骤，从己方、敌方和环境 3 方面，根据已知的己方兵力和部署、敌方的作战能力和可能的作战方案，以及作战区域内的需求和影响等，有意识地推断作战流程的活动。由于资源有限，兵棋推演不可能尝试所有可能的作战要素与方案，但是能够为参战指战员提供尽可能丰富的作战场景及应对措施。一般来说，兵棋推演具有模型规则的严格性、推演过程的简便性和推演结果的可靠性 3 方面的基本特征。受益于现代计算机技术、建模仿真技术的快速发展，兵棋推演的可操作性、易理解性、可信度和可靠性等均有了质的飞跃。

战略兵棋推演隶属于兵棋推演，其推演要素较为宏观，推演粒度相对较粗，更侧重于战略层级的推演，人的因素体现得更为充分，决策被作为中心要素获得了更多的关注。但是作为兵棋推演的一种高级形式，战略兵棋推演仍然没有偏离其主要目的，即提高分析验证的全面性、建设方案的分析效果、建设方案的针对性及指挥人员的决策水平。一般兵棋推演是面向战役战术级作战领域的，在战区应用较为广泛；而战略兵棋推演通常是面向战略战役级建设领域的，在军委机关及军种层面的应用相对较多。

在时间允许的范围内，针对己方每种建设方案，均以敌方的发展方案为对手进行战略兵棋推演，从而检验出有效应对敌方各种威胁、以更高效率实现己方目标的建设方案。参考一般兵棋推演的基本步骤，总结得出战略兵棋推演的基本流程，具体包括推演准备阶段、推演实施阶段和结果分析阶段。

1）推演准备阶段

在推演开始前，围绕建设方案所需的数据、人员和方法开展准备工作。考虑到建设方案的核心是生成战略级杀伤链，推演准备阶段的重要工作包括：①分析当前发展现状，研判己方战略目标，梳理敌方发展重点及能力形成水平；②对参与推演人员进行分组，包括红方、蓝方和负责裁决的白方；③准备推演过程中可能用到的各种工具，并使战略兵棋推演系统初始化，选定推演所遵循的场景想定，以及已知的重要事件；④选择兵棋推演模式，以及记录、显示兵棋推演过程与结果的方式。

2）推演实施阶段

在推演过程中，主要根据限定的规则和过程，进行战略兵棋推演并形成推演结果。一是基本的战略兵棋推演方式，即在某种约束态势下，推演敌方如何发展及其重点领域、己方的建设方案侧重点等；二是确定战略兵棋推演采用的各类具体方法，包括定性分析法、定量计算法等；三是根据战略兵棋推演的目的，找出己方建设目标现实与预期的差距，分析发展各阶段的敌我态势演变，使己方战略战役级参演人员对建设方案产生更为清晰的思维认知。

3）结果分析阶段

在推演结束后，通过对推演结果进行回顾、总结、分析，形成战略兵棋推演结论。一

是全面梳理对抗中潜在的关键事件、决策点及支配要素，以及可能应用的分支方案和后续方案；二是对战略兵棋推演之前的"人为评估"结论做进一步修订和完善；三是修订推演的建设方案；四是将上述有关修订和完善建议反馈至建设方案决策人员。

在推演模式方面，战略兵棋推演可以从时间维度分为建设方案全程推演、分段推演和重点推演3种基本模式，从空间维度分为全军建设方案推演、军事级建设方案推演等。在不同分类模式下，战略兵棋推演仍然是由推演场景想定驱动的，场景想定类似于作战领域中的作战概念。

战略兵棋推演更注重参演人员的决策水平训练，在指挥及参谋人员对建设方案做出决策前，需要充分分析推演中的支配因素、当前的决策点及其发展趋势、关键事件、敌方的发展重心与脆弱点，以及敌我双方的力量态势演变情况等。其中，决策点通常指针对某一具体建设方案预期需要做出重要决策的时空点；关键事件指直接影响建设方案质效的事件，包括引发决策点改变的事件。

战略兵棋推演中需要注意的事项如下：

（1）推演通常按照"行动-应激反应"的逻辑关系进行，在"事件发生-己方反应-敌方反制-己方反制"的推演轮次中，应充分考虑评估具体的推演轮次约束，不宜过多或过少。

（2）作为白方的裁决人员须从公正、事实的角度出发，不能带有私人倾向，否则可能导致推演结果失去应有的真实性。

（3）参加战略兵棋推演的人员须提前熟悉军队战略规划的相关工作及基本流程，以在具有高度互动性和动态性的推演环境中较好地激发潜能，从而更好地发挥战略兵棋推演的根本作用。

20.3.3 "霸权"设计方法

"霸权"是兰德公司与美国国防部合作开发的一款全球性的、多边的、回合制的、便利的、辅助的战争游戏，本质上是一款游戏化的战略兵棋推演工具，旨在指导美国国防专业人员在部队发展、部队管理、部队态势和部队就业的交叉点上，权衡不同战略策略对国防关键规划因素的影响。该游戏是兵棋推演的一种形式，但没有明确区分任何类型的部队，只有表示部队规模（部队能力）的部队因素（FF）。在游戏开始前，用户应以书面形式总结自己的策略和目标，并通过管理资源和力量的分配使行动与策略保持一致，以在资源和时间限制内完成目标。用户如何合作或竞争及其相关程度，取决于战争场景，也取决于用户自己。

"霸权"是一款相当简单的游戏，因为它在一定程度上兼顾了用户的专业知识和专家的便利。"霸权"在设计上是不平衡的，因为它是为蓝方学习目标量身定制的，红方和白方本质上是"训练辅助工具"。该游戏的设计方法大致如下：

（1）使用类似于统一指挥计划地图的游戏板向用户展示某一年的抽象世界。游戏板上的边界既包括国家边界，也包括美军战斗人员指挥责任区（AOR）的边界。

（2）对每个用户都配备一套军事力量。假定每个用户的部队都有特定的能力，这被指定为会话场景的一部分。会话方案中指定了每个用户军事能力的现代化程度（或技术水平），也指定了每个用户的国防工业机构提供或提高其士兵的能力水平。用户的力量在游戏中如何演变，既取决于用户选择的投资或行动的结果，也取决于用户在游戏中可能遇到的事件。

（3）每个用户都会收到一个以资源点为单位的资源池，用于负担各种部队发展、战备（仅美国）、部署、雇用和投资的成本。该资源池在每个回合都会得到补充，但金额可能不同。在"霸权"游戏中，用户可能会利用资源来做下述事情。

① 使用武力实现某些目标。
② 采购新部队，即购买部队的结构，能力。
③ 使现有部队现代化。
④ 提高特定部队能力。
⑤ 提高一个国家现代化军队的能力。
⑥ 维持或调整部队的战备状态（仅限美国用户）。
⑦ 采取其他可能增加用户影响力的直接行动。

（4）"霸权"是回合制游戏。游戏回合非常粗略地代表了一年的时间，并对应于名义上的国防部计划、过程和预算周期。游戏设计的主要目的是提供一种抽象的世界，允许用户利用半天或一天的时间开展有效回合。通过人为压缩技术和能力开发的时间，用户能够在几个回合内看到能力和容量变化的影响。

（5）用户需要在游戏开始前先考虑策略。在游戏开始时，协助者指示用户记录自己的游戏战略目标，并要求用户在游戏过程中的动作与这些目标保持一致。

（6）"霸权"有一个获胜指标——影响力。影响力是一个抽象表征，可将影响视为国家使用军事力量和其他手段塑造其所在地区或世界范围内的事件及结果的地位和能力。因此，游戏利用影响点（IP）来衡量和跟踪胜利的条件，用户在游戏中主要负责争夺影响力。有利的结果通常会使获胜方的影响力增加，但会使失败方的影响力下降，这会影响其与其他用户的影响力平衡。图 20.11 所示为默认情况下的"开始和胜利条件"。

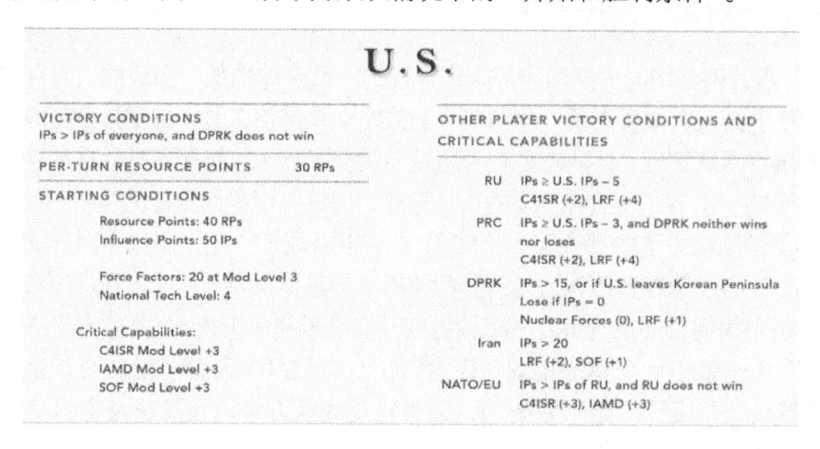

图 20.11 默认情况下的"开始和胜利条件"

（7）"霸权"是专门为现在与未来、当前行动与投资发展的权衡而设计的。该权衡空间的边界条件是由现有的资源池和用户在游戏中拥有的力量所定义的。将当前行动与投资发展的权衡空间视为一个 n 维资产分配问题，具体包括下列内容。

① 资源。资源在游戏中表示为分配给每个用户的一定数量的资源点，可定期更新的资源池用于支付用户想要在游戏中做任何事情的费用，每个回合都会根据场景的数量更新资源。

② 军力结构。军力结构在游戏中表示为分配给每个用户的一定数量的部队因素，部

队因素的数量越多（部队的规模越大），在决定相互作用结果方面的能力优势就越大。

③ 部队执行能力。力量在游戏中表示为部队因素的 Mod 等级（现代化等级），相对于对方力量的 Mod 等级越高（给定数量的部队因素的能力越强），在决定相互作用结果方面的能力优势就越大。

④ 非对称能力。非对称能力在游戏中表示为一个或多个"关键能力"的 Mod 等级。

⑤ 国家科学技术（S&T）与研发（R&D）。国家科学技术与研发在游戏中表示为国家技术水平。可将国家技术水平视为一个国家或联盟的科学与技术、研发能力，即参与者开发和向军队提供先进技术的国家能力。

⑥ 部队准备就绪（仅适用于美国用户）。战备状态在游戏中以战备水平百分比表示，通常取 50%～100%。

⑦ 部队位置。部队位置在游戏中代表了力量在世界上的位置或在世界上的运作。

⑧ 部队部署。部队部署是通过将部队从本国位置转移到本国边界以外的作战区域，或将部队从一个国家或地区转移到另一个国家或地区来实现的。部署和重新部署都需要一定数量的资源点。

⑨ 部队使用。部队使用是指利用部队通过军事行动来取得某些成果。"霸权"将行动分为两大类别，分别是战斗行动（使用致命力的部队之间的互动）和非战斗行动（除战斗以外的所有其他形式的互动，包括灰色区域的行动、演习和态势）。

⑩ 时间框架（现在和未来）。最后一个维度跨越所有其他维度，因为每个维度都具有与之相关的时间轴，该时间轴从现在开始并一直延伸到用户可能要计划的未来（即将到来的回合）。

20.4 战略指数构建技术

战略指数是在建设发展战略层面量化推演评估的重要方式。本节提出构建战略指数的 10 个步骤，涵盖从建立理论框架到提出、传播指数。在一个步骤中做出的选择可能会对其他步骤产生重要影响，因此，战略指数制定者不仅要在每个步骤中做出合适的方法选择，还要确定这些选择是否很好地结合在一起。战略指数本质上是一种综合性指数（以下简称综合指数）。

表 20.1 提供了在构建综合指数时应遵循的样式化检查表。

表 20.1　样式化检查表

步　　骤	目　　的
1. 建立理论框架 为根据适用性原则选择变量，并将其组合成有意义的综合指数提供依据（本步骤设想专家和利益相关者的参与）	● 对要测量的多维现象有清晰的理解和定义 ● 针对现象构造不同分组（如果需要） ● 为基础变量（如输入、输出、过程）编制一份选择标准列表
2. 数据选择 应以分析的可靠性、可测量性、状态覆盖率、指标与被测量现象的相关性及相互之间的关系为基础。当数据稀缺时，应考虑使用替代变量（本步骤设想专家和利益相关者的参与）	● 检查可用指标的质量 ● 讨论每个选定指标的优缺点 ● 创建有关数据特征的汇总表，如可用性（跨状态、跨时间）、来源、类型（硬、软或输入、输出、过程）

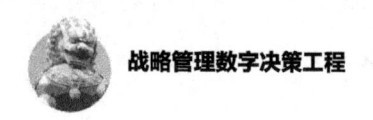

续表

步骤	目的
3. 数据插补 提供一个完整的数据集，如通过单一或多重插补	● 估计缺失值 ● 提供每个插补值的可靠性衡量标准，以便评估插补对综合指数结果的影响。讨论数据集中是否存在异常值
4. 多元分析 用于研究数据集的总体结构，评估其适用性，并指导后续方法选择（如加权、聚合）	● 依据两个主要维度检查数据的基本结构，即独立指标和评价对象（通过适当的多变量方法，如主成分分析、聚类分析） ● 确定统计上"相似"的指标组或状态组合，并对结果进行解释 ● 比较数据集的统计结构和理论框架，讨论可能的差异
5. 数据标准化 使变量具有可比性	● 选择适当的标准化程序，同时考虑理论框架和数据特性 ● 讨论数据集中是否存在异常值，因为它们可能成为非预期基准 ● 必要时进行比例调整 ● 必要时转换高度倾斜的指标
6. 加权和聚合 依据基本的理论框架操作	● 选择适当的加权和聚合程序，同时考虑理论框架和数据特性 ● 讨论是否考虑指标之间的相关性问题 ● 讨论是否允许指标之间的可补偿性
7. 稳健性和敏感性分析 评估综合指数的稳健性，如包括或排除指标的机制、标准化方案、缺失数据的插补、权重的选择、聚合方法	● 考虑采用多种建模方法来构建综合指数，如果可用，则考虑选择基础指标的替代概念方案 ● 确定综合指数制定过程中所有可能的不确定性来源，并将综合得分、等级与不确定性界限一起提供 ● 对推断（假设）进行敏感性分析，并确定哪些不确定性来源对分数和/或等级的影响更大
8. 回归细节 揭示总体绩效好坏的主要驱动因素，透明度是良好分析和决策的基础	● 在指标一级概述评价对象的业绩，以揭示推动综合指数结果的因素 ● 检查相关性和因果关系（如果可能） ● 确定综合指数结果是否被少数指标过度支配，并解释综合指数各子部分的相对重要性
9. 指标关联 应使综合指数（或其维度）与现有（简单或综合）指标相关联，并通过回归确定联系	● 考虑敏感性分析结果，将综合指数与其他相关措施进行关联 ● 根据评价结果给出数据驱动的总体描述
10. 结果可视化 可视化可以影响（或帮助增强）解释性	● 为目标受众确定一套连贯的表达工具 ● 选择传达最多信息的可视化技术 ● 以清晰准确的方式呈现综合指数结果

20.4.1 建立理论框架

合理的理论框架是构建综合指数的起点。该框架应明确界定要衡量的现象及其子组成部分，选择反映其相对重要性和总体综合规模的独立指标和权重。在理想情况下，这一进程应以什么是值得衡量的，而非哪些指标是可用的为基础。例如，国内生产总值用于衡量一个国家生产的商品和服务的总价值，其中的权重是根据经济理论估计的，反映了商品和服务的相对价格。衡量国内生产总值的理论和统计框架是在过去 50 年中发展起来的，然而并非所有多维概念都有如此坚实的理论和实证基础。新兴政策领域的综合指数，如竞争

力、可持续发展、电子商务准备度等，可能是非常主观的，因为这些领域的经济研究仍在继续。因此，透明度对于建立可信的指标至关重要。

20.4.2 数据选择

综合指数的优势和劣势在很大程度上取决于基础变量的质量。在理想情况下，应根据变量的相关性及分析的可靠性、及时性、可获得性等来选择变量。虽然指标的选择必须以综合指数的理论框架为指导，但数据选择过程可能是主观的，因为缺少一套确定的指标。由于缺乏国际上可比较的定量（硬）数据，综合指数通常包括来自调查或政策审查的定性（软）数据。

在所需数据不可用或跨国可比性有限的情况下，可以使用替代措施。例如，使用计算机的雇员人数的相关数据可能不可用，而有权使用计算机的雇员人数可以作为代理。与软数据一样，在使用代理指标时必须谨慎。在数据允许的范围内，应通过相关性和敏感性分析，检查替代措施的准确性。建设者还应密切关注该指标是否取决于国内生产总值（GDP）或其他相关因素。最终选择的变量类型有输入、输出或过程指标等，它们须与预期综合指数的定义相匹配。

综合指数的质量和准确性应随着数据收集和指标制定的改进而发展。目前，在一系列政策领域建立国家业绩综合指数的趋势可能进一步推动改进数据收集、确定新的数据来源和提高统计数字的国际可比性。但是，从实用主义的角度来看，在构建综合指数时需要做出妥协，而这些妥协的透明度也是很重要的。

20.4.3 数据插补

缺失的数据往往会阻碍制定强有力的综合指数。数据可能以随机或非随机的方式丢失。缺失的模式包括：

（1）完全随机缺失。即缺失值不依赖于感兴趣的变量或数据集中的其他特定变量。例如，未申报收入的人均收入与申报收入的人均收入相同，则可变收入中的缺失值属于完全随机失踪类型。

（2）随机缺失模式。即缺失值不依赖于感兴趣的变量，而是依赖于数据集中的其他变量。例如，如果收入数据缺失的概率取决于婚姻状况，那么收入缺失值就是随机缺失（MAR），但在每一类婚姻状况中，收入数据缺失的概率与收入的价值无关。

（3）非随机缺失。即缺失值取决于其自身。例如，高收入家庭有可能不报告自己的收入。通常没有对非随机缺失模式进行科学的统计检验，也缺乏判断数据是随机缺失还是系统缺失的依据，因此，大多数填补缺失值的方法都需要一种随机缺失机制，即完全随机缺失或随机缺失模式。当有理由假设为非随机缺失时，模式必须显式建模并包含在分析中。

处理缺失数据的方法主要有3种：①病例数据删除；②单一插补；③多重插补。其中，第一种方法又称为完全案例分析，只是在分析中省略了缺失的记录。然而这种方法忽略了完全样本和不完全样本之间可能存在的系统差异，并且仅当删除的记录是原始样本的随机子样本时才会产生无偏估计。此外，考虑到使用的信息较少，在减少的样本中，标准误差通常会更大。根据经验，如果一个变量有超过5%的缺失值，那么案例就不会被删除。

20.4.4 多元分析

分析数据的基本结构是一门艺术。在过去，由各个国家和国际机构制定的综合指数的数目不断增加。然而独立指标有时是以任意方式选择的，很少注意它们之间的相互关系。这可能导致指数迷惑或误导决策者和公众。一些分析师将这种环境描述为"指标丰富但信息贫乏"。在构建综合指数之前，需要仔细分析数据的基本性质。这将有助于评估数据集的适用性，并了解综合指数构建阶段的方法选择的影响，如加权和聚合。信息至少可以按照数据集的两方面，即独立指标和评价对象进行分组和分析。

（1）独立指标分组信息。分析师必须首先确定综合指数的嵌套结构是否定义良好，以及可用的单个指标集是否足以或适合描述该现象。这个决定可以基于专家意见和数据集的统计结构。不同的分析方法，如主成分分析，可以用来探讨这一现象的各维度在综合指数中是否具有统计上的良好平衡。否则，可能需要修订独立指标。

主成分分析的目的是揭示不同变量之间的关系。这是通过使用协方差矩阵或其标准化形式（相关矩阵）将相关变量转换为一组新的不相关变量来实现的。因子分析与主成分分析相似，但它是基于一个特定的统计模型的。评估一组变量之间关联程度的另一种方法是使用克朗巴赫系数 α，这是统计模型或调查中常用的内部一致性估计方法。这些多元分析技术有助于深入了解复合数据集的结构，但是需要避免进行多变量分析，因为如果样本的数量较小，结果不会有已知的统计特性。

（2）评价对象分组信息。聚类分析是另一种将大量信息分类为可管理集合的工具，已广泛用于各种研究问题和领域。聚类分析还可用于制定综合指数，根据各评价对象在不同独立指标上的相似性对其信息进行分组。聚类分析的作用包括：①纯统计的指标汇总；②探索综合指数构建阶段所做方法选择的影响；③传播关于综合指数的信息但不丢失关于独立指标维度的信息；④选择评价对象组对缺失数据进行插补，以减少插补值的差异。

当变量的数量很大或人们认为其中一些变量对识别数据集中的聚类结构没有帮助时，可以依次应用连续和离散模型。研究人员通常先进行主成分分析（PCA）或因子分析（FA），再对目标的前几个组成部分应用聚类算法进行分析，称为"串联分析"。然而需要注意的是，PCA 或 FA 不一定有助于揭示数据中聚类结构的维度，并且可能会掩盖分类信息，见表20.2。

表 20.2 多元分析的优缺点

方　法	优　点	缺　点
主成分/因子分析	● 可以总结一组单独的指标，同时保留原始数据集中的特征 ● 将最大的因子负荷分配给各评价对象差异最大的独立指标，这是进行评价对象比较的一个可取属性，因为各评价对象之间相似的独立指标几乎不受关注，也不可能解释业绩差异	● 相关性不一定代表独立指标对所测量现象的实际影响 ● 对基础数据修改敏感：数据修订和更新，如新评价对象 ● 对异常值的存在非常敏感，这可能会在数据中引入虚假的可变性 ● 对小样本问题敏感，特别是当重点是有限的一组评价对象时 ● 尽量减少独立指标的贡献，这些指标不会与其他独立指标一起变动

续表

方 法	优 点	缺 点
克朗巴赫系数 α	● 衡量一组单独指标的内部一致性，即其对一维结构的描述程度。因此，对相似对象进行聚类是非常有用的	● 相关性不一定代表独立指标对综合指数所表达现象的实际影响 ● 只有当综合指数被计算为一个"量表"（作为单个指标的总和）时才有意义
聚类分析	● 提供了一种不同的方式来对评价对象进行分组；提供对数据集结构的一些见解	● 纯粹的描述性工具；如果在分析过程中所做的方法选择没有动机和明确的解释，则可能是不透明的

结合聚类分析和寻找低维表示的各种替代方法已经被提出，主要集中在多维缩放或展开分析方面。将离散聚类模型和连续因子模型同时拟合到双向数据中，并根据最小二乘准则，用变量（因子）的最佳正交线性组合来描述对象的最佳分割。由于它同时在对象和变量的方向上实现了数据简化和综合的双重目标，故而获得广泛的应用。最初应用于短期宏观经济数据，阶乘 k 均值分析有一个快速的交替最小二乘算法，将其扩展应用于大数据集中，可作为广泛使用的串联分析的替代方法。

20.4.5 数据标准化

数据集中的指标通常具有不同的度量单位，因而需要在任何数据聚合之前都进行归一化处理，具体方法见表20.3。

表20.3 归一化方法

序 号	方 法	公 式
1	排序法	$I_{qc}^t = \text{Rank}(x_{qc}^t)$
2	标准化法	$I_{qc}^t = \dfrac{x_{qc}^t - x_{qc=\bar{c}}^t}{\sigma_{qc=\bar{c}}^t}$
3	Min-Max 法	$I_{qc}^t = \dfrac{x_{qc}^t - \min_c(x_q^{t_0})}{\max_c(x_q^{t_0}) - \min_c(x_q^{t_0})}$

注：x_{qc}^t 是评价对象 c 在时间 t 的指标 q 的值。

（1）排序法。它是最简单的一种方法，不受异常值的影响，并且允许根据相对位置（排序）随时间推移跟踪各个评价对象的表现。然而不能以绝对值来评价评价对象的业绩，因为有关水平的信息已经丢失。

（2）标准化法。该方法将指标转换为平均值为 0、标准差为 1 的通用量表，因此，具有极值的指标对综合指数的影响更大。如果目的是奖励特殊的行为，也就是说，如果认为关于一些指标的一个非常好的结果会优于许多平均分数，那么这可能是不可取的。这种影响可以在聚合方法中加以纠正。例如，通过将最佳和最差的独立指标得分排除在指数之外，或者根据独立指标得分的"可取性"分配不同的权重。

（3）Min-Max 法。通过减去最小值并除以指标值的范围，将指标标准化为具有相同范围，但是极值或异常值可能会扭曲转换的指标。此外，最小-最大正态化可以在一个小的区间内扩大指标的范围，它对综合指数的影响比标准化法大。

选择合适的数据标准化方法是很重要的，对高度倾斜的指标需要多加注意。标准化方法应考虑到数据自身的特性和综合指数的目标，必要时需要进行稳健性测试，以评估其对结果的影响。

20.4.6 加权和聚合

指标的相对重要性引发了讨论。在基准框架中使用权重时，权重可以对总体综合指数和评价对象排序产生重大影响。存在许多加权方法，如表 20.4 所示，有的来源于统计模型，如因子分析等；有的则来源于参与式方法，如预算分配流程、层次分析法和联合分析。"构造器工具箱"中解释了未观察到的组件和联合分析的方法。无论使用哪种方法，权重的本质都是价值判断。虽然一些分析人员可能只根据统计方法选择权重，但其他分析人员可能会根据专家意见，增大（或减小）被认为影响较大（或较小）的组成部分的权重，以更好地反映政策重点或理论因素。

表 20.4 加权方法和聚合之间的兼容性

加权方法	聚合方法		
	线性[④]	几何学[④]	多准则（MCA）
等权重（EW）	是	是	是
主成分分析/因子分析（PCA/FA）	是	是	是
选择相信（BOD）	是[①]	否[②]	否[②]
未观察组分模型（UCM）	是	否[②]	否[②]
预算分配流程（BAP）	是	是	是
层次分析法（AHP）	是	是	否[③]
联合分析法（CA）	是	是	否[③]

注：① 用 Min-Max 法进行归一化处理；
② BOD 需要加性聚合，类似的参数适用于 UCM；
③ 至少适用于将权重作为重要系数的多准则方法；
④ 对于线性和几何聚合，权重是权衡，而非"重要性"系数。

大多数综合指数依赖于等权重，即所有变量的权重相同。这意味着所有变量在综合中的"价值"相同，但也可能掩盖缺乏统计或经验基础的情况，如对因果关系的认识不足或对替代方案缺乏共识。在任何情况下，相等的权重并不意味着"没有权重"，而是隐晦地表示权重相等。此外，如果变量被划分到维度中，并且这些维度被进一步聚合到组合中，那么对变量应用相等的权重可能意味着维度的权重不相等（具有更多变量分组的维度将具有更高的权重），这可能导致结构失衡。

此外，也可以选择权重来反映数据的统计质量。更高的权重可以分配给具有广泛覆盖范围的统计上可靠的数据。然而这种方法可能偏向于现成的指标，对统计上更难识别和衡量的信息会降低权重。

当使用等权重时，可能会发生以下情况：通过组合具有高度相关性的变量，指数中可能会引入重复计算的元素——假设有两个共线指标，其权重为 w_1 和 w_2，这两个指标衡量的唯一维度在组合中的权重为（w_1+w_2）。一般的做法是使用皮尔逊相关系数测试统计相关性的指标，仅选择相关性程度较低的指标或降低相关指标的权重。此外，尽可能减少指数

中的变量数量可能是出于透明度等的考虑。

聚合方法各不相同。当所有单个指标都有相同的计量单位时，线性聚合是有用的，前提是要考虑一些数学性质。如果建模者希望单个指标或维度之间存在某种程度的不可补偿性，那么选择几何聚合更合适。线性聚合按权重比例奖励基本指标，几何聚合则奖励得分较高的评价对象。

在线性和几何两种聚合中，权重表示指标之间的权衡。因此，一个维度的赤字可以被另一个维度的盈余抵消（补偿）。这意味着权重的构思方式（通常衡量相关变量的重要性）与使用线性聚合或几何聚合时的实际含义并不一致。在线性聚合中，可补偿性是恒定的；而在几何聚合中，低值的综合指数的可补偿性较低。在政策方面，如果承认可补偿性（如纯经济指标的情况），一个指标得分较低的评价对象将需要在其他指标上获得更高的得分，以便在采用加总法时改善其状况。因此，在基准测试中，得分较低的评价对象倾向采用线性聚合，而非几何聚合。此外，在几何聚合条件下，绝对分数较低的边际效用显著高于绝对分数较高的边际效用。因此，如果聚合是几何的而非线性的，一个评价对象将有更大的动力来处理那些得分较低的部门/活动/替代品，这将有利于它提高排名。

关于时间因素，如果研究者愿意分析一定数量的变量的演变，则使权重在不同时间保持不变可能是合理的。权重不随多准则方法而变化，与内在价值相联系的指标可以用来解释这一现象。相反，如果分析的目标是最佳做法或优先次序，那么权重必然会随时间的推移而发生变化。

如果没有"客观"的方法来确定权重和汇总方法，只要整个过程是透明的，就不一定会失去综合指数的有效性。建模者的目标需要在一开始就明确说明，所选择的模型须进行测试，以检查它对建模者目标的实现程度。

20.4.7 稳健性和敏感性分析

稳健性分析的重点是输入因素中的不确定性如何通过综合指数的结构传播并影响综合指数的值。敏感性分析用于评估个别不确定性来源对产出方差的贡献。虽然不确定性分析比敏感性分析更常用，并且几乎总是分开处理的，但在开发综合指数期间反复使用不确定性和敏感性分析可以改善其结构。在理想情况下，应解决所有潜在的不确定性来源：单个指标的选择、数据质量、标准化、加权与聚合方法等。评估不确定性的方法可以包括以下步骤：

（1）包括和排除独立指标。

（2）基于方差估计的可用信息建立数据误差模型。

（3）使用替代编辑方案，如单一或多重插补。

（4）使用替代的数据标准化方案，如极值法、标准化法、排序法。

（5）使用不同的加权方案，如来自参与式家庭的方法（BAP、AHP）和内生加权的方法（BOD）。

（6）使用不同的聚合系统，如线性、几何平均的非标度变量和多准则排序。

（7）对权重使用不同的合理值。

敏感性分析可用于评估综合指数的稳健性。在构建综合指数时，必须做出若干判断，如指标的选择、数据标准化、权重和聚合方法等。因此，综合指数和基本政策信息的稳健

性可能会受到质疑。将不确定性和敏感性两种分析相结合,有助于衡量综合指数的稳健性,提高透明度。

很少有研究提到综合指数制定过程中固有的不确定性。稳健性分析的结果通常报告为评价对象排名及其相关的不确定性界限,这是因为存在不确定性。这样就可以向用户传达每个评价对象的综合指数的合理范围。敏感性分析结果通常以每个不确定输入源的灵敏度度量表示。这些灵敏度指标表示如下内容:如果剔除某一特定的不确定性输入源,一个评价对象综合指数中的不确定性会减少的程度。敏感性分析的结果通常是以散点图的形式呈现的,纵轴代表一个评价对象的综合指数值,横轴代表不确定性输入源。散点图有助于揭示投入与产出关系的模式。

20.4.8 回归细节

解构综合指数有助于扩展分析,综合指数为分析提供了一个起点。虽然这些指标可以作为指导政策和数据工作的简要指标,但也可以进行分解,以便确定各组成部分和独立指标的贡献,并扩展国家业绩的分析。

例如,欧洲技术成就指数(TAI)包含 4 个部分,这些部分对综合指数和国家排名的贡献是不同的,如图 20.12 所示。因此,综合指数的分解可以说明一个国家的总体业绩。路径分析、贝叶斯网络和结构方程建模等方法有助于进一步阐明综合指数及其组成部分之间的关系。

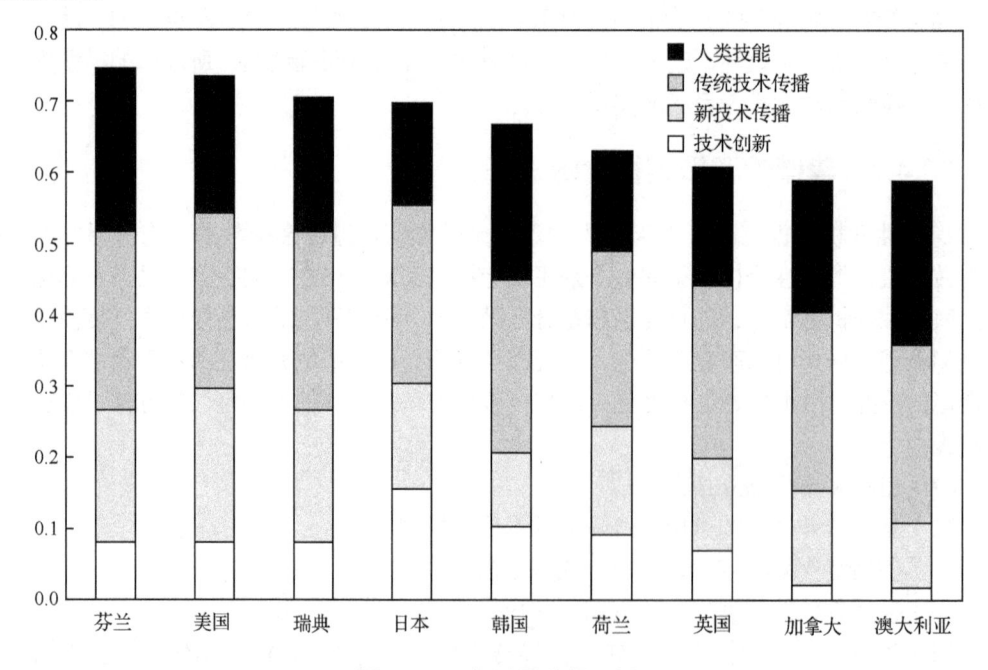

图 20.12 条形图分解示例

如图 20.12 所示,不同颜色柱体的长度反映各组成部分对 TAI 的贡献。该图通过显示子组件的标准化值乘以其各自的权重来构建,4 个组成部分的总和等于总的 TAI。

为了描述国家创新绩效,TAI 的每个部分都被进一步细分,并用独立指标来显示优势和劣势。通常没有提出独立指标的最佳方法,各个国家可以提出各种指标。

例如，对于第一个国家，可以将每个指标的绩效与领先者、落后者和平均绩效进行比较，如图 20.13 所示。芬兰的最高排名主要是基于与互联网和大学有关的指标的最高值，而该国的唯一弱点涉及专利指标。

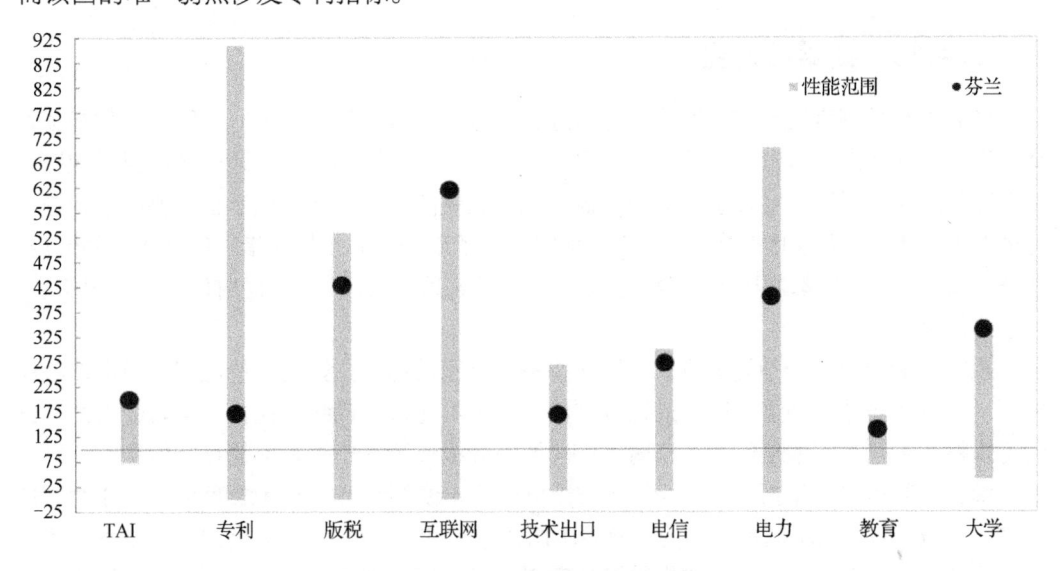

图 20.13 领先/落后分解示例

如图 20.13 所示，TAI 数字是基于标准化指标的（使用平均值的距离），灰色区域显示特定指示器的取值范围，所有国家的平均数用 100 表示。

20.4.9 指标关联

综合指数可以与其他变量和措施联系起来。综合指数通常用于衡量与众所周知和可衡量的现象有关的概念，如生产率增长、新公司的进入。简单的交叉图往往是说明这种联系最好的方式。例如，衡量初创企业环境的指标可以与新企业的进入率挂钩，在新企业中，企业环境综合指数的良好表现有望提升进入率。

例如，技术成就指数有助于评估一个国家相对于其他国家在技术成就方面的地位。更高的技术成就可能带来更多的财富，也就是说，拥有高 TAI 的国家有望拥有更高的人均国内生产总值（GDP）。将 TAI 与人均 GDP 相关联，可以看出这一联系。

因此，相关分析不应与因果分析相混淆。相关性只表明两个数据集的变化是相似的。指标的变化不一定导致综合指数的变化，反之亦然。GDP 高的国家可能在技术上投资更多，或者更多的技术可能使 GDP 更高。在相关分析中，因果关系仍然不明确。更详细的经济计量分析可用于确定因果关系，如格兰杰因果关系检验。但是这种检验需要所有变量的时间序列，这通常是不可取的。

权重（或归一化方法等）对综合指数和另一个感兴趣的变量之间关联度的影响可以在蒙特卡罗框架中进行评估。例如，在每次模拟时，可以允许权重在 0 到 1 之间变化，并将所有指标的模拟权重除以权重的总和（单位和属性）。这种模拟重复 10 000 次，每个国家（或一般参考单位）的综合指数得分就计算 10 000 次。因此，可以为每个模拟计算相关系数，或者通过选择一组适当的权重，使综合指数与可测量现象之间的相关性实现最大化或最小化。

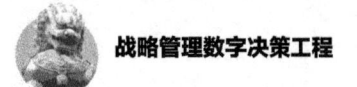

应当指出的是，综合指数通常包括一些与其相关的指标，导致重复计算。例如，可持续发展的大多数综合指数都将 GDP 作为一个组成部分。因此，在这种情况下，在进行任何关联之前，应将 GDP 指标从综合指数中删除。

20.4.10 结果可视化

精心设计的图表更具有说服力。提出综合指数的方法是很重要的，但综合指数必须能够迅速、准确地向决策者和其他最终用户传达一个"故事"。表格虽然能提供完整的信息，但有时可以通过图形化的表示方式来掩盖直观的敏感问题。因此，演示者需要决定，在每种情况下，是否需要使用表格或图。TAI 示例显示了以图形方式传递指标信息的 3 种情况。在任何情况下，图形都需要经过精心设计，以保证效果清晰、美观，同时也需要使用文字、数字进行说明。

表格是最简单的一种列报方式，因而将每个国家的综合指数列为价值表，通常按降序排列。虽然表格是一种显示结果的综合方法，但它可能过于详细，视觉上不具吸引力。然而可以将其调整为按地理位置、国内生产总值等分组显示的一组国家的目标信息。

综合指数可以利用折线图表示。折线图可以用来说明组合（或其维度/组件）随时间的变化。不同国家（或不同指标）的数值用不同的颜色和/或符号表示。例如，可以使用绝对水平、绝对增长率、指数水平和指数增长率来显示指标。索引时，指标的值将进行线性变换，以便给定年份的索引值为 100（或另一个整数）。综合指数的折线图示例如图 20.14 所示。

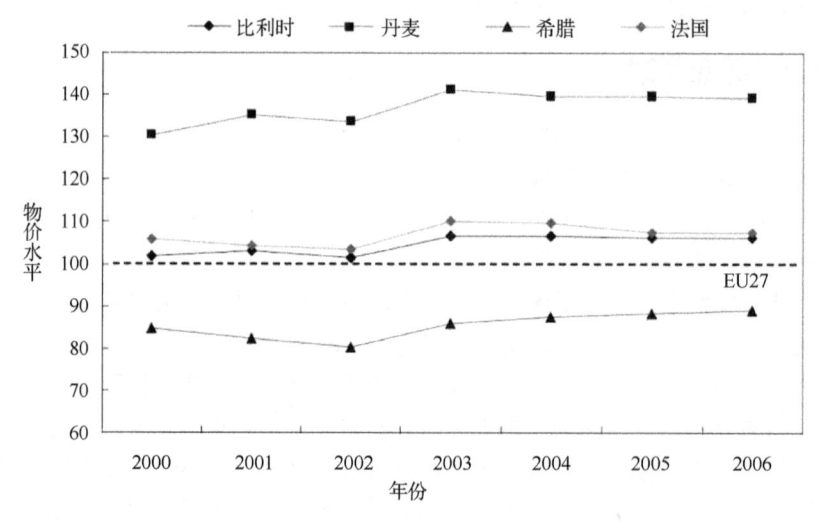

图 20.14 综合指数的折线图示例
（欧盟物价指数）

参考文献

[1] MARKO K, RICHARD W, EERO V, et al. Making connections: Harnessing the diversity of strategy-as-practice research[J]. International Journal of Management Reviews, 2022, 24(2): 210-232.

[2] EISENHARDT K. What is the Eisenhardt method, really?[J].Strategic Organization, 2021, 19(1): 147-160.

[3] 马浩. 战略管理学 50 年:发展脉络与主导范式[J]. 外国经济与管理,2017, 39(7): 15-32.

[4] 冯伟，骆建成，谢宗仁，等. 军事战略能力评估指标及评估模型研究[J]. 军事运筹与系统工程，2019, 33(3): 13-17.

[5] 耿帅. 基于群决策理论的非经营性政府投资项目决策模型研究[D]. 北京：华北电力大学，2015.

[6] 梁展凡. 投资建设项目群链式风险分析、评估及其仿真研究[M]. 武汉：武汉大学出版社，2011.

[7] BARNEY C, SHAN L, RAY H. The strategic implications of web technologies: A process model of how web technologies enhance organizational performance[J]. IEEE Transactions on Engineering Management, 2010, 57(2): 181-197.

[8] 张明华，冯伟，李林.《美国军力指数》探析及其对军力评估的启示[J]. 军事运筹与系统工程，2020, 34(1): 29-32.

[9] 苗欣宇，程中华，李思雨，等. 基于系统动力学的装备科研项目采购绩效评估模型[J]. 军事运筹与系统工程，2020, 34(3): 33-39.

[10] 白凤凯，汪雄，芦雪，等. 美军联合能力需求管理研究[M]. 北京：国防工业出版社，2014.

[11] 李传方，许瑞明，麦群伟. 作战能力分析方法研究综述[J]. 军事运筹与系统工程，2009, 23(3): 72-77.

[12] 张骁雄. 武器装备多能力领域组合选择与决策方法研究[D]. 长沙：国防科技大学，2018.

[13] 朱殿骅，谢先达，张允壮. 美国国防预算是如何制定的?[J]. 财政科学，2017(10): 56-74.

[14] 陶蕊，施筱勇，迟计. 国外发展战略与规划评估的案例研究及启示[J]. 软科学，2019, 33(1): 29-33.

[15] 汤珊红，游宏梁，高强，等. 美国军事数据发展战略演进研究[J]. 情报理论与实践，2019, 42(6): 1-5.

[16] 陈友骏,于娣. 21 世纪 10 年代日本军事战略的嬗变态势及动因分析[J]. 日本问题研究，2020, 34(5): 43-55.

[17] 张琛. 基于系统动力学的战略项目管理研究[D]. 武汉：武汉理工大学，2009.

[18] 杨卫华. 俄军战略规划基本理论初探[J]. 外国军事学术，2012(4): 40-44.

[19] 廖颖，刘鹏，席酉民. 不确定环境下的战略决策：类比推理的作用[J]. 外国经济与管理，2018, 40(8): 17-29.

[20] 陈晓，王永强，商世民. 世界主要国家军队战略管理的理念和做法[J]. 国防，2018(10): 80-84.

[21] CARTON G. How assemblages change when theories become performative: The case of the Blue Ocean strategy[J]. Organization Studies, 2020, 41(10): 1417-1439.

[22] GLYNN A, WATKISS L. Of organizing and sensemaking: From action to meaning and back again in a half-century of Weick's theorizing[J]. Journal of Management Studies,

2020, 57(7): 1331-1354.

[23] 丁川，李爱民. 基于战略风险投资的融资契约设计及融资决策[J]. 管理科学学报，2019, 22(1): 57-79.

[24] 章洁. 基于案例推理的工程企业国际化战略决策[D]. 天津：天津大学，2019.

[25] 陈圻，林芳强. 基于竞争战略选择的企业创新投入与产量决策动态博弈模型[J]. 管理工程学报，2019, 33(4): 193-204.

[26] 雷少华，李卓. 对美国战略评估的再思考：理论与方法[J]. 国际政治，2020(1): 3-19.

[27] 周超，胡晓峰，郑书奎，等. 战略战役兵棋演习系统兵力聚合问题研究[J]. 指挥与控制学报，2017, 3(1): 19-26.

[28] JARZABKOWSKI P, KAPLAN S. Strategy tools-in-use: A framework for understanding "technologies of rationality" in practice[J]. Strategic Management Journal, 2015, 36(4): 537-558.

[29] 王林. 面向战略的项目组合全过程收益管理研究[D]. 西安：西北工业大学，2017.

[30] 何燕子，王艳兰. 湖南省高端装备制造业技术创新效率评价研究——基于DEA和Malmquist指数模型[J]. 湖南工业大学学报，2020, 34(5): 72-79.

[31] 王天营. 综合指数编制方法的比较研究[J]. 统计与决策，2020(15): 38-43.

[32] NETZ J, SVENSSON M, BRUNDIN E. Business disruptions and affective reactions: A strategy-as-practice perspective on fast strategic decision making[J]. Long Range Planning, 2020, 53(5): 1-21.

第 21 章

体系对抗仿真技术

> 体系对抗仿真，是在对抗背景下针对体系架构设计方案对于体系使命能力、任务效能等方面需求的满足程度所开展的分析实验研究。体系对抗仿真按照不同的需求问题规模和体系研究阶段，运用静态与动态相结合、定性与定量相结合、多层次与粒度相结合等多种手段，开展综合分析仿真验证，从而为体系综合评估、迭代优化等研究过程提供数据输入和手段支撑。

21.1 架构驱动的体系仿真技术

体系的内涵和特点决定了仅对体系进行结构方面的研究是不够的，自治、演化、涌现等特征必须通过行为表现出来，体系架构方案须以体系行为试验作为测试和评估的基础，体系的性能和能力也须通过体系行为来体现。因此，体系行为研究是体系工程研究的重要组成部分。

体系行为研究的前提是要区分体系行为与系统行为，即体系中的组件子系统的行为与系统中的组件行为有何区别。系统能够独立实现某种功能，具备功能上的独立性；而系统组件虽然在结构上具备相对独立性，但不能独立实现功能。此外，由于系统设计通常具备一致性，即针对某个目标进行的统一设计，而体系是根据使命（大于功能）组合集成各系统，故而体系中的组件子系统通常具备异质性，异质子系统之间的互操作问题成为体系行为研究的核心问题。因此，体系行为可以分为子系统的内部行为和子系统之间的交互行为两种。其中，子系统的内部行为属于系统工程的研究范畴，体系行为研究的关键则是子系统之间交互行为的研究。子系统之间的交互行为可以在物理域、信息域、认知域和社会域内进行。这里将物理域和信息域内的行为统称为物理行为，而将认知域和社会域内的行为统称为认知行为。体系区别于系统的自治、演化和涌现等行为主要是由认知行为决定的，因而将体系认知行为作为研究重点。

体系行为的研究按照体系开发的工作进度可分为以下 3 个阶段：

（1）基于对体系架构方案进行基于形式体系的分析与验证（如基于 Petri 网分析体系行为的并发性），可在较高抽象层次对体系行为的某些特性进行逻辑推理和分析，但非严格意义上的体系行为实验。其优点是形式化程度高，分析过程较为简单。

（2）对体系建立仿真模型并进行仿真实验，在对仿真结果数据进行统计分析的基础上研

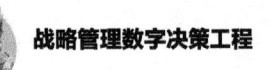

究体系行为。这样能够对体系的复杂行为进行基于时间维度的模拟，从而充分展现体系的交互过程和行为细节，尤其可以将仿真系统嵌入整个体系中，以便进行人和系统在回路的仿真。但是仿真系统的构建相对第一阶段的工作量较大，并且仿真模型的有效性需要得到充分验证。

（3）运行体系实体进行（实物或半实物）实验，观测其行为并进行研究。这样能够得到最为真实有效的行为数据，但是代价较高，需要在体系或者部分子系统开发完成后才能进行。

需要指出的是，架构驱动的仿真不完全等同于架构的可执行性研究。架构的可执行性研究是为架构建模语言设定计算机可执行的语义，即使架构模型具备计算机可执行性，以借助计算机对架构模型进行分析和校验等。但是架构模型中难以包含构建仿真系统的全部所需信息，因为仿真系统相较于架构模型而言，已经增加了额外必要的仿真信息。总而言之，架构的可执行性研究是架构模型的语义实现（没有增加更多的语义，转换为特定的形式体系，甚至只保留了部分语义）；架构驱动的仿真则丰富了架构模型的行为语义。

本节首先讨论了架构设计空间的构建及设计方案的探索问题，提出了架构驱动仿真的问题背景；然后详细探讨了架构驱动仿真方法、模型映射转换等内容。

21.1.1 体系架构设计空间构建

体系设计是一个多阶段、多层次迭代优化的过程，需要先根据设计对象的特征遴选设计决策并构建设计方案空间，再采用计算实验的方法对备选方案进行评估优化，最终为设计决策人员提供"满意"的设计方案。如图 21.1 所示，主要是在基线设计方案的基础上，开展设计方案空间构建、方案空间寻优探索、方案空间权衡决策 3 个阶段的工作。总体来看，它是一个采用解析分析、仿真实验等方法手段，完成由体系基线方案（S_BL）到备选方案集合（S_AL），再到体系优选方案（S_OP）和体系最终方案（S_ED）的方案探索寻优与权衡决策过程。

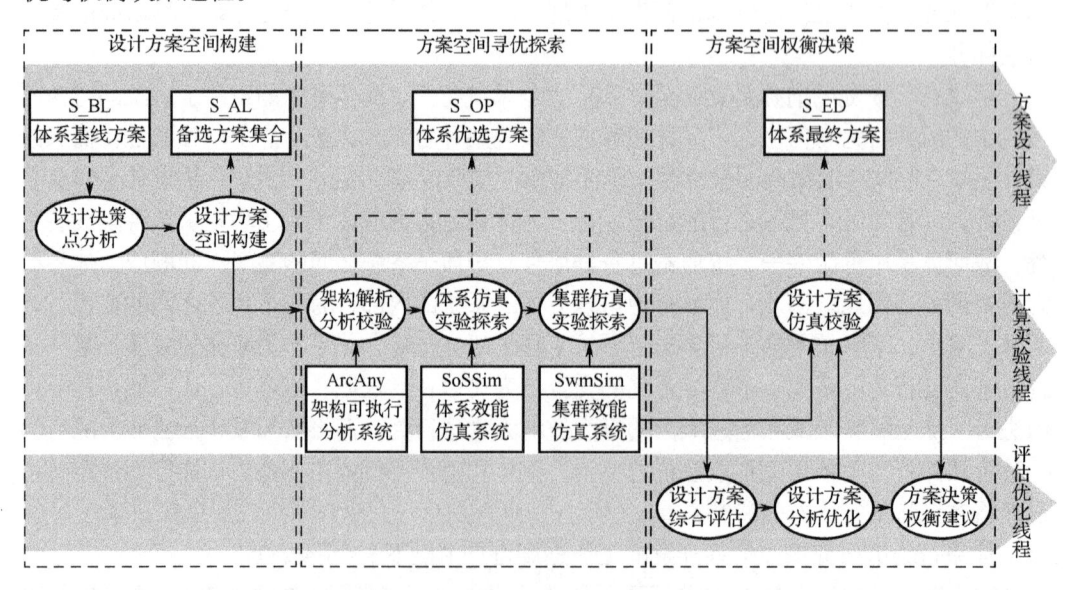

图 21.1 体系设计方案空间的相关流程

体系方案的设计决策点是对体系方案形成具有重要影响并具备可变性的设计变量，也是体系设计方案决策的主要对象，需要设计方案决策人员综合成本、能效、技术难度进行

权衡决策。前文已从体系兵力编成、作战运用和组分系统需求的角度给出了体系基线方案（以下简称方案 S_BL）。基线方案是体系设计的基准和出发点，但并非完善的方案，需要综合各类设计决策点的可能水平值构建设计方案空间，并通过计算实验和评估优化进行探索寻优，以支撑体系设计方案的决策权衡。这里在对体系关键设计问题分析的基础上，给出了需要定性、定量综合研讨的可选设计决策点，并给出需要通过计算实验进行决策分析的设计决策点，以支持关键评估问题和关键实验问题的设计。

1. 设计决策点分析

针对基线方案进行多领域、多层次的分析，根据领域专家、总体单位和分系统单位的综合集成研讨，确定可选设计决策点，见表 21.1。该表涵盖了任务域、功能域、组织域 3 个领域和体系、集群、平台 3 个层次的可选设计决策点。

表 21.1 可选设计决策点样表

层次	领域			
	任务域	功能域	组织域	支撑技术
体系	决策点 1	决策点 2	决策点 3，决策点 4	…
集群	…	…	…	…
平台	…	…	…	…

通过对上述设计决策点的深入分析，部分设计决策点可以通过定性研讨的方式确定设计值，并不需要通过计算实验进行考察。此外，通过综合考虑现有的技术水平和工作基础，剔除了部分计算实验难度大而变化值意义相对不大的设计决策点，最终筛选出需要计算实验的设计决策点。

2. 设计方案空间构建

根据上述设计决策点，构建设计方案空间，见表 21.2。该空间遵循设计空间构建、探索及权衡的设计优化迭代过程，列出各方案对应的设计决策点、方案描述及计算实验方法。

表 21.2 设计方案空间样表

编号	名称	对应设计决策点	方案描述	计算实验方法
1				
2				
3				
…				

21.1.2 基于仿真的体系设计方案探索

1. 关键实验问题分析

体系攻防对抗仿真的关键实验问题设计采用设计决策点主导的思路，即根据设计决策点来梳理实验问题，每个实验问题能够回答一个或多个评估问题，体系级、集群级、平台级关键实验问题样表见表 21.3，需要将实验问题与需求问题、设计决策点、评估问题相关联，设定试验想定，并对实验因子、约束因子、评估指标等实验变量进行设计，同时选择实验工具，对输入数据和采集数据项进行约定。

表 21.3 体系级、集群级、平台级关键实验问题样表

关键实验问题	关联需求问题	关联设计问题（设计决策点）	关联评估问题	实验想定	实验变量			实验工具	输入数据要求	采集数据项
					实验因子	约束因子	评估指标			
1										
2										
3										
...										

2. 基于体系解析分析仿真的方案初步校验

体系架构方案须经过分析和校验评估才能验证其可行性和正确性，架构方案的可执行分析方法见表 21.4。

表 21.4 架构方案的可执行分析方法

分析方法	概念内涵	视图模型	方法途径
逻辑规则检测	检测不同种类节点之间、任务链路和功能链路是否符合建模和逻辑约束	所有视图模型（除协议视图外）	静态语义检测
关联匹配分析	针对任务节点、装备节点、组织节点和网络节点，以及同类节点之间的逻辑关联关系进行分析	兵力网络视图 任务链路视图	任务能力包、使命能力包、矩阵匹配分析
指标集成解算	分析任务视图模型、装备视图模型、组织视图模型、任务链路模型和兵力网络模型的时间、成本、能效、网络拓扑结构等指标	所有视图模型（除协议视图外）	时间-资源消耗分析方法
解析分析优化	转换为 Petri 网、状态机、复杂网络等解析分析模型，分析其状态可达性、功能冗余性、流程并发性等特征	兵力网络视图 任务链路视图 运行机制视图	Petri 网、状态机、复杂网络分析法

3. 基于体系攻防对抗仿真的方案深度探索

按照任务活动、装备功能和组织指挥等架构方案，在体系攻防对抗仿真软件中建立红蓝双方的任务流程、装备模型和组织编制，并根据基线兵力配系方案进行兵力部署，完成实验想定建模。

（1）红蓝双方兵力编成。根据仿真目标和任务想定对红蓝双方兵力编成方案进行初步设计，具体包括红方/蓝方平台名称、数量、搭载的主要武器和载荷、战技指标等，见表 21.5。

表 21.5　红蓝双方兵力编成方案样表

序　号	红方/蓝方平台名称	数　　量	搭载的主要武器和载荷	战　技　指　标
1				
2				
3				
...				

（2）体系攻防对抗基线实验过程。按照基线想定开展攻防对抗仿真推演，记录仿真实验过程及结果数据。典型体系攻防仿真实验过程如图 21.2 所示。

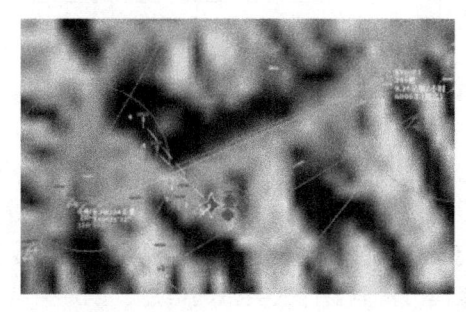

图 21.2　典型体系攻防仿真实验过程

（3）关键设计点实验方案。针对体系架构设计中存在的关键设计问题，以大样本蒙特卡洛仿真的方式对基线体系架构方案进行多视角的实验验证和探索研究，从而发现方案中存在的问题，并指导体系架构方案迭代优化。关键问题的实验方案样表见表 21.6。

表 21.6　关键问题的实验方案样表

	A平台数量	B平台数量	C平台数量	实　验　编　号
蓝方按照基线方案攻防				

（4）关键设计点实验结果。关键问题实验结果样表见表 21.7，具体包括关键实验问题对应的攻防方案基线、平台数量、实验编号、平台损耗总数及平台效费比等实验结果。

表 21.7　关键问题实验结果样表

					实验××结果记录						
	A平台数量	B平台数量	C平台数量	实验编号	A平台平均损耗总数	B平台平均损耗总数	C平台平均损耗总数	蓝方平均损耗装备总数	A平台效费比	B平台效费比	C平台效费比
蓝方按照基线方案正常攻防											

21.1.3　多层次架构驱动仿真方法

从设计领域角度表达的架构框架与面向作战效能评估的仿真应用相结合，可为在当前武器系统设计与仿真之间建立协作桥梁以进行定量分析提供保证。架构驱动仿真的关键问题在于建模仿真需要什么类型的信息，以及架构能否提供这些信息。解决该问题需要从以下3方面着手：①考察架构在理论上能否为各种仿真应用提供框架支持；②对当前的架构资源进行评估，确定实际的架构产品能否描述仿真所需的相关信息；③实现这种信息转换所需的关键技术及其是否可行。

1. 仿真应用框架

在建模与仿真概念体系中，框架的组成部分包括源系统、仿真模型及仿真器等。其中，源系统是客观的真实环境，通过对源系统中感兴趣的观测对象进行裁剪，得到观测数据的信息源，并以变量随时间变化的轨迹形式抽象，进而得到仿真模型。仿真模型是一种系统行为描述规范，其信息从源系统中观测收集，或者对系统进行实验获得数据，表达方式可以是计算机可运行的指令集，或一组表示行为变化的规则，也可以是数学方程等。仿真器在时间域上展开仿真模型，生成其行为轨迹，主要负责执行时间管理功能。

对于一个仿真应用而言，一般具有自己的特点，如用户接口、模型、实验方法和仿真算法等，但也具有一些与其类似的其他仿真应用的共性之处，如仿真过程的控制、仿真数据的收集和管理，以及相应的分析算法，这些共性模式为该类仿真应用提供了一个应用框架。对某类型应用问题进行仿真，可以用此共性模式对其进行抽象，这种共性模式就是仿真应用框架，它包括以下内容：对仿真对象的概念表达，仿真模型的描述规范和执行机制，仿真想定的结构化、层次化设计，仿真实验的控制约束设计，以及仿真结果的收集、分析与评估等。仿真想定是联系架构框架与仿真应用框架的桥梁，诸如装备体系的实体信息、实体的层次化结构信息、实体之间的作战行动信息、实体的物理功能信息，以及作用于装备体系整体的作战概念等想定要素可以从架构框架中收集。

2．实验框架

仿真应用框架的核心是仿真模型与实验框架。实验框架是一种条件规范，在其范围内观测或实验源系统。实验框架通过与源系统交互，获取特定条件下感兴趣的数据。实验框架的规范包括 4 个主要部分——输入段、控制段、输出段、分析段，其含义如下：
- 输入段可接纳时间相关输入激励，产生独立实验样本，并导入仿真模型中进行特定实验。
- 控制段是实验条件的规范，在该条件下仿真模型和系统能够进行初始化、执行检验实验及被终止。
- 输出段是实验数据处理的规范，负责统计实验结果，并提供模型输入/输出行为的定性和定量评估指标。
- 分析段是数据结果收集机制的规范，用于分析并形成最终结论。

3．架构驱动仿真的技术框架

为了构建架构驱动仿真方法的研究场景，首先需要对涉及的概念进行归纳和提炼。由于虚拟采办过程跨越军方和工业设计部门，对待采办的产品和资源通常存在两种不同的视角：军方将采办的数字化产品称为采办样机，而工业设计部门将其称为工程样机。所谓采办样机，其精确含义是军方根据作战任务需求及当前装备体系的能力缺陷所建立的未来武器装备的数字化描述，具体包括组成装备体系的全局剖面（包括装备需求、装备能力）、作战剖面（包括作战活动流程、作战概念、指挥结构）和技术剖面（包括战技参数、战技指标、装备的物理结构）的信息。

架构驱动仿真方法的出发点是考察架构资源与仿真应用之间的信息交换关系。采办样机可提供仿真应用所需的全领域、全视图资源，其特点是具备真实性、静态性、完备性且独立于仿真应用。为了验证、分析和评估由采办样机表征装备体系对象的实际能力，将其填充到特定的仿真应用中，以实现静态描述信息到动态执行信息的转换，从而驱动仿真运行。简而言之，架构驱动仿真方法的本质就是关注仿真应用本身的内容和语义，而不是将仿真模型的建模语言、建模形式及仿真器作为系统开发中心的一种开发模式。

采办样机的信息载体是架构资源，其特征表现为拥有一致性的视图和符合领域建模规范的数据模型。架构描述了装备体系虚拟采办相关信息的产品，包含待采办装备的性能、功能及其在未来作战环境下可预期的行为。该产品由各专业领域参与采办工作的人员提供不同的视图描述，视图信息采用标准化的参数形式及建模范式表达，所形成的资源可支持共享和重用，并与当前确认的军事、商业及工业通信协议、数据协议、开发协议等兼容。

架构驱动仿真采用基于元模型的驱动模式，其特点是采用统一的元模型接口规范描述一体化信息模型的构造信息，元模型存储在外部的模型库或标准规范格式的文件中，在运行时编译执行由元模型建立的应用对象。当架构表征的系统能力发生变化时，只需改变元模型的描述，就能在仿真应用运行时反映这种能力的变化。

架构驱动仿真既要保证采办能力信息在仿真应用中的一致性、准确性和有效性，也要兼顾驱动过程的高效、灵活和可操作性。对于武器系统效能评估仿真而言，由于包含参与对抗红蓝双方众多的系统、子系统和部件，如弹头、诱饵、干扰机、预警雷达、拦截弹等，并且每个系统的工作流程复杂、交互关系耦合多变，所表征的关键性能参数和评价指标数

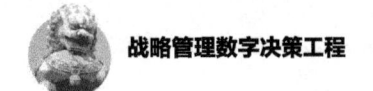

目也庞大，因而不能忽略这种巨大规模效应对开发模式的影响。

架构驱动仿真方法不仅需要借鉴软件工程领域成熟的自动化实现技术，以提高效率，还需要进一步继承和扩展建模仿真领域对于功能模型、仿真模型等异构模型的形式化表达、转换及动态执行技术，以实现建模仿真手段对效能评估过程的有效支持。

根据处理信息交换解决方案的不同，可分为以数据为中心的驱动模式和以模型为中心的驱动模式。其中，以数据为中心的驱动模式通过提供结构化的参数数据信息，并以数据产生器或数据包装器的形式加入仿真运行中，为其他仿真成员提供实时数据交互支持。该模式是以往仿真开发中实现设计时刻与运行时刻信息交换的一种常用手段，设计时刻的数据信息可以存储在规范化结构的文本文件中，也可以存储在标准数据库中。以模型为中心的驱动模式通过提供设计时刻模型的结构、功能、约束及视图信息，将模型表达的语义以整体无损的形式加入仿真运行中，为其他仿真成员提供实时模型交互支持。

通过分析可知，两种驱动模式在解决信息交换问题时各有利弊。以数据为中心的驱动模式比较容易实现，其存储和转换机制已基本成熟可用，但不足之处是不能充分利用采办样机中的所有功能信息，导致相关语义的损失。而以模型为中心的驱动方式虽然可以实现模型语义的无损转换，但自动化程度不高，不能直接用于复杂武器系统大规模的作战效能评估。

21.1.4 架构模型与仿真模型映射转换

架构驱动仿真的关键是从架构资源到仿真应用资源的转换，这种转换涉及两类不同描述规范的映射关系，由于两者所属领域存在差别，对于相同对象的描述会产生语义表达上的异构。为了降低形式上的异构性，可采用元建模技术。

1. 形式化描述

对于架构而言，如果其描述不能建立在严格的概念与可靠的理论之上，则对于系统的信息表达及系统的设计和实现会产生诸多问题，这些问题的实质是对相同真实世界实体表示的歧义性及不一致性。形式化方法就是解决该类问题的一种有效的描述方法，它认为系统形式化规范可以按层划分。

- 第 0 层：描述系统的输入/输出接口。
- 第 1 层：描述系统的行为对，观测系统所得的系统行为记录，即输入/输出对偶关系。
- 第 2 层：描述输入/输出的函数，它是对输入/输出关系集合的分段描述。
- 第 3 层：系统描述为抽象集合和函数，将状态空间、转移和输出函数引入描述规范中，转移函数描述由输入段引起的状态到状态的变化，输出函数描述状态到可观测输出的映射。
- 第 4 层：在第 3 层的基础上，补充描述输入生成段和由此引起的状态变化。
- 第 5 层：对系统的要素进行更为严格的定义，要求用基本的元素来描述集合与函数。
- 第 6 层：以组分形式描述系统，每个组分有自己的状态集合与状态转移函数，组分之间以非模块方式耦合，相互间的影响直接通过状态集合与状态转移函数通信。
- 第 7 层：描述模块化的耦合系统，组分之间通过端口实现连接和交互。

其中，第 0~2 层为表示系统组分行为和系统组分接口的行为层描述。

第 3~7 层是对系统和耦合系统的整体结构及行为的描述。工程层的仿真问题需要提供行为层和接口层的描述，对于复杂系统的表达存在不足，而架构可以描述接口层到系统层的语义信息，因而这里对于复杂系统作战效能评估系统采用基于规范的表示方法。

2．元建模

所谓元建模方法，指的是构建元模型的方法。元模型用于对模型进行规范定义、验证及提供模型级交互性规范。元模型在将问题拆分和从底层细节抽象方面具有优势，公共概念隐藏于抽象之后，元建模方法能够帮助表达这种公共概念，避免重复工作和支持重用，互操作与可组合在元建模方法的支持下已经成为可能。

元模型的概念一般建立在 4 层基础上，即模型实例、模型、元模型、元元模型。对模型范式进行元建模的目的是提供开放的、中立的规范，以帮助开发人员解决异构模型互操作与转换的问题。通过将描述对象分解为更小的单元，对这些单元构建元模型，由于元模型表达的结构和功能较为单一，在不同描述规范的元模型之间建立映射关系相对更容易，而元模型之间又可以聚合为较高层的单元描述，由此实现了顶层描述规范的映射关系。

元建模是可用于复杂模型的精确语义定义的方法，它也是一种建模活动。元建模语言本质上是属于建模语言范畴的，只是一般的建模语言在设计时没有考虑元模型的特殊建模需求，因而不适合作为元建模语言。一般用作元建模语言的主要包括两类，其中一类是专门设计的元建模语言，如数据交换格式、元对象设施；另一类则是具备元建模能力的普通建模语言。

3．模型与转换

从武器系统架构到仿真应用的转换研究，最早源于美国国防部的架构应用于方案分析的领域。该研究对相关问题进行了一些探索，但是对于转换方法的研究没有取得实质性的进展。该研究认为当前军事领域的建模技术以传统的微分方程为主，计算伤亡率和前线的变化，对于复杂大规模的系统仿真则不够精确，不能得到有效的评估结论，必须寻求新的途径改进架构对于建模仿真领域的支持。

架构驱动仿真的核心是从架构表示的模型资源到仿真模型的转换，这种转换需要在两种异构模型的描述规范基础上进行。当前比较成熟的方法是建立元模型元素之间的映射，即在进行模型转换时，根据元模型元素之间的映射来转换模型元素，从而得到目标模型。装备研制人员采用架构规范表达其领域的相关对象，仿真系统的开发人员基于仿真模型规范搭建模型的结构和描述系统行为。由于两者所属领域存在差异，对于相同武器装备对象的描述会产生语法和语义表达上的不同，解决这类转换问题有效的方法是采用映射技术。映射的基础是元建模过程中建立的元模型规范，其作用是在两个语义等价或者具备明确关联的元模型之间建立对应关系以实现转换。

21.2 体系解析分析仿真技术

作战体系的核心是一系列网络化的杀伤链，在对目标任务链路进行设计后，需要对其进行分析：从逻辑上检测节点的规范性，从关联匹配的角度分析各节点之间的关系，以及从链路能力分析设计方案是否符合能力、使命、战技指标和环境等约束，同时检验设计的可行性。如图 21.3 所示，体系可执行架构解析分析由逻辑检测分析、关联匹配分析和体系能力分析组成。

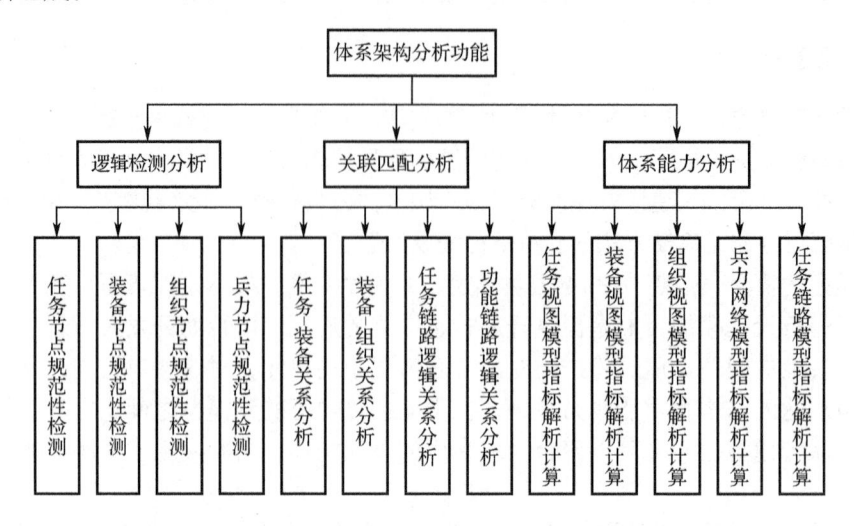

图 21.3　体系可执行架构解析分析的组成

逻辑检测分析实质上是一种语法检测，主要针对任务节点、装备节点、组织节点和兵力节点的规范性及节点之间的逻辑关系进行检测分析。对于任务节点来说，就是检测其有无起始和终止状态，以及任务节点是否可以形成完整链路；对于装备节点来说，就是检测装备组成是否完整无缺项，装备是否连接成功，以及装备之间的结构关系是否符合要求；对于组织节点来说，就是检测分析组织层级结构和指挥控制（以下简称指控）关系的设置是否符合规范，以及角色和岗位的设置是否满足要求；对于兵力节点来说，就是检测分析兵力节点的设置是否按照组织指控关系设置，以及是否符合兵力编成和部署的相关约束和规范。

关联匹配分析用于检测不同类型节点之间的关联关系和任务链路的逻辑关系是否符合约束。针对任务节点和装备节点之间的关系，主要关注是否每个任务都有对应装备支撑，确保不存在装备性能和任务要求不匹配的情况，如将执行探测任务的装备分配到打击任务中；针对装备节点和组织节点之间的关系，主要关注是否每个装备都有所属组织，以及组织是否具备对相应装备的调度能力；针对任务节点和组织节点之间的关系，主要关注是否给每个组织都有分配任务，以及组织是否具备相应任务的执行能力；任务链路逻辑关系主要关注任务之间的相对时序关系及权限问题。例如，只有先发现目标才可以执行相应的打击任务，并且对于不属于自主攻击权限范围内的目标，只有在收到指控系统发出的相应命令后才可以执行打击任务。功能链路逻辑关系分析主要关注装备功能链路之间的数据传输和通信组网能否支持功能之间的关系。

体系能力分析基于任务、装备、组织、兵力和链路的各个视图来分析时间、装备成本及效能等指标。在任务视图中，主要关注任务完成的时间、概率，以及过程中的对敌毁伤和自身损失；在装备视图中，主要关注装备自身成本和装备之间的互联互通关系；在组织视图中，主要考虑完成任务的组织节点上的负载均衡问题；在兵力网络视图中，主要关注任务-功能-组织三者融合构成的兵力作战能力和效能问题；而对于任务链路模型，则主要关注"侦察-指控-打击-评估"链路完成的总时长、闭合概率、战损比 3 个核心指标。

21.2.1 视图语法规范性检测

依据基本视图元模型及其元模型连线等语法规范，在进行体系架构方案视图建模时，支持对违反视图规范的模型进行检测、提示。图 21.4 所示为视图语法规范性检测示例（截取片段），当试图对两个不能连接的图元添加连接关系时，体系方案分析软件会报错。

图 21.4　视图语法规范性检测示例（截取片段）

21.2.2 多能力领域关联冲突提示

在开展兵力组网架构设计的过程中，首先以组织视角分别建立"组织域"与"任务域"和"组织域"与"装备域"的关联关系，然后建立"任务域"与"装备域"之间的关联关系，可能因为建模人员分析视角的不同，导致三域之间出现相互冲突的关联关系。架构设计软件支持在基本兵力配系方案视图中，对当前建立的所有关联关系进行冲突分析与提示，如图 21.5 所示，避免将体系逻辑架构层面的设计隐患带入后续的集成验证方案中。

图 21.5　基本兵力配系方案视图的关联冲突提示

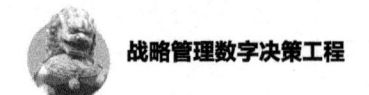

21.2.3 作战流程逻辑自洽验证

为了验证作战流程架构在逻辑层的一致性，可以进行基于状态机转换的人在回路事件驱动流程验证。

首先，将作战流程架构方案在架构设计软件中完成流程状态转换架构和流程时序图的建模；其次，将作战流程架构中的关键事件设定为驱动指令；最后，以人在回路输入的方式，按序将关键事件指令输入架构设计软件的流程验证模块，从而完成从"开始作战"到"作战撤收"的作战流程逻辑自洽验证，如图 21.6 所示（截取片段）。

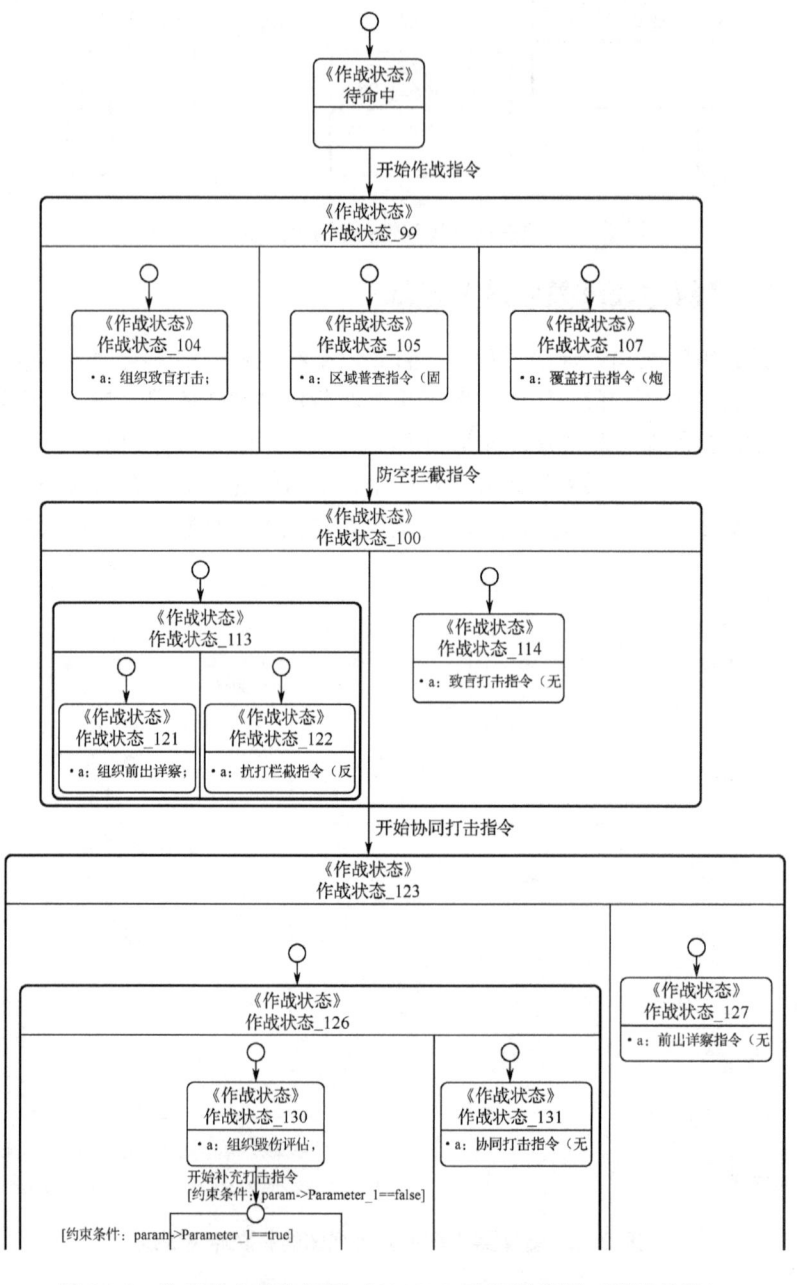

图 21.6 作战状态转换视图（OV-6b）验证示意图（截取片段）

21.2.4 杀伤链路指标计算优化

当前任务链路为了达到较好的目标打击效果，没有限定侦察、指挥控制、打击、评估各节点的数量必须为 1。重新对这些节点进行取舍和再设计，并从链路闭合概率和执行时间两个维度对其进行评估，如图 21.7 所示。

M1-RWLL 0.17157	M1-ZCXD-1 0.5		M1-ZCXD-2 0.7	M1-ZKXD-1 0.8	M1-PGXD-1 0.86		M1-DJXD-
M1-RWLL 时间最短 5s	M1-ZCXD-2 0.7	M1-ZKXD-1 0.8	M1-DJXD-1 0.75		M1-PGXD-2 0.95		
M1-RWLL 效果最好 0.399	M1-ZCXD-2 0.7	M1-ZKXD-1 0.8	M1-DJXD-1 0.75		M1-PGXD-2 0.95		
M2-RWLL 0.5172418944	M2-ZCXD-1 0.77		M2-ZCXD-2 0.88	M2-ZKXD-1 0.96	M2-DJXD-1 0.93		M2 PGXD
M2-RWLL 时间最短 5s	M2-ZCXD-2 0.88	M2-ZKXD-1 0.96	M2-DJXD-1 0.93		M2-PGXD-2 0.95		
M2-RWLL 效果最好 0.746	M2-ZCXD-2 0.88	M2-ZKXD-1 0.96	M2-DJXD-1 0.93		M2-PGXD-2 0.95		
M3-RWLL 0.6657886368	M3-ZCXD-1 0.9		M3-ZCXD-2	M3-ZCXD-3 0.96	M3-ZKXD-1 0.93	M3-DJXD-1 0.98	M3-PGXD
M3-RWLL 时间最短 5s	M3 ZCXD 2	M3 ZKXD 0.93	M3 DJXD 1 0.98	M3-PGXD-1 0.89			
M3-RWLL 效果最好 0.831	M3-ZCXD-3 0.96	M3-ZKXD-1 0.93	M3-DJXD-1 0.98	M3-PGXD-2 0.95			

图 21.7　杀伤链解析分析

分别针对目标 M1、M2、M3 设计了 3 条任务链路，各链路均由"侦察、指挥、打击、评估"4 类节点构成。其中，M1-RWLL 链路的闭合概率最高为 0.399，链路执行时间最短为 5s；M2-RWLL 链路的闭合概率最高为 0.746，链路执行时间最短为 5s；M3-RWLL 链路的闭合概率最高为 0.831，链路执行时间最短为 5s。由此可知，在进行链路设计时，可以采取替换相应节点或减少冗余节点的措施来减少链路执行时间或提高链路闭合概率，以达到优化设计链路的目的。

21.3　体系对抗效能仿真技术

21.3.1　ABMS 仿真思想

基于主体（Agent）的建模与仿真（Agent-Based Modeling and Simulation，ABMS）是一种采用许多相互之间具有复杂交互行为的自治 Agent 对系统进行描述和抽象的建模仿真方法，它在建模方法上强调实体的自治性和交互性，而在仿真实验上强调个体成员的局部交互对整个系统（涌现性）的影响分析。

一个基于 Agent 的模型由个体 Agent 组成，在软件实现上表现为一组对象。Agent 对象具有状态和行为规则，运行模型时只需按照 Agent 数量实例化 Agent 对象，使 Agent 进行交互并监视运行过程中的状态，即执行模型主要沿时间推进计算 Agent 状态。其原理基于以下假设：当一个特定的 Agent 模型，声称为 A 能够产生结果 R 时，就可以建立一个充分性理论陈述——如果 A 即 R。

ABMS 体现了系统工程中整体大于部分简单叠加，即"1+1>2"的思想。一般的非工程系统包括许多进行交互的组成要素（组件）。这些组件具有自身的规则和目标，一些组件甚至可以影响其他组件，但没有一个组件能够完全控制整个系统的行为。所有这些组件都会对整个系统层次产生不同的影响。通常将由这样一些组件所构成的系统称为复杂自适应系统（Complex Adaptive System，CAS）。在 CAS 中，系统行为并非其所包含的单个组件活动的简单叠加，而是会形成一些非线性的涌现行为。复杂自适应系统具有以

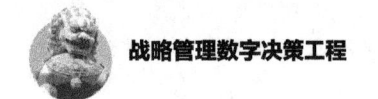

下突出特点：

（1）组成系统的实体数量众多，实体之间及实体与环境之间的交互非常复杂，各实体遵循符合自身利益和目标的决策规则，执行相应的动作。

（2）个体行为向上聚合成系统行为，但二者不具备线性关系。

（3）自适应意味着系统中的实体可以感知环境，并根据预定义的目标和当前状态调整自身行为，行为也可能对环境和其他实体产生影响。

因此，对于复杂自适应系统这种具有非线性涌现特性的系统而言，由于系统内部关系和机理的复杂性，采用传统的分析方法（自顶向下的系统功能分解）难以达到预期研究目标。系统某些因素的细微变化也可能引起系统整体行为的质变，而这种影响是非线性的，并且难以预测。由于采用传统的系统建模和分析技术很难捕捉 CAS 中的非线性交互，使得 CAS 的管理和控制变得更加困难。然而不能因为系统的复杂性就放弃对系统的管理与控制，仍需要借助工具和手段探索、分析和掌握其中包含涌现行为的内在规律，进而控制系统行为变化的复杂性。ABMS 正是为人们在操作、策略和战略等不同层次上提供了一种探索和分析复杂系统行为的有效工具。

ABMS 被认为是研究和解决复杂自适应系统问题的一种有效途径，也是当前建模和仿真领域的研究热点之一。ABMS 主要通过构建系统不同组件的 Agent 模型，刻画不同组件 Agent 之间及其与环境之间的行为交互来表示整个系统的行为。由于 ABMS 采用自底向上、从个别到整体、从微观到宏观的方式来研究复杂系统的复杂性，故而可以通过低层次具有简单行为的实体（如军事领域的传感器、武器平台、智能弹药等）模型，表现系统级复杂的、无法预测的、合乎实际的涌现行为。因此，ABMS 也是一种实验技巧和框架，可以对研究系统进行假设限定，建立满足特定精度、分辨率和逼真度要求的模型，以表示个体的行为及交互作用关系，并在计算机上进行仿真实验，观察分析复杂系统的行为特点和涌现性。

21.3.2 基于 ABMS 的体系仿真

体系的特点和体系效能评估的应用需求决定了体系效能仿真评估的需求，也反映了复杂系统的交互关系复杂，以及实体的自治性和行为的进化性、非线性、涌现性等特征。作为复杂系统研究的主要手段，ABMS 逐渐受到国际不同领域研究的关注，这主要源于 ABMS 仿真与一般仿真方法的不同。

在 ABMS 中，模型由封装了组成系统的不同个体行为的 Agent 集合组成。ABMS 关注的概念包含两种实体：个体和观察量，每种实体又包含时间属性。

（1）个体是在不同领域限定的活动区域。在一些领域中，可以基于物理边界区分实体；而在其他领域，边界则可能更加抽象。在任何情况下，边界是领域中的关注点，可以用于个体的区分。这些个体是"活动区域"，因为可以将领域中感兴趣的区域设想为具有行为的个体，个体可以随着时间推移"做事情"。

（2）观察量是可度量的感兴趣的特征。观察量可与不同的个体相关，或与整体上个体的集合相关。通常这些观察量的值是随时间而变化的。

ABMS 通过个体的行为进行交互。这些行为可能直接涉及多个实体或间接通过一个共享环境与多个实体相关。建模人员需要密切关注随模型运行的观察量，而不是直接根据这

些观察量之间的关系进行建模。这种观察量之间的关系在 ABMS 中是关注建模仿真活动的结果，而非起点。建模人员从每个个体行为的表示开始，使其进行交互。观察量之间的直接关系是该过程的输出而非输入。

ABMS 的另一个特点是模型聚焦的层次。一个系统由交互的个体集合构成，可以在系统层次上定义一些感兴趣的观察量（如封闭气体的压力），另一些观察量则可以在个体层次上进行表达或在系统层次上进行聚集。ABMS 中的一个趋势是根据个体 Agent 所访问的观察量定义 Agent 的行为，这不会依赖系统层次的信息。换言之，系统层次观察量的进化会从基于 Agent 的模型行为中涌现。

随着技术和工程的发展，各种实体和对象之间的交互关系变得越来越复杂，作战体系也不例外。首先，由于系统之间的相互依赖性，需要分析的系统和模型变得越来越复杂，传统的建模工具不再适用于原先可以应用的场合，它无法有效描述实体行为和实体之间的复杂关系；其次，一些系统总是过于复杂以至于不能采用传统方法进行有效建模，基于 ABMS 能够采用更现实的观点分析这些系统；再次，数据不断形成可组织的、不同颗粒度的数据库，微观数据已能够支持以 ABMS 为代表的微观仿真；最后，也是最重要的是，计算能力正在快速发展，现在能计算大规模的微观仿真模型，这在过去还只是一种想法。

下面主要从模型结构、系统表示、ABMS 的计算优势及 ABMS 的适用场合 4 方面对 ABMS 方法进行分析。

1. 模型结构

在模型结构方面，ABMS 表示每个个体的内部行为。一个 Agent 行为可能依赖于其他个体产生的观测结果，但不会直接访问这些个体行为，因此可采用模块化设定个体之间的边界，使 Agent 具备相对独立性。这种模型结构上的封装性使得 ABMS 具有明显的优势。

在 ABMS 中，每个作战实体都有自己的 Agent。一个 Agent 的内部行为不需要让体系的其余部分来访问，这样体系模型能维护关于其内部运作的专有信息。如果需要执行组合模拟，则可以保持个体的 Agent 不变，从而自动维护所需的全局行为控制。

在很多情况下，体系仿真分析希望输出一个控制策略，从而能够在一定程度上自动控制整个系统的行为。ABMS 中的 Agent 与被建模系统中的个体（作战实体或装备）是一一对应的关系，其行为是对真实行为的模拟。

2. 系统表示

在系统表示方面，作战过程由离散作战实体的决策决定，ABMS 可以用来表示这种过程或条件决策的行为集合的执行过程。

ABMS 更容易被构建。由于 ABMS 中的 Agent 与被建模系统中的个体是一一对应的，抽象 Agent 模型和交互关系变得更加容易，从而可以从局部 Agent 行为刻画整体的体系行为。

（1）ABMS 更容易刻画交互空间。ABMS 允许定义任意拓扑形式的 Agent 交互，以便独立抽象作战实体间的探测、通信、交战关系及与环境的交互作用。

（2）ABMS 提供了附加的确认能力。ABMS 可以在个体层次上进行模型确认，因为每个 Agent 编码的行为可与领域个体的实际行为的局部观察进行比较。

（3）ABMS 支持直接的实验分析。分析人员可以直接根据熟悉的作战过程使用模型进行"what-if"游戏，而不是将其转换为观察者相关的方程等其他模型。

（4）ABMS 更容易将分析结果转为体系的实现。"what-if"游戏的一个目标是确定能够在体系的进一步实现中进行应用，如果模型直接根据行为进行表示和修改，那么相关体系的实现可以根据 Agent 修改的行为转换为真实世界中对应物理实体的任务描述。

在许多领域，由于 Agent 模型属于微观世界仿真，ABMS 对于可控制的表示细节层次能够给出更现实的结果。

3．ABMS 的计算优势

和常规的仿真方法相比，基于 Agent 的建模具有明显的优势——它能够揭示新的结果，并且使长期存在的问题得到更深入的理解。通过归纳总结，基于 Agent 计算的优势包括以下几点：

（1）在基于 Agent 的计算模型中更容易限制 Agent 的决策合理性。

（2）在基于 Agent 的模型中容易实现不同实体行为的异构性。

（3）由于只需要执行模型就可以求解模型，这些结果完全是研究过程的动态历史，即对于 Agent 模型而言，行为动态性是不可避免的组成部分，人们可以通过行为分析复杂系统的特征。

（4）在大多数的社会过程和复杂的非工程系统中，要么与物理空间有关，要么与社会网络相关，而采用传统的数学表示和处理却是极其困难的，然而在 Agent 模型中却很容易表示和处理以空间或网络为媒介的 Agent 交互关系。

4．ABMS 的适用场合

ABMS 一般适用于以下场合：

（1）存在与 Agent 对应的自然表示。

（2）决策和行为能够被离散定义（包含边界）。

（3）Agent 的适应和改变行为对于分析是非常重要的。

（4）Agent 在动态的策略行为中进行学习和交互是比较重要的。

（5）Agent 与其他 Agent 具有动态的关系，并且 Agent 关系可以形成和消失。

（6）Agent 形成的组织和自适应学习对于组织层次是重要的。

（7）Agent 具有一个与其行为和交互对应的空间组件。

（8）需要伸缩到多个层次进行系统分析。

（9）过程结构变化是模型的结果，而非输入。

这种无全局控制的、由个体行为及个体交互而产生组织行为的特性，被复杂自适应系统理论当作社会系统的根本行为特性。复杂自适应系统理论认为军事系统是一个高度复杂的自适应社会系统，而军事对抗过程本质上是军事系统内部诸要素之间、内部要素与外部要素之间不断相互作用的动态演化过程。因此，ABMS 被军事仿真领域认为是军事作战研究，特别是网络中心战环境中的网络中心作战研究的最佳方法。ABMS 的仿真运行策略表明，基于 Agent 建模作战实体，能够更好地表达行为模型所刻画的作战实体的行为特点。而涌现源自交互的原理使得 ABMS 能够有效表达军事作战过程所蕴含的并发交互性和复杂涌现性。

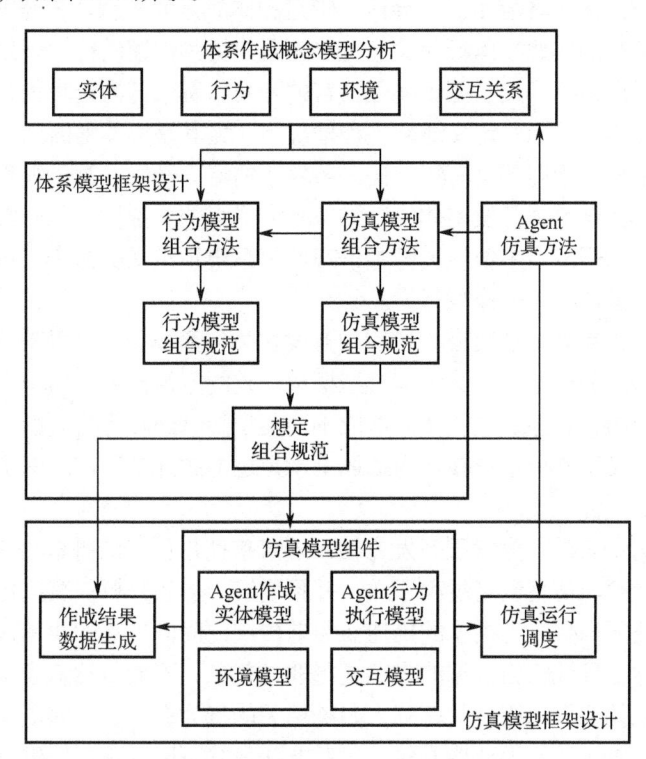

21.3.3 体系效能仿真开发过程

体系效能仿真开发过程包括体系作战概念模型分析、体系模型框架设计和仿真模型框架开发3个阶段，如图21.8所示。

图 21.8 体系效能仿真开发过程

1. 体系作战概念模型分析

体系作战概念模型分析是指在 Agent 仿真方法的指导下对体系作战概念模型中的实体、行为、环境进行分析，针对体系层次的能力分析需求，基于基本的作战能力指标和交互关系对体系中涉及的对象、作战过程、行为关系和环境要素进行抽象，保证建立的体系模型在物理域、信息域、认知域、组织域抽象的一般性，并指导后续体系模型框架和仿真模型框架的设计。

2. 体系模型框架设计

体系模型框架主要根据体系作战概念模型中涉及的实体、关系、行为和环境要素，参照 Agent 仿真方法设计可组合的体系模型规范。其中主要包括仿真模型组合方法、行为模型组合方法、仿真模型组合规范、行为模型组合规范，以及想定组合规范，用于指导用户根据仿真模型组件组合形成体系效能仿真应用。

体系仿真模型组合方法用于研究如何合理地抽象体系作战概念模型中的实体、对象、环境和交互关系，主要包括：哪些实体可以作为 Agent 模型，哪些对象可以作为 Agent 模型中包含的组件，Agent 模型的类型和组成结构如何，Agent 之间是否有组合关系，以及 Agent 之间的交互关系如何定义等。通过研究基于 Agent 的体系仿真模型组合方法，可以

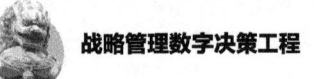

确定在开发仿真应用时分析人员如何利用已有的 Agent 模型组件组合面向体系分析的 Agent 仿真应用，并形成相应的 Agent 仿真模型的元模型，进而帮助用户根据元模型组合规范形成不同的体系分析仿真应用。

在建立面向体系的仿真应用时，会涉及特定的作战行为表示。在开发仿真模型时，一般无法准确描述所有的作战实体行为，但可以为用户提供快速的行为开发方法。行为开发方法主要包括基于规则的开发、基于编程语言的开发和基于行为语言的开发。其中，基于规则的开发的主要不足是无法定义适合各种情况下，尤其是实体随时间和态势进行动态决策的规则，因而主要用于局部具有特定语义条件下的行为开发；基于编程语言的开发要求用户针对每个应用完全重新开发实体的行为，具有很强的灵活性，但开发工作量和难度较大；基于行为语言的开发则主要通过脚本语言使用系统预定义的命令，再由用户根据需要组合这些命令，以描述实体的作战行为。

为便于用户在体系效能仿真应用过程中开发实体行为模型，可以采用基于行为语言的行为模型开发方法，即通过预定义的与模型框架一致的行为命令，由用户根据问题需要采用编程的方法自行组合这些命令，从而形成不同类型的 Agent 行为模型，这样既能发挥编程语言的灵活性，又可避免用户在行为描述上承担过多的开发工作，保证体系仿真应用在行为描述上的可扩展性。

然而基于行为语言的行为模型开发方法不能直接使用已有的脚本语言进行扩展，因为行为模型的描述必须与仿真调度过程一致，并且能够为体系分析仿真应用开发提供内置的丰富行为命令，还要简化行为模型的描述。当前传统的面向仿真的决策建模必须响应仿真过程中的许多事件，导致行为模型的表示变得非常复杂，不能自然地表示实体行为的决策过程，因而需要在体系概念模型的基础上归纳相关的行为命令，研究既与仿真调动一致，又能进行行为自然表示的行为建模方法，这些方法最终可以为用户提供进行体系仿真应用开发的行为模型组合规范。

仿真模型组合规范和行为模型组合规范可以形成面向仿真应用开发的想定组合规范，用户通过想定开发工具即可开发符合想定组合规范的体系仿真分析应用模型。

3．仿真模型框架开发

根据想定组合规范需要开发支持体系仿真应用模型模拟计算的仿真模型框架，它驱动体系仿真应用进行模拟计算，生成体系对抗仿真的作战结果数据。体系仿真模型框架需要研究和开发与想定组合规范相一致的仿真模型组件，主要包括 Agent 作战实体模型、Agent 行为执行模型、环境模型和交互模型。

21.3.4　体系效能仿真应用过程

体系效能仿真应用过程是基于体系效能仿真开发过程的体系应用开发过程，如图 21.9 所示，主要包括体系问题分析和实验准备、体系效能仿真应用模型开发和仿真实验与效能评估 3 个阶段。

1．体系问题分析和实验准备

分析人员在进行体系效能仿真分析前，需要根据体系研究的问题进行威胁环境定义和

作战概念开发，以形成需要研究的体系方案和作战背景。这些体系方案可以通过体系结构定义明确所研究体系包含的作战实体和装备，作战背景则可以用于定义评估体系方案是否满足作战需求的作战想定。一般在通过定量方法进行体系结构方案评估时，需要针对体系结构中的作战实体和装备进行数量和配比关系的调整，观察不同装备数量和结构关系在作战想定中表现的作战效果，以说明不同装备体系方案响应威胁和满足作战需求的能力。

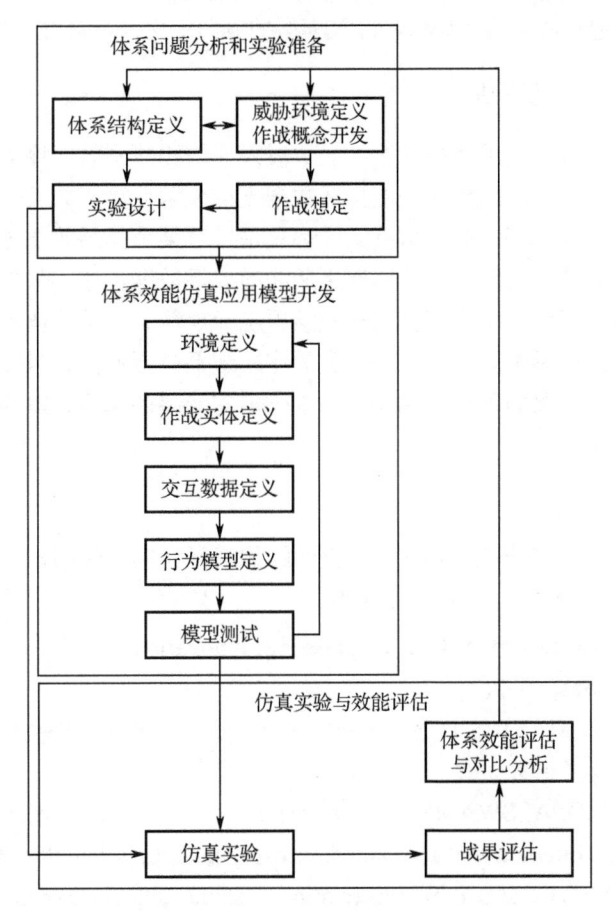

图 21.9 体系效能仿真应用过程

针对不同体系方案和作战想定的仿真实验需要通过实验设计进行统一规划。通过实验设计可以明确需要对哪些装备体系结构方案和作战想定进行仿真实验，每次实验过程中需要调整哪些装备参数和装备数量，以及在仿真运行过程中需要采集哪些战果数据等。借助实验设计，可以进一步指导体系仿真应用模型的开发和最终的体系仿真实验。

2. 体系效能仿真应用模型开发

在实验设计和作战想定明确后，可以在体系模型框架的支持下开发符合想定组合规范的体系效能仿真应用模型。其中主要包括环境定义、作战实体定义、交互数据定义、行为模型定义和模型测试。这里采用"定义"一词是为了说明分析人员开发应用模型的易用性和可组合性，可以通过开发自动化的想定和模型开发工具，采用可视化技术来辅助分析人员定义和组合相关的环境对象、实体模型、行为模型和交互数据，从而提高体系效能仿真

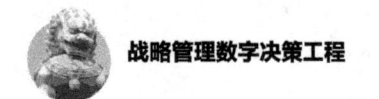

应用模型开发的效率和正确性。

在分析人员开发完成模型后，需要通过模型测试验证所建立的模型是否符合作战想定和实验设计要求。模型测试可以基于模型运行跟踪和可视化的作战过程显示评估仿真模型的正确性。模型运行跟踪可以判断行为模型执行逻辑的正确性，而可视化的作战过程显示可以通过直观的过程快速发现仿真模型中存在的问题。如果在模型测试过程中发现模型存在问题，则需要根据作战想定和实验设计调整和修改模型的数据定义、组合关系和作战行为模型。

3. 仿真实验与效能评估

仿真实验与效能评估主要包括仿真实验、战果评估和体系效能评估与对比分析3个部分。由于体系仿真采用性能指标和效能指标数据支持模型计算，故而会涉及批量的蒙特卡洛仿真实验问题。因此，每次体系仿真实验都只是针对某个体系效能仿真应用模型的一次实验，只有进行大量的重复实验后才能产生所需的战果数据。这些数据需要通过战果评估才能发现某个体系效能仿真应用模型的作战结果统计规律。体系效能评估与对比分析则将针对不同实验设计的体系仿真应用模型产生的作战结果进行对比，以发现不同体系结构方案在应对威胁时作战效果的不同，从而可以进一步支持装备体系方案的量化分析。

参考文献

[1] 朱一凡，李小波，李志飞，等. 架构驱动的体系行为集成建模与仿真方法[C]//武器装备体系建设学术研讨会. [S.l.:s.n.], 2013.

[2] JAMSHIDI M. System of systems engineering: Innovations for the 21st century[M]. [S.l.]: John Wiley & Sons, 2009.

[3] DICKERSON C, MAVRIS D N. Architecture and principles of systems engineering[M]. [S.l.]: CRC Press, 2009.

[4] RAGHAV G, GOPALSWAMY S. Architecture driven development for Cyber-physical systems[J]. SAE International Journal of Aerospace, 2010, 3, (1): 95-100.

[5] ULRICH W, NEWCOMB P H. Information systems transformation: Architecture-driven modernization case studies[M]. [S.l.]: Elsevier, 2008.

[6] TANG K, GOLDMAN S. An accurate, scalable communication effects server for the FCS system of systems simulation environment[C]//Winter Simulation Conference. [S.l.:s.n.], 2006.

[7] MAHULKAR V, MCKAY S, ADAMS D E, et al. System-of-systems modeling and simulation of a ship environment with wireless and intelligent maintenance technologies[J]. IEEE Transactions on Systems, Man and Cybernetics - Part A: Systems and Humans, 2009, 39(6): 1255-1270.

[8] MITTAL S, ZEIGLER B P, MARTIN R, et al. Modeling and simulation for systems of systems engineering[M]// JAMSHIDI M. System of systems engineering: Innovations for the 21st century. [S.l.]: John Wiley & Sons, 2009.

[9] 王梦，杨松，李小波，等. 基于可执行架构的杀伤链设计与分析优化方法[J]. 系统仿真技术，2021,17(3): 169-174.

[10] 李群，等. 基于ABMS的体系计算实验方法与应用[M]. 北京：电子工业出版社，2018.

[11] 金伟新，肖田元. 基于复杂系统理论的信息化战争体系对抗仿真[J]. 系统仿真学报，2010, 22(10): 2435-2445.

[12] 黄晓冬，谢孔树，李妮，等. 面向体系对抗的仿真支撑平台研究及应用[J]. 系统仿真学报，2021, 33(8): 1914-1926.

[13] 陆志沣, 洪泽华, 张励, 等. 武器装备体系对抗仿真技术研究[J]. 上海航天, 2019, 36(4): 42-50.

[14] 张灏龙，谢平，赵院，等. 体系对抗仿真面临的挑战与关键技术研究[J]. 计算机仿真, 2019, 36(5): 1-5.

[15] 张斌，李瑞军. 体系对抗仿真 SEII 模型体系顶层框架探索[J]. 军事运筹与系统工程, 2015, 29(4): 56-59.

[16] 郭志武. 体系对抗仿真置信度的分析[D]. 成都：电子科技大学，2014.

[17] 王飞，司光亚，杨镜宇. 基于任务的体系对抗仿真数据采集方法研究[J]. 系统仿真学, 2011, 23(5): 1021-1025, 1031.

[18] 李群，黄建新，贾全，等. 基于进程的 Agent 体系仿真模型框架[J]. 系统仿真学报, 2011, 23(11): 2475-2481.

[19] 张明智，胡晓峰，司光亚，等. 基于 Agent 的体系对抗仿真建模方法研究[J]. 系统仿真学报, 2005(11): 216-219, 223.

[20] 杜伟，朱江，闻传花，等. 基于多 Agent 的作战体系仿真模型构建[J]. 舰船电子工程, 2016, 36(10): 73-77.

[21] ZEIGLER B P, SARJOUGHIAN H S. Guide to modeling and simulation of systems of systems[M]. London: Springer, 2012.

[22] TZANEV A. Modeling and simulation of systems of systems —A survey[J]. Cybernetics & Information Technologies, 2013, 13(2): 3-36.

[23] 丁钱. 基于模型驱动的复杂系统装备互操作可视化仿真与验证平台设计与实现[D]. 南京：南京邮电大学，2021.

[24] 曹裕华，钱昭勇，陈小卫，等. 装备体系鉴定仿真试验床总体设计[J]. 火力与指挥控制, 2021, 46(5): 168-173, 179.

[25] 王俊达，卿杜政. 柔性可扩展装备体系对抗仿真建模框架研究[J]. 现代防御技术, 2020, 48(4): 122-131.

[26] 李杰，朱勇. 一种武器装备体系组合试验验证与评估方法[J]. 水下无人系统学报, 2020, 28(2): 225-230.

[27] 林圣琳. 面向复杂仿真的评估与优化方法研究[D]. 哈尔滨：哈尔滨工业大学，2020.

[28] 李玉萍，毛少杰，居真奇，等. 装备体系分析仿真平台研究[J]. 系统仿真学报, 2019, 31(11): 2374-2381.

[29] 陆志沣, 洪泽华, 张励, 等. 武器装备体系对抗仿真技术研究[J]. 上海航天, 2019, 36(4): 42-50.

[30] 刘德胜，马宝林，葛亚维. 作战体系建模方法与应用[J]. 指挥控制与仿真, 2020, 42(5): 1-6.

[31] 廖咏一，李兴国，康丽. 面向装备论证的功能级仿真模型可信度评估探讨[J]. 科学技术创新, 2020(1): 192-193.

第22章

综合集成研讨技术

> 综合集成研讨技术是机器智能与专家智慧相结合的智能支持技术，也是实现"数据-知识-智能-智慧"数字决策价值链路最终环节的理论基石。面向复杂的重大决策问题，综合集成研讨技术以开放的复杂智能系统问题求解框架为基础，采用定性定量综合集成研讨厅等方式，构建战略规划群体决策支持系统，支持规划决策多阶综合研判并实现群体智慧研判。围绕综合集成研讨，本章首先概述智能决策知识背景，再从机器智能决策、群体智慧研判、智能推演平台、智慧研判环境4方面予以详细介绍。

22.1 智能决策支持

在全球信息化快速发展的背景下，各行各业的决策活动在频度、广度及复杂性方面较以往均出现本质上的不同，决策过程中的不确定性因素增多，决策分析的难度增加。传统的数据分析方法与基于人工经验的决策已难以满足大数据时代的决策需求，大数据驱动的智能决策将成为决策研究的主流。基于大数据的智能决策是公共管理、工业制造、医疗健康、金融服务等众多行业领域未来发展的方向和目标。如何进行大数据的智能分析与科学决策，实现由数据优势向决策优势的转化，仍然是当前大数据应用研究中的关键问题。

数据驱动的决策是决策者通过对与决策对象有关的数据进行分析，挖掘数据中隐含的有关决策对象之间的偏好关系的信息，并根据得到的偏好关系信息对决策对象进行分类、分级或排序，最终做出选择的全过程。

从静态决策到动态决策、从单人决策到群体决策、从基于小规模数据分析的决策到基于大数据知识发现的决策，决策理论与方法发生了巨变，基于大数据的智能决策采用智能计算方法对大数据进行智能化分析与处理，通过抽取结构化知识，对问题进行求解或对未来给出最优判断。智能决策需要满足大数据决策在关联性、不确定性、动态性、全局性方面的分析需求。在面向大数据的决策应用中，关联性为问题假设的初步分析和正确数据选择提供了必要的判定与依据，它既是一个重要的前提，也是一种必要的分析手段。不确定性是大数据决策的显著特征，也是大数据智能决策研究的重点与难点；大数据决策的动态性决定了大数据知识动态演化的重要性，如何有效利用数据增量也是大数据智能决策研究的关键点；大数据决策追求的全局性，要求大数据智能决策能够将多源信息进行融合与协同以消除信息孤岛。需要指出的是，大数据的关联性、不确定性、动态性和全局性不是相

互独立的因素，彼此之间存在潜在的联系，在实际应用中可能并发存在，但从研究的角度出发，一般很难同时讨论上述 4 种因素的分析。下面将从智能决策支持系统、基于不确定性分析的智能决策、基于信息融合的智能决策和基于增量分析的智能决策 4 方面探讨大数据智能决策的研究与发展现状。

智能决策支持系统（见图 22.1）是智能决策分析方法的载体，随着大数据应用的普及，智能决策支持系统的发展成为大数据决策领域备受关注的研究方向。决策支持是由管理科学和运筹学发展而来的一门学科，20 世纪 70 年代，斯科特·莫顿（Scott-Morton）提出了决策支持系统（Decision Support System，DSS）的概念。DSS 是以提高决策有效性为目的，综合利用大量数据，有机结合各种模型，通过人机交互的方式，辅助各级决策者实现科学决策的计算机系统。1980 年，斯普拉格（Sprague）将 DSS 设计为由用户接口、数据库管理系统、模型库管理系统 3 个部件集成的两库（数据库和模型库）框架。随着人们对 DSS 研究和应用的深入，DSS 相继引入了方法库管理系统、知识库管理系统和推理机，最终形成四库（数据库、模型库、方法库、知识库）框架。智能决策支持系统是由 DSS 通过不断升级和演化而来的。20 世纪 80 年代，专家系统（Expert System，ES）广泛流行，有学者将 DSS 与 ES 相结合，充分发挥 DSS 的数值分析能力和 ES 的符号知识处理能力，用于解决定量与定性问题和半结构化与非结构化问题，有效扩大了 DSS 处理问题的范围。这种 DSS 与 ES 相结合的思想即构成智能决策支持系统的初期模型。

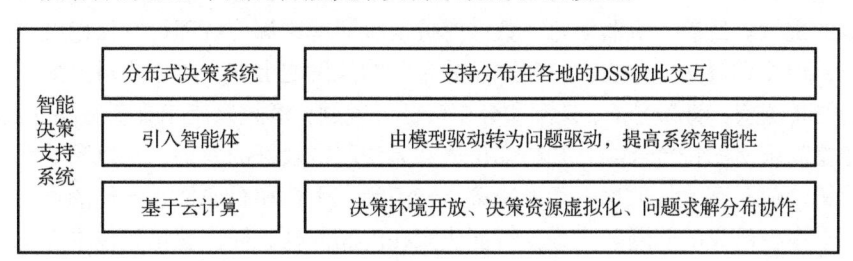

智能决策支持系统	分布式决策系统	支持分布在各地的DSS彼此交互
	引入智能体	由模型驱动转为问题驱动，提高系统智能性
	基于云计算	决策环境开放、决策资源虚拟化、问题求解分布协作

图 22.1　智能决策支持系统

不确定性是指客观事物联系与发展过程中无序的、随机的、偶然的、模糊的、粗糙的、近似的属性。现实世界的多样性、随机性、运动性，以及人类对事物描述和信息表达的不精确性、模糊性决定了人们所能获取的数据本身存在较多的不确定性。而在大数据环境下，数据的多源、多样、增量及不完备等特点，以及人们对数据分析处理需求的多样性，使得大数据从宏观上具有比传统数据更多的不确定性。大数据的不确定性不仅存在于大数据本身，还体现在大数据的处理过程中。因此，关于大数据不确定性信息的表示与处理成为大数据智能决策理论方法研究中不可缺少的一部分。不确定性理论方法，如模糊集、粗糙集、贝叶斯理论、证据理论等在智能决策方法中都起到了关键作用。随着大数据应用的增多，以上方法逐步应用于面向大数据不确定性处理的智能决策中。

多源信息融合是人类固有的一种基本功能。人类可以本能地将各种感知器官所探测的信息与先验知识进行综合，进而对周围的环境和正在发生的事件做出准确的估计。由"盲人摸象"的故事可知，单凭一种感官所获得的感知信息，难以获得对客观事物的全面认知，而通过对不同度量特征的融合处理，可以将多源信息转化为对环境有价值的解释。多源信息融合就是通过对人脑综合处理多源信息功能的模拟，实现自动/半自动地将不同来源和不同时间点的信息转化为统一的表示形式，进而为人们提供有效决策支持的一系列技术方法。在现实世界中，诸多看似没有关系的事物之间其实存有普遍关联，而这些普遍关联往往会在一些问题求解中发挥关键作用。相关分析便是一种发掘事物之间普遍关联的数据驱动方法。自19世纪80年代高尔顿（Galton）通过研究人类身高遗传问题首次提出"相关"概念以来，相关分析便引起了人们的关注，并逐渐成为一种决策分析的重要手段。在大数据时代，基于相关关系挖掘的数据分析具有重要的价值。

增量性是大数据的固有特性之一。现实生活中广泛分布的传感与监控设备、实时互联的社会媒体等都构成了大数据动态增长的在线场景。基于大数据决策的数据分析，不单要从历史大数据中获取知识，更多的是对新增数据进行动态知识发现。传统机器学习方法对历史大数据的挖掘与分析往往是建立在数据隐含规律对未来预测有效性的假设之上的，或假定决策状态始终处于决策模型的闭环之内。现实世界的复杂多变性决定了从历史数据中获取的知识多数只具备历史有效性，在实用性较强的决策应用领域，特别是对决策时效性要求较高的工业控制领域和智能交通领域等，实时动态的增量式知识获取是保证决策质量的必要条件。近年来，随着大数据应用的普及，有更多的专家学者开始关注大数据的增量式学习问题。

然而对于大数据的分析和处理，在不同行业和领域均存在巨大的挑战，大数据的大体量、高通量、多源异构性和不确定性等对传统的数据处理硬件设备和软件处理方法均构成前所未有的挑战。目前，机器学习、数据挖掘及统计理论等传统理论方法已经广泛用于大数据分析，但多数方法是建立在"独立同分布"的假设之上的，难以应对大数据的不确定性显著、关联复杂、动态增长、来源和分布广泛等问题，多数只能挖掘到底层的数据特征，而对于挖掘高层次的符合人类认知的知识依然无法取得较好的效果，难以高效地将大数据转化为决策价值。基于大数据的智能决策是一门集应用性和科研性于一体的学科领域，目前仍存在众多待研究的问题。大数据智能决策在内涵外延、模型理论、技术方法及实施策略等方面还需要更多的研究与实践。

22.2 机器智能决策

22.2.1 智能决策规划系统

分层任务网络（Hierarchical Task Network，HTN）的建模方法近年来被广泛用于规划和决策过程，国外很多作战行动计划系统都采用基于HTN的建模方法，其中以开放计划架构系统和层次指令计划系统最具代表性。开放计划架构系统对任务的描述不像形式化建模语言需要包含不同的列表来表示前提和效果，而是通过定义情景模式来描述任务的关系。层次指令计划系统则提出了一种较好的任务分解机制。

在分层任务网络规划的研究中，涉及的任务之间的时态关系大致可以分为3类：定性时态关系、带有持续时间和并行动作的时态关系及一般性时态关系。对于定性时态关系，例如方案中的动作是全序或者偏序关系，可以使用全序或者偏序规划程序来实现，目前已有不同学者设计了可以规划出全序和偏序方案的规划器。带有持续时间和并行动作的时态关系，通常使用基于时间线的方法进行表达与推理。一般性时态关系通常借助简单时态网络进行表达，并通过约束传播算法进行推理。

在规划过程中，基于时间线的方法是在一定的时间推进机制下，跟踪记录某个状态的变化，并且只是记录发生状态改变的最后时刻及其状态。通过时间线的跟踪记录，可以实现带有持续时间和并行特征的动作推理，并避免资源冲突。具体来讲，在分层任务网络规划中，基于时间线的时态处理方法可以分为两种。第一种是为整个规划系统设定一个时间轴。相应的时态推进机制主要用于帮助规划器根据任务或者动作发生的时间进行分解分支的选择，从而避免规划器迷失在盲目搜索中。第二种是为每个动态属性设定一个时间轴，如多时间线预处理方法。该方法的优点是有利于避免资源冲突，并且规划速度快；缺点是当规划问题有比较紧急的截止期限约束时，规划器必须通过多次回溯找到一致方案，导致耗费大量规划时间。

当使用时间线的方法进行时态推理时，规划器能够知道规划系统每一步的确切状态。对于已经加入方案的动作，其对应的时间变量会绑定确定的值。因此，对于规划的每一步，当前状态都是确定的，这一特点简化了推理的复杂度。然而基于时间线的方法只能处理相对简单的时态问题，如带有持续时间和并行动作的规划，却不能处理一般的时态约束，如在艾伦区间代数中可以表达的截止期限约束和"before"关系。

一些规划器整合了简单时态网络及其对应的一致性检验算法，用以处理一般性时态关系。时间变量之间的相对时态关系通过时间窗进行表达，进而构建对应的简单时态网络。在规划过程中，经过路径一致性算法处理后，时态约束得以传播，时态网络的一致性也得到了检验。在任务分解过程结束后，如果得到了一致的简单时态网络，则可使用求解约束满足问题的算法进行简单时态网络的求解，如最小冲突启发式。使用简单时态网络的规划器能够处理一般意义上的时态约束，这主要归功于简单时态网络对时态关系强大的表达能力。然而在这种规划方法下，规划器并不能识别当前系统的具体状态，因为系统状态的表达中包含了带有约束的变量。这种不确定性将使规划器在选择分解分支时产生混乱，特别是在分支选择依赖于某些变量的值时。此外，当简单时态网络的规模增大时，路径一致性检测也会极大增加计算压力。现有的大部分 HTN 规划器并没有单独讨论如何在时态推理中实现资源推理，这也成为 HTN 规划应用于实际问题的短板之一。尽管在一些与 HTN 相关的工作中存在了资源的话题，但并未给出详细的讨论。

22.2.2　智能决策解算系统

对象过程方法论（Object Process Methodology，OPM）是综合了结构化方法与面向对象方法两者优点的通用系统建模方法，它能够支持系统动态结构和动态过程的统一描述，通过文字和图形相结合的方式进行系统整体建模。与 UML、SYSML 等建模方法相比，OPM 还能支持模型推演及系统行为的校验。OPM 结合了对象和过程方法的优点，能够很好地解决决策解算问题。

本节采用 OPM 方法对决策进行智能化解算，将任务逐步分解为可直接执行的基本行动，并以此为基础分析各基本行动间的逻辑关系、时序关系，以及各基本行动对能力的需求程度，为决策解算问题建模奠定基础。

1. OPM 的主要建模元素

OPM 的建模元素主要包括对象、状态、过程和连接，它们之间既有区别，也有联系。

对象是以物理形式或信息形式存在的，它可以有一个或多个状态；而过程是可以改变对象状态的，对象与过程、对象与对象、过程与过程之间通过连接相互关联。

（1）对象。对象是在一定时间范畴内保持稳定特性的存在，它是以物理形式或信息形式存在的具体事物。在系统内部，以物理方式存在的对象是物理类对象，以信息方式存在的对象是信息类对象。不隶属于系统却又可以对系统产生或施加影响的对象，则为环境类对象。如图 22.2 所示，无人机是系统内物理类对象，气象条件则属于环境类对象。

（2）状态。对象在一段时间内所保持的情形状况或取值，称为状态。状态隶属于对象，不能脱离对象单独存在，只有与对象结合才能有意义。如图 22.3 所示，作战任务有初始、执行及完结 3 种状态。

（3）过程。过程反映了对象在不同状态之间的迁移，它是对象转变的模式。如图 22.4 所示，火力打击是一个过程，它会改变打击目标的状态。

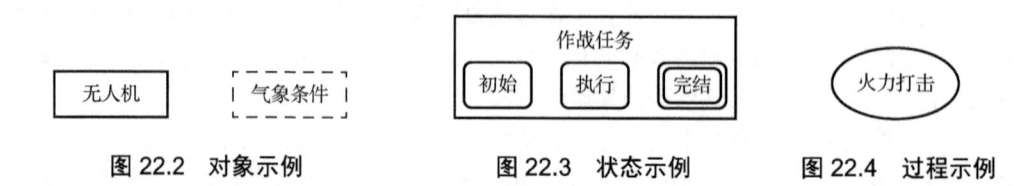

图 22.2　对象示例　　　图 22.3　状态示例　　　图 22.4　过程示例

（4）连接。连接是对象与对象、对象与过程、过程与过程之间的一种关系。连接可分为过程连接和结构连接。其中，结构连接不考虑时间因素，主要包括组成关系、继承关系、表征关系和实例关系 4 类结构关系。图 22.5 所示为结构连接示意图。

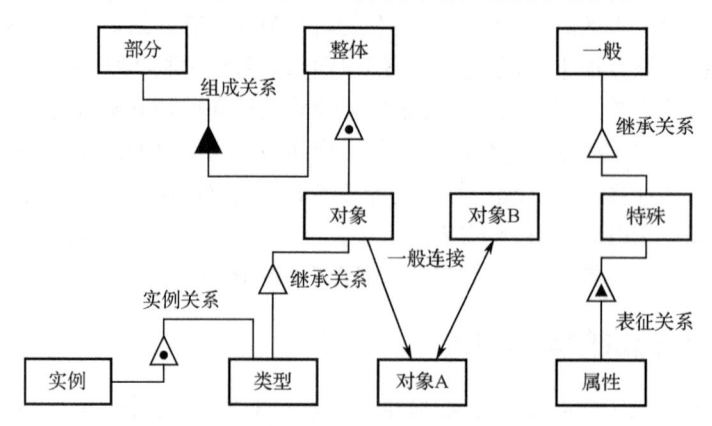

图 22.5　结构连接示意图

在 OPM 中，过程连接用于描述系统的行为，主要包含支持连接、交换连接和事件连接。其中，支持连接又可分为主体连接、手段连接及条件连接；变换连接将相互影响的过程联系在一起，可以分为消耗连接、影响连接及结果连接；事件连接表示过程的执行由事件触发引起。图 22.6 所示为过程连接示意图。

2．任务分解

以作战过程为例，作战任务是指作战力量在作战过程中所承担的职责或需要达到的目的。作战任务是部队作战的基本依据，通常由指挥员根据战场态势、己方意图、作战力量编成、作战样式、战场环境等要素来确定，一般以作战命令的形式下达，其中明确了作战

目标及完成任务的时限等。

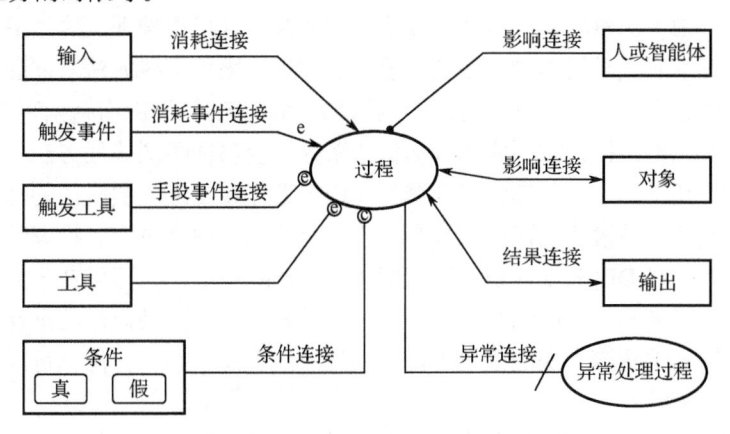

图 22.6　过程连接示意图

作战任务分解是依据上级的作战意图，结合本级作战单元编成、作战能力、战场环境等实际情况，将所担负的作战任务细化为一系列具体明确、相互关联的子任务，以达到使作战目的更明确、作战任务更具体、资源利用更高效的目的。作战任务分解是作战指挥部署的重要一环，作战任务分解的科学程度对作战任务的执行效果会有影响，尤其是对需要各作战单元协力配合的协同作战任务影响较大。

研究和解决作战任务的分解问题，目前主要有两种思路：一种是自顶而下的层次式分解，即将作战任务分解为一系列相互独立的子任务，主要以定性分析为主，受主观因素影响较大；另一种是基于任务协同程度的模块式分解，即将作战任务分解为多个任务模块，任务模块中包含多个协同关系紧密的子任务，主要以定量分析为主，但也存在关联子任务的分界不清晰的不足。考虑到层次式分解和模块式分解各有优劣，故将这两者结合起来，既能将作战任务分解为多个具体的子任务，以便作战单元能够直接执行，又能将协同关系紧密的子任务关联起来，以明确子任务间的协同关系，为作战任务的有效执行提供基础。

22.2.3　智能决策引导系统

智能决策引导系统源于决策支持系统，在早期决策支持系统（DSS）两库结构的基础上，随着 DSS 向非结构化问题领域的拓展，不可避免要引入人工智能的手段和技术，因而需要增加知识部件，即将 DSS 与专家系统（ES）相结合。

在当今互联网、物联网、云计算等技术不断发展的环境下，各类应用层出不穷，因而产生了海量的数据资源，其中包含大量有价值的知识。这吸引了许多研究人员对其进行深入挖掘和分析。如何组织表达这些知识，以便进行进一步的计算和分析成为关注的重点。在这种情况下，知识图谱应运而生，它将实体（包括概念、属性值）表示成图中的节点，并用节点之间的连线对应实体之间的关联关系，从而以一个网络化的结构表征所获得的知识。

目前，已经涌现出大量知识图谱，其中具有代表性的有 KnowItAll、YAGO、DBpedia、Freebase、NELL、Probase 等。这些知识图谱从大量数据资源中抽取、组织和管理知识，以期为用户提供能够读懂用户需求的智能服务，如理解搜索的语义及提供更精准的搜索答案。这涉及面向知识图谱的知识推理，完成数据的深度分析和推理。这里提及的面向知识图谱的知识推理本质上是根据知识图谱中已有的知识，采用某些方法来推理出新的知识或识别知识图谱中错误的知识。相应地，它包括两方面内容：知识图谱补全和知识图谱去噪。知识图谱补全又包括连接预测、实体预测、关系预测及属性预测等任务。

随着知识图谱的出现，面向知识图谱的知识推理作为支撑上层应用的基础性服务受到广泛关注。面向知识图谱的知识推理旨在基于已有的知识图谱事实，推理新的事实或识别错误知识。例如，在 DBpedia 中已知三元组（X, birthplace, Y），可以在很大程度上推理出缺失的三元组。面向知识图谱的知识推理，一方面随着知识图谱概念的出现与发展，作为补全知识图谱和知识图谱去噪的主要手段而受到广泛关注；另一方面，可以说是由传统的知识推理发展而来的。

形式化地说，知识图谱通常用上述（头实体，关系，尾实体）的三元组形式表达事物的属性及事物之间的语义关系，其中事物和属性作为三元组中的实体，属性和关系作为三元组中的关系。知识图谱补全实际上是给定三元组中任意的两个元素，试图推理出缺失的另外一个元素，即给定头实体和关系（或关系和尾实体），找出与之形成有效三元组的尾实体（或头实体），也称为实体预测；同理，给定头实体和尾实体，找出与之形成有效三元组的关系，也称为关系预测。无论是实体预测，还是关系预测，最终都会选择能与给定元素形成三元组的更有效的实体或关系作为推理预测的结果。这种有效性可以通过规则的方式推理或通过基于特定假设的得分函数计算。知识图谱去噪，实际上是在判断三元组是否正确。因此，虽然知识图谱补全专注于扩充知识图谱，而知识图谱去噪专注于知识图谱内部已有三元组正确性的判断，但本质上都是评估三元组的有效性。相对于知识图谱去噪而言，知识图谱补全的工作更多。

知识图谱本质上是一种语义网络，可以对现实世界的事物及其相互关系进行形式化的描述。语义网络是一个带有标记的有向图，通过事物属性及事物之间语义关系的直观表达，很容易找到与节点有关的知识。相较于传统知识中非结构化的表达形式，如一阶谓词、产生式等，知识图谱采用结构化的形式表达知识，从而将事物的属性及事物之间的语义关系显式地表示出来；相较于结构化的表达形式，如框架、脚本等，知识图谱中事物的属性及事物之间的联系通常以三元组的形式进行刻画，更为简洁直观、灵活丰富。灵活体现在不需要采用框架、脚本等结构化的表达形式中笨重的槽等组成结构，只是简单的三元组形式。丰富体现在这种三元组的形式可以很容易找到与事物相关的所有知识。因此，面向知识图谱的知识推理不只是局限于以基于逻辑和规则为主的传统知识推理，它可以有多样化的推理方法。特别地，知识图谱相较于本体，关注的是大量的具体实例，即（头实体，关系，尾实体）三元组，实例可能偏向于某些具体的实体。本体则是模式导向的，虽然也创建实例，但具体实例不是主要的关注点，它以中立的方式描述概念、概念之间的关系及其属性。知识图谱可以理解为规模很大的本体，存有大量的三元组。因此，相对于本体推理，面向知识图谱的知识推理由于知识图谱以自身实例为主导的特征，不再局限于本体主要的概念层面的抽象推理，可以有更具体的推理方法。

22.3 群体智慧研判

群体智慧研判是指应用大数据、云计算、互联网等信息技术进行辅助决策，不同决策参与者基于个体偏好和规则判断提出自己的决策方案，通过对多方案进行协同整合，最终形成一致性或妥协性的方案排序。

22.3.1 智慧研判内涵

钱学森在《关于大成智慧的谈话》中指出："搞开放的复杂巨系统，任何时候都不要忘了辩证唯物主义，警惕机械唯物论，警惕唯心主义，不然会走到邪路上去。相反，如果我们抓住了辩证唯物主义，至少方向是正确的"。另外，他还提出建设从定性到定量综合集成研讨厅体系需要解决的两个问题，分别如下：

（1）关于信息和信息网络的高效化。当今世界的信息量是十分惊人的，如果不使信息网络高效化，就会成为泰山压顶，把人压垮。因此，建设高效能的信息网络，让人能够很方便地提取和使用信息，是一个重要的问题。对于一个使用者来说，信息库、资料库的信息是十分庞大的，因此可以使用计算机将有用的信息找出来，并使其成为可用的信息。

（2）关于综合集成技术。在信息网络的大量资料中，有一个中间步骤，它是为决策咨询服务的，属于分系统的决策问题，目前流行的称呼是决策支持系统。将来的研讨厅体系，要用到大量决策支持系统案例，这些案例将来也要成立一个库，供决策使用，成果比上面提到的"信息"层次要高一些，属于较高层次的信息库。

此外，钱学森还指出现在研究的从定性到定量综合集成技术，按照传统习惯，可取名为大成智慧工程（Meta-synthetic Engineering，MsE）。它实际上是系统工程的一个发展，目的是解决开放的复杂巨系统的问题。综合集成研讨厅体系，就是要把当前人们思想方面的智慧与古人的智慧综合起来，因而它是一种大成智慧工程。

22.3.2 群智研判技术

群体决策就是为了达成某种期望结果而对多个未来行动方案进行评估。群体决策技术可用来开发产品需求，以及对产品需求进行归类和优先排序。常见的群体决策技术类型如下：

（1）头脑风暴法。即按照一定规则召开创造性思维的会议的形式，要求不重复、不质疑、不反驳，没有框架限制，可以补充观点。

（2）反头脑风暴法。即对前者提出的设想、方案逐一进行反驳、质疑。

（3）德尔菲法（专家意见法）。即匿名发表意见，保证团员间不产生横向关系，只与调查人员有关，通过反复填写问卷，汇总形成专家基本一致的看法。

（4）名义群体法。群体成员先进行个体决策，并由各成员逐一说明自己的看法，直到所有成员表达完毕再做群体讨论，最后挑选最佳方案。其优点是使群体成员正式参与但不限制每个人的独立思考。

（5）电子会议法。它是群体预测与计算机技术相结合的预测方法。群体成员将自己有关解决政策问题的方案输入计算机终端，并将它投影在大屏幕上。其优点是匿名、可靠、

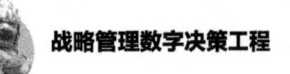

快速；缺点是打字慢，没有面对面的口头交流。

（6）无领导会议法。让一个不指定负责人的群体讨论给定的问题，并做出决策，以此来观测群体成员的组织协调能力、口头表达能力、辩论的说服能力等各方面的能力和素质，以及自信程度、进取心、情绪稳定性、反应灵活性等个性特点。

群体决策具有以下主要优点：①有利于集中不同领域专家的智慧，应对日益复杂的决策问题；②能够利用更多的知识优势，借助更多的信息，形成更多的可行性方案；③有利于充分利用成员不同的教育程度、经验和背景；④容易得到普遍的认同，有助于决策的顺利实施；⑤有利于使人们勇于承担风险。

有效的群体决策具备3个特征：①及时有效——有效群体决策的首要特征，影响因素通常包括参与决策成员的能力、知识等特质，以及对决策对象的认知、参与程度、对决策过程和结果的影响力等。②开放自由——有效群体决策的普遍特征，它可以让每个成员自由表达自己的见解，而不受他人影响。③科学合理——有效群体决策的重要特征，在群体决策中，应采用科学的决策方法和程序，得出更合理的方案。

群体决策的主要优势之一是"集思广益"，而在决策过程中的某些"因素"却不利于发挥这一优势。有效的群体决策应消除以下影响：①"羊群效应"影响。即在群体决策中，一些成员的想法或行为会因"真实的"或"想象的"群体的压力或影响而趋向于变得与大多数人一样。要想消除这种影响，就要消除"群体压力"，鼓励成员说出自己的想法，如采用"头脑风暴"等科学决策方式。②"个人特质"影响。即在群体决策中，可能会因为某个人的"个人特质"而让其他成员赞同或不得不赞同这个人的说法。对此，可以使用让权威人士最后发言等方式来应对。③"小团体"影响。即参与决策的成员会因为某些原因而形成独立的"小团体"，而这些"小团体"之间又很难达成一致，进而影响群体决策的有效性。为了打破这种影响，可以采取调整利益、打破隔阂、建立正确认知等方法。

群体决策是由多人参与决策分析并制定决策的整体过程。如果想要发挥集体的智慧，则需要遵循以下原则：①构成原则。要有与决策对象相关的各类人才的参与，使决策群体能够获得更多的相关信息与知识；要有一个促进决策群体去思考、探索、创新的"领导者"；要形成一个没有压力和干扰的良好环境。②过程原则。调动每个成员的积极性，提高参与程度；鼓励每个成员积极发表见解；不应以领导者为"中心"，而以解决问题为"中心"；尽可能提出想法和建议；增强成员的合作意识；调整节奏，尽可能关注分析和探讨。③选择原则。在群体决策中，通常会追求一致，但会出现不能达成共识的情况。在这种情况下，应选择大多数人支持的、正确的意见。需要注意的是，这并不是要忽略少数人的意见。

22.3.3　模糊德尔菲层次分析法

随着我国社会、经济的变革、转型升级，重大工程已成为国家经济发展程度的重要标志，从最初关注工程建设水平到现在综合考虑建筑、生态、经济、文化等，既促进了工程领域的全面发展，也增加了工程决策的复杂程度与难度。利用群体智慧研判能够有效解决重大工程决策中的多主体决策的协同、数据的实时更新与处理、智能决策推理计算等问题，也就是前文提到的"大成智慧工程"。这里采用模糊德尔菲层次分析法进行群体智慧研判。

层次分析法本质上是一种多目标群体决策的思想和方法。在群体决策应用方面，对群体两两判断矩阵有两种处理方法，一种是先根据个体判断矩阵确定个体权重，再进行合成；另一种则是先合成个体的判断矩阵，再确定群体的权重。近年来，针对层次分析法中一致性检验的困难问题，有人提出利用模糊一致性矩阵来解决，从而形成了模糊层次分析法，也有人从模糊数出发提出模糊层次分析法的思想和原理，但存在一个问题——当专家提出判断矩阵后，权重合成等似乎成为决策分析者的工作，决策分析者充当了半个决策者的角色。此外，这些所谓的模糊层次分析法只是对传统层次分析法的某些步骤进行模糊化处理，特别求出的权重还是确定的，并没有模糊化，难以在权重确定后期体现决策者的参与。关于专家判断矩阵的一致性问题，传统的层次分析法要求进行一致性检验，但从行为决策分析的角度来看，应该允许决策者出现较大的不一致的情况，不一致也反映了一种决策行为，人为通过修订判断矩阵来规范权重确定过程，会对决策者以前形成的决策判断产生影响。

模糊德尔菲层次分析法是一种能够让决策者充分参与权重确定和分析的决策方法。其基本思想如下：首先，将各个专家给出的确定型两两判断矩阵用模糊三角数的形式加以合成，形成一个群体模糊两两判断矩阵；其次，根据模糊三角数的性质及一定的运算方法，确定该群体模糊判断矩阵的模糊权重向量，并根据群体决策的思想对模糊权重向量进行处理，形成一个交互式的权重向量决策分析过程；最后，确定决策者满意的群体决策权重向量。这种决策交互的过程可以在层次结构的任意单准则下进行。

22.4 智能推演平台

智能推演平台可以借鉴组织指挥控制理论（Enterprise Command and Control，EC2）进行搭建。

22.4.1 智能决策推演引擎

对于指挥和控制（Command and Control，C2），最简单的一种说法就是执行权力和指导。网络中心 C2 是在实时领导和指导下，根据指挥员的意图（命令），通过一个共享的信息环境（控制）对强适应性、分散和跨组织的人员、设备、通信和设施等实现相互连接和协作的系统。

数字地面移动 C4I（Command，Control，Communication，Computer and Intelligence，指挥、控制、通信、计算机与情报）系统，负责为战术部队和机动部队提供图像、地图等，主要通过加固型计算机和手持 PDA 等实现。该系统能使战场指挥员定位敌方目标并实时识别盟友。许多特殊的算法可用于决策支持，包括评估优化火力以支持快速反应和最快击败的预测。环状控制模型的一般性质是由控制处理框架（Control Process Framework，CPF）实现的。CPF 更详细地显示了时效函数（Time-Utility Functions，TUF）/效用累计（Utility Accrual，UA）调度如何适用于流程和 C2 过程。首先指出，一个半自治系统，即使是在高阶主权体系联盟中，也需要努力完成和平衡两个相互关联的目标：①规划和执行内部或自己的指挥任务；②引入和执行从联盟的其他成员处获得的任务命令。

CPF 主要包括 3 个组成部分：态势评估服务（Situation Assessment Service，SAS）、行为生成服务（Behavior Generation Service，BGS）和执行管理服务（Executive Management

Services，EMS），主要通过策略管理、指挥管理、模型管理、计划管理、资源管理和性能管理几个模块辅助完成。CPF 的应用组件列表见表 22.1。

表 22.1 CPF 的应用组件列表

组件	实行角色	功能	输入	输出
态势评估服务（SAS）	E3/E4/E5	组织态势评估	现有的能力；分诊和排序事件及情况列表；事件匹配现有的记录方案（Plans of Record，POR）；新任务接收	排序带有资源和策略问题的潜在的行动方案（Course of Action，COA）；更新领域态势模型
行为生成服务（BGS）	E3/E4/E5	组织行为生成	可行的行动方案；静态策略；静态资源	更新资源和排序，记录方案，保证方案有效且被指挥者认可
行动管理服务（EMS）	E3	组织运作管理	认证的记录方案/任务指令，上下游任务单元和上下级衡量的任务执行状态	按序且同步执行调度任务
策略管理	E5	组织策略管理	现有的策略、资源、行动方案和记录方案的状态，上级的策略状态	更新领域策略数据库（Policy Database，PDB）
指挥管理	E5	指挥调度授权	被推荐的行动计划（Plans of Action，POA），现在执行的记录方案	更新认可的方案记录
模型管理	E4	组织模型管理	实时运作情况和事件，策略和资源约束；现有的态势模型	更新领域模型数据库（Model Database，MDB）
计划管理	E4	组织方案管理	更新策略基础和资源基础状态；验证方案；现有的态势模型	更新领域方案模型（Scenario Model Database，SDB）
资源管理	E3	组织资源管理	现有的资源、策略和 POR 的状态，未满足的 COA 的需求，下级的资源状态	更新领域资源模型（Asset Database，ADB）
性能管理	E3/E3*	任务执行监控	持续测量组织的性能，包括任务指令、资源的水平和利用情况	连续更新衡量潜力、能力、效能、能潜比、效率和性能

22.4.2 智能决策推演组件

EC2 中的价值生产单元（VPU）是智能决策推演组件，VPU 联盟系统模型具有以下特征：①成为一个或多个联邦利益共同体的可行和可识别的成员；②受联邦法律的约束；③为目标一致的集成行为提供个体贡献。这些都是联邦组织作为一个整体的使命、目标和目标的特征。

如图 22.7 所示，在由系统 A、B 和 C 组成的联邦组织中存在一个子系统 VPU[k, l]，同属于所有的联邦系统，它服务于两个价值链，即一个垂直的资源链（沿着组织的命令轴）和一个水平的供应链（沿着组织的效果轴）。资源链贯穿上、下责任层，供应链贯穿 VPU 的客户和服务器，并影响生产环境。VPU 及其管理团队的基本目标是在努力满足两个链的需求的同时保持自身的生存能力。

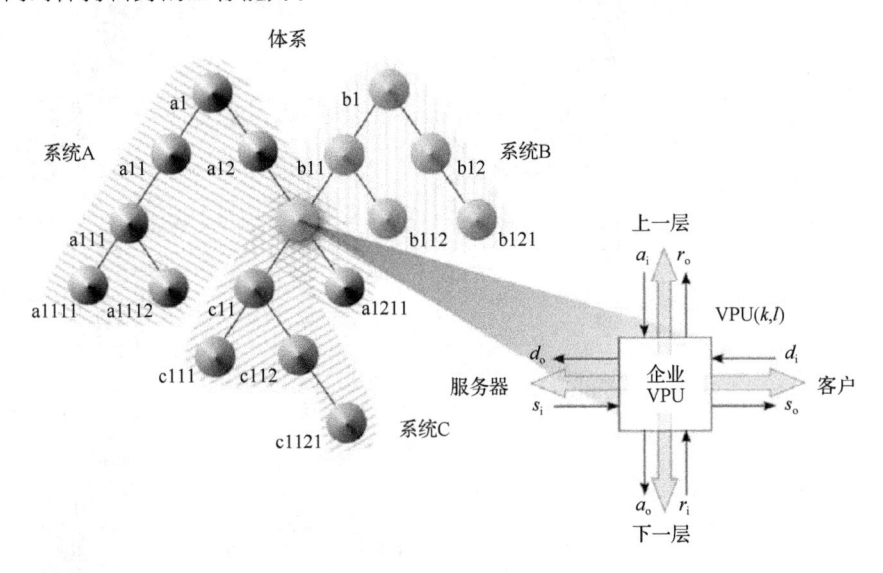

图 22.7　联盟组织的策略领域

　　VPU 通过其在联盟组织中的相对地址进行唯一标识。VPU[k, l]指的是责任层中第 l 层级的价值生产过程，以及其各自供应链（如物流）中第 k 层级的位置。VPU[k, l]是 VPU[k, l+1]的下属。在资源链中，VPU[k, l]高于 VPU[k, l-1]，并对 VPU[k, l-1]负责。

　　组织梯队控制器所执行的决策和控制应用程序的输入是对所处环境当前状态的度量，输出是 VPU 可以执行的记录、计划等形式对这些情况的响应。

　　程序的操作流程如下：以周期性测量订阅、异步警报和事件的形式出现的情况，在内部和价值链中被态势评估过程消耗。该过程使用上、下文模型数据库及已验证的场景数据库、资源数据库、策略数据库来分类和分析当前情况。态势评估的输出是表示响应当前情况的潜在行动方案的场景。行动方案随后被输入行为生成过程。行为生成过程使用上、下文模型数据库，以及已验证的场景数据库、资源数据库和策略数据库，根据当前执行的计划对行动方案进行分类和优先排序，以便将行动方案转换为协调的行动计划。行为生成过程的最后一步是在可用的情况下，将所需资源分配给被推荐的行动计划，并将其转换为可执行的记录计划。

　　VPU 必须同时对两个维度及以上进行协作，参与其纵向的资产链和横向的供应链业务。策略和相关通信协议在价值链 C2 需求方面有所不同。策略域是由对等关系和上下级关系定义的。上下级维度建立了组织的指挥责任结构。如果 C2 解决方案能够有效扩展，其在实现上是经济的，并且能够被验证是正确和可靠的。它不能明确依赖于 VPU 在策略树中的级别或在供应链中的位置。这种与域无关的需求限制了构建用于协作控制的特别策略和机制的选择。相关解决方案是基于责任结构中控制的递归性质。

　　如图 22.8 所示，3 个 VPU 参与与其相互依赖的资源链和供应链活动的协作。VPU[k, l]中的资源链主管与下属 VPU[k, l-1]中的对应方合作，VPU[k, l]的供应链主管与其同级供应商 VPU[k-1, l]合作。在 VPU[k, l]中，运营商有责任为资源链和供应链的主管提供和协调计划，以满足主管及其计划员的要求。

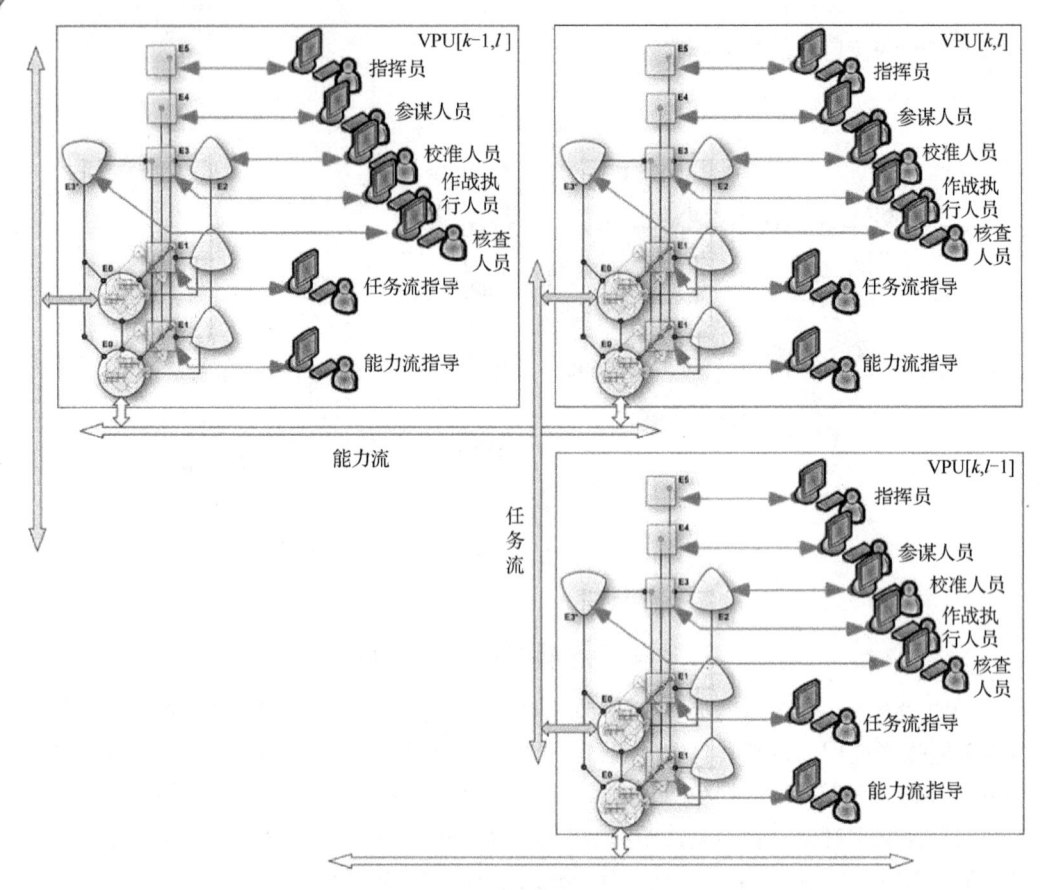

图 22.8　EC2 领域之间的协作

资源链和供应链的主管分别负责其资源链和供应链价值生产流程（E0），而每个 E0 都可能包含嵌套的 VPU。这些嵌套的 VPU 也可能包含级别较低的资源链和供应链。这种情况促使设计和开发通用的 EC2 服务，它可以部署在组织的所有级别。

22.5　智慧研判环境

本节基于大数据的重大工程智能群体决策支持系统，并结合综合集成研讨厅的思想及关键技术，创建面向战略规划预决策的多阶综合智慧研判支撑环境。

22.5.1　智能群体决策支持系统

智能群体决策是指在工程项目前期的决策阶段，应用大数据、云计算、互联网等信息技术进行辅助决策，由不同决策参与者基于个体偏好和规则判断提出自己的决策方案，通过对多个方案协同整合，最终形成一致性或妥协性的方案排序。智能群体决策支持系统是在决策支持系统的基础上集成人工智能的专家系统所形成的。已有研究将智能决策与群体决策分开，但未能清晰阐述智能决策与群体决策的区别，以及其方法在工程项目决策应用中的具体流程和效果。由于现有关于重大工程决策的文献有限，缺乏深入系统的理论研究，智能群体决策如何应用于重大工程项目有待进一步的探究。

徐婧等为高效解决重大工程决策主体多元化所带来的信息不对称、决策方案冲突等问题，将智能决策方法融入重大工程群体决策过程中，构建了基于大数据的重大工程智能群体决策支持系统（Big Data-Intelligent Group Decision Support System, BD-IGDSS），并通过将 BD-IGDSS 应用于实际工程，分析该系统在重大工程决策管理中的优势。

1. 重大工程智能群体决策特点

重大工程智能群体决策具有以下特点：

（1）决策主体多元性。随着跨国、跨省工程逐渐增多，各地区的政治、经济、文化、法律有很大差别，出现不同决策主体管理习惯及经验有异、对其他地区政策规定等不熟悉及可收集数据资源有限等问题，即决策主体多元性导致决策结果的多样化。

（2）决策影响因素复杂性。重大工程一般投资规模大、复杂性高、体量巨大且建设周期较长，多为大型公共工程。因此，相较于传统工程，决策阶段需要考虑工程的融资风险、环境生态、地域文化等更多因素，并且各因素对工程建设均具有很大影响。因而在项目决策期，应充分研究、推测并分析决策方案的实施结果。

（3）决策过程高效性。智能群体决策既能实时共享各决策主体的观点及历史工程数据库的资源，又能利用从海量数据中挖掘的知识对新问题进行系统的决策分析，从而简化了各主体间意见协同、决策资源信息搜集等过程。各子系统间关联紧密、充分配合，智能且高效地对工程决策问题进行推理分析并得出方案。

（4）决策方案最优性。智能群体结合了决策者的主观决策和机器模型的客观判断，充分挖掘可利用的信息，对决策影响因素进行全面考量，并通过优化模型对系统推理出的方案进行优化，最终获得关于某一特定决策问题的最优方案。

2. 决策主体

决策主体指能够参与项目决策活动，并对决策结果产生影响的个人或组织。重大工程通常采用群体决策方式，决策主体主要包括政府部门、公众、专家及利益相关者，其中利益相关者包括项目投资方、地块内利益相关者、地块周边利益相关者及项目使用者。不同的决策动机产生不同的决策意见，并对决策结果产生不同程度的影响。因此，在群体决策中，每个决策主体的决策权重是不同的。从已有项目经验来看，政府部门及项目投资方处于决策活动中的主导地位。

在项目技术方面的决策，如规划方案、技术约束、法规约束等权重则倾向于专家团体。关于项目的社会效益，对于多决策主体参与的重大工程对地区文化生活的影响则更多关注公众的决策意见。因此，群体决策协同在多主体决策中极为重要。重大工程群体决策协同机制通过信息集成加强决策中各主体间的配合来达到协同效应，各个主体的决策信息通过共享平台实现。通过交流互动，有效避免了信息盲区的困扰，并能提高信息的交流效率，减少各主体间信息不对称的程度。

3. 决策过程

项目群体决策一般通过开展有利于共识形成的会议或活动的形式来促使各主体达成一致的决策意见。群体决策的过程主要包括决策阶段、汇集交互阶段、检验阶段及优化共识阶段。决策差异包括由个体层次不同带来的纵向差异及不同行业的不同利益需求带来的横向差异。汇集交互阶段是识别各主体的利益偏好及分歧的关键阶段，各决策主体对决策信息共享并彼此了解，对于意见冲突的问题通过交流学习调整改进，归纳并凝练出统一意见，完善的冲突管理机制及交互中的领导者在该阶段发挥重要作用。意见交互后，对仍存在分歧的关键问题反复进行科学的检验及论证，并利用大数据挖掘技术及计算机模型计算推理得出决策方案，最后对方案进行优化分析，以实现决策效用最大化及项目的综合效益最大化。

4. 基于大数据的重大工程智能群体决策支持系统方案

将大数据技术融入重大工程群体决策过程，形成图 22.9 所示的基于大数据的重大工程智能群体决策支持系统。各决策主体针对某重大工程的决策问题，将自己的决策意见通过人机智能界面进行实时共享，计算机对接收的信息进行降噪、辨析，并通过人机交互系统翻译成机器语言可识别的决策问题，基于大数据技术，计算机通过对重大工程多源异构的大规模数据进行数据采集、处理、存储、分析，得到知识库以支持复合推理决策系统进行智能决策，并将得出的方案反馈到人机智能界面以传达给各决策主体。BD-IGDSS 注重各技术的集成应用及决策群体的知识人机交互过程，为工程领域的智能辅助决策的进一步发展提出构想。

1）数据采集

需要采集的数据不仅包括与工程建设相关的数据，如建设规模、费用预算、进度计划、施工环境等，随着跨国工程行业逐渐兴起，还应包括相关国家的政治、经济、文化、制度、环境、生态等信息。由于项目的一次性特征，重大工程的数量无法为项目决策提供海量数据，因此，在数据采集过程中不限制工程规模，而是根据数据来源的工程项目实例在系统中按其规模对数据做相应的换算处理。数据采集的方式有很多，如智能传感、音频录像、工程文件、RFID、GIS 和激光扫描等。多方式、多渠道的采集有助于为推理系统和决策主体传送更全面的工程数据，从而为工程项目决策提供更有力的支持。通过辨识、清洗、降噪等操作，对采集的数据进行初步筛选，并将过滤后的数据进行存储，以供进一步挖掘分析和知识提取。

2）数据处理过程

在数据处理阶段，先通过转换不同来源的数据，使其表示形式、度量方法等相同，再对数据集中的异常数据进行检查处理，利用数值统计和关联分析等手段分析数据集的特性并从中发现分布规律，为选择数据挖掘算法提供依据。不同的数据挖掘算法对计算机输入、输出的数据格式要求不同，因此需要根据算法对数据进行进一步的格式处理。数据分析方法主要有机器学习方法、统计方法、神经网络方法和数据库法。各种方法的功能和性能都不相同，对于不同的工程决策问题，需要相互配合使用。

3）数据分析过程

大数据技术是 BD-IGDSS 的技术基础，而数据分析是应用大数据技术的核心环节，其中的数据挖掘是将数据转化为知识的过程。首先以计算机可识别的语言对具体重大工程的决策问题进行定义，再通过分析已储存的数据，从中提取对决策问题有潜在价值的知识，并以此为依据进行推理和决策。知识库包括数据字典、模型库、规则库和案例库。其中，数据字典主要包括已有工程案例的决策主体、决策客体、决策原则、决策组织、决策环境、决策信息、决策评价七要素的数据；模型库主要包括各决策主体决策意见权重比例的计算模型、各工程信息对决策的影响计算模型及各备选方案的对比优化模型等。

4）决策推理

决策推理是指应用已提取的知识对工程决策问题进行决策推理，以得出最终方案。复合推理决策系统主要由图 22.9 所示的 6 个子系统组成，其中人机交互系统负责将具体决策问题输入复合推理决策系统，该系统通过预测模型，以条件规则及已有案例为知识源对工程进行决策推理，通过方案协调系统统筹 3 个推理系统的推理结果，得到综合决策方案并进行优化处理，最终将决策结果通过人机交互系统反馈给用户。决策推理存在以下难点：如何将新的工程决策问题与已有知识进行匹配，各主体不同决策意见的智能博弈，如何协调 3 个推理系统的不同推理结果，以及如何对得到的方案进行结果预测和建模优化分析。

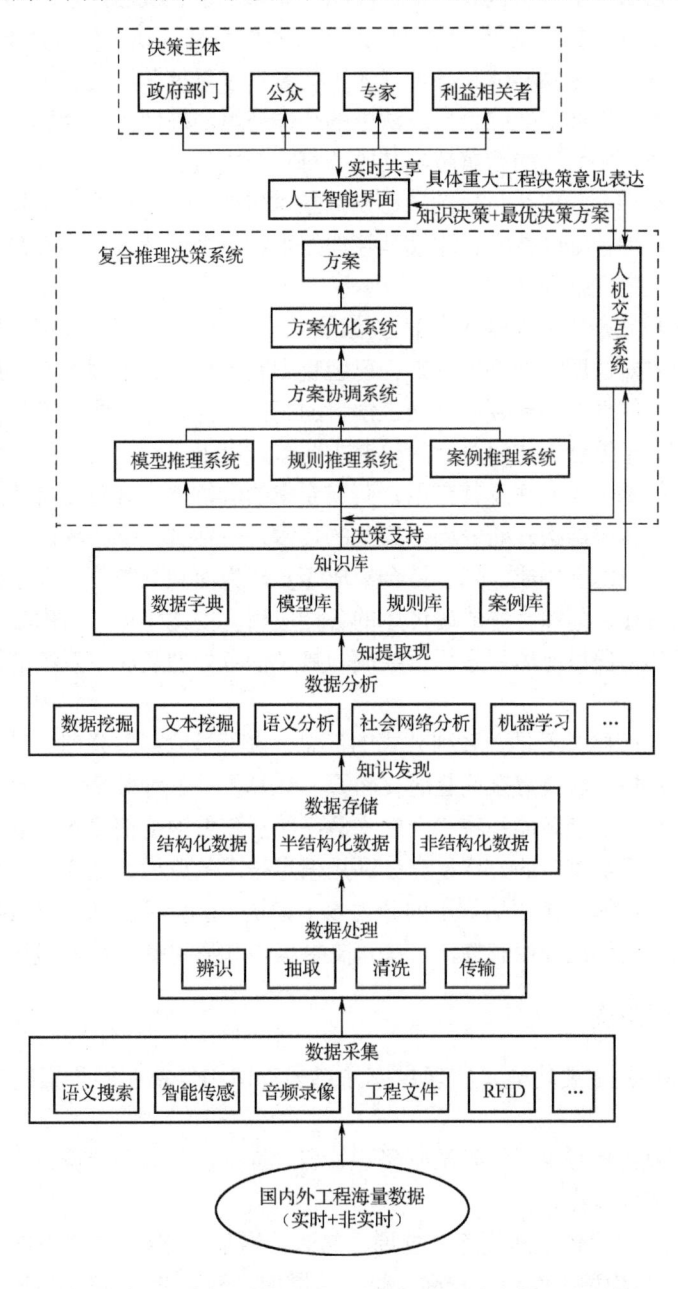

图 22.9 基于大数据的重大工程智能群体决策支持系统

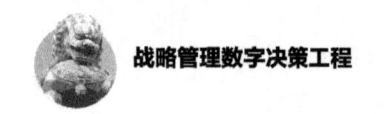

22.5.2 综合集成研讨厅

现代科学技术飞速发展，日渐庞大的系统、越来越复杂的问题成为科学工作者面临的新课题，复杂性科学应运而生。对于解决开放的复杂系统问题，以戴汝为和钱学森等为代表的我国科学家给出了研究这类系统及相关问题的方法论——综合集成法。从定性到定量综合集成研讨厅是综合集成法从理论走向实践的应用形式。综合集成研讨厅是综合集成了以计算机技术为核心的高新技术成果，其与专家群体共同构成了高度智能化的人机结合系统。概括地讲，它由3个体系构成：知识体系、专家体系、机器体系。其中，专家体系是核心，机器体系是物质技术支持，专家体系和机器体系都是知识体系的载体。"集成"二字代表了逻辑、理性，专家群体和各种"人工智能专家系统"则代表了以实践为基础的非逻辑、非理性智能。这样就把综合集成法中的个体智慧明确地上升为群体智慧，其目的是提高人的思维能力，使系统的智慧超越其中的每一个成员。

从定性到定量综合集成研讨厅的核心支撑技术包括：①分布式网络技术；②超媒体及信息融合技术；③综合集成技术；④模型管理技术和数据库技术；⑤人在回路中的研讨技术；⑥模糊决策及定性推理技术。

综合集成法是复杂决策问题的求解方法论，综合集成研讨厅是决策支持系统的高级形式。自"综合集成研讨厅"被提出以来，已经受到系统科学、管理科学、思维科学、社会科学、军事科学、信息与控制领域等众多学科的关注，并开展了多方面的研究实践工作。总体来说，当前关于综合集成研讨厅的研究主要涉及以下方面：研究复杂巨系统理论、定性与定量相结合的综合集成法及其应用；研究专家的群体行为规范及有效互动模型；研究综合集成研讨厅的体系结构；研究综合集成的技术，包括意见综合集成、模型综合集成、仿真综合集成、信息综合集成、知识综合集成等；研究面向某类复杂问题或某种复杂巨系统的综合集成研讨厅，即综合集成研讨厅的各种应用。由此可见，国内相关的研究与实践工作是相当活跃的，研讨厅体系思想已经成为复杂信息处理及决策系统的设计与实施的指导和启迪。

综合集成研讨厅体系不是一系列公式的汇总，也不是以某些公理为基础而搭建的抽象的框架，其实质是指导解决复杂问题时，将人、计算机、各种数据、工具集成，构成一个统一的、人机结合的巨型智能系统和问题求解系统。随着网络信息的发展，要建立实际可用的研讨厅系统，切实可行的方案是充分利用信息技术的成果，构建一个分布式系统。

综合集成研讨厅系统按照功能不同分为6个模块：专家管理模块、研讨支撑环境模块、研讨工具集模块、研讨流程控制模块、决策支持模块和研讨资源管理模块。

1. 专家管理模块

专家管理模块的主要功能是实现专家信息的管理和专家在综合集成研讨厅系统中的权限管理。

（1）专家信息包括登录名、登录密码、姓名、性别、年龄、单位、职务、职称、擅长专业、角色、状态及备注。

（2）可分配的权限包括案例库（查询、修改、增加、删除）、术语库（查询、修改、增加、删除）、计算模型（使用、查询、修改、增加、删除）、会议（申请、审批、查询）、

决策库（修改、增加、删除）及知识库（修改、增加、删除）。

（3）由于参与研讨的专家不会太多，同时考虑授权的灵活性，采用直接对专家分配权限的方式。

（4）当专家离职后，只是修改专家的状态（在职/离职）信息，删除专家信息只有在专家信息录入有误时才使用。

2．研讨支撑环境模块

研讨支撑环境模块的主要功能是为专家提供分布式协同交流的支撑环境，主要包括会议管理、音视频支撑及研讨白板等。

1）会议管理

会议管理包括会议申请、会议审批、会议信息查询、会议信息浏览及会议状态管理。会议管理只针对会议本身进行，并不涉及会议的具体讨论内容、形式、参会人员等信息。

（1）申请会议：用户可以向会议审批者申请召开某个会议，需要提供会议名称、申请人、会议开始时间、会议结束时间、申请事由、会议申请时间及参与者等信息。会议申请者可以通过查询人员信息来添加会议参与者。

（2）审批会议：会议审批者可以决定是否同意召开某个会议。

（3）会议信息查询：提供当前会议的查询功能，包括会议名称、申请人、会议开始时间、会议结束时间、申请事由、当前状态及会议文档。

（4）会议信息浏览：提供会议信息的浏览功能，包括会议名称、申请人、会议开始时间、会议结束时间、申请事由、当前状态及会议文档。

（5）会议状态管理：拥有8种状态，包括"已申请待批准""已申请已批准""已申请未批准""即将开始会议""进行中""冻结""即将继续开会""结束"。其中，"已申请待批准"指已经申请召开某个会议，在等待相关人员的批准；"已申请已批准"指经申请召开某个会议，申请受理者也同意召开；"已申请未批准"指已经申请但是申请受理者不同意召开会议；"即将开始会议"指会议还没有开始，正处于与会人员入场时期；"进行中"指会议正在进行；"冻结"指会议暂时中断，所有会议信息均不能修改，也不能增加；"即将继续开会"指会议暂时中断后，正处于继续开会前的与会人员入场时期；"结束"指会议结束。会议的状态随着会议的推进变化，一个会议从申请开始，最后有两种结果：会议因被拒绝而无法召开；会议被批准后顺利召开。

2）音视频支撑

音视频支撑的主要功能包括视频交互、音频交互。音视频的使用需要遵守相关的规则，权限不同，使用规则也不同。在会议召开期间，会议人员分为两类：会议主持人和普通与会人员。其中，会议主持人具有最高权限，能够管理普通与会人员。

在使用音频交互时，会议主持人可以利用音频广播来通知所有与会人员有关会议期间的注意事项等信息。在会议主持人的控制下，存在两种发言模式：单独发言和集体发言。在单独发言模式下，普通与会人员如果想发言，则需向会议主持人提出申请，经过会议主持人批准后方可发言，并且只能由一人发言，其他人员需要等待当前发言人发言结束后才可以申请发言。在使用视频交互时，普通与会人员登录系统后默认显示的是会议主持人的视频窗口，并且可以在会议主持人与本地视频窗口之间进行切换。此外，还可以选择与任一与会人员视频，系统可以支持一路视频、两路视频和四路视频。

3）研讨白板

电子研讨白板除了具备聊天室的全部功能，还引入了绘图交流功能，使综合集成研讨厅若干关键技术研究交流的形象性和直观性大大增强，弥补了文字交流的不足。当分布在不同位置的用户用白板进行交流时，某位专家在自己的白板上绘制的图形可以同时在其他专家的白板上显示出来，这有利于专家进行交流，使某些表述能够借助白板更加快捷、直观地表达。

3. 研讨工具集模块

研讨工具集模块的主要功能是为专家提供各类辅助工具，具体包括定量计算工具、术语查询工具、案例查询工具、会议记录查询工具、专家评价工具、问卷调查器和方案生成工具等。

1）定量计算工具

专家在评估方案的优劣时，需要采用一些计算模型，如风险评估模型等。根据不同的研讨对象，采用不同的计算模型。综合集成研讨厅系统中已经存有一些计算模型，它们通过 Web 服务形式实现，可供专家直接调用。但是对于一些特殊的对象，如果模型库中现有的模型无法满足专家评估计算的需要，则可以选择新的计算模型或者对现有计算模型进行修改，生成新的模型。这些新模型可以通过定量计算工具计算得到最终的评估结果。定量计算工具中包括常用的运算符的解析和优先级判断，它以 Web 服务的形式供专家调用，并向专家提供输入接口。评估计算结果可以在客户端以图形的方式显示。

2）术语查询工具

由于会议参与者和会议主持人所属的领域、知识层次各不相同，专家对某些专业术语不够熟悉，导致专家无法理解一些研讨信息，因而将会议需要使用的一些专业术语，以记录的形式保存在后台数据库中，以便会议参与者和会议主持人使用术语查询工具进行查询。

3）案例查询工具

在综合集成研讨厅系统的使用中会产生大量的案例，需要创建案例库将其保存，从而为后续问题提供参考，使系统处理问题的能力增强。案例查询工具构造了面向复杂产品研制初始方案设计的基于 Web 的案例库。

用户可以对以往的案例进行查询，既可根据案例基本信息进行简单查询，也可根据案例技术要求及性能和设计参数范围进行高级查询。

4）会议记录查询工具

在会议进行过程中，会议参与者的发言及其在白板上的表述等都会以文本文件或者图形文件的形式保存，相关索引信息也保存在后台数据库中。会议参与者和会议主持人可以查询这些文档的索引信息，并下载相关文档。一些非文件形式的会议历史纪录可以保存在后台数据库中，会议参与者和会议主持人可以对会议历史纪录进行查询。

5）专家评价工具

在决策评价中，方法的使用效果最终主要取决于专家的选择和评价准则的制定，而专家库建立和专家识别又是科学合理进行专家筛选的两个重要环节。在评价目标、被评对象和评价标准已经确定的前提下，建立一个学科齐全、结构合理、可操作性强的专家库直接

关系到评价的结论及为此做出的决策。专家识别是专家选择的前提，评价专家不但要有一定领域、一定水平上研究专长的条件限制，更应考虑评价活动自身对专家评价水平的要求和保障。因此，专家识别所需信息既要有专业学术信息，又要有评价信息，还要有关于人的包括反映其社会地位的社会属性和诸如态度方面的信息，但是具体参考的重点，应根据具体评估任务有所侧重。

6）问卷调查器

当综合集成研讨厅中需要生成备选方案或获取专家对这些方案的判断或评价时，需要使用综合集成研讨厅若干关键技术研究的问卷调查器。当会议主持人确定方案中的指标及指标的可能值后，通过问卷调查专家对指标值的选择，可以生成方案。由问卷调查获取专家对方案指标的评判信息，并作为意见综合模块的输入值。

问卷调查由研讨管理员设定问题，既可以根据某个具体问题设定，也可以针对一些指标或方案进行设计。利用问卷模板生成需要的问卷以供调查，并由会议管理员填写模板的名称、描述及问卷的生成目的。利用向导生成含有选择型、数值型和文字描述型等类型的一张调查问卷，在选择符合当时情况的题型后输入题目，题目内容依据实际情况设定，供选择的答案由预期想要得到的答案形式设定。利用问卷调查提取专家研讨中的信息，以生成方案及专家对方案评价的方式，对问卷形式、内容等根据研讨应用背景进行设计与实现。

将专家答题的结果存入数据库，查询时以表格的形式一一对应显示。会议管理员可以对问卷进行添加、删除、查询的操作，对结果则能进行查询的操作，而会议研讨专家只能进行问卷查询、问卷回答及结果查询的操作。

7）方案生成工具

指标树是一种方案生成工具，通过对数据库中的相关资源进行整理，生成专家可查看的指标树或方案。在研讨的过程中，需要讨论的相关指标由会议主持人和普通与会人员一一提出，在由会议主持人整理后存入数据库，会议相关人员可对指标进行查询，显示形式为树状结构。在问卷调查中，通过专家对指标值的选择形成方案，自动存入数据库中，会议主持人和普通与会人员可对方案进行查询。

4. 研讨流程控制模块

研讨流程控制模块主要负责研讨过程中研讨流程的控制与管理，包括研讨议题的建立、分解、修改与流转等。综合集成研讨厅系统中的研讨流程控制模块采用人机交互和问题求解法相结合的方式，可实现半自动化的流程控制，它又分为研讨流程建模和研讨流程控制两部分。

1）研讨流程建模

由会议主持人根据会议主题预先建立议程，并编辑议程的基本信息，具体包括议程名称、议程描述等。

将所建议程进一步细分层次，系统支持父子两个层次的议程分解，并以树状图显示所有议程。可建立父或子层次议程间的逻辑关系，这些逻辑关系主要分成串行和并行两种，但是两个层次不能有互相交叉的逻辑关系，即父议程与子议程间不能有串并行的逻辑关系，也不能在属于不同父议程的子议程之间存在这种逻辑关系，也就是只允许父议程间或同一父议程下的子议程间存在这种逻辑关系，为保证层次关系及逻辑约束下议程的正常流

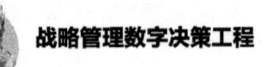

转,每个父议程下的子议程流程图有一虚拟开始议程和虚拟结束议程。

为实现后续流程控制,需要设定议程的约束条件,具体包括议程类型(交互类型或自动类型)、议程开始约束条件和议程结束约束条件。对于交互类型的议程,议程的开始约束条件和结束约束条件都体现在议程的描述信息中,由会议主持人通过与其他专家的交互研讨决定是否满足这些约束条件。对于自动类型的议程,由计算机自动完成该议程的执行,但在建模阶段须明确定义议程的开始约束条件和结束约束条件,开始约束条件主要是该议程的输入需求,而结束约束条件决定了议程可以结束的时间。

2)研讨流程控制

如果自动议程执行完毕后能满足约束条件,则流程自动转到下一个议程结点,否则给出异常提示,并由会议主持人根据情况判断是否继续执行或是指定从某个先前的议程结点开始重新研讨。对于交互类型议程,由会议主持人决定议程是否结束及后续议程的开始。议程的状态包括"进行中"、"完成"、"冻结"和"就绪"。其中,"进行中"指议程正在讨论;"完成"指议程已经完成;"冻结"指议程还没有开始,也不能在当前议程结束后进行;"就绪"指议程还没有开始,但是可以立即进行。议程状态随着研讨流程的推进自动切换。在研讨过程中,由系统和会议主持人共同推进研讨进程,但为保证其他专家及时跟进参与研讨,需要提供相应界面为参与研讨的专家显示议程的状态图,使其了解研讨的过程。

5. 决策支持模块

决策支持模块的主要功能是为参与研讨的专家提供各类辅助决策,包括群体专家决策、基于案例推理的决策等。

1)群体专家决策

复杂系统的决策问题往往不能使用单一的逻辑推理或纯定性、定量的分析方法进行解释与决策。决策的过程通常不是由个别决策者制定的,而是由多个相关的决策者(专家决策群体)共同参与的。因此,需要运用综合集成的方法论来解决复杂决策问题,以利用专家群体的集体智慧和科学的方法来实现有效的决策。

群体专家决策对由各专家判断矩阵所求得的权重向量,通过一致性算法进行一致性分析,经过几个循环得到多数人可以接受的结果。在群体决策中,专家的意见可能是对方案或指标的偏好判断,也可能是对方案或指标的独立评价。由于专家意见信息的形式是不同的,采用的意见综合方法也应不同,因而在综合集成研讨厅中需要提供多种使群体专家的意见达成共识的方法和手段。

2)基于案例推理的决策

在智能决策过程中,需要对知识进行一致性表示,但是有些知识难以用规则的形式表示。同时,由于客观环境的动态不确定性和决策者思维结构的复杂性,导致信息的不完全性和不确定性,给知识的表示和获取也带来了不小的困难。因此,可以根据以往相似的历史经验和约束条件解决新复杂产品设计的决策问题。基于案例的推理是一种相似的推理方法,或一种相似问题求解方法,其核心在于用过去实际存在的案例(实例)和经验来解决新问题,直接利用以往的设计结果(案例),由于案例本身包含了大量的知识,可以减少知识获取的工作量,因此,基于案例的推理在一定程度上解决了知识获取的瓶颈问题。

6. 研讨资源管理模块

研讨资源管理模块的主要功能是对研讨过程中产生与使用的资源进行维护与管理，这些资源包括会议历史记录、案例、术语库、模型库及知识库等。

1）会议历史记录管理

随着会议的进行，会议历史记录不断发生变化，综合集成研讨厅系统会根据会议参与者和主持人的发言及与会状态对会议记录进行更新。在会议进行过程中，会议参与者的发言及其在白板上的表述等都会以图形文件或者文本文件的形式保存，相关索引信息也会保存在后台数据库中。会议参与者和会议主持人可以查询这些文档的索引信息，并下载相关文档。一些非文件形式的会议历史纪录可以保存在后台数据库中，会议参与者和会议主持人可以对这些会议历史纪录进行查询。

2）案例管理

案例管理系统构造了面向复杂产品研制初始方案设计的基于 Web 的案例库，以便用户对过去的案例进行查询、借鉴。同时提供了案例库的管理功能，可进行案例的添加、修改和删除。按查询信息精度的不同，可以分为简单查询和高级查询。

（1）简单查询。根据设计人员提供的实例基本信息，在案例库中查找符合条件的所有实例清单，并可逐一浏览。

（2）高级查询。根据设计人员提供的实例技术要求及性能和设计参数范围，在案例库中查找符合条件的所有实例清单，并可逐一浏览。

当案例库中的信息发生变化时，会议参与者和主持人可以对案例库进行更新。案例库管理包含添加、修改和删除的功能。

（1）添加。由案例库管理员和拥有添加权限的设计人员增加经过筛选的实例。经数据检验后，写入后台数据库。

（2）修改。由案例库管理员和拥有修改权限的设计人员修改和更新案例库中的已有实例。在显示的所有实例清单中，可以进行检索以确定目标实例，单击"修改"可更新后台数据库。

（3）删除。由案例库管理员和拥有删除权限的设计人员删除案例库中的无用实例。在显示的所有实例清单中，确定待删除的目标实例，单击"删除"并确认后，连接后台数据库进行删除

3）术语库管理

与会人员可以查询一些专业术语，这些专业术语都是以记录的形式保存在后台数据库中的，当术语库中的专业术语发生变化（与会专家认为某些词汇可以变为专业术语；专家认为某些专业术语可以删除；某些专业术语的表意不够准确，与会专家将提出对术语库中的专业术语进行更新等）时，在案例库管理员收到专家提出的更新请求后，如果管理员同意更新，则进行后台数据库中术语记录信息的更新；如果管理员不同意更新，则会取消更新请求。

参考文献

[1] CUI X, DAI R W, LI Y D. The emergence of collective wisdom in the hall for workshop of metasynthetic engineering[J]. Acta Simulata Systematica Sinica, 2003, 15(1): 146-153.

[2] DAI R W, CAO L B. Research of hall for workshop of metasynthetic engineering[J].

Journal of Management Science in China, 2002, 5(3): 10-16.

[3] EBRAHIMI S, BRIDGELALL R. A fuzzy Delphi analytic hierarchy model to rank factors influencing public transit mode choice: A case study[J]. Research in Transportation Business and Management, 2020: 100496.

[4] FENG J W. Fuzzy Delphi analytic hierarchy process and its applications[J]. Mathematics in Practice and Theory, 2006, 36(9): 44-48.

[5] JIAN Z, FU X, ZHU Y. Hall for workshop of meta-synthetic engineering for complex product design[C]// IEEE International Conference on Systems. Piscataway, NJ: IEEE, 2013.

[6] LI B, QU H, LIN T, HOU B, et al. A swarm intelligence design based on a workshop of metasynthetic engineering[J]. Frontiers of Information Technology & Electronic Engineering, 2017, 18(1): 149-153.

[7] QIU M, SHI L, TENG C, et al. Assessment of water inrush risk using the fuzzy Delphi analytic hierarchy process and grey relational analysis in the Liangzhuang coal mine, China[J]. Mine Water and the Environment, 2017, 36(1): 39-50.

[8] XIONG C, LI D, JIN L. Draft consensus building in hall for workshop of meta-synthetic engineering[J]. Wuhan University Journal of Natural Sciences, 2008, 13(1): 45-49.

[9] YU B. The study of the educational decision-making: Based on the hall for workshop of metasynthetic engineering: A case study on the additional sports test in the college entrance examination[J]. Higher Education of Social Science, 2015, 9(5): 39-45.

[10] ZHOU S Q, DENG R, FAN Y H. Comprehending collective wisdom in hall for workshop of meta-synthetic engineering based on semantic web[C]// The 2011 International Conference on Instrumentation, Measurement, Circuits and Systems (ICIMCS 2011), 2011: 401-407.

[11] 常显奇，李元左，刘曙云，等. 空间军事系统综合集成研讨厅内容体系的研究与建设[J]. 系统工程理论与实践，2001, 21(6): 86-90.

[12] 陈建华，李刚强，潘国民. 基于战法仿真综合集成研讨厅的专家行为研究[J]. 指挥控制与仿真，2013, 35(6): 67-70.

[13] 崔霞，戴汝为，李耀东. 群体智慧在综合集成研讨厅体系中的涌现[J]. 系统仿真学报，2003, 15(1): 8.

[14] 戴汝为，李耀东. 基于综合集成的研讨厅体系与系统复杂性[J]. 复杂系统与复杂性科学，2004(4): 24.

[15] 戴汝为. 从工程控制论到综合集成研讨厅体系——纪念钱学森归国50周年[J]. 复杂系统与复杂性科学，2006, 3(2): 86-91.

[16] 冯俊文. 模糊德尔菲层次分析法及其应用[J]. 数学的实践与认识，2006(9): 46-50.

[17] 顾昌耀，王胜利. 概率推理与影响图[J]. 管理工程学报，1992, 6(2): 9.

[18] 胡晓惠. 研讨厅系统实现方法及技术的研究[J]. 系统工程理论与实践，2002, 22(6): 1-10.

[19] 黄梯云，梁昌勇，杨善林. 集成定性推理的IDSS结构模型研究[J]. 管理科学学报，2000, 3(4): 6.

[20] 姜丽红，刘豹. 案例推理在智能化预测支持系统中的应用研究[J]. 管理科学学报，1996(4): 63-69.

[21] 刘春梅，戴汝为. 综合集成研讨厅专家群体评估结果的可视化[J]. 模式识别与人工智能，2005, 18(1): 6.

[22] 刘键，邹锋，杨早立，等. 基于价值共创的群智能服务设计模型及实证分析[J]. 管理世界，2021, 37(6): 12.

[23] 马蔼乃. 综合集成研讨厅——"钱学森科学思想"之复杂巨系统智能求解法[J]. 商场现代化，2014(12): 50.

[24] 梅姝娥，徐南荣. 面向对象的智能决策支持系统[J]. 控制与决策，1997, 12(1): 4.

[25] 屈英. 智能决策支持的一种实现方法[J]. 系统工程理论与实践，1999, 19(6): 7.

[26] 王丹力，郑楠，刘成林. 综合集成研讨厅体系起源、发展现状与趋势[J]. 自动化学报，2021, 47(8): 18.

[27] 王青，祝世虎，董朝阳，等. 自学习智能决策支持系统[J]. 系统仿真学报，2006, 18(4): 924-926.

[28] 谢宗仁，冯伟，耿奎. 综合集成研讨厅研究现状及其在人工智能时代的发展机遇[J]. 科技管理研究，2020, 40(16): 39-45.

[29] 熊才权，李德华. 综合集成研讨厅共识达成模型及其实现[J]. 计算机集成制造系统，2008, 14(10): 1913-1918.

[30] 徐婧，刘伊生，李欣桐. 基于大数据的重大工程智能群体决策支持系统研究[J]. 河南科学，2019, 37(6): 1014-1019.

[31] 薛惠锋，周少鹏，侯俊杰，等. 综合集成方法论的新进展——综合提升方法论及其研讨厅的系统分析与实践[J]. 科学决策，2019(8): 1-19.

[32] 于洪，何德牛，王国胤，等. 大数据智能决策[J]. 自动化学报，2020, 46(5): 878-896.

[33] 于景元，周晓纪. 从定性到定量综合集成方法的实现和应用[J]. 系统工程理论与实践，2002(10): 26-32.

[34] 于景元. 钱学森的现代科学技术体系与综合集成方法论-祝贺钱学森院士九十华诞[J]. 交通运输系统工程与信息，2001, 1(4): 267-275.

[35] 张景涛，王丹力，王宏安，等. 敏捷供应链管理的综合集成研讨厅[J]. 系统工程学报，2003, 18(6): 6.

[36] 张路青. 作战方案智能推演技术研究[J]. 舰船电子工程，2011, 31(11): 4.

[37] 郑建国，刘芳，焦李成. 一种新的智能决策支持系统[J]. 西安电子科技大学学报（自然科学版），2001, 5: 588-592, 680.

[38] 周剑，朱耀琴，唐卫清. 基于综合集成研讨厅的武器装备系统综合[J]. 系统工程理论与实践，2010, 8: 1492-1499.

[39] 周绍骑，黄席樾，邓韧. 综合集成研讨厅模型分析[J]. 重庆大学学报:自然科学版，2009, 6: 680-684.